Tip des Monats

In derselben Reihe
erschienen außerdem als Heyne-Taschenbücher:

Alistair MacLean · Band 23/1	*Robert Ludlum* · Band 23/41
Willi Heinrich · Band 23/4	*Utta Danella* · Band 23/42
Desmond Bagley · Band 23/5	*Johanna Lindsey* · Band 23/43
Victoria Holt · Band 23/6	*Stefan Murr* · Band 23/44
Michael Burk · Band 23/7	*Marie Louise Fischer* · Band 23/45
Marie Louise Fischer · Band 23/8	*John Gardner* · Band 23/46
Will Berthold · Band 23/9	*Alistair MacLean* · Band 23/47
Mickey Spillane · Band 23/10	*Gwen Bristow* · Band 23/48
Robert Ludlum · Band 23/11	*Jackie Collins* · Band 23/49
Susan Howatch · Band 23/12	*John Saul* · Band 23/50
Hans Hellmut Kirst · Band 23/13	*Alexandra Cordes* · Band 23/51
Colin Forbes · Band 23/14	*David Morell* · Band 23/52
Barbara Cartland · Band 23/15	*Philippa Carr* · Band 23/53
Louis L'Amour · Band 23/16	*Eric van Lustbader* · Band 23/54
Victoria Holt · Band 23/18	*Barbara Cartland* · Band 23/55
Jack Higgins · Band 23/19	*Mary Westmacott* · Band 23/56
Desmond Bagley · Band 23/21	*Schimanski* · Band 23/57
Caroline Courtney · Band 23/22	*Pearl S. Buck* · Band 23/58
Robert Ludlum · Band 23/23	*Alistair MacLean* · Band 23/59
Gwen Bristow · Band 23/24	*Caroline Courtney* · Band 23/61
Heinz G. Konsalik · Band 23/25	*Len Deighton* · Band 23/62
Leon Uris · Band 23/26	*Marie Louise Fischer* · Band 23/63
Susan Howatch · Band 23/27	*Daphne du Maurier* · Band 23/64
Colin Forbes · Band 23/28	*Alexandra Cordes* · Band 23/65
Craig Thomas · Band 23/30	*Evelyn Sanders* · Band 23/66
Marie Louise Fischer · Band 23/33	*Philippa Carr* · Band 23/67
Johanna Lindsey · Band 23/34	*R. Ludlow* · Band 23/68
Alistair MacLean · Band 23/35	*Barbara Cartland* · Band 23/69
Philippa Carr · Band 23/36	*Jackie Collins* · Band 23/70
Joseph Warmbaugh · Band 23/37	*Peter Straub* · Band 23/71
Mary Steward · Band 23/38	*Marc Olden* · Band 23/72
John D. MacDonald · Band 23/39	*Mary Westmacott* · Band 23/73
Caroline Courtney · Band 23/40	*Xaviera Hollander* · Band 23/75

3 Romane in einem Band

Dean R. Koontz

Die Maske
Die Augen der Dunkelheit
Die Hellseherin

WILHELM HEYNE VERLAG
MÜNCHEN

HEYNE TIP DES MONATS
Nr. 23/76

DIE MASKE/The mask
Copyright © 1980 by Owen West
Copyright © der deutschen Ausgabe 1988 by Wilhelm Heyne
Verlag GmbH & Co. KG, München
Aus dem Amerikanischen übersetzt von Sonja Hauser
(Der Titel erschien bereits in der Allgemeinen
Reihe mit der Band-Nr. 01/6951)

DIE HELLSEHERIN/The vision
Copyright © 1977 by Dean R. Koontz
Copyright © der deutschen Ausgabe 1984 by
Wilhelm Heyne Verlag GmbH & Co. KG, München
Aus dem Amerikanischen übersetzt von Wolfgang Lotz
(Der Titel erschien bereits in der Reihe „Die unheimlichen Bücher"
mit der Band-Nr. 11/19)

DIE AUGEN DER DUNKELHEIT/The eyes of darkness
Copyright © 1981 by Leigh Nichols
Copyright © der deutschen Ausgabe 1988 by
Wilhelm Heyne Verlag GmbH & Co. KG, München
Aus dem Amerikanischen übertragen von Alexandra von Reinhardt
(Der Titel erschien bereits in der Allgemeinen
Reihe mit der Band-Nr. 01/7707)

Copyright © dieser Ausgabe 1992 by
Wilhelm Heyne Verlag GmbH & Co. KG, München
Printed in Germany 1992
Umschlagillustration: G. Mangoni/Agentur Schlück, Garbsen
Autorenfoto: Gerda Ann Koontz
Umschlaggestaltung: Atelier Ingrid Schütz, München
Satz: Satz & Repro Grieb, München
Druck und Bindung: Presse-Druck Augsburg
ISBN 3-453-05479-2

Inhalt

Die Maske
Seite 7

Die Augen der Dunkelheit
Seite 259

Die Hellseherin
Seite 535

Die Maske

Dieses Buch ist
Willo und Dave Roberts
gewidmet
und
Carol und Don McQuinn,
die keine Fehler haben –
nur den, daß sie
zu weit weg wohnen

Ein Klagelied auf sie, die doppelt Tote, da sie verstarb so jung.
                    EDGAR ALLAN POE, »*Eleonora*«

Und tiefer Wahn, und tief're Stunde, Und Schrecken die Seele des Spiels.
            EDGAR ALLAN POE, »*Der Sieger Wurm*«

Der Augenblick des höchsten Schreckens macht uns wieder zu Kindern.
                                CHAZAL

PROLOG

Laura war im Keller; sie machte gerade Frühjahrsputz und verspürte nichts als Widerwillen dabei. Sie hatte nichts gegen die Arbeit selbst; sie war von Natur aus fleißig und am glücklichsten, wenn sie etwas im Haus zu tun hatte. Aber sie hatte Angst vor dem Keller.

Das lag daran, daß es dort düster war. Die vier schmalen Fenster hoch oben in den Wänden waren kaum größer als Schießscharten, und die Glasscheiben, die mit einem Staubfilm überzogen waren, ließen nur schwaches, kreidiges Licht herein. Obwohl der große Raum von zwei Lampen erhellt wurde, hielt er beharrlich an seinen Schatten fest, nicht willens, völlig entblößt zu werden. Das flackernde, bernsteinfarbene Licht dieser Lampen enthüllte feuchte Steinwände und einen unförmigen, kohlengefeuerten Heizkessel, der an jenem schönen warmen Mainachmittag kalt und unbenutzt dastand. Auf langen Regalen spiegelten Reihen um Reihen von Weckgläsern Lichtsplitter wider, aber ihr Inhalt – eingemachtes Obst und Gemüse, das hier nun schon seit neun Monaten lagerte – lag im Dunkeln. Die Winkel des Raumes waren alle düster, und die niedrige Decke mit den Sichtbalken hing voller Schatten, die wie lange Bänder von Leichenflor wirkten.

Außerdem roch es im Keller irgendwie unangenehm. Es war modrig, fast wie in einer Kalksteinhöhle. Im Frühjahr und im Sommer, wenn es sehr feucht war, schossen in den Ecken manchmal grau-grün gesprenkelte Pilze hervor, widerliche, schorfige Gewächse, eingesäumt von Hunderten winziger weißer Sporen, die Insekteneiern ähnelten; jene bizarren Gebilde verliehen der Kellerluft ihren ganz eigenen dünnen, jedoch nichtsdestoweniger widerlichen Geruch.

Es waren jedoch nicht die Dunkelheit oder die unangenehmen Gerüche oder der Pilz, die Laura Angst machten; es waren die Spinnen, die sie erschreckten. Spinnen beherrschen den Keller. Manche davon waren klein, braun und schnell; andere waren anthrazitfarben, ein wenig größer als die braunen, aber genauso flink wie ihre kleineren Brüder. Es gab sogar ein paar blauschwarze Giganten unter ihnen, die so groß waren wie Lauras Daumen.

Während sie den Staub und ein paar Spinnweben von den Einmachgläsern wischte und dabei immer auf der Hut war vor den huschenden Bewegungen der Spinnen, wuchs Lauras Zorn auf ihre Mutter. Mami hätte sie einige Zimmer oben putzen lassen können statt des Kellers; Tante Rachael oder Mami selbst hätten hier unten saubermachen können, weil die Spinnen beiden nichts ausmachten. Aber Mami wußte, daß Laura sich vor dem Keller fürchtete, und Mami wollte sie bestrafen. Wenn sie in dieser Laune war, war das furchtbar – so schwarz wie Gewitterwolken. Laura hatte das schon früher erlebt. Nur allzuoft. Diese Stimmung senkte sich mit jedem Jahr häufiger auf Mami herab, und wenn sie sich in den Fängen dieser Stimmung befand, unterschied sie sich völlig von der lächelnden, immer singenden Frau, die sie sonst war. Obwohl Laura ihre Mutter liebte, liebte sie diese aufbrausende, gemeine Frau nicht, in die ihre Mutter sich manchmal verwandelte. Sie liebte jene verhaßte Frau nicht, die sie in den Keller mit den Spinnen hinuntergeschickt hatte.

Als sie gerade die Gläser mit Pfirsichen, Birnen, Tomaten, Roten Beten, Bohnen und eingemachtem Kürbis abstaubte, unruhig darauf wartete, daß gleich eine Spinne auftauchte und wünschte, sie wäre erwachsen, verheiratet und unabhängig, wurde Laura von einem plötzlichen, heftigen Geräusch aufgeschreckt, das die feuchtkühle Kellerluft durchschnitt. Zuerst klang es wie das entfernte, hilflose Jammern eines exotischen Vogels, bald jedoch wurde es lauter und eindringlicher. Sie hörte auf abzustauben, sah zu der dunklen Decke hinauf und lauschte auf das schaurige Geschrei von oben. Nach einem Augenblick wurde ihr klar, daß das die Stimme von Tante Rachael war und daß sie vor Schrecken schrie.

Oben fiel etwas krachend um. Es klang wie zerbrochenes Porzellan. Das mußte Mamis Pfauenvase gewesen sein. Wenn es tatsächlich die Vase war, würde Mami den Rest der Woche *äußerst* schlechte Laune haben.

Laura trat von den Regalen mit den eingemachten Lebensmitteln zurück und ging zur Kellertreppe hinüber; aber sie blieb unvermittelt stehen, als sie Mami schreien hörte. Das war kein Wutschrei, weil die Vase kaputtgegangen war; es lag Entsetzen darin.

Dumpfe Schritte bewegten sich über den Boden des Wohnzimmers auf die Eingangstür des Hauses zu. Das Fliegengitter öffnete sich mit dem vertrauten Surren der unteren Feder und schlug dann zu. Rachael war jetzt draußen und schrie; die Worte waren nicht zu verstehen, doch ihr Schreien war noch immer voller Angst.

Laura roch Rauch.

Sie eilte zur Treppe und sah blasse Feuerzungen am oberen Ende. Der Rauch war nicht dicht, aber beißend.

Mit klopfendem Herzen kletterte Laura bis zur letzten Stufe hinauf. Hitzewellen zwangen sie dazu, die Augen zuzukneifen, aber sie konnte noch in die Küche sehen. Die Feuerwand war nicht massiv. Es gab noch einen schmalen Fluchtweg, einen Korridor kühler Sicherheit; am anderen Ende befand sich die Tür zur hinteren Veranda.

Sie raffte den langen Rock, zog ihn über Hüfte und Oberschenkel zusammen und knüllte ihn in beiden Händen, damit er nicht in die Flammen hing. Sie bewegte sich vorsichtig auf den Treppenabsatz zu, der vom Feuer umschlossen war und unter ihr knarrte; bevor sie jedoch die offene Tür erreichte, barst die Küche in gelb-blauen Flammen, die schnell in ein Orange übergingen. Von Wand zu Wand, vom Boden bis zur Decke, war der Raum ein einziges Inferno; jetzt führte kein Pfad mehr durch die Glut. So verrückt ihr das auch erschien – der feuererstickte Eingang erinnerte Laura an das funkelnde Auge einer Halloweenmaske.

In der Küche barsten Fenster, und das Feuer flackerte in dem plötzlich drehenden Luftzug, drängte durch die Kellertür, schlug Laura entgegen. Voller Schrecken stolperte sie rückwärts, von dem Treppenabsatz herunter. Sie fiel. Im Drehen griff sie nach dem Geländer, verfehlte es, stolperte die wenigen Stufen hinunter und schlug mit dem Kopf auf den Steinboden.

Sie klammerte sich ans Bewußtsein, als wäre es ein Floß und sie am Ertrinken. Als sie sicher war, daß sie nicht in Ohnmacht fallen würde, stand sie auf. Stechender Schmerz fuhr durch ihren

Kopf. Sie hob eine Hand zur Stirn und spürte ein wenig Blut, das heruntertröpfelte, eine kleine Schürfwunde. Sie fühlte sich schwindlig und verwirrt.

In der knappen Minute, in der sie außer Gefecht gewesen war, hatte sich das Feuer über den ganzen oberen Treppenabsatz ausgebreitet. Es bewegte sich nun auf die erste Stufe zu.

Sie konnte den Blick nicht auf einen Punkt konzentrieren. Die Stufen, die nach oben führten, und das Feuer, das sich nach unten bewegte, verschwammen immer wieder zu einem orangefarbenen Nebel.

Rauchfahnen trieben den Treppengang hinunter. Sie streckten ihre langen, unwirklichen Arme aus, wie um Laura zu umfangen.

Sie wölbte die Hände vor dem Mund: »Hilfe!«

Keine Antwort.

»So helft mir doch! Ich bin im Keller!«

Stille.

»Tante Rachael! Mami! Um Himmels willen, so helft mir doch!«

Die einzige Antwort war das ständig anschwellende Dröhnen des Feuers.

Laura hatte sich noch nie zuvor so allein gefühlt. Trotz der Hitzewellen, die über sie hinwegschwappten, fror sie innerlich. Sie zitterte.

Obwohl es jetzt in ihrem Kopf schlimmer als je zuvor pochte, und obwohl aus der Schürfwunde über ihrem rechten Auge weiterhin Blut tröpfelte, hatte sie nun doch weniger Schwierigkeiten, ihren Blick auf einen Punkt zu konzentrieren. Das Problem war eher, daß ihr das, was sie sah, nicht gefiel.

Sie stand stocksteif da, wie gelähmt vom tödlichen Schauspiel der Flammen. Das Feuer kroch die Treppe echsengleich Stufe um Stufe herunter, es wand sich die Geländerpfosten hinauf und glitt dann das Geländer selbst mit prasselndem, glucksendem Geräusch hinunter.

Der Rauch erreichte das Fußende der Treppe und umfing sie. Sie hustete, und das Husten verschlimmerte den Schmerz in ihrem Kopf; wieder wurde ihr schwindlig. Sie streckte eine Hand gegen die Wand, um sich abzustützen.

Das alles passierte zu schnell. Das Haus ging in Flammen auf wie ein Haufen gut abgelagerter Zunder.

Ich werde hier sterben.

Dieser Gedanke rüttelte sie aus ihrer Trance. Sie war noch nicht bereit zu sterben. Sie war viel zu jung. Sie hatte noch so viel vor sich, so viele wundervolle Dinge, Dinge, von denen sie schon lange geträumt hatte. Es war einfach nicht fair. Sie *weigerte* sich zu sterben.

Der Rauch erstickte sie fast. Sie wandte sich von der brennenden Treppe ab und hielt sich dabei eine Hand vor Nase und Mund, aber das half nicht viel.

Sie sah Flammen am anderen Ende des Kellers, und einen Augenblick lang glaubte sie, bereits eingeschlossen und ohne jede Hoffnung auf Rettung zu sein. Sie schrie laut auf vor Verzweiflung, dann wurde ihr jedoch klar, daß die lodernden Flammen den Weg bis ans andere Ende des Raumes doch noch nicht gefunden hatten. Die beiden Feuerzungen, die sie sah, waren nur die beiden Öllampen, die ihr vorher Licht gespendet hatten. Die Flammen in den Lampen waren harmlos und sicher in hohen Glaskaminen geborgen.

Sie hustete wieder heftig, und der Schmerz in ihrem Kopf senkte sich hinter ihre Augen. Es war schwierig für sie, sich zu konzentrieren. Ihre Gedanken waren wie Quecksilbertröpfchen, die übereinanderglitten und ihre Form so oft und so schnell veränderten, daß sie manchen von ihnen keinen Sinn entlocken konnte.

Sie betete still und inbrünstig.

Direkt über ihr ächzte die Decke und schien sich zu *verschieben.* Sie hielt ein paar Sekunden lang den Atem an, biß die Zähne zusammen, ballte die Fäuste neben dem Körper und wartete darauf, unter Schutt begraben zu werden. Aber dann sah sie, daß die Decke noch nicht einstürzen würde.

Zitternd und leise wimmernd huschte sie zu dem nächstgelegenen der vier hoch in der Wand angebrachten Fenster. Es war rechteckig, maß ungefähr zwanzig Zentimeter vom Sims bis zur oberen Kante und fünfundvierzig Zentimeter von Rahmen zu Rahmen – viel zu klein, um ein Fluchtweg für sie zu sein. Die anderen drei Fenster entsprachen dem ersten; es hatte keinen Sinn, sie auch nur genauer anzusehen.

Es wurde von Sekunde zu Sekunde schwerer, die Luft zu

atmen. Lauras Nebenhöhlen schmerzten und brannten. Ihr Mund war voll von dem widerlichen, bitteren Geschmack des Rauchs.

Zu lange stand sie unter dem Fenster und starrte ohnmächtig und verwirrt zu dem dünnen, milchigen Licht hinauf, das durch die schmutzige Scheibe und durch den rauchigen Dunst drang, der sich eng gegen das Glas preßte. Sie hatte das Gefühl, daß sie eine ganz offensichtliche und bequeme Fluchtmöglichkeit übersah; sie war sich dessen sogar sicher. Es *gab* einen Weg hinaus, und der hatte nichts mit den Fenstern zu tun, aber sie konnte ihre Gedanken einfach nicht von den Fenstern lösen; sie war auf sie fixiert, genauso wie sie noch vor ein paar Minuten auf den Anblick der herannahenden Flammen fixiert gewesen war. Der Schmerz in ihrem Kopf und hinter ihren Augen hämmerte heftiger denn je, und mit jedem qualvollen Pochen wurden ihre Gedanken noch verwirrter.

Ich werde hier sterben.

Eine schreckliche Vision flackerte vor ihrem geistigen Auge auf. Sie sah sich selbst in Flammen; ihr dunkles Haar war erblondet durch die Flammen, die es verzehrten, und stand auf ihrem Kopf senkrecht in die Höhe, als wäre es gar kein Haar, sondern der Docht einer Kerze. In dieser Vision sah sie ihr Gesicht dahinschmelzen wie Wachs, Blasen werfen und dampfen und sich verflüssigen, sah, wie ihre Züge ineinanderflossen, bis ihr Gesicht nicht mehr länger dem eines menschlichen Wesens ähnelte, bis es das gräßlich verzerrte Antlitz eines lüsternen Dämons mit leeren Augenhöhlen war.

Nein!

Sie schüttelte den Kopf und vertrieb die Vision.

Sie fühlte sich immer schwindliger. Sie brauchte etwas frische Luft, um ihre vergiftete Lunge durchzuspülen, aber mit jedem Atemzug sog sie mehr Rauch ein als beim letztenmal. Ihre Brust schmerzte.

Ganz in der Nähe begann rhythmisches Pochen; der Lärm war sogar noch lauter als ihr Herzschlag, der ihr donnernd in den Ohren klang.

Sie drehte sich im Kreise, würgte und hustete, suchte nach dem Ursprung des hämmernden Geräusches, versuchte, sich wieder unter Kontrolle zu bekommen, und kämpfte verzweifelt darum, einen Gedanken zu fassen.

Das Hämmern hörte auf.

»Laura...«

Über das unaufhörliche Dröhnen des Feuers hinweg hörte sie, wie jemand ihren Namen rief.

»Laura...«

»Ich bin hier unten... im Keller!« rief sie. Aber der Schrei war nur noch ein flüsterndes Krächzen, als er aus ihrem Munde drang. Ihre Kehle war zugeschnürt und bereits rauh von dem beißenden Rauch und der tobenden, heißen Luft.

Inzwischen konnte sie sich nicht mehr auf den Beinen halten. Sie ging auf dem Steinfußboden in die Knie, sank gegen die Wand und glitt daran herunter, bis sie auf der Seite lag.

»Laura...«

Das Pochen begann erneut. Eine Faust, die gegen eine Tür trommelte.

Laura bemerkte, daß die Luft über dem Boden sauberer war als die, die sie zuvor geatmet hatte. Sie schnappte verkrampft nach Luft, dankbar für diese kleine Atempause.

Einige Sekunden lang ließ der pochende Schmerz hinter ihren Augen nach, ihre Gedanken wurden klarer, und es fiel ihr der äußere Eingang zum Keller ein: zwei Türen, die schräg gegen die Nordwand des Hauses gesetzt waren. Sie waren von innen verschlossen, so daß niemand hereinkonnte, um sie zu retten; in ihrer Panik und Verwirrung hatte sie diese Türen völlig vergessen. Jetzt würde sie sich jedoch selbst befreien können, wenn sie nur klaren Kopf behielt.

»Laura!« Das war Tante Rachaels Stimme.

Laura kroch zur nordwestlichen Ecke des Raumes, wo die schrägen Türen den oberen Abschluß einer niedrigen Treppe bildeten. Sie hielt den Kopf gebeugt und atmete die zwar verschmutzte, jedoch noch halbwegs annehmbare Luft nahe dem Boden. Die Kanten der vermörtelten Steine zerrissen ihr Kleid und scheuerten die Haut von ihren Knien.

Links von ihr brannte nun die ganze Treppe ab, und die Flammen breiteten sich über die Holzdecke aus. Der Schein des Feuers glühte, durch die rauchige Luft gebrochen und zerstreut, überall um Laura herum, und es entstand das Trugbild, daß sie durch einen engen Flammentunnel kroch. Bei der Geschwindigkeit, mit der sich die Feuersbrunst ausbreitete, würde dieses Trugbild bald Wirklichkeit.

Ihre Augen waren geschwollen und tränten; sie rieb sie sich, während sie sich an den Ausgang heranschob. Sie konnte nicht sehr viel sehen. Tante Rachaels Stimme diente ihr als Orientierung, und ansonsten verließ sie sich auf ihren Instinkt.

»*Laura!*« Die Stimme klang nahe. Direkt über ihr.

Sie tastete sich an der Wand entlang, bis sie den Vorsprung im Stein fand. Sie bewegte sich in jene Nische, auf die erste Stufe, hob den Kopf, konnte jedoch nichts erkennen. Die Dunkelheit war hier grenzenlos.

»Laura, antworte mir. Kleines, bist du da drin?«

Rachael war völlig hysterisch, schrie so laut und hämmerte mit solcher Hartnäckigkeit gegen die äußeren Türen, daß sie nicht einmal dann eine Antwort gehört hätte, wenn Laura dazu in der Lage gewesen wäre, ihr eine zu geben.

Wo war Mami? Warum hämmerte Mami nicht auch gegen die Tür? War Mami das alles egal?

Zusammengekauert an jenem engen, heißen Ort, an den kein Licht drang, streckte Laura die Hand nach oben gegen eine der schrägen Türen über ihrem Kopf. Das unnachgiebige Hindernis bebte und knarrte unter der Wucht von Rachaels kleinen Fäusten. Laura tastete blind nach dem Riegel. Sie legte die Hand auf das warme Metall – und über noch etwas anderes. Etwas Merkwürdiges und Unerwartetes. Etwas, das sich wand, etwas Lebendiges.

Klein, aber *lebendig.* Sie fuhr zusammen und zog die Hand weg. Aber das Ding, das sie berührte, war vom Riegel auf ihre Haut gewandert und löste sich von der Tür, als sie die Hand wegzog. Es huschte aus ihrer Hand und über ihren Daumen und über ihren Handrücken und an ihrem Gelenk entlang und unter den Ärmel ihres Kleides, bevor sie es wegwischen konnte.

Eine Spinne.

Sie konnte sie nicht sehen, aber sie *wußte,* was es war.

Eine Spinne. Eine von den richtig großen, so groß wie ihr Daumen. Ein plumper schwarzer Körper, der glänzte wie ein fetter Öltropfen, schwarz wie Tinte und häßlich. Einen Augenblick lang erstarrte sie und war unfähig, auch nur Atem zu schöpfen.

Sie spürte, wie die Spinne sich ihren Arm hinaufbewegte, und ihr kecker Vormarsch riß sie aus ihrer Erstarrung. Sie schlug durch den Ärmel ihres Kleides nach ihr, aber sie verfehlte sie. Die Spinne kniff sie über der Armbeuge, sie zuckte unter dem winzigen Biß zusammen, und das eklige Geschöpf huschte in ihre Achselhöhle. Es kniff sie auch dort, und plötzlich hatte sie das Gefühl, als steckte sie im schlimmsten Alptraum ihres Lebens, denn sie fürchtete Spinnen mehr als alles andere auf der Welt – ganz sicherlich mehr, als sie das Feuer fürchtete, denn bei ihrem verzweifelten Versuch, die Spinne zu töten, hatte sie das brennende Haus, das über ihr zusammenfiel, völlig vergessen – und sie schlug voller Panik um sich, verlor das Gleichgewicht, rollte rückwärts die Stufen hinunter in den Hauptraum des Kellers und schlug mit der Hüfte auf dem Steinboden auf. Die Spinne bahnte sich unterdessen an der Innenseite ihres Leibchens kitzelnd ihren Weg, bis sie bei ihren Brüsten angelangt war. Sie schrie, brachte jedoch keinen Laut hervor. Sie preßte mit der Hand kräftig gegen ihren Busen, und sogar noch durch den Stoff hindurch konnte sie spüren, wie die Spinne sich zornig unter ihrer Hand wand, und sie spürte ihren rasenden Kampf sogar noch deutlicher auf ihrer nackten Brust, gegen die sie gepreßt wurde, aber sie wehrte sich weiter, bis es ihr schließlich gelang, sie zu zerquetschen, und sie würgte wieder, diesmal jedoch nicht nur wegen des Rauches.

Noch einige Sekunden, nachdem sie die Spinne getötet hatte, lag sie wie ein Fötus zusammengekauert auf dem Boden und zitterte heftig und unkontrolliert. Die widerliche feuchte Masse der zerquetschten Spinne glitt ganz langsam die Wölbung ihrer Brust hinunter. Sie hätte gern in ihr Leibchen gegriffen und den ekligen Klumpen herausgerissen, aber sie zögerte, denn völlig gegen alle Vernunft fürchtete sie, daß er irgendwie wieder zum Leben erwachen und sie in die Finger beißen würde.

Sie hatte den Geschmack von Blut im Mund. Sie hatte sich auf die Lippe gebissen.

Mami...

Mami hatte ihr das angetan. Mami hatte sie hier herunter geschickt, obwohl sie wußte, daß es hier Spinnen gab. Warum bestrafte Mami sie immer so schnell? Warum war sie so versessen darauf, ihr Buße aufzuerlegen?

Über ihr krachte ein Balken und gab nach. Der Küchenboden brach herunter. Sie hatte das Gefühl, als sehe sie hinauf in die Hölle. Funken regneten auf sie herab. Ihr Kleid fing Feuer, und sie versengte sich die Hände, als sie es ausschlug.

Mami hat mir das angetan.

Weil ihre Handflächen und Finger voller Blasen waren und sich schälten, konnte sie nun nicht mehr auf Händen und Knien kriechen; deshalb erhob sie sich, obwohl das Aufstehen mehr Stärke und Willenskraft erforderten, als sie jemals zu besitzen geglaubt hatte. Sie schwankte, fühlte sich schwindlig und schwach.

Mami hat mich hier runtergeschickt.

Laura sah überall nur noch pulsierendes, alles umzingelndes, orangefarbenes Leuchten, durch das gestaltlose Rauchfahnen glitten und wirbelten. Sie schleppte sich zu der niedrigen Treppe, die zu den äußeren Kellertüren führte, aber schon nach etwa zwei Metern erkannte sie, daß sie sich in die falsche Richtung bewegte. Sie drehte sich dorthin zurück, von wo sie gekommen war – oder dorthin, von wo sie dachte, gekommen zu sein. Aber schon nach ein paar Schritten stieß sie gegen den Heizkessel, der sich sicherlich nicht in der Nähe der äußeren Türen befand. Sie hatte die Orientierung völlig verloren.

Mami hat mir das angetan.

Laura preßte die zerschundenen Hände zu wunden, blutigen Fäusten zusammen. Vor Wut hämmerte sie gegen den Heizkessel, und mit jedem Schlag wünschte sie sich inbrünstig, ihre Mutter zu schlagen.

Der obere Teil des brennenden Hauses bog sich und knarrte. In der Ferne, jenseits einer Unendlichkeit aus Rauch, hallte Tante Rachaels Stimme qualvoll wider: »Laura... Laura...«

Warum war Mami nicht auch da draußen und versuchte, Rachael dabei zu helfen, die Kellertüren einzudrücken? Wo um Himmels willen *war* sie? Schürte sie das Feuer etwa mit Kohle und Petroleum?

Keuchend und nach Luft schnappend stieß sich Laura von dem Heizkessel ab und versuchte, Rachaels Stimme zu folgen.

Ein Balken löste sich aus seiner Verankerung, schlug ihr auf den Rücken und schleuderte sie in die Regale mit dem Eingemachten. Gläser fielen herunter und zersplitterten. Laura stürzte in einem Glasregen zu Boden. Der Geruch von eingelegtem Gemüse und Pfirsichen stieg ihr in die Nase.

Bevor sie feststellen konnte, ob sie sich etwas gebrochen hatte, ja, noch bevor sie das Gesicht aus den verschütteten Lebensmitteln heben konnte, krachte ein weiterer Balken herunter und klemmte ihre Beine ein.

Sie hatte jetzt so starke Schmerzen, daß ihr Gehirn sie einfach ausschaltete. Sie war noch nicht einmal sechzehn Jahre alt, und jetzt war die Grenze dessen, was sie aushalten konnte, erreicht. Sie versiegelte den Schmerz in einem dunklen Winkel ihres Bewußtseins; sie krümmte sich und schlug voller Hysterie um sich, zürnte ihrem Geschick und verfluchte ihre Mutter.

Der Haß gegen ihre Mutter war nicht rational begründet, aber sie empfand ihn so leidenschaftlich, daß er an die Stelle des Schmerzes trat, den sie nicht spüren wollte. Haß durchflutete sie und erfüllte sie mit so starker, dämonischer Energie, daß es ihr fast gelang, den schweren Balken von ihren Beinen zu wuchten.

Zur Hölle mit dir, Mami.

Das obere Geschoß des Hauses senkte sich mit dem Geräusch donnernder Kanonen auf das Erdgeschoß herab.

Der Teufel soll dich holen, Mami! Der Teufel soll dich holen!

Die beiden oberen Stockwerke lodernden Schuttes brachen durch die bereits geschwächte Kellerdecke.

Mami –

Teil I

Etwas Böses naht heran...

> Mein Daumen kündigt's an,
> Etwas Böses naht heran.
> Öffnet Tür und Tor
> Dem, der steht davor!
> SHAKESPEARE, *Macbeth*

1

Der Blitz zackte über die düsteren grauen Wolken hinweg wie ein Riß über einen Porzellanteller. In dem ungeschützten Hof vor Alfred O'Brians Büro schimmerten die geparkten Autos kurz und scharf konturiert im Licht des Sturmes auf. Windböen peitschten die Bäume. Der Regen schlug plötzlich wie toll gegen die drei hohen Bürofenster, strömte dann das Glas hinunter und trübte die Sicht nach draußen.

O'Brian saß mit dem Rücken zu den Fenstern. Während der Donner über den tief herabhängenden Himmel hallte und auf das Dach des Gebäudes zu hämmern schien, las er den Antrag, den Paul und Carol Tracy ihm soeben vorgelegt hatten.

Was für ein gepflegter kleiner Mann, dachte Carol, während sie O'Brian musterte. Wenn er so still dasitzt, könnte man ihn fast für eine Puppe halten.

Er war außerordentlich gepflegt. Sein sorgfältig gekämmtes Haar sah aus, als hätte sich erst vor weniger als einer Stunde ein guter Friseur darum bemüht. Sein Schnurrbart war so fachmännisch gestutzt, daß die Hälften völlig symmetrisch wirkten. Er trug einen grauen Anzug mit Bügelfalten, die messerscharf und schnurgerade waren, und seine schwarzen Schuhe glänzten.

Seine Fingernägel waren manikürt, und seine rosaroten, glatt geschrubbten Hände sahen steril aus.

Als Carol O'Brian vor weniger als einer Woche kennengelernt hatte, hatte sie geglaubt, er sei steif, ja sogar pedantisch, und hatte sich darauf eingestellt, ihn nicht zu mögen. Er hatte sie jedoch schnell gewonnen mit seinem Lächeln, seinem gefälligen Auftreten und seinem aufrichtigen Wunsch, ihr und Paul zu helfen.

Sie warf Paul, der im Stuhl neben ihr saß, einen Blick zu. Seine eigene innere Spannung verriet sich dadurch, daß er, der doch sonst so schlank und gelenkig war, so steif dasaß. Er sah O'Brian eindringlich an, aber als er spürte, daß Carol ihn betrachtete, wandte er sich ihr zu und lächelte. Sein Lächeln war sogar noch netter als das von O'Brian, und wie immer hob sich Carols Laune, wenn sie es sah. Er sah weder besonders gut noch besonders schlecht aus, dieser Mann, den sie liebte; man konnte sogar sagen, daß er eher durchschnittlich war, und dennoch wirkte sein Gesicht außerordentlich gewinnend, weil seine angenehmen, offenen Züge einen hinreichenden Beweis für seine Sanftmut und sein Einfühlungsvermögen lieferten. Seine haselnußbraunen Augen konnten erstaunlich feine und komplexe Gefühle vermitteln. Vor sechs Jahren, bei einem Universitätssymposion zum Thema »Die Psychologie des Krankhaften und die moderne amerikanische Literatur«, wo Carol Paul kennengelernt hatte, hatte sie sich von Anfang an von diesen warmen, ausdrucksvollen Augen angezogen gefühlt, und auch in den darauffolgenden Jahren hatten sie diesen Reiz nie verloren. Jetzt zwinkerte er ihr zu, und mit diesem Zwinkern schien er zu sagen: *Mach dir keine Sorgen; O'Brian ist auf unserer Seite; der Antrag wird angenommen; alles wird gut; ich liebe dich.*

Sie zwinkerte zurück und tat so, als sei sie voller Zuversicht, auch wenn sie sich sicher war, daß er ihre tapfere Fassade durchschaute.

Sie wünschte, sich O'Brians Zustimmung sicher sein zu können. Sie wußte, daß sie eigentlich mehr als zuversichtlich sein mußte, denn es gab wirklich keinerlei Grund, warum O'Brian sie ablehnen sollte. Sie waren jung und gesund. Paul war fünfunddreißig, sie war einunddreißig, und das war ein ausgezeichnetes

Alter, um sich auf dieses Abenteuer einzulassen. Beide hatten Erfolg im Berufsleben. Sie waren finanziell unabhängig, ja sogar wohlhabend. Sie genossen gesellschaftliches Ansehen. Ihre Ehe war glücklich und sorglos, und zwar jetzt sogar noch mehr als jemals zuvor in den vier Jahren, die seit ihrer Heirat vergangen waren. Kurzum, ihre Voraussetzungen für die Adoption eines Kindes waren ziemlich ideal, aber trotzdem machte sie sich Sorgen.

Sie liebte Kinder, und sie freute sich darauf, ein oder zwei eigene großzuziehen. In den vergangenen vierzehn Jahren – in denen sie drei akademische Grade an drei verschiedenen Universitäten erworben und sich in ihrem Beruf einen Namen gemacht hatte – hatte sie viele einfache Freuden auf später verschoben und auf andere völlig verzichtet. Ausbildung und beruflicher Erfolg waren immer an erster Stelle gestanden. Sie hatte zu viele gute Feste verpaßt und auf wer weiß wie viele Urlaube und Wochenenden auf dem Lande verzichtet. Die Adoption eines Kindes gehörte zu den Freuden, die sie jetzt nicht mehr länger aufschieben wollte.

Sie hatte ein starkes psychologisches – ja fast schon ein *physisches* – Bedürfnis, Mutter zu sein, Kinder zu führen und zu formen, ihnen Liebe und Verständnis entgegenzubringen. Sie war intelligent und kannte sich selbst gut genug, um zu erkennen, daß dieses tiefe Bedürfnis zumindest teilweise von ihrer Unfähigkeit, ein eigenes Kind zu bekommen, herrührte.

Das, was wir uns am sehnlichsten wünschen, dachte sie, ist immer das, was wir nicht haben können.

Sie war selbst schuld an ihrer Sterilität, die die Folge einer unverzeihlichen Dummheit war, die sie vor langer Zeit begangen hatte; und natürlich machte es ihr diese Schuld schwerer, ihren Zustand zu ertragen, als wenn die Natur – und nicht ihr eigener Leichtsinn – sie mit Unfruchtbarkeit geschlagen hätte. Sie war ein Kind mit schweren psychischen Problemen gewesen, denn sie war von gewalttätigen Eltern aufgezogen worden, Alkoholikern, die sie häufig geschlagen und mit psychischer Folter nicht gespart hatten. Mit fünfzehn war sie ein Satansbraten und rebellierte zornig gegen ihre Eltern im besonderen und gegen die Welt im allgemeinen. Sie haßte damals alle, besonders sich selbst. In den schwärzesten Stunden ihrer verwirrten und gequälten Pubertät war sie schwanger geworden. Erschreckt und voller Panik und ohne jemanden, an den sie sich hätte wenden können, versuchte sie, ihren Zustand zu verbergen, indem sie Gurte trug, sich mit elastischen Tüchern und Bändern zuschnürte und so wenig wie möglich aß, um ihr Gewicht zu halten. Schließlich traten jedoch aufgrund ihrer Versuche, die Schwangerschaft zu verbergen, Komplikationen auf, und fast wäre sie gestorben. Das Baby kam zu früh zur Welt, war aber gesund. Sie hatte es zur Adoption freigegeben und sich eine ganze Reihe von Jahren nicht mehr damit beschäftigt, doch nun dachte sie oft über das Kind nach und wünschte sich, daß sie es irgendwie hätte behalten können. Damals hatte sie die Tatsache, durch ihr Schicksal unfruchtbar geworden zu sein, nicht deprimiert, denn sie glaubte nicht, daß sie jemals wieder schwanger werden wollte. Aber durch die große Hilfe und Liebe einer Kinderpsychologin namens Grace Mitowski, die Sozialarbeit in Jugendheimen leistete, hatte Carol ihr Leben von Grund auf verändert. Sie hatte gelernt, sich selbst zu mögen, und hatte Jahre später schließlich die Gedankenlosigkeit bedauert, durch die sie unfruchtbar geworden war.

Zum Glück betrachtete sie eine Adoption als eine mehr als nur annehmbare Lösung ihres Problems. Sie war in der Lage, einem adoptierten Kind ebenso viel Liebe zu schenken wie einem eigenen. Sie wußte, daß sie eine gute und fürsorgliche Mutter sein würde, und sie sehnte sich danach, das zu beweisen – nicht der Welt, sondern sich selbst; sie hatte es noch nie nötig gehabt, irgend etwas irgend jemandem anders als sich selbst zu beweisen, denn sie war schon immer ihre eigene strengste Kritikerin gewesen.

Mr. O'Brian schaute von dem Antrag auf und lächelte. Seine Zähne waren ganz ungewöhnlich weiß. »Das sieht wirklich sehr gut aus«, meinte er und deutete auf das Formular, das er gerade fertiggelesen hatte. »Um genau zu sein: Es ist großartig. Nicht jeder, der sich bei uns bewirbt, kann solche Zeugnisse vorweisen.«

»Nett, daß Sie das sagen«, erwiderte Paul.

O'Brian schüttelte den Kopf. »Überhaupt nicht. Es ist einfach die Wahrheit. Sehr beeindruckend.«

Carol bedankte sich.

O'Brian lehnte sich in seinem Stuhl zurück, faltete die Hände vor dem Bauch und meinte: »Ich habe trotzdem noch ein paar Fragen. Ich bin mir sicher, daß es dieselben sind, die auch der Adoptionsausschuß mir stellen wird, also kann ich Sie genausogut jetzt schon fragen und mir dadurch später eine Menge Hin und Her ersparen.«

Carol verkrampfte sich wieder.

O'Brian hatte ihre Reaktion ganz offensichtlich bemerkt, denn er meinte schnell: »Oh, es ist nichts Ernstes. Wirklich nicht. Glauben Sie mir – ich werde Ihnen nicht halb so viele Fragen stellen wie den meisten anderen Paaren, die hierherkommen.«

Trotz O'Brians Beteuerungen blieb Carol angespannt.

Draußen wurde der sturmdunkle Nachmittagshimmel ständig noch dunkler, während die Farbe der Gewitterwolken, die sich zusammenballten und sich dichter auf die Erde preßten, von grau zu schwarz umschlug.

O'Brian schwang auf seinem Stuhl herum, bis er Paul genau gegenübersaß. »Dr. Tracy, würden Sie sagen, daß Sie zu erfolgsorientiert sind?«

Paul schien überrascht von der Frage. Er blinzelte und sagte dann: »Ich verstehe nicht so ganz, was Sie meinen.«

»Sie *sind* doch der Leiter des Englischen Instituts am College, oder?«

»Ja. Ich habe gerade ein Freisemester, und währenddessen kümmert sich mein Stellvertreter um die meisten Dinge. Ansonsten leite ich das Institut tatsächlich seit eineinhalb Jahren.«

»Sind Sie nicht noch ziemlich jung für so einen Posten?«

»Schon«, mußte Paul zugeben. »Aber das ist nicht mein Verdienst. Sehen Sie, es ist eine undankbare Stellung, viel Arbeit und keine Ehre. Meine älteren Kollegen am Institut haben mich geschickt da hineinmanövriert, damit der Job an keinem von ihnen hängenbleibt.«

»Jetzt sind Sie aber bescheiden.«

»Nein, wirklich nicht«, erwiderte Paul. »Es ist wirklich nichts Besonderes.«

Carol wußte, daß er tatsächlich bescheiden war. Die Institutsleitung war durchaus eine angesehene Position, eine Ehre. Aber sie verstand, warum Paul das herunterspielte; es hatte ihn verunsichert, als O'Brian sagte, er sei zu erfolgsorientiert. Sie selbst hatte das auch verunsichert. Bis zu diesem Augenblick hatte sie nicht geglaubt, daß eine ungewöhnlich lange Liste von Leistungen gegen sie sprechen könnte.

Jenseits der hohen Fenster fuhr der Blitz in Zickzacklinien über den Himmel. Der Tag flackerte, und eine oder zwei kurze Sekunden lang tat es ihm das elektrische Licht in O'Brians Büro gleich.

Noch immer an Paul gewandt, meinte O'Brian: »Sie sind außerdem noch Schriftsteller.«

»Ja.«

»Sie haben ein sehr erfolgreiches Handbuch für Kurse in amerikanischer Literatur geschrieben. Sie haben ein Dutzend Monographien über eine Vielfalt von Themen verfaßt und eine Geschichte des hiesigen Bezirks. Außerdem zwei Kinderbücher und einen Roman...«

»Der Roman hatte ungefähr so viel Erfolg wie ein Pferd auf dem Hochseil«, meinte Paul. »Der Kritiker von der *New York Times* hat gesagt, es sei ›ein perfektes Beispiel akademischer Aufgeblasenheit, vollgestopft mit Themen und Symbolen, völlig substanzlos und ohne erzählerischen Schwung, triefend von der Naivität des Elfenbeinturms‹.«

O'Brian lächelte. »Lernen alle Schriftsteller ihre Verrisse auswendig?«

»Ich glaube nicht. Aber mir hat sich diese Besprechung ins Gehirn eingegraben, weil beunruhigend viel Wahres daran ist.«

»Schreiben Sie gerade an einem neuen Roman? Ist das der Grund, warum Sie ein Freisemester genommen haben?«

Paul überraschte diese Frage nicht. Ganz offensichtlich verstand er jetzt, wonach O'Brian bohrte. »Ja, ich schreibe tatsächlich an einem neuen Roman. Und diesmal hat er sogar eine Handlung.« Er lachte mit lockerer Selbstironie.

»Sie sind außerdem noch sozial engagiert.«

»Nicht allzusehr.«

»Sogar ziemlich stark«, widersprach O'Brian. »Die Stiftung für das Kinderkrankenhaus, der Gemeindefonds, das Stipendienprogramm am College – all das noch zusätzlich zu Ihrer eigentlichen Arbeit und Ihrer Schriftstellerei. Und da glauben Sie immer noch nicht, daß Sie zu erfolgsorientiert sind?«

»Nein, das glaube ich wirklich nicht. Die Sozialarbeit macht nur ein paar Zusammenkünfte pro Monat aus. Das ist keine große Sache. Das ist das mindeste, was ich tun kann, wenn ich bedenke, wie gut es mir selbst geht.« Paul rutschte auf seinem Stuhl nach vorn. »Vielleicht haben Sie Bedenken, daß ich nicht genug Zeit für ein Kind habe; aber wenn es das ist, worüber Sie sich Sorgen machen, können Sie sich beruhigen. Ich werde mir die Zeit einfach nehmen. Diese Adoption ist außerordentlich wichtig für uns, Mr. O'Brian. Wir wünschen uns beide sehnlichst ein Kind, und wenn wir wirklich das Glück haben sollten, eins zu bekommen, werden wir es ganz sicherlich nicht vernachlässigen.«

»Oh, ich bin mir sicher, daß Sie das nicht werden«, erwiderte O'Brian schnell und hob dabei besänftigend die Hände. »Das wollte ich damit auch überhaupt nicht sagen. Nein, ganz gewiß nicht. Ich bin in dieser Angelegenheit ganz auf *Ihrer* Seite. Und ich meine das ganz ehrlich.« Er drehte sich um, bis er Carol genau gegenübersaß. »Dr. Tracy – die *zweite* Dr. Tracy – wie steht's mit Ihnen? Glauben Sie, daß Sie zu erfolgsorientiert sind?«

Wieder fuhr ein Blitz durch die Wolkenrüstung, diesmal näher als vorher; er schien nicht weiter als zwei Häuserblocks entfernt in den Boden zu schlagen. Das nachfolgende Krachen des Donners brachte die hohen Fenster zum Klappern.

Carol nutzte die Unterbrechung durch den Donnerschlag, um sich eine Antwort zurechtzulegen, und sie kam zu dem Schluß, daß O'Brian Aufrichtigkeit eher zu würdigen wußte als Bescheidenheit. »Ja. Ich würde sagen, daß ich zu erfolgsorientiert bin. Ich bin an zwei von den drei sozialen Projekten beteiligt, bei denen Paul mitmischt. Und ich weiß auch, daß ich noch ziemlich jung für eine so erfolgreiche Psychiaterpraxis wie die meine bin. Außerdem halte ich ziemlich regelmäßig am College Gastvorträge. Und ich bin im Graduiertenforschungsprogramm über autistische Kinder. Im Sommer kümmere ich mich um einen kleinen Gemüsegarten, und in den Wintermonaten sticke ich ein bißchen, und ich putze mir sogar *dreimal* täglich die Zähne, jeden Tag, ohne Ausnahme.«

O'Brian lachte. »Dreimal täglich, was? Tja, Sie sind ganz eindeutig zu erfolgsorientiert.«

Sein freundliches Lachen beruhigte Carol, und mit frischer Zuversicht sagte sie: »Ich glaube, ich weiß, worüber Sie sich Sorgen machen. Sie fragen sich, ob Paul und ich nicht vielleicht zuviel von unserem Kind erwarten werden.«

»Genau«, meinte O'Brian. Er entdeckte ein Fusselchen auf seinem Jackenärmel und zupfte es weg. »Eltern, die selber zuviel leisten, neigen dazu, ihre Kinder zu schnell, zu bald und zu sehr anzutreiben.«

Paul erwiderte: »Dieses Problem entsteht nur dann, wenn sich die Eltern dieser Gefahr nicht bewußt sind. Selbst wenn Carol und ich erfolgsorientiert sein sollten – was ich für meinen Teil immer noch nicht bereit bin zuzugestehen –, würden wir deshalb unsere Kinder nicht dazu drängen, mehr zu leisten als das, wozu sie in der Lage sind. Jeder muß seinen Rhythmus finden im Leben. Carol und mir ist es klar, daß man ein Kind zwar lenken, es aber nicht mit Gewalt in eine Form pressen sollte.«

»Genau«, stimmte Carol ein.

O'Brian schien das zu gefallen. »Ich wußte, daß Sie das sagen würden – oder doch zumindest etwas Ähnliches.«

Wieder zuckte ein Blitz auf. Diesmal schien er noch näher als vorher einzuschlagen, nur einen Häuserblock entfernt. Der Donner krachte und krachte noch einmal. Das Licht über ihnen wurde matt, flackerte und erlangte dann zögernd wieder seine volle Stärke.

»In meiner Psychiaterpraxis habe ich mit ganz unterschiedlichen Patienten zu tun, die alle möglichen Probleme haben«, sagte Carol zu O'Brian, »aber ich habe mich auf geistige und seelische Störungen bei Kindern und Jugendlichen spezialisiert. Sechzig oder siebzig Prozent meiner Patienten sind siebzehn oder noch jünger. Ich habe schon mehrfach Kinder mit schweren psychischen Schäden behandelt, die von Eltern verursacht worden sind, die zuviel verlangen, die sie in der Schule und in jedem Bereich ihrer geistigen und persönlichen Entwicklung zu sehr antreiben. Ich kenne die Wunden, Mr. O'Brian, und habe sie behandelt, so gut ich konnte, und aufgrund dieser Erfahrungen könnte ich mich jetzt wahrscheinlich nicht um hundertachtzig

Grad drehen und meinen Kindern genau das antun, was ich bei anderen Eltern gesehen habe. Nicht etwa, daß ich keine Fehler machen werde. Ich bin mir ganz sicher, daß ich das werde. Ein gerüttelt Maß. Aber der, den Sie erwähnt haben, wird sicherlich nicht darunter sein.«

»Das klingt überzeugend«, meinte O'Brian und nickte. »Überzeugend und sehr gut formuliert. Wenn ich das, was Sie mir gerade gesagt haben, an den Adoptionsausschuß weitergebe, wird er hinsichtlich dieses Punktes völlig zufrieden sein, da bin ich mir sicher.« Er entdeckte ein weiteres winziges Fuselchen auf seinem Ärmel, entfernte es und runzelte dabei die Stirn, als wäre es keine Faser, sondern Abfall. »Noch eine Frage, die man mir bestimmt stellen wird: Nehmen wir einmal an, das Kind, das Sie adoptieren, erweist sich nicht nur als nicht besonders leistungsfähig, sondern ... nun ja ... als grundsätzlich weniger intelligent als Sie beide. Als Eltern, deren Leben so auf den geistigen Bereich ausgerichtet ist wie das Ihre, wären Sie da nicht etwas frustriert über ein Kind, das nur durchschnittlich – oder vielleicht sogar etwas weniger als durchschnittlich – intelligent ist?«

»Nun, sogar wenn wir ein eigenes Kind haben könnten«, meinte Paul, »hätten wir noch lange keine Garantie, daß es ein Wunderkind oder so etwas Ähnliches wäre. Aber selbst wenn es ... ein bißchen langsam ... wäre, würden wir es trotzdem lieben. Natürlich würden wir das. Und dasselbe gilt für jedes Kind, das wir vielleicht adoptieren.«

Carol sagte zu O'Brian: »Ich glaube, Sie haben eine zu hohe Meinung von uns. Wir sind beide keine *Genies*, in Gottes Namen! Wir haben unseren heutigen Standard hauptsächlich durch harte Arbeit und Beharrlichkeit erreicht, nicht etwa, weil wir besonders gescheit sind. Ich wünschte, es wäre tatsächlich so einfach gewesen, aber das war es beileibe nicht.«

»Außerdem«, sagte Paul, »liebt man jemanden nicht nur deswegen, weil er intelligent ist. Seine ganze Persönlichkeit zählt, alles, was dazugehört, und das sind eine Menge Faktoren, noch vieles andere außer dem Verstand.«

»Gut«, meinte O'Brian. »Es freut mich zu hören, daß Sie so denken. Der Ausschuß wird auf diese Antwort auch positiv reagieren.«

Während der letzten Sekunden hatte Carol das entfernte Heulen von Sirenen wahrgenommen. Feuerwehr. Jetzt waren sie nicht mehr so weit weg wie vorher; sie kamen rasch näher, wurden lauter.

»Einer von den beiden letzten Blitzen hat wohl wirklich Schaden angerichtet, als er eingeschlagen hat«, meinte Paul.

O'Brian schwang mit seinem Stuhl herum zum mittleren Fenster, das sich direkt hinter seinem Schreibtisch befand. »Es hat tatsächlich geklungen, wie wenn er ganz hier in der Nähe eingeschlagen hätte.«

Carol sah durch jedes der drei Fenster, aber sie konnte nirgends Rauch hinter den nächstgelegenen Dächern erkennen. Dann war die Aussicht wieder getrübt, und die Sicht verschlechterte sich durch die Wassertropfen an der Glasscheibe und durch die Schleier aus Dunst und grauem Regen, die jenseits des Glases dahinflackerten, peitschten und wogten.

Der Klang der Sirenen schwoll an.

»Mehr als ein Wagen«, meinte O'Brian.

Die Feuerwehrwagen befanden sich einen Augenblick lang direkt vor dem Büro – mindestens zwei, vielleicht sogar drei Fahrzeuge –, und dann fuhren sie vorbei und zum nächsten Häuserblock.

O'Brian erhob sich von seinem Stuhl und trat ans Fenster. Als die ersten Sirenen etwas leiser wurden, kreischten hinter ihnen schon wieder neue auf.

»Muß was Schlimmeres sein«, meinte Paul. »Klingt, als ob mindestens zwei Züge unterwegs wären.«

»Ich sehe Rauch«, sagte O'Brian.

Paul erhob sich von seinem Stuhl und ging ans Fenster, um besser zu sehen.

Irgend etwas stimmt hier nicht.

Dieser Gedanke schoß Carol plötzlich durch den Kopf und erschreckte sie wie das plötzliche Knallen einer Peitsche direkt vor ihrem Gesicht. Eine mächtige, unerklärliche Welle von Panik durchwogte sie, ließ sie erstarren. Sie packte die Lehnen ihres Stuhls so fest, daß einer ihrer Fingernägel abbrach.

Irgend etwas ... stimmt ... hier ... überhaupt ... nicht ...

Plötzlich war die Luft drückend schwer – heiß, dick wie ein

beißendes, giftiges Gas, nicht mehr nur Luft. Sie versuchte zu atmen, schaffte es aber nicht. Ein unsichtbares, erdrückendes Gewicht legte sich auf ihre Brust.

Geht von den Fenstern weg!

Sie versuchte, diese Warnung hinauszuschreien, aber die Panik hatte ihr die Stimme geraubt. Paul und O'Brian standen an verschiedenen Fenstern, aber beide mit dem Rücken zu ihr, so daß keiner von ihnen sehen konnte, daß sie von plötzlicher, lähmender Angst ergriffen worden war.

Angst wovor? fragte sie sich. Wovor, um Gottes willen, habe ich solche Angst?

Sie kämpfte an gegen das blinde Entsetzen, das ihre Muskeln und Gelenke gefangenhielt. Sie wollte gerade von ihrem Stuhl aufstehen, als es passierte.

Ein mörderisches Blitzgewitter ging herunter wie eine Mörsersalve, sieben oder acht gewaltige Schläge, vielleicht sogar noch mehr – sie zählte sie nicht, konnte sie nicht zählen –, einer nach dem anderen, ohne wahrnehmbare Pause dazwischen, jeder heftige Knall überschnitt sich mit den vorhergehenden und nachfolgenden, und dennoch war jeder ganz klar lauter als seine Vorgänger, so laut, daß ihre Zähne und Knochen zu vibrieren anfingen; jeder Schlag ging deutlich näher bei dem Gebäude nieder als der vorhergehende, näher bei den zwei Meter hohen Fenstern – den gleißenden, blitzenden, klappernden, jetzt schwarzen, jetzt milchigen, jetzt leuchtenden, jetzt stumpfen, jetzt silbrigen, jetzt kupfernen Fenstern...

Das harte, berstende, purpur-weiße Licht erzeugte eine Reihe von flackernden, stroboskopischen Bildern, die sich auf ewig in Carols Gedächtnis einbrannten: Wie Paul und Brian dort standen, scharf konturiert vor diesem natürlichen Feuerwerk, wie klein und verletzlich sie aussahen; wie draußen der Regen scheinbar zögernd herabfiel; wie die windgepeitschten Bäume in flackernder Wut auf und ab wogten; wie der Blitz in einen jener Bäume schlug, einen großen Ahornbaum, und sich dann eine unheilverkündende dunkle Gestalt aus dem Zentrum des Einschlags erhob, ein torpedoähnliches Ding, das direkt auf das mittlere Fenster zuwirbelte (all das passierte innerhalb von nur einer oder zwei Sekunden, sah jedoch durch den flackernden

Blitz merkwürdig verzögert, wie in Zeitlupe, aus, und einen Augenblick später verstärkte das Licht an der Decke diesen Eindruck noch, als es gleichfalls zu flackern begann); wie O'Brian den Arm in einer Abfolge von, wie es wirkte, einem halben Dutzend abgehackter Bewegungen vors Gesicht riß; wie Paul sich zu O'Brian herüberdrehte und nach ihm griff, beide Männer wie Figuren auf einer Filmleinwand, wenn der Film im Projektor verrutscht und hängenbleibt; wie O'Brian zur Seite taumelte, Paul ihn am Ärmel seiner Jacke packte, zurück und in Sicherheit hinunterzog (nur den Bruchteil einer Sekunde, nachdem der Blitz den Ahornbaum zersplittert hatte); wie ein riesiger Ast durch das mittlere Fenster brach, gerade als Paul O'Brian von dort wegzog; wie ein Ast voller Blätter über O'Brians Kopf hinwegwischte, ihm die Brille herunterriß und sie in die Luft wirbelte – sein Gesicht, dachte Carol, seine *Augen!* –, und wie Paul und O'Brian dann zu Boden stürzten, aus ihrem Blickfeld heraus; wie der gewaltige Ast des zerschmetterten Ahornbaumes in einer Flut aus Wasser, Glas, Splittern des Fensterrahmens und rauchenden Rindenstückchen auf O'Brians Schreibtisch herunterkrachte; wie die Beine des Schreibtisches knirschten und unter dem grausamen Aufprall des zerstörten Baumes zusammenknickten.

Carol fand sich auf dem Boden wieder, neben ihrem umgestürzten Stuhl. Sie konnte sich nicht entsinnen, gefallen zu sein.

Die Neonleuchten flackerten und gingen völlig aus.

Sie lag auf dem Bauch, eine Wange gegen den Boden gepreßt, und starrte voller Schrecken auf die Glasscherben und die zerrissenen Ahornblätter, die über den Teppich verstreut lagen. Während weiterhin Blitze von dem aufgewühlten Himmel herunterstachen, brauste der Wind durch das zerborstene Fenster und wirbelte ein paar der losen Blätter in rasendem Derwischtanz auf; begleitet vom Mißklang der Sturmmusik wirbelten und sausten sie durch das Büro, auf eine Reihe grüner Aktenschränke zu. Ein Kalender flatterte von der Wand herunter und auf den Schwingen von Januar und Dezember im Sturzflug durchs Zimmer, schoß herab, erhob sich wieder in die Lüfte und glitt dahin, als wäre er eine Fledermaus. Zwei Gemälde klapperten an ihren Drahthaken und versuchten, sich loszureißen. Überall war Papier – Briefpapier, Formulare, kleine Blätter aus einem Notizblock, Rundschreiben, eine Zeitung – alles raschelte und sprang hierhin und dorthin, schwebte hinauf, tauchte hinunter, knüllte sich zusammen und glitt mit schlangenartigem Zischen über den Boden.

Carol hatte das unheimliche Gefühl, daß die ganze Bewegung in dem Zimmer nicht allein vom Wind herrührte, sondern zum Teil von einer... *Erscheinung*... verursacht wurde. Von etwas Bedrohlichem. Einem bösen Poltergeist. Dämonen schienen ihr Unwesen zu treiben in dem Büro, ihre gespenstischen Muskeln anzuspannen, Dinge von den Wänden herunterzustoßen und für kurze Zeit in einem Körper Wohnung zu nehmen, der nur aus Blättern und zerknittertem Zeitungspapier bestand.

Das war eine verrückte Idee, völlig ungewöhnlich für sie. Sie war überrascht und verwirrt durch den Schauder abergläubischer Angst, der sie durchlief.

Wieder flackerte ein Blitz auf. Und noch einer.

Sie zuckte unter dem schmerzend hohen Geräusch zusammen und fragte sich, ob ein Blitz durch ein offenes Fenster in einen Raum dringen konnte, und sie hob die Arme als schwachen Schutz über den Kopf.

Ihr Herz pochte, und ihr Mund war trocken.

Sie dachte an Paul, und ihr Herzschlag beschleunigte sich noch mehr. Er war dort drüben bei den Fenstern, auf der anderen Seite des Schreibtisches, außerhalb ihres Blickfeldes, unter den Ahornästen. Sie glaubte nicht, daß er tot war. Er war nicht direkt in der Fallinie des Baumes gestanden. O'Brian war vielleicht tot, ja, je nachdem, wie jener kleine Ast seinen Kopf getroffen hatte, je nachdem, ob er Glück gehabt hatte oder nicht, denn vielleicht hatte sich ja auch ein spitzer Zweig tief in Auge und Gehirn gebohrt, als seine Brille heruntergerissen wurde, aber Paul war sicher noch am Leben. Ganz sicher. Nichtsdestoweniger konnte er ernsthaft verletzt sein, bluten...

Carol begann, sich auf Hände und Knie zu erheben, bestrebt, Paul zu finden und die vielleicht nötige Erste Hilfe zu leisten. Aber wieder entlud sich direkt vor dem Gebäude ein blendender, ohrenbetäubender Blitz, und die Angst verwandelte ihre Muskeln in feuchte Lappen. Sie hatte nicht einmal die Kraft zum Kriechen, und ihre Schwäche machte sie rasend, denn sie war immer stolz gewesen auf ihre Stärke, ihre Entschlossenheit und unerschütterliche Willenskraft. Sie verfluchte sich selbst und sank auf den Boden zurück.

Irgend etwas will uns daran hindern, ein Baby zu adoptieren.

Dieser unglaubliche Gedanke durchzuckte sie mit derselben harten Kälte wie die Warnung vor dem Zerbersten des Fensters, die sie einen Augenblick, bevor sich der Blitz mit unglaublicher Macht im Hof entlud, erreicht hatte.

Irgend etwas will uns daran hindern, ein Baby zu adoptieren.

Nein. Das war lächerlich. Der Sturm, der Blitz – das waren ganz natürliche Phänomene. Sie waren nicht gegen O'Brian gerichtet, nur weil er ihnen dabei helfen würde, ein Kind zu adoptieren. Einfach absurd.

Wirklich? dachte sie, als der ohrenbetäubende Donner und das entsetzliche Licht des Sturms den Raum erfüllten. Natürliche Phänomene, ja? Wer hatte schon jemals zuvor *solche* Blitze gesehen?

Sie preßte sich gegen den Boden, zitternd und frierend, und sie hatte noch nie solche Angst gehabt, seit sie ein kleines Mädchen gewesen war. Sie versuchte sich einzureden, daß sie sich nur vor dem Blitz fürchtete, denn das war doch eine sehr gerechtfertigte, rationale Angst, aber sie wußte, daß sie sich belog. Es war *nicht* nur der Blitz, der ihr Schrecken einjagte. Er spielte in Wahrheit die geringste Rolle dabei. Da war noch etwas anderes, etwas, das sie nicht festmachen konnte, etwas Gestalt- und Namenloses in dem Zimmer, und seine bloße Gegenwart, was zum Teufel es auch immer sein mochte, löste tief in ihrem Innern einen Alarm aus, auf einer unterbewußten, animalischen Ebene; diese Furcht saß tief in ihren Gedärmen, war instinktiv.

Der Wind wirbelte einen Derwisch aus Blättern und Papieren über den Boden, direkt auf sie zu. Er war groß: eine Säule von mehr als einem halben Meter Durchmesser, über eineinhalb Meter hoch, zusammengesetzt aus hundert oder mehr Teilen. Sie hielt ganz knapp vor ihr, wand sich, wirbelte, zischte, veränderte ihre Form, schimmerte silbrig dunkel im flackernden Licht des Sturms, und sie fühlte sich davon bedroht. Während sie den Wirbelwind anstarrte, hatte sie das verrückte Gefühl, daß er auf sie herunterstarrte. Nach einem kurzen Augenblick bewegte er sich etwas nach links, kehrte wieder zurück, blieb wieder vor ihr stehen, zögerte, huschte dann geschäftig nach rechts, kam jedoch nochmals zurück und ragte über ihr auf, wie wenn er sich zu entscheiden versuchte, ob er sich auf sie stürzen, sie in Stücke reißen und sie zusammen mit den Blättern, Zeitungen, Briefumschlägen und dem anderen Strandgut, aus dem er sich selbst schuf, vor sich herfegen sollte oder nicht.

Das ist doch nur ein Wirbelwind aus leblosem Abfall! sagte sie sich ärgerlich.

Das Phantom, das der Wind geschaffen hatte, bewegte sich von ihr weg.

Siehst du? meinte sie verächtlich. Nur lebloser Abfall. Was ist bloß mit mir los? Bin ich dabei, den Verstand zu verlieren?

Sie erinnerte sich an den alten Lehrsatz, der in solchen Situationen Trost zu spenden pflegte: Wenn du glaubst, daß du verrückt wirst, mußt du einen völlig klaren Kopf haben, denn ein Wahnsinniger zweifelt nie an seinem Verstand. Als Psychiaterin wußte sie natürlich, daß diese alte Weisheit komplexe psychologische Prinzipien zu sehr vereinfachte, aber in ihrem Kern stimmte sie schon. Also war sie wohl bei klarem Verstand.

Nichtsdestoweniger kehrte jener erschreckende, irrationale Gedanke ungebeten und unerwünscht zurück: *Irgend etwas will uns daran hindern, ein Baby zu adoptieren.*

Wenn der Strudel, in dem sie sich befand, kein natürliches Phänomen war, was war er *dann?* Sollte sie etwa glauben, daß der Blitz mit der bewußten Absicht herabgesandt worden war, Mr. O'Brian in einen rauchenden Haufen verkohlten Fleisches zu verwandeln? Das war ganz sicher eine Schnapsidee. Wer konnte schon einen Blitz wie eine Pistole verwenden? Gott? Gott saß doch nicht droben im Himmel, zielte auf Mr. O'Brian und ballerte mit Blitzen auf ihn los, bloß um Carol und Tracy einen Strich durch die ganze Adoptionsrechnung zu machen. Der Teufel? Der aus den Tiefen der Hölle auf den armen Mr. O'Brian feuerte. Das war doch nun wirklich eine verrückte Idee. *Mein Gott!*

Sie war sich nicht mal sicher, daß sie an Gott glaubte, aber sie wußte jedenfalls ganz bestimmt, daß sie nicht an den Teufel glaubte.

Wieder zerbarst ein Fenster, und das Glas regnete auf sie herab.

Dann hörten die Blitze auf.

Der Donner schwächte sich von einem Krachen zu einem Grollen ab und schwand wie der Lärm eines vorbeifahrenden Güterzuges.

Es stank nach Ozon.

Noch immer strömte der Wind durch die zerbrochenen Fenster herein, jedoch ganz offensichtlich mit weniger Gewalt als noch vor einem Augenblick, denn die wirbelnden Säulen aus Blättern und Papieren senkten sich auf den Boden, flatterten und bebten, als wären sie erschöpft.

Irgend etwas...
Irgend etwas...
Irgend etwas will uns daran hindern –

Sie klemmte diesen unerwünschten Gedanken ab wie eine sprudelnde Arterie. Sie war doch eine gebildete Frau, verdammt noch mal. Sie war stolz auf ihre Besonnenheit und ihren gesunden Menschenverstand. Sie konnte sich doch nicht einfach diesen beunruhigenden, für sie völlig untypischen, ganz und gar abergläubischen Ängsten hingeben.

Launiges Wetter – das war die Erklärung für die Blitze. Launiges Wetter. Man liest immer mal wieder in der Zeitung über solche Dinge. Eineinhalb Zentimeter Schnee in Beverly Hills. Ein Tag mit fast siebenundzwanzig Grad mitten im sonst eisigen Winter von Minnesota. Regenschauer aus einem anscheinend wolkenlos blauen Himmel. Auch wenn ein Blitzschlag von dieser Größe und Stärke zweifelsfrei ein seltenes Ereignis darstellte, war das wahrscheinlich schon irgendwann, irgendwo vorher mehr als einmal passiert. Natürlich. Natürlich. Wenn man eines jener beliebten Bücher zur Hand nahm, in denen die Autoren alle möglichen Weltrekorde sammelten, und wenn man das Kapitel übers Wetter aufschlug, und wenn man nach einem Unterkapitel »Blitz« suchte, würde man höchstwahrscheinlich eine beeindruckkende Liste anderer Blitzserien finden, die diese in den Schatten stellten. Launiges Wetter. Das war es. Das war alles. Nichts Merkwürdigeres, nichts Schlimmeres.

Wenigstens vorläufig gelang es Carol, alle Gedanken an

Geister und Dämonen und übelgesinnte Poltergeister und solchen Klimbim zu verdrängen.

In der vergleichsweisen Ruhe, die dem schnell schwindenden Donner folgte, spürte sie, wie ihre Kräfte wiederkehrten. Sie erhob sich vom Boden, kniete nun. Glasstückchen fielen mit dem leise klirrenden Geräusch eines sanft bewegten Windspiels von ihrem grauen Rock und der grünen Bluse; sie hatte sich nicht geschnitten, nicht einmal gekratzt. Sie war jedoch ein wenig betäubt, und einen Augenblick lang schien der Boden widerlich von einer Seite zur anderen zu schwanken, als wäre sie in der Luxuskabine eines Schiffes.

In dem Büro nebenan begann eine Frau hysterisch zu kreischen. Es waren Alarmschreie zu hören, und jemand fing an, nach Mr. O'Brian zu rufen. Bis jetzt war noch niemand in das Büro gestürzt, um zu sehen, was passiert war, was bedeutete, daß erst eine oder zwei Sekunden vergangen waren, seit die Blitze aufgehört hatten, auch wenn es Carol schien, als wären bereits eine oder zwei Minuten vergangen.

Drüben bei den Fenstern stöhnte jemand leise.

»Paul?« fragte sie.

Wenn tatsächlich eine Antwort kam, wurde sie durch einen plötzlichen Windstoß erstickt, der die Papiere und Blätter noch einmal kurz in Bewegung versetzte.

Sie erinnerte sich, wie jener Ast über O'Brians Kopf gekracht war, und sie erschauerte. Aber Paul hatte nichts abbekommen. Der Baum hatte ihn verfehlt. Oder?

»Paul!«

Die Angst stieg wieder in ihr auf, sie erhob sich, eilte um den Schreibtisch herum und kletterte dabei über gesplitterte Ahornäste und einen umgefallenen Abfallkorb.

2

An jenem Nachmittag ging Grace Mitowski in ihr Arbeitszimmer und rollte sich auf dem Sofa zusammen, um ein Stündchen zu schlafen, nachdem sie mittags eine Gemüsesuppe aus der

Dose und ein Sandwich mit überbackenem Käse gegessen hatte. Sie legte sich nie im Schlafzimmer hin, weil die Sache dadurch irgendwie endgültigen Charakter annehmen würde, und obwohl sie nun schon seit etwa einem Jahr drei- bis viermal pro Woche so ein Schläfchen hielt, hatte sie sich noch immer nicht mit der Tatsache abgefunden, daß sie mittags ein wenig Ruhe brauchte. Ihrer Meinung nach war das etwas für Kinder und alte, verbrauchte, ausgelaugte Leute. Es war nicht mehr gerade ihr erster Frühling – nicht mal mehr der zweite –, und obwohl sie tatsächlich alt war, war sie ganz sicherlich nicht verbraucht oder ausgelaugt. Wenn sie sich mitten am Tag ins Bett legte, fühlte sie sich träge, und sie konnte Untätigkeit nicht ertragen, am wenigsten ihre eigene. Deshalb machte sie ihr Nickerchen auf dem Sofa im Arbeitszimmer, mit dem Rücken zu den Fenstern mit den Rolläden, eingelullt von dem eintönigen Ticken der Kaminuhr.

Mit siebzig war Grace *geistig* immer noch so wendig und voller Energie wie eh und je. Ihre grauen Gehirnzellen hatten noch keineswegs begonnen abzubauen; es war lediglich ihr treuloser Körper, der ihr Kummer machte und sie frustrierte. Sie hatte leichte Arthritis in den Händen, und wenn die Luftfeuchtigkeit hoch war – so wie heute –, litt sie zudem noch an einer Schleimbeutelentzündung, die ihr einen dumpfen, unablässigen Schmerz in den Schultern verursachte. Obwohl sie alle Übungen machte, die ihr der Arzt empfohlen hatte, und obwohl sie jeden Morgen etwa dreieinhalb Kilometer zu Fuß ging, fand sie es zunehmend schwieriger, ihre Muskeln in Form zu halten. Schon seit der Zeit, als sie noch ein kleines Mädchen war, und fast das ganze weitere Leben hindurch hatte sie Bücher geliebt, und sie hatte den ganzen Morgen, den ganzen Nachmittag und noch den größten Teil des Abends lesen können, ohne daß das ihre Augen belastet hätte; heute jedoch brannten und verklebten sie gewöhnlich schon nach ein paar Stunden. Sie betrachtete jedes ihrer Gebrechen mit außerordentlicher Empörung, und sie kämpfte gegen sie an, auch wenn sie wußte, daß sie diesen Kampf schließlich verlieren mußte.

An jenem Mittwochnachmittag nun legte sie vorübergehend die Waffen nieder und genoß eine kurze Zeit der Ruhe und

Entspannung. Zwei Minuten, nachdem sie sich auf dem Sofa ausgestreckt hatte, schlief sie bereits.

Grace träumte nicht oft, und noch seltener plagten sie *böse* Träume. Aber an jenem Mittwochnachmittag in dem Arbeitszimmer voller Bücher wurde ihr Schlaf ständig von Alpträumen gestört. Mehrere Male schreckte sie auf, erwachte halb und hörte sich selbst voll Panik nach Luft schnappen. Einmal, als sie gerade von einer gräßlichen, bedrohlichen Vision wieder in die Realität herauftrieb, hörte sie ihre eigene Stimme in wortlosem Entsetzen aufschreien, und ihr wurde bewußt, daß sie wild auf das Sofa einschlug und dabei ihre schmerzende Schulter verdrehte und quälte. Sie versuchte, vollends wach zu werden, es gelang ihr aber nicht; irgend etwas in dem Traum, etwas Dunkles und Bedrohliches, griff mit eisigen Händen nach ihr und zog sie wieder in den tiefen Schlaf hinab, tiefer und tiefer, bis hinunter an einen Ort ohne Licht, wo ein namenloses Ungeheuer mit schleimig-feuchter Stimme schnatterte und murmelte und in sich hineinkicherte.

Eine Stunde später, als sie schließlich erwachte und es ihr gelang, den hartnäckigen Traum abzuschütteln, stand sie inmitten des schattenverhangenen Raumes, etliche Schritte vom Sofa entfernt, aber sie konnte sich nicht entsinnen, aufgestanden zu sein. Sie zitterte und war schweißgebadet.

– *Ich muß es Carol Tracy sagen.*
– *Ihr was sagen?*
– *Sie warnen.*
– *Sie wovor warnen?*
– *Es kommt. Oh, mein Gott...*
– *Was kommt?*
– *Genau wie in dem Traum.*
– *Was ist mit dem Traum?*

Ihre Erinnerung an den Alptraum begann bereits, sich zu verflüchtigen; es blieben nur noch Bruchstücke davon zurück, und jedes dieser zusammenhanglosen Bilder verdampfte wie Trockeneis. Das einzige, woran sie sich noch erinnerte, war, daß Carol darin eine Rolle gespielt und sich in schrecklicher Gefahr befunden hatte. Und irgendwie wußte sie, daß der Traum mehr gewesen war als nur ein ganz normaler Traum...

Während der Alptraum verblaßte, wurde Grace unangenehm bewußt, wie düster das Arbeitszimmer war. Bevor sie sich zu ihrem Nickerchen hinlegte, hatte sie die Lampen ausgeschaltet. Die Fensterläden waren alle geschlossen, und zwischen den Holzleisten waren nur dünne Lichtstreifen zu sehen. Sie spürte eine irrationale, jedoch unerschütterliche Angst, daß ihr etwas aus dem Traum herauf gefolgt war, etwas Tückisches und Böses, das eine magische Metamorphose von einem Geschöpf der Fantasie zu einem aus Fleisch und Blut vollzogen hatte, etwas, das jetzt geduckt in einer Ecke saß, sie beobachtete, wartete...

– *Hör auf damit!*
– *Aber der Traum war...*
– *Nur ein Traum.*

An den Kanten der Rolläden hellten sich die straffen Lichtfäden plötzlich auf, verblaßten wieder und wurden wieder hell, als draußen ein Blitz aufflammte. Kurz darauf folgte ein Donnerschlag, der das Dach zum Klappern brachte, und noch mehr Blitze, unglaublich viele, eine blau-weiße Explosion nach der anderen, so daß die Ritzen in den Fensterläden mindestens eine halbe Minute lang wie zischende elektrische Drähte aussahen, weißglühend vor sprühendem Strom.

Noch immer vom Schlaf betäubt und leicht verwirrt, stand Grace mitten in dem dunklen Zimmer, wankte von einer Seite zur anderen, lauschte auf den Donner und den Wind und beobachtete den gewaltigen Pulsschlag des Blitzes. Die außerordentliche Heftigkeit des Sturmes schien unwirklich; sie schloß daraus, daß der Traum noch immer auf sie wirkte, und daß sie das, was sie sah, falsch deutete. Es konnte draußen einfach nicht so wild hergehen, wie es schien.

»Grace...« Sie glaubte, vom höchsten Bücherregal, direkt hinter ihr, etwas rufen zu hören. Der undeutlichen, verzerrten Aussprache nach zu schließen mußte der Mund stark mißgestaltet sein.

Hinter mir ist nichts! Nichts.

Trotzdem drehte sie sich nicht um.

Als es schließlich aufhörte zu blitzen und das langgezogene Crescendo des Donners nachließ, schien die Luft dicker als noch eine Minute zuvor. Das Atmen fiel ihr schwer. Auch das Zimmer war jetzt dunkler.

»*Grace...*«

Ein Gefühl der Klaustrophobie senkte sich wie ein hemmender Mantel über sie. Die Wände, die nur undeutlich zu sehen waren, schienen sich zu werfen und näher heranzurücken, ganz als ob das Zimmer um sie herum schrumpfen könnte, bis es genau die Größe und Form eines Sarges hatte.

»*Grace...*«

Sie stolperte zum nächsten Fenster, stieß dabei mit der Hüfte gegen den Schreibtisch und fiel fast über ein Lampenkabel. Sie hantierte an dem Hebel der Fensterläden herum, aber ihre Finger waren steif und wollten ihr nicht gehorchen. Endlich gingen die Läden weit auf; graues, jedoch willkommenes Licht ergoß sich in das Arbeitszimmer und zwang sie zu blinzeln, hob jedoch ihre Stimmung. Sie lehnte sich gegen die Fensterläden, starrte hinaus auf den wolkenbewehrten Himmel und widerstand dem wahnwitzigen Drang, über die Schulter zu schauen, um zu sehen, ob da wirklich etwas Ungeheueres mit hungrigem Grinsen im Gesicht lauerte. Sie atmete kurz und tief ein.

Grace' Haus stand auf einem niedrigen Hügel am Ende einer ruhigen Straße, im Schutz mehrerer großer Kiefern und einer gewaltigen Trauerweide; von dem Fenster ihres Arbeitszimmers aus konnte sie ein paar Kilometer entfernt den regenschwangeren Susquehanna sehen. Harrisburg, die Landeshauptstadt, schmiegte sich ernst und düster ans Ufer des Flusses. Die Wolken hingen tief über der Stadt und schleppten schmutzige Dunstbärte hinter sich her, die die obersten Stockwerke der höchsten Gebäude verhüllten.

Als sie die letzten Reste des Schlafes aus den Augen geblinzelt, als ihre Nerven aufgehört hatten zu kreischen, drehte sie sich und sah sich im Zimmer um. Ein Zittern der Erleichterung durchfuhr sie und löste ihre Muskeln.

Sie war allein.

Als der Sturm sich vorübergehend legte, konnte sie die Kaminuhr wieder hören. Das war das einzige Geräusch.

Ja, verdammt, du *bist* allein, sagte sie sich voller Verachtung. Was hast du denn erwartet? Einen grünen Kobold mit drei

Augen und einem Maul voll scharfer Zähne? Sieh dich vor, Grace Louise Mitowski, oder du landest eines Tages noch in einem Altersheim, sitzt den ganzen Tag im Schaukelstuhl und plapperst fröhlich mit Geistern, während freundlich lächelnde Schwestern dir den Speichel vom Kinn wischen.

Nachdem sie so viele Jahre lang ein reges geistiges Leben geführt hatte, fürchtete sie nichts so sehr wie die langsam heranschleichende Senilität. Sie wußte, daß sie noch genauso wach und auf Draht war wie immer. Aber wie würde das morgen und noch später aussehen? Weil sie eine medizinische Ausbildung genossen und alles gelesen hatte, was mit ihrem Beruf zu tun hatte, sogar, nachdem sie ihre Psychiaterpraxis geschlossen hatte, war sie vertraut mit allen neuesten Erkenntnissen über die Senilität, und sie wußte, daß nur fünfzehn Prozent aller älteren Leute tatsächlich darunter litten. Sie wußte auch, daß mehr als die Hälfte dieser Fälle mit richtiger Ernährung und körperlicher Betätigung behandelt werden konnte. Sie wußte, daß die Wahrscheinlichkeit eines völligen geistigen Verfalls gering war, nur etwa eins zu achtzehn. Und obwohl sie sich bewußt war, daß sie in dieser Hinsicht überempfindlich reagierte, machte sie sich Sorgen. Folglich war sie natürlich über diesen für sie untypischen Gedanken besorgt, daß noch vor wenigen Augenblicken etwas hier bei ihr im Arbeitszimmer gewesen war, etwas Feindseliges und... Übernatürliches. Sie war ihr Leben lang eine Skeptikerin gewesen, und als solche hatte sie nur wenig oder gar keine Geduld Astrologen, Hellsehern und dergleichen gegenüber und konnte auch nicht den geringsten Funken Verständnis für solchen abergläubischen Unsinn aufbringen; ihrer Meinung nach war so etwas... nun ja... schwachsinnig.

Aber du lieber Gott, was war das für ein Alptraum gewesen!

Nie zuvor hatte sie einen Traum gehabt, der auch nur annähernd so schlimm gewesen wäre wie dieser. Obwohl die gräßlichen Einzelheiten inzwischen völlig verblaßt waren, konnte sie sich noch ganz genau an die Atmosphäre erinnern – den Schrecken, das Entsetzen, die jedes böse Bild, jedes hämmernde Geräusch durchdrungen hatten.

Sie erschauerte.

Der Schweiß, den der Traum auf ihre Haut getrieben hatte, fühlte sich langsam an wie eine dünne Eisdecke.

Das einzige aus dem Traum, woran sie sich sonst noch erinnerte, war Carol. Ihr Schreien. Ihre Hilferufe.

Bis jetzt war Carol noch nie in einem von Grace' seltenen Träumen erschienen, und das verführte sie dazu, ihr jetziges Auftauchen mit Beunruhigung zu betrachten, diesen Traum als böses Omen zu sehen. Aber natürlich überraschte es nicht, daß Carol irgendwann einmal eine Rolle in einem von Grace' Träumen spielen sollte, denn das Thema des geliebten Menschen in Not war ein ganz normales in Alpträumen. Jeder Psychologe würde das bestätigen, und Grace war Psychologin, noch dazu eine gute, auch wenn sie jetzt schon bald das dritte Jahr im Ruhestand war. Sie empfand eine tiefe Zuneigung für Carol. Wenn sie ein eigenes Kind gehabt hätte, hätte sie es auch nicht mehr lieben können als Carol.

Sie war dem Mädchen vor sechzehn Jahren zum erstenmal begegnet, als Carol noch eine zornige, laute, störrische fünfzehnjährige Aussteigerin gewesen war, die gerade einem Kind das Leben geschenkt hatte und dabei fast selbst umgekommen wäre, und die nach diesem traumatischen Erlebnis wegen des Besitzes von Marihuana und einer ganzen Reihe anderer Delikte in eine Anstalt für jugendliche Straftäter eingewiesen worden war. Damals hatte Grace zusätzlich zu ihrer privaten Psychiaterpraxis aus freien Stücken noch weitere acht Stunden wöchentlich in der Erziehungsanstalt gearbeitet, in der Carol sich befand, um das Personal dort zu entlasten. Carol war unverbesserlich, wild entschlossen, einem die Zähne einzutreten, wenn man sie anlächelte, aber sogar zu diesem Zeitpunkt konnte man ihre Intelligenz und angeborene Güte erkennen, wenn man nur genau genug hinsah und hinter die rauhe Fassade blickte. Grace hatte sehr genau hingeschaut und war beeindruckt, ja fasziniert gewesen. Die zwanghaft obszöne Sprache, die Bösartigkeit und die amoralische Pose des Mädchens waren nichts anderes gewesen als Abwehrmechanismen, Schutzschilde, mit denen sie sich vor den körperlichen und seelischen Mißhandlungen ihrer Eltern abgeschirmt hatte.

Als Grace Schritt für Schritt die grauenvolle Geschichte von

Carols furchtbarem Familienleben freilegte, kam sie immer mehr zu der Überzeugung, daß die Erziehungsanstalt der falsche Ort für das Mädchen war. Sie machte ihren Einfluß bei Gericht geltend, um Carols Eltern das Sorgerecht für immer zu entziehen. Später wußte sie es einzurichten, daß sie Carols Pflegemutter wurde. Sie hatte gesehen, wie das Mädchen auf Liebe und Führung ansprach, hatte gesehen, wie sie sich von einem düsteren, selbstsüchtigen und selbstzerstörerischen Teenager in eine warme, selbstsichere, bewundernswerte junge Frau mit Hoffnungen und Träumen verwandelte, in eine Frau mit Charakter, eine einfühlsame Frau. Ihre Rolle in dieser aufregenden Wandlung hatte Grace die vielleicht tiefste Befriedigung verschafft, die sie je empfunden hatte.

Das einzige, was sie an ihrer Beziehung zu Carol bedauerte, war ihr Anteil daran, daß das Baby zur Adoption freigegeben wurde. Aber es hatte einfach keine vernünftige Alternative gegeben. Carol wäre weder finanziell noch gefühlsmäßig noch geistig in der Lage gewesen, für das Kind zu sorgen. Mit dieser Verantwortung hätte sie nie die Gelegenheit gehabt zu wachsen und sich zu verändern. Sie wäre ihr ganzes Leben lang unglücklich gewesen, und sie hätte auch ihr Kind unglücklich gemacht. Bedauerlicherweise hatte Carol selbst jetzt, noch sechzehn Jahre danach, Schuldgefühle, weil sie das Baby weggegeben hatte. Und diese Gefühle wurden jedesmal, wenn sich der Geburtstag des Kindes jährte, übermächtig. An jenem schwarzen Tag versank Carol immer in eine tiefe Depression und wurde – völlig untypisch für sie – schweigsam. Der übermäßige Schmerz, den sie an jenem einen Tag litt, gab Zeugnis von der tiefsitzenden, nicht lockerlassenden Schuld, die sie in geringerem Maße auch das restliche Jahr hindurch auf ihren Schultern trug. Grace wünschte, sie hätte diese Reaktion vorhergesehen, wünschte, sie hätte mehr getan, um Carols Schuldgefühle zu dämpfen.

Ich bin doch schließlich Psychologin, dachte sie. Ich hätte das eigentlich vorhersehen müssen.

Wenn Carol und Paul ein fremdes Kind adoptierten, würde Carol vielleicht endlich das Gefühl haben, daß das Schicksal wieder zu ihren Gunsten ausschlug. Die Adoption würde eines Tages vielleicht einen Teil der Schuld von ihr nehmen.

Grace hoffte das jedenfalls. Sie liebte Carol wie eine Tochter und wollte nur ihr Bestes.

Und natürlich konnte sie den Gedanken nicht ertragen, Carol zu verlieren. Deshalb war es kein bißchen rätselhaft, daß Carol in einem Alptraum auftauchte. Es war ganz bestimmt *kein* Omen.

Verklebt vom getrockneten Schweiß wandte sich Grace wieder dem Fenster des Arbeitszimmers zu, um Wärme und Licht zu suchen, aber der Tag war grau, kühl, abweisend. Der Wind drückte gegen das Glas und säuselte leise unter der Dachrinne im Stockwerk über ihr.

In der Stadt, nahe beim Fluß, erhob sich eine trübe Säule aus Rauch in den Regen und Dunst hinein. Vor einer Minute hatte sie sie noch nicht wahrgenommen, aber sie mußte schon dort gewesen sein; es war zuviel Rauch, als daß er innerhalb nur weniger Sekunden aufgetaucht sein konnte. Sogar aus dieser Entfernung konnte sie einen Feuerschein am Fuße der dunklen Säule sehen.

Sie fragte sich, ob das das düstere Werk eines Blitzes gewesen war. Sie erinnerte sich daran, wie der Sturm in jenen ersten Sekunden, nachdem sie erwacht war, mit außergewöhnlicher Macht heruntergefahren war und gedröhnt hatte. Zu diesem Zeitpunkt war sie noch benommen gewesen, hatte alles wie durch einen Schleier wahrgenommen und hatte gedacht, daß ihre vom Schlaf benebelten Sinne ihr einen Streich spielten, und daß die außerordentliche Gewalt des Blitzes trog, vielleicht sogar nur ihrer Fantasie entsprang. Konnte dieses unglaubliche, zerstörerische Tosen tatsächlich Wirklichkeit gewesen sein?

Sie warf einen Blick auf ihre Armbanduhr.

Ihr Lieblingssender im Radio würde in weniger als zehn Minuten die stündlichen Nachrichten ausstrahlen. Vielleicht gab es einen Bericht über das Feuer und den Blitz.

Nachdem sie die Sofakissen geglättet hatte, ging sie aus dem Arbeitszimmer und entdeckte Aristophanes am anderen Ende des unteren Ganges, in der Nähe der Eingangstür. Er saß groß und aufrecht da, den Schwanz nach vorne über die Vorderpfoten gelegt, den Kopf hoch erhoben, als wollte er sagen: »Es gibt nichts Schöneres als eine Siamkatze, und ich bin ein ausgesprochen attraktives Exemplar dieser Gattung, daß du mir das ja nicht vergißt!«

Grace streckte ihm eine Hand entgegen und rieb dabei Daumen und Zeigefinger schnell gegeneinander. »Mietz-mietz-mietz.«

Aristophanes rührte sich nicht.

»Mietz-mietz-mietz. Komm her, Ari. Na komm, mein Kleiner.«

Aristophanes erhob sich und ging durch den Bogen zu seiner Linken in das dunkle Wohnzimmer.

»Verdammte, sture Katze«, meinte sie liebevoll.

Sie ging ins untere Badezimmer, wusch sich das Gesicht und kämmte sich die Haare. Diese ganz und gar irdische Betätigung der Körperpflege lenkte sie von dem Alptraum ab. Allmählich begann sie, sich zu entspannen. Ihre Augen tränten und waren blutunterlaufen. Sie spülte sie mit Augentropfen aus.

Als sie aus dem Bad kam, saß Aristophanes wieder im Gang und beobachtete sie.

»Mietz-mietz-mietz«, lockte sie.

Er starrte sie an, ohne mit der Wimper zu zucken.

»Mietz-mietz-mietz.«

Aristophanes erhob sich, legte den Kopf schräg und musterte sie mit neugierigen, glänzenden Augen. Als sie einen Schritt auf ihn zutrat, drehte er sich um, schlich sich schnell weg, warf nur einen schnellen Blick zurück und verschwand dann wieder im Wohnzimmer.

»Schon gut«, meinte Grace. »Schon gut, mein Lieber. Wie du willst. Ignorier mich ruhig, wenn du meinst. Aber sieh du nur zu, ob du heute abend dein Miau Mix in deiner Schüssel findest.«

In der Küche knipste sie zuerst das Licht und dann das Radio an. Sie bekam den Sender ziemlich gut herein, obwohl es wegen des Sturms ständig zu atmosphärischen Störungen kam.

Während sie Geschichten über Wirtschaftskrisen und atemberaubenden Berichten von Flugzeugentführungen und Kriegsgerüchten lauschte, steckte Grace einen frischen Papierfilter in die Kaffeemaschine, füllte ihn mit fein gemahlenem Kaffee aus Kolumbien und fügte einen halben Löffel Zichorie hinzu. Die Geschichte mit dem Feuer kam am Ende der Nachrichten; es war nur ein skizzenhafter Bericht. Der Reporter wußte auch nur, daß der Blitz in ein paar Gebäude im Stadtzentrum eingeschlagen hatte, und daß eines davon, eine Kirche, in Flammen stand. Er versprach weitere Einzelheiten für die nächste halbe Stunde.

Als der Kaffee fertig war, goß sich Grace ein wenig ein. Sie ging mit der Tasse zu dem kleinen Tisch bei dem einzigen Fenster der Küche, zog einen Stuhl darunter hervor und setzte sich.

Im Garten hinter dem Haus sahen die zahllosen Rosen – rot, rosa, orange, weiß, gelb – übernatürlich strahlend, fast schon phosphoreszierend aus vor dem aschfarbenen Regenvorhang.

Mit der Morgenpost waren zwei psychologische Fachzeitschriften angekommen. Grace schlug voll angenehmer Vorfreude eine davon auf.

Nachdem sie einen Artikel über neue Erkenntnisse auf dem Gebiet der Kriminalpsychologie halb gelesen und ihren ersten Becher Kaffee ausgetrunken hatte, gab es zwischen den Liedern im Radio eine Pause, einige Sekunden völliger Stille, und in jener kurzen Zeit der Ruhe hörte sie eine verstohlene Bewegung hinter sich. Sie drehte sich auf dem Stuhl um und sah Aristophanes.

»Willst du dich jetzt etwa entschuldigen?« fragte sie.

Dann kam ihr zu Bewußtsein, daß er sich offenbar an sie herangeschlichen hatte, und daß er jetzt, wo er sich ihr direkt gegenübersah, erstarrt war; jeder geschmeidige Muskel seines kleinen Körpers war zum Reißen gespannt, und sein Fell sträubte sich auf dem gekrümmten Rücken.

»Ari? Was ist denn los, du alberne Katze?«

Er wirbelte herum und rannte aus der Küche.

3

Carol saß auf einem Chromstuhl mit glänzendem schwarzen Vinylpolster; sie trank ihren Whiskey langsam und in kleinen Schlucken aus einem Pappbecher.

Paul saß zusammengesunken auf einem Stuhl neben dem ihren. Er trank seinen Whiskey nicht in kleinen Schlucken, sondern kippte das Zeug hinunter. Es war ein ausgezeichneter

Bourbon, Jack Daniel's Black Label, für den ein Rechtsanwalt namens Marvin Shnaps, der seine Büroräume auf demselben Gang wie Alfred O'Brian hatte und der erkannt hatte, daß eine Stärkung dringend nötig war, gesorgt hatte. Als Marvin Carol noch einen Bourbon einschenkte, sagte er: »Besser klappt's mit Schnaps«, was er wahrscheinlich schon zehntausendmal vorher gesagt hatte, aber er freute sich noch immer über seinen eigenen Scherz. »Besser klappt's mit Schnaps«, wiederholte er, als er Paul einen Doppelten einschenkte. Obwohl Paul gewöhnlich nicht viel trank, konnte er jetzt jeden Tropfen gebrauchen, den der Rechtsanwalt ihm gab. Seine Hände zitterten immer noch.

Das Empfangszimmer vor O'Brians Büro war nicht groß, aber die meisten Menschen, die im gleichen Stockwerk arbeiteten, hatten sich hier versammelt, um über den Blitz zu reden, der das Gebäude erschüttert hatte, um darüber zu staunen, daß es nicht Feuer gefangen hatte, Überraschung darüber auszudrücken, daß der elektrische Strom so schnell wieder angegangen war und um darauf zu warten, daß sie an die Reihe kamen, einen Blick auf Chaos und Zerstörung in O'Brians innerstem Heiligtum zu werfen. Das Gemurmel trug nicht eben dazu bei, Pauls Nerven zu beruhigen.

Etwa alle dreißig Sekunden wiederholte eine gebleichte Blondine mit schriller Stimme dieselben Worte des Erstaunens: »Ich kann's einfach nicht glauben, daß niemand dabei umgekommen ist! Ich kann's einfach nicht glauben, daß *niemand* umgekommen ist.« Jedesmal, wenn sie redete, egal wo sie sich gerade aufhielt, übertönte ihre Stimme das Getöse und ließ Paul zusammenzukken. »Ich kann's einfach nicht glauben, daß *niemand* umgekommen ist.« Sie klang ein wenig enttäuscht.

Alfred O'Brian saß an der Rezeption. Seine Sekretärin, eine korrekt wirkende Frau, deren Haar zu einem straffen Knoten gebunden war, versuchte, Jod auf ein halbes Dutzend Kratzer im Gesicht ihres Chefs zu tupfen, aber O'Brian schien sich mehr um den Zustand seines Anzuges zu sorgen als um sich selbst. Er zupfte und bürstete an dem Schmutz und den Fuselchen und kleinen Baumrindenstückchen herum, die an seinem Sakko hafteten.

Paul trank seinen Whiskey aus und schaute Carol an. Sie sah

noch immer sehr mitgenommen aus. Im Vergleich zu ihrem glänzenden dunklen Haar wirkte ihr Gesicht sehr blaß.

Ganz offensichtlich bemerkte sie die Sorge in seinem Blick, denn sie nahm seine Hand, drückte sie und lächelte beruhigend. Das Lächeln fand jedoch keinen rechten Halt auf ihren Lippen, es zitterte.

Er beugte sich nah zu ihr herüber, so daß sie ihn über das aufgeregte Geschnatter der anderen hinweg verstehen konnte. »Wollen wir gehen?«

Sie nickte.

Drüben vom Fenster her rief jetzt ein junger Büroangestellter: »Hört mal! Hört mal alle her! Paßt lieber auf. Gerade sind die Leute von den Fernsehnachrichten drunten vor der Tür vorgefahren.«

»Wenn uns die Reporter zu fassen kriegen«, meinte Carol, »bleiben wir noch mal 'ne Stunde oder noch länger hier hängen.«

Sie gingen, ohne sich von O'Brian zu verabschieden. Im Gang schlüpften sie in ihre Regenmäntel, während sie sich auf einen der Seiteneingänge zubewegten. Draußen machte Paul den Regenschirm auf und legte einen Arm um Carols Taille. Sie eilten über den rutschigen Schotterparkplatz und wichen behutsam den riesigen Pfützen aus. Der böige Wind war kühl für Anfang September, und er wechselte ständig die Richtung, bis er schließlich unter den Schirm geriet und ihn umdrehte. Der kalte Regen, den der Wind herantrieb, war so stark, daß Pauls Gesicht schmerzte. Als sie das Auto schließlich erreicht hatten, klebten ihnen die Haare am Kopf, und eine Menge Wasser hatte den Weg in ihren Mantelkragen und ihren Rücken hinunter gefunden.

Paul erwartete fast, daß der Blitz Schaden an dem Pontiac angerichtet hatte, aber er stand noch genauso da, wie sie ihn verlassen hatten. Der Motor sprang ohne Schwierigkeiten an.

Als er aus dem Parkplatz herausfuhr, wollte er nach links abbiegen, trat jedoch auf die Bremse, als er sah, daß die Polizei- und Feuerwehrwagen, die sich nur einen halben Häuserblock entfernt befanden, die Straße abgesperrt hatten. Die Kirche brannte immer noch lichterloh, trotz des heftigen Regens und trotz der kräftigen Wasserströme, die die Feuerwehrleute gegen das Feuer einsetzten. Schwarze Rauchschwaden erhoben sich in den grauen Tag, und hinter den zerborstenen Fenstern spuckten und brodelten die Flammen. Die Kirche war mit Sicherheit nicht mehr zu retten.

Er bog statt dessen nach rechts ab und fuhr durch regenüberflutete Straßen nach Hause, in denen die Rinnsteine überliefen und wo jede Vertiefung im Pflaster sich in einen tückischen See verwandelt hatte, den man mit äußerster Vorsicht umgehen mußte, damit der Motor nicht absoff.

Carol saß zusammengesunken auf ihrem Sitz, gegen die Tür auf der Beifahrerseite gedrückt, und hielt die Arme um den Körper gepreßt. Obwohl die Heizung lief, fror sie ganz offensichtlich.

Auch Paul bemerkte, daß er mit den Zähnen klapperte.

Die Heimfahrt dauerte zehn Minuten, und die ganze Zeit über sagte keiner von ihnen ein Wort. Die einzigen Geräusche waren das flüsternde Zischen der Reifen auf dem nassen Pflaster und das metronomische Schaben der Scheibenwischer. Es war keine unbehagliche oder gespannte Stille, sondern sie war eigentümlich eindringlich, sie hatte eine Aura gewaltiger aufgestauter Energie. Paul hatte das Gefühl, daß Carol vor Überraschung geradewegs durch das Autodach schießen würde, wenn er tatsächlich etwas sagte.

Sie wohnten in einem Haus im Tudorstil, das sie mit viel Sorgfalt renoviert hatten, und wie jedesmal wieder erfüllte sein Anblick – die Natursteinauffahrt, die großen Eichentüren, die von Kutschenlampen eingerahmt wurden, die Bleiglasfenster, das Dach voller Giebel – Paul mit Befriedigung und gab ihm das behagliche Gefühl, daß er hierher gehörte. Die automatische Garagentür ging hoch, und er lenkte den Pontiac hinein, neben Carols roten VW Golf.

Auch im Haus schwiegen sie.

Pauls Haare waren naß, und seine Hosenbeine klebten feucht an ihm; sein Hemdrücken war noch immer durchgeweicht. Er vermutete, daß er sich eine ganz schöne Erkältung holen würde, wenn er nicht gleich trockene Kleider anzog. Offenbar dachte Carol dasselbe, und so gingen sie geradewegs nach oben ins Schlafzimmer. Sie öffneten die Schranktüren, und er knipste eine

Nachttischlampe an. Zitternd schlüpften sie aus den nassen Kleidern.

Als sie fast ganz ausgezogen waren, sahen sie einander an. Ihre Blicke trafen sich.

Sie sprachen noch immer nicht. Das brauchten sie auch nicht.

Er nahm sie in die Arme, und sie küßten sich, sanft zuerst und zärtlich. Ihr Mund war warm und weich und schmeckte leicht nach Whiskey.

Sie umklammerte ihn, zog ihn näher zu sich heran, und ihre Fingerspitzen gruben sich in seine Rückenmuskeln. Sie preßte ihren Mund hart auf den seinen, ritzte seine Lippe mit ihren Zähnen, stieß ihre Zunge tief in seinen Mund, und unvermittelt wurden ihre Küsse heiß und fordernd.

In ihrem Verlangen lag plötzlich animalische Dringlichkeit. Es war etwas Hungriges, ja fast Rasendes in ihren Bewegungen, und sie streiften hastig auch noch die letzten Kleidungsstücke ab, liebkosten, drückten, streichelten sich. Sie kniff ihn mit den Zähnen in die Schulter. Er packte ihr Gesäß und knetete es mit für ihn untypischer Roheit, aber sie zuckte nicht zusammen und versuchte auch nicht, sich zu lösen; tatsächlich preßte sie sich nur noch fordernder gegen ihn, rieb ihre Brüste und ihre Hüfte gegen seine. Ihre leisen Wimmerlaute waren nicht schmerzvoll; sie bewiesen ihre Begierde und ihr Bedürfnis. Im Bett steckte er voll manischer Energie, und sein Durchhaltevermögen erstaunte ihn selbst. Er war unersättlich, genauso wie sie. Sie preßten sich gegeneinander, bogen und krümmten sich in vollkommener Harmonie, als wären sie nicht nur miteinander verbunden, sondern verschmolzen, als wären sie ein einziger Organismus, der von denselben Reizen geleitet wurde, nicht von zwei verschiedenen. Jeder Rest von Zivilisation fiel von ihnen ab, und lange Zeit waren die einzigen Laute, die sie hervorbrachten, animalischer Natur: Keuchen; Stöhnen; kehliges Grunzen der Zufriedenheit; kurze, spitze Schreie der Erregung. Schließlich stieß Carol das erste Wort hervor, das zwischen ihnen fiel, seit sie O'Brians Büro verlassen hatten: »Ja.« Und wieder, indem sie ihren schlanken, zierlichen Körper krümmte und den Kopf auf dem Kissen hin und her warf: »Ja, ja!« Sie sagte nicht nur zu diesem Orgasmus ja, denn sie war schon ein paarmal gekommen und hatte das immer nur mit rauhem Atmen und leisem Wimmern angekündigt. Sie sagte ja zum Leben, ja dazu, daß sie noch immer existierte und nicht nur ein verkohlter, nasser Klumpen leblosen Fleisches war, ja zu dem Wunder, daß sie beide den Blitz und die tödlichen, gesplitterten Äste des fallenden Ahornbaumes überlebt hatten. Ihre ungehemmte, wilde und leidenschaftliche Paarung war ein Schlag ins Gesicht des Todes, eine vielleicht nicht völlig rationale, aber dennoch befriedigende Weigerung, die Existenz dieses finsteren Gespenstes anzuerkennen. Paul wiederholte das Wort, als singe er eine Beschwörungsformel – »Ja, ja, ja!« –, als er sich zum zweitenmal in sie entleerte, und es schien, als spritzte seine Todesangst zusammen mit seinem Samen aus ihm heraus.

Erschöpft lagen sie nun Seite an Seite auf dem zerwühlten Bett ausgestreckt auf dem Rücken. Lange Zeit lauschten sie dem Regen auf dem Dach und dem anhaltenden Donner, der nun nicht mehr laut genug war, die Fenster zum Klappern zu bringen.

Carol lag mit geschlossenen Augen und völlig entspanntem Gesicht da. Paul musterte sie, und wie schon unzählige Male vorher in den letzten vier Jahren fragte er sich, warum sie jemals eingewilligt hatte, ihn zu heiraten. Sie war schön. Und das war er nicht. Wenn jemand ein Wörterbuch zusammenstellen wollte, konnte ihm durchaus etwas Schlechteres einfallen, als ein Bild von seinem Gesicht als einzige Definition für das Wort *durchschnittlich* zu verwenden. Er hatte einmal im Scherz etwas Ähnliches über seine körperliche Erscheinung gesagt, und Carol war ihm daraufhin böse gewesen, weil er so über sich selbst redete. Aber es stimmte, und es machte ihm eigentlich auch nichts aus, daß er kein Burt Reynolds war, solange Carol den Unterschied nicht merkte. Sie war sich nicht nur seiner Durchschnittlichkeit nicht bewußt, sie sah auch ihre eigene Schönheit nicht, und sie bestand darauf, daß *sie* eigentlich diejenige war, die durchschnittlich aussah, oder doch zumindest nicht viel mehr als »ganz hübsch, nein, nicht mal hübsch, nur ganz nett, aber irgendwie lustig nett«. Ihre dunklen Haare – sogar jetzt, wo sie von Regen und Schweiß am Kopf klebten und sich kringelten – waren dicht, glänzend, einfach wunderschön. Ihre Haut war makellos, und ihre Backenknochen waren so ebenmäßig, daß es schwerfiel zu glauben, daß die ungeschickte Hand der Natur so etwas zustande gebracht haben konnte. Carol war der Typ Frau, den man sich am Arm eines großen, sonnengebräunten Adonis vorstellte, nicht neben einem Paul Tracy. Und doch war sie hier, und er war dankbar, sie neben sich zu haben. Es überraschte ihn immer wieder, daß sie in jeder Hinsicht zusammenpaßten – geistig, seelisch und körperlich.

Als der Regen jetzt anfing, mit neuer Kraft gegen Dach und Fenster zu schlagen, spürte Carol, daß er sie anstarrte, und sie öffnete die Augen. Sie waren so tiefbraun, daß sie aus mehr als ein paar Zentimetern Abstand schwarz aussahen. Sie lächelte.
»Ich liebe dich.«
»Ich liebe dich«, antwortete er.
»Ich hab' gedacht, du wärst tot.«
»Nein.«
»Als es aufgehört hatte zu blitzen, hab' ich nach dir gerufen, aber du hast so schrecklich lang nicht geantwortet.«
»Ich hatte gerade ein Gespräch mit Chicago«, meinte er und grinste.
»Sei doch mal ernst.«
»Na gut. Es war San Francisco.«
»Ich hab' Angst gehabt.«
»Ich hab' dir nicht gleich antworten können«, meinte er besänftigend. »Falls du's vergessen hast, O'Brian ist auf mich drauf gefallen. Hat mir glatt den Atem genommen. Er schaut nicht so kräftig aus, aber er ist schwer wie ein Felsen. Ich glaub', er züchtet sich 'ne Menge Muskeln an, wenn er neun Stunden am Tag Fuselchen von seinem Anzug zupft und seine Schuhe poliert.«
»Du warst ganz schön mutig.«
»Weil ich dich geliebt habe? Nicht der Rede wert.«
Sie gab ihm spielerisch eine Ohrfeige. »Du weißt ganz genau, was ich meine. Du hast O'Brian das Leben gerettet.«
»Nee.«
»O doch. Er selbst denkt das auch.«
»Du meine Güte, ich hab' mich doch nicht vor ihn hingeworfen und ihn mit meinem eigenen wertvollen Körper vor dem Baum geschützt! Ich hab' ihn nur weggezogen. Das hätte doch jeder gemacht.«

Sie schüttelte den Kopf. »Falsch. Nicht jeder denkt so schnell wie du.«

»Bin also ein schneller Denker, was? Ja. Das geb' ich sogar zu. Ich denke vielleicht schnell, aber ich bin noch lange kein Held. Das Etikett drückst du mir lieber nicht auf, sonst erwartest du nämlich noch, daß ich mich auch wirklich so verhalte. Stell dir mal vor, Supermanns Leben wäre doch die Hölle auf Erden, wenn er Lois Lane tatsächlich heiraten würde. Sie hätte doch enorm hohe Erwartungen!«

»Egal«, meinte Carol, »auch wenn du's nicht zugibst, O'Brian weiß, daß du ihm das Leben gerettet hast, und das ist das einzige, was zählt.«

»Tatsächlich?«

»Na ja, ich war mir vorher schon ziemlich sicher, daß die Adoptionsstelle zustimmen würde. Aber jetzt gibt's auch nicht den geringsten Zweifel mehr.«

»Es gibt immer noch die kleine Möglichkeit...«

»Nein«, unterbrach sie ihn. »O'Brian wird dich jetzt nicht im Stich lassen, wo du ihm das Leben gerettet hast. Da besteht gar kein Zweifel. Er wird den Adoptionsausschuß um den Finger wickeln.«

Paul blinzelte, dann zog langsam ein Lächeln über sein Gesicht. »Verflucht noch mal. Daran hab' ich überhaupt nicht gedacht.«

»Also bist du doch ein Held, Papi.«

»Na ja... vielleicht, Mami.«

»Ich glaub', ich mag ›Mutti‹ lieber.«

»Und ich mag ›Vati‹ lieber.«

»Wie steht's mit ›Paps‹?«

»Paps ist doch kein Name. So klingt eher ein Sektkorken.«

»Denkst du etwa dran, ein bißchen zu feiern?« fragte sie.

»Ich hab' gedacht, wir könnten uns was anziehen, runter in die Küche spazieren und uns ein zeitiges Abendessen zusammenpanschen. Das heißt, wenn du Hunger hast.«

»Wie ein Wolf.«

»Du könntest einen Pilzsalat vorbereiten«, meinte er. »Dann mach ich meine berühmten Fettuccine Alfredo. Wir haben auch noch eine oder zwei Flaschen Mumm Extra Dry, die wir für eine besondere Gelegenheit aufgespart haben. Die köpfen wir, laden uns eine ordentliche Portion Fettuccine Alfredo und Pilze auf den Teller, kommen wieder hier rauf und essen im Bett.«

»Und schauen uns beim Essen die Nachrichten im Fernsehen an.«

»Und lassen dann den Abend mit Krimis und Sekt ausklingen, so lange, bis wir die Augen nicht mehr offenhalten können.«

»Klingt wunderbar, sündhaft faul«, meinte sie.

An den meisten anderen Abenden verbrachte er zwei Stunden damit, seinen Roman zu überarbeiten. Und es kam auch nicht oft vor, daß Carol abends keine Schreibarbeiten zu erledigen hatte.

Während sie Morgenmantel und Hausschuhe anzogen, meinte Paul: »Wir müssen lernen, die *meisten* Abende freizunehmen. Wir müssen viel Zeit mit dem Kind verbringen. Das sind wir ihm schuldig.«

»Oder ihr.«

»Oder ihnen«, meinte er.

Ihre Augen glänzten. »Glaubst du, sie lassen uns mehr als eines adoptieren?«

»Natürlich – wenn wir erst mal bewiesen haben, daß wir mit dem ersten fertig werden. Bin ich denn schließlich nicht der Held«, meinte er und machte sich dabei über sich selbst lustig, »der dem guten alten O'Brian das Leben gerettet hat?«

Auf dem Weg zur Küche, auf halbem Weg die Treppe hinunter, blieb sie stehen, wandte sich ihm zu und umarmte ihn. »Jetzt werden wir bald eine richtige Familie sein.«

»Sieht ganz so aus.«

»Oh, Paul, ich kann mich nicht erinnern, daß ich schon mal so glücklich gewesen bin. Sag, daß dieses Gefühl ewig anhält.«

Er hielt sie, und es war ein schönes Gefühl, sie im Arm zu haben. Wenn man es recht bedachte, war Zuneigung noch besser als Sex; geliebt und gebraucht zu werden, war besser als körperliche Liebe.

»Sag, daß nichts schiefgehen kann«, meinte sie.

»Es kann nichts schiefgehen, und dieses Gefühl wird ewig anhalten, und ich freue mich, daß du so glücklich bist. Na? Zufrieden?«

Sie küßte sein Kinn und seine Mundwinkel, und er küßte sie auf die Nase.

»Also«, sagte er, »können wir jetzt bitte die Fettuccine machen, bevor ich anfange, mir auf der Zunge rumzukauen?«

»Was bist du doch für ein Romantiker.«

»Sogar Romantiker haben manchmal Hunger.«

Als sie am Fuße der Treppe ankamen, schreckte sie ein plötzliches, laut hämmerndes Geräusch auf. Es war regelmäßig, aber nicht rhythmisch: *Klopf, klopf, klopf-klopf-klopf, klopf-klopf...*

Carol meinte: »Was zum Teufel ist denn das?«

»Das kommt von draußen ... und von oben.«

Sie standen auf der letzten Stufe und schauten zurück, ins obere Stockwerk hinauf.

Klopf, klopf-klopf, klopf, klopf...

»Verdammt«, sagte Paul. »Ich wette, der Wind hat einen von den Fensterläden losgerissen.« Sie lauschten einen Augenblick, dann seufzte er. »Ich muß wohl raus und die Sache in Ordnung bringen.«

»Jetzt? Im Regen?«

»Wenn ich jetzt nichts unternehme, reißt der Wind ihn vielleicht noch ganz runter. Oder noch schlimmer, er könnte die ganze Nacht so dranhängen und klappern. Wir können dann nicht schlafen und die Nachbarn auch nicht.«

Sie runzelte die Stirn. »Aber die Blitze, Paul; nach allem, was passiert ist, solltest du's, glaube ich, nicht riskieren, mitten im Sturm auf einer Leiter rumzuklettern.«

Ihm gefiel der Gedanke auch nicht. Bei der Vorstellung, mitten in einem Gewitter hoch oben auf einer Leiter zu stehen, stellten sich ihm die Haare auf.

Sie sagte: »Ich will nicht, daß du da raus gehst, wenn...«

Das Hämmern hörte auf. Sie warteten.

Wind. Das Prasseln des Regens. Leichtes Kratzen von Ästen an der Außenwand.

Schließlich meinte Paul: »Zu spät. Wenn's ein Fensterladen war, ist er jetzt wohl schon abgerissen.«

»Ich hab' ihn aber nicht runterfallen hören.«

»Der macht nicht viel Lärm, wenn er ins Gras oder ins Gebüsch gefallen ist.«

»Also mußt du doch nicht in den Regen raus«, meinte sie und durchquerte die Vorhalle bis zu dem kurzen Gang, der zur Küche führte.

Er folgte ihr. »Ja, aber jetzt gibt's 'ne größere Reparatur.«

Als sie in die Küche traten und ihre Schritte hohl auf dem Natursteinboden widerhallten, sagte sie: »Du mußt dich nicht vor morgen oder übermorgen drum kümmern. Im Moment mußt du dir nur um die Sauce für die Fettuccine Sorgen machen. Laß sie nicht klumpen.«

Er nahm einen Topf aus Kupfer von dem Regal mit blank poliertem Kochgeschirr, das über der Küchenzeile in der Mitte des Raumes hing, und tat so, als sei er wegen ihrer Bemerkung beleidigt. »Hab' ich schon *jemals* die Sauce für die Fettuccine klumpen lassen?«

»War das Zeug, als du's letztesmal gemacht hast, nicht...«

»*Nie!*«

»Ja«, meinte sie neckend. »Ja, letztesmal war's ganz eindeutig nicht sonderlich.« Sie nahm eine Plastiktüte mit Pilzen aus dem großen Edelstahlkühlschrank. »Auch wenn dir das das Herz bricht, das letztemal, wo du Fettuccine Alfredo gemacht hast, war die Sauce so klumpig wie die Matratze in einem Zehn-Dollar-Motel.«

»Was für eine gemeine Verleumdung! Außerdem, woher weißt du denn so genau Bescheid über Zehn-Dollar-Motels? Führst du etwa heimlich ein Doppelleben, von dem ich wissen sollte?«

Sie bereiteten das Essen gemeinsam zu, plauderten über dieses und jenes, scherzten viel, versuchten, sich gegenseitig zum Lachen zu bringen. Für Paul schrumpfte die Welt, bis es nur noch zwei Menschen gab. Das Universum umfaßte nur noch die warme, vertraute Küche.

Dann flackerte ein Blitz auf, und die heimelige Atmosphäre war zerstört. Es war ein sanfter Blitz, nichts Blendendes und Zerstörerisches mehr wie die Entladungen, die vor ein paar Stunden vor O'Brians Büro heruntergefahren waren. Nichtsdestoweniger hörte Paul mitten im Satz zu sprechen auf, seine Aufmerksamkeit war von dem Strahl gefangen, sein Blick auf das lange Butzenfenster hinter der Spüle geheftet. Auf dem Rasen hinter dem Haus schienen die Bäume sich zu krümmen, zu schimmern und sich im flackernden Licht des Sturmes zu kräuseln, so daß es wirkte, als sehe er nicht die Bäume selbst, sondern ihr Spiegelbild auf der Oberfläche eines Sees.

Plötzlich fesselte noch eine andere Bewegung seinen Blick, auch wenn er sich nicht sicher war, was er da eigentlich wirklich sah. Der Nachmittag, der von Anfang an grau und düster gewesen war, ging nun allmählich in eine frühe Nacht über, und dünner Nebel trieb herein. Überall lagen Schatten. Das schwache Tageslicht war trügerisch und trübe; es verzerrte eher die Dinge, die es erfaßte, als daß es sie erhellte. In jener Landschaft voller Halbschatten schoß plötzlich etwas hinter dem dicken Stamm einer Eiche hervor, überquerte den offenen Rasen und verschwand dann schnell hinter einem Fliederbusch.

Carol sagte: »Paul? Was ist los?«

»Da ist jemand draußen auf dem Rasen.«

»Bei diesem Regen? Wer denn?«

»Ich weiß es nicht.«

Sie stellte sich neben ihn ans Fenster. »Ich sehe niemanden.«

»Da ist jemand von der Eiche zum Fliederbusch gerannt. Er lief nach vorn gebeugt und ziemlich schnell.«

»Wie hat er ausgeschaut?«

»Kann ich nicht sagen. Ich bin mir nicht mal sicher, ob's ein Mann war. Könnte auch 'ne Frau gewesen sein.«

»Vielleicht war's nur ein Hund.«

»Zu groß.«

»Könnte Jasper gewesen sein.«

Jasper war die große dänische Dogge, die den Hanrahans gehörte, die drei Häuser weiter unten in der Straße wohnten. Er war ein großes, freundliches Tier mit durchdringendem Blick, das überraschend gut mit kleinen Kindern auskam und eine Vorliebe für Schokoladenkekse hatte.

»Die würden Jasper bei so 'nem Wetter nicht rauslassen«, meinte Paul. »Die verwöhnen diesen Köter doch nach Strich und Faden.«

Wieder pulsten sanfte Blitze herab, und ein heftiger Windstoß peitschte die Bäume hin und her; der Regen wurde noch stärker als vorher – und inmitten dieses Wirbels schoß etwas hinter dem Fliederbusch hervor.

»Da!« rief Paul.

Der Eindringling lief tief geduckt, verschwommen durch Regen und Dunst, ein Schatten unter Schatten. Er wurde so kurz und bizarr von den Blitzen erhellt, daß seine wahre Erscheinung quälend weit am Rande der Wahrnehmung verblieb. Er rannte auf die Ziegelmauer zu, die das Grundstück begrenzte, verschwand einen Augenblick lang in einem besonders dichten Nebelfleck, tauchte als körperlose schwarze Gestalt wieder auf, schlug eine andere Richtung ein und lief jetzt an der Mauer entlang zu dem Tor an der nordwestlichen Ecke des hinteren Rasens. Als wieder ein Blitz durch den dunkler werdenden Himmel zuckte, floh der Eindringling durch elektrisch blaue Strahlen durch das offene Tor auf die Straße und hinaus.

»Bloß der Hund«, meinte Carol.

Paul runzelte die Stirn. »Ich dachte, ich hätte ...«

»Was?«

»Ein Gesicht gesehen. Eine Frau, die sich umschaut ... Nur eine Sekunde lang, als sie durchs Tor gelaufen ist.«

»Nein«, meinte Carol. »Das war Jasper.«

»Du hast ihn gesehen?«

»Ja.«

»Ganz deutlich?«

»Na ja, nein, nicht deutlich. Aber ich hab' genug gesehen, um sagen zu können, daß das ein Hund war so groß wie ein kleines Pony, und Jasper ist der einzige Köter hier in der Gegend, auf den diese Beschreibung paßt.«

»Dann muß Jasper aber ganz schön schlau geworden sein.«

Carol blinzelte. »Was meinst du damit?«

»Na ja, er hat den Riegel am Tor zurückschieben müssen, um in den Garten zu kommen. Und früher hat er das nie gekonnt.«

»Ach, das hat er natürlich auch nicht gemacht. Wir müssen das Tor offengelassen haben.«

Paul schüttelte den Kopf. »Ich bin mir sicher, daß es zugewesen ist, als wir heimgekommen sind.«

»Zu vielleicht schon – aber nicht verriegelt. Der Wind hat es aufgestoßen, und Jasper ist reingestreunt.«

Paul sah hinaus in den regengepeitschten Nebel, der trübe unter den letzten düsteren Strahlen des schwindenden Dämmerlichts erglühte. »Ich glaub', du hast recht«, meinte er, obwohl er noch nicht völlig überzeugt war. »Ich geh' lieber raus und schieb' den Riegel vor.«

»Nein, nein«, sagte Carol schnell. »Nicht, solange der Sturm nicht aufgehört hat.«

»Na komm, Liebes, ich werd' jetzt nicht einfach jedesmal, wenn's ein bißchen donnert, ins Bett springen und mich unter der Bettdecke verstecken – bloß weil das heute nachmittag passiert ist.«

»Das erwarte ich auch gar nicht«, meinte sie. »Aber bevor du anfängst, im Regen zu tanzen wie Gene Kelly, mußt du erst mal warten, bis *ich* mit der ganzen Geschichte fertig geworden bin. Es ist alles noch zu lebhaft in meiner Erinnerung, als daß ich einfach hier stehen und dir zuschauen könnte, wie du dich beim Licht der Blitze auf dem Rasen tummelst.«

»Es dauert doch nur einen Augenblick und...«

»Sag mal, willst du dich etwa davor drücken, die Fettuccine zu machen?« fragte sie, legte den Kopf schräg und sah ihn argwöhnisch an.

»Natürlich nicht. Ich mach' sie fertig, sobald das Tor zu ist.«

»Ich weiß schon, was du vorhast, mein Lieber«, sagte sie selbstzufrieden. »Du hoffst, daß dich der Blitz tatsächlich trifft, weil du *weißt*, daß deine Sauce klumpt, und so eine Erniedrigung kannst du einfach nicht ertragen.«

»Das ist aber ein plumpes Märchen«, meinte er und ging wieder auf ihr Spiel ein. »Ich mach' die geschmeidigsten Fettuccine Alfredo diesseits von Rom. Geschmeidiger als Sophia Lorens Schenkel.«

»Soweit ich weiß, war das Zeug das letztemal, wo du's gemacht hast, so klumpig wie eine Schüssel Haferbrei.«

»Ich hab' gedacht, du hättest gesagt, so klumpig wie 'ne Matratze in einem Zehn-Dollar-Motel.«

Sie hob stolz den Kopf. »Ich bin keine Frau, die nur für einen Vergleich gut ist, weißt du.«

»Und ob ich das weiß.«

»Also machst du jetzt die Fettuccine – oder drückst du dich wie ein Feigling und läßt dich vom Blitz erschlagen?«

»Ich stopf dir das, was du sagst, noch mal in den Hals«, sagte er.

Grinsend erwiderte sie: »Das ist immer noch besser, als deine klumpigen Fettuccine runterzuwürgen.«

Er lachte. »Schon gut, schon gut. Ich geb' mich geschlagen. Ich kann das Tor am Morgen immer noch verriegeln.«

Er kehrte zum Herd zurück und sie zum Schneidebrett, wo sie Petersilie und Schalotten für die Salatsauce hackte.

Er wußte, daß sie mit dem Eindringling wahrscheinlich recht hatte. Vermutlich war es tatsächlich Jasper gewesen, der eine Katze gejagt oder nach Schokoladenkeksen gesucht hatte. Das, was er glaubte, gesehen zu haben – das leicht verzerrte, mondweiße Gesicht einer Frau, in deren Augen sich die Blitze spiegelten und deren Mund vor Haß oder Wut entstellt war – war sicherlich ein Streich, den ihm Licht und Schatten gespielt hatten. Und dennoch hinterließ der Vorfall ein Gefühl der Unsicherheit in ihm. Er konnte das warme, behagliche Gefühl, das er gehabt hatte, gerade, bevor er aus dem Fenster sah, nicht mehr so ganz zurückgewinnen.

Grace Mitowski füllte die gelbe Plastikschüssel mit Miau Mix und stellte sie in die Ecke neben der Küchentür.

»Mietz-mietz-mietz.«

Die Küche war nicht gerade Aris Lieblingsort im Haus, denn sie war der einzige Raum, in dem er nicht überall herumklettern durfte, wo er wollte. Er war ohnehin kein großer Kletterer. Ihm fehlte die Abenteuerlust, die vielen Katzen eigen ist, und gewöhnlich hielt er sich am Boden auf. Doch obwohl er nicht unbedingt darauf versessen war, auf die Küchenbüfetts hinaufzuspringen, wollte er doch nicht, daß ihm jemand sagte, er dürfe das nicht. Wie die meisten Katzen widersetzte er sich jeglicher Disziplin und mißachtete alle Regeln. Sowenig er jedoch die Küche leiden konnte, sowenig versäumte er es auch, zur Essenszeit dort aufzutauchen. Tatsächlich wartete er oft schon ungeduldig neben seiner Schüssel, wenn Grace kam, um sie zu füllen.

Sie lockte ein wenig lauter. »Mietz-mietz-mietz.«

Sie erhielt kein Miauen zur Antwort. Aristophanes kam nicht, wie erwartet, mit leicht gerolltem Schwanz und großem Heißhunger herangelaufen.

»Ari-Ari-Ari! Das Essen ist fertig, du alberne Katze.«

Sie stellte die Schachtel mit Katzenfutter weg und wusch sich die Hände im Waschbecken.

Klopf, klopf-klopf!

Das pochende Geräusch – ein heftiger Schlag, dem kurz hintereinander zwei ebenso heftige folgten – setzte so laut und plötzlich ein, daß Grace vor Überraschung zusammenzuckte und fast das kleine Handtuch fallen ließ, an dem sie sich gerade die Hände abtrocknete. Der Lärm war von der Vorderseite des Hauses gekommen. Sie wartete einen Augenblick lang, hörte nur das Geräusch des Windes und des fallenden Regens, und dann –

Klopf! Klopf!

Sie hängte das Handtuch an den Haken und trat in den unteren Flur.

Klopf-klopf-klopf!

Sie ging den Flur zögernd bis zur Eingangstür entlang und knipste das Licht auf der Veranda an. Die Tür hatte ein Guckloch, durch das sie alles davor in Weitwinkelperspektive sehen konnte. Es war nichts zu erkennen; die Veranda schien völlig verlassen dazuliegen.

KLOPF!

Dieser Schlag war so heftig, daß Grace dachte, die Tür sei aus den Angeln gerissen worden. Als sie zurücksprang, hörte sie ein Splittern, und sie erwartete, daß gleich große Holzstücke aus der Tür brechen würden. Aber die Tür hing immer noch fest an ihrem Platz, auch wenn sie geräuschvoll in ihrem Rahmen erzitterte; der Riegel klapperte gegen das Schloß.

KLOPF! KLOPF! KLOPF!

»Schluß damit!« rief sie. »Wer seid ihr? Wer ist da?«

Das Hämmern hörte auf, und sie glaubte, das Lachen von Jugendlichen zu hören.

Sie wollte schon die Polizei rufen oder die Pistole holen, die sie im Nachtkästchen aufbewahrte, aber als sie das Lachen hörte, überlegte sie es sich anders. Sie würde doch nun wirklich ohne fremde Hilfe mit ein paar Kindern fertig werden. Sie war noch nicht so alt und gebrechlich, daß sie die Polizei holen mußte, um sich gegen einen Haufen rotzfrecher Gören zur Wehr zu setzen.

Sie zog vorsichtig den Vorhang vor dem langen, schmalen Fenster neben der Tür zurück. Angespannt und bereit, schnell einen Schritt zur Seite zu treten, falls jemand eine bedrohliche Bewegung auf die Scheibe zu machen sollte, sah sie hinaus. Auf der Veranda war niemand.

Wieder hörte sie das Lachen. Es war hoch, melodisch, mädchenhaft.

Sie ließ den Vorhang wieder zurückgleiten, wandte sich zur Tür, sperrte sie auf und trat auf die Schwelle.

Der Nachtwind war rauh und feucht. Der Regen nieselte an der Dachrinne mit den muschelförmigen Verzierungen herab.

Unmittelbar vor dem Haus boten sich Hunderte von Verstecken für die Scherzbolde. Starres Gestrüpp raschelte gleich hinter dem Geländer im Wind, und der gelbliche Schein der Lampe, die die Insekten vom Haus abhalten sollte, erleuchtete nur wenig mehr als die Mitte der Veranda. Der Gehweg, der vom Fuße der Verandastufen zur Straße führte, war von Hecken eingesäumt, die in der Dunkelheit blauschwarz aussahen. Unter den vielen Schatten der Nacht war keiner der Scherzbolde zu sehen.

Grace wartete, lauschte.

Donner grollte in der Ferne, aber in der Dunkelheit war kein Lachen, kein Kichern zu vernehmen.

– *Vielleicht waren's keine Kinder.*

– *Wer dann?*

– *Man sieht sie doch die ganze Zeit in den Fernsehnachrichten. Die Kaltblütigen, die Menschen nur so zum Spaß erschießen, erstechen oder erwürgen. Die scheint's heute überall zu geben, diese Außenseiter, diese Psychopathen.*

– *Das war nicht das Lachen von Erwachsenen. Dies ist das Werk von Kindern.*

– *Aber vielleicht sollte ich doch lieber reingehen und die Tür zusperren.*

– *Hör endlich auf, wie eine erschreckte Alte zu denken, verdammt noch mal!*

Es war schon merkwürdig, daß irgendeines der Nachbarskinder sie ärgern sollte, denn sie verstand sich mit allen ausgezeichnet. Vielleicht waren das ja auch keine Kinder aus der unmittelbaren Nachbarschaft. Schon ein paar Straßen weiter kannte sie keinen mehr.

Sie wandte sich um und untersuchte die Außenseite der Eingangstür. Sie konnte keinerlei Anzeichen dafür finden, daß jemand erst vor wenigen Augenblicken wiederholt heftig dagegengeschlagen hatte. Das Holz war nicht gesplittert oder gesprungen; es war nicht einmal angekratzt.

Sie war erstaunt, denn sie war sich sicher, daß sie das Holz hatte splittern hören. Womit konnten Kinder wohl solch einen Lärm verursachen, ohne dabei Spuren an der Tür zu hinterlassen? Bohnensäckchen oder so etwas? Nein. Ein Bohnensäckchen hätte keinen solchen Höllenlärm gemacht; der Aufprall des Sacks auf der Tür mochte zwar laut sein, gewiß, sogar sehr laut, wenn man ihn mit genügend Wucht schwang, aber das Geräusch wäre nicht so hart, so klar gewesen.

Wieder wanderte ihr Blick langsam über den Hof. Nichts außer dem Laub, das der Wind bewegte, rührte sich da draußen.

Fast eine Minute lang spähte und lauschte sie. Sie hätte noch länger gewartet, selbst wenn es nur gewesen wäre, um etwaigen böswilligen Jugendlichen, die sie beobachteten, zu beweisen, daß sie keine verängstigte Alte war, die sich einfach so einschüchtern ließ; aber die Luft war feucht und kühl, und sie hatte langsam Angst, sich eine Erkältung zu holen.

Sie ging ins Haus und schloß die Tür.

Sie blieb stehen, die Hand auf dem Türknopf, und erwartete, daß die Kinder bald wiederkommen würden. Sobald sie gegen die Tür schlugen, würde sie sie aufreißen und sie auf frischer Tat ertappen, bevor sie von der Veranda hasten und sich verstecken konnten.

Zwei Minuten vergingen. Drei Minuten. Fünf.

Niemand hämmerte gegen die Tür, und das war ausgesprochen merkwürdig. Wenn einem jemand einen Streich spielen wollte, lag das Vergnügen nicht so sehr im ersten Versuch, sondern vielmehr im zweiten und dritten und vierten; die Absicht war nicht zu erschrecken, sondern zu quälen.

Ganz offensichtlich hatte die trotzige Haltung, mit der sie in der Tür stand, sie entmutigt. Mit ziemlicher Wahrscheinlichkeit waren sie jetzt zu einem anderen Haus unterwegs und sahen sich nach einem schreckhafteren Opfer um.

Sie ließ das Schloß zuschnappen.

Was waren das nur für Eltern, die ihre Kinder draußen spielen ließen, wenn so ein Sturm wütete?

Grace schüttelte bestürzt den Kopf über die Verantwortungslosigkeit mancher Eltern und ging den Flur zurück; bei jedem Schritt erwartete sie fast, daß das Hämmern wieder beginnen würde. Das tat es aber nicht.

Sie hatte vorgehabt, sich ein leichtes, aber nahrhaftes Abendessen zu machen, gedünstetes, mit Cheddar überbackenes Gemüse und ein oder zwei Scheiben selbstgebackenes Maisbrot, aber sie hatte noch keinen Hunger. Sie beschloß, zuerst die ABC-Abendnachrichten im Fernsehen anzuschauen, bevor sie das Essen herrichtete – auch wenn sie wußte, daß diese Nachrichten ihr so, wie es um die Welt bestellt war, gut und gerne den Appetit verderben konnten.

Im Arbeitszimmer fand sie, noch bevor sie den Fernseher einschalten und die neuesten Greuelgeschichten hören konnte, den Sitz ihres großen Lehnstuhls in völligem Durcheinander vor. Einen Augenblick lang konnte sie nur ungläubig auf die Verwüstung starren: Hunderte von Federn; Stoffetzen; herausgezogene bunte Fäden, die einmal ein Handarbeitsmuster gebildet hatten, jetzt jedoch in einem leuchtenden, aufgelösten Knäuel inmitten von herumschwebenden Gänsedaunen lagen. Vor ein paar Jahren hatte Carol Tracy ihr drei kleine, wunderschön bestickte Sofakissen geschenkt. Eines davon lag nun in Stücke gerissen auf dem Lehnstuhl.

Aristophanes.

Ari hatte nichts Wichtiges mehr zerfetzt, seit er ganz klein war. Etwas so Zerstörerisches war ganz und gar untypisch für ihn, aber er mußte einfach der Schuldige sein. Sonst kam niemand in Betracht.

»Ari! Wo versteckst du dich, du feiger Siamese?«

Sie ging in die Küche.

Aristophanes stand an der gelben Schüssel und fraß gerade sein Miau Mix. Er schaute auf, als sie ins Zimmer kam.

»Du hinterlistige Bedrohung auf Pfoten«, meinte sie. »Was um Himmels willen ist heute bloß in dich gefahren?«

Aristophanes blinzelte, nieste, rieb sich mit einer Pfote die Schnauze und widmete sich zu ihrem größten Ärger und Erstaunen mit arroganter, typisch kätzischer Gleichgültigkeit wieder seinem Abendessen.

Später in jener Nacht starrte Carol Tracy in ihrem verdunkelten Schlafzimmer zu der Decke voller Schatten hoch und lauschte auf das leise, regelmäßige Atmen ihres Mannes. Er war erst vor ein paar Minuten eingeschlafen.

Es war eine ruhige Nacht. Es hatte aufgehört zu regnen, und der Donner ließ den Himmel nun nicht mehr erzittern. Ab und zu strich der Wind über das Schindeldach und seufzte müde an den Fenstern, aber die Wut war aus ihm gewichen.

Carol schwankte angenehm an der Schwelle zum Schlaf hin und her. Sie war etwas benommen von dem Sekt, den sie den ganzen Abend geschlürft hatte, und sie fühlte sich, als triebe sie in warmem Wasser dahin, als leckten sanfte Wellen an ihrem Körper.

Sie dachte verträumt an das Kind, das sie adoptieren würden, versuchte, sich vor ihrem geistigen Auge vorzustellen, wie es aussah. Eine ganze Galerie süßer junger Gesichter erfüllte ihre Fantasie. Wenn es ein Kleinkind, nicht schon drei oder vier Jahre alt wäre, würden sie ihm selbst einen Namen geben: Jason, wenn es ein Junge war; Julia für ein Mädchen. Carol wiegte sich auf dem schmalen Grat zwischen Wachen und Träumen, indem sie immer wieder jene zwei Namen im Geiste hin- und herrollte: *Jason, Julia, Jason, Julia, Jason ...*

Als sie schließlich über die Klippe fiel und in den Tiefen des Schlafes versank, tauchte wieder jener häßliche, unerwünschte Gedanke auf, gegen den sie sich schon früher am Tag so zäh gewehrt hatte: *Irgend etwas will uns daran hindern, ein Baby zu adoptieren.*

Dann befand sie sich an einem merkwürdigen Ort, an dem es nicht viel Licht gab, wo irgend etwas knapp außerhalb ihres Blickfeldes düster zischte und murmelte, wo die purpur-bernsteinfarbenen Schatten Gestalt annahmen und sich drohend an sie herandrängten. An jenem fremden Ort entfaltete sich der Alptraum in dem rasenden, nervenzerreißenden Rhythmus eines elektrischen Klaviers.

Zuerst rannte sie in völliger Dunkelheit dahin, dann hastete sie plötzlich in einem großen Haus von einem Raum zum nächsten, schlängelte sich durch einen Wald aus Möbeln, warf eine Bodenlampe um, stieß mit der Hüfte gegen die scharfe Kante eines

Büfetts, stolperte und fiel fast über den aufgeworfenen Saum eines orientalischen Teppichs. Sie stürzte durch einen Bogen in einen langen Gang, wandte sich um und sah zurück in den Raum, aus dem sie gekommen war, aber der Raum war nicht mehr dort. Das Haus existierte nur vor ihr; hinter ihr war vollkommene, formlose Schwärze. Schwärze... und dann funkelte etwas. Ein Glitzern. Ein Lichtschein. Ein silbriger, sich bewegender Gegenstand. Das Ding schwang hin und her, tauchte eine Sekunde später schimmernd auf, verschwand wieder, hin und her, hin und her, fast wie ein Pendel, nie lange genug sichtbar, um erkennbar zu sein. Obwohl sie nicht genau sehen konnte, was das silbrige Ding war, konnte sie doch sagen, daß es sich auf sie zubewegte, und sie wußte, daß sie ihm entkommen oder aber sterben mußte. Sie rannte den Gang entlang bis zum Fuß der Treppe und kletterte schnell in den ersten Stock hinauf. Sie warf einen Blick zurück und hinunter, aber die Treppe existierte nicht mehr. Nur noch eine pechschwarze Grube. Und dann das kurze Aufblitzen von etwas, das in dieser Grube hin- und herschwang... wieder... wieder... wie ein tickendes Metronom. Sie hastete ins Schlafzimmer, schlug die Tür zu, packte einen Stuhl, um ihn unter die Türklinke zu klemmen – und entdeckte, daß die Tür und mit ihr die Wand, in der sie sich befunden hatte, verschwunden war, während sie ihnen den Rücken zugekehrt hatte. Wo die Wand gewesen war, herrschte jetzt unterirdische Düsternis. Und da war noch ein silbriges Flackern. Ganz nah jetzt. Noch näher. Sie schrie, aber nichts war zu hören, und der geheimnisvoll schimmernde Gegenstand schwang über ihrem Kopf und –

(Klopf!)

– Das ist mehr als nur ein Traum, dachte sie verzweifelt. Viel mehr. Das ist eine Erinnerung, eine Prophezeiung, eine Warnung. Das ist...

(Klopf!)

– Jetzt rannte sie in einem anderen Haus, das sich völlig von dem ersten unterschied. Es war kleiner, die Einrichtung weniger üppig. Sie wußte nicht, wo sie sich befand, aber sie wußte, daß sie schon einmal hier gewesen war. Das Haus war ihr vertraut, genauso wie das erste. Sie eilte durch eine Tür in eine Küche.

Zwei blutige, abgehackte Köpfe lagen auf dem Küchentisch. Der eine war ein Männerkopf, der andere der einer Frau. Sie erkannte sie, hatte das Gefühl, sie gut zu kennen, konnte sich aber nicht an ihre Namen erinnern. Die vier toten Augen waren weit aufgerissen, aber blind; die beiden Münder standen offen, die geschwollenen Zungen hingen über die purpurfarbenen Lippen. Während Carol wie erstarrt vor diesem gräßlichen Anblick stand, rollten die toten Augen in ihren Höhlen und richteten sich auf sie. Die kalten Lippen verzerrten sich zu einem frostigen Lächeln. Carol drehte sich um, wollte wegrennen, aber hinter ihr war nur das Nichts und ein Lichtschimmer, den die harte Oberfläche von etwas Silbrigem zurückwarf, und dann...
 (Klopf!)
 – Sie rannte jetzt im rötlichen Licht des späten Nachmittages über eine Gebirgswiese. Das Gras ging ihr bis zum Knie, und vor ihr ragten Bäume auf. Als sie über die Schulter zurückblickte, war die Wiese nicht mehr da. Nur Schwärze, wie vorher. Und das rhythmisch schwingende, schimmernde, ständig näher kommende Ding, dem sie einfach keinen Namen geben konnte. Keuchend, mit pochendem Herzen, rannte sie schneller, langte bei den Bäumen an, schaute noch einmal zurück, sah, daß sie bei weitem nicht schnell genug gelaufen war, um zu entkommen, schrie auf und...
 (Klopf!)
Lange Zeit wechselte der Alptraum zwischen den drei Traumlandschaften hin und her – vom ersten Haus zur Wiese, zum zweiten Haus, zur Wiese und wieder zum ersten Haus –, bis sie schließlich mit einem stummen Schrei, der ihr im Halse steckengeblieben war, erwachte. Sie saß aufrecht im Bett und zitterte. Ihr war kalt, und doch glänzte der Schweiß auf ihrer Haut; sie schlief immer in T-Shirt und Slip, und beides klebte unangenehm an ihr. Das grausige Geräusch aus dem Alptraum klang noch immer in ihr nach – *klopf, klopf, klopf-klopf, klopf* –, und es wurde ihr klar, daß ihr Unterbewußtes dieses Geräusch aus der Wirklichkeit übernommen hatte, von dem Fensterladen, den der Wind abgerissen und der sie und Paul am frühen Abend erschreckt hatte. Allmählich wurde das pochende Geräusch schwächer und verschmolz mit dem Klopfen ihres Herzens.

Sie schlug die Decke zurück und schwang die nackten Beine aus dem Bett. Sie saß auf der Matratzenkante und schlang die Arme um ihren Körper.

Die Morgendämmerung war hereingebrochen. Graues Licht sickerte an den Rändern der Vorhänge herein; es war noch zu schwach, um die Einzelheiten der Möbel deutlich sichtbar zu machen, aber es war gerade hell genug, um die Schatten noch tiefer werden zu lassen und die Formen aller Dinge zu verzerren, so daß das Zimmer fremd wirkte.

Es hatte ein paar Stunden, bevor sie ins Bett gegangen war, zu regnen aufgehört, aber der Sturm war wiedergekehrt, während sie schlief. Regen prasselte aufs Dach und gurgelte durch die Dach- und Regenrinnen herunter. Leiser Donner grollte in der Ferne wie Kanonenfeuer.

Paul schlief noch und schnarchte leise.

Carol wußte, daß sie nicht mehr würde einschlafen können. Ob ihr das nun paßte oder nicht, ob sie ausgeruht war oder nicht, sie war jetzt jedenfalls völlig wach.

Ohne das Licht anzumachen ging sie ins Bad. Im schwachen Schimmer der Morgendämmerung zog sie das feuchte T-Shirt und den Slip aus. Während sie sich unter der Dusche einseifte, dachte sie über den Alptraum nach, der lebhafter gewesen war als jeder Traum, den sie jemals zuvor gehabt hatte.

Jenes merkwürdige, pochende Geräusch – *klopf, klopf* war das Erschreckendste an dem Traum gewesen, und die Erinnerung daran ließ sie noch immer nicht los. Es war nicht nur ein ganz gewöhnlicher, hämmernder Lärm; es hatte einen merkwürdigen Nachklang, eine Härte und Schärfe, die sie irgendwie nicht einordnen konnte. Sie kam zu dem Schluß, daß nicht nur ihr Unterbewußtes den Lärm, den der Fensterladen früher am Tage gemacht hatte, übernommen hatte. Das furchtbare Geräusch in dem Traum wurde durch etwas weit Beunruhigenderes verursacht als durch das Klappern eines Fensterladens, der aus den Angeln gerissen war. Außerdem war sie sich sicher, daß sie genau das gleiche Geräusch schon einmal gehört hatte. Nicht in dem Alptraum. Im wirklichen Leben. An einem anderen Ort... vor langer Zeit...

Während sie das heiße Wasser über ihren Körper strömen ließ

und die Seife abwusch, versuchte sie sich daran zu erinnern, wo und wann genau sie dieses beunruhigende Geräusch schon einmal gehört hatte; denn plötzlich erschien es ihr wichtig, es zu identifizieren. Ohne zu wissen warum, fühlte sie sich irgendwie bedroht, solange sie sich nicht auf die Quelle des Lärms besinnen konnte. Die Erinnerung schien zum Greifen nahe, wie der Titel eines quälend vertrauten Musikstückes, der einem nicht einfällt.

4

Um 8.45 Uhr, nach dem Frühstück, fuhr Carol zur Arbeit, und Paul ging in den ersten Stock ins hintere Schlafzimmer, das er zu seinem Arbeitszimmer umgebaut hatte. Er hatte sich eine spartanische Atmosphäre geschaffen, in der er schreiben konnte, ohne abgelenkt zu werden. Die cremeweißen Wände waren kahl, und kein einziges Gemälde zierte sie. In dem Raum befanden sich nur ein billiger Schreibtisch, ein Stuhl, eine elektrische Schreibmaschine, eine Dose voller Kugelschreiber und Bleistifte, eine tiefe Papierablage, in der jetzt fast zweihundert Manuskriptseiten des Romans lagen, mit dem er zu Beginn seines Freisemesters angefangen hatte, ein Telefon, ein Bücherregal mit drei Fächern, in dem Nachschlagewerke standen, in der Ecke ein Wasserspender und schließlich noch ein kleiner Tisch, auf dem eine Kaffeemaschine stand.

Auch an diesem Morgen machte er sich zuallererst eine Kanne Kaffee. Gerade als er den Schalter mit der Aufschrift KOCHEN drückte und Wasser oben in die Kaffeemaschine goß, klingelte das Telefon. Er saß auf der Schreibtischkante und nahm den Hörer ab. »Hallo.«

»Paul? Grace Mitowski am Apparat.«

»Guten Morgen. Wie geht's?«

»Na ja, meine alten Knochen mögen den Regen nicht sonderlich, aber ansonsten komm ich schon zurecht.«

Paul lächelte. »Hör mal, ich weiß ganz genau, daß du mir noch jederzeit davonläufst.«

»Unsinn. Du bist doch arbeitssüchtig und hast, wenn's um Freizeit geht, einen Schuldkomplex. Nicht mal ein Atomreaktor hat soviel Energie wie du.«

Er lachte. »Mach jetzt keine Psychoanalyse mit mir, Grace. Meine Frau versorgt mich schon bestens in dieser Hinsicht.«

»Wenn wir schon von ihr sprechen...«

»Tut mir leid, aber du hast sie grade verpaßt. In einer halben Stunde oder so müßtest du sie eigentlich im Büro erwischen.«

Grace zögerte.

Der heiße Kaffee begann, in die hitzebeständige Kanne durchzulaufen, und sein Aroma erfüllte schnell das Zimmer.

Da er die Anspannung in Grace' Zögern spürte, meinte Paul: »Was ist denn los?«

»Nun ja...« Sie räusperte sich nervös. »Paul, wie geht's ihr? Sie ist doch nicht krank oder so?«

»Carol? Nein. Natürlich nicht.«

»Bist du sicher? Ich meine, das Mädchen ist wie 'ne Tochter für mich. Wenn irgendwas nicht in Ordnung ist, würde ich's gern wissen.«

»Es geht ihr gut. Wirklich. Sie hat sich grade erst letzte Woche durchchecken lassen. Die Adoptionsstelle hat das verlangt. Und es war alles bestens bei uns beiden.«

Grace schwieg wieder.

Paul runzelte die Stirn und meinte: »Warum machst du dir denn plötzlich Sorgen?«

»Na ja...du denkst wahrscheinlich, daß die alte Grace langsam nicht mehr alle Tassen im Schrank hat, aber ich hab' zwei beunruhigende Träume gehabt, einen bei 'nem Nickerchen gestern, den andren heut nacht, und Carol ist in beiden vorgekommen. Ich träume selten, und wenn ich dann plötzlich zwei Alpträume habe und beide Male mit dem Gefühl aufwache, daß ich Carol warnen muß...«

»Vor was warnen?«

»Ich weiß es nicht. Das einzige, woran ich mich erinnere, ist, daß Carol in den Träumen war. Ich bin aufgewacht und hab' gedacht: *Es kommt. Ich muß Carol warnen, daß es kommt.* Ich weiß, daß das albern klingt. Und frag mich jetzt bitte nicht, was das ›Es‹ sein könnte. Ich kann mich nicht erinnern. Aber ich habe das Gefühl, daß Carol in Gefahr ist. Ich glaube bei Gott nicht an Vorahnungen und solchen Schrott. Jedenfalls denke ich, daß ich nicht dran glaube – und trotzdem ruf' ich dich nun deswegen an.«

Der Kaffee war fertig. Paul beugte sich hinüber und stellte die Maschine ab. »Das Merkwürdige dran ist – Carol und ich sind gestern bei einem seltsamen Unfall beinahe verletzt worden.« Er erzählte ihr von dem Schaden in O'Brians Büro.

»Du lieber Himmel«, meinte sie, »ich hab' den Blitz gesehen, als ich von meinem Nickerchen aufgewacht bin, aber es ist mir nie in den Sinn gekommen, daß du und Carol... daß der Blitz genau das sein könnte; was ich... genau, das, was mein *Traum*... zum Teufel! Ich hab' Angst, es zu sagen, weil ich mich dann vielleicht wie eine abergläubische alte Närrin anhöre, aber egal: War wirklich was Prophetisches an dem Traum? Hab' ich vorhergesehen, daß der Blitz ein paar Minuten später einschlagen würde?«

»Zumindest«, meinte Paul unsicher, »ist das ein bemerkenswerter Zufall.«

Sie schwiegen einen Augenblick, überlegten, und dann sagte sie: »Hör zu, Paul, ich kann mich nicht erinnern, daß wir je ausführlicher über dieses Thema gesprochen haben, aber sage mir – glaubst *du* an Vorahnungen, Hellseherei und solches Zeug?«

»Einerseits glaube ich's nicht, aber andererseits zweifle ich auch nicht unbedingt dran. Ich hab' mich nie richtig entscheiden können.«

»Ich bin da immer ziemlich hochnäsig gewesen. Hab' immer gedacht, das ist doch bloß ein Haufen Lügen, Täuschung oder einfach Blödsinn. Aber jetzt...«

»Bist du ins Grübeln gekommen.«

»Sagen wir mal, ein klein bißchen zweifle ich jetzt schon. Und jetzt mach' ich mir noch mehr Sorgen um Carol als vor diesem Anruf.«

»Warum denn? Ich hab' dir doch gesagt, daß sie nicht mal 'nen Kratzer abgekriegt hat.«

»Sie ist vielleicht einmal davongekommen«, meinte Grace, »aber ich hab' *zwei* Träume gehabt, und einen davon erst Stunden nach den Blitzen. Vielleicht ist also das ›Es‹ etwas anderes. Ich meine, wenn an dem ersten Traum was Wahres dran war, dann gilt das vielleicht auch für den zweiten. Mein Gott, ist das nicht verrückt? Wenn man erst mal anfängt, auch nur ein bißchen von dem Blödsinn zu glauben, dann packt's einen ganz schön schnell. Aber ich kann nichts machen. Ich mach' mir immer noch Sorgen um sie.«

»Selbst wenn dein erster Traum eine Vorahnung gewesen ist«, meinte Paul, »war der zweite wahrscheinlich nur eine Wiederholung davon, ein Echo, nicht ein völlig neuer Traum.«

»Meinst du?«

»Klar. Das ist dir doch noch nie zuvor passiert, warum sollte es also wieder passieren? Höchstwahrscheinlich war die ganze Sache nur merkwürdig... wie der Blitz gestern.«

»Ja, wahrscheinlich hast du recht«, meinte sie und klang etwas erleichtert. »Vielleicht konnte das einmal passieren. Vielleicht kann ich das akzeptieren. Aber ich bin nicht Edgar Cayce oder Nostradamus. Und eins garantier' ich dir: Ich werde nie die wöchentlichen Vorhersagen für den *National Enquirer* schreiben.«

Paul lachte.

»Und trotzdem«, sagte sie, »wünschte ich, ich könnte mich genau dran erinnern, was in beiden Alpträumen passiert ist.«

Sie redeten noch ein bißchen weiter, und als Paul schließlich auflegte, starrte er den Hörer einen Augenblick lang an und runzelte die Stirn. Auch wenn er ziemlich überzeugt davon war, daß der Zeitpunkt von Grace' Traum nur ein merkwürdiger Zufall gewesen war, war er nichtsdestoweniger betroffen, stärker betroffen als angebracht.

Es kommt.

Als Grace diese zwei Worte ausgesprochen hatte, war es ihm bis tief ins Gedärm, bis tief in die Knochen kalt geworden.

Es kommt.

Zufall, sagte er sich. Reiner Zufall und Blödsinn. Vergiß es.

Langsam nahm er das volle Aroma des heißen Kaffees wieder wahr. Er erhob sich von der Schreibtischkante und füllte einen Becher mit dem dampfenden Gebräu.

Eine oder zwei Minuten lang stand er am Fenster hinter dem Schreibtisch, schlürfte den Kaffee und starrte auf die schmutzigen Wolken, die draußen dahinzogen, und auf den unaufhörlichen Regen. Schließlich senkte er den Blick, sah in den Garten hinter dem Haus hinunter und erinnerte sich sofort wieder an den Eindringling, den er gestern abend gesehen hatte, während er und Carol das Essen zubereitet hatten: jenes blasse, verzerrte Gesicht, das, vom Blitz erhellt, nur kurz zu sehen gewesen war; das Gesicht einer Frau; glänzende Augen; der Mund vor Haß oder Wut entstellt. Oder vielleicht war es doch nur Jasper gewesen, die große dänische Dogge, und eine Täuschung des Lichts.

KLOPF!

Das Geräusch war so laut und unerwartet, daß Paul vor Überraschung einen Sprung machte. Wenn sein Becher nicht halb leer gewesen wäre, hätte er den ganzen Kaffee über den Teppich verschüttet.

KLOPF! KLOPF!

Das konnte nicht derselbe Fensterladen sein, den sie letzten Abend gehört hatten, denn der hätte sonst die ganze Nacht weitergeklappert. Was bedeutete, daß jetzt zwei davon zu reparieren waren.

Mein Gott, dachte er, die alte Burg fällt mir eines Tages noch unterm Hintern zusammen.

KLOPF!

Das Geräusch kam von ganz nahe; so nahe, daß es seinen Ursprung innerhalb des Zimmers zu haben schien.

Paul preßte die Stirn gegen das kühle Glas des Fensters, spähte nach links, dann nach rechts hinaus und versuchte zu sehen, ob dieses Paar Fensterläden noch an seinem Platz war. Soweit er sehen konnte, waren beide gut befestigt.

Klopf, klopf-klopf, klopf, klopf...

Das Geräusch wurde leiser, entwickelte sich jedoch zu einem regelmäßigen, rhythmischen Pochen, das ihn nervöser machte als die lauten Schläge. Und jetzt schien es aus einem anderen Teil des Hauses zu kommen.

Auch wenn er nicht auf eine Leiter klettern und im Regen einen Fensterladen reparieren wollte, war es genau das, was getan werden mußte; denn er konnte einfach nicht schreiben, wenn ihn dieses Klappern ständig ablenkte. Wenigstens hatte es diesen Morgen nicht geblitzt.

Er stellte seinen Becher auf den Schreibtisch und wollte gerade aus dem Zimmer gehen. Bevor er die Tür erreichte, klingelte jedoch das Telefon.

Wieder einer von diesen Tagen, dachte er resigniert.

Dann bemerkte er, daß der Fensterladen in dem Moment zu klappern aufgehört hatte, als das Telefon klingelte. Vielleicht hatte der Wind ihn vom Haus losgerissen, so daß er mit der Reparatur warten konnte, bis das Wetter wieder besser würde.

Er kehrte an seinen Schreibtisch zurück und hob ab. Es war Alfred O'Brian von der Adoptionsstelle. Anfangs war das Gespräch unangenehm, und Paul war es peinlich. O'Brian bestand darauf, seine Dankbarkeit auszudrücken: «Sie haben mir das Leben gerettet, wirklich!« Er bestand genausosehr darauf, sich wiederholt und ganz unnötig dafür zu entschuldigen, daß er sich nicht schon am Vortag bedankt hatte, gleich nach dem Vorfall in seinem Büro: »Aber ich war so mitgenommen, wie gelähmt, ich konnte einfach nicht klar genug denken, um Ihnen zu danken, und das war unverzeihlich.« Jedesmal, wenn Paul bei Worten wie »heldenhaft« und »mutig« protestierte, wurde O'Brian noch eindringlicher. Schließlich unterdrückte Paul seine Einwände und ließ O'Brian gewähren; er war offensichtlich entschlossen, sein Gewissen auf ganz ähnliche Weise zu reinigen, wie er an den winzigen Fuselchen auf seinem Sakko herumfummelte. Endlich jedoch schien er seine (zum größten Teil eingebildete) Gedankenlosigkeit wiedergutgemacht zu haben, und Paul war erleichtert, als das Gespräch eine andere Wendung nahm.

O'Brian hatte noch einen zweiten Grund, warum er anrief, und jetzt kam er auch ohne weitere Umschweife darauf zu sprechen, ganz als ob es ihm plötzlich ebenfalls peinlich wäre. Er konnte (erklärte er unter zahlreichen Entschuldigungen) das Antragsformular, das ihm die Tracys am vorigen Tag ins Büro gebracht hatten, einfach nicht mehr finden. »Natürlich, als der Baum durchs Fenster gekracht ist, hat er eine ganze Menge Papiere auf dem Boden verstreut. Ein furchtbares Durcheinander. Manche davon sind zerknittert und schmutzig gewesen, als wir sie zusammengesammelt haben, und viele waren feucht vom Regen. Aber trotzdem ist es Margie, meiner Sekretärin, gelungen, sie wieder in Ordnung zu bringen – abgesehen natürlich von Ihrem Antrag. Wir können ihn nirgends finden. Ich vermute, daß er durch eines der zerbrochenen Fenster hinausgeweht worden ist. Ich weiß nicht, warum ausgerechnet Ihre Papiere die einzigen sind, die abhanden gekommen sind, und natürlich müssen wir einen ausgefüllten, unterschriebenen Antrag haben, bevor wir dem Adoptionsausschuß Ihre Namen vorlegen. Ich bin untröstlich wegen dieser Unannehmlichkeit, Mr. Tracy, wirklich.«

»Das war doch nicht Ihre Schuld«, meinte Paul. »Ich komm' einfach heute noch vorbei und hol' einen neuen Antrag ab. Carol und ich können ihn dann heute abend ausfüllen und unterschreiben.«

»Gut«, sagte O'Brian. »Freut mich, das zu hören. Ich muß ihn morgen ziemlich früh wieder in Händen haben, wenn wir ihn noch bei der nächsten Sitzung des Ausschusses vorlegen wollen. Margie braucht drei volle Wochentage, um die Daten auf Ihrem Antrag zu überprüfen, und ziemlich genau die Zeit haben wir auch noch bis zur Sitzung des Ausschusses am kommenden Mittwoch. Wenn wir diese Sitzung verpassen, findet die nächste erst wieder in zwei Wochen statt.«

»Ich hol' das Formular noch vor Mittag ab«, versicherte Paul ihm. »Und ich bring's Ihnen gleich am Freitagmorgen wieder zurück.«

Sie verabschiedeten sich, und Paul legte auf.

KLOPF!

Als er das Geräusch hörte, sank er entmutigt in sich zusammen. Er mußte also doch noch einen Fensterladen reparieren. Und dann in die Stadt fahren, um den neuen Antrag zu holen. Und dann wieder heimfahren. Und wenn er das alles erledigt hatte, war schon der halbe Tag beim Teufel, und er hatte noch kein einziges Wort geschrieben.

KLOPF! KLOPF!

»Verdammt«, sagte er.

Klopf, klopf-klopf, klopf-klopf...

Er war sich jetzt ganz sicher, daß es wieder einer von diesen Tagen werden würde.

Er ging hinunter zur Garderobe im Flur, um Regenmantel und Gummistiefel zu holen.

Die Scheibenwischer peitschten hin und her, hin und her, mit kurzem, schrillem Quietschen, und Carol biß unwillkürlich die Zähne zusammen. Sie beugte sich etwas nach vorn über das Lenkrad und blinzelte durch den herabströmenden Regen.

Die Straßen glänzten; der Schotter war glatt und sah ölig aus. Schmutzwasser strömte die Gosse hinunter und bildete dreckige Pfützen um die verstopften Gullys herum.

Um zehn nach neun war die morgendliche Hauptverkehrszeit gerade vorbei. Obwohl es noch immer ganz schön lebhaft zuging auf den Straßen, war der Verkehrsfluß zügig und ohne Störungen. Eigentlich ging es Carol zu schnell, und sie blieb ein wenig zurück, vorsichtig und auf der Hut.

Zwei Häuserblocks von ihrer Praxis entfernt erwies sich ihre Vorsicht als gerechtfertigt, aber sie reichte immer noch nicht ganz, um das Unglück völlig abzuwenden. Ohne auf den entgegenkommenden Verkehr zu achten, trat eine blonde junge Frau zwischen zwei Lieferwagen hervor, direkt vor die Räder des VW Golf.

»Mein Gott!« rief Carol aus und trat mit dem Fuß so fest auf die Bremse, daß es sie aus dem Sitz hob.

Die blonde Frau sah auf und erstarrte mit weit aufgerissenen Augen.

Obwohl der VW nur etwa dreißig Stundenkilometer schnell war, bestand keinerlei Hoffnung, ihn rechtzeitig zum Stehen zu bringen. Die Bremsen kreischten. Die Reifen griffen – schlitterten jedoch auch – auf dem nassen Pflaster.

Mein Gott, nein! dachte Carol mit einem Gefühl der Übelkeit und Niedergeschlagenheit.

Das Auto erfaßte die blonde Frau und schleuderte sie vom Boden rückwärts auf die Kühlerhaube, und dann begann das hintere Ende des VW nach links wegzurutschen, auf einen entgegenkommenden Cadillac zu; der Caddy kam mit kreischenden Bremsen ins Schleudern, und der andere Fahrer drückte auf die Hupe, als ob er glaubte, daß ausreichende Lautstärke Carol wie durch Zauberhand sicher aus der Bahn schieben könnte, und einen Augenblick lang war sie sicher, daß sie zusammenstoßen würden. Aber der Caddy glitt vielleicht fünf Zentimeter von ihr entfernt an ihr vorbei, ohne sie zu schrammen – all das geschah innerhalb von zwei oder drei oder vier Sekunden – und zur selben Zeit rollte die blonde Frau von der Kühlerhaube nach rechts auf den Gehsteig zu, und der VW kam nun völlig zum Stehen, stand quer über der Straße und wippte auf seiner Federung, als wäre er das Holzpferdchen eines Kindes.

Keiner von den Fensterläden fehlte. Nicht ein einziger. Keiner davon war lose und klapperte im Wind, wie Paul gedacht hatte.

Mit Gummistiefeln und Regenmantel bekleidet, ging er ganz ums Haus herum, schaute sich alle Fensterläden im ersten und zweiten Stock an, konnte jedoch nicht einen entdecken, der kaputt gewesen wäre. Nirgends war ein Anzeichen für einen Sturmschaden zu entdecken.

Verwirrt umkreiste er das Haus noch einmal, und bei jedem Schritt auf dem regengesättigten Rasen, der wie ein vollgesaugter Schwamm unter ihm nachgab, war ein quietschendes Geräusch zu hören. Diesmal hielt er Ausschau nach abgebrochenen Ästen, die möglicherweise bei einem Windstoß gegen die Wände schlugen. Die Bäume waren alle unbeschädigt.

Er blieb eine oder zwei Minuten zitternd in der ungewöhnlich kalten Herbstluft auf dem Rasen stehen, legte den Kopf nach rechts, dann nach links und lauschte auf das Hämmern, das das Haus noch vor wenigen Augenblicken erfüllt hatte. Jetzt konnte er es nicht mehr hören. Die einzigen Geräusche waren das Säuseln des Windes, das Rauschen der Bäume und der Regen, der mit leisem, beständigem Zischen auf den Rasen peitschte.

Schließlich, als sein Gesicht schon ganz gefühllos geworden war durch den kalten Wind und den Regen, der ihm die Wärme aussaugte, beschloß er, seine Suche einzustellen, bis das Hämmern von neuem beginnen und ihm so einen Anhaltspunkt geben würde. In der Zwischenzeit konnte er in die Stadt fahren und den Antrag bei der Adoptionsstelle abholen. Er strich sich mit der Hand über seine Bartstoppeln, erinnerte sich an O'Brians zwanghafte Gepflegtheit und dachte, daß er sich wohl besser rasierte, bevor er fuhr.

Er ging durch die hintere Veranda, die durch ein Fliegengitter geschützt wurde, wieder ins Haus, ließ seinen triefenden Mantel auf der vinylbezogenen Gartencouch liegen und zog seine Gummistiefel aus, bevor er in die Küche trat. Sobald er drinnen war, schloß er die Tür hinter sich und räkelte sich einen Augenblick lang in der warmen Luft.

KLOPF! KLOPF! KLOPF!

Das Haus erzitterte, als hätte die gewaltige Faust eines Riesen dreimal außerordentlich fest und schnell hintereinander dagegengeschlagen. Über der Küchenzeile in der Mitte der Küche, wo ein Regal für Kochgeschirr von der Decke hing, schwangen die Kupferpfannen und -töpfe an ihren Haken und schepperten gegeneinander.

KLOPF!

Die Wanduhr klapperte an ihrem Haken; wenn sie nicht so gut befestigt gewesen wäre, wäre sie von der Wand auf den Boden gefallen.

Paul ging zur Mitte des Raumes, um festzustellen, aus welcher Richtung das Hämmern kam.

KLOPF! KLOPF!

Die Ofentür klappte auf.

Die zwei Dutzend kleiner Gläser, die dicht an dicht auf dem Gewürzregal standen, begannen, gegeneinander zu klirren.

Was zum Teufel ist hier los? fragte er sich unsicher.

KLOPF!

Er wandte sich langsam um, horchte und suchte. Die Töpfe und Pfannen schepperten wieder, und eine große Kelle rutschte von ihrem Haken und fiel klappernd auf die Arbeitsfläche darunter.

Paul sah zur Decke hoch, dem Geräusch auf der Spur.

KLOPF!

Er erwartete, daß bald Risse im Gips auftauchten, aber das geschah nicht. Nichtsdestoweniger kam das Geräusch eindeutig von oben.

Klopf, klopf-klopf, klopf...

Das Hämmern wurde plötzlich leiser, verschwand aber nicht völlig. Zumindest hörte das Haus auf zu zittern, und auch die Küchengeräte schlugen nicht mehr gegeneinander.

Paul ging zur Treppe, entschlossen, die Ursache der Störung zu ergründen.

Die blonde Frau lag flach auf dem Rücken ausgestreckt in der Gosse, ein Arm stand seitlich ab, die Handfläche nach oben und die Hand selbst schlaff; der andere Arm lag locker über ihrem Bauch. Ihr goldenes Haar war schmutzig. Ein fast zehn Zentimeter tiefer Wasserlauf wogte um sie herum, trug Blätter und feinen Kies und Papierfetzen zum nächsten Abfluß; das lange Haar breitete sich um ihren Kopf herum aus wie ein Fächer und kräuselte sich seidig in jenem schmutzigen Strom.

Carol kniete neben der Frau und war schockiert, als sie sah, daß das Opfer eigentlich gar keine Frau war. Sie war noch ein Mädchen, nicht älter als vierzehn oder fünfzehn. Sie war außergewöhnlich hübsch, hatte feine Gesichtszüge, und jetzt war sie erschreckend blaß.

Sie hatte auch nicht das Richtige an für dieses unfreundliche Wetter. Sie trug weiße Tennisschuhe, Jeans und eine blau-weiß karierte Bluse. Sie hatte weder einen Regenmantel noch einen Schirm.

Mit zitternden Händen hob Carol den rechten Arm des Mädchens und fühlte den Puls. Sie fand ihn sofort; er war stark und regelmäßig.

»Gott sei Dank«, sagte Carol zittrig. »Gott sei Dank, Gott sei Dank.«

Sie begann, das Mädchen nach offenen Wunden abzusuchen. Sie schien keine ernsthaften Verletzungen davongetragen und nicht viel Blut verloren zu haben; sie hatte nur ein paar leichte Schnittverletzungen und Abschürfungen. Vorausgesetzt natürlich, daß es keine inneren Blutungen gab.

Der Fahrer des Cadillac, ein großer Mann mit Spitzbart, trat um das hintere Ende des VW Golf herum und sah auf das verletzte Mädchen hinunter. »Ist sie tot?«

»Nein«, sagte Carol. Sie hab vorsichtig zuerst eines der Augenlider des Mädchens, dann das andere. »Nur bewußtlos. Wahrscheinlich eine leichte Gehirnerschütterung. Hat irgend jemand einen Notarzt gerufen?«

»Ich weiß es nicht«, meinte er.

»Dann rufen Sie einen. Schnell.«

Er eilte weg und spritzte durch eine Pfütze, die ihm bis über die Schuhspitzen reichte.

Carol drückte dem Mädchen das Kinn herunter; der Kiefer war schlaff, und der Mund öffnete sich ganz leicht. Sie sah kein Hindernis, kein Blut, nichts, was ihr die Atemwege verstopfen konnte, und die Zunge befand sich in einer sicheren Lage.

Eine grauhaarige Frau in einem durchsichtigen Plastikregenmantel, die einen rot-orangefarbenen Schirm trug, tauchte aus dem Regen auf. »Es war nicht Ihre Schuld«, teilte sie Carol mit. »Ich hab's gesehen. Ich hab' alles gesehen. Das Kind ist Ihnen vors Auto geschossen, ohne zu schauen. Sie hatten überhaupt keine Möglichkeit, die Sache zu verhindern.«

»Ich hab's auch gesehen«, meinte ein korpulenter Mann, der nicht ganz unter seinen schwarzen Schirm paßte. »Ich hab' gesehen, wie das Kind wie in Trance oder so die Straße runtergegangen ist. Kein Mantel, kein Schirm. Der Blick irgendwie ausdruckslos. Sie ist zwischen diesen zwei Lieferwagen vom Gehsteig runter und ein paar Sekunden lang einfach so dagestanden, wie wenn sie bloß darauf gewartet hätte, daß jemand vorbeikommt und sie ihm vor die Räder laufen kann. Und genauso ist's dann auch passiert.«

»Sie ist nicht tot«, sagte Carol nicht völlig ohne Zittern in der Stimme. »Es liegt ein Erste-Hilfe-Kasten bei mir im Auto auf dem Rücksitz. Könnte einer von Ihnen ihn mir holen?«

»Klar«, meinte der korpulente Mann und drehte sich zu dem VW um.

Der Erste-Hilfe-Kasten enthielt unter anderem eine Packung Mundspateln, und Carol wollte diese zur Hand haben. Obwohl das bewußtlose Mädchen nicht so aussah, als würde es gleich einen Krampf bekommen, wollte Carol doch auf den schlimmsten Fall vorbereitet sein.

Inzwischen versammelte sich langsam eine Menschenmenge um sie herum.

Ein paar Häuserblocks entfernt erklang eine Sirene, die rasch näherkam. Das war wahrscheinlich die Polizei; der Notarzt konnte nicht so schnell gewesen sein.

»So ein hübsches Kind«, sagte die grauhaarige Frau und schaute auf das angefahrene Mädchen hinunter.

Andere Passanten murmelten beifällig.

Carol stand auf und schlüpfte aus ihrem Regenmantel. Es

hatte keinen Sinn, das Mädchen zuzudecken, denn sie war ohnehin schon so naß, wie sie nur irgend werden konnte. Statt dessen faltete Carol den Mantel, kniete wieder nieder und schob das Behelfskissen vorsichtig unter den Kopf des Opfers, so daß er ein wenig über das sprudelnde Wasser erhoben war.

Das Mädchen öffnete die Augen nicht und bewegte sich auch überhaupt nicht. Eine wirre Strähne ihres goldenen Haares lag über ihrem Gesicht, und Carol strich sie vorsichtig weg. Die Haut des Mädchens fühlte sich trotz des kalten Regens, der es benetzte, heiß und fiebrig an.

Plötzlich, während ihre Finger immer noch die Wange des Mädchens berührten, übermannte Carol ein Schwindelgefühl, und sie bekam keine Luft mehr. Einen Augenblick lang glaubte sie, sie würde die Besinnung verlieren und auf den bewußtlosen Teenager fallen. Hinter ihren Augen erhob sich eine schwarze Woge, und dann tauchte in jener Dunkelheit ein kurzer silbriger Strahl auf, ein Lichtschimmer, den ein bewegter Gegenstand zurückwarf, das rätselhafte Ding aus ihrem Alptraum.

Sie biß die Zähne zusammen, schüttelte den Kopf und wehrte sich dagegen, von jener dunklen Welle hinweggespült zu werden. Sie zog ihre Hand von der Wange des Mädchens weg und legte sie auf ihr eigenes Gesicht; der Schwindelanfall verging genauso schnell, wie er gekommen war. Bis der Notarzt kam, war sie verantwortlich für das verletzte Mädchen, und sie war entschlossen, dieser Verantwortung nachzukommen.

Leicht schnaufend eilte der beleibte Mann mit dem Erste-Hilfe-Kasten zurück. Carol nahm eine von den Mundspateln aus der starren Zellophanhülle – vorsichtshalber.

Ein Polizeiwagen bog um die Ecke und hielt hinter dem Volkswagen. Sein rotierendes Blinklicht spritzte rotes Licht über das nasse Pflaster und schien die Pfützen aus Regenwasser in Blutlachen zu verwandeln.

Als die Sirene des Einsatzwagens mit einem Brummen verstummte, wurde noch eine weiter entfernte Sirene hörbar. Für Carol war dieses jaulende hohe Heulen das schönste Geräusch der Welt.

Der Schrecken ist jetzt fast vorbei, dachte sie.

Aber dann sah sie das kreidebleiche Gesicht des Mädchens an, und ihre Erleichterung wurde von Zweifeln überschattet. Vielleicht war das Grauen doch noch nicht vorüber; vielleicht hatte es gerade erst begonnen.

Paul ging im oberen Stockwerk langsam von Raum zu Raum und lauschte auf das hämmernde Geräusch.
Klopf... klopf...
Es kam noch immer von oben. Vom Speicher. Oder vom Dach.

Die Speichertreppe befand sich hinter einer verkleideten Tür am Ende des Flurs im zweiten Stock. Sie war schmal, nicht lackiert, und sie knarrte, als Paul hinaufkletterte.

Obwohl der Speicher einen richtigen Fußboden hatte, war er sonst nicht ausgebaut. Das Gebälk lag frei; die rosafarbene Fiberglasisolation, die entfernt rohem Fleisch ähnelte, und die in regelmäßigem Abstand angebrachten Stützpfosten, die aussahen wie ein Gerippe, waren sichtbar. Zwei nackte Hundert-Watt-Birnen lieferten Licht, und überall wanden sich Schatten, besonders um den Rand des Daches. Der Länge nach war der Speicher durchgehend hoch genug, daß Paul aufrecht darin gehen konnte, und der Breite nach zur Hälfte.

Das Prasseln des Regens auf dem Dach war hier oben mehr als nur ein Prasseln. Es war ein fortdauerndes Zischen, ein leises, alles durchdringendes Dröhnen.

Nichtsdestoweniger war auch das andere Geräusch durch das Trommeln des Regens hindurch zu vernehmen: *Klopf... klopf-klopf...*

Paul ging langsam an Stapeln von Pappkartons und anderen Gegenständen vorbei, die hier aufbewahrt wurden: ein Paar großer Reisekoffer; ein alter Kleiderständer mit sechs Haken; eine matte Bodenlampe aus Messing; zwei durchgebrochene Rattanstühle, die er eines Tages reparieren wollte. Eine dünne Schicht weißlichen Staubes lag wie ein Leichentuch über allem, was sich in dem Raum befand.

Klopf... klopf...

Er durchquerte den Speicher der Länge nach, kehrte dann langsam bis zur Mitte zurück und blieb dort stehen. Das Geräusch schien genau vor seiner Nase zu entstehen, nur ein paar

Zentimeter entfernt. Aber hier gab es nichts, was die Störung verursachen konnte; nichts bewegte sich.

Klopf... klopf... klopf... klopf...

Obwohl das Hämmern jetzt etwas leiser war als noch vor ein paar Minuten, war es noch immer deutlich vernehmbar und kräftig; es hallte durch das ganze Haus. Das Pochen hatte überdies einen eintönig einfachen Rhythmus angenommen; jeder Schlag war von dem jeweils vorhergehenden und nachfolgenden gleich lang entfernt, wodurch sich ein Muster ergab, das dem des menschlichen Herzschlags nicht unähnlich war.

Paul stand im Speicher, im Staub, in dem muffigen Geruch, der allen Räumen eigen ist, die nicht benutzt werden, versuchte, das Geräusch zu lokalisieren; versuchte zu verstehen, wie es so einfach aus blauem Himmel entstehen konnte, und allmählich änderte sich seine Einstellung gegenüber der Störung. Bisher hatte er sie für nichts weiter gehalten als den hörbaren Beweis eines Sturmschadens am Haus – eine langwierige und vielleicht teure Reparatur, die erledigt werden mußte, etwas, das ihn vom Schreiben abhielt, eine Unannehmlichkeit, nichts sonst. Aber während er den Kopf hin und her wandte und in jeden Schatten hineinspähte, während er auf das unerbittliche dumpfe Pochen lauschte, wurde ihm plötzlich klar, daß etwas Unheilvolles in diesem Lärm war.

Klopf... klopf... klopf...

Aus Gründen, die er nicht erklären konnte, wirkte das Geräusch jetzt drohend und bösartig.

Es war ihm an diesem geschützten Ort nun kälter als vorher draußen in Wind und Regen.

Carol wollte das verletzte Mädchen im Notarztwagen ins Krankenhaus begleiten, aber sie wußte, daß sie nur stören würde. Außerdem mußte der erste Polizeibeamte, der am Schauplatz des Geschehens auftauchte, ein junger Mann mit Lockenkopf namens Tom Weatherby, ihre Aussage aufnehmen.

Sie saßen auf dem Vordersitz des Streifenwagens, der nach den Pfefferminzbonbons roch, die Weatherby lutschte. Schimmernde Regenströme hatten die Fenster trübe gemacht. Der Polizeifunk stotterte und knisterte.

Weatherby runzelte die Stirn. »Sie sind bis auf die Haut durchnäßt. Ich hab' eine Decke im Kofferraum. Ich hol' sie Ihnen.«

»Nein, nein«, meinte sie. »Lassen Sie nur.« Ihr grünes Strickkostüm war völlig durchweicht. Das regennasse Haar klebte an ihrem Kopf und hing schlaff über ihre Schultern. Im Augenblick scherte sie sich jedoch nicht darum, wie sie aussah, und auch nicht um die Gänsehaut, die auf ihrem Körper prickelte. »Sehen wir zu, daß wir's hinter uns bringen.«

»Gut... wenn Sie sicher sind, daß Sie in Ordnung sind.«

»Ich bin mir sicher.«

Während er den Thermostat der Autoheizung hochdrehte, meinte Weatherby; »Kennen Sie zufällig das Mädchen, das Ihnen da vors Auto gelaufen ist?«

»Ob ich sie kenne? Nein. Natürlich nicht.«

»Sie hat keine Ausweispapiere bei sich. Haben Sie gesehen, ob sie eine Handtasche hatte, als sie auf die Straße getreten ist?«

»Das kann ich nicht mit Sicherheit sagen.«

»Versuchen Sie, sich zu erinnern.«

»Ich glaube, sie hatte keine.«

»Wahrscheinlich nicht«, meinte er. »Wenn sie bei so einem Sturm ohne Regenmantel oder Schirm aus dem Haus geht, warum sollte sie dann eine Handtasche mitnehmen? Wir suchen die Straße aber trotzdem ab. Vielleicht hat sie sie ja irgendwo verloren.«

»Was passiert, wenn Sie nicht herausfinden können, wer sie ist? Wie werden Sie Kontakt zu ihren Eltern bekommen? Ich meine, sie sollte jetzt nicht allein gelassen werden.«

»Kein Problem«, sagte Weatherby. »Sie wird uns ihren Namen schon sagen, wenn sie wieder bei Bewußtsein ist.«

»*Wenn* sie wieder zu Bewußtsein kommt.«

»Na, das wird sie. Darüber brauchen Sie sich keine Sorgen machen. Es sieht nicht so aus, als ob sie ernsthaft verletzt wäre.«

Carol machte sich trotzdem Sorgen.

Die nächsten zehn Minuten stellte Weatherby ihr Fragen, und sie beantwortete sie. Als er den Unfallbericht fertig ausgefüllt hatte, las sie ihn schnell durch und unterschrieb ihn dann.

»Sie sind völlig schuldlos«, meinte Weatherby. »Sie sind unter der Geschwindigkeitsbegrenzung geblieben, und drei Zeugen haben ausgesagt, daß das Mädchen direkt vor Ihnen aus dem toten Winkel auf die Straße getreten ist, ohne auf den Verkehr zu achten. Es war nicht Ihre Schuld.«

»Ich hätte vorsichtiger sein sollen.«

»Ich weiß nicht, was Sie sonst noch hätten tun können.«

»Irgend etwas. Ich hätte sicher irgend etwas tun können«, meinte sie unglücklich.

Er schüttelte den Kopf. »Nein. Hören Sie zu, Dr. Tracy, ich hab' so etwas schon öfter gesehen. Es passiert ein Unfall, jemand wird verletzt, niemand ist eigentlich schuld – und doch hat einer der Beteiligten das Gefühl, verantwortlich zu sein, das völlig fehl am Platze ist, und besteht darauf, sich schuldig zu fühlen. Und in unserem Fall – wenn überhaupt irgend jemand schuld ist – ist das Mädchen schuld, nicht Sie. Nach den Aussagen der Zeugen hat sie sich schon merkwürdig verhalten, bevor Sie um die Ecke gekommen sind, fast als hätte sie vorgehabt, sich überfahren zu lassen.«

»Aber warum will sich so ein hübsches Mädchen wohl vor ein Auto werfen?«

Weatherby zuckte mit den Achseln. »Sie haben gesagt, Sie sind Psychiaterin. Sie haben sich auf Kinder und Teenager spezialisiert, nicht wahr?«

»Ja.«

»Dann müssen Sie die möglichen Antworten doch besser kennen als ich. Warum könnte sie sich umbringen wollen? Könnte Ärger daheim sein – ein Vater, der zuviel trinkt und sein eigenes kleines Mädchen belästigt, eine Mutter, die nichts von ihr wissen will. Oder vielleicht ist sie grade von ihrem Freund sitzengelassen worden und denkt, daß das der Weltuntergang ist. Oder hat grade gemerkt, daß sie schwanger ist, und ist zu dem Schluß gekommen, daß sie das ihren Leuten nicht sagen kann. Es gibt wahrscheinlich Hunderte von Gründen, und ich bin mir sicher, daß Sie die meisten davon in Ihrem Beruf schon mal gehört haben.«

Was er sagte, stimmte, aber Carol fühlte sich deswegen auch nicht besser.

Wenn ich nur langsamer gefahren wäre, dachte sie. Wenn ich

bloß schneller reagiert hätte, dann wäre das arme Mädchen jetzt vielleicht nicht im Krankenhaus.

»Vielleicht hat sie auch Drogen genommen«, meinte Weatherby. »Heutzutage spielen verdammt nochmal zu viele Kinder mit Rauschgift rum. Ich sag's Ihnen, manche davon schlucken einfach alles, was ihnen in die Finger kommt. Und wenn man's nicht schlucken kann, dann schnüffeln sie's oder spritzen sich's in 'ne Vene. Das Mädel, das Sie da angefahren haben, ist vielleicht so high gewesen, daß es nicht mal gewußt hat, wo es war, als es Ihnen vors Auto gelaufen ist. Und wenn das der Fall sein sollte, wollen Sie mir dann immer noch sagen, daß das Ganze irgendwie Ihre Schuld ist?«

Carol lehnte sich in ihren Sitz zurück, schloß die Augen und atmete zitternd aus. »Mein Gott, ich weiß nicht, *was* ich Ihnen sagen soll. Das einzige, was ich weiß, ist ... daß ich mich ausgelaugt fühle.«

»Das ist doch völlig natürlich, nach dem, was Sie grade durchgemacht haben. Aber es ist nicht natürlich, daß Sie sich deswegen schuldig fühlen. Es war nicht Ihre Schuld, also brüten Sie nicht drüber nach. Schließen Sie den Fall ab und konzentrieren Sie sich wieder auf das, was vor Ihnen liegt.«

Sie öffnete die Augen, sah ihn an und lächelte. »Wissen Sie was, Officer Weatherby, ich hab' so das Gefühl, daß Sie einen ziemlich guten Psychotherapeuten abgeben würden.«

Er grinste. »Oder einen fantastischen Barkeeper.«

Carol lachte.

»Geht's Ihnen jetzt besser?« fragte er.

»Ein bißchen.«

»Versprechen Sie mir, daß Sie sich deswegen keine schlaflosen Nächte machen werden.«

»Ich werd's versuchen«, sagte sie. »Aber ich mache mir immer noch Sorgen um das Mädchen. Wissen Sie, in welches Krankenhaus man sie eingeliefert hat?«

»Das kann ich rausfinden«, meinte er.

»Würden Sie das für mich tun? Ich würde gern mit dem Arzt sprechen, der sie behandelt. Wenn er mir sagt, daß alles in Ordnung ist, wird's mir sehr viel leichter fallen, Ihrem Ratschlag zu folgen, mich wieder auf die Zukunft zu konzentrieren.«

Weatherby nahm das Mikrofon und bat die Polizeizentrale herauszufinden, wo man das verletzte Mädchen hingebracht hatte.

Die Fernsehantenne!
Paul stand im Speicher, starrte zum Dach über ihm hinauf und lachte laut auf, als er merkte, was das hämmernde Geräusch verursachte. Es entstand nicht direkt vor seiner Nase, wie er einen beunruhigenden Augenblick lang gedacht hatte. Es kam vom Dach, wo die Fernsehantenne verankert war. Sie hatten vor einem Jahr auf Kabel umrüsten lassen, die alte Antenne aber noch nicht entfernt. Es war eine große, ferngesteuerte Richtantenne, die an einer schweren Platte befestigt war; die Platte war mit Bolzen durch die Schindeln hindurch direkt am Dachbalken verschraubt. Offensichtlich hatte sich eine Mutter oder irgendeine andere Halterung etwas gelöst, und nun zerrte der Wind an der Antenne, rüttelte an der Platte, die an einem der Bolzen hing, und schlug sie immer wieder gegen das Dach. Die Lösung des großen Rätsels war belustigend irdisch.

Oder doch nicht?

Klopf... klopf... klopf.

Das Geräusch war jetzt leiser als je zuvor, kaum noch zu hören bei dem Dröhnen des Regens auf dem Dach, und es war leicht einzusehen, daß die Antenne die Ursache sein konnte. Allmählich jedoch, während Paul noch über diese Antwort auf das Rätsel nachdachte, begann er daran zu zweifeln, daß das die *richtige* Antwort war. Er dachte daran, wie laut und heftig das Hämmern noch vor ein paar Minuten gewesen war, als er sich in der Küche aufhielt: wie das ganze Haus erschüttert wurde, die Ofentür aufklappte, die Gläser auf dem Gewürzregal klirrten. Konnte eine lose Antenne wirklich so viel Lärm und Schwingungen erzeugen?

Klopf... klopf...

Während er zur Decke hochstarrte, versuchte er, die Antennentheorie als die einzig richtige zu betrachten. Wenn sie den Dachbalken genau richtig, genau im richtigen Winkel, traf, so daß der Aufprall durchs ganze Haus weitergeleitet wurde, konnte eine lose Antenne vielleicht tatsächlich die Töpfe und Pfannen in der Küche gegeneinander scheppern und es so aussehen lassen, als würde die Decke gleich Risse bekommen. Wenn man genau die richtigen Schwingungen auf eine Hängebrücke aus Stahl einwirken ließ, konnte man sie in weniger als einer Minute zum Einsturz bringen, egal, wie viele Bolzen und Schweißnähte und Kabel sie zusammenhielten. Und obwohl Paul auch nicht im entferntesten daran glaubte, daß eine lose Antenne ein solches apokalyptisches Werk der Zerstörung an einem Holzhaus anrichten konnte, wußte er doch, daß selbst mäßige Kraft, die mit Berechnung und größter Genauigkeit eingesetzt wurde, eine Wirkung haben konnte, die in keinem Verhältnis zur aufgewendeten Energie stand. Außerdem *mußte* die Fernsehantenne einfach die Wurzel des Übels sein, denn das war die einzige Erklärung, die ihm noch blieb.

Das Hämmern wurde jetzt noch leiser und hörte schließlich ganz auf. Er wartete eine Minute oder zwei, aber das einzige Geräusch war das des Regens auf den Schindeln über ihm.

Der Wind mußte die Richtung geändert haben. Bald würde er wieder aus derselben Richtung kommen, und die Antenne würde erneut anfangen, auf ihrer Platte hin und her zu rütteln, und das Hämmern würde von neuem beginnen.

Sobald der Sturm vorbei war, würde er die ausziehbare Leiter aus der Garage holen, aufs Dach hinaufklettern und die Antenne abmontieren müssen. Er hätte das gleich damals erledigen sollen, als sie auf Kabel umrüsten ließen. Jetzt würde er, weil er das damals versäumt hatte, wertvolle Zeit fürs Schreiben verlieren – und das an einer der schwierigsten und wesentlichsten Stellen des Manuskripts. Diese Aussicht frustrierte ihn und machte ihn nervös.

Er beschloß, sich zu rasieren, in die Stadt zu fahren und die neuen Anträge bei der Adoptionsstelle abzuholen. Vielleicht war der Sturm vorbei, bis er wieder zu Hause war. Wenn ja, und wenn er es schaffte, bis halb zwölf auf dem Dach zu sein, sollte er eigentlich die Antenne herunterreißen, dann einen Happen essen und schließlich den ganzen Nachmittag an seinem Buch arbeiten können, vorausgesetzt, es gab keine neuerlichen Störungen. Aber er hatte den Verdacht, daß es weitere Unterbrechungen geben *würde*. Er hatte sich bereits damit abgefunden, daß es einer von diesen Tagen war.

Als er den Speicher verließ und das Licht ausschaltete, erzitterte das Haus unter einem weiteren Schlag.

KLOPF!

Nur einer diesmal. Dann war alles wieder ruhig.

Der Besucherraum des Krankenhauses sah aus wie der Kleiderschrank eines Clowns, in dem gerade eine Bombe explodiert war. Die Wände waren kanariengelb, die Stühle leuchtend rot, der Teppich orange, die Zeitschriftenablagen und Beistelltische aus schwerem, purpurfarbenem Plastik, und die beiden großen abstrakten Gemälde waren hauptsächlich in Grün- und Blautönen gehalten.

Der Raum – ganz offensichtlich das Werk eines Innenarchitekten, der zuviel über die verschiedenen Farbtheorien in der Psychologie gelesen hatte – sollte positiv und lebensbejahend wirken. Er sollte die Laune der Besucher heben und sie davon ablenken, daß ihre Freunde krank waren oder daß ihre Verwandten im Sterben lagen. Bei Carol bewirkte diese Einrichtung, die so sehr darauf abzielte, heiter zu wirken, genau das Gegenteil. Der Raum strahlte eine Atmosphäre der Tollheit aus; er kratzte genauso wirkungsvoll an den Nerven wie Sandpapier ein Stück Butter abrieb.

Sie saß auf einem der roten Stühle und wartete auf den Arzt, der das verletzte Mädchen behandelte. Als er eintrat, kontrastierte sein starrer weißer Kittel so stark mit der schreienden Einrichtung, daß er eine heiligenähnliche Aura auszustrahlen schien.

Carol erhob sich, um ihn zu begrüßen; er fragte sie, ob sie Mrs. Tracy sei und stellte sich selbst als Sam Hannaport vor. Er war groß, massig, hatte ein grobes, rosiges Gesicht und war Anfang fünfzig. Er sah aus, als wäre er laut und bärbeißig, vielleicht sogar unangenehm, aber tatsächlich hatte er ein freundliches Wesen und schien wirklich besorgt darüber, welche Auswirkungen der Unfall sowohl körperlich als auch seelisch auf Carol gehabt hatte. Sie brauchte einige Minuten, um ihn davon zu überzeugen, daß sie in beiderlei Hinsicht in Ordnung war, dann setzten sie sich auf zwei rote Stühle, die sich gegenüberstanden.

Hannaport hob die buschigen Augenbrauen und meinte: »Sie sehen so aus, als ob Sie ein heißes Bad und ein großes Glas warmen Brandy vertragen könnten.«

»Ich war bis auf die Haut durchnäßt«, sagte sie, »aber jetzt bin ich fast schon wieder trocken. Wie geht's dem Mädchen?«

»Schnittverletzungen, Prellungen und Abschürfungen«, sagte er.

»Innere Blutungen?«

»Die Untersuchungen haben nichts ergeben.«

»Brüche?«

»Alle Knochen sind heil. Sie ist erstaunlich gut weggekommen. Sie können nicht sehr schnell gewesen sein, als Sie sie angefahren haben.«

»War ich auch nicht. Aber so wie sie mir auf die Kühlerhaube gerutscht und dann in den Rinnstein gerollt ist, hab' ich gedacht, vielleicht...« Carol zitterte und wollte nicht aussprechen, was sie gedacht hatte.

»Jedenfalls geht's dem Mädel jetzt wieder gut. Sie ist im Notarztwagen zu Bewußtsein gekommen, und sie war schon wieder ganz munter, als ich sie gesehen habe.«

»Gott sei Dank.«

»Es deutet nichts darauf hin, daß sie auch nur eine leichte Gehirnerschütterung hat. Ich kann mir nicht vorstellen, daß sie irgendwelche langfristigen Schäden davontragen wird.«

Erleichtert sank Carol auf ihren roten Stuhl zurück. »Ich würde sie gern sehen, mit ihr sprechen.«

»Sie ruht sich gerade aus«, meinte Dr. Hannaport. »Ich möchte momentan nicht, daß sie gestört wird. Aber wenn Sie heute abend zur Besuchszeit wiederkommen würden, kann sie Sie sicherlich empfangen.«

»Das werde ich tun. Ganz bestimmt.« Sie blinzelte. »Meine Güte, ich hab' Sie nicht mal gefragt, wie sie heißt.«

Er zog die buschigen Augenbrauen wieder hoch. »Tja, da haben wir ein kleines Problem.«

»Problem?« Carol verkrampfte sich von neuem. »Was meinen Sie damit? Kann sie sich nicht mehr an ihren Namen erinnern?«

»Bis jetzt noch nicht, aber...«

»Mein Gott.«

»... sie wird sich wieder erinnern.«

»Sie haben doch gesagt, sie hätte keine Gehirnerschütterung.«

»Ich schwöre Ihnen, es ist wirklich nichts Ernstes«, meinte Hannaport. Er nahm ihre Linke in seine großen, kräftigen Hände und hielt sie, als könnte sie jeden Augenblick zerbrechen und zerbröckeln. »Bitte, regen Sie sich deswegen nicht auf. Dem Mädchen wird's wieder gut gehn. Daß sie sich nicht an ihren Namen erinnern kann, deutet nicht auf eine schwere Gehirnerschütterung oder eine ernsthafte Schädigung des Gehirns hin; jedenfalls nicht bei ihr. Sie ist nicht verwirrt oder orientierungslos. Ihr Blickfeld ist normal, und ihre Tiefenwahrnehmung ist ausgezeichnet. Wir haben ihre Gehirnfunktionen mit Hilfe einiger mathematischer Probleme überprüft – Addition, Subtraktion, Multiplikation –, und sie hat alle richtig gelöst. Sie kann alle Wörter buchstabieren, die man ihr gibt; ja, sie kann's sogar höllisch gut. Also hat sie keine schwere Gehirnerschütterung. Es ist nur ein leichter Fall von Gedächtnisverlust. Es handelt sich um selektive Amnesie, müssen Sie wissen; sie hat nur ihre persönlichen Erinnerungen verloren, nicht ihre Fähigkeiten und Ausbildung oder ganze Einheiten sozialer Konzepte. Sie hat das Lesen und Schreiben nicht vergessen; sie hat nur vergessen, wer sie ist, woher sie kommt und wie sie hierhergekommen ist. Was ernster klingt, als es tatsächlich ist. Natürlich ist sie verwirrt und verängstigt. Aber selektive Amnesie ist die harmloseste Form von Gedächtnisverlust.«

»Das weiß ich«, meinte Carol. »Aber irgendwie geht's mir deshalb auch nicht so wahnsinnig viel besser.«

Hannaport drückte ihre Hand fest aber sanft. »Diese Form der Amnesie ist nur ganz, ganz selten dauerhaft. Höchstwahrscheinlich erinnert sie sich noch vor dem Abendessen, wer sie ist.«

»Und wenn nicht?«

»Dann wird die Polizei rausfinden, wer sie ist, und sobald sie ihren Namen hört, werden sich die Nebel lichten.«

»Sie hatte keinerlei Ausweispapiere bei sich.«

»Ich weiß«, meinte er. »Ich habe schon mit der Polizei gesprochen.«

»Was passiert also, wenn die Polizei auch nicht rausfinden kann, wer sie ist?«

»Das wird sie aber.« Er tätschelte ihre Hand ein letztes Mal und ließ sie dann los.

»Ich verstehe nicht, wie Sie sich da so sicher sein können.«

»Ihre Eltern werden sie als vermißt melden. Sie haben sicher ein Foto von ihr. Und wenn die Polizei das Foto sieht, wird sie die nötige Verbindung herstellen. So einfach wird das gehen.«

Sie runzelte die Stirn. »Und was passiert, wenn ihre Eltern sie *nicht* als vermißt melden?«

»Warum sollten sie das?«

»Tja, wenn sie zum Beispiel eine Ausreißerin aus einem anderen Bundesstaat wäre? Sogar wenn ihre Eltern sie zu Hause in ihrem Heimatort als vermißt melden würden, bekäme die hiesige Polizei das nicht unbedingt mit.«

»Das letztemal, als ich was darüber gelesen habe, sind Ausreißer am liebsten nach New York City, Kalifornien oder Florida gefahren – fast überall hin lieber als nach Harrisburg in Pennsylvania.«

»Zu jeder Regel gibt's ne Ausnahme.«

Hannaport lachte sanft und schüttelte den Kopf. »Wenn Pessimismus eine Wettkampfsportart wäre, wären Sie ganz bestimmt Weltmeister.«

Sie blinzelte überrascht und lächelte dann. »Tut mir leid. Ich sehe die ganze Angelegenheit wahrscheinlich übertrieben düster.«

Er schaute auf die Uhr, stand von seinem Stuhl auf und meinte: »Ja, das glaube ich auch. Besonders wenn man bedenkt, wie gut das Mädchen bei der ganzen Sache davongekommen ist. Es hätte um etliches schlimmer ausgehen können.«

Carol stand ebenfalls auf. Plötzlich sprudelte es aus ihr heraus: »Wahrscheinlich beschäftigt mich das Ganze so sehr, weil ich jeden Tag mit Problemkindern zu tun habe, und weil's mein Beruf ist, ihnen dabei zu helfen, daß sie wieder gesund werden, und das ist schon seit der High School immer mein größter Wunsch gewesen – mit kranken Kindern zu arbeiten, sie zu heilen –, aber jetzt bin ich verantwortlich für die Schmerzen, die das arme Mädchen aushalten muß.«

»Das dürfen Sie nicht so sehen. Sie haben sie doch nicht *absichtlich* verletzt.«

Carol nickte. »Ich weiß schon, daß ich da nicht so ganz rational reagiere, aber ich kann einfach nicht anders.«

»Ich muß bei ein paar Patienten vorbeischauen«, sagte Hannaport und sah wieder auf die Uhr. »Aber lassen Sie mich Ihnen noch etwas sagen, das Ihnen dabei helfen könnte, damit fertig zu werden.«

»Gerne.«

»Das Mädchen hat körperlich nur geringfügige Verletzungen. Ich will damit nicht sagen, daß sie völlig harmlos sind, aber das kommt den Tatsachen schon verdammt nahe. Also müssen Sie sich in dieser Hinsicht überhaupt nicht schuldig fühlen. Und was ihren Gedächtnisverlust angeht... na ja, vielleicht hatte der Unfall gar nichts damit zu tun.«

»Nichts damit zu tun? Aber ich hab' gedacht, daß sie, als sie mit dem Kopf auf dem Auto oder dem Pflaster aufgeschlagen ist...«

»Sie wissen doch sicher, daß ein Schlag auf den Kopf nicht unbedingt die einzige Ursache für Amnesie ist«, meinte Dr. Hannaport. »Das ist noch nicht mal der üblichste Auslöser in solchen Fällen. Streß, ein – emotionaler Schock: auch sie können einen Verlust des Gedächtnisses zur Folge haben. Tatsächlich haben wir das menschliche Gehirn noch immer nicht gut genug begriffen, um in den meisten Fällen genau sagen zu können, was eine Amnesie verursacht. Was dieses Mädchen anbelangt, deutet alles darauf hin, daß sie sich schon in diesem Zustand befunden hat, als sie Ihnen ins Auto gelaufen ist.« Er unterstrich jedes Argument, das seine Theorie abstützte, indem er nacheinander die Finger seiner rechten Hand ausstreckte.

»Erstens: Sie hatte keinerlei Ausweispapiere bei sich. Zweitens: Sie ist ohne Mantel oder Regenschirm wie in Trance im strömenden Regen herumgelaufen. Drittens: Wenn ich richtig informiert bin, sagen die Zeugen, daß sie sich merkwürdig verhalten hat, noch bevor Sie auf der Bildfläche aufgetaucht sind.« Er wedelte mit seinen drei ausgestreckten Fingern vor ihrer Nase herum. »Drei sehr gute Gründe, warum Sie nicht so versessen darauf sein sollten, sich die Schuld für den Zustand des Kindes zuzuschreiben.«

»Vielleicht haben Sie ja recht, aber trotzdem...«

»Ich *habe* recht«, meinte er. »Da gibt's kein Vielleicht. So glauben Sie mir doch, Dr. Tracy.«

Eine scharfe, näselnde weibliche Stimme rief Dr. Hannaport über die blecherne Lautsprecheranlage des Krankenhauses aus.

»Danke, daß Sie sich so viel Zeit genommen haben«, meinte Carol. »Sie sind mehr als freundlich gewesen.«

»Kommen Sie heute abend wieder und sprechen Sie mit dem Mädchen, wenn Sie wollen. Ich bin sicher, daß sie Ihnen nicht die geringsten Vorwürfe machen wird.«

Er drehte sich um und eilte durch die schreiende Halle, um der Lautsprecherdurchsage zu folgen, und die Schöße seines weißen Kittels umflatterten ihn.

Carol ging zum Münzfernsprecher und rief in ihrer Praxis an. Sie erklärte ihrer Sekretärin Thelma die Situation und regelte die Termine mit den Patienten neu, die an jenem Tage kommen wollten. Dann rief sie zu Hause an, und Paul hob beim dritten Klingeln ab.

»Ich wollte grade zur Tür hinaus«, sagte er. »Ich muß ins Büro von O'Brian und noch mal die Anträge holen. Unsere sind bei dem Durcheinander gestern verlorengegangen. Bis jetzt hätte ich heute lieber im Bett bleiben sollen.«

»Gleichfalls«, meinte sie.

»Was ist denn los?«

Sie erzählte ihm von dem Unfall und faßte die Unterhaltung mit Dr. Hannaport kurz zusammen.

»Es hätte schlimmer ausgehen können«, meinte Paul. »Wenigstens können wir dankbar sein, daß niemand umgekommen oder zum Krüppel geworden ist.«

»Das erzählt mir jeder: ›Es hätte schlimmer ausgehen können, Carol.‹ Aber für mich ist die ganze Sache schon schlimm genug.«

»Bist du in Ordnung?«

»Ja. Hab' ich ja schon gesagt. Ich hab' nicht mal 'nen Kratzer abgekriegt.«

»Ich meine auch nicht körperlich. Ich meine, bist du psychisch okay? Du hörst dich zittrig an.«

»Bin ich auch. Ein klein bißchen.«

»Ich komme ins Krankenhaus«, sagte er.

»Nein, nein. Das ist nicht nötig.«

»Bist du sicher, daß du fahren kannst?«

»Ich bin nach dem Unfall ohne Probleme hierher gefahren, und jetzt fühle ich mich im Vergleich dazu schon wieder besser. Ich komm' schon zurecht. Ich werd' folgendes machen: Ich schau' bei Grace vorbei. Das ist bloß etwa eineinhalb Kilometer weg von hier; das ist einfacher als heimzufahren. Ich muß meine Kleider säubern, trocknen und bügeln. Außerdem muß ich mich duschen. Wahrscheinlich werd' ich mit Grace früh zu Abend essen, wenn ihr das recht ist, und dann komm ich am Abend zur Besuchszeit wieder hierher.«

»Wann bist du wieder daheim?«

»Wahrscheinlich nicht vor acht oder halb neun.«

»Du wirst mir abgehn.«

»Du mir auch.«

»Sag Grace einen schönen Gruß«, meinte er. »Und sag ihr auch, daß sie wahrscheinlich tatsächlich der nächste Nostradamus ist.«

»Was soll das denn heißen?«

»Grace hat vor 'ner Weile hier angerufen. Hat gesagt, daß sie kürzlich zwei Alpträume gehabt hat, und daß du in beiden vorgekommen bist. Sie hat Angst gehabt, daß dir etwas zustößt.«

»Im Ernst?«

»Ja. Es ist ihr peinlich gewesen. Hat wohl Angst gehabt, daß ich denke, sie wird senil oder so.«

»Du hast ihr von dem Blitz gestern erzählt?«

»Ja. Aber sie hat das Gefühl gehabt, daß noch was passieren würde, was Schlimmes.«

»Und das ist dann auch passiert.«

»Gruslig, was?«

»Allerdings«, meinte Carol. Sie erinnerte sich an ihren eigenen Alptraum: das schwarze Nichts; den blitzenden, silbrigen Gegenstand, der immer näherkam.

»Grace wird dir das sicher alles erzählen«, meinte Paul. »Und ich seh' dich dann heute abend.«

»Ich liebe dich«, sagte Carol.

»Ich liebe dich auch.«

Sie legte auf und ging auf den Parkplatz hinaus.

Grauschwarze Gewitterwolken türmten sich am Himmel auf, aber es regnete jetzt nur schwach. Der Wind ging noch immer kalt und scharf; er sang oben in den Stromleitungen wie ein Schwarm wütender Wespen.

Das zweite Bett in dem Zimmer war momentan nicht belegt. Und im Augenblick war auch keine Schwester da. Das Mädchen war allein.

Sie lag unter einem gestärkten weißen Bettuch und einer cremefarbenen Decke und starrte die Zimmerdecke an. Sie hatte Kopfschmerzen, und sie spürte jeden dumpf pochenden, brennenden Schnitt und jede Abschürfung an ihrem zerschundenen Körper, aber sie wußte, daß sie keine ernsten Verletzungen hatte.

Angst, nicht Schmerz, war ihr schlimmster Feind. Sie war besorgt darüber, sich nicht entsinnen zu können, wer sie war. Auf der anderen Seite quälte sie das unerklärliche, aber unerschütterliche Gefühl, daß es töricht und außerordentlich gefährlich sein würde, wenn sie sich an ihre Vergangenheit erinnerte. Ohne zu wissen warum, vermutete sie, sterben zu müssen, sobald sie das Gedächtnis wieder völlig zurückerlangte – eine merkwürdige Ansicht, die sie erschreckender fand als alles andere.

Sie wußte, daß sie das Gedächtnis nicht aufgrund des Unfalles verloren hatte. Sie erinnerte sich vage daran, eine oder zwei Minuten, bevor sie vor den Volkswagen gestolpert war, im Regen die Straße entlanggegangen zu sein. Bereits zu diesem Zeitpunkt war sie orientierungslos, verängstigt und unfähig gewesen, sich an ihren Namen zu erinnern. Sie war völlig fremd gewesen in jener Stadt und hatte nicht gewußt, wie sie dorthin gekommen war. Ihre Erinnerung hatte eindeutig schon vor dem Unfall begonnen zu verschwimmen.

Sie fragte sich, ob ihr Gedächtnisverlust wohl wie ein Schutzschild gegen etwas Furchtbares in der Vergangenheit wirkte. Bedeutete Vergessen vielleicht Sicherheit?

Warum? Sicherheit wovor?

Wovor bin ich wohl davongerannt? fragte sie sich.

Sie spürte, daß sie ihre Identität wiedererlangen konnte. Tatsächlich schienen ihre Erinnerungen zum Greifen nah. Sie hatte das Gefühl, als läge die Vergangenheit am Grunde eines dunklen Loches, zum Greifen nahe; sie mußte nur genug Stärke und Mut aufbringen, um ihre Hand in jenen Ort ohne Licht hineinzustrecken und nach der Wahrheit zu tasten, ohne Furcht davor, was sie da packen mochte.

Als sie sich jedoch anstrengte, sich zu erinnern, als sie sich in jenes Loch vortastete, wuchs ihre Angst immer mehr, so lange, bis es keine normale Angst mehr war; sie wurde zum lähmenden Schrecken. Ihr Magen krampfte sich zusammen, ihre Kehle schnürte sich zusammen, und sie brach in Schweiß aus; es wurde ihr so schwindlig, daß sie fast in Ohnmacht fiel.

An der Schwelle zur Bewußtlosigkeit sah und hörte sie etwas Beunruhigendes, Alarmierendes – ein verschwommenes Bruchstück eines Traumes, einer Vision –, das sie nicht ganz wiedererkannte, das sie aber trotzdem ängstigte. Diese Vision bestand aus einem einzigen Geräusch und einem einzigen rätselhaften Bild. Das Bild war hypnotisierend, aber denkbar einfach: ein kurzer Lichtstrahl, ein silbriger Schimmer von einem Gegenstand, der nicht so genau zu erkennen war und in tiefen Schatten vor und zurück schwang; vielleicht ein funkelndes Pendel. Das Geräusch war scharf und bedrohlich, jedoch nicht klar, ein lautes, hämmerndes Geräusch, aber auch noch mehr als das.

Klopf! Klopf! Klopf!

Sie zuckte zusammen, erzitterte, als hätte etwas sie geschlagen.

Klopf!

Sie wollte schreien, konnte aber nicht.

Sie bemerkte, daß sie die Hände zu Fäusten geballt hatte und daß sie das schweißdurchtränkte Laken darin zerknüllte.

Klopf

Sie hörte auf, sich darin erinnern zu wollen, wer sie war.

Vielleicht ist es besser, wenn ich es nicht weiß, dachte sie.

Ihr Herzschlag normalisierte sich allmählich wieder, und sie konnte jetzt auch wieder einatmen, ohne dabei zu keuchen. Ihr Magen entkrampfte sich.

Das hämmernde Geräusch verklang.

Nach einer Weile sah sie zum Fenster hinüber. Ein Schwarm großer schwarzer Vögel taumelte über den aufgewühlten Himmel.

Was wird bloß werden? fragte sie sich.

Auch als die Schwester hereinkam, um nach ihr zu sehen, und

dann sogar der Arzt einen Augenblick später erschien, fühlte sich das Mädchen deprimierend allein.

5

In Grace' Küche roch es nach Kaffee und warmem Gewürzkuchen. Regen lief am Fenster herunter und verwischte die Aussicht auf den Rosengarten hinter dem Haus.

»Ich hab' noch nie an Hellseherei und Vorahnungen geglaubt.«

»Ich auch nicht«, meinte Grace. »Aber jetzt kommen mir Zweifel. Schließlich habe ich da zwei Alpträume, in denen dir was zustößt, und als nächstes erfahre ich, daß du zweimal gerade noch davongekommen bist, als ob du dich genau nach einem Drehbuch oder so was richten würdest.«

Sie saßen an dem kleinen Tisch beim Küchenfenster. Carol trug einen von Grace' Morgenmänteln und ein Paar von ihren Hausschuhen, während ihre Kleider noch trockneten.

»Nur einmal«, berichtigte sie Grace. »Der Blitz. Da hat's mir schon ganz schön im Magen gekribbelt. Aber heut morgen bin ich eigentlich überhaupt nicht in Gefahr gewesen. Das arme Mädchen war diejenige von uns beiden, die fast umgekommen wär.«

Grace schüttelte den Kopf. »Nein, du bist auch gerade noch davongekommen. Du hast mir doch erzählt, daß du auf den entgegenkommenden Verkehr zugeschlittert bist, als du vor dem Mädchen gebremst hast, oder? Und du hast auch gesagt, daß der Cadillac dich nur um ein paar Zentimeter verfehlt hat. Also, was wär gewesen, wenn er dich *nicht* verfehlt hätte? Wenn der Caddy deinen kleinen VW gerammt hätte, wärst du sicher nicht so glimpflich davongekommen.«

Carol runzelte die Stirn und meinte: »So hab' ich die Sache bis jetzt noch nicht betrachtet.«

»Du bist so beschäftigt gewesen, dir Sorgen um das Mädchen zu machen, daß du gar nicht dazugekommen bist, an dich selbst zu denken.«

Carol aß einen Bissen von dem Gewürzkuchen und spülte ihn

mit Kaffee hinunter. »Du bist nicht die einzige, die Alpträume hat.« Sie erzählte in kurzen Worten ihren eigenen Traum: die abgehackten Köpfe, die Häuser, die sich hinter ihr auflösten, während sie durch sie hindurchlief, der flackernde, silbrige Gegenstand.

Grace hielt ihre Kaffeetasse fest umklammert und saß über den Tisch gebeugt da. Ihre blauen Augen sahen besorgt aus. »Das ist wirklich ein übler Traum. Was für einen Reim kannst du dir darauf machen?«

»Ach, ich glaube nicht, daß das Hellseherei ist.«

»Warum nicht? Meine waren es offensichtlich auch.«

»Ja, aber daraus folgt noch lange nicht, daß wir jetzt beide zu Hellseherinnen werden. Außerdem hat mein Traum nicht sonderlich viel Sinn ergeben. Er ist einfach zu wirr gewesen, als daß man ihn ernst nehmen könnte. Ich meine, abgehackte Köpfe, die plötzlich zum Leben erwachen – so was passiert doch in Wirklichkeit nicht.«

»Und es könnte doch Hellseherei sein, wenn auch nicht im wörtlichen Sinn. Ich meine, das Ganze könnte eine symbolische Warnung sein.«

»Wovor?«

»Ich kann mir auch keine einleuchtende Interpretation vorstellen. Aber ich glaube wirklich, daß du 'ne Weile besonders vorsichtig sein solltest. Mein Gott, ich weiß schon, daß ich mich jetzt langsam wie so eine Wahrsagerin bei den Zigeunern anhöre, wie Maria Uspenskija in den alten Monsterfilmen aus den Dreißigern; aber ich glaube immer noch, daß du das nicht so einfach als ganz normalen Traum abtun solltest. Besonders nach dem, was schon passiert ist.«

Später, nach dem Mittagessen, als Grace Spülmittel in das Waschbecken mit schmutzigem Geschirr spritzte, sagte sie: »Wie sieht's aus mit der Adoptionsstelle? Glaubst du, daß sie dir und Paul bald ein Kind zuweisen werden?«

Carol zögerte.

Grace sah sie an. »Ist irgendwas?«

Während sie das Geschirrtuch vom Haken nahm und auseinanderfaltete, sagte Carol: »Nein, eigentlich nicht. O'Brian meint, daß der Ausschuß mit uns einverstanden sein wird. Das ist ganz sicher, sagt er.«

»Aber du machst dir deswegen immer noch Sorgen.«

»Ja, schon ein bißchen«, gab Carol zu.

»Warum?«

»Ich weiß auch nicht so genau. Es ist nur...ich hab' so ein Gefühl...«

»Was für ein Gefühl?«

»Daß das nichts wird.«

»Und warum nicht?«

»Ich werd' den Gedanken einfach nicht los, daß uns jemand an der Adoption hindern will.«

»Wer denn?«

Carol zuckte mit den Achseln.

»O'Brian?« fragte Grace.

»Nein, nein. Der steht auf unserer Seite.«

»Jemand im Adoptionsausschuß?«

»Ich weiß es nicht. Ich habe eigentlich keinerlei Beweis dafür, daß irgend jemand Paul und mir etwas Böses will. Ich habe überhaupt nichts Konkretes.«

Grace spülte das Besteck ab, legte es zum Trocknen ins Gestell und sagte: »Du willst diese Adoption schon so lange, daß du jetzt nicht mehr glauben kannst, daß es tatsächlich noch damit klappt, deshalb suchst du nach Schwarzen Männern, wo gar keine sind.«

»Vielleicht.«

»Dir haben nur die Blitze von gestern und der Unfall heute einen Schrecken eingejagt.«

»Vielleicht.«

»Das ist verständlich. Es erschreckt mich auch. Aber die Adoption wird ganz glatt über die Bühne gehen.«

»Das hoffe ich«, meinte Carol. Aber sie dachte an die Antragsformulare, die verlorengegangen waren, und kam ins Grübeln.

Als Paul von der Adoptionsstelle zurück war, hatte es aufgehört zu regnen; es ging jedoch immer noch ein kalter und feuchter Wind.

Er holte die Leiter aus der Garage und kletterte auf den Teil des verwinkelten Daches, der am wenigsten steil war. Die nassen Schindeln quietschten unter seinen Füßen, als er sich vorsichtig über die Schräge zur Fernsehantenne hinüberbewegte, die neben einem Ziegelkamin verankert war.

Er bekam weiche Knie. Er litt etwas an Höhenangst, die ihn jedoch noch nie völlig in seiner Bewegungsfreiheit eingeschränkt hatte, weil er sich hin und wieder dazu zwang, diese Angst herauszufordern und sie zu überwinden, wie er es jetzt tat.

Als er am Kamin angelangt war, stützte er sich mit einer Hand daran ab und sah über die Dächer der benachbarten Häuser. Der dunkle, stürmische Septemberhimmel hatte sich immer tiefer herabgesenkt, so weit, daß er jetzt nur noch wenige Meter über den höchsten Häusern zu hängen schien. Er hatte das Gefühl, er könne den Arm ausstrecken, mit den Knöcheln gegen den Bauch der Wolken klopfen und ihnen ein hartes, eisernes Rasseln entlocken.

Er kauerte sich mit dem Rücken zum Kamin nieder und überprüfte die Fernsehantenne. Die Platte wurde von vier Bolzen festgehalten, die durch die Schindeln gingen, entweder direkt in einen Dachbalken oder in einen Pfosten, der zwei Balken miteinander verband. Keiner der Bolzen fehlte. Keiner davon war locker. Die Platte war fest mit dem Haus verbunden, und die Antenne war sicher in der Platte verankert. Sie war sicherlich nicht für das hämmernde Geräusch verantwortlich, das das Haus erschüttert hatte.

Nachdem sie abgespült hatten, gingen Grace und Carol ins Arbeitszimmer. Der Raum stank nach Katzenurin und -kot. Aristophanes hatte den Sitz des großen Lehnstuhls als Toilette benutzt.

Völlig verblüfft meinte Grace: »Ich kann das einfach nicht glauben. Ari geht *immer* aufs Katzenklo, genau wie er's gelernt hat. So was hat er noch nie gemacht.«

»Er ist doch immer schon ein wählerischer Kater gewesen, oder?«

»Genau. Aber sieh dir mal an, was er jetzt gemacht hat. Ich werd' den Stuhl neu beziehen lassen müssen. Ich werd' mir jetzt wohl am besten dieses alberne Tier vorknöpfen, ihm die Nase in den Dreck stecken und ihn runterputzen. Der soll sich das in Gottes Namen ja nicht angewöhnen.«

Sie schauten in jedes Zimmer, aber sie konnten Aristophanes nicht finden. Ganz offensichtlich war er durch die Katzentür in der Küche aus dem Haus geschlüpft.

Als sie mit Grace ins Arbeitszimmer zurückkehrte, meinte Carol: »Vorher hast du erwähnt, daß Ari ein paar Sachen zerfetzt hat.«

Grace zuckte zusammen. »Ja. Ich wollte dir das eigentlich nicht erzählen – aber er hat zwei von den hübschen kleinen bestickten Kissen in Stücke gerissen, die du für mich gemacht hast. Ich bin ganz unglücklich darüber. Nach der ganzen Arbeit, die du dir damit gemacht hast, und dann hat er einfach...«

»Mach dir deswegen mal keine Sorgen«, sagte Carol. »Ich mach' dir ein paar neue Kissen. Das mach' ich gern. Sticken entspannt mich. Ich hab' nur gefragt, weil ich mir gedacht habe, daß irgend etwas mit Ari vielleicht nicht so ganz stimmt, wenn er jetzt so vieles macht, was er sonst nicht tut.«

Grace runzelte die Stirn. »Er sieht ganz gesund aus. Sein Fell glänzt, und er ist zweifellos genauso lebhaft wie immer.«

»Tiere sind in mancher Hinsicht wie Menschen. Und wenn ein Mensch plötzlich anfängt, sich merkwürdig zu verhalten, *kann* das ein Anzeichen für eine Krankheit sein, und zwar für alles, von einem Gehirntumor bis zu unausgewogener Ernährung.«

»Ich glaube, ich sollte mal zum Tierarzt mit ihm.«

Carol meinte: »Es hat grade aufgehört zu regnen. Warum gehen wir nicht raus und schauen, ob wir ihn irgendwo aufspüren können?«

»Vergebliche Mühe. Wenn eine Katze nicht will, daß man sie findet, dann findet man sie auch nicht. Außerdem kommt er zur Essenszeit sowieso zurück. Ich laß ihn die ganze Nacht drinnen und bring' ihn am Morgen zum Tierarzt.« Grace sah auf den Dreck im Lehnstuhl, verzog das Gesicht und schüttelte den Kopf. »Das sieht meinem Ari gar nicht ähnlich«, meinte sie besorgt. »Ganz und gar nicht.«

Auf der geöffneten Tür stand die Nummer 316.

Carol trat zögernd in das blau-weiße Krankenzimmer und blieb gleich hinter der Schwelle stehen. Es roch leicht nach Lysol.

Das Mädchen saß in dem Bett gleich neben dem Fenster, das Gesicht von der Tür abgewandt, und starrte auf das Gelände vor dem Krankenhaus hinaus, das in Dämmerlicht gehüllt war. Sie wandte den Kopf, als sie merkte, daß sie nicht mehr allein war, und als sie Carol ansah, lag kein Zeichen des Erkennens in ihren blau-grauen Augen.

»Darf ich reinkommen?« fragte Carol.

»Klar.«

Carol ging zum Fußende des Bettes. »Wie geht's dir?«

»Ganz gut.«

»Mit den ganzen Kratzern und Schnitten und blauen Flecken ist es wohl nicht so bequem.«

»Mein Gott, so arg bin ich nun auch wieder nicht zugerichtet. Ich hab' nur ein bißchen Schmerzen. Das Ganze wird mich schon nicht umbringen. Alle sind so nett zu mir; sie machen alle zuviel Wind um mich.«

»Wie geht's deinem Kopf?«

»Ich hab' Kopfweh gehabt, als ich wieder zu mir gekommen bin, aber das ist jetzt schon seit Stunden weg.«

»Siehst du doppelt?«

»Nein«, meinte das Mädchen. Eine Strähne ihres goldenen Haares löste sich hinter ihrem Ohr und fiel über ihre Wange; sie steckte sie wieder zurück, wohin sie gehörte. »Sind Sie Ärztin?«

»Ja«, sagte Carol. »Ich heiße Carol Tracy.«

»Sie können mich Jane nennen. Der Name steht auf meinem Krankenblatt. Jane Doe. Ist wohl genausogut wie jeder andere. Vielleicht ist er sogar viel netter als mein eigener. Vielleicht heiße ich wirklich Zelda oder Myrtle oder so ähnlich.« Sie hatte ein hübsches Lächeln. »Sie sind jetzt schon der xte Arzt, der nach mir sieht. Wie viele habe ich denn eigentlich?«

»Ich bin jedenfalls keiner davon«, sagte Carol. »Ich bin hier, weil... na ja... weil du *mir* ins Auto gelaufen bist.«

»Oh. Tja, hm, tut mir wahnsinnig leid. Ich hoffe, Sie haben keinen großen Schaden.«

Überrascht über diese Äußerung des Mädchens und den Ausdruck echter Sorge in ihrem Gesicht lachte Carol. »Um Himmels willen, Kleine, mach' dir mal keine Sorgen um mein Auto. Was zählt, ist deine Gesundheit, nicht der VW. Und eigentlich sollte *ich* mich entschuldigen. Ich hab' ein furchtbares Gefühl deswegen.«

»Das sollten Sie nicht«, meinte das Mädchen. »Ich hab' noch alle meine Zähne, ich hab' mir auch nichts gebrochen, und Dr. Hannaport sagt, daß sich die Jungs immer noch für mich interessieren werden.« Sie grinste verlegen.

»Mit den Jungs hat er sicher recht«, sagte Carol. »Du bist ein sehr hübsches Mädchen.«

Das Grinsen wurde zu einem schüchternen Lächeln, und sie sah errötend auf die Decke auf ihrem Schoß herunter.

Carol meinte: »Eigentlich hatte ich gehofft, daß deine Familie hier wäre.«

Das Mädchen versuchte, nach außen hin fröhlich zu bleiben, aber als sie hochsah, drangen Angst und Zweifel durch die Maske. »Ich nehme an, sie haben mich noch nicht als vermißt gemeldet. Aber das ist sicher nur eine Frage der Zeit.«

»Erinnerst du dich an irgend etwas aus deiner Vergangenheit?«

»Noch nicht. Aber ich werde mich erinnern.« Sie zog den Kragen ihres Nachthemds gerade und strich die Decke über ihrem Schoß glatt, während sie sprach. »Dr. Hannaport meint, daß ich mich wahrscheinlich wieder an alles erinnern werde, wenn ich nur nicht zu sehr darauf dränge. Er sagt, ich habe Glück, daß ich keine vollständige Amnesie habe. Da vergißt man sogar, wie man liest und schreibt. Mir geht's also gar nicht so schlecht. Wirklich nicht. Meine Güte, wär das nicht schlimm? Wenn ich noch mal ganz von vorn Lesen, Schreiben, Addieren, Subtrahieren, Multiplizieren und Dividieren und Buchstabieren lernen müßte? Wie langweilig!« Sie hörte auf, die Decke glattzustreichen und schaute wieder auf. »Außerdem werde ich höchstwahrscheinlich mein Gedächtnis sowieso in ein oder zwei Tagen wiederhaben.«

»Das glaube ich auch«, sagte Carol, obwohl sie sich dessen keineswegs sicher war. »Brauchst du irgendwas?«

»Nein. Ich bekomme hier alles. Sogar winzige Zahnpastatuben.«

»Und wie sieht's aus mit Büchern und Zeitschriften?«

Das Mädchen seufzte. »Ich hab' mich zu Tode gelangweilt heut nachmittag. Glauben Sie, daß es hier vielleicht irgendwo 'nen Stapel alte Zeitschriften für die Patienten gibt?«

»Wahrscheinlich schon. Was liest du denn gerne?«
»Alles. Ich lese *sehr* gern; daran kann ich mich noch erinnern. Aber ich weiß keine Bücher- oder Zeitschriftentitel mehr. Dieser Gedächtnisverlust ist doch witzig, was?«
»Unheimlich«, meinte Carol. »Bleib hier sitzen. Ich komm' gleich wieder.«
Im Schwesternzimmer am Ende des Flurs erklärte sie, wer sie war, und mietete einen kleinen Fernseher für Jane Does Zimmer. Ein Pfleger versprach, ihn sofort aufzustellen. Die diensthabende Oberschwester – eine untersetzte grauhaarige Frau, deren Brille an einer Kette von ihrem Hals baumelte – meinte: »Sie ist so ein nettes Mädchen. Einfach reizend. Beklagt sich nie und ist zu jedermann freundlich. Es gibt nicht viele Teenager, die so gelassen sind.«
Carol fuhr mit dem Aufzug ins Erdgeschoß hinunter und ging dort zum Zeitungsstand. Sie kaufte einen Schokolade- und einen Mandelriegel und sechs Zeitschriften, die so aussahen, als könnten sie einem jungen Mädchen gefallen. Als sie wieder in Zimmer 316 war, war der Pfleger gerade damit fertig, den Fernseher anzuschließen.
»Sie hätten das alles nicht machen sollen«, meinte das Mädchen. »Wenn meine Eltern auftauchen, werde ich darauf bestehen, daß sie Ihnen Ihr Geld zurückgeben.«
»Ich werde keinen Pfennig nehmen«, sagte Carol.
»Aber...«
»Kein aber.«
»Sie brauchen mich nicht zu verhätscheln. Mir geht's prima. Wirklich. Wenn Sie...«
»Ich verhätschle dich nicht, Kleine. Betrachte die Zeitschriften und den Fernseher einfach als eine Form der Therapie. Sie könnten tatsächlich genau die richtigen Hilfsmittel sein, damit du diese Amnesie durchbrichst.«
»Wie meinen Sie das?«
»Na ja, wenn du genug fernsiehst, ist vielleicht eine Sendung dabei, an die du dich erinnerst. Das könnte so eine Art Kettenreaktion von Erinnerungen auslösen.«
»Glauben Sie?«
»Es ist jedenfalls besser, als bloß dazusitzen und die Wände

anzustarren oder aus dem Fenster zu schauen. Nichts hier wird deinem Gedächtnis einen Impuls geben, weil nichts davon mit deiner Vergangenheit zu tun hat. Aber es besteht eine Chance, daß das Fernsehen es schafft.«

Das Mädchen nahm die Fernbedienung, die ihr der Pfleger gegeben hatte, und schaltete den Fernseher an. Es lief gerade eine bekannte Komödie.

»Kommt dir das bekannt vor?« fragte Carol.

Das Mädchen schüttelte den Kopf: nein. Tränen glitzerten in ihren Augenwinkeln.

»Na, nun laß dich doch nicht gleich aus der Fassung bringen«, meinte Carol. »Es wäre erstaunlich, wenn du dich schon an das erste, was du siehst, erinnern könntest. Das wird einfach seine Zeit dauern.«

Sie nickte, biß sich auf die Lippe und versuchte, nicht zu weinen.

Carol kam näher heran und nahm die Hand des Mädchens; sie war kalt.

»Kommen Sie morgen wieder?« fragte Jane zittrig.

»Natürlich.«

»Ich meine, wenn's kein Umweg ist.«

»Überhaupt nicht.«

»Manchmal...«

»Was?«

Das Mädchen zitterte. »Manchmal habe ich solche Angst.«

»Hab keine Angst, Kleines. Bitte. Es wird sich alles finden. Du wirst schon sehen. Du bist in null Komma nichts wieder auf dem richtigen Weg«, sagte Carol und wünschte, ihr fiele etwas Beruhigenderes ein als ein paar hohle Floskeln. Aber sie wußte, daß diese unpassende Antwort von ihren eigenen nagenden Zweifeln herrührte.

Das Mädchen zog ein Papiertaschentuch aus dem Spender, der seitlich in den hohen metallenen Nachttisch eingebaut war. Sie putzte sich die Nase und nahm ein zweites Taschentuch, um sich die Augen abzuwischen. Sie war zuvor auf ihrem Bett zusammengesunken gewesen; jetzt saß sie wieder aufrecht da, hob das Kinn, streckte die schmalen Schultern und rückte die Decke wieder zurecht. Als sie zu Carol hochsah, lächelte sie wieder. »Entschuldigung«, sagte sie. »Ich weiß nicht, was in mich gefahren ist. Heulen ist auch keine Lösung. Im übrigen haben Sie recht. Meine Familie wird wahrscheinlich morgen auftauchen, und alles wird sich schon wieder einrenken. Schauen Sie, Dr. Tracy, wenn Sie mich morgen besuchen kommen...«

»Das werde ich.«

»Wenn Sie kommen, dann versprechen Sie mir bitte, keine Süßigkeiten oder Zeitschriften oder sonstwas zu bringen. Okay? Sie haben keinen Grund, Ihr Geld so zum Fenster rauszuwerfen. Sie haben ohnehin schon zuviel für mich getan. Außerdem war es das Beste, daß Sie überhaupt gekommen sind. Ich meine, es ist schön, wenn man weiß, daß jemand außerhalb des Krankenhauses an einen denkt. Es ist schön zu wissen, daß ich hier drin nicht verloren oder vergessen bin. Ja, klar, die Schwestern und die Ärzte sind prima. Das sind sie wirklich, und ich bin dankbar dafür; sie kümmern sich um mich, aber das ist sowieso ihr Job. Verstehen Sie? Also ist es doch nicht ganz dasselbe, nicht wahr?« Sie lachte nervös. »Ergibt das, was ich sage, Sinn?«

»Ich weiß genau, was du fühlst«, versicherte Carol ihr. Die tiefe Einsamkeit des Mädchens war ihr schmerzlich bewußt, denn auch sie war in jenem Alter einsam und verängstigt gewesen, bevor Grace Mitowski sie unter ihre Fittiche genommen und ihr viel Liebe und Führung hatte angedeihen lassen.

Sie blieb bei Jane, bis die Besuchszeit vorüber war. Bevor sie ging, küßte sie das Mädchen mütterlich auf die Stirn, und das war jetzt etwas ganz Natürliches, denn innerhalb erstaunlich kurzer Zeit war ein Band zwischen ihnen entstanden.

Draußen auf dem Parkplatz des Krankenhauses laugten die Natriumdampflampen die tatsächlichen Farben der Autos aus und ließen sie alle gelblich erscheinen.

Die Nacht war kühl. Obwohl es nachmittags und abends nicht geregnet hatte, war die Luft schwer und feucht. In der Ferne grollte der Donner, und ein neuer Sturm schien unterwegs zu sein.

Sie blieb einen Augenblick lang hinter dem Steuer des VW sitzen und starrte hinauf zu dem Fenster des Mädchens im dritten Stock.

»Was für ein großartiges Kind«, sagte sie laut.

Sie hatte das Gefühl, daß ein ganz besonderer Mensch völlig unerwartet in ihr Leben getreten war.

Gegen Mitternacht kam ein naßkalter Wind aus Westen und ließ die Bäume tanzen. Die sternlose, mondlose, völlig lichtlose Nacht preßte sich eng an das Haus heran und wirkte auf Grace wie etwas Lebendiges; es schnaubte an den Türen und Fenstern.
Es begann zu regnen.
Sie ging ins Bett, als die Uhr im Flur zwölf schlug, und zwanzig Minuten später begann sie über die Schwelle zum Schlaf hinüberzutreiben, als wäre sie ein Blatt, das von kühlen Strömen auf einen großen Wasserfall zugetragen wird. Am Rande, als nur noch die Dunkelheit unter ihr brodelte, hörte sie eine Bewegung im Schlafzimmer und wurde sofort wieder wach.
Eine Reihe von verstohlenen Geräuschen. Leises Kratzen. Rasseln, das schon erstarb, als es begann. Seidenes Rascheln.
Sie setzte sich auf, ihr Pulsschlag beschleunigte sich, und sie öffnete die Schublade des Nachtkästchens. Mit der einen Hand tastete sie blind nach der 22er Pistole, die sie in der Schublade aufbewahrte, und mit der anderen suchte sie leise nach dem Schalter an der Lampe. Sie berührte die Waffe und die Lampe im selben Augenblick.
Bei Licht war die Ursache des Geräusches ganz deutlich zu sehen. Ari saß zusammengekauert oben auf der Kommode und starrte zu ihr herunter, wie wenn er gerade auf das Bett hätte herunterspringen wollen.
»Was machst du hier drin? Du kennst doch die Spielregeln.«
Er blinzelte, bewegte sich jedoch nicht von der Stelle. Seine Muskeln waren angespannt; die Rückenhaare standen ihm zu Berge.
Aus hygienischen Gründen erlaubte sie ihm weder, aufs Küchenbüfett noch in ihr Bett zu klettern; gewöhnlich hielt sie die Tür ihres Schlafzimmers lieber Tag und Nacht fest verschlossen, als ihn in Versuchung zu führen. Seinetwegen mußte sie ohnehin schon jede Woche ein paar Stunden zusätzlich putzen, denn sie wollte nicht, daß es in ihrem Haus auch nur das kleinste bißchen nach Katze roch; außerdem wollte sie ihren Gästen keine Möbel zumuten, die mit Katzenhaaren bedeckt waren. Sie liebte Ari und

hatte ihn gern um sich, und im allgemeinen ließ sie ihn trotz der zusätzlichen Arbeit, die sie durch ihn hatte, frei im Haus herumlaufen. Aber sie wollte nicht mit Katzenhaaren im Essen oder im Bett leben.

Sie stand auf und schlüpfte in ihre Hausschuhe.

Ari beobachtete sie.

»Komm sofort da runter«, sagte Grace und schaute mit ihrem strengsten Blick zu ihm hinauf.

Seine Augen leuchteten so blau wie eine Gasflamme.

Grace ging zur Schlafzimmertür, öffnete sie, trat zur Seite und sagte: »Sch!«

Die Muskeln der Katze entspannten sich. Er fiel oben auf der Kommode zu einem pelzigen Klumpen zusammen, als wären seine Knochen geschmolzen. Er gähnte und begann, eine seiner schwarzen Pfoten zu lecken.

»He!« rief sie.

Aristophanes hob den Kopf gleichgültig und spähte zu ihr herunter.

»Raus«, sagte sie grob. »Sofort.«

Als er sich noch immer nicht rührte, ging sie auf die Kommode zu, und endlich brachte sie ihn dazu zu gehorchen. Er sprang herunter und schoß so schnell an ihr vorbei, daß sie keine Zeit hatte, ihm einen Klaps zu verpassen. Er verschwand im Flur, und sie schloß die Tür.

Als sie wieder im Bett lag und das Licht aus war, erinnerte sie sich daran, wie er ausgesehen hatte, als er dort oben auf der Kommode kauerte: Wie er ihr trotzte, auf sie *zielte* mit hochgezogenen Schultern, gesenktem Kopf, gespannten Flanken, aufgeladenem Fell und leuchtendem und fast wahnsinnig wirkendem Blick. Er hatte vorgehabt, auf ihr Bett zu springen und sie zu Tode zu erschrecken; da gab es keinen Zweifel. Aber das war eher die Spielerei eines kleinen Kätzchens; Ari war schon seit drei oder vier Jahren nicht mehr so verspielt, seit er zu einer eher trägen Reife herangewachsen war. Was um Himmels willen war bloß in ihn gefahren?

Jetzt gibt es keinen Zweifel mehr, sagte sie sich. Morgen früh gehen wir als erstes zum Tierarzt. Du lieber Himmel, vielleicht habe ich ja einen schizophrenen Kater im Haus!

Sie sehnte sich nach Ruhe und ließ sich wieder von der Nacht umfangen. Sie ließ sich dahintreiben vom fließenden Geräusch des säuselnden Windes. Schon nach wenigen Minuten wurde sie wieder auf den Wasserfall des Schlafes zugetrieben. Sie schwankte an seiner Schwelle, und es durchzuckte sie ein kurzes Gefühl des Unbehagens, ein Frösteln, das den Bann fast gebrochen hätte, aber dann fiel sie doch hinab in die Dunkelheit.

Sie träumte, daß sie sich langsam durch eine weite Unterwasserlandschaft mit leuchtend bunten Korallen und Seetang und merkwürdigen, hin und her wogenden Pflanzen bewegte. Eine Katze lauerte zwischen den Pflanzen, ein großes Tier, viel größer als ein Tiger, jedoch gefärbt wie eine Siamkatze. Sie sah, wie ihre Glotzaugen sie durch das trübe Meer zwischen wogenden Halmen von Meeresvegetation hindurch anstarrten. Sie hörte, wie ihr tiefes Schnurren durch das Wasser übertragen wurde. Sie hielt immer wieder an auf ihrer Reise unter dem Meer, um eine Reihe gelber Schüsseln mit großzügig bemessenen Portionen Miau Mix zu füllen, in der Hoffnung, die Katze so vielleicht zu besänftigen, aber sie wußte in ihrem tiefsten Inneren, daß das Tier nicht zufrieden sein würde, bevor es nicht seine Krallen in sie gegraben hatte. Sie bewegte sich gleichmäßig an Korallentürmen und Grotten vorbei, über weite Wasserwüsten aus treibendem Sand hinweg, und erwartete, daß die Katze jeden Augenblick fauchend aus ihrem Versteck springen würde, erwartete, daß sie ihr das Gesicht zerfetzen und die Augen aus den Höhlen kratzen würde...

Einmal wachte sie auf und glaubte zu hören, wie Aristophanes hartnäckig an der anderen Seite der geschlossenen Schlafzimmertür kratzte. Aber sie war benommen und konnte ihren Sinnen nicht trauen; sie war nicht in der Lage, sich dem Schlaf völlig zu entwinden, und nach ein paar Sekunden sank sie wieder in den Traum zurück.

Um ein Uhr morgens war der dritte Stock des Krankenhauses so still, daß Harriet Gilbey, die Oberschwester der Nachtschicht, das Gefühl hatte, tief unter der Erde zu sein, in irgendeiner militärischen Anlage, eingesperrt in den steinigen Wurzeln eines Berges, weit weg von der wirklichen Welt und den Alltagsgeräuschen des wirklichen Lebens. Die einzigen Geräusche waren das Flüstern des Heizsystems und das gelegentliche Quietschen der gummibesohlten Schwesternschuhe auf den blank polierten Böden.

Harriet – eine hübsche kleine Negerin in ordentlicher Uniform – war gerade im Schwesternzimmer hinter der Reihe von Aufzügen und trug Daten in die Krankenblätter der Patienten ein, als die Ruhe im dritten Stock unvermittelt durch einen spitzen Schrei erschüttert wurde. Sie kam hinter der Rezeption hervor und eilte den Gang hinunter, auf das schrille Kreischen zu. Es kam aus Zimmer 316. Als Harriet die Tür aufstieß, in den Raum trat und die Deckenlichter anknipste, hörte das Schreien genauso plötzlich wieder auf, wie es begonnen hatte.

Das Mädchen, das sie Jane Doe nannten, lag im Bett, flach auf dem Rücken, einen Arm erhoben und vor dem Gesicht abgewinkelt, als wehre sie einen Schlag ab, und die andere Hand ans Sicherheitsgitter geklammert. Sie hatte die Laken und die Decke zu einem wirren Bündel am Fußende des Bettes zusammengeknüllt, und das Nachthemd war ihr bis über die Hüften hinaufgerutscht. Sie warf den Kopf wild hin und her, schnappte nach Luft und flehte einen eingebildeten Angreifer an: »Nein...nein... nein. Nicht! Bring mich nicht um! Nein!«

Mit sanften Händen, sanfter Stimme und geduldiger Beharrlichkeit versuchte Harriet, das Mädchen zu beruhigen. Anfangs widersetzte sich Jane jeder Hilfe. Sie hatte früher am Abend ein Beruhigungsmittel bekommen. Jetzt fiel es ihr schwer aufzuwachen. Allmählich jedoch schüttelte sie den Alptraum ab und beruhigte sich.

Eine weitere Schwester, Kay Hamilton, tauchte neben Harriet auf. »Was ist passiert? Muß das halbe Stockwerk aufgeweckt haben.«

»Nur ein böser Traum«, meinte Harriet.

Jane blinzelte sie verschlafen an. »Sie hat versucht, mich umzubringen.«

»Immer mit der Ruhe«, sagte Harriet. »Es ist ja bloß ein Traum gewesen. Hier wird dir keiner was tun.«

»Ein Traum?« fragte Jane mit undeutlicher Stimme. »O ja. Nur ein Traum. Puh! Aber was für ein Traum.«

Das dünne weiße Nachthemd und die zerknüllten Laken des Mädchens waren schweißnaß. Harriet und Kay wechselten die Bettwäsche.

Sobald das Bett neu bezogen war, ergab sich Jane dem Beruhigungsmittel. Sie drehte sich zur Seite und murmelte glücklich im Schlaf; sie lächelte sogar.

»Sieht so aus, als ob sie jetzt ein besseres Programm eingeschaltet hätte«, meinte Harriet.

»Armes Kind. Nach allem, was sie durchgemacht hat, hätte sie wenigstens einen guten Schlaf verdient.«

Sie beobachteten sie noch eine Minute und verließen dann das Zimmer, löschten das Licht und schlossen die Tür.

Allein und in einem anderen Traum als dem, der ihr jene Schreie entlockt hatte, seufzte, lächelte und kicherte Jane leise im Tiefschlaf.

»Die Axt«, flüsterte sie im Schlaf. »Die Axt. Oh, die Axt. Ja. Ja.«

Ihre Hände wölbten sich leicht, als hielte sie einen festen, jedoch unsichtbaren Gegenstand umklammert.

»Die Axt«, flüsterte sie, und das zweite jener beiden Wörter hallte sanft durch das dunkle Zimmer.

Klopf!

Carol rannte durch das riesige Wohnzimmer, über den Orientteppich, und stieß mit der Hüfte gegen die Kante des Büfetts.

Klopf! Klopf!

Sie hastete durch den Bogen in einen langen Flur auf die Treppe zu, die zum ersten Stock führte. Als sie zurück schaute, sah sie, daß das Haus hinter ihr verschwunden und durch ein pechschwarzes Nichts ersetzt worden war, in dem etwas Silbriges hin und her flackerte, hin und her...

Klopf!

Plötzlich verstand sie; sie wußte jetzt, was der schimmernde Gegenstand war. Eine Axt. Die Klinge einer Axt. Die funkelte, während sie hin und her schwang.

Klopf... klopf-klopf...

Wimmernd kletterte sie die Stufen zum ersten Stock hinauf.

Klopf... klopf...

Manchmal schien die Klinge ins Holz zu dringen; es klang trocken und splitternd. Dann wieder klang es ein bißchen anders, als schnitte die Klinge brutal in einen viel weicheren Stoff als Holz, in etwas Feuchtes, Zartes.

In Fleisch?

Klopf!

Carol stöhnte im Schlaf, drehte sich ruhelos hin und her, strampelte die Laken von sich.

Dann rannte sie über die Wiese. Vor ihr die Bäume. Hinter ihr das Nichts. Und die Axt. Die Axt.

6

Am Freitagmorgen hörte es wieder auf zu regnen, aber alles war in Nebel gehüllt. Das Licht, das durch das Krankenhausfenster drang, war winterlich und öde.

Jane erinnerte sich nur noch undeutlich daran, daß die Schwestern in der Nacht ihr Bettzeug gewechselt und ihr ein frisches Nachthemd für das schweißdurchnäßte gegeben hatten. Ebenso verschwommen erinnerte sie sich daran, daß sie etwas Erschreckendes geträumt hatte, aber sie hatte keine einzige Einzelheit mehr im Kopf.

Sie wußte noch immer nicht ihren Namen oder irgend etwas anderes über sich selbst. Sie konnte sich bis zu dem Unfall am vergangenen Morgen zurückerinnern, vielleicht sogar bis eine oder zwei Minuten vor dem Unfall, aber dahinter war nur eine kahle Wand, wo eigentlich ihre Vergangenheit hatte sein sollen.

Beim Frühstück las sie einen Artikel in einer der Zeitschriften, die Carol Tracy ihr gekauft hatte. Obwohl die Besuchszeit erst am Nachmittag war, freute sich Jane bereits darauf, die Frau wiederzusehen. Dr. Hannaport und die Schwestern waren alle nett, aber keiner von ihnen machte einen so großen Eindruck auf sie wie Carol Tracy. Aus Gründen, die sie nicht verstand, fühlte sie sich bei Dr. Tracy sicherer, freier und weniger beunruhigt über ihren Gedächtnisverlust als bei den anderen. Vielleicht war es das, was man darunter verstand, wenn man sagte, ein Arzt hätte Einfühlungsvermögen.

Kurz nach neun Uhr, als Paul gerade auf der Autobahn in die Stadt fuhr, um die neuen Antragsformulare in O'Brians Büro abzuliefern, setzte der Motor des Pontiac aus. Er stotterte oder keuchte nicht; die Kolben hörten einfach auf zu zünden, während das Auto mit fast achtzig Stundenkilometern dahinsauste. Während die Geschwindigkeit des Pontiac rapide sank, begann die Servolenkung zu blockieren. Der Verkehr zischte rechts und links von ihm mit etwa hundert Sachen vorbei, schneller als die Geschwindigkeitsbegrenzung, zu schnell für das dunstige Wetter. Paul manövrierte den Wagen über zwei Spuren hinweg zum rechten Seitenstreifen der Straße. Jeden Augenblick erwartete er, das kurze Quietschen von Bremsen zu hören und den üblen Aufprall eines anderen Autos zu spüren, aber erstaunlicherweise gelang es ihm, einem Zusammenstoß auszuweichen. Er kämpfte mit dem blockierenden Steuer und brachte den Pontiac an der Böschung zum Stehen.

Er lehnte sich im Sitz zurück und schloß die Augen, bis er sich wieder gefangen hatte. Als er sich schließlich nach vorn beugte und den Zündschlüssel im Schloß drehte, reagierte der Anlasser überhaupt nicht; in der Batterie war kein Saft mehr. Er versuchte es noch ein paarmal und gab dann auf.

Direkt vor ihm war eine Ausfahrt, und weniger als einen Häuserblock davon entfernt befand sich eine Tankstelle. Paul war zu Fuß in zehn Minuten dort.

In der Tankstelle war viel Betrieb, und der Inhaber konnte seinen jungen Gehilfen – einen massigen, rothaarigen jungen Kerl mit offenem Gesicht, der Corky hieß – nicht entbehren, bis der Strom von Kunden sich kurz vor zehn Uhr zu einem Tröpfeln abschwächte. Dann fuhren Paul und Corky mit einem Abschleppwagen zu dem angeschlagenen Pontiac zurück.

Sie versuchten, den Wagen mit Starthilfe wieder flott zu bekommen, aber die Batterie ließ sich nicht aufladen. Sie mußten den Pontiac in die Tankstelle schleppen.

Corky wollte eigentlich innerhalb einer halben Stunde die

Batterie ausgewechselt und den Wagen wieder fahrtüchtig gemacht haben. Aber es lag überhaupt nicht an der Batterie, und die Zeit, die für die Reparatur veranschlagt wurde, wurde immer länger. Schließlich fand Corky eine Störung im elektrischen System und beseitigte sie.

Paul saß drei Stunden lang fest und war sich die ganze Zeit über sicher, daß er innerhalb der nächsten zwanzig oder dreißig Minuten wieder unterwegs sein würde. Aber es war ein Uhr dreißig, als er den Pontiac, den sie nun wieder zum Leben erweckt hatten, schließlich vor der Adoptionsstelle parkte.

Alfred O'Brian kam in die Empfangshalle, um Paul zu begrüßen. Er trug einen gut geschnittenen braunen Anzug, ein ordentlich gebügeltes, cremefarbenes Hemd, ein hübsch zurechtgezupftes Einstecktuch in der Brusttasche seines Jacketts und ein Paar blank polierter, brauner, spitzer Schuhe. Er nahm den Antrag entgegen, aber er war nicht sehr zuversichtlich, daß alle erforderlichen Überprüfungen vor dem Treffen des Adoptionsausschusses am kommenden Mittwochmorgen durchgeführt werden könnten.

»Wir werden versuchen, Ihre Papiere im Schnellverfahren zu überprüfen«, teilte er Paul mit. »Wenigstens das bin ich Ihnen schuldig! Aber um die Bestätigungen zu bekommen, müssen wir uns auch an Leute außerhalb dieses Büros wenden, und manche werden die Papiere nicht sofort wieder zurückleiten oder sich nicht antreiben lassen wollen. Es dauert immer mindestens drei volle Werktage, um eine Prüfung vollständig durchzuführen, manchmal vier oder fünf Tage, ja manchmal sogar noch länger. Ich bezweifle also sehr stark, daß wir diese Sitzung des Adoptionsausschusses noch schaffen werden, auch wenn ich das gern täte. Wir müssen Ihren Antrag wahrscheinlich beim zweiten Septembertreffen am Ende des Monats vorlegen. Ich habe ein furchtbar schlechtes Gewissen deswegen, Mr. Tracy. Ich kann Ihnen gar nicht sagen, wie leid mir das tut. Wirklich. Wenn wir die Papiere in dem Durcheinander gestern nicht verloren hätten...«

»Machen Sie sich deshalb keine Sorgen«, meinte Paul. »Für den Blitz könnten Sie nichts, und für die Geschichte mit meinem Auto auch nicht. Carol und ich warten jetzt schon so lange darauf, ein Kind zu adoptieren. Da machen noch mal zwei Wochen nun auch nicht mehr viel aus.«

»Sobald Ihre Papiere dem Ausschuß erst einmal vorliegen, wird man den Antrag schnell befürworten«, sagte O'Brian. »Ich bin mir noch bei keinem Paar so sicher gewesen wie bei Ihnen. Und das werde ich auch dem Ausschuß sagen.«

»Das weiß ich zu schätzen«, meinte Paul.

»Wenn wir die Sitzung am Mittwoch nicht schaffen – und ich versichere Ihnen, daß wir unser Möglichstes versuchen werden –, dann bedeutet das nur eine kleine vorübergehende Verzögerung. Nichts, worüber man sich Sorgen machen müßte. Einfach nur Pech.«

Dr. Brad Templeton war ein guter Tierarzt. Grace schien er jedoch immer fehl am Platze, wenn er eine Katze oder einen Hund behandelte. Er war ein massiger Mann, zu dem es wahrscheinlich besser gepaßt hätte, Pferde und Farmtiere in einer Praxis auf dem Lande zu versorgen, wo seine breiten Schultern und muskulösen Arme nützlicher gewesen wären. Er war wohl an die zwei Meter groß, wog um die hundert Kilo und hatte ein rosiges und runzliges, aber liebenswürdiges Gesicht. Als er Aristophanes aus dem gepolsterten Reisekorb herauszog, wirkte die Katze in seinen gewaltigen Händen wie ein Spielzeug.

»Er sieht ganz gesund aus«, meinte Brad und setzte Ari auf den Edelstahltisch in der Mitte der blitzblanken Praxis.

»Er hat sonst noch nie die Möbel zerfetzt, jedenfalls nicht mehr, seit er noch ganz klein war«, sagte Grace. »Er ist auch noch nie ein großer Kletterer gewesen. Aber jetzt hockt er jedesmal, wenn ich mich umdrehe, irgendwo oben drauf und starrt auf mich runter.«

Brad untersuchte Ari, tastete nach angeschwollenen Drüsen und vergrößerten Gelenken. Die Katze ließ all das mit sich geschehen, sogar als Brad ein Rektalthermometer verwendete. »Temperatur normal.«

»*Irgendwas* ist nicht in Ordnung«, meinte Grace eindringlich.

Aristophanes schnurrte, rollte sich auf den Rücken und wollte am Bauch gekrault werden.

Brad kraulte ihn und wurde mit noch lauterem Schnurren belohnt. »Frißt er schlecht?«

»Nein«, sagte Grace. »Er frißt recht gut.«
»Bricht er?«
»Nein.«
»Durchfall?«
»Nein. Keine solchen Symptome. Er ist nur einfach... anders. Er ist überhaupt nicht mehr wie früher. Alle Symptome, die ich aufzählen kann, sind Anzeichen für eine Persönlichkeitsveränderung, nicht für körperlichen Verfall. Zum Beispiel, daß er die Kissen zerfetzt. Den Dreck auf dem Lehnstuhl hinterläßt. Sein plötzliches Interesse am Klettern. Und in letzter Zeit ist er recht hinterhältig geworden, schleicht die ganze Zeit herum, versteckt sich vor mir und beobachtet mich, wenn er denkt, daß ich ihn nicht sehe.«

»Alle Katzen schleichen gern herum«, sagte Brad und runzelte die Stirn. »Das liegt in ihrer Natur.«

»Ari ist früher nicht rumgeschlichen«, meinte Grace. »Jedenfalls nicht so wie in den vergangenen paar Tagen. Und er ist nicht mehr so zutraulich wie früher. In den letzten zwei Tagen wollte er sich nicht hätscheln oder streicheln lassen.«

Brad runzelte noch immer die Stirn, hob den Blick von der Katze und sah Grace in die Augen. »Aber meine Liebe, sehen Sie ihn sich doch jetzt an.«

Ari lag noch immer auf dem Rücken, ließ sich den Bauch kraulen und genoß es ganz offensichtlich, daß sich alles um ihn drehte. Sein Schwanz wischte über den Stahltisch hin und her. Er hob eine Pfote und tappte spielerisch nach der großen, ledrigen Hand des Arztes.

Seufzend meinte Grace: »Ich weiß schon, was Sie denken. Ich bin eine alte Frau. Und alte Frauen haben manchmal komische Einfälle.«

»Nein, nein, nein. Das habe ich nicht gedacht.«

»Alte Frauen hängen krankhaft an ihren Haustieren, weil sie manchmal die einzige Gesellschaft sind, die sie haben, ihre einzigen Freunde.«

»Ich bin mir völlig im klaren, daß das auf Sie nicht zutrifft, Grace. Bei all den Freunden, die Sie hier in der Stadt haben. Ich wollte nur...«

Sie lächelte und tätschelte ihm die Wange. »Widersprechen Sie nicht zu heftig, Brad. Ich weiß schon, was Ihnen durch den Kopf geht. Manche alten Frauen haben solche Angst, ihre Haustiere zu verlieren, daß sie glauben, Anzeichen für Krankheiten zu sehen, wo gar keine sind. Ihre Reaktion ist verständlich. Sie beleidigen mich deshalb nicht. Aber es *frustriert* mich, weil ich weiß, daß irgend etwas nicht in Ordnung ist mit Ari.«

Brad sah wieder auf die Katze hinunter, streichelte weiterhin ihren Bauch und fragte: »Bekommt er irgendein neues Futter?«

»Nein. Er bekommt dieselbe Marke Katzenfutter, zu denselben Tageszeiten, und dieselben Mengen, die er immer schon gekriegt hat.«

»Hat die Herstellerfirma in letzter Zeit irgend etwas an dem Produkt verändert?«

»Wie meinen Sie das?«

»Na ja, steht auf der Packung jetzt ›neu, besser‹ oder ›vollerer Geschmack‹ oder so was?«

Sie dachte einen Augenblick nach und schüttelte dann den Kopf. »Ich glaube nicht.«

»Manchmal, wenn die Zusammensetzung sich ändert, kommt ein neues Konservierungsmittel oder ein neuer künstlicher Geschmacks- oder Farbstoff dazu, und manche Tiere reagieren allergisch darauf.«

»Aber wäre das denn keine körperliche Reaktion? Wie ich schon gesagt habe, hier scheint es sich ausschließlich um eine Persönlichkeitsveränderung zu handeln.«

Brad nickte. »Sie wissen sicher, daß Nahrungszusätze bei manchen Kindern Verhaltensprobleme auslösen können. Einige hyperaktive Kinder werden ruhiger, wenn sie nur noch Nahrung ohne die gebräuchlichsten Zusätze bekommen. Auch Tiere können von so etwas betroffen werden. Nach allem, was Sie mir erzählt haben, scheint Aristophanes periodisch hyperaktiv zu sein und auf eine geringfügige Veränderung in der Zusammensetzung seiner Katzennahrung zu reagieren. Wechseln Sie zu einer anderen Marke, warten Sie eine Woche, bis sein Körper von allen Zusätzen gereinigt ist, die ihm vielleicht geschadet haben, dann ist er wahrscheinlich bald wieder ganz der alte Ari.«

»Und wenn nicht?«

»Dann bringen Sie ihn hierher, lassen ihn ein paar Tage bei mir, und ich untersuche ihn dann von oben bis unten. Aber ich rate Ihnen, daß wir es zuerst mit einem Futterwechsel versuchen, bevor wir uns diese ganzen Mühen und Kosten machen.«

Du denkst also doch, na, laß sie mal machen, dachte Grace. Schmeichelst einer alten Dame, damit sie Ruhe gibt.

»Na gut«, meinte sie. »Ich werd's damit versuchen, ihm anderes Futter zu geben. Aber wenn er in einer Woche immer noch nicht wieder der Alte ist, will ich, daß Sie ihn von Kopf bis Fuß durchchecken.«

»Natürlich.«

»Ich will wissen, was los ist.«

Aristophanes schnurrte auf dem Edelstahltisch vor sich hin, zuckte glücklich mit dem Schwanz und sah absolut *normal* aus.

Als Grace später zu Hause gleich hinter der Eingangstür den Verschluß des gepolsterten Reisekorbs aufmachte und den Deckel öffnete, stürzte Aristophanes zischend und fauchend, mit aufgestellten Haaren, zurückgelegten Ohren und wildem Blick aus seinem Gefängnis. Er zerkratzte ihr die Hand und kreischte, als sie ihn wegstieß. Er raste den Flur hinunter und verschwand in der Küche, wo er durch die Katzentür in den Garten hinter dem Haus schlüpfte.

Grace starrte ihre Hand schockiert an. Aris Krallen hatten drei kurze Furchen in den fleischigen Rand ihrer Handfläche gezogen. Blut drang daraus und begann, ihr Handgelenk hinabzutröpfeln.

Carols letzter Termin am Freitag war um ein Uhr: eine fünfzigminütige Sitzung mit Kathy Lombino, einer Fünfzehnjährigen, die dabei war, langsam ihre Magersucht zu überwinden. Vor fünf Monaten, als sie das erstemal zu Carol gekommen war, hatte Kathy nur knappe fünfunddreißig Kilo gewogen, also mindestens fünfzehn Kilo unter dem Idealgewicht. Sie war knapp vor dem Verhungern gewesen; angewidert durch den Anblick, ja schon den Gedanken an Nahrung, hatte sie sich hartnäckig geweigert, mehr als nur hin und wieder einen ungesalzenen Cracker oder eine Scheibe Brot zu essen, und hatte sogar oft noch an diesen kargen Bissen herumgewürgt. Wenn man sie vor einen Spiegel stellte und dazu zwang, sich dem jämmerlichen

Anblick ihres ausgezehrten Körpers auszusetzen, meinte sie noch immer, zu dick zu sein, und konnte nicht davon überzeugt werden, daß sie tatsächlich beängstigend dünn war. Ihre Aussichten zu überleben schienen nicht sehr groß. Jetzt wog sie um die vierzig Kilo, also fünf Kilo mehr, zwar immer noch weit unter dem gesunden Gewicht eines Mädchens mit ihrer Größe und ihrem Knochenbau, aber wenigstens bestand jetzt keine Gefahr mehr, daß sie sterben würde. Mangelnde Selbstachtung und zu wenig Selbstbewußtsein waren fast immer der Ursprung von Magersucht, und Kathy begann nun langsam wieder, sich zu mögen – ein sicheres Zeichen dafür, daß sie sich vom Abgrund weg bewegte. Sie hatte noch nicht wieder normalen Appetit; noch immer empfand sie beim Anblick und Geschmack von Nahrung einen leichten Ekel; aber ihre Einstellung hatte sich inzwischen entschieden gebessert, denn jetzt erkannte sie die *Notwendigkeit* des Essens an, auch wenn sie kein Bedürfnis danach hatte. Das Mädchen hatte noch einen langen Weg bis zur völligen Wiederherstellung vor sich, aber das Schlimmste war jetzt vorbei; bald würde sie lernen, das Essen wieder zu genießen, und sie würde schneller zunehmen, als sie es bisher getan hatte und sich auf vielleicht fünfzig Kilo einpendeln. Kathys Fortschritte waren ungeheuer befriedigend für Carol gewesen, und die heutige Sitzung verstärkte diese Befriedigung nur noch. Wie es Sitte geworden war zwischen ihnen, umarmten sie sich am Ende der Sitzung, und Kathy hielt sie länger und enger als gewöhnlich umfaßt. Als das Mädchen das Büro verließ, lächelte sie.

Ein paar Minuten später, um zwei Uhr, fuhr Carol ins Krankenhaus. In dem Geschenkeladen im Foyer kaufte sie ein Set Spielkarten und ein Mini-Damebrett mit pfenniggroßen Steinen, die alle genau in eine Tragebox aus Vinyl paßten.

Droben im Zimmer 316 lief der Fernseher, und Jane las eine Zeitschrift. Sie sah hoch, als Carol eintrat und sagte: »Sie sind tatsächlich gekommen.«

»Hab' ich doch gesagt, oder?«

»Was haben Sie denn da?«

»Karten und ein Damespiel. Ich hab' mir gedacht, die helfen dir vielleicht dabei, die Zeit totzuschlagen.«

»Sie haben doch versprochen, nichts mehr zu kaufen.«

»Hör mal, hab' ich etwa gesagt, daß ich dir die Sachen *schenke?* Nee. Glaubst du vielleicht, daß ich 'ne Memme bin oder was? Ich *leih* sie dir, Kleine. Ich will sie wieder zurück. Und wenn du sie zurückgibst, siehst du besser zu, daß ich sie in genau demselben Zustand wiederkriege, wie sie jetzt sind, sonst zerr' ich dich vors höchste Gericht und verlange Schadenersatz.«

Jane grinste. »Meine Güte, Sie sind ganz schön hart.«

»Ich freß Nägel zum Frühstück.«

»Bleiben Sie denn nicht zwischen den Zähnen stecken?«

»Ich zieh' sie mit ner Zange wieder raus.«

»Haben Sie schon mal Stacheldraht probiert?«

»Noch nie zum Frühstück. Aber ab und zu zum Mittagessen.«

Sie mußten beide lachen, und Carol meinte: »Also, spielst du nun Dame?«

»Ich weiß nicht. Ich kann mich nicht erinnern.«

»Karten?« Das Mädchen zuckte mit den Achseln.

»Du kannst dich immer noch an nichts erinnern?« fragte Carol.

»An gar nichts.«

»Mach dir keine Sorgen. Das kommt schon noch.«

»Meine Familie ist auch noch nicht aufgetaucht.«

»Na ja, du bist ja auch erst seit einem Tag vermißt. Gib ihnen Zeit, dich zu finden. Es ist noch zu früh, um sich darüber Sorgen zu machen.«

Sie spielten dreimal Dame. Jane erinnerte sich an alle Regeln, wußte jedoch nicht mehr, wo oder mit wem sie es früher schon gespielt hatte.

Der Nachmittag verging schnell, und Carol genoß jede Minute. Jane war charmant, intelligent und mit einem guten Sinn für Humor gesegnet. Egal, ob das Spiel Dame, Herz oder Rommé hieß, sie spielte, um zu gewinnen, schmollte aber nie, wenn sie verlor. Es machte Spaß, mit ihr zusammen zu sein.

Der Charme und das angenehme Wesen des Mädchens machten es höchst unwahrscheinlich, daß nicht bald jemand nach ihr fragte. Manche Teenager sind so egoistisch, ständig bekifft, stur und zerstörerisch, daß in manchem Fall der Entschluß auszureißen Vater und Mutter nur einen Seufzer der Erleichterung entlockt. Wenn jedoch ein nettes Kind wie Jane Doe verschwindet, schlagen viele Leute Alarm.

Es muß eine Familie geben, die sie liebt, dachte Carol. Sie ist wahrscheinlich schon ganz verrückt vor Sorge um sie. Über kurz oder lang wird sie auftauchen, vor Erleichterung gleichzeitig weinen und lachen, daß man das Mädchen lebend gefunden hat. Warum aber nicht schon früher? Wo *ist* diese Familie?

Genau um drei Uhr dreißig klingelte es. Als Paul an die Tür ging, traf er dort einen blassen, grauäugigen Mann um die fünfzig an. Er trug eine weite graue Hose, ein fahlgraues Hemd und einen dunkelgrauen Pullover.

»Mr. Tracy?«

»Ja. Kommen Sie von der Firma Sicheres Haus?«

»Genau«, sagte der graue Mann. »Heiße Bill Alsgood. Ich *bin* praktisch das Sichere Haus. Hab' die Firma vor zwei Jahren aus der Taufe gehoben.«

Sie schüttelten sich die Hände, Alsgood trat ein und betrachtete interessiert das Innere des Hauses. »Hübsch. Sie haben Glück, daß ich heute noch gekommen bin. Normalerweise bin ich drei Tage im voraus ausgebucht. Aber als Sie heut morgen angerufen und gesagt haben, daß es ein Notfall ist, hat mir gerade jemand abgesagt.«

»Sie sind Gebäudeprüfer?« fragte Paul, während er die Tür schloß.

»Bauingenieur, um genau zu sein. Unsere Firma schaut sich das Haus an, bevor es verkauft wird, gewöhnlich im Interesse des Käufers und auf seine Kosten. Wir sagen ihm dann, ob er dabei ist, ein Verdrußobjekt zu kaufen – ein undichtes Dach, einen Keller, der ständig unter Wasser steht, ein bröckelndes Fundament, fehlerhaft verlegte elektrische Leitungen, mangelhafte Rohre und solche Sachen. Wir sind voll abgesichert; wenn wir also irgend etwas übersehen sollten, ist unser Kunde sogar dann noch geschützt. Sind Sie Käufer oder Verkäufer?«

»Weder noch«, meinte Paul. »Das Haus gehört mir und meiner Frau, aber wir wollen es nicht verkaufen. Wir haben da so ein Problem mit dem Haus, und ich kann die Ursache einfach nicht genau feststellen. Ich hab' mir gedacht, vielleicht können Sie mir helfen.«

Alsgood hob eine graue Augenbraue. »Wenn ich etwas sagen

darf: Sie brauchen eigentlich einen guten Handwerker. Der wäre wesentlich billiger, und wenn er mal rausgefunden hat, was los ist, könnte er es auch gleich selbst wieder in Ordnung bringen. Wir machen keine Reparaturen, wissen Sie. Wir überprüfen nur.«

»Das ist mir schon klar. Ich bin selber nicht ganz ungeschickt, aber ich hab' bis jetzt noch nicht rausfinden können, was los ist oder wie man es wieder in Ordnung bringen könnte. Ich glaube, ich brauche einen fachmännischen Rat, den mir kein Handwerker geben kann.«

»Sie wissen, daß wir zweihundertfünfzig Dollar pro Inspektion berechnen?«

»Ja«, meinte Paul. »Aber es handelt sich um ein außerordentlich ärgerliches Problem, und es könnte ernsthaften Schaden an der Konstruktion des Hauses verursachen.«

»Worum handelt es sich?«

Paul erzählte ihm von den hämmernden Geräuschen, die gelegentlich das Haus erschütterten.

»Das ist aber verdammt merkwürdig«, meinte Alsgood. »Von so einem Problem hab' ich bis jetzt noch nicht gehört.« Er dachte einen Augenblick nach und sagte dann: »Wo befindet sich Ihr Heizkessel?«

»Im Keller.«

»Vielleicht handelt es sich um ein Problem im Heizungsschacht. Ist zwar unwahrscheinlich. Aber wir können da unten anfangen und uns bis zum Dach hocharbeiten, bis wir den Grund gefunden haben.«

Die nächsten beiden Stunden schaute Alsgood in jede Ritze des Hauses, stocherte und tastete und klopfte und untersuchte jeden Quadratzentimeter des Inneren mit den Augen, dann jeden Quadratzentimeter des Daches, während Paul hinter ihm herlief und half, wo er konnte. Als sie noch auf dem Dach waren, begann es leicht zu regnen, und als sie ihre Arbeit schließlich beendet hatten und herunterkletterten, waren sie beide bis auf die Haut durchnäßt. Alsgood rutschte mit dem linken Fuß auf der letzten Sprosse der Leiter aus, gerade als er auf den vollgesogenen Rasen treten wollte, und er verstauchte sich den Knöchel auf schmerzhafte Weise. Und das ganze Risiko und die Unannehmlichkeiten waren umsonst, weil Alsgood nichts Ungewöhnliches fand.

Um fünf Uhr dreißig wärmten sie sich in der Küche mit Kaffee auf, während Alsgood sein Gutachten ausfüllte. Durchnäßt und verdreckt sah er noch bleicher aus als im ersten Moment, wo Paul ihn gesehen hatte. Der Regen hatte seine grauen Kleider – die einst verschiedene Farbtöne gehabt hatten – in einen einzigen düsteren Schatten verwandelt, so daß er eine schlammfarbene Uniform zu tragen schien. »Im wesentlichen ist es ein solides Haus, Mr. Tracy, der Zustand ist wirklich eins a.«

»Und wo zum Teufel ist dann dieses Geräusch hergekommen? Und warum hat es das ganze Haus erschüttert?«

»Ich wünschte, ich hätte es gehört.«

»Ich war mir sicher, daß es mindestens einmal anfangen würde, während Sie hier sind.«

Alsgood schlürfte seinen Kaffee, aber auch das warme Gebräu verlieh seinen Wangen keine Farbe. »Was die Konstruktion betrifft, fehlt rein gar nichts an dem Haus. Das werde ich auch in mein Gutachten schreiben, und darauf wette ich meinen Ruf.«

»Womit ich wieder bei Null wäre«, meinte Paul und wölbte die Hände um die Kaffeetasse.

»Es tut mir leid, daß Sie jetzt das ganze Geld ausgeben, ohne eigentlich eine Antwort zu bekommen«, meinte Alsgood. »Ich hab' wirklich ein schlechtes Gewissen deswegen.«

»Das ist nicht Ihre Schuld. Ich bin überzeugt, daß Sie gründlich gearbeitet haben. Wenn's jemals so weit kommen sollte, daß ich ein anderes Haus kaufe, werde ich Sie bestimmt beauftragen, es zuerst zu überprüfen. Wenigstens weiß ich jetzt, daß das Problem nicht an der Konstruktion liegt, und das schränkt die Nachforschungsmöglichkeiten immerhin schon ein.«

»Vielleicht hören Sie's ja nicht wieder. Es könnte genauso plötzlich wieder aufhören, wie es angefangen hat.«

»Irgendwie habe ich das Gefühl, daß Sie da unrecht haben«, meinte Paul.

Als Alsgood später ging, sagte er an der Eingangstür: »Mir ist da so ein Gedanke gekommen, aber ich habe meine Bedenken, ihn auszusprechen.«

»Warum?«

»Sie könnten denken, daß das Ganze ein bißchen abwegig ist.«
»Mr. Alsgood, ich weiß mir nicht mehr zu helfen. Ich bin bereit, alles in Betracht zu ziehen, egal wie weit hergeholt es auch ist.«

Alsgood sah zur Decke, dann auf den Boden, dann den Flur hinunter, der hinter Paul lag, dann auf seine eigenen Füße. »Ein Geist«, sagte er leise.

Paul starrte ihn überrascht an.

Alsgood räusperte sich nervös, senkte den Blick wieder auf den Boden, erhob ihn dann schließlich und sah Paul in die Augen. »Vielleicht glauben Sie ja nicht an Geister.«

»Tun Sie's denn?« fragte Paul.

»Ja. Ich interessier' mich schon fast mein ganzes Leben für dieses Thema. Ich habe eine große Sammlung von Veröffentlichungen über alle möglichen Arten von Spiritualismus. Ich hab' auch schon selbst ein paar Erlebnisse in Spukhäusern gehabt.«

»Sie haben einen Geist gesehen?«

»Ja, das glaube ich, und zwar viermal. Ektoplasmische Erscheinungen, körperlose, menschenähnliche Formen, die in der Luft dahingetrieben sind. Ich bin auch zweimal Zeuge bei den Auftritten eines Poltergeistes gewesen. Was dieses Haus anbelangt...« Seine Stimme wurde leiser, und er leckte sich nervös die Lippen. »Wenn Sie das Ganze für langweilig und albern halten, möchte ich Ihnen natürlich nicht die Zeit stehlen.«

»Ganz offen gestanden«, meinte Paul, »kann ich mir nicht vorstellen, wie ich wegen der ganzen Sache einen Exorzisten zu Rate ziehe. Aber so ganz ablehnend bin ich auch wieder nicht, wenn's um Geister geht. Ich habe zwar meine Schwierigkeiten, das Ganze zu glauben, aber ich bin jedenfalls bereit zuzuhören.«

»Das klingt recht vernünftig«, sagte Alsgood. Zum erstenmal, seit er vor mehr als zwei Stunden geklingelt hatte, stieg Farbe in sein milchiges Gesicht, und seine wäßrigen Augen strahlten vor Begeisterung. »Also gut. Wir müssen etwas bedenken. Aus dem, was Sie mir erzählt haben, schließe ich, daß hier vielleicht ein Poltergeist sein Unwesen treibt. Natürlich hat hier kein unsichtbarer Geist Gegenstände durch die Luft geschleudert, nichts ist kaputtgegangen, und Poltergeister lieben es über alles, Sachen zu zerstören. Aber daß das Haus gebebt hat, daß Töpfe und

Pfannen geklappert haben, daß die kleinen Gläser auf dem Gewürzbord gegeneinander geklirrt sind – das sind alles Anzeichen dafür, daß da ein Poltergeist am Werk ist, und zwar einer, der gerade erst seine Kraft ausprobiert. Wenn es tatsächlich ein Poltergeist ist, können Sie sich noch auf Schlimmeres gefaßt machen. O ja. Ganz bestimmt. Möbel, die sich ganz von allein über den Boden bewegen. Bilder, die von den Wänden fallen, Lampen, die heruntergeworfen werden und kaputtgehen. Geschirr, das durch die Luft fliegt wie Vögel.« Vor Erregung nahm sein bleiches Antlitz plötzlich Farbe an, als er sich dieses übernatürliche Werk der Zerstörung vorstellte. »Schwere Gegenstände wie Sofas und Betten und Kühlschränke schweben umher. Und es gibt auch einige bezeugte Fälle von Leuten, die von *wohlgesonnenen* Poltergeistern heimgesucht werden, die nicht viel kaputt machen; aber der überwiegende Teil von ihnen ist bösartig, und damit müssen Sie sich höchstwahrscheinlich auch auseinandersetzen – wenn Sie tatsächlich einen hier haben sollten.« Er hatte sich jetzt heiß geredet und endete fast atemlos mit dem folgenden Wortschwall: »Auch ein wohlgesonnener Poltergeist kann einen Haushalt völlig aus dem Gleichgewicht bringen, wenn er sehr aktiv ist; er kann Ihren Schlaf stören und Sie so nervös machen, daß Sie nicht mehr wissen, wo Ihnen der Kopf steht.«

Durch diese leidenschaftliche Rede Alsgoods und dieses merkwürdige neue Licht in seinen Augen verschreckt, meinte Paul: »Na ja, so schlimm ist es eigentlich gar nicht. Bei weitem nicht so schlimm. Bloß ein hämmerndes Geräusch und...«

»Es ist *noch* nicht so schlimm«, sagte Alsgood unheilvoll. »Aber wenn Sie hier wirklich einen Poltergeist haben, könnte sich die Lage rapide verschlechtern. Wenn Sie noch nie einen erlebt haben, Mr. Tracy, dann können Sie einfach nicht verstehen, wie das ist.«

Paul bestürzte die Veränderung, die in dem Mann vor sich gegangen war. Er hatte das Gefühl, daß er einem Mann mit gesundem Menschenverstand die Tür aufgemacht hatte, der ihm dann plötzlich wirre religiöse Flugblätter in die Hand drückte und in demselben sprudelnden, unterhaltsamen Tonfall das Nahen des Jüngsten Gerichts verkündete, in dem Donny Osmond wahrscheinlich seine süße kleine Schwester Marie einem lechzenden Publikum von Osmond-Fans vorstellte. Es lag ein beunruhigender Eifer in Alsgoods Benehmen.

»Wenn es sich tatsächlich als Poltergeist erweist«, meinte Alsgood, »wenn sich die Sache tatsächlich deutlich verschlimmert, würden Sie mich dann bitte sofort rufen? Ich habe wie gesagt schon zwei Poltergeister beobachten können. Und ich würde jetzt ausgesprochen gerne sehen, wie noch ein dritter seinen Schabernack treibt. So eine Gelegenheit hat man nicht sehr oft.«

»Das glaube ich Ihnen«, meinte Paul.

»Also rufen Sie mich an?«

»Ich bezweifle sehr, daß hier ein Poltergeist im Spiel ist, Mr. Alsgood. Wenn ich nur lange und gründlich genug suche, werde ich sicher eine völlig logische Erklärung für das finden, was hier vorgeht. Aber für den Fall, daß es doch ein bösartiger Geist sein sollte, können Sie sicher sein: Ich rufe Sie auf der Stelle, wenn der erste Kühlschrank oder das erste Büfett zu schweben anfängt.«

Alsgood konnte nichts Lustiges an ihrer Unterhaltung finden. Er runzelte die Stirn, als er bemerkte, wie leichtfertig Paul von der Sache sprach, und meinte: »Ich habe auch gar nicht erwartet, daß Sie mich ernst nehmen.«

»Oh, bitte, glauben Sie nicht, daß ich nicht dankbar bin für...«

»Nein, nein«, sagte Alsgood und winkte ab. »Ich verstehe schon. Ich bin ihnen deswegen nicht böse.« Die Erregung war aus seinen wäßrigen Augen verschwunden. »Sie sind dazu erzogen worden, nur an die Wissenschaft zu glauben. Man hat Ihnen beigebracht, nur auf Dinge zu bauen, die man sehen und berühren und messen kann. Das ist eben das moderne Leben.« Er stand mit eingefallenen Schultern da. Die Farbe wich aus seinem Gesicht, und seine Haut wurde wieder fahl, gräulich und schlaff wie vor ein paar Minuten. »Wenn ich von Ihnen verlange, daß Sie dieser Geisterfrage aufgeschlossen gegenüberstehen, ist das genauso sinnlos, wie wenn ich versuche, ein Geschöpf aus den Tiefen des Meeres davon zu überzeugen, daß es so etwas wie Vögel gibt. Das ist traurig, aber wahr, und ich habe keinen Grund, deswegen verärgert zu sein.« Er öffnete die Eingangstür, und das Geräusch des Regens wurde lauter. »Aber egal; in Ihrem Interesse hoffe ich, daß das, was Sie hier haben, kein Poltergeist

ist. Ich hoffe, daß Sie die logische Erklärung finden, nach der Sie suchen. Das meine ich ernst, Mr. Tracy.«

Bevor Paul etwas erwidern konnte, drehte sich Alsgood um und trat in den Regen hinaus. Er wirkte jetzt nicht mehr wie ein Fanatiker; keine Spur von Leidenschaft war mehr in ihm. Er war nur noch ein dünner, grauer Mann, der durch den grauen Dunst schlurfte, den Kopf leicht gegen den grauen Regen gebeugt, vom grauen Licht des Sturms beleuchtet; er wirkte fast selbst wie ein Geist.

Paul schloß die Tür, drehte sich um, ließ den Blick über den Flur schweifen und sah durch den Bogen, der ins Wohnzimmer führte. Poltergeist? Hörte sich nicht so wahnsinnig wahrscheinlich an.

Ihm gefiel Alsgoods zweiter Vorschlag besser: daß das Hämmern vielleicht genauso plötzlich und unerwartet wieder aufhören würde, wie es angefangen hatte, ohne daß die Ursache jemals ergründet wurde.

Er sah auf die Uhr. 6.06 Uhr.

Carol hatte gesagt, daß sie bis acht Uhr im Krankenhaus bleiben und dann spät zum Abendessen heimkommen würde. Das gab ihm noch eine Stunde oder zwei, die er an seinem Roman arbeiten konnte, bevor er anfangen mußte, das Abendessen zu kochen – gebratene Hühnerbrust, gedünstetes Gemüse und Reis mit grünem Paprika.

Er ging hinauf ins Arbeitszimmer und setzte sich an die Schreibmaschine. Er nahm die letzte Seite, die er geschrieben hatte, weil er sie ein paarmal lesen und wieder in Stimmung und Atmosphäre der Geschichte kommen wollte, die er erzählte.

KLOPF! KLOPF!

Das Haus erzitterte. Die Fenster klapperten.

Er schoß von seinem Stuhl hoch.

KLOPF!

Auf seinem Schreibtisch fiel der Krug mit den Kugelschreibern und Bleistiften um, zerbarst in mehrere Stücke, und der Inhalt ergoß sich über den Boden.

Stille.

Er wartete. Eine Minute. Zwei Minuten.

Nichts.

Es war nichts zu hören außer dem Regen, der gegen die Fenster klatschte und aufs Dach trommelte.

Diesmal nur drei hämmernde Schläge. Stärkere als jemals zuvor. Aber nur drei. Fast als ob jemand da mit ihm ein Spielchen spielte, sich über ihn lustig machte.

Kurz vor Mitternacht lachte das Mädchen in Zimmer 316 leise im Schlaf.

Draußen vor dem Fenster zuckten Blitze, und die Nacht flackerte, und die Dunkelheit schien einen Augenblick lang dahinzugaloppieren, als wäre sie ein riesiges, ungeduldiges Tier.

Das Mädchen drehte sich auf den Bauch, ohne aufzuwachen und murmelte etwas in die Kissen. »Die Axt«, sagte sie mit sehnsüchtigem Seufzen. »Die Axt...«

Genau um Mitternacht, gerade vierzig Minuten, nachdem sie eingeschlafen war, saß Carol kerzengerade im Bett und zitterte heftig. Während sie noch versuchte, sich aus den Klauen des Alptraumes zu befreien, hörte sie jemanden sagen: »Es kommt! Es kommt!« Sie starrte wild in das dunkle Zimmer, ohne etwas zu sehen, bis ihr bewußt wurde, daß jene Stimme voller Panik ihre eigene gewesen war.

Plötzlich konnte sie die Dunkelheit keine Sekunde mehr länger ertragen. Sie tastete verzweifelt nach dem Schalter an der Nachttischlampe, fand ihn und sank vor Erleichterung in sich zusammen.

Das Licht störte Paul nicht. Er murmelte etwas im Schlaf, wachte aber nicht auf.

Carol lehnte sich gegen das Brett am Kopfende des Bettes und lauschte auf ihren rasenden Pulsschlag, der sich langsam wieder normalisierte.

Ihre Hände waren eisig. Sie steckte sie unter die Decke und wölbte sie zu wärmenden Fäusten.

Diese Alpträume müssen aufhören, sagte sie sich. Das kann ich nicht jede Nacht durchmachen. Ich brauche meinen Schlaf.

Vielleicht war ein Urlaub jetzt das richtige. Sie hatte zu lange zu hart gearbeitet. Wahrscheinlich war aufgestaute Müdigkeit schuld an ihren schlechten Träumen. Sie hatte in letzter Zeit auch unter einer Menge unüblichem Streß gelitten: die Adoption, die noch in der Schwebe war, die Ereignisse, die sich am Mittwoch in O'Brians Büro zugetragen hatten und fast tragisch ausgegangen wären, der Unfall vom gestrigen Morgen, der Gedächtnisverlust des Mädchens, für den sie sich verantwortlich fühlte... Wenn man unter zu großer Anspannung lebte, konnte das außerordentlich lebhafte Alpträume von der Art hervorrufen, wie sie sie erfuhr. Eine Woche in den Bergen, weit weg von den Alltagsproblemen, schien das perfekte Heilmittel.

Noch zusätzlich zu all dem anderen Streß stand *jener* Tag bevor, der Geburtstag des Kindes, das sie zur Adoption freigegeben hatte. Morgen in einer Woche, am übernächsten Samstag, würden es sechzehn Jahre sein, daß sie auf das Baby verzichtet hatte. Schon acht Tage vor diesem Jahrestag lastete die Schuld wie ein schwerer Mantel auf ihren Schultern. Wenn der nächste Samstag schließlich kam, war sie höchstwahrscheinlich zutiefst deprimiert, wie jedesmal. Eine Woche in den Bergen, weit weg von den Alltagsproblemen, war vielleicht auch für *jenes* Leiden das perfekte Heilmittel.

Im vergangenen Jahr hatten sie und Paul eine Ferienhütte mit einem Morgen Wald in den Bergen gekauft. Es war gemütlich dort – zwei Schlafzimmer, ein Bad, ein Wohnzimmer mit einem großen Steinkamin und eine voll ausgestattete Küche; ein Zufluchtsort, der alle Annehmlichkeiten der Zivilisation mit denen vereinte, die man in der Stadt nicht finden konnte, frischer Luft, wundervoller Landschaft und Ruhe.

Sie hatten eigentlich vorgehabt, im Sommer mindestens zwei Wochenenden pro Monat zu der Hütte zu fahren, aber sie hatten es in den vergangenen vier Monaten nur dreimal geschafft, nur halb so oft, wie sie gehofft hatten. Paul hatte hart gearbeitet, um eine Reihe von Zielen zu erreichen, die er sich für seinen Roman gesteckt hatte, und sie hatte noch mehr Patienten angenommen – ein paar Kinder mit wirklichen Sorgen, die man einfach nicht abweisen konnte; sowohl bei Paul als auch bei ihr selbst füllte die Arbeit inzwischen jeden freien Augenblick aus. Vielleicht leisteten sie wirklich zuviel, wie O'Brian vermutete.

Aber wir werden das ändern, wenn wir erst ein Kind haben,

sagte sich Carol. Wir schaufeln uns eine Menge Zeit frei und machen Familienausflüge, weil wir uns auf die Aufgabe, für unser Kind die bestmögliche Umgebung zu schaffen, viel mehr freuen als auf jede andere.

Als sie so aufrecht im Bett saß und den gräßlichen Alptraum noch lebhaft in Erinnerung hatte, beschloß sie, ihr Leben sofort zu verändern. Sie *würden* sich ein paar Tage frei nehmen, vielleicht sogar eine ganze Woche, und noch vor der Sitzung des Adoptionsausschusses Ende dieses Monats in die Berge fahren, so daß sie ausgeruht und gefaßt wären, wenn sie endlich dem Kind gegenüberstanden, das von nun an das ihre sein würde. Sie würde etwas Zeit brauchen, um ihre Termine neu zu organisieren. Außerdem wollte sie die Stadt nicht verlassen, bevor Jane Does Eltern auftauchten und das Mädchen ordnungsgemäß identifizierten; das würde vielleicht noch ein paar Tage dauern. Aber sie konnten eine große Scheibe Zeit aus der übernächsten Woche herausschneiden; und sie beschloß, Paul deswegen sofort am nächsten Morgen anzutreiben.

Als sie diesen Beschluß gefaßt hatte, fühlte sie sich besser. Allein schon die Aussicht auf Urlaub, wenn auch nur kurzen, nahm viel von ihrer Spannung.

Sie sah Paul an und sagte: »Ich liebe dich.«

Er schnarchte leise weiter.

Lächelnd knipste sie das Licht aus und machte es sich wieder unter der Decke bequem. Sie lauschte ein paar Minuten lang auf den Regen und auf das rhythmische Atmen ihres Mannes; dann verfiel sie in gesunden, erholsamen Schlaf.

Den ganzen Samstag fiel Regen und rundete eine monotone, wäßrige sonnenlose Woche ab. Es war ein kühler Tag, und es blies ein schneidender Wind.

Carol besuchte Jane am Samstagnachmittag im Krankenhaus. Sie spielten Karten und unterhielten sich über einige Artikel, die das Mädchen in den Magazinen gelesen hatte, die ihr Carol gekauft hatte. In jeder Unterhaltung, egal, worum es ging, arbeitete Carol fortwährend, jedoch mit Feingefühl daran, die Amnesie des Mädchens abzubauen, und regte ihr Gedächtnis an, ohne sie erkennen zu lassen, daß sie angeregt wurde. Aber es war alles vergebene Liebesmühe, denn Jane hatte keinen Zugriff zu ihrer Vergangenheit.

Am Ende der nachmittäglichen Besuchszeit, als Carol gerade auf die Aufzüge im dritten Stock zuging, traf sie Dr. Hannaport im Flur.

»Hat die Polizei bis jetzt denn noch keinerlei Hinweise?« fragte sie.

Er zog die breiten Schultern hoch. »Noch nicht.«

»Der Unfall ist jetzt schon über zwei Tage her.«

»Das ist noch nicht so lang.«

»Für das arme Kind da drinnen ist das wie eine Ewigkeit«, meinte Carol und zeigte dabei auf die Tür von Zimmer 316.

»Ich weiß«, sagte Hannaport. »Und mir tut das genauso leid wie Ihnen. Aber es ist noch zu früh, um pessimistisch zu sein.«

»Wenn *ich* so ein Mädchen hätte, und wenn *mein* Kind nur einen einzigen Tag vermißt wäre, würde ich der Polizei schon Beine machen; ich würde verdammt noch mal dafür sorgen, daß die Geschichte in allen Zeitungen wäre, und ich würde an alle Türen klopfen und allen Leuten in der Stadt auf die Nerven fallen.«

Hannaport nickte. »Das weiß ich. Ich habe gesehen, wie Sie vorgehen, und das bewundere ich. Und glauben Sie mir, daß Sie das Mädchen besuchen, trägt 'ne Menge dazu bei, daß sie die gute Laune nicht verliert. Es ist nett von Ihnen, daß Sie sich so viel Zeit für sie nehmen.«

»Na ja, ich bin nicht auf ein Dankesessen aus«, meinte Carol. »Ich glaube nicht, daß ich mehr tue, als ich sollte. Ich meine, ich bin hier verantwortlich.«

Eine Schwester schob einen Patienten im Rollstuhl vorbei. Carol und Hannaport traten zur Seite.

»Wenigstens scheint Jane in guter körperlicher Verfassung zu sein«, sagte Carol.

»Wie ich Ihnen schon am Mittwoch gesagt habe – sie hat keine ernsthaften Verletzungen. Gerade weil sie in so guter Verfassung ist, stellt sie für uns ein Problem dar. Eigentlich gehört sie nicht ins Krankenhaus. Ich hoffe nur, daß ihre Eltern auftauchen, bevor ich gezwungen bin, sie zu entlassen.«

»Sie zu entlassen? Aber das können Sie doch nicht machen,

wenn sie nirgendwo hin kann. Sie kommt draußen doch nicht zurecht. In Gottes Namen, sie weiß doch nicht einmal, wer sie ist!«

»Natürlich behalte ich sie solange hier, wie ich nur irgend kann. Aber heute am späten Abend oder morgen früh werden wahrscheinlich alle unsere Betten belegt sein. Und wenn dann die Anzahl der eingelieferten Notfälle die der bereits geplanten Entlassungen übersteigt, müssen wir nach ein paar anderen Patienten suchen, die ohne Problem entlassen werden können. Und Jane gehört ganz sicher dazu. Wenn irgendeiner hier eingeliefert wird, der sich bei einem Autounfall den Schädel gebrochen hat, oder wenn ein Notarztwagen eine Frau bringt, die von ihrem eifersüchtigen Freund niedergestochen worden ist, kann ich es nicht verantworten, ernsthaft verletzte Leute abzuweisen, während ich ein vollkommen gesundes Mädchen hier behalte, die bloß eine Prellung an der linken Schulter hat.«

»Aber ihr Gedächtnisverlust...«

»Ist etwas, was wir ohnehin nicht behandeln können.«

»Aber sie kann doch nirgends hin«, meinte Carol. »Was passiert denn dann mit ihr?«

Hannaport sagte mit seiner leisen, beruhigenden Stimme: »Es wird schon für sie gesorgt. Wirklich. Wir lassen sie nicht so einfach im Stich. Wir beantragen, daß ein Vormund für sie bestellt wird, bis ihre Eltern auftauchen. Und in der Zwischenzeit wird man sich in einem Heim mit medizinischer Versorgung genauso gut um sie kümmern wie hier.«

»Von was für einem Heim sprechen Sie?«

»Nur drei Häuserblocks von hier entfernt gibt es ein Mädchenheim für Ausreißer und schwangere Teenager, und das ist weit sauberer und besser geführt als die normalen staatlichen Heime.«

»Das Polmar-Haus«, meinte Carol, »das kenne ich.«

»Dann wissen Sie auch, daß es weder ein Verlies noch eine Bruchbude ist.«

»Mir gefällt es aber trotzdem nicht, daß sie hier weg soll«, meinte Carol. »Sie wird das Gefühl haben, daß man sie einfach abschiebt, vergißt und verkommen läßt. Sie ist jetzt ohnehin schon ziemlich wackelig. Und das wird sie halb zu Tode erschrecken.«

Hannaport runzelte die Stirn und meinte: »Mir gefällt das auch nicht sehr, aber ich habe wirklich keine Wahl. Wenn wir zu wenige Betten haben, schreibt das Gesetz vor, daß wir die Notlage in unsere Überlegungen einbeziehen und jene Patienten aufnehmen, die am schlimmsten dran sind. Ich bin in einer Zwickmühle.«

»Ich verstehe. Ich mache Ihnen ja auch keine Vorwürfe. Verdammt noch mal, wenn doch nur jemand von ihrer Familie auftauchen würde!«

»Das kann doch auch jede Minute passieren.«

Carol schüttelte den Kopf. »Nein, ich habe das Gefühl, daß es nicht so einfach sein wird. Haben Sie es Jane schon gesagt?«

»Nein. Wir reichen den Antrag nicht vor Montag bei Gericht ein, also kann ich genausogut noch bis morgen warten, um es ihr zu erklären. Vielleicht geschieht bis dahin noch etwas, wodurch das sowieso unnötig wird. Hat keinen Sinn, sie zu beunruhigen, bevor es nicht unbedingt sein muß.«

Carol war deprimiert und erinnerte sich an ihre eigene Zeit in einem staatlichen Heim, bevor Grace gekommen war und sie gerettet hatte. Sie war ein robustes Kind gewesen, war auf der Straße daheim gewesen, aber diese Erfahrungen hatten trotzdem Narben hinterlassen. Jane war intelligent und lebhaft und stark und lieb, aber sie war nicht robust, nicht wie es Carol in ihrem Alter gewesen war. Was würde ihr das Heimleben antun, wenn sie es mehr als ein oder zwei Tage ertragen mußte? Wenn man sie einfach zu Kindern steckte, die sich tatsächlich auf der Straße zu Hause fühlten, zu Kindern, die Drogen- und Verhaltensprobleme hatten, würde sie höchstwahrscheinlich das Opfer spielen müssen, vielleicht sogar auf gewaltsame Art. Was sie brauchte, war ein richtiges Zuhause, Liebe, Führung...

»Natürlich!« meinte Carol und grinste.

Hannaport sah sie fragend an.

»Warum kann sie nicht mit mir mitkommen?« fragte Carol.

»Was?«

»Sehen Sie, Dr. Hannaport, wenn es Paul, meinem Mann nichts ausmacht, warum könnten Sie dem Gericht nicht vorschlagen, daß man mir vorübergehend das Sorgerecht für Jane zuerkennt, bis jemand auftaucht, der sie identifizieren kann?«

»Überlegen Sie sich das lieber gründlich«, meinte Hannaport. »Wenn Sie sie aufnehmen und Ihr eigenes Leben damit umkrempeln...«

»Das werden wir schon nicht« antwortete Carol. »Es wird uns ein Vergnügen sein. Sie ist ein reizendes Kind.«

Hannaport starrte sie einen langen Augenblick an und musterte ihre Augen und ihr Gesicht.

»Schließlich«, argumentierte Carol so überzeugend weiter, wie sie nur konnte, »ist doch der einzige Arzt, der Janes Gedächtnisverlust heilen könnte, ein Psychiater. Und falls Sie es vergessen haben, genau das bin ich. Ich könnte ihr nicht nur ein anständiges Zuhause bieten; ich könnte sie auch intensiv behandeln.«

Schließlich lächelte Hannaport. »Ich denke, das ist ein großartiges und großzügiges Angebot, Dr. Tracy.«

»Dann empfehlen Sie uns also dem Gericht?«

»Ja. Natürlich können Sie nie sicher sein, was ein Richter macht. Aber ich denke, es besteht eine ziemlich gute Chance, daß er sieht, wo die Interessen des Mädchens am besten gewahrt werden.«

Ein paar Minuten später telefonierte Carol von einer Telefonzelle im Krankenhausfoyer aus mit Paul. Sie erzählte ihm von der Unterhaltung mit Dr. Hannaport, aber noch bevor sie bei der großen Frage angelangt war, unterbrach Paul sie. »Du willst Jane bei uns aufnehmen«, sagte er.

Überrascht meinte Carol: »Wie hast du das erraten?«

Er lachte. »Ich kenn' dich doch, Süßes. Wenn's um Kinder geht, wird dein Herz weich wie Vanillepudding.«

»Sie wird dir nicht im Weg sein«, sagte Carol schnell. »Sie wird dich nicht vom Schreiben abhalten. Und jetzt, wo O'Brian unseren Adoptionsantrag nicht vor Ende des Monats vorlegen kann, besteht keine Gefahr, daß wir uns um *zwei* Kinder kümmern müssen. Vielleicht war die Verzögerung bei der Agentur ja sogar ein Wink des Schicksals – damit wir einen Platz für Jane haben, bis ihre Leute auftauchen. Es ist nur vorübergehend, Paul. Wirklich. Und wir...«

»Schon gut, schon gut«, meinte er. »Du mußt mir die ganze

Sache nicht aufschwatzen. Ich bin einverstanden mit dem Plan.«

»Wenn du gern zuerst herkommen und Jane kennenlernen willst, ist das...«

»Nein, nein. Ich bin sicher, daß sie genauso ist, wie du sie beschrieben hast. Vergiß aber nicht, daß du in einer Woche oder so in die Berge fahren wolltest.«

»Vielleicht ist Jane nicht mal so lange bei uns. Und wenn doch, können wir sie wahrscheinlich mitnehmen, wenn wir dem Gericht zuerst mitteilen, wohin wir fahren.«

»Wann müssen wir vor Gericht erscheinen?«

»Das weiß ich nicht. Wahrscheinlich Montag oder Dienstag.«

»Dann werd' ich dort mein bestes Benehmen zur Schau stellen«, meinte Paul.

»Und wasch dich hinter den Ohren, ja?«

»Gut. Und ich werde sogar Schuhe tragen.«

Grinsend meinte Carol: »Und bohr vor dem Richter nicht in der Nase.«

»Nur wenn er selbst damit anfängt.«

Sie meinte: »Ich liebe dich, Dr. Tracy.«

»Und ich liebe *dich*, Dr. Tracy.«

Als sie den Hörer auflegte und sich von der Telefonzelle abwandte, fühlte sie sich wundervoll. Nicht einmal die schreiende Inneneinrichtung des Besucherfoyers konnte ihr jetzt noch auf die Nerven gehen.

In jener Nacht war kein hämmerndes Geräusch im Haus der Tracys zu hören, kein Anzeichen des Poltergeistes, vor dem Mr. Alsgood Paul gewarnt hatte. Auch am nächsten Tag gab es keine Störung und ebensowenig am folgenden Tag. Das merkwürdige Geräusch und die Erschütterungen hatten auf genauso unerklärliche Weise aufgehört, wie sie begonnen hatten.

Carol hatte auch keine Alpträume mehr. Sie schlief tief und friedlich und ohne Unterbrechung. Bald hatte sie die funkelnde Schneide der Axt vergessen, die in jenem merkwürdigen Nichts hin- und herschwang.

Sogar das Wetter wurde besser. Die Wolken lösten sich am Sonntag auf. Der Montag war sommerlich und blau.

Am Dienstagnachmittag, während Paul und Carol bei Gericht waren, um vorübergehend das Sorgerecht für Jane Doe zu erhalten, putzte Grace Mitowski gerade ihre Küche. Sie hatte soeben den Kühlschrank oben abgewischt, als das Telefon klingelte.

»Hallo.«

Keine Antwort.

»Hallo«, sagte sie noch einmal.

Die dünne, flüsternde Stimme eines Mannes sagte: »Gracie...«

»Ja?«

Seine Worte klangen gedämpft, und es hallte wider in der Leitung, als redete er in eine Blechdose hinein.

»Ich kann Sie nicht verstehen«, sagte sie. »Könnten Sie etwas lauter sprechen?«

Er versuchte es, aber wieder verloren sich die Worte. Sie schienen aus gewaltiger Entfernung zu kommen, über einen unvorstellbar weiten Abgrund.

»Die Verbindung ist furchtbar«, sagte sie. »Sie müssen lauter sprechen.«

»Grace«, sagte er, und die Stimme war nur wenig lauter. »Grace ...es ist fast schon zu spät. Du mußt...schnell machen. Du mußt...verhindern, daß es...wieder passiert.« Es war eine trockkene, spröde Stimme; sie brach wiederholt, wie tote Herbstblätter, die man zertritt. »Es ist fast schon zu spät...zu spät...«

Sie erkannte die Stimme und erstarrte. Ihre Hand krampfte sich um den Hörer, und sie bekam keine Luft mehr.

»Gracie...das kann nicht ewig so weitergehen. Du mußt dem Ganzen...ein Ende machen. Beschütze sie, Gracie. Beschütze sie...«

Die Stimme verlor sich.

Es herrschte Stille. Aber nicht die Stille einer freien Telefonleitung. Es war keinerlei Rauschen zu hören. Kein elektronisches Piepen im Hintergrund. Es war eine vollkommene Stille, die nicht einmal vom leisesten Klicken oder Pfeifen in den elektrischen Leitungen gestört wurde. Eine ungeheure Stille. Endlos.

Sie legte den Hörer auf.

Sie begann zu zittern.

Sie ging zum Schrank und holte die Flasche Scotch heraus, die sie dort für Gäste aufbewahrte. Sie goß sich einen Doppelten ein und setzte sich an den Küchentisch.

Der Alkohol wärmte sie nicht. Es fröstelte sie noch immer.

Die Stimme am Telefon war die Leonards gewesen. Ihres Mannes. Er war seit achtzehn Jahren tot.

Teil II
Das Böse weilt unter uns...

> Das Böse ist kein Fremder ohne Gesicht,
> der in der Ferne lebt.
> Das Böse hat ein nettes, vertrautes Gesicht
> mit fröhlichen Augen und offenem Lächeln.
> Das Böse weilt unter uns, trägt eine Maske,
> die aussieht wie unser aller Gesicht.
>
> *Das Buch der Klagen*

7

Am Dienstag kehrte Paul, nachdem sie das vorläufige Sorgerecht für Jane Doe erhalten hatten, nach Hause zurück, um an seinem Roman zu arbeiten, und Carol ging mit dem Mädchen zum Einkaufen. Weil Jane keine anderen Kleider hatte als die, die sie getragen hatte, als sie am vergangenen Donnerstagmorgen vor die Räder des Volkswagens gelaufen war, brauchte sie eine Menge Sachen, selbst wenn es nur für ein paar Tage war. Es war ihr peinlich, Carols Geld auszugeben, und am Anfang zögerte sie zuzugeben, daß ihr etwas, das sie sah, gefiel oder daß irgend etwas ihr wirklich gut paßte.

Schließlich meinte Carol: »Kleines, du *brauchst* das Zeug, also entspann dich und laß es mich für dich kaufen. Okay? Auf lange Sicht werde ich's sowieso nicht bezahlen. Ich werde es höchstwahrscheinlich entweder von deinen Eltern, dem Pflegekinderprogramm oder von irgendeiner anderen Stelle unseres Kreises zurückbekommen.«

Dieses Argument wirkte. Nun erwarben sie schnell ein paar

Jeans, einige Blusen, Unterwäsche, ein gutes Paar Turnschuhe, Socken, einen Pullover und eine Windjacke.

Als sie nach Hause kamen, war Jane beeindruckt von dem Tudor-Haus mit den Bleiglasfenstern, dem Dach mit den vielen Giebeln und dem Mauerwerk. Sie verliebte sich sofort in das Gästezimmer, in dem sie bleiben sollte. Es hatte eine gewölbte Decke, eine lange Fensterbank, die ein Erkerfenster säumte, und eine Wand mit einem Spiegelschrank. Es war ganz in tiefblau und hellbeige gehalten und mit polierten Kirschholzmöbeln aus der Zeit Queen Annes ausgestattet. »Ist das wirklich bloß ein Gästezimmer?« fragte Jane ungläubig. »Ihr benutzt es nicht regelmäßig? Mann, wenn das mein Haus wäre, würde ich mich die ganze Zeit hier aufhalten! Ich würde nur dasitzen und jeden Tag ein bißchen lesen – dort im Fenster sitzen und lesen und die Atmosphäre einsaugen.«

Carol hatte das Zimmer immer gemocht, aber mit Janes Augen sah sie es ganz anders und wußte es neu zu schätzen. Während sie das Mädchen beobachtete, wie sie die Dinge untersuchte – die Schranktüren aufschob, den Ausblick von jedem Winkel des Erkerfensters aus überprüfte, ausprobierte, wie hart die Matratze auf dem französischen Bett war –, kam Carol zu Bewußtsein, daß es mit zu den Vorteilen gehörte, Kinder zu haben, wie ihre unschuldigen, spontanen Reaktionen auf alles auch ihre Eltern jung und aufgeschlossen erhalten konnten.

An jenem Abend kochten Carol, Paul und Jane gemeinsam das Abendessen. Das Mädchen paßte sich ohne Schwierigkeiten sofort an, auch wenn sie noch etwas scheu war. In der Küche und am Eßtisch gab es viel zu lachen.

Nach dem Essen begann Jane abzuwaschen, während Carol und Paul den Tisch abräumten. Als sie einen Augenblick lang allein im Eßzimmer waren, meinte Paul leise: »Sie ist ein tolles Kind.«

»Hab' ich dir das nicht gleich gesagt?«

»Ist trotzdem seltsam.«

»Was?«

»Seit ich sie heute nachmittag vor dem Gerichtssaal gesehen habe«, meinte Paul, »habe ich das Gefühl, daß ich sie irgendwoher kenne.«

»Woher?«

Er schüttelte den Kopf. »Wenn ich das verdammt noch mal wüßte. Aber ihr Gesicht kommt mir irgendwie bekannt vor.«

Den ganzen Dienstagnachmittag rechnete Grace damit, daß das Telefon wieder klingeln würde.

Sie hatte Angst davor abzuheben.

Sie versuchte, ihre Nervosität abzureagieren, indem sie das Haus putzte. Sie schrubbte den Küchenboden, staubte die Möbel in allen Räumen ab und kehrte alle Teppiche.

Aber sie mußte immer an den Anruf denken: die Stimme, die so trocken wie Papier und durch das Echo verzerrt gewesen war und geklungen hatte wie Leonard; die merkwürdigen Dinge, die er gesagt hatte; die unheimliche Stille, nachdem er aufgehört hatte zu sprechen; das beunruhigende Gefühl gewaltiger Entfernung, ein unvorstellbar weiter Abgrund in Zeit und Raum...

Es mußte ein Scherz gewesen sein. Aber wer war wohl dafür verantwortlich? Und warum sollte jemand sie quälen, indem er Leonards Stimme nachahmte, achtzehn Jahre, nachdem der Mann gestorben war? Worin lag der Sinn, *jetzt* so ein Spielchen mit ihr zu treiben, wo schon so viel Zeit vergangen war?

Sie versuchte, sich von dem Anruf abzulenken, indem sie Apfelküchlein backte. Dicke, knusprige Küchlein – mit Zimt, Milch und ein wenig Zucker – waren ihr Lieblingsnachtessen, denn sie war in Lancaster geboren und aufgewachsen, im Herzen des Dutch County in Pennsylvania, wo man diese Speise als eigenständige Mahlzeit betrachtete. Aber an jenem Dienstagabend hatte sie keinen Appetit, nicht einmal auf Küchlein. Sie aß ein paar Bissen, aber sie schaffte nicht einmal ein halbes Küchlein, obwohl sie normalerweise zwei ganze pro Mahlzeit aß.

Sie stocherte noch immer gleichgültig in ihrem Essen herum, als das Telefon klingelte.

Ihr Kopf fuhr mit einem Ruck hoch. Sie starrte auf das Telefon, das über dein kleinen, eingebauten Arbeitstisch neben dem Kühlschrank angebracht war.

Es klingelte wieder. Und wieder.

Zitternd stand sie auf, ging zum Telefon und hob den Hörer ab.

»Gracie...«

Die Stimme war schwach, aber zu verstehen.

»Gracie... es ist fast schon zu spät.«

Es war er. Leonard. Oder jemand, der genauso klang, wie Leonard damals geklungen hatte.

Sie konnte ihm nicht antworten. Die Kehle schnürte sich ihr zu.

»Gracie...«

Die Beine schienen unter ihr wegzuschmelzen. Sie zog den Stuhl unter dem Tisch hervor und setzte sich schnell hin.

»Gracie... du mußt verhindern, daß es wieder passiert. Es darf nicht... immer... so weitergehen... jedesmal wieder... das Blut ... der Mord...«

Sie schloß die Augen, zwang sich zu sprechen. Ihre Stimme klang schwach und zittrig. Sie erkannte sie selbst nicht wieder. Es war die Stimme einer Fremden – einer müden, erschreckten, schwachen alten Frau. »Wer spricht da?«

Die wispernde, vibrierende Stimme am Telefon sagte: »Beschütze sie, Gracie.«

»Was wollen Sie von mir?«

»Beschütze sie.«

»Warum tun Sie das?«

»Beschütze sie.«

»Beschütze wen?« fragte sie.

»Willa. Beschütze Willa.«

Sie war noch immer verängstigt und verwirrt, aber nun begann sie auch, ärgerlich zu werden. »Ich *kenne* niemanden, der Willa heißt, verdammt noch mal! Wer spricht denn da?«

»Leonard.«

»Nein! Glauben Sie vielleicht, ich bin eine tattrige, altersschwache Närrin? Leonard ist tot. Schon seit achtzehn Jahren! Sie sind nicht Leonard. Was für ein Spielchen spielen Sie da mit mir?«

Sie wollte auflegen, und sie wußte auch, daß das das Beste war bei so einem komischen Kauz, aber sie schaffte es einfach nicht. Er klang so sehr wie Leonard, daß sie durch seine Stimme wie hypnotisiert war.

Nun sprach er wieder, viel leiser als vorher, aber sie konnte ihn noch immer hören. »Beschütze Willa.«

»Ich sage Ihnen doch, ich kenne sie nicht. Und wenn Sie mich

Zwischen _____ durch:

Grace versuchte sich abzulenken, indem sie Apfelküchlein backte – eine Speise, die man im Dutch County sogar als eigenständige Mahlzeit betrachtete.

Dem Leser aber steht der Sinn jetzt sicher nicht nach Ablenkung – und gewiß auch nicht nach Apfelküchlein. Ihn bewegt eher die Frage, was es mit dem ominösen Anruf und seinem Urheber auf sich hat.

Um nicht zu lange auf die Antwort warten zu müssen, empfiehlt sich deshalb für den kleinen Appetit zwischendurch ein nahrhafter, bekömmlicher Drink, der im Handumdrehen zubereitet ist. Man braucht nur einen Becher, heißes Wasser und…

Zwischen_____durch:

Die geschmackvolle Trinksuppe für den kleinen Appetit. – In Sekundenschnelle zubereitet. Einfach mit kochendem Wasser übergießen, umrühren, fertig.
Viele Sorten – viel Abwechslung.
Guten Appetit!

weiterhin wegen dieses Blödsinns anrufen, werde ich der Polizei sagen, daß so ein Scherzbold...«

»Carol...Carol«, sagte der Mann, und seine Stimme wurde mit jeder Silbe leiser. »Willa...aber ihr nennt sie...Carol.«

»Was zum Teufel geht hier vor?«

»Sieh dich vor...die Katze.«

»Was?«

Die Stimme war jetzt so weit entfernt, daß sie sich anstrengen mußte, sie zu verstehen.

»Die...Katze...«

»Aristophanes? Was ist mit ihm? Haben Sie etwas mit ihm angestellt? Haben Sie ihm Gift ins Fressen getan? Ist er deswegen in letzter Zeit so komisch?«

Keine Antwort.

»Sind Sie noch dran?«

Nichts.

»Was ist mit der Katze?« fragte sie.

Keine Antwort.

Sie lauschte auf die vollkommene Stille, und sie begann so heftig zu zittern, daß sie Schwierigkeiten hatte, den Hörer zu halten. »Wer sind Sie? Warum quälen Sie mich so? Warum wollen Sie Aristophanes etwas antun?«

Weit, weit entfernt stieß die schmerzlich vertraute Stimme ihres längst verstorbenen Mannes schließlich einige fast unverständliche Worte hervor. »Ich wünschte...ich könnte da sein... und Apfelküchlein essen.«

Sie hatten vergessen, einen Pyjama für Jane zu kaufen. Also ging sie mit Kniestrümpfen, Slip und einem von Carols T-Shirts, das ihr ein bißchen zu groß war, schlafen.

»Was steht morgen auf dem Programm?« fragte sie, nachdem sie ins Bett gesteckt worden war und ihr Kopf auf einem dicken Kissen ruhte.

Carol saß auf der Bettkante. »Ich hab' mir gedacht, wir könnten mit einem Behandlungsprogramm anfangen, das dazu dient, deinen Gedächtnisblock aufzubrechen.«

»Was für eine Behandlung?«

»Weißt du, was hypnotische Regressionstherapie bedeutet?«

Jane hatte plötzlich Angst. Sie hatte schon mehrmals seit dem Unfall den bewußten und überlegten Versuch unternommen, sich daran zu erinnern, wer sie war, aber jedesmal, wenn sie spürte, daß sie sich einer beunruhigenden Offenbarung näherte, war es ihr schwindlig geworden, hatte sie sich orientierungslos gefühlt und voller Panik. Wenn sie ihren Verstand zurück zwang, zurück, zurück zur Wahrheit, schnitt ein psychologischer Schutzmechanismus ihre Neugierde genauso unvermittelt ab wie ein Würger ihr die Luft abgeschnitten hätte. Und jedesmal sah sie an der Klippe zum Unterbewußten einen silbrigen Gegenstand, der durch die Schwärze hin- und herschwang, eine völlig unerklärliche Vision, die ihr jedoch das Blut in den Adern gefrieren ließ. Sie ahnte, daß es etwas Gräßliches in ihrer Vergangenheit geben mußte, etwas, das so furchtbar war, daß es besser war, sich *nicht* daran zu erinnern. Sie hatte sich gerade mehr oder minder dafür entschieden, nicht nach dem zu suchen, was sie verloren hatte, und ihr neues Leben als namenlose Waise zu akzeptieren, auch wenn es vielleicht voller Mühsal sein würde. Aber durch die hypnotische Regressionstherapie konnte sie vielleicht dazu gezwungen werden, sich mit dem Gespenst ihrer Vergangenheit auseinanderzusetzen, ob sie das nun wollte oder nicht. Und diese Aussicht erfüllte sie mit Grauen.

»Bist du in Ordnung?« fragte Carol.

Das Mädchen blinzelte, leckte sich die Lippen. »Ja. Ich hab' nur grade drüber nachgedacht, was du gesagt hast. Hypnotische Regression. Bedeutet das, daß du mich in eine Trance versetzt und mich dann dazu bringst, mich an alles zu erinnern?«

»Na ja, ganz so einfach ist das nicht, Kleines. Ich kann nicht garantieren, daß es funktioniert. Ich werde dich hypnotisieren und dich bitten, bis zu dem Unfall am Donnerstagmorgen zurückzudenken; dann werde ich dich immer weiter in die Vergangenheit zurückschubsen. Wenn du gut ansprichst, wirst du dich vielleicht daran erinnern, wer du bist und woher du kommst. Hypnotische Regression ist ein Werkzeug, das sich manchmal als nützlich erweist, wenn ich versuche, einen Patienten dazu zu bringen, daß er ein tief verborgenes und verschüttetes Trauma von neuem durchlebt. Ich habe diese Technik noch nie bei einem Patienten mit Gedächtnisverlust ausprobiert, aber ich weiß, daß sie in einer Situation wie der deinen anwendbar ist. Natürlich funktioniert sie nur in der Hälfte der Fälle. Und wenn sie tatsächlich funktioniert, sind mehr als nur ein oder zwei Sitzungen nötig. Das kann ein langwieriger, frustrierender Prozeß werden. Morgen werden wir nicht weit kommen, und höchstwahrscheinlich tauchen deine Eltern sowieso auf, noch bevor ich dir dabei helfen kann, dich zu erinnern. Aber wir können trotzdem anfangen. Das heißt, wenn du einverstanden bist.«

Sie wollte nicht, daß Carol ihre Angst, sich zu erinnern, bemerkte; also sagte sie: »Ja, klar! Das klingt faszinierend!«

»Ich habe morgen vier Patienten, aber ich kann dich um elf Uhr einschieben. Du wirst vor und nach der Sitzung lange Zeit im Wartezimmer verbringen müssen, also schauen wir gleich morgen früh, daß wir ein Buch für dich finden, das du mitnehmen kannst. Magst du Kriminalgeschichten?«

»Ich glaub' schon.«

»Agatha Christie?«

»Der Name sagt mir etwas, aber ich weiß nicht, ob ich jemals eines von ihren Büchern gelesen habe.«

»Du kannst es ja morgen mal mit einem versuchen. Wenn du tatsächlich ein großer Krimifan sein solltest, ist es möglich, daß Agatha Christie dir deine Erinnerung aufschließt. Jeder Reiz, jede Verbindung mit deiner Vergangenheit kann als Pforte dienen.« Sie beugte sich herunter und küßte Janes Stirn. »Aber mach dir jetzt keine Sorgen darüber. Schlaf erst mal gut heute nacht, Kleines.«

Nachdem Carol das Zimmer verlassen und die Schlafzimmertür hinter sich geschlossen hatte, schaltete Jane das Licht nicht sofort aus. Sie ließ den Blick langsam über den Raum wandern, und ihre Augen verweilten auf jedem einzelnen der schönen Dinge.

Bitte, lieber Gott, dachte sie, laß mich hier bleiben. Irgendwie, auf irgendeine Weise, laß mich für immer und ewig in diesem Haus bleiben. Laß mich nicht dahin zurückgehen, wo ich hergekommen bin, wo das auch immer sein mag. Hier ist der Ort, wo ich leben möchte. Hier ist der Ort, wo ich *sterben* möchte, es ist so schön.

Schließlich streckte sie die Hand aus und knipste die Nachttischlampe aus.

Dunkelheit senkte sich herab wie die Schwingen einer Fledermaus.

Mit einer Hartfaserplatte und vier Nägeln verschloß Grace Mitowski die Katzentür fürs erste von innen.

Aristophanes stand mitten in der Küche, den Kopf zur Seite gelegt, und beobachtete sie voller Interesse mit leuchtenden Augen. Alle paar Sekunden miaute er in scheinbar fragendem Tonfall.

Als der letzte Nagel eingeschlagen war, meinte Grace: »Okay, Katze. Vorerst ist deine Bewegungsfreiheit erst mal beschnitten. Es könnte da draußen jemanden geben, der dir irgendwelche Drogen oder Gift ins Fressen tut, und vielleicht ist das ja der Grund für dein schlechtes Benehmen. Wir müssen einfach abwarten, ob du dich besserst. Bist du etwa die ganze Zeit über high gewesen, du alberne Katze?«

Aristophanes miaute fragend.

»Ja«, sagte Grace. »Ich weiß schon, daß das grotesk klingt. Aber wenn's kein Verrückter ist, mit dem ich's hier zu tun habe, dann muß das am Telefon wirklich Leonard gewesen sein. Und das wäre doch noch grotesker, oder?«

Der Kater drehte den Kopf auf die andere Seite, als ob er wirklich versuchte, sich einen Reim auf das zu machen, was sie da sagte.

Grace hielt inne, streckte die Hand aus und rieb Daumen und Zeigefinger gegeneinander. »Komm, Mietze. Komm, mietz-mietz-mietz.«

Aristophanes zischte, fauchte, drehte sich um und rannte davon.

Zur Abwechslung liebten sie sich im Dunkeln. Er spürte Carols Atem heiß an seinem Nacken. Sie preßte sich eng an ihn, wiegte sich und spannte sich an und krümmte und bog sich in vollkommener Harmonie mit ihm; ihre feinen, elastischen Bewegungen waren so fließend wie Strömungen in einem warmen Fluß. Sie krümmte ihren zierlichen Rücken, hob und senkte sich im Takt mit seinen gleichmäßigen Stößen. Sie war so geschmeidig, so seiden und so allumschließend wie die Dunkelheit.

Danach hielten sie sich an den Händen, sprachen über Belanglosigkeiten und wurden dabei immer schläfriger. Carol schlief ein, während Paul noch redete. Als sie auf eine seiner Fragen nicht mehr antwortete, entwand er sanft seine Hand der ihrigen.

Er war müde, konnte aber nicht so schnell einschlafen wie sie. Er mußte über das Mädchen nachdenken. Er war sich sicher, daß er sie schon einmal gesehen hatte, bevor er sie am Morgen vor dem Gerichtssaal getroffen hatte. Während des Abendessens war ihm ihr Gesicht immer vertrauter vorgekommen. Es verfolgte ihn noch immer. Aber egal, wie sehr er sich auch abmühte, er konnte sich nicht daran erinnern, wo er sie schon einmal gesehen hatte.

Während er in dem dunklen Schlafzimmer lag und sein Gedächtnis durchforstete, wurde er allmählich unsicher. Er begann – völlig ohne Grund – das Gefühl zu haben, daß seine frühere Begegnung mit Jane merkwürdig, ja vielleicht sogar unangenehm gewesen war. Dann fragte er sich, ob das Mädchen möglicherweise wirklich irgendeine Art von Bedrohung für Carol und ihn selbst darstellte.

Aber das ist absurd, dachte er. Das ergibt überhaupt keinen Sinn. Ich muß noch müder sein, als ich gedacht hatte. Die Logik scheint sich jetzt irgendwie selbständig zu machen. Was für eine Bedrohung könnte Jane schon darstellen? Sie ist ein außergewöhnlich nettes Kind.

Er seufzte, rollte sich herum und dachte an die Handlung seines ersten Romanes (des Reinfalls), und darüber schlief er sehr schnell ein.

Um ein Uhr morgens saß Grace Mitowski im Bett und schaute sich einen Spätfilm auf ihrem tragbaren Sony an. Sie nahm verschwommen wahr, daß Humphrey Bogart und Laureen Bacall gerade in einen geschliffenen Schlagabtausch verwickelt waren, aber sie hörte eigentlich nicht so richtig, was sie sagten. Sie hatte schon wenige Minuten, nachdem sie den Fernseher eingeschaltet hatte, den roten Faden des Films verloren.

Sie dachte an Leonard, ihren Ehemann, der vor achtzehn

Jahren an Krebs gestorben war. Er war ein guter Mensch gewesen, hatte hart gearbeitet, war großzügig gewesen, hatte sie geliebt und war ein glänzender Unterhalter gewesen. Sie hatte ihn sehr geliebt.

Aber nicht *alle* hatten Leonard gemocht. Er hatte natürlich seine Fehler. Das schlimmste an ihm war seine Ungeduld gewesen – und die spitze Zunge, die das Ergebnis seiner Ungeduld war. Er konnte Leute nicht ertragen, die träge oder apathisch oder unwissend oder töricht waren. »Was zwei Drittel der Menschheit ausmacht«, wie er oft sagte, wenn er besonders griesgrämig war. Weil er ein ehrlicher und verdammt undiplomatischer Mensch war, hatte er anderen immer gesagt, was er von ihnen hielt. Als Folge davon hatte er ein Leben geführt, in dem es erstaunlich wenig Täuschung, dafür aber genügend Feinde gab.

Sie fragte sich, ob es einer jener Feinde gewesen war, der sie angerufen und vorgegeben hatte, Leonard zu sein. Jemandem, der psychisch krank war, machte es vielleicht genauso viel Spaß, Leonards Witwe zu quälen, wie Leonard selbst. Es erregte ihn vielleicht, ihre Katze zu vergiften und sie mit merkwürdigen Telefonanrufen zu belästigen.

Aber nach *achtzehn Jahren?* Wer erinnerte sich wohl noch so genau an Leonards Stimme, daß er sie nach so langer Zeit noch perfekt nachahmen konnte? Sie war sicherlich der einzige Mensch auf der Welt, der jene Stimme noch erkennen konnte, nachdem sie nur eines oder zwei Worte gesprochen hatte. Und was hatte Carol wohl damit zu tun? Leonard war drei Jahre, bevor Carol in Graces Leben getreten war, gestorben; er hatte das Mädchen nie gekannt. Seine Feinde konnten doch überhaupt nichts gegen Carol haben. Was hatte der Anrufer wohl gemeint, als er Carol ›Willa‹ nannte? Und, was am allerbeunruhigendsten war, woher konnte der Anrufer wissen, daß sie gerade Apfelküchlein gemacht hatte?

Es gab tatsächlich noch eine andere Erklärung, auch wenn sie sie nur mit Widerwillen erwog. Vielleicht war der Anrufer gar kein alter Feind von Leonard gewesen. Vielleicht war der Anruf tatsächlich von Leonard selbst gekommen. Von einem Toten.

– *Nein. Unmöglich.*
– *Viele Leute glauben an Geister.*

– *Aber ich nicht.*

Sie dachte an die merkwürdigen Träume, die sie in der vergangenen Woche gehabt hatte. Sie hatte damals nicht an Traumprophezeiungen geglaubt. Jetzt jedoch tat sie es. Also warum nicht auch an Geister?

Nein. Sie war eine besonnene Frau, die ein ausgeglichenes, vom Verstand geleitetes Leben geführt hatte, die eine akademische Ausbildung genossen und immer geglaubt hatte, daß die Wissenschaft alle Antworten bereithielt. Und jetzt, wo sie siebzig Jahre alt war, öffnete sie vielleicht dem Wahnsinn Tür und Tor, wenn sie neben ihrer ansonsten rationalen Philosophie Geistern eine Existenzberechtigung zusprach. Wenn man wirklich an Geister glaubte, was war dann wohl das nächste? Vampire? Mußte man dann überall, wo man hinging, einen spitzen Holzpfahl und ein Kruzifix mitnehmen? Werwölfe? Da war es wohl das Beste, wenn sie sich gleich eine Schachtel mit Kugeln aus Silber kaufte! Böse Kobolde, die in der Erdmitte lebten und Erdbeben und Vulkanausbrüche verursachten? Klar! Warum nicht?

Grace lachte bitter.

Sie konnte nicht plötzlich an Geister glauben, denn wenn sie diesen Aberglauben hinnahm, mußte sie vielleicht auch noch zahllose andere hinnehmen. Sie war zu alt, zu zufrieden mit der Art, wie sie lebte, zu gewöhnt an ihre vertraute Umgebung, um ihre ganze Lebensauffassung zu überdenken. Und sie würde ganz sicherlich keine solche umfassende Umwertung in Betracht ziehen, nur weil sie zwei merkwürdige Telefonanrufe erhalten hatte.

Also mußte sie nur noch eine Entscheidung treffen: und zwar, ob sie Carol mitteilen sollte, daß jemand sie belästigt und dabei Carols Namen erwähnt hat oder nicht. Sie versuchte zu hören, wie es klang, wenn sie die Telefonate erklärte und wenn sie ihre Theorie vorstellte, daß Aristophanes mit Drogen oder Gift vollgestopft wurde. Sie konnte nicht hoffen, so wie die Grace Mitowski zu klingen, die jeder kannte. Sie würde sich anhören wie eine hysterische alte Frau, die hinter jeder Tür und unter jedem Bett Verschwörer vermutete, die überhaupt nicht existierten.

Sie würden vielleicht sogar denken, daß sie jetzt senil wurde.
Werde ich das vielleicht tatsächlich? fragte sie sich. Habe ich mir die Telefonanrufe nur eingebildet? Nein. Ganz bestimmt nicht.

Und sie bildete sich auch Aristophanes' verändertes Wesen nicht ein. Sie sah auf die Spuren, die seine Krallen auf ihrer Handfläche hinterlassen hatten; auch wenn sie nun schon verheilten, waren sie noch immer rot und geschwollen. Ein Beweis. Diese Spuren waren ein Beweis, daß *irgend etwas* nicht stimmte.

Ich bin nicht senil, sagte sie sich. Nicht mal ein bißchen. Aber ich will Carol oder Paul ganz sicher nicht davon überzeugen müssen, daß ich noch alle Tassen im Schrank habe, sobald ich ihnen erst mal gesagt habe, daß Leonard mich anruft. Gehen wir's erst mal locker an. Warten wir's ab. Sehen wir, was als nächstes passiert. Jedenfalls kann ich die Sache allein ausfechten. Ich werd' schon damit fertig.

Auf dem Sony grinsten Bogart und Bacall einander an.

Als Jane mitten in der Nacht aufwachte, bemerkte sie, daß sie schlafgewandelt war. Sie befand sich in der Küche, aber sie konnte sich nicht mehr daran erinnern, wie sie aus dem Bett und die Treppe hinunter gekommen war.

Es war still in der Küche. Das einzige Geräusch kam von dem leise brummenden Kühlschrank. Das einzige Licht war das des Mondes, aber weil Vollmond war und die Küche ein paar Fenster hatte, war es hell genug, um zu sehen.

Jane stand am Arbeitstisch beim Waschbecken. Sie hatte eine der Schubladen geöffnet und ein Metzgermesser herausgenommen.

Sie starrte das Messer an und war erschreckt darüber, es in ihrer Hand zu sehen.

Fahles Mondlicht schimmerte auf der kalten Schneide.
Sie steckte das Messer in die Schublade zurück.
Schloß die Schublade.
Sie hatte das Messer so fest gepackt, daß ihre Hand nun schmerzte.
Was wollte ich mit dem Messer?
Ein Frösteln lief ihren Rücken herunter wie ein Tausendfüßler.

Auf ihren nackten Armen und Beinen breitete sich plötzlich eine Gänsehaut aus, und sie bemerkte mit einem Male, daß sie nur ein T-Shirt, einen Slip und Kniestrümpfe trug.

Der Motor des Kühlschranks hörte mit trockenem Röcheln auf zu laufen, was sie aufschreckte und dazu brachte kehrtzumachen.

Jetzt war das Haus unnatürlich ruhig. Fast glaubte sie, taub geworden zu sein.

Was wollte ich mit dem Messer?

Sie schlang die Arme um ihren Körper, um das Frösteln abzuwehren, das sich durch sie hindurchwand.

Vielleicht hatte sie vom Essen geträumt und war hier heruntergekommen, um sich ein Sandwich zu machen. Ja. Das war es wahrscheinlich gewesen. Sie war tatsächlich ein bißchen hungrig. Also hatte sie das Messer aus der Schublade genommen, um etwas Roastbeef für ein Sandwich abzuschneiden. Es war noch ein Rest davon im Kühlschrank. Das hatte sie vorher gesehen, als sie Carol und Paul bei der Zubereitung des Essens geholfen hatte.

Jetzt glaubte sie jedoch nicht mehr, noch ein Sandwich oder etwas anderes essen zu können. Ihre nackten Beine wurden mit jedem Augenblick kälter, und sie fühlte sich nackt und ungeschützt in ihrem dünnen Slip und T-Shirt. Sie wollte jetzt nur wieder zurück ins Bett, unter die Decke.

Als sie die Stufen im Dunkeln hinaufging, hielt sie sich dicht an der Wand, wo die Bretter wahrscheinlich weniger leicht knarrten. Sie kehrte in ihr Zimmer zurück, ohne jemanden aufzuwecken.

Draußen heulte in der Ferne ein Hund.

Jane vergrub sich tiefer unter die Decke.

Eine Weile hatte sie Schwierigkeiten einzuschlafen, weil sie Schuldgefühle hatte, durchs Haus zu schleichen, während die Tracys schliefen. Sie fühlte sich wie ein Dieb. Sie hatte das Gefühl, daß sie ihre Gastfreundschaft ausnützte.

Das war natürlich albern. Sie hatte ja nicht absichtlich herumgeschnüffelt. Sie war schlafgewandelt, und niemand hatte so etwas unter Kontrolle.

War nur schlafgewandelt.

8

In Carol Tracys Büro drehte sich alles um Mickey Mouse. Die eine Längsseite des Raumes war voller Regale, auf denen Kuriosa aufgestellt waren, die mit Mickey Mouse zu tun hatten. Es gab Mickey-Mouse-Buttons, Mickey-Mouse-Anstecknadeln, eine Armbanduhr, Gürtelschnallen, ein Mickey-Mouse-Telefon, Trinkgläser mit dem Kopf der berühmten Maus, einen Bierkrug, auf dem eine Abbildung von Mickey in Lederhosen und Tirolerhut zu sehen war. Aber am häufigsten waren Figuren des Comic-Stars: Mickey neben einem kleinen roten Auto; Mickey schlafend zusammengerollt im gestreiften Pyjama. Mickey tanzend; Mickey mit Minnie; Mickey mit Goofy; Mickey mit Hanteln; Mickey mit Pluto; Mickey und Donald Duck, die sich gegenseitig den Arm um die Schulter legten und aussahen wie die dicksten Freunde; Mickey zu Pferde, mit einem Cowboyhut in der einen vierfingrigen Hand mit dem weißen Handschuh; Mickey gekleidet wie ein Soldat, ein Seemann, ein Arzt; Mickey in Badehose, ein Surfbrett unter dem Arm. Es gab Mickey-Figuren aus Holz, Metall, Kreide, Porzellan, Plastik, Glas und Ton; manche davon waren dreißig Zentimeter groß, andere nicht höher als vielleicht zweieinhalb Zentimeter, obwohl die meisten dazwischen lagen. Das einzige, was diese Hunderte von Mickeys gemein hatten, war, daß jeder von ihnen ein breites Grinsen im Gesicht trug.

Diese Sammlung brach das Eis bei Patienten jeden Alters. Niemand konnte Mickey Mouse widerstehen.

Jane reagierte wie schon Scharen von Patienten vor ihr. Sie sagte ein ums andere Mal »oooh« und »aaah«, und sie lachte glücklich. Als sie schließlich die Sammlung bewundert und auf einem der großen Ledersessel Platz genommen hatte, war sie bereit für die Therapiesitzung; Anspannung und Sorge waren verschwunden. Mickey hatte wie üblich Wunder gewirkt.

Carol hatte keine Psychiatercouch in ihrer Praxis. Sie führte die Sitzungen lieber von einem großen Ohrensessel aus durch, und der Patient saß dabei auf einem identischen Sessel auf der anderen Seite des achteckigen Kaffeetisches. Die Vorhänge blieben immer fest zugezogen; abgedeckte Bodenlampen spendeten sanftes, goldenes Licht. Abgesehen von der Wand mit den Mickey-Mouse-Figuren herrschte in dem Raum eine Atmosphäre wie im neunzehnten Jahrhundert. Sie plauderten ein paar Minuten über die Sammlung, dann meinte Carol: »Okay, Kleines. Ich glaube, wir sollten anfangen.«

Kummerfalten tauchten auf der Stirn des Mädchens auf. »Und du glaubst wirklich, daß diese Hypnose eine gute Idee ist?«

»Ja. Ich glaube, daß sie das beste Werkzeug ist, um dein Erinnerungsvermögen wiederherzustellen. Mach dir keine Sorgen. Es geht alles ganz einfach. Entspann dich einfach und laß dich treiben. Okay?«

»Na ja ... gut.«

Carol stand auf und ging um den Kaffeetisch herum; Jane wollte ebenfalls aufstehen. »Nein, bleib du ruhig sitzen«, sagte Carol. Sie trat hinter den Ohrensessel und legte ihre Fingerspitzen auf die Schläfen des Mädchens. »Entspann dich, Kleines. Lehn dich zurück. Hände in den Schoß. Handflächen nach oben, Finger ganz locker. So ist's recht. Jetzt mach die Augen zu. Sind sie zu?«

»Ja.«

»Gut. Sehr gut. Jetzt möchte ich, daß du an einen Drachen denkst. Einen großen Drachen in der Form eines Diamanten. Stell ihn dir vor deinem geistigen Auge vor. Es ist ein gewaltiger blauer Drachen, der hoch am blauen Himmel dahinsegelt. Kannst du ihn sehen?«

Nach kurzem Zögern meinte das Mädchen: »Ja.«

»Schau dem Drachen zu, Kleines. Schau, wie sanft er mit den Strömungen der Luft steigt und fällt. Steigt und fällt, auf und ab, auf und ab, hin und her, so anmutig dahinsegelt, hoch über der Erde, auf halber Höhe zwischen Erde und Wolken, hoch über deinem Kopf«, sagte Carol mit sanfter, beruhigender, rhythmischer Stimme, während sie auf das dichte blonde Haar des Mädchens herabstarrte. »Während du dem Drachen zuschaust, wirst du allmählich genauso leicht und frei wie er. Du lernst, immer höher hinaufzuschweben in den blauen Himmel, genau wie der Drachen.« Sie zeichnete mit den Fingerspitzen leichte Kreise auf die Schläfen des Mädchens. »Alle Anspannung fällt von dir ab, aller Kummer und alle Sorgen treiben weit, weit weg, bis der einzige Gedanke in deinem Kopf der Drachen ist, der Drachen, der am blauen Himmel dahinsegelt. Ein großes Gewicht ist von deinem Kopf genommen worden, von deiner Stirn und von deinen Schläfen. Du fühlst dich schon viel leichter.« Sie bewegte die Hände zum Nacken des Mädchens hinunter. »Deine Nackenmuskeln entspannen sich jetzt. Die Anspannung fällt von dir ab. Ein großes Gewicht fällt von dir ab. Du bist jetzt so viel leichter, daß du fast spüren kannst, wie du selbst zu dem Drachen hinaufsteigst... fast... fast...« Sie bewegte die Hände weiter hinunter, berührte die Schulter des Mädchens. »Entspann dich. Laß die Anspannung von dir abfallen. Wie Betonklötze. Du wirst leichter und leichter. Auch von deiner Brust löst sich ein Gewicht. Und jetzt schwebst du dahin. Nur ein paar Zentimeter über dem Erdboden, aber du schwebst tatsächlich.«

»Ja... ich schwebe dahin...«, sagte sie mit belegter Stimme.

»Der Drachen gleitet jetzt hoch über dir, aber du bewegst dich ganz, ganz langsam zu ihm hinauf...«

Sie sprach eine Minute so weiter, kehrte dann zu ihrem eigenen Stuhl zurück und setzte sich.

Jane saß zusammengesunken in dem anderen Ohrensessel, den Kopf auf eine Seite geneigt, die Augen geschlossen, das Gesicht weich und entspannt, und sie atmete leise.

»Du schläfst jetzt sehr, sehr tief«, sagte Carol. »Ganz entspannt und sehr, sehr tief. Verstehst du?«

»Ja«, murmelte das Mädchen.

»Du wirst mir jetzt ein paar Fragen beantworten.«

»Okay.«

»Du schläfst weiterhin tief, und du beantwortest meine Fragen so lange, bis ich dir sage, daß du aufwachen kannst. Verstehst du?«

»Ja.«

»Gut. Sehr gut. Jetzt sag mir: Wie heißt du?«

Das Mädchen schwieg.

»Wie heißt du, Kleines?«

»Jane.«

»Ist das dein richtiger Name?«

»Nein.«

»Wie heißt du wirklich?«

Jane runzelte die Stirn. »Ich kann... mich nicht erinnern.«
»Woher kommst du?«
»Aus dem Krankenhaus.«
»Und davor?«
»Nirgendwoher.«
Ein Speicheltropfen schimmerte im Mundwinkel des Mädchens. Sie leckte ihn gleichgültig weg, bevor er ihr Kinn hinuntertröpfeln konnte.
Carol sagte: »Kleines, erinnerst du dich noch an die Mickey-Mouse-Uhr, die du vor ein paar Minuten gesehen hast?«
»Ja.«
»Also, ich hab' die Uhr jetzt vom Regal genommen«, sagte Carol, obwohl sie sich nicht von ihrem Stuhl weg bewegt hatte. »Und jetzt drehe ich ihre Zeiger rückwärts, immer wieder rund um das Zifferblatt, immer zurück. Kannst du sehen, wie sich die Zeiger auf der Mickey-Mouse-Uhr rückwärts bewegen?«
»Ja.«
»Und jetzt passiert etwas Erstaunliches. Während ich diese Zeiger immer weiter zurückdrehe, fängt die Zeit selbst an, nach rückwärts zu fließen. Es ist jetzt nicht mehr Viertel nach elf. Es ist elf Uhr. Das ist eine Zauberuhr. Sie bestimmt, wie die Zeit vergeht. Und jetzt ist es zehn Uhr morgens... neun Uhr... acht Uhr... Schau dich um. Wo bist du jetzt?«
Das Mädchen schlug die Augen auf. Sie waren auf einen Punkt in der Ferne gerichtet. Sie sagte: »Hmmm... in der Küche. Ja. In der Eßecke. Mann, der Speck ist vielleicht lecker und knusprig.«
Allmählich führte Carol sie durch die Zeit zurück, durch jene Tage, die sie im Krankenhaus verbracht hatte, und erreichte langsam den Unfall am vergangenen Donnerstagmorgen. Das Mädchen zuckte zusammen, als sie den Moment des Aufpralls noch einmal durchlebte, und schrie auf, und Carol beruhigte sie, und dann gingen sie noch ein paar Minuten zurück.
»Du stehst an der Bordsteinkante«, sagte Carol. »Du hast nur Bluse und Jeans an. Es regnet und ist kalt.«
Das Mädchen schloß die Augen wieder. Sie zitterte.
»Wie heißt du?« fragte Carol.
Schweigen.

»Wie heißt du, Kleines?«
»Ich weiß es nicht.«
»Wo kommst du gerade her?«
»Von nirgends.«
»Du meinst, du leidest unter Gedächtnisverlust?«
»Ja.«
»Sogar schon vor dem Unfall?«
»Ja.«

Obwohl sie sich noch immer große Sorgen um das Mädchen machte, war Carol erleichtert zu hören, daß sie nicht für Janes Zustand verantwortlich war. Einen Augenblick lang fühlte sie sich wie jener blaue Drachen, als wäre sie in der Lage, sich in die Lüfte zu erheben und davonzusegeln. Dann meinte sie: »Okay. Du willst gerade auf die Straße treten. Willst du sie nur überqueren oder hast du vor, in ein Auto zu laufen?«

»Ich ... weiß es ... nicht.«
»Wie fühlst du dich? Glücklich? Deprimiert? Gleichgültig?«
»Ich hab' Angst«, sagte das Mädchen mit leiser, zittriger Stimme.
»Wovor hast du Angst?«
Schweigen.
»Wovor hast du Angst?«
»Es kommt.«
»Was kommt?«
»Hinter mir!«
»Was ist hinter dir?«

Das Mädchen öffnete die Augen wieder. Sie starrte noch immer auf einen Punkt in der Ferne, aber jetzt war blankes Entsetzen in ihrem Blick.

»Was ist hinter dir?« fragte Carol wieder.
»O Gott«, sagte das Mädchen mit elender Stimme.
»Was ist es?«
»Nein, nein.« Sie schüttelte den Kopf. Aus ihrem Gesicht war alles Blut gewichen.

Carol beugte sich auf ihrem Stuhl vor. »Entspann dich, Kleines. Du wirst dich jetzt entspannen und ganz ruhig werden. Mach die Augen zu. Ruhig ... wie der Drachen ... hoch über allem ... alles fließt ... ist warm.«

Die Anspannung wich aus Janes Gesicht.

»Gut«, meinte Carol. »Du wirst jetzt die ganze Zeit so ruhig bleiben, ganz entspannt und ruhig, und mir sagen, wovor du Angst hast.«

Das Mädchen sagte nichts.

»Kleines, wovor hast du Angst? Was ist hinter dir?«

»Etwas...«

»Was?«

»Etwas...«

Geduldig meinte Carol: »Sag mir's genauer.«

»Ich... weiß nicht, was es ist... aber es kommt... und ich hab' Angst davor.«

»Okay. Gehen wir noch ein bißchen weiter zurück.« Mit Hilfe des Bildes von den Zeigern der Mickey-Mouse-Armbanduhr, die sich rückwärts bewegten, führte sie das Mädchen noch einen weiteren vollen Tag in die Vergangenheit zurück. »Schau dich jetzt um. Wo bist du?«

»Nirgends.«

»Was siehst du?«

»Nichts.«

»Du mußt aber doch etwas sehen, Kleines.«

»Dunkelheit.«

»Bist du in einem dunklen Zimmer?«

»Nein.«

»Gibt es Wände in der Dunkelheit?«

»Nein.«

»Bist du draußen, ist es Nacht?«

»Nein.«

Sie führte das Mädchen noch einen weiteren Tag zurück. »Was siehst du jetzt?«

»Nur Dunkelheit.«

»Es muß doch noch etwas anderes geben.«

»Nein.«

»Mach die Augen auf, Kleines.«

Das Mädchen gehorchte. Ihr Blick schweifte in die Ferne und war glasig. »Nichts.«

Carol runzelte die Stirn. »Stehst du oder sitzt du an diesem dunklen Ort?«

»Ich weiß es nicht.«
»Was spürst du unter dir? Einen Stuhl? Einen Boden? Ein Bett?«
»Nichts.«
»Streck die Hand aus. Berühre den Boden.«
»Es gibt keinen Boden.«

Unsicher darüber, welche Richtung diese Sitzung nun nehmen sollte, rutschte Carol auf dem Stuhl herum, starrte das Mädchen eine Weile an und fragte sich, was sie wohl als nächstes versuchen sollte.

Nach ein paar Sekunden zitterten Janes Augenlider und schlossen sich.

Schließlich meinte Carol: »Gut, ich drehe jetzt die Zeiger weiter gegen den Uhrzeigersinn. Die Zeit fließt wieder rückwärts. Sie wird weiter rückwärts gehen, Stunde um Stunde, Tag um Tag, immer schneller, bis du mich anhältst. Ich will, daß du mich erst dann anhältst, wenn du aus der Dunkelheit herauskommst und mir sagen kannst, wo du bist. Ich drehe die Zeiger jetzt. Rückwärts... rückwärts...«

Zehn Sekunden vergingen schweigend. Zwanzig. Dreißig. Nach einer vollen Minute sagte Carol: »Wo bist du?«

»Noch immer nirgends.«

»Geh weiter. Rückwärts... in der Zeit zurück...« Nach einer weiteren Minute bekam Carol allmählich das beunruhigende Gefühl, daß etwas nicht stimmte, daß ihr langsam die Zügel entglitten und sie ihre Patientin in eine Gefahr brachte, die sie nicht abschätzen konnte. Aber gerade, als sie die Reise in die Vergangenheit beenden und das Mädchen wieder nach vorne führen wollte, sagte Jane endlich etwas.

Das Mädchen schoß von ihrem Stuhl in die Höhe, sprang auf die Füße, schlug wild um sich und schrie: »So helft mir doch! Mami! Tante Rachael! Um Himmels willen, so helft mir doch!«

Das war nicht Janes Stimme. Sie kam zwar aus ihrem Munde, von ihrer Zunge und ihren Lippen, aber sie klang überhaupt nicht wie sie. Sie war nicht nur durch den Schrecken verzerrt. Es war eine völlig andere Stimme als die Janes. Sie hatte ihr ganz eigenes Wesen, ihren eigenen Klang und Tonfall.

»Ich werd' hier sterben! Hilfe! Holt mich hier raus!«

Carol war jetzt auch aufgesprungen. »Kleines, hör auf. Beruhige dich.«

»Ich brenne! Ich brenne!« kreischte das Mädchen, und sie schlug auf ihre Kleider, wie wenn sie versuchte, die Flammen zu löschen.

»Nein!« sagte Carol in scharfem Tonfall. Sie trat um den Kaffeetisch herum, und es gelang ihr, den Arm des Mädchens zu packen, wobei sie selbst mehrere Schläge abbekam.

Jane schlug um sich und versuchte, sich loszureißen. Carol hielt sie fest und begann, leise aber eindringlich mit ihr zu sprechen und beruhigte sie allmählich.

Jane hörte auf, sich zu sträuben, aber jetzt fing sie an, nach Luft zu schnappen und zu keuchen. »Rauch«, sagte sie würgend. »So viel Rauch.«

Carol redete ihr auch das aus, und allmählich gelang es ihr, sie wieder vom Gipfel der Hysterie herunterzubringen.

Schließlich sank Jane in den Ohrensessel zurück. Sie war matt, und auf ihrer Stirn standen Schweißperlen. Ihre blauen Augen, die irgendwohin in Zeit und Raum starrten, wirkten gehetzt.

Carol kniete neben dem Stuhl nieder und hielt die Hand des Mädchens. »Kleines, kannst du mich hören?«

»Ja.«

»Bist du in Ordnung?«

»Ich hab' Angst...«

»Es brennt doch gar nicht.«

»Aber es hat gebrannt. Überall«, meinte das Mädchen, immer noch mit jener fremden Stimme.

»Aber jetzt nicht mehr. Nirgends mehr Feuer.«

»Wenn du meinst.«

»Ja. Das meine ich. Jetzt sag mir, wie du heißt.«

»Laura.«

»Kannst du dich noch an deinen Familiennamen erinnern?«

»Laura Havenswood.«

Freudenröte stieg Carol in die Wangen. »Sehr gut. Sehr gut. Wo wohnst du, Laura?«

»Shippensburg.«

Shippensburg war eine kleine Stadt, die weniger als eine Stunde von Harrisburg entfernt lag. Es war ruhig und angenehm dort, und der Ort versorgte ein aufstrebendes staatliches College und eine große Anzahl umliegender Farmen.

»Weißt du deine Adresse in Shippensburg?« fragte Carol.

»Die Straße hat keinen Namen. Es ist eine Farm. Gleich außerhalb der Stadt, bei der Walnut Bottom Road.«

»Also könntest du mich hinbringen, wenn du müßtest?«

»O ja. Es ist schön dort. Am Rand der Landstraße stehen zwei steinerne Torpfosten; sie markieren den Eingang zu unserem Grundstück. Und dann folgt eine lange Auffahrt mit Ahornbäumen; ums Haus herum stehen große Eichen. Im Sommer ist es wegen der ganzen Bäume, die Schatten spenden, kühl und luftig.«

»Wie heißt dein Vater mit Vornamen?«

»Nicholas.«

»Und seine Telefonnummer?«

Das Mädchen runzelte die Stirn. »Seine was?«

»Eure Telefonnummer.«

Das Mädchen schüttelte den Kopf. »Ich weiß nicht, was du meinst.«

»Habt ihr denn kein Telefon?«

»Was *ist* ein Telefon?« fragte das Mädchen.

Carol starrte sie völlig verwirrt an. Es war unmöglich, daß jemand, der unter Hypnose stand, mit der Wahrheit hinter dem Berg hielt oder solche Scherze machte. Während sie noch ihre nächsten Schritte überlegte, sah sie, daß Laura langsam wieder erregt wurde. Tiefe Furchen durchzogen ihre Stirn, und ihre Augen weiteten sich. Sie fing wieder an, schwer zu atmen.

»Laura, hör' mir zu. Du wirst jetzt ganz ruhig. Du wirst dich entspannen und...«

Das Mädchen krümmte sich völlig unkontrolliert auf dem Stuhl. Schreiend und keuchend rutschte sie herunter, rollte auf den Boden, schlug gegen den Kaffeetisch und stieß ihn beiseite. Sie krümmte sich und zitterte und wand sich, als hätte sie einen schweren epileptischen Anfall; sie wischte wie wild an ihrem Körper herum, denn wiederum schien sie zu glauben, daß sie brannte. Sie rief nach jemandem namens Rachael und würgte an Rauch, den es nicht gab.

Carol brauchte fast eine Minute, um sie wieder zu beruhigen, was bedeutete, daß ihr die Situation ziemlich außer Kontrolle geraten war; ein Hypnotiseur konnte seinen Patienten gewöhnlich innerhalb von Sekunden besänftigen. Ganz offensichtlich hatte Laura ein ungewöhnlich traumatisches Feuer durchlebt oder einen geliebten Menschen in einer Feuersbrunst verloren. Carol wollte der Sache auf den Grund gehen und erfahren, was dahintersteckte, aber jetzt war nicht der richtige Zeitpunkt dafür. Nachdem sie so lange gebraucht hatte, um die Patientin zu beruhigen, mußte sie die Sitzung schnell zu Ende bringen, das wußte sie.

Als Laura wieder in dem Ohrensessel saß, beugte sich Carol zu ihr herab und befahl ihr, sich an alles zu erinnern, was während der Sitzung geschehen oder gesagt worden war. Dann führte sie das Mädchen wieder durch die Zeit zurück und aus der Trance heraus.

Das Mädchen rieb sich die feuchten Augenwinkel, schüttelte den Kopf, räusperte sich. Sie sah Carol an und meinte: »Ich vermute, es hat nicht funktioniert, oder?« Jetzt klang sie wieder wie Jane; die Stimme Lauras war verschwunden.

Aber warum zum Teufel hatte sich ihre Stimme überhaupt verändert? fragte sich Carol.

»Du erinnerst dich nicht mehr daran, was passiert ist?« fragte Carol.

»Woran sollte ich mich erinnern? Das ganze Gerede über den blauen Drachen? Ich habe gesehen, worauf du hinaus wolltest, wie du versucht hast, mich in eine Trance zu lullen; also nehme ich an, daß es deshalb nicht geklappt hat.«

»Aber es *hat* geklappt«, versicherte Carol ihr. »Und eigentlich solltest du in der Lage sein, dich an alles zu erinnern.«

Das Mädchen sah skeptisch aus. »Was alles? Was ist passiert? Was hast du herausgefunden?«

Carol starrte sie an. »Laura.«

Das Mädchen zuckte nicht einmal mit der Wimper. Sie sah nur verwirrt aus.

»Du heißt Laura.«

»Wer sagt das?«

»Du.«

»Laura? Nein. Das glaube ich nicht.«
»Laura Havenswood«, sagte Carol.
Das Mädchen runzelte die Stirn. »Das kommt mir überhaupt nicht bekannt vor.«
Überrascht meinte Carol: »Du hast mir gesagt, daß du in Shippensburg wohnst.«
»Wo ist das denn?«
»Ungefähr eine Stunde von hier.«
»Ich hab' noch nie davon gehört.«
»Du wohnst auf einer Farm. Steinerne Torpfosten markieren den Eingang zum Besitz deines Vaters, und dahinter liegt eine lange Auffahrt, die von Ahornbäumen eingesäumt wird. Das hast du mir erzählt, und ich bin mir sicher, daß es genauso sein wird, wie du gesagt hast. Es ist praktisch nicht möglich, unter Hypnose falsche oder irreführende Antworten zu geben. Außerdem hast du keinerlei Grund, warum du mich täuschen solltest. Du hast nichts zu verlieren und alles zu gewinnen, wenn wir durch diese Erinnerungssperre brechen.«
»Vielleicht bin ich tatsächlich Laura Havenswood«, meinte das Mädchen. »Vielleicht war das, was ich dir in der Trance erzählt habe, wahr. Aber ich kann mich nicht mehr daran erinnern, und wenn du mir sagst, wer ich bin, bedeutet mir das überhaupt nichts. Mann, und ich hab' gedacht, wenn ich mich bloß wieder an meinen Namen erinnern könnte, dann würde alles sich schon wieder finden. Aber es ist immer noch alles schwarz. Laura, Shippensburg, eine Farm – ich kann mich an überhaupt nichts erinnern.«
Carol hockte noch immer neben dem Sessel des Mädchens. Jetzt erhob sie sich und streckte ihre steifen Beine. »So etwas ist mir noch nie untergekommen. Und soweit ich weiß, ist auch in keiner Psychologiezeitschrift jemals etwas über eine ähnliche Reaktion berichtet worden. Wenn ein Patient überhaupt auf Hypnose anspricht, und wenn der Patient überhaupt bis zu einem traumatischen Augenblick zurückgeführt werden kann, hat das immer eine tiefgreifende Wirkung. Und trotzdem hat dich das nicht im geringsten berührt. Sehr merkwürdig. Wenn du dich erinnert hast, während du unter Hypnose gewesen bist, dann müßtest du dich auch jetzt noch daran erinnern. Und allein

die Tatsache, daß du deinen Namen hörst, sollte alle möglichen Türen aufstoßen.«

»Tut es aber nicht.«

»Merkwürdig...«

Das Mädchen sah hoch. »Und was jetzt?«

Carol dachte einen Augenblick lang nach und meinte dann: »Ich denke, wir sollten die Behörden bitten, deine Havenswood-Identität zu überprüfen.«

Sie ging an den Schreibtisch, nahm den Hörer von der Gabel und rief die Polizei in Harrisburg an.

Die Polizeizentrale verband sie mit Detective Lincoln Werth, der auch den Fall Jane Doe bearbeitete. Er hörte Carols Geschichte interessiert an, versprach, ihr auf der Stelle nachzugehen, und sagte, er würde sie sofort zurückrufen, wenn er die Havenswood-Identität bestätigen könnte.

Vier Stunden später, um 3.55 Uhr, nach Carols letztem Termin an diesem Tag, als sie und das Mädchen gerade das Büro verlassen und nach Hause gehen wollten, rief Lincoln Werth zurück, wie er es versprochen hatte. Carol nahm den Anruf am Schreibtisch entgegen; das Mädchen saß auf der Kante des Tisches und beobachtete sie ganz offensichtlich ein wenig angespannt.

»Dr. Tracy«, sagte Werth, »Ich hab' den ganzen Nachmittag mit der Polizei in Shippensburg und mit der Kreispolizei hier bei uns telefoniert. Ich fürchte, ich muß Ihnen mitteilen, daß wir da einem Phantom nachgejagt haben.«

»Sie müssen sich irren.«

»Nein. Wir können weder in Shippensburg noch im ganzen umliegenden Bezirk jemanden finden, der Havenswood heißt. Niemand dieses Namens hat ein Telefon, und...«

»Vielleicht haben sie nur kein Telefon.«

»Natürlich haben wir diese Möglichkeit auch in Betracht gezogen«, sagte Werth. »Wir haben nichts überstürzt, glauben Sie mir das. Als wir zum Beispiel bei der Stromgesellschaft angefragt haben, haben wir herausgefunden, daß sie nirgends im ganzen Bezirk Cumberland einen Kunden mit dem Namen Havenswood hat, aber dadurch haben wir uns auch nicht entmutigen lassen. Wir haben uns gedacht, daß die Leute, nach denen wir suchen, vielleicht zu den Amish People gehören. Wir haben jede Menge davon hier in der Gegend. Wenn sie tatsächlich Amish People wären, hätten sie keinen Strom im Haus. Also haben wir uns als nächstes die Grundsteuerverzeichnisse hier oben in den Bezirksbehörden angesehen. Wir haben herausgefunden, daß niemand mit dem Namen Havenswood in der ganzen Gegend ein Haus hat, geschweige denn eine Farm.«

»Sie könnten sie gepachtet haben.«

»Natürlich. Aber eigentlich glaube ich eher, daß es sie gar nicht gibt. Das Mädchen muß gelogen haben.«

»Warum sollte sie das?«

»Das weiß ich auch nicht. Vielleicht ist die ganze Sache mit dem Gedächtnisverlust ein Scherz. Vielleicht ist sie nur ein ganz gewöhnlicher Ausreißer.«

»Nein. Ganz bestimmt nicht.« Carol sah hoch zu Laura – nein, sie hieß noch immer Jane –, sah in jene klaren, unergründlich blauen Augen. Zu Werth sagte sie: »Außerdem ist es völlig unmöglich, unter Hypnose so gut oder so offensichtlich zu lügen.«

Obwohl Jane nur die Hälfte dieser Unterhaltung hören konnte, wurde ihr langsam klar, daß der Name Havenswood wohl nicht der richtige war. Ihr Gesicht umwölkte sich. Sie stand auf und ging hinüber zu den Regalen, um die Mickey-Mouse-Figuren anzusehen.

»Es ist tatsächlich was verdammt Merkwürdiges an der ganzen Sache«, sagte Lincoln Werth.

»Merkwürdig?« fragte Carol.

»Na ja, als ich die Beschreibung der Farm, die das Mädchen gegeben hat – diese steinernen Torpfosten, die lange Auffahrt mit den Ahornbäumen – weitergegeben und gesagt habe, daß sie bei der Walnut Bottom Road ist, haben der Sheriff vom Bezirks Cumberland und die verschiedenen Polizisten von Shippensburg, mit denen ich gesprochen habe, den Ort alle auf der Stelle erkannt. Es gibt ihn tatsächlich.«

»Ja dann ...«

»Aber niemand mit dem Namen Havenswood lebt dort«, meinte Detective Werth. »Das Stück Land gehört der Familie Ohlmeyer. Ziemlich bekannt dort in der Gegend. Und angesehen. Oren Ohlmeyer, seine Frau und ihre zwei Söhne. Haben nie eine Tochter gehabt, hat man mir gesagt. Vor Oren hat die Farm seinem Vater gehört, der sie vor siebzig Jahren gekauft hat. Einer von den Leuten des Sheriffs ist rausgefahren und hat die Ohlmeyers gefragt, ob sie jemals was von einem Mädchen mit dem Namen Laura Havenswood oder etwas Ähnlichem gehört hätten. Und das hatten sie nicht. Wußten auch nichts über jemanden, auf den die Beschreibung unserer Jane Doe zugetroffen hätte.«

»Und doch gibt's die Farm, genau wie sie gesagt hat.«

»Ja«, meinte Werth. »Komisch, was?«

Während sie in dem Volkswagen auf den sonnendurchfluteten, herbstlichen Straßen von der Praxis nach Hause fuhren, meinte das Mädchen: »Glaubst du, daß ich nur so getan habe, als ob ich in Trance wäre?«

»Um Himmels willen, nein! Du warst sogar ganz *weit* weg. Und ich bin mir ziemlich sicher, daß du nicht gut genug im Schauspielern bist, um mir die Geschichte mit dem Feuer vorzumachen.«

»Feuer?«

»Ich vermute, du erinnerst dich daran auch nicht mehr.« Carol erzählte ihr von dem Schreikrampf, den Laura bekommen hatte, von ihren verzweifelten Hilferufen. »Dein Entsetzen ist echt gewesen. Du hast das wirklich erlebt. Da würde ich alles drauf wetten.«

»Ich erinnere mich überhaupt nicht daran. Du glaubst also, daß ich wirklich mal ein Feuer erlebt habe?«

»Möglicherweise.« Die Ampel vor ihnen wurde rot. Carol hielt den Wagen an und sah Jane an. »Du hast keinerlei körperliche Narben; wenn du also ein Feuer miterlebt hast, mußt du ohne Schaden davongekommen sein. Natürlich kann es auch sein, daß du jemanden bei einem Brand verloren hast, jemanden, den du sehr geliebt hast, und vielleicht hast du selbst gar kein Feuer miterlebt. Wenn das der Fall ist, dann hast du während der Hypnose möglicherweise deine Angst um jenen Menschen mit der Angst um dein eigenes Leben verwechselt. Drücke ich mich klar genug aus?«

»Ich denke, ich verstehe, was du meinst. Also ist vielleicht das

Feuer – der *Schock* darüber – für meinen Gedächtnisverlust verantwortlich. Und vielleicht sind meine Eltern deshalb nicht aufgetaucht, um mich abzuholen, weil sie... tot sind, verbrannt.«

Carol nahm die Hand des Mädchens. »Mach dir jetzt keine Sorgen darüber, Kleines. Vielleicht habe ich ja auch völlig unrecht. Sehr wahrscheinlich sogar. Aber ich denke, das ist eine Möglichkeit, auf die du gefaßt sein solltest.«

Das Mädchen nagte an ihrer Lippe und nickte. »Dieser Gedanke erschreckt mich ein bißchen. Aber ich bin nicht unbedingt traurig. Ich meine, ich erinnere mich überhaupt nicht an meine Familie, das heißt also, wenn ich sie verliere, verliere ich eigentlich nur Fremde.«

Hinter ihnen drückte der Fahrer eines grünen Datsun auf die Hupe.

Die Ampel stand jetzt auf Grün. Carol ließ die Hand des Mädchens los und drückte aufs Gas. »Wir werden in der morgigen Sitzung die Sache mit dem Feuer näher untersuchen.«

»Du glaubst also immer noch, daß ich tatsächlich Laura Havenswood bin?«

»Na ja, vorerst werden wir dich weiterhin Jane nennen. Aber ich sehe keinen Grund, warum du den Namen Laura erwähnen solltest, wenn er nicht deiner wäre.«

»Aber diese Identität hat sich nicht als die richtige erwiesen«, wandte das Mädchen ein.

Carol schüttelte den Kopf. »Das stimmt nicht ganz. Wir haben die Havenswood-Identität bisher weder bewiesen noch widerlegt. Das einzige, was wir sicher wissen, ist, daß du nie in Shippensburg gelebt hast. Aber du mußt mindestens einmal dort gewesen sein, weil es die Farm wirklich gibt; du hast sie gesehen, wenn vielleicht auch nur im Vorüberfahren. Ganz offensichtlich ist deine Erinnerung sogar unter Hypnose verwirrt, sogar wenn du bis zu dem Zeitpunkt, wo dein Gedächtnisverlust eingesetzt hat, zurückgeführt wirst. Ich weiß nicht, wie oder warum das möglich ist. Mir ist so was noch nie untergekommen. Aber wir werden hart daran arbeiten, diese Erinnerungen für dich zu entwirren. Das Problem liegt vielleicht in den Fragen, die ich dir gestellt habe, und wie ich sie gestellt habe. Wir müssen einfach abwarten.«

Sie fuhren eine Weile schweigend weiter, dann meinte das Mädchen: »Ich hab' irgendwie fast die Hoffnung, daß sich die Dinge nicht so schnell entwirren. Seit du mir von eurer Hütte in den Bergen erzählt hast, habe ich mich die ganze Zeit wirklich darauf gefreut, da raufzufahren.«

»Oh, da kommst du schon hin. Mach dir deshalb keine Sorgen. Wir fahren am Freitag, und selbst wenn die Sitzung morgen gut läuft, werden wir diese Angelegenheit mit Laura Havenswood nicht *so* schnell entwirren können. Ich hab' dich ja gewarnt, daß das ganze langsam, kompliziert und frustrierend werden könnte. Ich bin ohnehin überrascht, daß wir heute überhaupt Fortschritte gemacht haben, und werde wahrscheinlich noch mal so überrascht sein, wenn wir morgen nur halb so weit vorankommen.«

»Ich vermute, du wirst mich noch eine Weile am Hals haben.«

Carol seufzte und tat so, als sei sie müde. »Sieht ganz so aus. Ach, du bist ja so eine entsetzliche, entsetzliche Last. Man kann dich einfach nicht ertragen.« Sie nahm eine Hand vom Steuer, gerade lange genug, um sie mit melodramatischer Geste gegen ihr Herz zu pressen, was Jane zum Kichern brachte. »Kann man einfach nicht! Ach, ach!«

»Weißt du was?« fragte das Mädchen.

»Was?«

»Ich mag dich auch.«

Sie sahen einander an und grinsten.

Bei der nächsten roten Ampel sagte Jane: »Ich hab' irgendwie so ein komisches Gefühl wegen der Berge.«

»Was?«

»Ich hab' so das komische Gefühl, daß wir 'ne Menge Spaß haben werden dort oben. Wird wirklich aufregend. Was Besonderes. Ein richtiges Abenteuer.« Ihre blauen Augen waren noch strahlender als sonst.

Nach dem Essen schlug Paul vor, Scrabble zu spielen. Er legte das Brett auf den Spieltisch im Wohnzimmer, während Carol Jane die Regeln erklärte, die sich nicht daran erinnern konnte, ob sie es schon jemals gespielt hatte.

Nachdem sie die Auslosung am Anfang gewonnen hatte, ging

Jane mit einem Zweiundzwanzig-Punkte-Wort in Führung, das ein Feld mit doppelter Bewertung ausnützte, außerdem bekam sie automatisch die doppelte Punktzahl für das erste Wort des Spiels.

KLINGE

»Nicht schlecht für den Anfang«, meinte Paul. Er hoffte, daß das Mädchen gewinnen würde, weil ihr kleine Dinge eine solche Freude machten. Das geringste Kompliment, der bescheidenste Erfolg entzückten sie. Aber er würde ihr das Spiel nicht einfach überlassen, nur um ihr eine Freude zu machen; sie würde es sich schon verdienen müssen. Er brachte es einfach nicht fertig, ein Spiel zu verschenken. Ganz egal, um welche Art von Spiel es sich handelte, er steckte immer genauso viel Anstrengung und Hingabe hinein wie in seine Arbeit. Er gab sich Freizeitbeschäftigungen nicht hin; er nahm sie in Angriff. Zu Jane sagte er: »Ich hab' so das Gefühl, daß du eins von den Mädchen bist, die sagen, daß sie noch nie zuvor Poker gespielt haben – und dann den ganzen Gewinn in die Tasche stecken.«

»Kann man bei Scrabble auch um Geld spielen?« fragte Jane.

»Das kann man schon, aber wir werden's nicht tun«, sagte Paul.

»Angst?«

»Ganz schrecklich. Am Schluß gehört dir noch das ganze Haus.«

»Ich würd' euch weiter hier wohnen lassen.«

»Wie anständig von dir.«

»Spottbillig natürlich.«

»Ach, dieses Kind hat doch wirklich ein Herz aus Gold!«

Während er mit Jane schäkerte, sah Carol ihre eigene Buchstabenfolge an. »He«, sagte sie, »ich hab' ein Wort, das direkt zu dem von Jane paßt.« Sie kombinierte B.UT mit dem L von KLINGE, so daß sich BLUT ergab.

»Wenn ich mir eure Wörter so anschaue«, meinte Paul, »glaube ich fast, daß ihr ein Halsabschneiderspiel spielen wollt.«

Carol und Jane stöhnten pflichtschuldig über seinen lahmen Witz und füllten ihren Buchstabenvorrat aus dem Deckel der Spieleschachtel neu auf.

Als Paul auf seine eigenen sieben Buchstaben sah, stellte er zu seiner Überraschung fest, daß er ein Wort hatte, mit dem er das grauenhafte Thema fortsetzen konnte, das sie begonnen hatten. Er fügte TO an das Ende von Blut und schuf so TOT.

»Merkwürdig«, meinte Carol.

»Und hier ist noch was Merkwürdigeres«, sagte Jane und begann die zweite Runde, indem sie RAB an das G von KLINGE fügte.

```
        B
        KLINGE
        U     R
     TOT      A
              B
```

Paul starrte das Brett an. Er fühlte sich plötzlich unsicher.

Wie standen wohl die Chancen, daß die ersten vier Wörter bei einem Spiel thematisch so nahe beieinander lägen?

Zehntausend zu eins? Nein. Wahrscheinlich viel geringer.

Hunderttausend zu eins? Eine Million zu eins?

Carol sah von ihren ungewöhnlichen Buchstaben hoch. »*Das* werdet ihr jetzt sicher nicht mehr glauben.« Sie fügte vier Buchstaben hinzu.

```
        B
        KLINGE
        U     R
     TOT      A
     Ö        B
     T
     E
     N
```

»›Töten‹?« fragte Paul. »Ach, komm. Jetzt reicht's aber. Nimm das weg und bilde ein neues Wort.«

»Kann ich nicht«, meinte Carol. »Das ist alles, was ich habe. Die übrigen Buchstaben kann ich nicht gebrauchen.«

»Aber du hättest doch ›Nöt‹ über das ›e‹ in ›Klinge‹ setzen

können«, meinte Paul. »Du hättest ›Nöte‹ statt ›töten‹ schreiben können.«

»Klar hätte ich das machen können, aber dafür hätte ich weniger Punkte bekommen. Siehst du? Da oben ist kein Feld mit doppelter Punktzahl.«

Während Paul Carols Erklärung zuhörte, bekam er ein merkwürdiges Gefühl. Bitterkalt tief drinnen. Hohl. Als ob er auf einem Hochseil balancierte und wußte, daß er fallen würde, immer tiefer fallen...

Ein Gefühl des Déjà-vu packte ihn, ein so außerordentlich mächtiges Bewußtsein, diese Szene schon einmal erlebt zu haben, daß sein Herzschlag einen Augenblick lang auszusetzen schien. Und dennoch war nie zuvor in irgendeinem anderen Scrabblespiel, das er jemals gespielt hatte, so etwas passiert. Warum war er sich also so sicher, daß er genau das gleiche früher schon einmal erlebt hatte? Noch während er sich diese Frage stellte, kam ihm die Antwort. Das Déjà-vu-Gefühl bezog sich nicht auf die Worte auf dem Scrabblebrett, jedenfalls nicht unmittelbar. Das, was ihm so erschreckend vertraut vorkam, war das ungewöhnliche, erschütternde Gefühl, das das zufällige Zusammentreffen jener Worte in ihm erweckte; die Eiseskälte, die eher von innen als von außen kam; die furchtbare Leere tief in seinem Magen; das Übelkeit erzeugende Gefühl, auf einem hohen Draht zu schwanken und unter sich nur unendliche Dunkelheit zu haben. Er hatte sich letzte Woche im Speicher ganz genauso gefühlt, als das rätselhafte, hämmernde Geräusch aus dem Nichts direkt vor seiner Nase zu kommen schien, als jedes *Klopf!* geklungen hatte, als würde es von einem Vorschlaghammer und einem Amboß in einer anderen zeitlichen und räumlichen Dimension erzeugt. Genauso fühlte er sich jetzt am Scrabblebrett: als sehe er sich etwas Außergewöhnlichem, Unnatürlichem, vielleicht sogar Übernatürlichem gegenüber.

Zu Carol sagte er: »Schau, warum nimmst du nicht einfach die drei letzten Buchstaben wieder vom Brett, legst sie in die Schachtel zurück, nimmst dir drei völlig neue und bildest irgendein anderes Wort statt ›töten‹.«

Er konnte sehen, daß sein Vorschlag sie sehr überraschte.

Sie meinte: »Und warum sollte ich das machen?«

Paul runzelte die Stirn. »Klinge, Blut, tot, Grab, töten – was sind denn das für Wörter für ein nettes, freundliches, friedliches Scrabblespiel?«

Sie starrte ihn einen Augenblick lang an, und ihr durchdringender Blick gab ihm ein etwas unbehagliches Gefühl. »Es ist doch nur Zufall«, sagte sie, ganz offensichtlich verwirrt durch seine Angespanntheit.

»Ich *weiß*, daß es nur Zufall ist«, sagte er, obwohl er das nicht wußte. Er konnte nur einfach jenes unheimliche Gefühl verstandesmäßig nicht erklären, daß die Wörter auf dem Brett das Werk einer Macht waren, die weit stärker als bloßer Zufall war, das Werk von etwas Schlimmerem. »Ich krieg' trotzdem 'ne Gänsehaut deswegen«, meinte er lahm. Er wandte sich auf der Suche nach einem Verbündeten an Jane. »Kriegst du denn deswegen keine Gänsehaut?«

»Ja. Doch. Ein bißchen«, stimmte das Mädchen zu.

»Aber das Ganze ist auch irgendwie faszinierend. Ich frage mich, wie lange wir mit Wörtern weitermachen können, die ins Muster passen.«

»Das frage ich mich auch«, sagte Carol. Sie schlug Paul spielerisch auf die Schulter. »Weißt du, was dein Problem ist, Baby? Dir fehlt einfach die wissenschaftliche Neugierde. Jetzt komm schon. Du bist dran.«

Nachdem er TOT gesetzt hatte, hatte er seine Buchstaben nicht wieder aufgefüllt. Er zog zwei der kleinen hölzernen Plättchen aus dem Deckel der Spieleschachtel und legte sie auf den Ständer vor ihm.

Und erstarrte.

Mein Gott.

Er war jetzt wieder auf dem Hochseil und schwankte über einem tiefen Abgrund.

»Also?« fragte Carol.

Zufall. Es *mußte* einfach Zufall sein.

»Also?«

Er sah sie an.

»Was hast du zu bieten?« fragte sie.

Wie betäubt sah er jetzt zu dem Mädchen hinüber.

Sie saß über den Tisch gebeugt, genauso begierig darauf, seine Antwort zu hören, wie Carol, begierig darauf zu sehen, ob sich das makabre Muster fortsetzen würde.

Paul senkte den Blick auf die Buchstabenfolge auf dem hölzernen Gestell. Das Wort war noch immer da. Unmöglich. Aber trotzdem war es da, möglich oder nicht.

»Paul?«

Er machte eine so schnelle und unerwartete Bewegung, daß Carol und Jane aufsprangen. Er schob die Buchstaben auf seinem Gestell zusammen und warf sie fast in den Deckel der Spieleschachtel zurück. Er wischte die fünf üblen Wörter vom Brett, bevor noch jemand dagegen protestieren konnte, und steckte diese achtzehn Steinchen wieder zu den anderen in die Schachtel zurück.

»Paul, na hör mal!«

»Wir fangen ein neues Spiel an«, sagte er. »Vielleicht haben euch ja diese Wörter nichts ausgemacht, mir aber schon. Ich bin hier, weil ich ausspannen will. Wenn ich was über Blut und Tod und Töten hören will, brauche ich nur die Nachrichten einzuschalten.«

Carol fragte: »Welches Wort hast du gehabt?«

»Ich weiß es nicht«, log er. »Ich hab' die Buchstaben nicht mehr angeordnet, um das rauszufinden. Kommt. Wir fangen von vorn an.«

»Du *hast* ein Wort gehabt«, sagte sie.

»Nein.«

»Es hat aber so ausgesehen«, meinte Jane.

»Rück schon raus mit der Sprache«, sagte Carol.

»Schon gut, schon gut. Ich hab' ein Wort gehabt. Es ist obszön gewesen. Nichts, was ein Gentleman wie ich in einem feinen Spiel wie Scrabble verwenden würde, wenn Damen anwesend sind.«

Janes Augen funkelten boshaft. »Wirklich? Sag's uns. Sei nicht so prüde.«

»Prüde? Haben Sie denn keine Manieren, meine junge Dame?«

»Nicht die geringsten.«

»Können Sie sich nicht mäßigen?«

»Nee.«

»Sind Sie vielleicht einfach nur ein ganz gewöhnliches *Marktweib*?«

»Gewöhnlich«, sagte sie und nickte heftig. »Durch und durch gewöhnlich. Also, jetzt sag schon, was für ein Wort du gehabt hast.«

»Schande, Schande, Schande«, sagte er. Nach und nach brachte er sie dazu, mit ihrem Fragen aufzuhören. Sie fingen ein neues Spiel an. Diesmal waren es ganz normale Wörter, und sie erschienen auch nicht in beunruhigender, zusammengehöriger Folge.

Später, als sie im Bett waren, schlief er mit Carol. Er war eigentlich nicht besonders scharf. Er wollte ihr nur so nahe sein, wie es ging.

Als das Liebesgemurmel sich schließlich in behaglicher Stille verlor, fragte sie: »Und wie *hat* das Wort nun geheißen?«

»Hmmmm?« antwortete er und tat so, als wüßte er nicht, was sie meinte.

»Dein obszönes Wort in dem Scrabblespiel. Versuch mir nicht zu erzählen, daß du's vergessen hast.«

»Nichts Wichtiges.«

Sie lachte. »Nach allem, was wir gerade in diesem Bett gemacht haben, glaubst du doch sicher nicht, daß ich beschützt werden muß, oder?«

»Es ist kein obszönes Wort gewesen.« Was stimmte. »Ich hab' überhaupt kein Wort gehabt.« Was nicht stimmte. »Es ist nur... ich hab' gedacht, die ersten fünf Wörter auf dem Brett sind nicht gut für Jane.«

»Nicht gut für sie?«

»Ich. Ich meine, du hast mir gesagt, daß sie möglicherweise ein oder vielleicht sogar beide Elternteile bei einem Brand verloren hat. Sie könnte jetzt gerade an der Schwelle stehen, etwas über eine furchtbare Tragödie in ihrer jüngsten Vergangenheit zu erfahren oder sich daran zu erinnern. Heute abend sollte sie sich einfach entspannen, ein bißchen lachen. Und wie sollte das Spiel ihr Spaß machen, wenn die Wörter auf dem Brett sie daran erinnern, daß ihre Eltern möglicherweise tot sind?«

Carol drehte sich auf die Seite, erhob sich ein wenig, beugte sich über ihn, so daß ihr nackter Busen seine Brust streifte, und sah ihn mit unverwandtem Blick an. »Ist das wirklich der einzige Grund, warum du so außer dir warst?«

»Glaubst du nicht, daß ich recht gehabt habe? Hab' ich übertrieben reagiert?«

»Vielleicht schon. Vielleicht auch nicht. Es ist jedenfalls gruslig gewesen.« Sie küßte ihn auf die Nase. »Weißt du, warum ich dich so liebe?«

»Weil ich so ein großartiger Liebhaber bin?«

»Das bist du tatsächlich, aber das ist nicht der Grund, warum ich dich liebe.«

»Weil ich so einen knackigen Hintern hab'?«

»Nicht deswegen.«

»Weil meine Fingernägel so gepflegt und sauber sind?«

»Nicht deswegen.«

»Dann geb' ich's auf.«

»Du bist so verdammt sensibel, sorgst dich so sehr um andere. Wie typisch von meinem Paul, daß es dich beschäftigt, ob das Scrabblespiel Jane Spaß macht. Deswegen lieb' ich dich.«

»Und ich hab' gedacht, es wären meine haselnußbraunen Augen.«

»Nee.«

»Mein klassisches Profil.«

»Nimmst du mich wirklich auf den Arm?«

»Oder wie der dritte Zeh an meinem linken Fuß halb unter dem zweiten liegt.«

»Oh, das hatte ich vergessen. Hmmmm. Du hast recht. Deswegen liebe ich dich. Nicht weil du sensibel bist. Deine Zehen machen mich ganz wild.«

Ihre Neckereien führten zu Liebkosungen, und die Liebkosungen führten zu Küssen, und die Küsse führten zu neuerlicher Leidenschaft. Sie erreichte ihren Höhepunkt nur wenige Sekunden, bevor er sich tief in ihr verströmte, und als sie sich schließlich voneinander lösten, fühlte er sich angenehm ausgelaugt.

Trotzdem schlief sie schneller ein als er. Er starrte die dunkle Decke des dunklen Schlafzimmers an und dachte an das Scrabblespiel.

KLINGE, BLUT, TOT, GRAB, TÖTEN ...

Er dachte an das Wort, das er vor Carol und Jane verborgen hatte, das Wort, das ihn dazu gezwungen hatte, dieses Spiel zu beenden und ein neues zu beginnen. Nachdem er TO an das T in Blut angefügt hatte, waren noch fünf Buchstabenplättchen auf seinem Gestell übrig: X, U, R, L und C. Das X und das U spielten bei dem, was folgte, keine Rolle. Als er jedoch zwei neue Buchstaben zog, hatten sich diese beunruhigend gut mit dem C, R und L verbunden. Zuerst bekam er ein A. Und er wußte, was passieren würde. Er wollte nicht weitermachen; er erwog bereits zu diesem Zeitpunkt, alle Steinchen in die Schachtel zurückzuwerfen, denn er hatte Angst davor, das Wort zu sehen, das sich – das wußte er – zusammen mit den anderen Buchstaben ergeben würde. Aber er hörte nicht auf. Er war zu neugierig aufzuhören. Er zog noch ein zweites Plättchen, das ein O war.

C...A...O...L

KLINGE, BLUT, TOT, GRAB, TÖTEN, CAROL.

Natürlich, selbst wenn er es einfügen könnte, hätte er CAROL nicht legen dürfen, denn das war ein Eigenname, und die Regeln ließen keine Eigennamen zu. Darüber konnte man sich jedoch streiten. Wesentlich war, daß sich ihr Name so reibungslos ergeben hatte, daß er so deutlich auf seinem Gestell stand, daß es unheimlich war. Wie hoch standen die Chancen für so etwas wohl?

Es schien ein Omen zu sein. Eine Warnung, daß Carol etwas zustoßen würde. Genauso, wie sich Grace Mitowskis zwei Alpträume als prophetisch erwiesen hatten.

Er dachte an die anderen merkwürdigen Ereignisse, die in letzter Zeit vorgefallen waren: die unnatürlich heftigen Blitzschläge in O'Brians Büro; das hämmernde Geräusch, das das Haus erschüttert hatte; der Eindringling auf dem Rasen hinter dem Haus während des Unwetters. Er hatte das Gefühl, daß all das miteinander in Verbindung stand. Aber um Himmels willen, *wie?*

KLINGE, BLUT.
TOT, GRAB.
TÖTEN, CAROL.

Wenn die Wortreihe auf den Scrabblesteinchen eine prophetische Warnung darstellte, was sollte er dann dagegen tun? Das

Omen, wenn es überhaupt ein Omen war, war zu unklar, um irgendeinen Wert zu haben. Es gab nichts Greifbares, gegen das man sich hätte rüsten können. Er konnte Carol nicht beschützen, so lange er nicht wußte, woher die Gefahr drohte. Ein Autounfall? Ein Flugzeugabsturz? Ein Überfall? Krebs? Es konnte alles sein. Er sah keinen Nutzen darin, Carol zu sagen, daß sich ihr Name auf seinem Gestell mit den Scrabblesteinchen ergeben hatte; sie konnte auch nichts anderes tun, als sich darüber Sorgen machen.

Und das wollte er nicht.

Statt dessen machte *er* sich in der Dunkelheit Sorgen um *sie* und fröstelte sogar noch unter der Bettdecke.

Um zwei Uhr morgens las Grace immer noch in ihrem Arbeitszimmer. Es hatte keinen Zweck, schon in den nächsten ein oder zwei Stunden ins Bett zu gehen. Die Ereignisse der letzten Woche hatten ihr Schlaflosigkeit beschert.

Der eben vergangene Tag war relativ ereignislos verlaufen. Aristophanes verhielt sich noch immer merkwürdig, versteckte sich vor ihr, schlich herum, beobachtete sie, wenn er glaubte, sie wüßte nicht, daß er dort war. Aber er hatte keine Kissen oder Möbel mehr zerfetzt, und er hatte sein Katzenklo benutzt, wie er es sollte; all das schien ermutigend. Sie hatte keine Telefonanrufe mehr von dem Mann erhalten, der so getan hatte, als sei er Leonard, und dafür war sie dankbar. Ja, es war im großen und ganzen ein ziemlich normaler Tag gewesen.

Und dennoch...

Sie war noch immer angespannt und konnte nicht schlafen, weil sie das Gefühl hatte, sich im Zentrum eines Wirbelsturms aufzuhalten. Sie hatte das Gefühl, daß die Ruhe und der Frieden in ihrem Haus trügerisch waren, daß Blitz und Donner rund um sie herum wüteten, daß sie sie nur gerade nicht hören oder sehen konnte. Sie erwartete, jeden Augenblick in den Sturm zurückgeschleudert zu werden, und diese Erwartung machte es ihr unmöglich, sich zu entspannen.

Sie hörte ein verstohlenes Geräusch und sah von dem Roman auf, den sie gerade las.

Aristophanes tauchte an der offenen Tür zum Arbeitszimmer

auf und spähte vom Flur herein. Nur sein eleganter Siamesenkopf war zu sehen, als er ihn vorsichtig um den Türrahmen herum streckte.

Ihre Blicke trafen sich. Einen Augenblick lang hatte Grace das Gefühl, daß sie nicht in die Augen eines unwissenden Tieres sah. Es schien Intelligenz darin zu liegen. Klugheit. Erfahrung. Mehr als nur animalische Entschlossenheit und Zielstrebigkeit.

Aristophanes zischte.

Sein Blick war kalt. Zwei Kugeln aus kristallklarem, blaugrünem Eis.

»Was willst du denn, Katze?«

Er brach ihren Wettkampf ab und sah weg. Er wandte sich mit hochmütiger Gleichgültigkeit von ihr ab, tappte an der Tür vorbei, langsam den Flur hinunter und tat so, als hätte er ihr nicht nachspioniert; obwohl sie beide wußten, daß er genau das getan hatte.

Nachspioniert? dachte sie. Bin ich denn verrückt? Für wen würde eine Katze wohl spionieren? Katzsylvanien? Großkätzchen? Schnurrien?

Es fielen ihr noch weitere Wortspiele ein, aber keines davon entlockte ihr ein Lächeln.

Statt dessen saß sie mit dem Buch auf dem Schoß da und fragte sich, ob sie noch ganz richtig im Kopf war.

9

Donnerstag nachmittag.

Die Vorhänge in der Praxis waren ganz zugezogen, wie immer. Das Licht der beiden Bodenlampen war golden und diffus. Mickey Mouse grinste noch immer breit in all seinen Formen.

Carol und Jane saßen in den Ohrensesseln.

Das Mädchen glitt mit nur geringer Hilfe von Carol in Trance. Die meisten Patienten sprachen beim zweitenmal besser auf Hypnose an, und Jane bildete da keine Ausnahme.

Wieder verwendete Carol die Zeiger der imaginären Armbanduhr, drehte die Zeit und damit Jane in die Vergangenheit zurück. Diesmal brauchte das Mädchen keine zwei Minuten, um über die Schwelle ihres Gedächtnisverlustes hinauszugelangen. Innerhalb von nur zwanzig oder dreißig Sekunden kam sie an den Punkt, wo für sie Erinnerungen existierten.

Sie erschauerte und saß dann plötzlich kerzengerade auf ihrem Stuhl. Ihre Augen klappten auf wie die Augen einer Puppe; sie sah durch Carol *hindurch.* Ihr Gesicht war vor Schrecken verzerrt.

»Laura?« fragte Carol.

Das Mädchen faßte sich mit den Händen an den Hals, schnappte nach Luft, würgte und verzog das Gesicht vor Schmerz. Sie schien wieder dasselbe Trauma zu durchleben, das sie in den Sitzungen des vergangenen Tages in Panik versetzt hatte, aber heute schrie sie nicht.

»Du spürst das Feuer nicht«, sagte Carol. »Es tut nicht weh, Kleines. Entspanne dich. Beruhige dich. Du riechst den Rauch auch nicht. Er stört dich überhaupt nicht. Atme ganz ruhig und normal. Sei ruhig und entspanne dich.«

Das Mädchen gehorchte nicht. Sie zitterte und bekam einen Schweißausbruch. Sie würgte immer wieder trocken und heftig, jedoch fast ohne ein Geräusch.

Carol hatte Angst, wieder die Kontrolle verloren zu haben, und verdoppelte ihre Bemühungen, ihre Patientin zu beruhigen, jedoch ohne Erfolg.

Jane begann, wild zu gestikulieren, und ihre Hände schnitten heftig durch die Luft, stießen und zerrten und hämmerten.

Plötzlich kam Carol zu Bewußtsein, daß das Mädchen zu sprechen versuchte, jedoch aus irgendeinem Grunde die Stimme verloren hatte.

Jane traten Tränen in die Augen; sie liefen ihr Gesicht hinunter. Sie bewegte den Mund ohne den geringsten Erfolg und versuchte verzweifelt, Worte herauszupressen, die nicht herauswollten. Zusätzlich zu dem Schrecken stand ihr jetzt auch noch Frustration in den Augen.

Carol holte schnell ein Notizbuch und einen Filzstift von ihrem Schreibtisch. Sie legte das Notizbuch auf Janes Schoß und drückte ihr den Stift in die Hand.

»Schreib mir's auf, Kleines.«

Das Mädchen hielt den Stift so verkrampft, daß die Knöchel so weiß und spitz hervorstanden wie die Knöchel der fleischlosen Hand eines Skeletts. Sie schaute auf das Notizbuch herunter. Sie hörte auf zu würgen, zitterte jedoch weiterhin.

Carol kauerte neben dem Ohrensessel nieder, wo sie in das Notizbuch sehen konnte. »Was möchtest du mir sagen?«

Mit der zittrigen Hand einer alten Frau kritzelte Jane hastig zwei Wörter nieder, die kaum zu lesen waren: *Hilf mir.*

»Warum brauchst du Hilfe?«

Wieder: *Hilf mir.*

»Warum kannst du nicht sprechen?«

Kopf.

»Genauer.«

Mein Kopf.

»Was ist mit deinem Kopf?«

Die Hand des Mädchens begann, einen Buchstaben zu formen, rutschte dann in die nächste Zeile und fing wieder falsch an, rutschte in eine dritte Zeile – als ob sie nicht wüßte, wie sie das, was sie sagen wollte, ausdrücken sollte. Schließlich fing sie an, wie toll mit dem Filzstift auf das Papier einzustechen, so daß es schließlich voller kreuz und quer verlaufender schwarzer Linien war, die keinen Sinn ergaben.

»Hör auf!« sagte Carol. »Du *wirst* dich jetzt entspannen, verdammt noch mal. Beruhige dich.«

Jane hörte auf, auf das Papier einzustechen. Sie war jetzt still und starrte auf das Notizbuch auf ihrem Schoß.

Carol riß die verschmierte Seite heraus und warf sie auf den Boden. »Also gut. Jetzt wirst du meine Fragen ruhig und so vollständig du kannst beantworten. Wie heißt du?«

Millie.

Carol starrte den handgeschriebenen Namen an und fragte sich, was wohl aus Laura Havenswood geworden war. »Millie? Bist du sicher, daß du so heißt?«

Millicent Parker.

»Wo ist Laura?«

Wer ist Laura?

Carol starrte das verzerrte Gesicht des Mädchens an. Der Schweiß begann nun, auf ihrer porzellanglatten Haut zu trocknen. Ihr Blick war leer, in die Ferne gerichtet. Der Mund hing schlaff herunter.

Carol wischte unvermittelt mit der Hand vor dem Gesicht des Mädchens vorbei. Jane zuckte nicht einmal zusammen. Sie täuschte die Trance nicht vor.

»Wo wohnst du, Millicent?«
Harrisburg.
»Direkt hier in der Stadt. Deine Adresse?«
Front Street.
»Am Fluß? Weißt du die Nummer?«
Das Mädchen schrieb sie auf.
»Wie heißt dein Vater?«
Randolph Parker.
»Wie heißt deine Mutter?«
Der Stift kritzelte einen bedeutungslosen Kringel auf die Seite des Notizbuches.
»Wie heißt deine Mutter?« fragte Carol noch einmal.
Wieder durchbebte ein krampfhaftes Zittern das Mädchen. Sie würgte lautlos und griff sich wieder an den Hals. Der Filzstift hinterließ einen schwarzen Fahrer an der Unterseite ihres Kinns.

Ganz offensichtlich verängstigte sie schon die bloße Erwähnung ihrer Mutter. Hier war etwas, das es zu erforschen galt, wenn auch nicht jetzt.

Carol redete auf sie ein, beruhigte sie und fragte etwas anderes.
»Wie alt bist du, Millie?«
Morgen ist mein Geburtstag.
»Tatsächlich? Und wie alt wirst du?«
Ich werd's nicht schaffen.
»Was wirst du nicht schaffen?«
Sechzehn.
»Bist du jetzt fünfzehn?«
Ja.
Und du glaubst, daß du nicht sechzehn werden wirst? Ist es das?«
Werde nicht mehr leben.
»Warum nicht?«
Der schimmernde Schweiß auf dem Gesicht des Mädchens war fast schon verdunstet gewesen; nun traten jedoch am Haaransatz wieder Schweißperlen auf ihre Stirn.

»Warum wirst du deinen Geburtstag nicht mehr erleben?« fragte Carol hartnäckig.

Wie vorher stach das Mädchen nun wieder wütend mit dem Filzstift auf das Notizbuch ein.

»Hör auf damit«, sagte Carol mit fester Stimme. »Entspanne dich, beruhige dich und beantworte meine Frage.« Sie riß die zerfetzte Seite aus dem Buch, warf sie weg und meinte dann: »Warum wirst du deinen sechzehnten Geburtstag nicht mehr erleben, Millie?«

Kopf.

Jetzt sind wir also wieder da angelangt, dachte Carol. Sie sagte: »Was ist mit deinem Kopf? Was ist los damit?«

Abgehackt.

Carol starrte dieses Wort einen Augenblick lang an und sah dann hinauf in das Gesicht des Mädchens.

Millie-Jane riß sich zusammen, ruhig zu bleiben, genauso, wie Carol es ihr gesagt hatte. Aber ihre Augen flackerten nervös, und es lag Schrecken in ihnen. Ihre Lippen waren völlig farblos und bebten. Unter den Strömen von Schweiß, die sich über ihre Stirn ergossen, war ihre Haut wächsern und mehlig weiß.

Sie kritzelte weiterhin wie wild in das Notizbuch, immer wieder dasselbe Wort: *Abgehackt, abgehackt, abgehackt, abgehackt...* Sie drückte mit so großem Druck auf das Blatt, daß die Spitze des Filzstiftes nun zu formlosem Brei zerquetscht war.

Mein Gott, dachte Carol, das ist wie ein Live-Bericht aus den Tiefen der Hölle.

Laura Havenswood. Millicent Parker. Das eine Mädchen schrie vor Schmerz, als die Flammen sie verzehrten, das andere war Opfer einer Enthauptung. Was hatten die zwei Mädchen mit Jane Doe zu tun? Sie konnte nicht gleichzeitig alle beide sein. Vielleicht war sie keine davon. Waren das Menschen, die sie gekannt hatte? Oder entsprangen sie gänzlich ihrer Fantasie?

Was um Himmels willen geht hier vor sich? fragte sich Carol.

Sie legte ihre eigene Hand über die schreibende Hand des Mädchens und brachte den quietschenden Stift zum Halten. Mit sanfter, rhythmischer Stimme sagte sie Millie-Jane, daß alles in Ordnung war, daß sie völlig sicher war, und daß sie sich entspannen mußte.

Die Augen des Mädchens hörten auf zu flackern. Sie sank in ihrem Stuhl zurück.

»Gut«, sagte Carol. »Ich glaube, das ist genug für heute, Kleines.«

Mit Hilfe der imaginären Armbanduhr bewegte sie das Mädchen wieder auf die Gegenwart zu.

Ein paar Sekunden lang ging alles gut, aber dann schoß Jane ohne Vorwarnung vom Stuhl hoch, wischte das Notizbuch vom Schoß und schleuderte den Stift quer durchs Zimmer. Ihr blasses Gesicht rötete sich, und ihr ruhiger Gesichtsausdruck wich blanker Wut.

Carol erhob sich aus ihrer Position neben dem Stuhl des Mädchens und trat vor sie. »Kleines, was ist los?«

Der Blick des Mädchens hatte etwas Wildes. Sie begann mit solcher Kraft zu schreien, daß sie Carol anspuckte. »Scheiße! Die Hexe hat's getan! Die verdammte, gemeine Hexe!«

Das war nicht Janes Stimme. Und auch nicht Lauras.

Es war eine neue Stimme, eine dritte, die ihren ganz eigenen Charakter hatte, und Carol hatte so eine Ahnung, daß es nicht die von Millicent Parker, der Stummen war. Sie vermutete, daß da eine völlig neue Identität an die Oberfläche gedrungen war.

Das Mädchen stand sehr steif und aufrecht da, die Hände neben dem Körper zu Fäusten geballt, und starrte in die Unendlichkeit. Ihr Gesicht war vor Wut verzerrt. »Die gemeine Hexe hat's getan! Sie hat mir's *wieder* angetan!«

Das Mädchen schrie weiterhin, so laut sie konnte, und die Hälfte der Wörter, die sie ausstieß, war obszön. Carol versuchte, sie zu besänftigen, aber diesmal war es nicht leicht. Mindestens eine Minute lang heulte und fluchte das Mädchen weiter. Endlich jedoch, auf Carols Drängen hin, bekam sie sich wieder unter Kontrolle. Sie hörte auf zu schreien, aber in ihrem Gesicht stand immer noch die Wut.

Carol hielt das Mädchen bei den Schultern gepackt, sah ihr direkt in die Augen und fragte: »Wie heißt du?«

»Linda.«

»Und der Familienname?«

»Bektermann.«

Es war wieder eine neue Identität, genau wie Carol befürchtet hatte. Sie ließ sie den Namen buchstabieren.

Dann: »Wo wohnst du, Linda?«

»Zweite Straße.«

»In Harrisburg?«

»Ja.«

Carol fragte nach der genauen Adresse, und das Mädchen gab sie ihr. Es war nur wenige Häuserblocks von der Adresse in der Front Street entfernt, die Millicent Parker ihr genannt hatte.

»Wie heißt dein Vater, Linda?«

»Herbert Bektermann.«

»Wie heißt deine Mutter?«

Die Frage bewirkte bei Linda das gleiche wie vorher bei Millie. Sie wurde schnell unruhig und begann wieder zu schreien. »Die Hexe! Mein Gott, was sie mir angetan hat. Die widerliche, gemeine Hexe! Ich hasse sie. Ich hasse sie!«

Carol fröstelte bei der Verbindung von Wut und Schmerz in der gequälten Stimme des Mädchens, und sie beruhigte sie schnell.

Dann: »Wie alt bist du, Linda?«

»Morgen ist mein Geburtstag.«

Carol runzelte die Stirn. »Rede ich jetzt mit Millicent?«

»Wer ist Millicent?«

»Rede ich immer noch mit Linda?«

»Ja.«

»Und dein Geburtstag ist morgen?«

»Ja.«

»Wie alt wirst du?«

»Ich werd's nicht schaffen.«

Carol blinzelte. »Du meinst, du wirst deinen Geburtstag nicht erleben?«

»Genau.«

»Ist es dein sechzehnter Geburtstag?«

»Ja.«

»Und du bist jetzt fünfzehn?«

»Ja.«

»Warum machst du dir Gedanken, daß du sterben wirst?«

»Weil ich es weiß.«

»Woher?«
»Weil ich's schon bin.«
»Du bist schon am Sterben?«
»Tot.«
»Du bist schon tot?«
»Ich werd's sein.«
»Sei bitte genauer. Willst du mir sagen, daß du schon tot bist? Oder sagst du, daß du nur Angst hast, daß du bald sterben wirst?«
»Ja.«
»Welches von beiden?«
»Beides.«

Carol hatte das Gefühl, als befinde sie sich inmitten der Teegesellschaft aus ›Alice im Wunderland‹.

»Wie, glaubt du, wirst du sterben, Linda?«
»Sie wird mich umbringen.«
»Wer?«
»Die Hexe.«
»Deine Mutter?«

Das Mädchen krümmte sich und hielt sich die Seite, als hätte man sie geschlagen. Sie schrie, drehte sich herum, stolperte zwei Schritte und fiel krachend hin. Auf dem Boden hielt sie sich noch immer die Seite, und sie strampelte mit den Beinen und wand sich. Sie hatte offensichtlich unerträgliche Schmerzen. Natürlich waren das nur eingebildete Schmerzen, aber das Mädchen konnte sie nicht von wirklichen unterscheiden.

Voller Schrecken kniete Carol neben ihr nieder, hielt ihre Hand und drängte sie, sich zu beruhigen. Als das Mädchen sich schließlich entspannte, brachte Carol sie schnell bis ganz zur Gegenwart zurück und aus der Trance heraus.

Jane blinzelte, starrte zu Carol hoch und legte eine Hand neben sich auf den Boden, wie um die Wahrheit dessen zu überprüfen, was ihre Augen ihr mitteilten. »Mensch, was mache ich denn hier unten?«

Carol half ihr auf die Beine. »Ich nehme an, du erinnerst dich nicht?«

»Nein. Hab' ich dir was Neues über mich erzählt?«
»Nein. Ich glaube nicht. Du hast mir erzählt, du bist ein

Mädchen namens Millicent Parker, und dann hast du mir erzählt, du bist ein Mädchen namens Linda Bektermann, aber ganz offensichtlich kannst du nicht *beide und* noch obendrein Laura sein. Also vermute ich, daß du keine von beiden bist.«

»Das glaube ich auch«, meinte Jane. »Diese beiden neuen Namen sagen mir auch nicht mehr als der von Laura Havenswood. Aber wer *sind* diese ganzen Leute? Woher habe ich ihre Namen, und warum hab' ich dir gesagt, daß ich irgend jemand von ihnen bin?«

»Wenn ich das bloß *wüßte*«, meinte Carol. »Aber über kurz oder lang kriegen wir das schon raus. Wir gehen der ganzen Sache auf den Grund, Kleines. Das versprech' ich dir.«

Aber was in Gottes Namen werden wir dort auf dem Grunde finden, dort unten in der Dunkelheit? fragte Carol sich. Wird es etwas sein, von dem wir wünschen, wir hätten es lieber für alle Ewigkeit ruhen lassen?

Am Donnerstagnachmittag arbeitete Grace Mitowski in dem Rosengarten hinter ihrem Haus. Es war ein warmer und klarer Tag, und sie hatte das Gefühl, sie müßte sich körperlich betätigen. Außerdem würde sie das Telefon vom Garten aus nicht hören und deshalb auch nicht in Versuchung geführt werden abzuheben. Und das war gut so, weil sie seelisch noch nicht darauf eingestellt war; sie war noch zu keinem Schluß gekommen, wie sie das nächstemal, wenn der Scherzbold anrief und so tat, als sei er ihr längst verstorbener Mann, mit ihm umgehen sollte.

Aufgrund der sintflutartigen Regenfälle der vergangenen Woche waren die Rosen schon verwelkt. Die letzten Blumen der Saison hätten eigentlich genau jetzt in voller Blüte stehen müssen, viele hatten jedoch durch den windgepeitschten Regen ein Fünftel oder gar ein Viertel ihrer Blätter verloren. Trotzdem war der Garten noch immer ein bunter und heiterer Anblick.

Sie hatte Aristophanes ins Freie gelassen, damit er ein wenig Auslauf hatte. Sie behielt ihn im Auge und wollte ihn sofort zurückrufen, wenn er ihren Garten verließ. Sie war entschlossen, ihn von demjenigen fernzuhalten, der ihm Gift oder Drogen gegeben hatte. Er schien jedoch nicht zum Herumstromern aufgelegt zu sein; er blieb in der Nähe, schlich zwischen den Rosen herum, schreckte eine Motte oder zwei auf und jagte sie mit kätzischer Verbissenheit.

Grace kniete gerade vor einer Reihe von gelben, blutroten und orangefarbenen Blumen und hob die Erde mit einer Gartenkelle aus, als jemand meinte: »Sie haben einen großartigen Garten.«

Sie schaute überrascht auf und sah einen dünnen Mann mit gelbsüchtiger Haut und zerknittertem blauen Anzug, der schon seit vielen Jahren aus der Mode war. Auch Hemd und Krawatte waren hoffnungslos veraltet. Er sah aus, als wäre er geradewegs aus einem Foto aus den vierziger Jahren herausgetreten. Er hatte ausdünnendes, sandfarbenes Haar, und seine Augen hatten einen ungewöhnlich sanften Braunton, der fast schon beige war. Sein Gesicht bestand gänzlich aus schmalen Zügen und scharfen Kanten, die ihm halb das Aussehen eines Habichts und halb das eines geizigen Geldverleihers aus einem Roman von Charles Dickens gaben. Er wirkte wie Anfang bis Mitte fünfzig.

Grace warf einen Blick zu dem Tor in dem weißen Bretterzaun hinüber, der ihren Grund von der Straße trennte. Es stand weit offen. Ganz offensichtlich war der Mann vorbeispaziert, hatte die Rosen durch eine Lücke in der Pappelhecke gesehen, die vor dem Zaun wuchs, und hatte beschlossen hereinzukommen und sie sich näher anzusehen.

Er lächelte freundlich, auch in seinem Blick lag Wärme; er wirkte nicht wie ein Eindringling, obwohl er das eigentlich war. »Sie müssen hier ja zwei Dutzend verschiedene Rosensorten haben.«

»Drei Dutzend«, sagte sie.

»Wirklich großartig«, meinte er und nickte beifällig. Seine Stimme war nicht dünn und spitz wie alles andere an ihm. Sie war tief, voll und freundlich und hätte besser zu einem muskulösen, kräftigen Kerl gepaßt, der eineinhalbmal so groß gewesen wäre. »Sie halten den ganzen Garten allein in Ordnung?«

Grace setzte sich auf die Fersen und hielt noch immer die Gartenkelle in der behandschuhten Hand. »Klar. Ich genieße das. Und irgendwie... es wäre einfach nicht *mein* Garten, wenn ich jemanden anstellen würde, der mir dabei hilft.«

»Genau!« sagte der Fremde. »Ja, ich kann verstehen, was Sie meinen.«

»Sind Sie neu hier?« fragte Grace.

»Nein, nein. Hab' früher nur einen Häuserblock von hier gewohnt, aber das ist lang, lang her.« Er atmete tief ein und lächelte wieder. »Ach, der wundervolle Duft der Rosen! Es gibt nichts, was auch nur halb so gut riecht. Ja, Sie haben da einen prächtigen Garten. Wirklich prächtig.«

»Danke.«

Er schnippte mit den Fingern, als ihm ein Einfall kam. »Ich sollte was darüber schreiben. Das könnte eine erstklassige Geschichte für die Spalte ›Menschliches – allzu Menschliches‹ werden. Dieses Märchenland, das da in einem ganz normalen Garten hinter dem Haus versteckt liegt. Ja, ich bin mir sicher, genau das wär's. Mal 'ne schöne Abwechslung für mich.«

»Sind Sie Schriftsteller?«

»Reporter«, sagte er, während er noch immer tief einatmete und den Duft der Blüten genoß.

»Sind Sie bei einem Lokalblatt?«

»Bei der *Morning News*. Ich heiße Palmer Wainwright.«

»Grace Mitowski.«

»Ich hatte gehofft, Sie würden meinen Namen vielleicht kennen«, meinte Wainwright grinsend.

»Tut mir leid. Ich lese die *Morning News* nicht. Ich kriege jeden Morgen die *Patriot News* vom Zeitungsjungen zugestellt.«

»Na ja, was soll's«, meinte er achselzuckend, »das ist auch 'ne gute Zeitung. Aber wenn Sie die *Morning News* nicht lesen, haben Sie natürlich auch nie meine Geschichte über den Fall Bektermann gelesen.«

Als Grace klarwurde, daß Wainwright vorhatte, noch eine Weile dazubleiben, stand sie aus der Hocke auf und streckte ihre nun schon schnell erstarrenden Beine. »Der Fall Bektermann? Das kommt mir bekannt vor.«

»Natürlich haben alle Zeitungen darüber berichtet. Aber ich habe 'ne fünfteilige Serie geschrieben. Und sogar ne ganz gute, auch wenn ich das selbst behaupte. Ich bin deswegen für den Pulitzerpreis nominiert worden. Haben Sie das gewußt? Eine echte Pulitzerpreisnominierung.«

»Tatsächlich? Meine Güte, das ist ja toll«, meinte Grace und wußte nicht recht, ob sie ihn ernst nehmen sollte; sie wollte ihn aber auch nicht verletzen. »Das ist *wirklich* toll. Das muß man sich mal vorstellen. Eine Nominierung für den Pulitzerpreis.«

Sie hatte den Eindruck, daß die Unterhaltung plötzlich eine merkwürdige Wendung genommen hatte. Sie war nun nicht mehr oberflächlich. Sie hatte das Gefühl, daß Wainwright nicht in den Garten gekommen war, um ihre Rosen zu bewundern und freundlich mit ihr zu plaudern, sondern um ihr, einer völlig Fremden, von seiner Nominierung für den Pulitzerpreis zu erzählen.

»Hab' ihn aber nicht bekommen«, sagte Wainwright. »Aber so wie ich die Sache sehe, ist eine Nominierung fast so gut wie der Preis selbst. Ich will sagen, von den Zehntausenden von Zeitungsartikeln, die in einem Jahr veröffentlicht werden, kommt nur eine Handvoll in Frage.«

»Helfen Sie mir doch bitte auf die Sprünge«, meinte Grace. »Worum ging's in dem Fall Bektermann?«

Er lachte gutmütig und schüttelte den Kopf. »Ging nicht um das, was ich *dachte*. Soviel ist jedenfalls sicher. Ich hab' das Ganze als verworrenes Freudsches Puzzle interpretiert. Sie wissen schon – der eiserne Vater, der sich vielleicht widernatürlich zu seiner Tochter hingezogen fühlt, die Mutter hat Alkoholprobleme, und das arme Mädchen zwischendrin. Das Mädchen wird Opfer abscheulichen psychologischen Drucks, den sie nicht versteht und nicht ertragen kann, bis sie schließlich – *überschnappt*. So habe ich die Sache gesehen. So habe ich es aufgeschrieben. Ich dachte, ich bin ein glänzender Detektiv und grabe bis zu den tiefsten Wurzeln der Tragödie um die Bektermanns. Aber ich bin nur bis zur Fassade vorgedrungen. Die tatsächliche Geschichte ist noch weit merkwürdiger gewesen, als ich mir jemals ausgemalt hatte. Teufel noch mal, sie ist so merkwürdig gewesen, daß ein ernsthafter Reporter nicht riskieren konnte, sie herauszubringen. Keine Zeitung mit Ruf hätte das als Nachricht gedruckt. Wenn ich die Wahrheit gekannt *hätte, und wenn es mir irgendwie gelungen* wäre, sie zu veröffentlichen, hätte ich damit meine Karriere ruiniert.«

Was zum Teufel geht hier vor sich? fragte sich Grace. Er scheint ganz versessen darauf zu sein, mir diese ganze Angelegenheit haarklein zu erzählen, scheint sogar wie unter einem Zwang zu stehen, obwohl er mich noch nie zuvor gesehen hat. Ahmt das Leben hier die Kunst nach – mein Rosengarten als Bühne für Coleridges Gedicht? Bin ich der Gast und Wainwright der Ancient Mariner?

Als sie in Wainwrights beigefarbene Augen sah, kam ihr plötzlich zu Bewußtsein, wie allein sie war, sogar hier im Garten. Ihr Grund war eingesäumt von Bäumen, geschützt, privat.

»War es ein Mordfall?« fragte sie.

»War und ist«, sagte Wainwright. »Es hat mit den Bektermanns noch nicht aufgehört. Es geht immer noch weiter. Diese verdammte endlose Jagd. Sie geht immer noch weiter, und diesmal muß dem Ganzen ein Ende gemacht werden. Deshalb bin ich hier. Ich bin gekommen, um Ihnen zu sagen, daß Ihre Carol da mittendrin steckt. Mittendrin. Sie müssen ihr helfen. Holen Sie sie weg von dem Mädchen.«

Grace starrte ihn an, unwillig zu glauben, was sie gehört hatte.

»Es gibt gewisse Mächte, dunkle und starke Mächte«, sagte Wainwright ruhig, »die wollen...«

Mit wütendem Kreischen sprang Aristophanes ihn wie ein Berserker an. Er landete auf der Brust des Mannes und kletterte zu seinem Gesicht hoch.

Grace schrie und sprang voller Entsetzen zurück.

Wainwright stolperte zur Seite, packte die Katze mit beiden Händen und versuchte, sie ohne Erfolg von seinem Gesicht wegzuzerren.

»Ari!« kreischte Grace. »Hör auf damit!«

Aristophanes hatte sich in den Nacken des Mannes verkrallt und biß ihn in die Wange.

Wainwright schrie nicht, wie man es eigentlich erwartet hätte. Er war schaurig still, während er mit der Katze rang, obwohl das Wesen entschlossen schien, ihm das Gesicht zu zerfetzen.

Grace ging auf Wainwright zu und wollte ihm helfen, auch wenn sie nicht wußte wie.

Die Katze kreischte. Sie riß Wainwright einen Fetzen Fleisch aus der Wange.

O mein Gott, nein!

Grace näherte sich nun schnell, hob die Gartenkelle, zögerte jedoch. Sie hatte Angst, statt der Katze den Mann zu treffen.

Wainwright wandte sich plötzlich von ihr ab und stolperte durch die Rosensträucher, an weißen und gelben Blüten vorbei, und die Katze klammerte sich noch immer an ihn. Er bewegte sich auf eine hüfthohe Hecke zu, fiel durch sie hindurch auf den Rasen auf der anderen Seite und war nicht mehr zu sehen.

Grace eilte zum Ende der Hecke, ging mit pochendem Herzen darum herum und stellte fest, daß Wainwright verschwunden war. Nur die Katze war dort, und sie schoß an ihr vorbei; quer durch den Garten, die Treppe zur hinteren Veranda hinauf und durch die halb geöffnete Hintertür ins Haus.

Wo war Wainwright? War er benommen und verletzt davongekrochen? War er in einem geschützten Winkel des Gartens in Ohnmacht gefallen und verblutete nun langsam?

In dem Garten gab es ein halbes Dutzend Sträucher, die groß und dicht genug waren, um den Körper eines Mannes von Wainwrights Größe zu verbergen. Sie untersuchte alle, konnte jedoch von dem Reporter keine Spur finden.

Sie sah zum Gartentor hinüber, das auf die Straße führte. Nein. Er konnte nicht so weit gegangen sein, ohne daß sie es gemerkt hatte.

Verängstigt und verwirrt blinzelte Grace über den sonnengesprenkelten Garten und versuchte zu verstehen.

Im Telefonbuch von Harrisburg war weder ein Eintrag für Mr. Randolph Parker noch einer für Herbert Bektermann. Carol war verwirrt, jedoch nicht überrascht.

Nach dem letzten Patienten des Tages fuhren sie und Jane zu der Adresse in der Front Street, wo Millicent Parker behauptet hatte, gewohnt zu haben. Es war ein riesiges, eindrucksvolles viktorianisches Herrenhaus, war aber schon seit langem nicht mehr bewohnt. Der Rasen vor dem Haus war jetzt gepflastert und diente als Parkplatz. Neben der Einfahrt befand sich ein kleines geschmackvolles Schild:

MAUGHAM & CRICHTON
ÄRZTEHAUS

Vor vielen Jahren war dieser Teil der Front Street eine der elegantesten Gegenden in Pennsylvanias Hauptstadt gewesen. In den letzten paar Jahrzehnten waren jedoch viele der großen alten Häuser an der Flußpromenade abgerissen worden und hatten sterilen modernen Bürogebäuden Platz gemacht. Einige der verstreuten Häuser waren renoviert worden, wenigstens bis zu einem gewissen Grad die Fassade war wunderschön restauriert, das Innere umgebaut und verschiedenen kommerziellen Zwecken angepaßt worden. Weiter im Norden gab es einen Teil der Front Street, der noch immer ein begehrtes Wohnviertel war, jedoch nicht hier, wohin Millicent Parker sie geschickt hatte.

Maugham & Crichton waren eine Gemeinschaftspraxis mit sieben Ärzten: zwei Internisten und fünf andere Spezialisten. Carol plauderte kurz mit der Dame an der Rezeption, einer Frau mit hennafarbenem Haar namens Polly, die ihr mitteilte, daß keiner der Ärzte Parker hieß. Außerdem gab es auch keine Schwester und keinen Angehörigen des geistlichen Personals mit diesem Namen. Darüber hinaus waren Maugham & Crichton nun schon seit fast siebzehn Jahren hier ansässig.

Es war Carol in den Sinn gekommen, daß Jane vielleicht einmal bei einem von Maugham & Crichtons Ärzten in Behandlung gewesen war und da ihr Unterbewußtes sich der Adresse der Praxis bedient hatte, um der Identität von Millicent Parker Gestalt zu geben. Aber Polly, die schon für Maugham & Crichton arbeitete, seit diese ihre Tore geöffnet hatten, war sich sicher, daß sie das Mädchen noch nie gesehen hatte. Da sie von Janes Gedächtnisverlust gefesselt und von Natur aus mitfühlend war, erklärte sich Polly bereit, die Akten durchzugehen, um festzustellen, ob Maugham & Crichton jemals jemanden mit dem Namen Laura Havenswood, Millicent Parker oder Linda Bektermann behandelt hatten. Die Suche verlief ergebnislos; keiner jener Namen tauchte in den Krankenakten auf.

Grace trat durch das Tor auf die Straße und sah nach links und rechts. Nirgends ein Zeichen von Palmer Wainwright.

Sie ging wieder in ihren eigenen Garten zurück, schloß und versperrte das Tor und ging auf das Haus zu.

Wainwright saß auf der Verandatreppe und wartete auf sie.

Sie blieb etwa fünf Meter vor ihm stehen, erstaunt, verwirrt.

Er stand von den Stufen auf.

»Ihr Gesicht«, meinte sie benommen.

Sein Gesicht hatte keinen einzigen Kratzer.

Er lächelte, als wäre nichts geschehen, und ging zwei Schritte auf sie zu. »Grace...«

»Die Katze«, sagte sie. »Ich habe Ihre Wange gesehen... Ihren Nacken... die Krallen haben...«

»Hören Sie zu«, sagte er und ging einen weiteren Schritt auf sie zu, »es gibt gewisse Mächte, dunkle und starke Mächte, die wollen, daß dieses Spiel falsch gespielt wird. Dunkle Mächte, die sich an Tragödien ergötzen. Sie wollen, daß das Ganze in sinnloser Gewalt und Blutvergießen endet. Das darf nicht geschehen, Grace. Nicht noch einmal. Sie müssen Carol von dem Mädchen weghalten, das ist besser für Sie und auch für das Mädchen.«

Grace starrte ihn an. »Wer zum Teufel sind Sie?«

»Wer sind *Sie*?« fragte Wainwright und zog dabei eine Augenbraue fragend hoch. »*Das* ist jetzt die entscheidende Frage. Sie sind nicht nur diejenige, die Sie glauben zu sein. Sie sind nicht nur Grace Mitowski.«

Er ist verrückt, dachte sie. Oder ich bin verrückt. Oder wir sind's beide. Ganz und gar verrückt.

Sie sagte: »Sie sind der Mensch vom Telefon. Sie sind der Verrückte, der Leonards Stimme nachmacht.«

»Nein«, sagte er. »Ich bin...«

»Kein Wunder, daß Ari Sie angefallen hat. Sie sind der, der ihm die ganze Zeit Drogen oder Gift oder so was unters Futter gemischt hat. Sie sind's, und er hat's *gewußt*.«

Aber was war mit den Verletzungen im Gesicht, dem zerfetzten Nacken? fragte sie sich. Wie um Himmels willen konnten diese Verletzungen so schnell heilen?

Wie?

Sie verdrängte diese Gedanken und weigerte sich, über derartige Dinge nachzudenken. Sie mußte sich geirrt haben. Sie mußte sich eingebildet haben, daß Ari den Mann tatsächlich verletzt hatte.

»Ja«, sagte sie, »Sie stecken hinter den ganzen unheimlichen Dingen, die in letzter Zeit passiert sind. Verschwinden Sie von meinem Grund und Boden, Sie verdammter Hurensohn.«

»Grace, gewisse Mächte haben sich zusammengetan...« Er sah jetzt nicht anders aus als vor ein paar Minuten, als er angefangen hatte, mit ihr zu reden. Er hatte zu jenem Zeitpunkt nicht verrückt gewirkt; und er wirkte auch jetzt nicht so. Er sah nicht gefährlich aus, und dennoch schwatzte er weiter etwas von dunklen Mächten. »...Gut und Böse, richtig und falsch. Sie sind auf der richtigen Seite, Grace. Aber die Katze ach, mit der Katze ist das etwas anderes. Sie müssen immer auf der Hut sein vor der Katze.«

»Gehen Sie mir aus dem Weg«, sagte sie.

Er ging einen Schritt auf sie zu.

Sie schlug mit der Gartenkelle nach ihm und verfehlte sein Gesicht nur um wenige Zentimeter. Sie schlug immer wieder zu, zerschnitt dabei nur die leere Luft und wollte auch nichts anderes zerschneiden, und sie hoffte, ihn sich so lange vom Leibe halten zu können, bis sie an ihm vorbeischlüpfen konnte, denn er stand zwischen ihr und dem Haus. Und dann *war* sie schließlich an ihm vorbei; sie drehte sich um und rannte zur Küchentür, und dabei war ihr schmerzlich bewußt, daß ihre Beine alt und arthritisch waren. Sie ging nur ein paar Schritte, bevor ihr klarwurde, daß sie dem Wahnsinnigen nicht hätte den Rücken zudrehen sollen, und sie wirbelte keuchend herum, um ihm in die Augen zu sehen; sie war sicher, daß er sich gerade auf sie stürzen wollte, vielleicht mit einem Messer in der Hand...

Aber er war verschwunden. Verschwunden. Wieder.

Er hatte keine Zeit gehabt, bis zu einem der Sträucher zu gelangen, die groß genug waren, um einen Mann zu verbergen, jedenfalls nicht in jenem Sekundenbruchteil, in dem sie ihm den Rücken zugekehrt hatte. Selbst wenn er viel jünger und in bester Verfassung, ein trainierter Läufer, gewesen wäre – selbst dann hätte er es in so kurzer Zeit nicht weiter als bis halb zum Tor geschafft.

Wo war er also?

Wo war er?

Von der Praxis von Maugham & Crichton in der Front Street aus fuhren Carol und Jane ein paar Häuserblocks weiter zu der Adresse in der Second Street, wo Linda Bektermann angeblich wohnte. Es war ein nettes Landhaus im französischen Stil in einer guten Gegend, mindestens fünfzig Jahre alt und in gutem Zustand. Es war niemand zu Haus, der Name auf dem Briefkasten lautete jedoch Nicholson, nicht Bektermann.

Sie klingelten nebenan und sprachen mit einer Nachbarin namens Jean Gunther, die bestätigte, daß das französische Landhaus der Familie Nicholson gehörte, die auch darin lebte.

»Mein Mann und ich wohnen jetzt schon seit sechs Jahren hier«, meinte Mrs. Gunther, »und die Nicholsons sind schon dagewesen, als wir hier eingezogen sind. Sie haben, glaube ich, mal erwähnt, daß sie seit 1965 in diesem Haus wohnen.«

Der Name Bektermann sagte Jean Gunther nichts.

Wieder im Auto und auf dem Weg nach Hause meinte Jane: »Du hast wirklich 'ne Menge Unannehmlichkeiten wegen mir.«

»Unsinn«, sagte Carol. »Irgendwie spiele ich gern Detektiv. Außerdem, wenn ich dir dabei helfen kann, diese Erinnerungssperre zu durchbrechen, wenn ich die Wahrheit hinter diesen ganzen Schnippchen, die dir dein Unterbewußtes schlägt, herausfinden kann, dann kann ich mir die psychologische Fachzeitschrift raussuchen, in der ich diesen Fall diskutieren will. Dadurch werd' ich mir zweifellos einen Namen in meinem Beruf machen. Vielleicht bring' ich sogar ein Buch darüber raus. Du siehst also, Kleines, daß ich wegen dir eines Tages reich und berühmt werden könnte.«

»Wirst du dann noch mit mir reden, wenn du reich und berühmt bist?« neckte das Mädchen sie.

»Klar. Du mußt natürlich eine Woche vorher einen Termin vereinbaren.«

Sie grinsten einander an.

Grace rief die *Morning News* von dem Telefon in ihrer Küche aus an.

Die Frau in der Vermittlung hatte keine Durchwahlnummer für Palmer Wainwright. Sie meinte: »Soweit ich weiß, arbeitet er nicht mal hier. Und ich bin sicher, daß er kein Reporter ist. Vielleicht einer von den neuen Redakteuren oder so.«

»Könnten Sie mich mit dem Büro des Chefredakteurs verbinden?« fragte Grace.

»Das ist Mr. Quincy«, sagte die Frau in der Vermittlung. Sie stellte zur richtigen Nummer durch.

Quincy war nicht im Büro, und seine Sekretärin wußte nicht, ob die Zeitung einen Mann namens Palmer Wainwright beschäftigte oder nicht. »Ich bin neu hier«, meinte sie entschuldigend. »Ich arbeite erst seit Montag für Mr. Quincy, deshalb kenne ich noch nicht alle. Wenn Sie mir Ihren Namen und Ihre Nummer geben, sage ich Mr. Quincy, daß er Sie zurückrufen soll.«

Grace gab ihr die Nummer und sagte: »Sagen Sie ihm, daß Dr. Grace Mitowski gerne mit ihm sprechen würde. Ich werde nur ein paar Minuten seiner Zeit in Anspruch nehmen.« Sie verwendete den Titel nur selten, aber in Fällen wie diesem kam er sehr gelegen, denn jemand mit Doktortitel wurde immer zurückgerufen.

»Handelt es sich um einen Notfall, Dr. Mitowski? Ich glaube nicht, daß Mr. Quincy vor morgen früh zurück sein wird.«

»Das ist schon in Ordnung«, sagte sie. »Sagen Sie ihm, er soll mich sofort anrufen, egal, wie früh er ins Büro kommt.«

Nachdem sie aufgelegt hatte, ging sie ans Küchenfenster und starrte in den Rosengarten hinaus.

Wie konnte Wainwright einfach so verschwinden?

Paul und Carol und Jane kochten nun schon den dritten Abend hintereinander gemeinsam das Abendessen. Das Mädchen lebte sich Tag für Tag besser ein.

Wenn sie noch eine Woche länger bei uns ist, dachte Paul, wird es sein, als wäre sie schon *immer* hier gewesen.

Sie machten einen Eissalat mit Palmenherzen. Der zweite Gang waren Auberginen Parmigiana und Spaghetti.

Als sie mit dem Nachtisch anfingen – kleine Teller mit köstlichen Spumoni – fragte Paul: »Besteht eine Möglichkeit, die Fahrt in die Berge noch zwei Tage zu verschieben?«

»Warum?« fragte Carol.

»Ich bin ein bißchen in Verzug mit meinem Zeitplan, und ich

bin jetzt an einer ganz entscheidenden Stelle des Buches angelangt«, sagte er. »Ich hab' zwei Drittel der schwierigsten Szene in der Geschichte geschrieben, und ich würd' sie ungern liegenlassen, bloß um in Urlaub zu gehen. Ich hätte sicher keinen Spaß dran. Wenn wir Sonntag statt morgen fahren würden, hätte ich Zeit, das Kapitelende noch zu überarbeiten. Und wir hätten immer noch acht Tage in der Hütte.«

»Schau nicht mich an«, meinte Jane. »Ich bin nur Ballast. Ich gehe mit, egal, wohin oder wann ihr geht.«

Carol schüttelte den Kopf. »Noch vor einer Woche, als Mr. O'Brian gesagt hat, daß wir zu erfolgsorientiert sind, haben wir da nicht beschlossen, uns zu ändern? Wir müssen einfach lernen, uns freie Zeit zu nehmen und die Arbeit nicht immer überhandnehmen zu lassen.«

»Du hast recht«, meinte Paul. »Aber nur dieses eine Mal...« Er brach mitten im Satz ab, weil er sah, daß Carol nicht mehr umzustimmen war. Sie war nur selten stur, aber wenn sie tatsächlich beschloß, keinen Kompromiß einzugehen, konnte man sie ungefähr genauso leicht bewegen wie den Felsen von Gibraltar. Er seufzte. »Na gut. Du hast gewonnen. Wir fahren morgen früh. Ich nehm' einfach Schreibmaschine und Manuskript mit. Ich kann die Szene oben in der Hütte fertigschreiben und...«

»Nichts zu machen«, meinte Carol und unterstrich jedes Wort, indem sie mit dem Löffel gegen ihren Eisbecher klopfte. »Wenn du die Sachen mitnimmst, hörst du nicht auf, wenn du mit der Szene fertig bist, an der du jetzt arbeitest. Du machst einfach weiter. Das *weißt* du genau. Wenn du die Schreibmaschine griffbereit hast, ist die Versuchung einfach zu groß. Du kannst sicher nicht widerstehen. Und dann geht der ganze Urlaub den Bach runter.«

»Aber ich *kann* diese Szene einfach nicht zehn Tage auf Eis legen«, meinte er flehend. »Bis ich mich wieder dransetze, ist die ganze Atmosphäre und Spontanität verloren.«

Carol aß einen Löffel Eis und sagte: »Also gut. Wir werden folgendes machen: Jane und ich fahren gleich morgen früh in die Berge, genau wie wir's geplant haben. Und du bleibst hier, schreibst deine Szene fertig und fährst dann zu uns hoch, wenn du soweit bist.«

Er runzelte die Stirn. »Ich bin mir nicht so sicher, ob das eine gute Idee ist.«

»Warum nicht?«

»Na ja, ist das wirklich so gut, wenn ihr zwei allein da hinfahrt? Ich meine, die Sommersaison ist vorbei. Jetzt gibt's nicht mehr viele Leute, die in den Wäldern zelten, und die meisten anderen Hütten stehen sicher leer.«

»Mein Gott«, meinte Carol, »in den Bergen schleicht sicher kein Schneemensch herum, Paul. Wir sind in Pennsylvania, nicht in Tibet.« Sie lächelte. »Schön zu wissen, daß du dir solche Sorgen um uns machst, Liebling. Aber wir sind völlig sicher dort.«

Später, nachdem Jane ins Bett gegangen war, unternahm Paul einen letzten Versuch, Carol umzustimmen, obwohl er wußte, daß das vergebene Liebesmüh war.

Er lehnte am Rahmen der Schranktür und sah Carol dabei zu, wie sie die Kleider auswählte, die sie mitnehmen wollte. »Hör zu, sei ehrlich, ja?«

»Bin ich das nicht immer? Ehrlich in welcher Hinsicht?«

»Wegen des Mädchens. Kann es sein, daß sie irgendwie gefährlich ist?«

Carol wandte sich vom Schrank ab und starrte ihn an, ganz offensichtlich erstaunt über seine Frage. »Jane? Gefährlich? Na ja, so ein hübsches Mädchen wird wahrscheinlich im Lauf der Jahre schon eine Menge Herzen brechen. Und wenn es tödlich wäre, daß sie so hübsch ist, dann wären sicherlich alle Straßen, auf denen sie geht, mit Leichen übersät.«

Er wollte nicht darüber lachen. »Du sollst nicht leichtfertig über die Sache reden. Ich glaube, es ist wichtig. Ich will, daß du genau darüber nachdenkst.«

»Ich *brauche* nicht lang darüber nachzudenken, Paul. Klar, sie hat das Gedächtnis verloren. Aber sie ist ausgeglichen und psychisch gesund. Man muß nämlich schon eine *erstaunlich* ausgeglichene Persönlichkeit haben, um mit einer Amnesie so umzugehen wie sie. Ich weiß nicht, ob ich auch nur halb so gut mit der Angelegenheit fertig würde, wenn ich jetzt in ihrer Haut stecken würde. Ich wäre wahrscheinlich ein Nervenbündel oder würde bis zum Hals in Depressionen waten. Sie ist voller Elan und anpassungsfähig. Anpassungsfähige Menschen voller Elan sind nicht gefährlich.«

»Nie?«

»Kaum. Es sind gewöhnlich die Unbeweglichen, die überschnappen.«

»Aber ist es nach allem, was in deinen Therapiesitzungen mit ihr passiert ist, nicht vernünftig, sich zu fragen, wozu sie fähig sein könnte?« fragte er.

»Sie wird von irgend etwas gequält. Ich vermute, daß sie etwas wirklich Schreckliches durchgemacht hat, etwas so Furchtbares, daß sie sich weigert, es noch einmal zu durchleben, nicht einmal unter Hypnose. Sie verwirrt, lenkt ab und hält wichtige Informationen zurück, aber das bedeutet noch lange nicht, daß sie irgendwie gefährlich ist. Nur verängstigt. Ich bin mir ziemlich sicher, daß sie irgendwann in ihrem Leben das Opfer körperlicher oder seelischer Gewalt geworden ist. Das *Opfer*, Paul, nicht der Täter.«

Sie trug einige Jeans zu den Koffern hinüber, die offen auf dem Bett lagen.

Paul folgte ihr. »Wirst du mit ihrer Therapie weitermachen, während ihr in der Hütte seid?«

»Ja. Ich glaube, es ist das beste, wenn man weiter an der Mauer aus Verwirrung herumkratzt, die sie sich da aufgebaut hat.«

»Ist nicht fair.«

»Was?«

»Das ist Arbeit«, meinte er. »Ich darf *meine* Arbeit nicht mit rauf in die Hütte nehmen, aber *du* arbeitest. So was nennt man mit zwei verschiedenen Ellen messen, Dr. Tracy.«

»Zum Teufel mit deinen zwei verschiedenen Ellen, Dr. Tracy. Ich brauch' nur eine halbe Stunde pro Tag für Janes Therapie. Das ist was anderes, wie wenn du deine IBM Selectric in die Kiefernwälder schleppst und zehn Stunden am Tag in die Tasten haust. Verstehst du denn nicht, daß sich die ganzen Eichhörnchen und das Rotwild und die kleinen Häschen über den Lärm beklagen würden?«

Noch später, als sie im Bett waren und das Licht ausgeschaltet hatten, meinte er: »Zum Teufel, ich lasse es einfach zu, daß dieses

Buch mich völlig einnimmt. Warum *kann* ich die Szene nicht zehn Tage liegenlassen? Vielleicht wird sie sogar besser, wenn ich mir die Zeit nehme, darüber nachzudenken. Ich komme morgen mit dir und Jane mit, und ich nehme die Schreibmaschine nicht mit. In Ordnung? Ich nehme nicht mal einen Stift mit.«

»Nein«, sagte Carol.

»Nein?«

»Wenn du tatsächlich in die Berge fährst, möchte ich, daß du ganz aufhören kannst, an das Buch zu denken. Ich möchte, daß wir lange Spaziergänge im Wald machen. Ich möchte, daß wir auf dem See Boot fahren und angeln und ein paar Bücher lesen und uns wie Vagabunden benehmen, die das Wort ›Arbeit‹ noch nie in ihrem Leben gehört haben. Wenn du diese Szene nicht fertigschreibst, bevor du fährst, brütest du die ganzen Ferien darüber. Du hast keinen Augenblick richtige Ruhe, was soviel heißt wie: *Ich* habe auch keinen Augenblick Ruhe. Und sag jetzt ja nicht, daß ich nicht recht habe. Ich kenne dich besser als mich selbst, mein Lieber. Du bleibst hier, schreibst diese Szene zu Ende und kommst dann am Sonntag.«

Sie gab ihm einen Gutenachtkuß, schüttelte ihr Kissen auf und machte es sich zum Schlafen bequem.

Er lag im Dunkeln und dachte an die Worte in dem gestrigen Scrabblespiel.

```
        B
      KLINGE
        U   R
      TOT   A
        Ö   B
        T
        E
        N
```

Und das eine Wort, das er nicht hatte aufdecken wollen: CAROL...

Er glaubte noch immer nicht, daß es Sinn hatte, ihr zu sagen, wie das letzte jener sechs Wörter gelautet hatte. Was konnte sie tun, als sich Sorgen zu machen? Nichts. Sie konnte nichts tun, und er konnte auch nichts tun. Außer abwarten und sehen, was kam. Eine Bedrohung – wenn tatsächlich eine auftauchte – konnte aus irgendeiner von zehntausend oder hunderttausend Quellen kommen. Sie konnte immer und überall kommen. Zu Hause oder in den Bergen. Der eine Ort war so sicher – oder so gefährlich – wie der andere.

Vielleicht war das Auftauchen jener sechs Wörter ja auch wirklich bloßer Zufall gewesen. Ein unglaublicher, jedoch bedeutungsloser Zufall.

Er starrte in die Dunkelheit und versuchte angestrengt, sich davon zu überzeugen, daß es Dinge wie Geisterbotschaften, Omen und Prophezeiungen nicht gab. Noch vor einer Woche hätte es solcher Überzeugungsversuche gar nicht *bedurft*.

Blut.

Kratz es ab, schrubb es ab, jeden klebrigen Tropfen davon, wasch es ab, schnell, schnell, weg damit in den Ausguß; jeden belastenden Tropfen, bevor es jemand herausfindet, bevor es jemand sieht und weiß, was geschehen ist, wasch es ab, ab...

Das Mädchen wachte im Bad auf, im gleißenden Neonlicht. Sie war wieder schlafgewandelt.

Sie war erstaunt festzustellen, daß sie nackt war. Ihre Kniestrümpfe, ihr Slip und T-Shirt waren um sie herum auf dem Boden verstreut.

Sie stand vor dem Waschbecken und schrubbte sich mit einem feuchten Lappen ab. Als sie ihr Spiegelbild sah, war sie für einen kurzen Augenblick durch den Anblick wie gelähmt.

Ihr Gesicht war blutverschmiert. Ihre Arme waren blutbespritzt.

Ihre anmutig nach oben gereckten nackten Brüste glänzten vor Blut.

Und sie wußte sofort, daß es nicht ihr eigenes war. Man hatte nicht auf sie eingehauen oder eingestochen. *Sie* war diejenige, die gehauen und gestochen hatte.

O Gott.

Sie starrte ihr schauriges Spiegelbild an, krankhaft gefesselt vom Anblick ihrer blutfeuchten Lippen.

Was habe ich getan?

Sie senkte langsam den Blick, ihren blutroten Hals entlang, sah herunter auf das Spiegelbild ihrer rechten Brustwarze, an der ein fettes, karminrotes Tröpfchen hing. Die schimmernde Blutperle zitterte einen Augenblick lang an der Spitze ihrer aufgerichteten Brustwarze; dann ergab sie sich der Schwerkraft und fiel herab.

Sie riß ihren Blick vom Spiegel los und senkte den Kopf, um zu sehen, wo das Tröpfchen auf den Boden aufgekommen war.

Dort war kein Blut zu sehen.

Als sie sich direkt ansah, nicht ihr Spiegelbild, stellte sie fest, daß ihr Körper doch nicht blutbedeckt war. Sie berührte ihre nackten Brüste. Sie waren feucht, weil sie mit dem Waschlappen daran herumgeschrubbt hatte, aber die Feuchtigkeit stammte nur vom Wasser. Auch ihre Arme waren nicht blutbespritzt.

Sie drückte den Waschlappen aus. Klares Wasser tropfte daraus; der Lappen hatte keine gräßlichen Flecken.

Verwirrt hob sie den Blick wieder zum Spiegel und sah das Blut, genau wie vorher.

Sie streckte die Hand aus. In Wirklichkeit war sie nicht blutig, aber im Spiegel war sie von einem Handschuh aus Blut eingehüllt.

Eine Vision, dachte sie. Ein unheimliches Trugbild. Das ist alles. Ich habe niemanden verletzt. Ich habe niemandes Blut vergossen.

Als sie noch verzweifelt versuchte zu verstehen, was sich da abspielte, verschwand ihr Spiegelbild, und das Glas vor ihr wurde schwarz. Es schien sich in ein Fenster in eine andere Dimension verwandelt zu haben, denn es spiegelte nichts wider, was sich im Bad befand.

Das ist ein Traum, dachte sie. Ich liege eigentlich ganz behaglich im Bett, wo ich hingehöre Ich träume nur, daß ich im Bad bin. Ich kann dem Ganzen ein Ende machen, indem ich einfach aufwache.

Andererseits, wenn es tatsächlich ein Traum war, wie konnte sie dann so deutlich den kalten Keramikboden unter ihren nackten Füßen spüren wie jetzt? Wenn es wirklich nur ein Traum war, wäre sie sich dann des kalten Wassers auf ihren nackten Brüsten bewußt?

Sie zitterte.

In dem lichtlosen Nichts auf der anderen Seite des Spiegels flackerte etwas weit draußen in der Dunkelheit.

Wach auf!

Etwas Silbriges. Es flackerte immer wieder, hin und her, und das Bild wurde immer größer.

Um Himmels willen, wach auf!

Sie wollte rennen. Konnte es nicht.

Sie wollte schreien. Tat es nicht.

Innerhalb weniger Sekunden füllte der flackernde Gegenstand den Spiegel aus, drängte die Dunkelheit, aus der er gekommen war, zurück, und dann brach er irgendwie aus dem Spiegel, ohne das Glas zu zersplittern, barst mit letztem mörderischen Schwung aus dem Nichts und ins Bad, und sie sah, daß es eine Axt war, die auf ihr Gesicht niedersauste, und die Stahlklinge gleißte in dem Neonlicht wie feinstes Silber. Als die messerscharfe Schneide der Axt unerbittlich auf ihren Kopf zu zischte, knickten ihre Knie unter ihr weg, und sie verlor das Bewußtsein.

Kurz vor Tagesanbruch wachte Jane wieder auf.

Sie war im Bett. Sie war nackt.

Sie schlug die Decke zurück, setzte sich auf und sah ihr T-Shirt, ihren Slip und die Kniestrümpfe auf dem Boden neben dem Bett. Sie zog sich schnell an.

Es war ruhig im Haus. Die Tracys waren noch nicht auf.

Jane eilte leise den Flur zum Gästebad hinunter, zögerte auf der Schwelle, trat dann ein und knipste das Licht an.

Es war nirgends Blut, und der Spiegel über dem Waschbecken war ein ganz normaler Spiegel, der ihr besorgtes Gesicht zurückwarf, aber selbst keine fantastischen Bilder erzeugte.

Na gut, dachte sie, vielleicht bin ich tatsächlich schlafgewandelt. Und vielleicht bin ich tatsächlich völlig nackt hier gewesen und habe versucht, mir Blut vom Leib zu schrubben, das gar nicht existiert. Aber alles andere war nur ein Teil des Alptraumes. Es ist nicht passiert. Das konnte es nicht. Unmöglich. Der Spiegel konnte sich doch nicht einfach so *verändern*.

Sie starrte in ihre eigenen blauen Augen. Sie war sich nicht sicher, was sie darin sah.

»Wer bin ich?« fragte sie leise.

Die ganze Woche hatte Grace in den wenigen Ruhephasen, die ihre Schlaflosigkeit unterbrachen, nichts geträumt. Diese Nacht wälzte sie sich jedoch unter den Laken hin und her und versuchte, sich den Weg aus einem Alptraum freizukämpfen, der eine Ewigkeit zu dauern schien.

In dem Traum brannte ein Haus. Ein großes viktorianisches Haus mit schönen Ornamenten. Sie stand außerhalb des brennenden Gebäudes, hämmerte gegen zwei schräge Kellertüren und rief immer wieder einen Namen. »Laura! Laura!« Sie wußte, daß Laura in dem Keller des brennenden Hauses gefangen war und daß diese Türen der einzige Fluchtweg waren, aber sie waren von innen verriegelt. Sie hämmerte mit bloßen Fäusten gegen das Holz, bis schließlich bei jedem Schlag ein grausamer Schmerz ihre Arme hinaufstrahlte, dann durch die Schultern und hinauf in ihren Nacken. Sie wünschte sich verzweifelt eine Axt oder ein Stemmeisen oder irgendein anderes Werkzeug, mit dem sie die Kellertüren einschlagen konnte, aber sie hatte nur ihre Fäuste, also hämmerte und hämmerte sie, bis ihre Haut ganz zerschlagen war, platzte und blutete, und sogar dann hämmerte sie weiter und schrie die ganze Zeit nach Laura. Fenster zerbarsten im ersten Stock, und das Glas ergoß sich über sie, aber sie bewegte sich nicht weg von den Kellertüren; sie rannte nicht weg. Sie schlug weiterhin mit ihren blutigen Fäusten gegen das Holz und betete, daß das Mädchen jeden Augenblick antworten würde. Sie ignorierte die Funken, die sich über sie ergossen und drohten, ihr Baumwollkleid in Brand zu setzen. Sie weinte, und sie hustete, wenn der Wind den beißenden Rauch in ihre Richtung trieb; und sie verfluchte das Holz, das ihren wilden, jedoch wirkungslosen Angriffen so mühelos standhielt.

Der Alptraum hatte keinen Höhepunkt, keinen äußersten Schrecken. Er ging einfach die ganze Nacht in unveränderlich atemloser Geschwindigkeit weiter, bis Grace sich endlich, wenige Minuten nach Tagesanbruch, aus den heißen, klammernden Armen des Schlafes wand, mit einem wortlosen Schrei erwachte und auf die Matratze eindrosch.

Sie setzte sich auf die Bettkante und stützte ihren Kopf, in dem es wild pochte, mit den Händen. Sie hatte den Geschmack von Asche und Galle im Mund.

Der Traum war so lebhaft gewesen, daß sie sogar gespürt hatte, wie das hochgeschlossene, langärmlige, blauweiße Baumwollkleid sie an Schultern und Brust einschnitt, während sie gegen die Kellertüren hämmerte. Jetzt, wo sie hellwach war, spürte sie *noch immer*, wie das Kleid einschnitt, obwohl sie ein weites Nachthemd trug und obwohl sie noch nie in ihrem ganzen Leben so ein Kleid getragen hatte.

Und was noch schlimmer war: Sie roch, wie das Haus brannte.

Der Geruch von Rauch hielt sich, auch nachdem sie aufgewacht war, noch so lange, daß sie nun überzeugt war, ihr eigenes Haus stünde in Flammen. Sie zog schnell einen Morgenmantel an, schlüpfte in ihre Hausschuhe und ging auf der Suche nach dem Feuer von einem Raum zum anderen.

Es brannte nirgends.

Und dennoch wich der Gestank brennenden Holzes und Teers fast eine ganze Stunde nicht mehr.

10

Am Freitagmorgen um neun Uhr setzte sich Paul an den Schreibtisch, hob den Hörer ab und rief Lincoln Werth, den Polizeibeamten, der den Fall Jane Doe bearbeitete, an. Er teilte Werth mit, daß Carol mit dem Mädchen ein paar Tage aus der Stadt wegfuhr, um sich zu erholen.

»Das kann sie gerne«, meinte Werth. »Wir haben keinerlei Hinweise, und ich bin mir ziemlich sicher, daß sich die Sache nicht so bald klären wird. Wir dehnen das Gebiet, in dem wir suchen, natürlich ständig weiter aus. Zuerst haben wir Foto und Beschreibung des Mädchens nur den Behörden der umliegenden Bezirke geschickt. Als das nichts geholfen hat, haben wir alle Polizeistationen im ganzen Bundesstaat antelegrafiert. Gestern morgen haben wir einen weiteren Schritt unternommen und dieselben Daten an sieben benachbarte Staaten telegrafiert. Aber ich will Ihnen mal was sagen, so ganz unter uns: Selbst wenn wir das Suchgebiet bis nach Hongkong ausweiten, hab' ich nicht das Gefühl, daß wir jemanden finden werden, der das Mädel kennt.

Das Gefühl hab' ich einfach irgendwie. Wir werden da wohl leer ausgehen.«

Nach dem Gespräch mit Werth ging Paul hinunter in die Garage, wo Carol und Jane gerade ihre Sachen im Kofferraum des Volkswagens verstauten. Um dem Mädchen Kummer zu ersparen, gab Paul Werths pessimistische Einschätzung der Situation nicht weiter. »Er hat gesagt, es ist schon in Ordnung, wenn ihr ein paar Tage aus der Stadt wegfahrt. Das Gericht hat nicht gesagt, daß ihr in Harrisburg bleiben müßt. Ich habe ihm erklärt, wo die Hütte ist, wenn also irgend jemand hier auftaucht und unser Mädchen will, setzt sich die Harrisburger Polizei mit dem Bezirkssheriff dort in Verbindung, und der oder einer seiner Stellvertreter kommt dann bei der Hütte vorbei und sagt euch, daß ihr wieder zurückmüßt.«

Carol gab ihm einen Abschiedskuß. Auch Jane küßte ihn scheu und keusch auf die Wange, und als sie ins Auto stieg, errötete sie tief.

Er stand vor dem Haus und sah ihnen nach, bis der VW Golf nicht mehr zu sehen war.

Nach fast einer Woche blauen Himmels waren wieder Wolken heraufgezogen. Sie waren flach und schiefergrau. Sie paßten zu Pauls Stimmung.

Als das Telefon in der Küche klingelte, rüstete Grace sich, den Klang von Leonards Stimme zu hören. Sie setzte sich auf den Stuhl an dem kleinen eingebauten Tisch, streckte die Hand aus und legte sie auf den Hörer, der an der Wand angebracht war, ließ es noch einmal klingeln und hob dann ab. Zu ihrer Erleichterung war es Ross Quincy, der Chefredakteur der *Morning News*, der auf ihren Anruf vom vergangenen Spätnachmittag antwortete.

»Sie hatten nach einem unserer Reporter gefragt, Dr. Mitowski?«

»Ja. Palmer Wainwright.«

Quincy schwieg.

»Er arbeitet doch für Sie, oder?« fragte Grace.

»Tja ... Palmer Wainwright ist tatsächlich mal bei der *Morning News* beschäftigt gewesen, ja.«

»Ich glaube, er hätte fast den Pulitzerpreis bekommen.«
»Ja. Aber das ist... natürlich schon eine ganze Weile her.«
»Ja?«
»Nun ja, wenn Sie von der Nominierung für den Pulitzerpreis wissen, dann wissen Sie sicher auch, daß sie für die Serie war, die er über die Bektermann-Morde geschrieben hat.«
»Ja.«
»Und das war im Jahre 1943.«
»Schon so lang her?«
»Tja... Dr. Mitowski, was genau wollten Sie denn über Palmer Wainwright wissen?«
»Ich würde gern mit ihm sprechen«, meinte sie. »Wir sind uns begegnet, und da ist noch eine Sache zu klären, die ich gern erledigt hätte. Es ist... was Persönliches.«
Quincy zögerte. Dann sagte er: »Sind Sie eine verschollene Verwandte?«
»Von Mr. Wainwright? O nein.«
»Eine verschollene Freundin?«
»Nein. Auch nicht.«
»Gut, dann muß ich hier wohl auch nicht allzuviel Takt walten lassen. Dr. Mitowski, ich fürchte, Palmer Wainwright ist tot.«
»Tot!« meinte sie bestürzt.
»Nun, Sie haben diese Möglichkeit doch sicher auch schon in Betracht gezogen. Er ist gesundheitlich nie so gut beisammen gewesen; genauer gesagt, er war ein kranker Mann. Und Sie haben offenbar schon lange keinen Kontakt mehr zu ihm gehabt.«
»So lange auch wieder nicht.«
»Müssen mindestens fünfunddreißig Jahre sein«, meinte Quincy. »Er ist schon 1946 gestorben.«
Die Luft, die Grace an ihrem Rücken spürte, schien plötzlich kälter als noch vor wenigen Augenblicken, als hätte ein Toter ihren Nacken mit seinem eisigen Atem angehaucht.
»Einunddreißig Jahre«, sagte sie benommen. »Sie müssen sich irren.«
»Keineswegs. Ich bin damals noch ein Grünschnabel gewesen, ein Laufbursche. Palmer Wainwright war eins meiner Idole. Es hat mich ziemlich getroffen, als er gestorben ist.«

»Reden wir auch über ein und denselben Mann?« fragte Grace. »Er war recht dünn, hatte scharfe Gesichtszüge, hellbraune Augen und eine ziemlich kränkliche Gesichtsfarbe. Seine Stimme war um etliches tiefer, als man aufgrund seines Aussehens erwartet hätte.«

»Das war schon Palmer.«

»Ungefähr fünfundfünfzig?«

»Er war sechsunddreißig, als er gestorben ist, aber er hat tatsächlich zwanzig Jahre *älter* ausgesehen«, meinte Quincy. »Das haben diese unaufhörlichen Krankheiten bewirkt, und am Schluß hatte er dann Krebs. Das hat ihn einfach ausgelaugt; er ist viel zu früh gealtert. Er ist eine Kämpfernatur gewesen, aber er hat's einfach nicht mehr länger geschafft.«

Schon einunddreißig Jahre unter der Erde? dachte sie. Aber ich hab' ihn doch gestern noch gesehen. Wir haben diese merkwürdige Unterhaltung im Rosengarten geführt. Was sagen Sie *dazu*, Mr. Quincy?

»Dr. Mitowski? Sind Sie noch dran?«

»Ja. Tut mir leid. Hören Sie, Mr. Quincy, ich stehle Ihnen nur ungern Ihre wertvolle Zeit, aber es ist wirklich wichtig. Ich vermute, daß der Fall Bektermann mit der persönlichen Angelegenheit zu tun hat, die ich mit Mr. Wainwright besprechen wollte. Aber ich weiß eigentlich nichts über diese Morde. Könnten Sie mir vielleicht sagen, was da genau passiert ist?«

»Familientragödie«, meinte Quincy. »Die Tochter der Bektermanns ist einen Tag vor ihrem sechzehnten Geburtstag Amok gelaufen. Sie ist einfach übergeschnappt. Ganz offensichtlich hat sie die fixe Idee gehabt, daß ihre Mutter sie umbringen wollte, bevor sie sechzehn wurde – was natürlich nicht stimmt. Aber sie hat es *geglaubt*, und da ist sie mit der Axt auf ihre Mutter losgegangen. Ihr Vater und ein Cousin, der gerade zu Besuch da war, sind ihr in die Quere gekommen, da hat sie sie umgebracht. Ihrer Mutter ist es dann tatsächlich gelungen, dem Mädchen die Axt aus der Hand zu reißen. Aber das hat das Mädchen nicht aufgehalten. Sie hat einfach einen Schürhaken gepackt und ist wieder auf sie losgegangen. Als sie Mrs. Bektermann in die Ecke gedrängt hatte und ihr gerade den Kopf mit dem Haken einschlagen wollte, hat die Mutter keine andere Wahl mehr gehabt, als mit der Axt nach ihrer Tochter auszuholen. Sie hat das Mädchen einmal an der Seite getroffen. Ziemlich tief. Das Mädchen ist am nächsten Tag im Krankenhaus gestorben. Mrs. Bektermann hat in Notwehr getötet, und man hat keine Anklage gegen sie erhoben, aber sie hat solche Schuldgefühle bekommen, weil sie ihr eigenes Kind umgebracht hat, daß sie völlig zusammengebrochen und schließlich in einer Anstalt gelandet ist.«

»Und das ist die Geschichte, für die Mr. Wainwright seine Pulitzerpreisnominierung bekommen hat?«

»Ja. Die meisten Reporter hätten das Ganze einfach in einer sensationellen Geschichte verbraten. Aber Palmer war gut. Er hat eine einfühlsame, gut recherchierte Studie über eine Familie mit schwerwiegenden emotionalen und zwischenmenschlichen Problemen geschrieben. Der Vater ist dominierend gewesen, hat äußerst hohe Ansprüche an seine Tochter gestellt und sich höchstwahrscheinlich widernatürlich zu ihr hingezogen gefühlt. Die Mutter wollte stets den Vater ausstechen, um Liebe, Denken und Treue des Mädchens zu gewinnen, und als sie gesehen hat, daß sie den Kampf verlieren würde, hat sie angefangen zu trinken. Auf der Tochter lastete ein außergewöhnlicher psychologischer Druck, und Palmer hat den Leser dazu gebracht, diesen Druck zu verstehen.«

Sie dankte Ross Quincy dafür, daß er ihr seine Zeit und Aufmerksamkeit gewidmet hatte. Dann legte sie auf.

Eine Weile saß sie einfach da, starrte den sanft brummenden Kühlschrank an und versuchte, Sinn in das zu bringen, was sie gerade erfahren hatte. Wenn Wainwright im Jahre 1946 gestorben war, mit wem hatte sie dann gestern im Garten gesprochen?

Und was hatten die Bektermann-Morde mit ihr zu tun? Und mit Carol?

Sie dachte an das, was Wainwright ihr gesagt hatte: *Diese verdammte endlose Jagd. Sie geht immer noch weiter, und diesmal muß dem Ganzen ein Ende gemacht werden ... Ich bin gekommen, um Ihnen zu sagen, daß Ihre Carol da mittendrin steckt ... Sie müssen ihr helfen. Holen Sie sie weg von dem Mädchen.*

Sie hatte das Gefühl, als stünde sie kurz davor zu verstehen, was er gemeint hatte. Und sie hatte Angst.

Obwohl innerhalb der letzten vierundzwanzig Stunden eine

Reihe von unmöglichen Dingen passiert waren, stellte sie nun ihren Verstand und auch ihre Wahrnehmungen nicht mehr länger in Frage. Sie war bei klarem Verstand, bei völlig klarem Verstand sogar, und im Vollbesitz ihrer geistigen Kräfte. An Senilität war jetzt auch nicht mehr im entferntesten zu denken. Sie ahnte, daß die Erklärung für diese Vorfälle noch viel erschreckender und bestürzender war als die Aussicht auf Senilität, vor der sie früher Angst gehabt hatte.

Sie erinnerte sich an noch etwas, was Palmer Wainwright am Vortag im Garten gesagt hatte: *Sie sind nicht nur diejenige, die Sie glauben zu sein. Sie sind nicht nur Grace Mitowski.*

Sie wußte, daß des Rätsels Lösung zum Greifen nah war. Sie ahnte, daß in ihrem Innern ein dunkles Wissen ruhte, längst vergessene Erinnerungen, die nur darauf warteten, gehört zu werden. Sie hatte Angst davor, sie zu hören, aber sie wußte, daß sie genau das tun mußte, Carol zuliebe und vielleicht auch sich selbst zuliebe.

Plötzlich stank die Luft in der Küche, obwohl sie nach wie vor ganz klar war, nach Holz- und Teerrauch. Grace hörte das Prasseln von Feuer, obwohl jetzt, an diesem Ort und in dieser Zeit, keine Flammen zu sehen waren.

Ihr Herz hämmerte wie wild, und sie hatte einen bitteren Geschmack in ihrem trockenen Mund.

Sie schloß die Augen und sah das brennende Haus so lebendig vor sich, wie sie es im Traum gesehen hatte. Sie sah die Kellertüren, und sie hörte, wie sie schrie und nach Laura rief.

Sie wußte, daß das nicht nur ein Traum gewesen war. Es war eine Erinnerung, die seit Ewigkeiten verschüttet gewesen war, jetzt auftauchte und sie daran erinnerte, daß sie tatsächlich nicht nur Grace Mitowski war.

Sie öffnete die Augen.

Die Küche war heiß und stickig.

Sie spürte, wie Mächte sie wegzogen, die sie nicht verstand, und sie dachte: Ist es das, was ich will? Will ich wirklich mittreiben und die Wahrheit erfahren und meine kleine Welt auf den Kopf stellen? Werde ich damit fertig?

Der Gestank des imaginären Rauchs wurde stärker. Das Dröhnen der imaginären Flammen wurde lauter.

Scheint kein Zurück mehr zu geben, dachte sie.

Sie hielt die Arme vors Gesicht und starrte sie erstaunt an. Ihre Haut war durch Wundmale entstellt. Ihre Hände waren mit blauen Flecken übersät, abgeschürft und blutig. Es steckten Holzsplitter in ihren Handflächen, Splitter von den Kellertüren, gegen die sie vor so langer, langer Zeit gehämmert hatte.

Um zehn Uhr, als das Telefon klingelte, saß Paul seit fast einer Stunde am Schreibtisch und schrieb. Die Worte fingen gerade an, ihm aus der Feder zu fließen. Er packte den Hörer und fragte ein wenig ungeduldig: »Ja?«

Eine fremde Stimme sagte: »Könnte ich bitte mit Dr. Tracy sprechen?«

»Am Apparat.«

»Oh. Ähm... nein... ich meine *Frau* Dr. Tracy.«

»Das ist meine Frau«, meinte er. »Sie ist für ein paar Tage aus der Stadt weggefahren. Kann ich ihr etwas ausrichten?«

»Ja, bitte. Würden Sie ihr sagen, daß Polly von Maugham & Crichton angerufen hat?«

Er notierte den Namen auf einen Block. »Und worum handelt es sich?«

»Dr. Tracy ist gestern nachmittag mit einem Mädchen hier gewesen, das unter Gedächtnisverlust leidet...«

»Ja«, meinte Paul, plötzlich mit stärkerem Interesse. »Ich kenne den Fall.«

»Dr. Tracy hat sich erkundigt, ob wir jemanden namens Millicent Parker kennen.«

»Das stimmt. Sie hat mir gestern abend davon erzählt. Wieder eine Sackgasse, nehme ich an.«

»Gestern hat's noch wie eine Sackgasse ausgesehen«, meinte Polly, »aber jetzt hat sich herausgestellt, daß einer unserer Ärzte den Namen kennt. Und zwar Dr. Maugham selbst.«

»Hören Sie, warum sagen Sie nicht einfach *mir*, was Sie herausgefunden haben, und ich gebe es dann weiter, statt darauf zu warten, daß meine Frau Sie zurückruft.«

»Ja, klar, warum nicht. Sehen Sie, Dr. Maugham ist der Hauptteilhaber der Praxis. Er hat dieses Anwesen vor achtzehn Jahren gekauft und die Restauration des äußeren Teils und die

Renovierung des inneren persönlich überwacht. Er ist ein Geschichtsfanatiker; also war es ganz natürlich, daß er etwas über die Geschichte des Hauses, das er gekauft hatte, erfahren wollte. Er sagt, daß es 1902 von einem Mann namens Randolph Parker erbaut worden ist. Und Parker hat eine Tochter mit dem Namen Millicent gehabt.«

»1902?«

»Genau.«

»Interessant.«

»Sie haben ja das Beste noch gar nicht gehört«, meinte Polly, ganz begierig, den neuesten Klatsch zu verbreiten. »Scheint so' als ob Mrs. Parker damals, im Jahre 1905, in der Nacht vor der Feier zu Millies sechzehntem Geburtstag, in der Küche gewesen ist und einen großen Kuchen für das Mädchen verziert hat. Millie hat sich von hinten an sie herangeschlichen und ihr viermal ein Messer in den Rücken gestoßen.«

Völlig geistesabwesend zerbrach Paul den Bleistift, den er die ganze Zeit in der Hand gehalten hatte, seit er Pollys Namen auf dem Block notiert hatte. Ein abgebrochenes Stück sprang ihm aus der Hand, wirbelte über die Oberfläche des Schreibtisches und fiel auf den Boden.

»Sie hat auf ihre eigene Mutter eingestochen?« fragte er in der Hoffnung, daß er sich verhört hatte.

»Ist das nicht was?«

»Hat sie sie umgebracht?« fragte er benommen.

»Nein. Dr. Maugham sagt, daß sie, laut Zeitungsberichten aus dieser Zeit, ein Messer mit kurzer Klinge benutzt hat. Es ist nicht tief genug eingedrungen, um wirklich großen Schaden anzurichten. Sie hat keine lebenswichtigen Organe oder Blutgefäße getroffen. Louise Parker, so hieß die Mutter, ist es gelungen, ein Fleischerbeil von einem Küchenhaken zu reißen. Damit hat sie versucht, das Mädchen abzuwehren. Aber Millie muß völlig durchgedreht sein und hat sich wieder auf Mrs. Parker gestürzt; und so hat Mrs. Parker dann das Fleischerbeil tatsächlich benutzen müssen.«

»Mein Gott.«

»Ja«, meinte Polly und genoß dabei ganz offensichtlich seine schockierte Reaktion. »Dr. Maugham sagt, daß sie ihrer Tochter das Beil direkt in den Hals geschlagen hat. Hat dem Mädchen den Kopf mehr oder minder glatt abgehauen. Ist das nicht furchtbar? Aber was hätte sie sonst machen sollen? Zuschauen, wie das Mädchen ihr weiter das Messer reinstößt?«

Völlig benommen dachte Paul an die Regressionstherapiesitzung vom vergangenen Tag, von der Carol ihm ziemlich genau berichtet hatte. Er erinnerte sich an den Teil, wo Jane behauptet hatte, Millicent Parker zu sein, und darauf bestanden hatte, ihre Antworten auf die Fragen aufzuschreiben und schließlich geschrieben hatte, daß sie nicht sprechen konnte, weil ihr Kopf abgehackt war.

»Sind Sie noch dran?« fragte Polly.
»Oh. Ja... tut mir leid. Geht die Geschichte noch weiter?«
»Weiter?« fragte Polly. »War das denn nicht *genug?*«
»Doch«, meinte er. »Sie haben völlig recht. Das war genug. Mehr als genug.«
»Ich weiß nicht, ob diese Information Dr. Tracy irgendwie nützen wird.«
»Da bin ich mir ganz sicher.«
»Ich verstehe nicht, wie das Ganze irgendwas mit dem Mädchen zu tun haben kann, mit dem sie gestern hier gewesen ist.«
»Ich auch nicht«, meinte Paul.
»Ich will sagen, das Mädchen kann doch nicht Millicent Parker sein. Millicent Parker ist jetzt seit sechsundsiebzig Jahren tot.«

Grace Mitowski stand im Arbeitszimmer am Schreibtisch und sah in das aufgeschlagene Lexikon.

REINKARNATION (lat. ›Wiederfleischwerdung‹), 1. Lehre, daß die Seele nach dem Tod des Körpers in neuem Körper oder neuer Form auf die Erde zurückkehrt. 2. Wiedergeburt der Seele in neuem Körper. 3. neuerliche Menschwerdung oder Verkörperlichung.

Quatsch? Unsinn? Aberglaube? Schwindel?
Früher, noch vor nicht allzulanger Zeit, wären das alles Wörter gewesen, mit denen sie selbst völlig respektlos den Begriff Reinkarnation definiert hätte. Aber nicht jetzt. Nicht mehr.

Sie schloß die Augen, und ohne große Anstrengung rief sie sich das Bild des brennenden Hauses ins Gedächtnis zurück. Sie stellte es sich nicht nur vor; sie *war* dort und hämmerte mit den Fäusten gegen die Kellertür. Sie war jetzt nicht Grace Mitowski; sie war Rachael Adams, Lauras Tante.

Die Feuerszene war nicht der einzige Teil von Rachaels Leben, an den sie sich völlig klar und deutlich erinnern konnte. Sie kannte die geheimsten Gedanken der Frau, ihre Hoffnungen und Träume, ihren Haß und ihre Furcht, teilte ihre verborgensten Geheimnisse, denn jene Gedanken und Hoffnungen und Träume und Ängste und Geheimnisse waren einmal ihre eigenen gewesen.

Sie öffnete die Augen und brauchte einen Augenblick, um die gegenwärtige Welt wieder klar zu sehen.

REINKARNATION

Sie machte das Lexikon zu.

Gott hilf mir, dachte sie, glaube ich wirklich daran? Kann es sein, daß ich früher schon mal gelebt habe? Und daß Carol schon mal gelebt hat? Und das Mädchen, das sie Jane Doe nennen?

Wenn es stimmte – wenn es ihr gewährt worden war, ihr früheres Dasein als Rachael Adams wieder wachzurufen, um Carol in diesem Körper das Leben zu retten –, dann verlor sie jetzt wertvolle Zeit.

Sie hob den Telefonhörer ab, um die Tracys anzurufen und fragte sich dabei, wie um Himmels willen sie sie dazu bringen konnte, ihr zu glauben.

Sie hörte keinen Wählton.

Sie klopfte auf die Telefongabel.

Nichts.

Sie legte den Hörer ab und folgte dem Kabel um den Schreibtisch herum zur Wand, um zu sehen, ob der Stecker herausgerutscht war. Der Stecker war nicht herausgerutscht; das Kabel war durchgekaut. In zwei Teile zerbissen.

Aristophanes.

Sie erinnerte sich noch an andere Dinge, die Palmer Wainwright im Garten gesagt hatte: *Es gibt gewisse Mächte, dunkle und starke Mächte, die wollen, daß dieses Spiel falsch gespielt wird. Dunkle Mächte, die sich an Tragödien ergötzen. Sie wollen, daß das Ganze in sinnloser Gewalt und Blutvergießen endet... Gewisse Mächte haben sich zusammengetan... Gut und Böse, richtig und falsch. Sie sind auf der richtigen Seite, Grace. Aber die Katze – ach, mit der Katze ist das etwas anderes. Sie müssen immer auf der Hut sein vor der Katze.*

Sie erinnerte sich auch an den Zeitpunkt, zu dem die übernatürlichen Vorfälle begonnen hatten, und ihr fiel auf, daß die Katze eine wesentliche Rolle bei allem gespielt hatte, und zwar ganz von Anfang an. Mittwoch letzter Woche. Als sie an jenem Tag plötzlich von ihrem Nachmittagsschläfchen aufgewacht war – aus einem Alptraum über Carol herausgeschleudert worden war –, waren vor den Fenstern im Arbeitszimmer unglaublich helle und heftige Blitze heruntergegangen. Sie war ans nächste Fenster gestolpert, und während sie auf unsicheren arthritischen Beinen halb wach und halb schlafend dort stand, hatte sie das unheimliche Gefühl, daß etwas Gräßliches ihr aus der Welt ihres Alptraumes herauf gefolgt war, etwas Dämonisches mit einem hungrigen Grinsen im Gesicht. Ein paar Sekunden lang war dieses Gefühl so stark, so wirklich gewesen, daß sie Angst gehabt hatte, sich umzudrehen und in den Raum voller Schatten hinter ihr zu blicken. Aber dann hatte sie diesen unheimlichen Gedanken einfach als kalten Bodensatz des Alptraumes verworfen. Jetzt wußte sie natürlich, daß sie ihn nicht so schnell hätte verwerfen sollen. Es war tatsächlich etwas Merkwürdiges bei ihr im Zimmer gewesen – ein Geist, eine Erscheinung; man konnte es nennen, wie man wollte. Es war dort gewesen. Und jetzt steckte es in der Katze.

Sie verließ die Küche und eilte den Flur hinunter.

Sie stellte fest, daß auch das Telefonkabel in der Küche durchgekaut war.

Von Aristophanes war nichts zu sehen.

Trotzdem wußte Grace, daß er in der Nähe war, vielleicht sogar nahe genug, um sie zu beobachten. Sie spürte die Gegenwart von Aristophanes – oder des *Dings.*

Sie lauschte. Das Haus war zu still.

Sie wollte die wenigen Meter zur Küchentür durchqueren, sie forsch öffnen und das Haus verlassen. Aber sie hatte den starken

Verdacht, daß jeder Versuch zu gehen einen sofortigen und hinterhältigen Angriff zur Folge haben würde.

Sie dachte an Krallen, Zähne und Fänge der Katze. Sie war nicht nur ein Haustier, nicht nur eine unterhaltsame Siamkatze mit einem putzigen, pelzigen Gesicht. Sie war überdies noch eine zähe kleine Killermaschine; ihre wilden Instinkte lagen knapp unter einer dünnen Tünche der Domestizierung. Sie wurde von Mäusen und Vögeln geachtet und gleichermaßen gefürchtet. Aber konnte sie eine erwachsene Frau töten?

Ja, dachte sie unsicher. Ja, Aristophanes könnte mich umbringen, wenn er mich überrumpelt und mir an Gurgel oder Augen springt.

Das beste, was sie tun konnte, war, im Haus zu bleiben und die Katze nicht herauszufordern, bevor sie sich nicht gerüstet hatte und sich sicher fühlen konnte, jeden Kampf zu gewinnen.

Das einzige andere Telefon befand sich im Schlafzimmer im ersten Stock. Sie ging vorsichtig hinauf, obwohl sie *wußte*, daß auch der dritte Anschluß nicht funktionieren würde.

Und das tat er auch nicht.

Aber es war etwas im Schlafzimmer, weswegen die Reise sich gelohnt hatte. Die Waffe. Sie zog die oberste Schublade des Nachtkästchens auf und nahm die geladene Pistole heraus, die sie dort aufbewahrte. Sie hatte irgendwie die Ahnung, daß sie sie brauchen würde.

Ein Zischen. Ein Rascheln.

Hinter ihr.

Bevor sie noch herumwirbeln und sich ihrem Gegner stellen konnte, hatte er sich schon auf sie gestürzt. Er sprang vom Boden aufs Bett, vom Bett auf ihren Rücken und landete fast mit genügend Wucht, um sie aus dem Gleichgewicht zu bringen. Sie schwankte einen Augenblick lang und fiel beinahe nach vorne auf die Nachttischlampe.

Aristophanes zischte und fauchte und strampelte, um auf ihrem Rücken Halt zu finden.

Glücklicherweise fiel sie nicht hin. Sie wirbelte herum und schüttelte sich und versuchte voller Verzweiflung, ihn abzuwerfen, bevor er Schaden anrichten konnte.

Er hatte sich in ihre Kleidung verkrallt. Obwohl sie Bluse und

Pullover trug, spürte sie, wie einige seiner messerspitzen Krallen sich in ihre Haut bohrten – brennende kleine Nadelstiche. Er ließ einfach nicht los.

Sie zog den Kopf zwischen die Schultern und drückte das Kinn fest gegen die Brust und schützte so ihren Nacken, so gut sie konnte. Sie schlug mit der Faust nach hinten, den Rücken hoch, traf nur Luft, versuchte es wieder und erwischte die Katze nun mit einem Schlag, der zu schwach war, um irgendeinen Schaden anzurichten.

Trotzdem kreischte Aristophanes vor Wut und schnappte nach ihrem Nacken. Sie machte ihm mit ihren gekrümmten Schultern und ihrem vollen Haar, das ihm ins Maul geriet wie ein Knebel, einen Strich durch die Rechnung.

Sie hatte sich noch nie etwas sehnlicher gewünscht, als das kleine Biest zu töten. Es war nicht mehr das Haustier, das sie kannte und liebte; es war eine merkwürdige und verhaßte Bestie, und sie empfand nicht einmal mehr einen Funken Zuneigung für ihn.

Sie wünschte sich, die Pistole verwenden zu können, die sie mit der rechten Hand umklammerte, aber es gab keine Möglichkeit, ihn zu erschießen, ohne daß sie sich dabei selbst erschoß.

Sie schlug immer wieder mit der linken Hand nach ihm, und ihre arthritische Schulter beklagte sich heftig und schmerzhaft darüber, wenn sie den Arm in einem so unnatürlichen Winkel nach oben und hinten verdrehte.

Wenigstens einen Augenblick lang unterbrach die Katze ihren erbarmungslosen, jedoch bisher wirkungslosen Angriff auf ihren Nacken. Sie wischte mit den Krallen über die Faust, die nach ihr schlug und schlitzte die Haut an Grace' Knöcheln auf.

Innerhalb kürzester Zeit glänzten ihre Finger vor Blut. Sie brannten so sehr, daß ihre Augen zu tränen begannen.

Der Anblick, vielleicht auch der Geruch des Blutes, ermutigte die Katze. Sie kreischte vor wilder Freude.

Grace begann, das Undenkbare zu denken – daß sie diesen Kampf verlieren würde.

Nein!

Sie kämpfte gegen die Angst an, die sie in Griff bekommen und lähmen wollte, versuchte, trotz der Panik, die sie verwirrte, wieder einen klaren Kopf zu bekommen, und hatte plötzlich einen Gedanken, der ihr vielleicht das Leben retten konnte. Sie stolperte auf die nächste freie Wand zu, die sich links neben der Frisierkommode befand.

Die Katze klammerte sich beharrlich an ihren Rücken, drückte ihre Schnauze hartnäckig gegen ihren Nackenansatz und fauchte und zischte dabei. Sie war entschlossen, sich einen Weg zu ihrem geschützten Nacken zu bahnen und ihre Halsschlagader aufzureißen.

Als Grace an der Wand angelangt war, drehte sie sich mit dem Rücken dazu und ließ sich dann mit ihrem ganzen Gewicht dagegen fallen, knallte die Katze gegen den Gips hinter ihr, quetschte sie fest zwischen ihrem Körper und der Wand und hoffte, ihr so das Rückgrat zu brechen. Der Aufprall schickte einen Schmerzstrahl durch ihre Schultern und trieb die Krallen des Tieres noch tiefer in ihre Rückenmuskeln. Der Schrei der Katze war fast schrill genug, um feines Kristall zerbersten zu lassen; und er klang fast wie das Jammern eines menschlichen Kindes. Aber sie hielt sie weiter fest gepackt. Grace stieß sich von der Wand ab, knallte dann ein zweitesmal dagegen, und die Katze heulte wie vorher, hielt sich jedoch weiterhin fest. Noch einmal stieß sie sich von der Wand ab, um einen dritten Versuch zu unternehmen, ihren Gegner zu zerschmettern, bevor sie sich jedoch auf die Katze fallenlassen konnte, ließ sie los. Sie fiel zu Boden, rollte ein Stück, sprang auf die Füße, huschte von ihr weg und hinkte dabei mit der rechten Vorderpfote.

Gut. Sie hatte Aristophanes weh getan.

Sie sank an der Wand in sich zusammen, hob den 22er Revolver, den sie noch immer in der rechten Hand hielt, und drückte ab.

Nichts.

Sie hatte vergessen zu entsichern.

Die Katze eilte durch die offene Tür und verschwand im oberen Flur.

Grace ging zur Tür, schloß sie und lehnte sich erschöpft dagegen. Schnappte nach Luft.

Ihre linke Hand war zerkratzt und blutete, und auf ihrem Rücken befand sich ein halbes Dutzend Wunden von den Krallen der Katze, aber sie hatte die erste Runde gewonnen. Die Katze humpelte; sie war verletzt, vielleicht genauso schwer wie sie, und Ari hatte den Rückzug angetreten.

Das war jedoch noch kein Grund zum Feiern. Noch nicht.

Nicht, bevor sie nicht lebendig aus dem Haus war. Und nicht, bevor sie nicht genau wußte, daß auch Carol sich in Sicherheit befand.

Nach dem verunsichernden Telefongespräch mit der Empfangsdame von Maugham & Crichton hatte Paul keine Ahnung, was er machen sollte.

Er konnte jetzt nicht schreiben. Soviel war sicher. Er mußte die ganze Zeit an Carol denken und konnte sich nicht einmal lange genug ablenken, um die Handlung seines Romans auch nur einen einzigen Satz voranzutreiben.

Er wollte Lincoln Werth im Polizeihauptquartier anrufen und ihn dazu bringen, einen Vertreter des Sheriffs zur Hütte zu schicken, der Carol und Jane dort erwarten sollte. Er wollte sie wieder zu Hause haben. Aber er konnte sich das Gespräch mit Detective Werth schon ausmalen, und der Gedanke daran entmutigte ihn:

»Sie wollen, daß ein Sheriff sie bei der Hütte erwartet?«

»Genau.«

»Warum?«

»Ich glaube, daß meine Frau in Gefahr schwebt.«

»In was für einer Gefahr?«

»Ich glaube, daß das Mädchen mit dem Namen Jane Doe gewalttätig werden könnte. Daß sie vielleicht sogar morden könnte.«

»Und warum glauben Sie das?«

»Weil sie unter Hypnose behauptet hat, Millie Parker zu sein.«

»Wie bitte?«

»Millie Parker hat mal versucht, ihre Mutter umzubringen.«

»Tatsächlich? Und wann war das?«

»1905.«

»Dann wär' sie doch wohl heute schon 'ne kleine alte Dame. Und das Mädel ist erst vierzehn oder fünfzehn.«

»Sie verstehen mich nicht. Millie Parker ist schon seit ungefähr sechsundsiebzig Jahren tot und ...«

»Einen Moment, einen Moment! Was zum Teufel sagen Sie da? Daß Ihre Frau vielleicht von 'nem Kind umgebracht wird, das selbst schon fast hundert Jahre tot ist?«
»Nein. Natürlich nicht.«
»Und was meinen Sie dann?«
»Ich... weiß es nicht.«

Werth würde denken, daß er die ganze Nacht durchgezecht hatte oder daß er den Tag gleich mit ein paar Joints begonnen hatte.

Außerdem war es Jane gegenüber nicht fair, sie öffentlich als potentielle Mörderin zu beschuldigen. Vielleicht hatte Carol recht. Vielleicht war das Kind nur das Opfer. Abgesehen von dem, was sie unter Hypnose gesagt hatte, schien sie tatsächlich zu jeglicher Gewalt unfähig.

Warum hatte sie andererseits ausgerechnet gesagt, sie sei Millicent Parker, die angebliche Mörderin, wo es doch so viele Leute gab, deren Identität sie hätte annehmen können? Wo hatte sie diesen Namen schon gehört? Verriet die Tatsache, daß sie ihn verwendete, nicht schon verborgene Feindseligkeit?

Paul schwang in seinem Drehstuhl vom Schreibtisch weg und starrte durchs Fenster auf den grauen Himmel hinaus. Der Wind wurde mit jeder Minute stärker. Die Wolken rasten nach Westen über den Himmel, als wären sie gewaltige, schnelle, dunkle Schiffe mit Segeln, die sich in der Farbe von Gewitterstürmen blähten.

KLINGE, BLUT, TOT, GRAB, TÖTEN, CAROL.

Ich muß zur Hütte, dachte er plötzlich entschlossen und stand auf. Vielleicht reagierte er zu stark auf diese Geschichte mit Millicent Parker, aber er konnte nicht einfach nur so dasitzen und überlegen...

Er ging ins Schlafzimmer, um ein paar Sachen in einen Koffer zu stopfen. Nach nur kurzem Zögern beschloß er, seinen 38er Revolver einzupacken.

Das Mädchen fragte: »Wie weit ist es noch zur Hütte?«
»Noch zwanzig Minuten«, antwortete Carol. »Die ganze Fahrt dauert gewöhnlich zweieinviertel Stunden, und wir liegen ziemlich gut in der Zeit.«

Die Berge waren kühl und grün. An manchen Bäumen war bereits die Hand des Künstlers Herbst zu sehen, und bei den meisten – allen außer den Nadelbäumen – würde sich innerhalb der nächsten paar Wochen die Farbe der Blätter verändern. Heute überwog jedoch noch das Grün mit ein bißchen Gold hie und da und einem gelegentlichen Hauch von Rot. Der Waldrand – wo auch immer die Wiesen oder die Straße auf die Bäume trafen – war mit ein paar wilden Herbstblumen geschmückt, blau und weiß und purpurfarben.

»Es ist schön hier oben«, meinte Jane, während sie der zweispurigen Landstraße um eine Kurve folgten. An der rechten Seite, die sich zum Schotter hinabsenkte, standen überall leuchtendgrüne Rhododendronbüsche.

»Ich liebe die Berge von Pennsylvania«, sagte Carol. Sie fühlte sich zum erstenmal seit Wochen so richtig entspannt. »Es ist so friedlich hier. Warte, bis du erst einen oder zwei Tage in der Hütte bist. Dann vergißt du, daß der Rest der Welt überhaupt existiert.«

Sie kamen aus der Kurve, die auf eine ansteigende, gerade Strecke führte, wo die Äste der Bäume ineinandergriffen und so über Teilen der Straße einen Tunnel bildeten. An den Stellen, wo sich die Bäume weit genug teilten, um den Blick auf den Himmel freizugeben, waren nur massive, schwarzgraue Wolken zu sehen, die sich zu wogenden, häßlichen, bedrohlichen Formationen zusammenballten.

»Ich hoffe bloß, daß es nicht regnet und uns den ersten Tag hier verdirbt«, meinte Jane.

»Der Regen verdirbt hier gar nichts«, versicherte Carol ihr. »Wenn wir gezwungen sind, drinnen zu bleiben, werfen wir einfach einen ganzen Stapel Scheite in den großen Steinkamin und braten uns *drinnen* ein paar Hot Dogs. Und wir haben 'nen ganzen Schrank voller Spiele, die uns die Langeweile an Regentagen vertreiben. Monopoly, Scrabble, Cluedo, Risiko, Schiffe versenken und mindestens noch ein Dutzend andere. Ich glaube, wir werden's schon schaffen, keinen Hüttenkoller zu kriegen.«

»Das wird sicher lustig«, meinte Jane begeistert.

Über ihnen teilte sich das Gewölbe aus Bäumen, und der Septemberhimmel brodelte finster.

11

Grace saß an der Bettkante, die 22er in der Hand, und erwog ihre Möglichkeiten. Sie hatte nicht viele.

Je mehr sie darüber nachdachte, desto wahrscheinlicher kam es ihr vor, daß die Katze die größere Chance hatte, das Duell zu gewinnen.

Wenn sie versuchte, das Haus durchs Schlafzimmerfenster zu verlassen, würde sie sich sicher ein Bein brechen und wahrscheinlich das Genick noch obendrein. Wenn sie nur zwanzig Jahre jünger gewesen wäre, hätte sie es versuchen können. Aber mit siebzig, mit ihren geschwollenen Gelenken und brüchigen Knochen, konnte es nur im Elend enden, wenn sie vom ersten Stock auf den mit Beton gepflasterten Innenhof sprang. Es ging auch nicht nur darum, überhaupt aus dem Haus herauszukommen, sondern heil und ganz, so daß sie es dann quer durch die Stadt zu Carols und Pauls Haus schaffte.

Sie konnte das Fenster öffnen und anfangen, um Hilfe zu rufen. Aber sie hatte Angst, daß Aristophanes – oder das Ding, das sich Aristophanes' Körper bediente – jeden, der auftauchte und versuchte, ihr zu helfen, angreifen würde, und sie wollte nicht den Tod eines Nachbarn auf dem Gewissen haben.

Das war einzig und allein ihr Kampf. Niemand anders hatte damit zu tun. Sie mußte ihn allein ausfechten.

Sie ging alle möglichen Wege durch, auf denen sie das Haus verlassen konnte, sobald sie das Erdgeschoß erreicht hatte – wenn sie es überhaupt erreichte –, aber keiner davon schien weniger gefährlich als die übrigen. Die Katze konnte überall stecken. Überall. Das Schlafzimmer war der einzige sichere Ort im Haus. Wenn sie sich aus dieser Zuflucht herauswagte, würde die Katze schon auf sie warten und sie angreifen, egal, ob sie versuchte, das Haus vorne, durch die Küchentür oder durch eines der Fenster im Erdgeschoß zu verlassen. Sie würde in diesem oder jenem Schatten geduckt lauern, vielleicht auf einem Bücherregal oder Schrank oder einer Kiste, angespannt und bereit, sich auf ihr überraschtes Gesicht zu stürzen, wenn sie hochsah.

Sie hatte natürlich noch die Pistole. Aber die Katze, die

ohnehin eine Schleichernatur hatte, würde immer den Vorteil der Überraschung haben. Wenn sie ihr nur zwei oder drei Sekunden voraus war, wenn sie nur dieses kleine bißchen langsamer reagierte als die Katze, hatte diese genügend Zeit, um sich an ihrem Gesicht festzukrallen, ihr die Kehle aufzureißen oder ihr die Augen mit ihren schnellen, stilettspitzen Krallen herauszubohren.

Merkwürdigerweise fürchtete sie den Tod noch immer, auch wenn sie die Lehre von der Reinkarnation akzeptiert hatte, obwohl sie nun ohne jeden Zweifel wußte, daß es ein Leben nach dem Tode gab. Die Gewißheit eines ewigen Lebens minderte den Wert dieses Daseins in keiner Weise. Tatsächlich schien ihr Leben jetzt, wo sie göttliches Wirken direkt unter der sichtbaren Oberfläche der Welt erkennen konnte, bedeutungsvoller und zweckgerichteter zu sein als je zuvor.

Sie wollte nicht sterben.

Obwohl ihre Chancen, lebend aus dem Haus herauszukommen, höchstens fünfzig zu fünfzig standen, konnte sie nicht für immer im Schlafzimmer bleiben. Sie hatte kein Wasser, keine Nahrung. Außerdem war es, wenn sie nicht innerhalb der nächsten paar Minuten hier herauskam, vielleicht zu spät, um Carol irgendwie zu helfen.

Wenn Carol stirbt, nur weil ich nicht den Mut habe, dieser verdammten Katze Paroli zu bieten, dachte sie, dann ist es ohnehin besser, wenn ich tot bin.

Sie entsicherte die Pistole. Sie stand auf und ging zur Tür.

Fast eine Minute lang stand sie dort, ein Ohr gegen die Tür gepreßt, und lauschte auf kratzende Geräusche oder andere Hinweise darauf, daß Aristophanes in der Nähe war. Sie hörte nichts.

Sie hielt die Pistole in der rechten Hand und benutzte die blutige Linke, die von den Krallen zerfetzt worden war, um den Türknopf herumzudrehen. Sie öffnete die Tür mit äußerster Vorsicht, jeweils nur einen Zentimeter weiter, und erwartete, daß die Katze in dem Moment, wo der Spalt breit genug für sie war, hereingeschossen kommen würde. Aber das tat sie nicht.

Schließlich streckte sie den Kopf zögernd hinaus in den Flur. Sah nach links. Nach rechts.

Die Katze war nirgendwo zu sehen.

Sie trat hinaus auf den Flur und blieb stehen, weil sie Angst hatte, sich von der Schlafzimmertür wegzubewegen.

Geh! sagte sie sich ärgerlich. Jetzt beweg schon deinen fetten Hintern, Gracie!

Sie ging einen Schritt auf die erste Stufe zu. Dann noch einen. Versuchte, leise zu sein.

Die Treppe schien kilometerweit entfernt.

Sie sah zurück.

Immer noch kein Aristophanes.

Noch ein Schritt.

Das würde der längste Marsch werden, den sie je unternommen hatte.

Paul schloß den Koffer, hob ihn hoch, wandte sich vom Bett ab – und machte vor Schreck einen Sprung, als das ganze Haus erzitterte, wie wenn die Kanonenkugel eines Zerstörers seine Seite getroffen hätte.

Klopf!

Er sah zur Decke hinauf.

KLOPF! KLOPF! KLOPF!

In den letzten fünf Tagen hatte kein Hämmern den Frieden gestört. Er hatte die Sache natürlich nicht völlig vergessen; er fragte sich immer noch gelegentlich, wo jenes mysteriöse Geräusch hergekommen war. Im großen und ganzen hatte er das Problem jedoch zu den Akten gelegt; es hatte andere Dinge gegeben, um die er sich sorgen mußte. Aber jetzt –

KLOPF! KLOPF! KLOPF!

Das nervenaufreibende Geräusch brachte die Fenster zum Zittern und prallte von den Wänden ab. Es schien auch in Pauls Zähnen und Knochen zu vibrieren.

KLOPF!

Nachdem er Tage damit zugebracht hatte, herauszufinden, woher jenes Geräusch kam, wurde es ihm mit einem Schlag klar. *Es war eigentlich eine Axt.* Es war kein Hämmern, so wie er gedacht hatte, nein. Das Geräusch hatte etwas Scharfes, etwas Sprödes und Krachendes am Ende jeden Schlages an sich. Es war ein *hackendes* Geräusch.

KLOPF!

Die Tatsache, daß er nun wußte, was es war, half ihm nicht im geringsten dabei zu verstehen, woher es kam. Also war es eine Axt, nicht ein Hammer. Na und? Er konnte sich noch immer keinen Reim darauf machen. Warum erschütterten die Schläge das ganze Haus? Es hätte schon die mythische Axt Paul Bunyans sein müssen, die eine solche Wucht besaß. Und egal, ob es nun ein Hammer oder eine Axt oder sogar, verdammt noch mal, eine *Salami* war, wie konnte das Geräusch, das es erzeugte, aus blauem Himmel kommen?

Plötzlich und ohne jeden Grund kam ihm das Fleischerbeil in den Sinn, das Louise Parker damals im Jahre 1905 tief in den Hals ihrer wahnsinnigen Tochter geschlagen hatte. Er dachte an die unheimlichen Blitzschläge in O'Brians Büro; an den merkwürdigen Eindringling, den er während des Unwetters an jenem Abend im Garten hinter dem Haus gesehen hatte; an das Scrabblespiel vor zwei Abenden (KLINGE, BLUT, TOT, GRAB, TÖTEN, CAROL); an Grace' zwei prophetische Träume. Und er wußte ganz genau – ohne daß er wußte *wie* –, daß das Geräusch der Axt der rote Faden war, der all jene außergewöhnlichen Vorfälle miteinander verband, die sich in letzter Zeit ereignet hatten. Seine Intuition sagte ihm, daß eine Axt das Werkzeug war, durch das Carols Leben in Gefahr geraten würde. Er wußte nicht wie. Er wußte nicht warum. Aber er wußte es.

KLOPF! KLOPF!

Ein Gemälde fiel vom Wandhaken und polterte auf den Boden.

Paul gefror das Blut in den Adern.

Er mußte zur Hütte. Und zwar schnell.

Er näherte sich der Schlafzimmertür, und sie schlug ihm vor der Nase zu. Niemand hatte sie berührt. Es hatte keinen plötzlichen Luftzug gegeben, der sie bewegt haben konnte. In der einen Sekunde stand die Tür noch weit auf, und in der nächsten fiel sie zu, als hätte sie einen heftigen Stoß von einer unsichtbaren Hand erhalten.

Aus den Augenwinkeln sah Paul, wie sich etwas bewegte. Mit klopfendem Herzen und zugeschnürter Kehle wirbelte er herum, auf die Bewegung zu, und hob instinktiv den Koffer hoch, um sich wenigstens teilweise zu schützen.

Eine der beiden schweren Spiegelschranktüren glitt auf. Er erwartete, daß jemand heraustreten würde, aber als die Tür ganz offen war, konnte er darin nur Kleider auf ihren Bügeln sehen. Dann glitt sie wieder zu, und die andere Tür ging auf. Dann begannen beide, gleichzeitig zu gleiten, und die eine verschwand hinter der anderen, hin und her, hin und her, auf ihren geräuschlosen Plastikrädern.

KLOPF! KLOPF!

Eine Lampe über einem der Nachtkästchen barst.

Noch ein Gemälde fiel von der Wand.

KLOPF!

Auf dem Frisiertisch begannen zwei Porzellanfiguren – eine Ballerina und ihr männlicher Partner – Kreise umeinander zu ziehen, fast als ob sie zum Leben erwacht wären und eine Vorstellung für Paul gaben. Zuerst bewegten sie sich langsam, dann schneller und immer schneller, bis sie in die Luft hinausgetragen wurden, durchs halbe Zimmer flogen und auf den Boden schlugen.

Die Holzhütte lag versteckt in den kühlen Schatten unter den Bäumen. Sie hatte vorne eine lange, überdachte Veranda mit Fliegengitter und einen ausgezeichneten Blick auf den See.

Sie war eine von neunzig Ferienhütten, die in dem malerischen Tal zwischen den Bergen lagen, und jede davon hatte einen halben oder ganzen Morgen Grund dazu. Sie waren alle entlang des südlichen Seeufers gebaut und nur über eine private Kiesstraße mit Tor zu erreichen, die sich um das Wasser herumwand. Manche waren einfache Hütten aus rohem Holz, wie die, die Paul und Carol gekauft hatten, aber es gab auch die weiße Neuengland-Version aus Schalbrettern, moderne A-Konstruktionen und ein paar, die kleinen Schweizer Chalets ähnelten.

Carol parkte den Wagen am Ende ihrer eigenen Kiesauffahrt, die von der gemeinsamen Straße abzweigte, neben der Eingangstür. Sie und Jane stiegen aus, standen einen Augenblick lang beide schweigend da, lauschten auf die Stille und atmeten die wundervoll frische Luft ein.

»Es ist herrlich hier«, sagte Jane schließlich.

»Ja, nicht wahr?«

»So ruhig.«

»Das ist es nicht immer. Nicht, wenn die meisten der Hütten bewohnt sind. Aber im Moment ist wahrscheinlich niemand hier außer Peg und Vince Gervis.«

»Wer ist das?« fragte Jane.

»Die Leute, die sich um die Hütten kümmern. Die Vereinigung der Hauseigentümer zahlt ihnen ein Gehalt. Sie leben das ganze Jahr hier in der letzten Hütte, draußen am Ende des Sees. Außerhalb der Saison machen sie mehrmals täglich eine Inspektionstour, damit sie Brände und Rowdys und was sonst noch alles gleich entdecken. Nette Leute.«

Über dem entfernten nördlichen Ufer des Sees flammten Blitze über den feindseligen Himmel. Ein Donnerschlag fiel aus den Wolken und rollte übers Wasser.

»Wir holen wohl besser die Koffer und das Essen aus dem Wagen, bevor wir alles im Regen ausladen müssen«, meinte Carol.

Grace erwartete, auf der Treppe angegriffen zu werden, denn dort war es am schwierigsten für sie, sich zur Wehr zu setzen. Wenn die Katze sie erschreckte und dadurch aus dem Gleichgewicht brachte, stürzte sie möglicherweise. Und wenn sie stürzte, würde sie sich wahrscheinlich ein Bein oder die Hüfte brechen, und während sie noch vom Schreck und Schmerz des Falls betäubt war, würde sich die Katze mit Krallen und Zähnen auf sie stürzen. Deshalb bewegte sie sich die Treppe seitwärts hinunter, mit dem Rücken zur Wand, so daß sie sowohl nach vorne als auch nach hinten sehen konnte.

Aber Aristophanes zeigte sich nicht. Grace erreichte den unteren Flur ohne Zwischenfälle.

Sie sah den Flur entlang in beide Richtungen.

Um zur Eingangstür zu gelangen, mußte sie an der offenen Tür zum Arbeitszimmer und an dem Bogen vorbei, der zum Wohnzimmer führte. Die Katze konnte aus beiden hervorschießen, während sie vorbeiging, und auf ihr Gesicht losspringen, bevor sie noch Zeit hatte, sie auszumachen, mit der Pistole auf sie zu zielen und abzudrücken.

Um die andere Tür an der Rückseite des Hauses zu erreichen,

mußte sie nach rechts, den Flur entlang, an der offenen Tür zum Eßzimmer vorbei und in die Küche. Dieser Weg sah auch nicht weniger gefährlich aus.

Scylla und Charybdis, dachte sie unglücklich. Feuer oder Abgrund.

Dann fiel ihr ein, daß ihre Autoschlüssel in der Küche an dem Brett neben der hinteren Tür hingen, und das entschied die Sache. Sie mußte das Haus durch die Küche verlassen.

Sie ging vorsichtig den Flur entlang, bis sie zu einem Wandspiegel kam, unter dem sich ein schmaler Ziertisch befand. Darauf standen zwei hohe Vasen, die den Spiegel flankierten. Sie nahm eine davon in die verletzte linke Hand und schob sich auf die offene Eßzimmertür zu.

Sie hielt inne, bevor sie die Tür erreichte, und lauschte.
Stille.

Sie beugte sich vor und riskierte ein Auge, als sie ins Eßzimmer spähte. Von der Katze war nichts zu sehen. Das hieß jedoch nicht, daß sie nicht dort drin war. Die Vorhänge waren halb zugezogen, und es war ein trüber Tag; es gab viele Schatten, viele Winkel, in denen sich eine Katze verbergen konnte.

Für den Fall, daß Aristophanes tatsächlich in einem dieser Schatten steckte, schleuderte Grace die Vase hinein, um ihn abzulenken. Als sie mit lautem Krachen aufschlug, trat sie gerade weit genug über die Schwelle, um den Türknopf zu packen, und zog dann die Tür zu, während sie schnell in den Flur zurücktrat. Wenn die Katze tatsächlich da drin war, würde sie verdammt noch mal auch da drin *bleiben* müssen.

Sie hörte kein Geräusch aus dem Eßzimmer, was wahrscheinlich bedeutete, daß es ihr nicht gelungen war, dieses schwer zu fassende Tier zu fangen. Wenn Ari dort drin gewesen wäre, hätte er inzwischen sicherlich vor Wut gekreischt und an der Innenseite der geschlossenen Tür gekratzt. Höchstwahrscheinlich hatte sie mit ihrem kleinen Trick nur Zeit und Energie vergeudet. Aber wenigstens gab es jetzt ein Zimmer hier unten, dem sie ungestraft den Rücken zuwenden konnte.

Sie schlich sich auf die Küchentür zu, sah dabei wiederholt nach links und rechts, hinten und vorne, zögerte und trat dann mit ausgestreckter Pistole ein. Sie suchte den Raum langsam und gründlich ab, bevor sie sich weiter vorwagte. Den niedrigen Tisch und die Stühle. Den summenden Kühlschrank. Die herabbaumelnde Telefonschnur, die die Katze durchgekaut hatte. Die glänzenden Chromarmaturen am Ofen. Die Doppelspüle. Die weißen Arbeitsflächen. Das kleine Weingestell auf einer der Arbeitsflächen. Die Keksdose und den Brotkasten neben dem Wein.

Der Motor des Kühlschranks schaltete sich ab, und es folgte tiefe, ungebrochene Stille.

Na schön, dachte sie sich. Beiß die Zähne zusammen und mach dich auf die Socken, Gracie.

Sie bewegte sich leise durchs Zimmer, suchte mit den Augen jeden Winkel, jede Ecke ab: die Öffnung unter dem eingebauten Tisch, den schmalen Raum neben dem Kühlschrank, den toten Winkel am anderen Ende der Reihe von Schränken. Keine Katze.

Vielleicht habe ich Ari doch schwerer verletzt, als ich gedacht habe, sagte sie sich voller Hoffnung. Vielleicht habe ich das Mistvieh nicht bloß außer Gefecht gesetzt. Vielleicht hat es sich weggeschleppt und ist gestorben.

Inzwischen hatte sie die hintere Tür erreicht.

Sie wagte nicht zu atmen, aus Angst, ihr eigener Atem könne die heimlichen Geräusche übertönen, die die Katze vielleicht verursachte.

Ein Schlüsselbund, an dem auch die Autoschlüssel waren, hing an dem kleinen ovalen Brett neben der Tür. Sie nahm ihn vom Haken.

Sie griff nach dem Türknopf. Die Katze fauchte.

Grace schrie unwillkürlich auf und drehte den Kopf schnell nach rechts auf das Geräusch zu.

Sie befand sich am einen Ende der langen Reihe von Schränken. Am anderen Ende standen das Weingestell und der Brotkasten und die Keksdose nebeneinander; als sie in den Raum gekommen war, hatte sie sie von vorne gesehen. Jetzt hatte sie die Seitenansicht. Von diesem Blickwinkel aus bemerkte sie etwas, was ihr von vorn nicht hatte auffallen können: Die Keksdose und der Brotkasten, die normalerweise direkt an der Wand hinter dem Büfett standen, waren jetzt ein paar Zentimeter nach vorne geschoben. Die Katze hatte sich hinter diese beiden Gegenstände gezwängt und sie langsam aus dem Weg gedrückt. Sie hatte sich in dieses Versteck geduckt, saß mit dem Hinterteil gegen das Weingestell gepreßt und streckte den Kopf zur Küchentür. Sie war zunächst etwa dreieinhalb Meter von ihr entfernt – und dann nicht einmal mehr so weit, weil sie fauchend über das Büfett auf sie zuschnellte.

Die Auseinandersetzung war nach ein paar Sekunden beendet, aber während dieser Sekunden schien die Zeit dahinzukriechen, und Grace hatte das Gefühl, als wäre sie in einem Zeitlupenfilm gefangen. Sie stolperte rückwärts, weg vom Büfett und der Katze, aber sie kam nicht weit, bevor sie gegen eine Wand stieß; während sie sich bewegte, hob sie die Waffe und gab kurz hintereinander zwei Schüsse ab. Die Keksdose zerbarst, und von einer der Schranktüren splitterten Holzstücke ab. Aber die Katze kam immer noch, kam in Zeitlupenschritten mit aufgerissenem Maul und entblößten Fängen über die glatte Arbeitsfläche des Büfetts auf sie zu. Es wurde ihr klar, daß es nicht leicht war, ein so kleines, schnelles Ziel zu treffen, nicht einmal aus so kurzer Entfernung. Sie feuerte noch einmal, aber sie wußte, daß die Pistole in ihrer Hand zitterte; und sie war nicht überrascht, als sie hörte, wie die Kugel mit hohem, durchdringendem iiii weit neben dem Ziel von etwas abprallte. In ihren durch die Angst geschärften Sinnen schien das Echo des Abpralls ins Unendliche nachzuhallen: iiii, iiii, iiii, iiii, iiii ... Dann war die Katze am Ende des Büfetts angelangt und sprang in die Luft, und Grace feuerte noch einmal. Diesmal traf sie. Die Katze jaulte auf. Die Kugel besaß genügend Wucht, um das Tier gerade einen Augenblick, bevor es kratzend und beißend auf ihrem Gesicht gelandet wäre, abzuwehren. Es wurde zurück und nach links geschleudert wie ein Bündel Lumpen. Es schlug gegen die Küchentür und fiel wie ein Stein zu Boden, wo es still und regungslos liegenblieb.

Paul konnte sich nicht darüber klarwerden, was der Poltergeist mit den eindrucksvollen Beweisen seiner Stärke bezwecken wollte. Er wußte nicht, ob er irgend etwas von ihm zu befürchten hatte oder nicht. Versuchte er, ihn aufzuhalten, ihn hier zu halten, bis es zu spät war, Carol zu helfen? Oder vielleicht trieb er ihn auch an und versuchte sein Bestes, ihn davon zu überzeugen, daß er sofort zur Hütte mußte.

Er hatte den Koffer immer noch in einer Hand und ging auf die Schlafzimmertür zu, die von dem unsichtbaren Geist zugeschlagen worden war. Als er nach dem Türknopf griff, begann die Tür, in ihren Angeln zu erzittern – zuerst leicht, dann heftig.

Klopf... klopf... klopf... KLOPF!
Er riß die Hand zurück, unschlüssig, was er tun sollte.
KLOPF!
Das Geräusch der Axt kam jetzt von der Tür, nicht wie früher von oben. Obwohl die massive Relieftür aus Kiefernholz eher ein gewaltiges Hindernis darstellte als ein einfaches Modell aus Hartfaserplatten, erzitterte sie heftig und bekam dann in der Mitte einen Sprung, als wäre sie aus Balsaholz.

Paul stolperte zurück.

Noch ein Riß tauchte parallel zum ersten auf, und Holzsplitter flogen ins Zimmer.

Gleitende Schranktüren und fliegende Porzellanfiguren mochten wohl das Werk eines Poltergeistes sein, aber das hier war wieder etwas anderes. Gewiß konnte kein Geist eine schwere Tür einfach so zerhacken. Es *mußte* sich jemand mit einer richtigen Axt hinter der Tür befinden.

Paul fühlte sich schutzlos. Er suchte das Zimmer nach Dingen ab, die er notfalls als Waffe verwenden konnte, aber er sah nichts Brauchbares.

Der 38er Revolver war im Koffer. Er würde ihn nicht mehr rechtzeitig herausnehmen können, um sich zu verteidigen, und er wünschte sich sehnlichst, daß er ihn in der Hand behalten hätte.

KLOPFKLOPFKLOPFKLOPF!
Die Schlafzimmertür barst in ein halbes Dutzend großer Stücke und zahllose kleinere Splitter und Fetzen.

Er riß einen Arm vors Gesicht, um die Augen zu schützen. Holz regnete von allen Seiten auf ihn herab.

Als er den Arm herunternahm, sah er, daß niemand vor der Tür stand, keiner mit einer Axt. Der Türhacker war also doch der unsichtbare Geist.

KLOPF!
Paul trat über die zersplitterte Tür hinaus auf den Flur.

Der Sicherungskasten war in der Vorratskammer. Carol betätigte alle Schalter, und das Licht ging wieder an.

Es gab kein Telefon. Das war praktisch die einzige Annehmlichkeit des modernen Lebens, die in der Hütte fehlte.

»Findest du's kalt hier drin?« fragte Carol.

»Ein bißchen.«

»Wir haben einen Gasofen, aber solange es nicht *richtig* kalt ist, ist der Kamin schöner. Laß uns ein bißchen Brennholz reinholen.«

»Du meinst, wir müssen jetzt einen Baum fällen?«

Carol lachte. »Das wird nicht nötig sein. Komm und schau.«

Sie führte das Mädchen nach draußen hinter die Hütte, wo von einer offenen Veranda Stufen zu einem kleinen Garten führten. Der Garten grenzte an eine Wiese, wo das Gras kniehoch stand, und die Wiese stieg etwa fünfzig Meter weit bis zu einer Wand aus Bäumen an.

Als Carol diese vertraute Landschaft sah, blieb sie überrascht stehen und erinnerte sich an den Traum, der ihr in der vergangenen Woche mehrmals den Schlaf verdorben hatte. In dem Alptraum war sie durch ein Haus gerannt, dann durch noch eines, dann über eine Bergwiese, während etwas Silbriges in der Dunkelheit hinter ihr flackerte. Damals war ihr nicht bewußt gewesen, daß die Wiese in dem Traum *diese* Wiese war.

»Stimmt was nicht?« fragte Jane.

»Was. Oh. Nein. Laß uns das Brennholz holen.«

Sie führte das Mädchen die Verandastufen hinunter und nach links, wo an die südwestliche Ecke der Hütte ein Holzschuppen angebaut war.

In der Ferne rollte Donner. Es hatte noch nicht begonnen zu regnen.

Carol sperrte das schwere Schloß am Holzschuppen auf, nahm es von der Haspe und steckte es in die Jackentasche. Sie würde es nicht wieder anbringen müssen, bevor sie in neun oder zehn Tagen nach Harrisburg zurückkehrte.

Die Tür des Holzschuppens schwang knarrend in ihren ungeölten Angeln auf. Drinnen zog Carol an der Lichtschnur, und eine nackte Hundert-Watt-Birne erhellte ganze Stapel trockenen Klafterholzes, das hier vor den Unbilden des Wetters geschützt lag.

Von der Decke hing ein Eimer für das Brennholz. Carol nahm ihn herunter und gab ihn dem Mädchen »Wenn du ihn vier- oder fünfmal vollmachst, haben wir bis morgen früh mehr als genug Holz.«

Als Jane den ersten Eimer in der Hütte ausgeladen hatte und zurückkam, stand Carol am Hackstock und spaltete ein kurzes Scheit mit einer Axt in vier Knüppel.

»Was machst du denn da?« fragte das Mädchen, blieb in respektvollem Abstand stehen und starrte die Axt vorsichtig an.

»Wenn ich Feuer mache«, meinte Carol, »lege ich Anmachholz unter, darauf eine Schicht Späne und dann ganz oben drauf ganze Scheite. Das brennt dann immer gut. Siehst du? Ich bin eben ein richtiger Daniel Boone.«

Das Mädchen runzelte die Stirn. »Die Axt sieht furchtbar scharf aus.«

»Muß sie auch sein.«

»Ist das auch nicht gefährlich?«

»Ich hab' das schon oft gemacht, hier und daheim«, meinte Carol. »Ich bin Fachmann. Mach dir mal keine Sorgen, Kleines. Ich amputiere mir schon nicht aus Versehen die Zehen.«

Sie nahm wieder ein kurzes Scheit und begann, es in vier Teile zu spalten.

Jane ging zum Holzschuppen und machte einen weiten Bogen um den Hackstock. Als sie mit ihrer zweiten Eimerladung zum Haus zurückkehrte, sah sie immer wieder stirnrunzelnd über die Schulter.

Carol begann, ein neues Scheit zu spalten.
KLOPF!

Paul ging mit dem Koffer in der Hand den Flur im ersten Stock zur Treppe hinunter, und der Poltergeist begleitete ihn. Auf beiden Seiten öffneten sich Türen und schlugen zu, öffneten sich und schlugen zu, immer wieder, ganz von selbst und mit solcher Wucht, daß es klang, als schritte er durch mörderisches Kanonenfeuer.

Während er die Treppe hinunterging, begann der Kronleuchter oben im Treppenhaus am Ende seiner Kette weite Kreise zu beschreiben, angetrieben von einer Brise, die Paul nicht spürte, oder von einer körperlosen Hand.

Im Erdgeschoß wurden Gemälde von den Wänden gerissen, während er vorbeiging. Stühle fielen um. Das Sofa im Wohnzimmer wackelte heftig auf seinen vier zierlichen Holzbeinen hin und her. In der Küche zitterte das obere Regal mit den Küchengeräten; Töpfe und Pfannen und Kellen schepperten gegeneinander.

Als er schließlich bei dem Pontiac in der Garage angekommen war, wußte er, daß er nicht den ganzen Koffer in die Berge mitschleppen mußte. Er hatte nicht einfach nur mit seiner Pistole und den Kleidern, die er auf dem Leibe trug, in die Hütte stürzen wollen; denn wenn nichts gewesen wäre, hätte er wie ein Idiot ausgesehen, und er hätte Jane großes Unrecht getan. Jetzt jedoch, nach Pollys Anruf von Maugham & Crichton und nach dem erstaunlichen Auftritt des Poltergeistes, wußte er, daß überhaupt nichts mehr stimmte; nun bestand auch nicht mehr die geringste Möglichkeit, daß er zur Hütte kam und feststellte, daß alles friedlich war. Er würde auf jeden Fall in den einen oder anderen Alptraum stolpern. Da gab es keinerlei Zweifel. Also machte er den Koffer neben dem Auto auf dem Boden der Garage auf, nahm den geladenen Revolver heraus und ließ das restliche Zeug zurück.

Als er die Auffahrt rückwärts hinunterfuhr, sah er, wie Grace Mitowskis blauer Ford mit überhöhter Geschwindigkeit um die Ecke bog. Er hielt am Bordstein vor dem Haus und kratzte dabei so stark an der Bordsteinkante, daß sich blauweißer Rauch erhob.

Grace war aus dem Auto, sobald es zum Stehen gekommen war. Sie hastete zu dem Pontiac hinüber und bewegte sich dabei schneller, als Paul sie seit Jahren gesehen hatte. Sie riß die vordere Tür auf der Beifahrerseite auf und beugte sich hinein. Ihr Haar war völlig durcheinander. Ihr Gesicht war eierschalenweiß und blutbespritzt.

»Mein Gott, Grace, was ist denn mit dir passiert?«
»Wo ist Carol?«
»Sie ist zur Hütte gefahren.«
»Schon?«

»Heute früh.«

»Verdammt. Wann genau?«

»Vor drei Stunden.«

Grace' Blick war gehetzt. »Das Mädchen hat sie begleitet?«

»Ja.«

Sie schloß die Augen, und Paul konnte sehen, daß sie gegen die Panik ankämpfte, versuchte, ihr Herr zu werden und sich zu beruhigen. Sie öffnete die Augen wieder und meinte: »Wir müssen ihnen hinterher.«

»Genau das will ich auch.«

Er sah, wie sich ihre Augen weiteten, als sie den Revolver neben ihm auf dem Sitz liegen sah, die Mündung nach vorne auf das Armaturenbrett gerichtet.

Sie hob den Blick von der Waffe und sah ihm ins Gesicht. »Du weißt also, was los ist?« fragte sie überrascht.

»Eigentlich nicht«, meinte er und legte den Revolver ins Handschuhfach. »Das einzige, was ich sicher weiß, ist, daß Carol in Schwierigkeiten steckt. Und zwar in verdammt großen.«

»Wir müssen uns nicht bloß um Carol Sorgen machen«, sagte Grace. »Sondern um beide.«

»Beide? Das Mädchen auch, meinst du? Aber ich dachte, es ist das Mädchen, das...«

»Ja«, sagte Grace. »Sie wird versuchen, Carol umzubringen. Aber sie könnte diejenige sein, die dann schließlich tatsächlich stirbt. Wie schon früher.«

Sie stieg ins Auto und zog die Tür zu.

»Wie schon früher?« fragte Paul. »Ich verstehe nicht...« Er sah ihre blutverkrustete Hand. »Du brauchst 'nen Arzt.«

»Keine Zeit.«

»Was zum Teufel ist hier los?« fragte er, und seine Angst um Carol wich für kurze Zeit der Frustration. »Ich weiß, daß etwas Merkwürdiges vor sich geht, aber ich weiß verdammt noch mal nicht, was es ist.«

»Ich schon«, sagte sie. »Ich weiß es. Tatsächlich weiß ich weit mehr als mir wahrscheinlich lieb ist.«

»Wenn du irgendwas Konkretes hast, etwas, das sich vernünftig anhört«, meinte er, »dann sollten wir die Polizei rufen. Die könnten dann die Polizeistation da droben verständigen und ganz schnell Hilfe zur Hütte schicken, schneller, als wir hinkommen können.«

»Das, was ich zu berichten habe, ist nicht nur konkret, es ist hart wie Granit, soweit es mich betrifft«, meinte Grace. »Aber die Polizei würde das sicher nicht so sehen. Die würde sagen, daß ich einfach eine verrückte Alte bin. Die würde mich an einen netten, sicheren Ort stecken, und das alles nur zu meinem eigenen Besten. Im günstigsten Falle würde sie mich auslachen.«

Er dachte an den Poltergeist – das Geräusch der Axt, die splitternde Tür, die Keramikfiguren, die durch die Luft flogen, die Stühle, die umfielen – und er sagte: »Ja. Ich weiß genau, was du meinst.«

»Wir müssen die Sache selber in die Hand nehmen«, meinte Grace. »Also los. Ich kann dir alles, was ich weiß, unterwegs erzählen. Mit jeder Minute, die wir verlieren, wird mir übler und übler, wenn ich dran denke, was da oben in den Bergen vielleicht gerade passiert.«

Paul stieß mit dem Auto auf die Straße zurück, fuhr vom Haus weg und auf die nächste Autobahneinfahrt zu. Als er sich auf offener Strecke befand, trat er das Gaspedal durch, und der Wagen schoß vorwärts.

»Wie lange dauert's normalerweise, bis man dort ist?« fragte Grace.

»Ungefähr zweieinviertel Stunden.«

»Zu lang.«

»Wir werden's schneller schaffen.«

Die Tachonadel ging auf hundertdreißig.

12

Sie hatten eine Menge Essen in Pappkartons und Kühltaschen mitgebracht. Sie räumten alles in die Schränke und den Kühlschrank und einigten sich darauf, ganz auf ein Mittagessen zu verzichten, um sich so völlig schamlos einem opulenten Abendessen hingeben zu können.

»Gut«, sagte Carol und zog eine Liste aus einer der Küchenschubladen, »hier steht drauf, was wir tun müssen, um das Haus bewohnbar zu machen.« Sie las vor: »Plastikplanen von den Möbeln entfernen; alles abstauben; Küchenspüle schrubben; Bad saubermachen; Betten überziehen.«

»Und das nennst du Urlaub?« fragte Jane.

»Was ist los? Findest du nicht, daß die Liste unheimlich vielversprechend klingt?«

»Unheimlich.«

»Na ja, die Hütte ist ja nicht riesig. Zusammen werden wir die Liste in einer Stunde oder eineinhalb durchhaben.«

Sie hatten kaum angefangen, als es an der Tür klopfte. Es war Vince Gervis, der Mann, der sich um die Ferienanlage kümmerte. Er war groß, hatte einen breiten Brustkasten und gewaltige Schultern, einen gewaltigen Bizeps, gewaltige Hände und ein Lächeln, das zum Rest paßte.

»Mach' grad meine Runde«, meinte er. »Hab' Ihren Wagen gesehen. Dachte, ich sag' hallo.« Carol stellte ihn Jane vor und sagte, sie wäre eine Nichte (eine bequeme Notlüge). Darauf plauderten sie eine Weile, und dann sagte Gervis: »Dr. Tracy, wo ist denn der *andere* Dr. Tracy? Ich hätt' ihn auch gern gesehen.«

»Oh, er ist im Moment nicht hier«, meinte Carol. »Er kommt am Sonntag hoch, wenn er eine wichtige Arbeit fertig hat, die er nicht einfach weglegen konnte.«

Gervis runzelte die Stirn.

Carol fragte: »Stimmt irgend etwas nicht?«

»Na ja... ich und meine Frau wollten in die Stadt fahren zum Einkaufen und vielleicht 'nen Film anschaun, auswärts essen. Sehen Sie, das machen wir meistens am Freitagnachmittag. Aber hier oben ist sonst keine Menschenseele außer Ihnen und Jane. Vielleicht morgen, weil's 'n Samstag ist, und wenn's Wetter nicht so schlecht ist und die Leute alle daheim bleiben. Aber heute ist niemand außer Ihnen da.«

»Machen Sie sich wegen uns mal keine Sorgen«, meinte Carol. »Wir kommen schon zurecht. Fahren Sie und Peg nur in die Stadt, so wie Sie's vorgehabt haben.«

»Na ja... ich weiß nicht so recht, ob mir das gefällt, Sie zwei ganz allein hier draußen, zwanzig Meilen weg von anderen Leuten. Nee, gefällt mir nicht sehr.«

»Uns wird schon keiner belästigen, Vince. Wir haben ein Tor an der Straße; man kann nicht mal rein ohne Codekarte.«

»Jeder kann *zu Fuß* rein, wenn er nur ein bißchen laufen will.«

Carol brauchte noch etliche Minuten und viele weitere Worte, um ihn zu beruhigen, aber endlich beschloß er, daß er und seine Frau ihren üblichen Plan für den Freitag einhalten würden.

Kurz nachdem Vince weg war, fing es an zu regnen. Das sanfte Prasseln von hundert Millionen Tröpfchen, die auf hundert Millionen raschelnden Blättern aufkamen, wirkte beruhigend auf Carol.

Jane jedoch fand das Geräusch irgendwie unangenehm. »Ich weiß auch nicht warum«, meinte sie, »aber das Geräusch erinnert mich an Feuer. Das Zischen... wie wenn jede Menge Flammen alles rund um einen herum auffressen. Sss, S,, S,,...«

Der Regen zwang Paul, auf unter hundert herunterzugehen, was für die Bedingungen auf der Autobahn immer noch zu schnell war, aber die Situation erforderte es, Risiken einzugehen.

Die Scheibenwischer schlugen hin und her wie ein Metronom, und die Reifen sangen leise auf dem feuchten Schotter.

Es war ein düsterer Tag, und er wurde immer noch düsterer. Es sah eher nach Dämmerung aus als nach Mittag. Der Wind blies Vorhänge aus Regen über die trügerisch feuchte Fahrbahn, die alles verdeckten, und der graubraune Straßengischt, den die anderen Autos aufsprühten, hing als dichter, dreckiger Dunst in der Luft.

Es schien fast, als wäre der Pontiac ein winziges Schiff, das durch die tiefen Ströme einer weiten, kalten See dahinsegelte, die einzige warme, helle Zuflucht im Umkreis von einer Million Meilen.

Grace sagte: »Du wirst wahrscheinlich nicht glauben, was ich dir zu sagen habe, und das wäre auch verständlich.«

»Nach dem, was ich heute erlebt habe«, meinte Paul, »glaube ich alles.«

Und vielleicht wollte der Poltergeist genau *das* bezwecken, dachte er. Vielleicht wollte er mich auf die Geschichte, die Grace mir erzählen will, vorbereiten. Wenn der Poltergeist mich nicht aufgehalten hätte, hätte ich das Haus schon verlassen gehabt, bevor Grace kam.

»Ich mach's so einfach und direkt, wie ich nur kann«, meinte Grace. »Aber es ist keine einfache und direkte Angelegenheit.« Sie hielt ihre zerschundene linke Hand in der Rechten; sie hatte aufgehört zu bluten, und die Schnitte waren jetzt alle verkrustet und verklebt. »Es beginnt 1865 in Shippensburg. Die Familie hieß Havenswood.«

Paul starrte sie an, erstaunt über den Namen.

Sie sah geradeaus auf das regendurchnäßte Land, durch das sie eilten. »Die Mutter war Willa Havenswood, und der Name der Tochter war Laura. Die beiden sind nicht gut miteinander ausgekommen, überhaupt nicht gut. Es lag an beiden, und die Gründe dafür, daß sie ständig aufeinander herumgehackt haben, sind für uns eigentlich nicht wichtig. Es ist aber wichtig, daß Willa eines Tages im Frühling 1865 Laura in den Keller geschickt hat, um dort Frühjahrsputz zu machen, obwohl sie ganz genau wußte, daß das Mädchen Todesangst vor dem Keller hatte. Es war eine Strafe, weißt du. Und während Laura dort unten im Keller gewesen ist, ist oben ein Feuer ausgebrochen. Sie ist unten gefangen gewesen und verbrannt. Sie muß mit der Anschuldigung auf den Lippen gestorben sein, daß ihre Mutter sie absichtlich in jene Falle geschickt hatte. Vielleicht hat sie sogar gedacht, daß Willa das Feuer selbst angezündet hat – was nicht der Fall war. Es ist versehentlich von Rachael Adams, Lauras Tante, ausgelöst worden. Es ist sogar möglich, daß Laura sich gefragt hat, ob ihre Mutter das Feuer nicht *absichtlich* angezündet hat, nur um sie loszuwerden. Das Kind hat seelische Probleme gehabt; es ist zu solchen melodramatischen Vorstellungen durchaus in der Lage gewesen. Auch die Mutter hat seelische Probleme gehabt; sie ist ganz eindeutig fähig gewesen, Paranoia in anderen *hervorzurufen*. Jedenfalls ist Laura einen furchtbaren Tod gestorben, und wir können ziemlich sicher sein, daß ihr letzter Gedanke der brennende Wunsch nach Rache gewesen ist. Sie konnte ja nicht wissen, daß *auch ihre Mutter in den Flammen umgekommen ist!*«

Deshalb hat die Polizei also nach Carols Mitteilung nichts über die Havenswood-Identität herausgefunden, dachte Paul. Sie hätte bis ins neunzehnte Jahrhundert zurückgehen müssen, um die Familie Havenswood zu finden. Wahrscheinlich existieren über diese Zeit gar keine Unterlagen mehr im Landkreis.

Aus dem Dunst vor ihnen tauchte ein langsam fahrender Lastwagen auf, und Paul überholte ihn. Einen Augenblick lang trommelte der schmutzige Gischt von den großen Reifen des Lasters gegen die Seite des Pontiac, und es war so laut, daß Grace das Geräusch nicht übertönen konnte.

Als sie an dem Lastwagen vorbei waren, meinte sie: »Seit 1865 versucht Laura nun schon, in mindestens zwei, vielleicht sogar drei anderen Leben Rache zu nehmen. Reinkarnation, Paul. Kannst du daran glauben? Kannst du glauben, daß Laura Havenswood im Jahre 1943 ein fünfzehnjähriges Mädchen namens Linda Bektermann gewesen ist und in der Nacht vor ihrem sechzehnten Geburtstag versucht hat, ihre Mutter zu töten, die die wiedergeborene Willa Havenswood gewesen ist? Das ist ein authentischer Fall; Linda Bektermann ist Amok gelaufen und hat versucht, ihre Mutter mit der Axt zu erschlagen, aber ihre Mutter hat das Blatt gewendet und statt dessen das Mädchen getötet. *Laura ist ihre Rache nicht gelungen.* Und kannst du glauben, daß Willa jetzt wieder lebt und diesmal unsere Carol ist? Und daß Laura auch wieder lebt?«

»Jane?«

»Ja.«

Carol und Jane machten die Hütte zusammen in einviertel Stunden sauber. Carol freute es zu sehen, daß das Mädchen fleißig war und sogar niedrige Arbeiten gern und gut erledigte.

Als sie fertig waren, schenkten sie sich zur Belohnung zwei Gläser Pepsi ein und setzten sich auf die beiden großen Lehnstühle vor dem gewaltigen Kamin.

»Es ist noch zu früh zum Kochen«, sagte Jane. »Und draußen ist es zu naß für einen Spaziergang, was willst du also für ein Spiel spielen?«

»Ich richte mich da ganz nach dir. Schau dir ruhig alle Sachen in unserem Spieleschrank an und such dir was raus. Aber ich glaube, wir sollten zuerst die Therapiesitzung erledigen.«

»Machen wir damit sogar in den Ferien weiter?« fragte das Mädchen. Sie war ganz offensichtlich unsicher, obwohl sie früher deswegen nicht unsicher gewirkt hatte, nicht einmal bei der ersten Sitzung vorgestern.

»Natürlich müssen wir weitermachen«, meinte Carol. »Jetzt, wo wir damit angefangen haben, ist es das beste, wenn wir weiterarbeiten und jeden Tag ein Stückchen weiter vordringen und -tasten.«

»Na ja ... gut.«

»Gut. Drehen wir die Stühle so, daß wir uns ansehen.« Auf der einen Seite flackerte das Feuer und warf tanzende Schatten auf den Herd.

Draußen rüttelte der Regen unaufhörlich an den Bäumen und prasselte aufs Dach, und Carol kam zu Bewußtsein, daß es sogar noch mehr nach Feuer klang, als Jane gesagt hatte, so daß sie völlig vom Zischen und Knistern der Flammen umringt zu sein schienen.

Diesmal benötigte sie nur ein paar Sekunden, um Jane in Trance zu versetzen. Aber wie schon bei der ersten Sitzung brauchte das Mädchen fast zwei Minuten, um zu einer Zeit zurückzukehren, in der es für sie Erinnerungen gab. Diesmal beunruhigte die lange Stille Carol nicht wie beim erstenmal.

Als das Mädchen schließlich redete, verwendete sie die Stimme von Laura. »Mami? Bist du das? Bist du das, Mami?«

»Laura?«

Das Mädchen hielt die Augen fest zugepreßt. Ihre Stimme klang gezwungen und angespannt. »Bist du das? Bist du das, Mami? Bist du's?«

»Entspanne dich«, sagte Carol.

Statt sich zu entspannen, verkrampfte sich das Mädchen sichtlich noch mehr. Sie krümmte die Schultern und ballte die Hände im Schoß zu Fäusten. Die Anstrengung zeichnete Falten auf ihre Stirn und um ihre Mundwinkel. Sie beugte sich vom Rücken des Stuhls weg auf Carol zu.

»Ich möchte, daß du mir ein paar Fragen beantwortest«, sagte Carol. »Aber du mußt dich zuerst entspannen und beruhigen. Du wirst jetzt genau das tun, was ich dir sage. Du entkrampfst jetzt deine Fäuste. Du ...«

»Das werde ich nicht!«

Das Mädchen schlug die Augen auf. Sie sprang vom Stuhl auf und stand jetzt zitternd vor Carol.

»Setz dich, Kleines.«

»Ich werd' nicht tun, was du sagst! Ich hab's satt, das zu tun, was du mir sagst. Ich habe deine Strafen satt.«

»Setz dich«, sagte Carol sanft aber bestimmt.

Das Mädchen starrte sie voller Wut an. »Du hast mir das angetan«, sagte sie in der Stimme Lauras. »Du hast mich da runter an diesen furchtbaren Ort gesteckt.«

Carol zögerte und beschloß dann, sich mittreiben zu lassen. »Was für einen Ort meinst du denn?«

»Das weißt du ganz genau«, sagte das Mädchen anklagend. »Ich *hasse* dich.«

»Wo ist dieser furchtbare Ort, von dem du gesprochen hast?« beharrte Carol.

»Der Keller.«

»Und was ist so furchtbar an dem Keller?«

Haß schäumte in den Augen des Mädchens auf. Es fletschte wild die Zähne.

»Laura? Antworte mir. Was ist so furchtbar an dem Keller?«

Das Mädchen schlug ihr ins Gesicht.

Der Schlag betäubte Carol. Er war hart, schmerzhaft und unerwartet. Einen Augenblick lang konnte sie es einfach nicht glauben, daß sie tatsächlich geschlagen worden war.

Dann versetzte ihr das Mädchen noch einen Schlag. Mit der Rückseite der Hand.

Und noch einen. Stärker als vorher.

Carol packte die schmalen Handgelenke ihrer Gegnerin, aber das Mädchen riß sich los. Sie trat Carol gegen das Schienbein, und als Carol aufschrie und einen Augenblick lang in sich zusammensackte, ging das Mädchen ihr an die Kehle. Carol wehrte sie ab, wenn auch mit Mühe, und versuchte, von dem Lehnstuhl aufzustehen. Jane drückte sie wieder zurück und stürzte sich auf sie. Sie spürte, wie das Mädchen sie in die Schulter biß, und plötzlich verwandelten sich Schreck und Verwirrung in Angst. Der Stuhl kippte um, und sie rollten beide, wild mit den Armen schlagend, auf den Boden.

Das flache Land, durch das sie gefahren waren, begann nun, anzusteigen und sich zu sanft dahinrollenden Hügeln zu formen, aber die Berge waren immer noch weit weg.

Wenn sich das Wetter innerhalb der letzten halben Stunde überhaupt verändert hatte, dann nur zum Schlechten. Es regnete heftiger denn je; die dicken, harten Wasserkügelchen zerplatzten auf der Fahrbahn wie Glas, und die gestaltlosen Teilchen spritzten hoch in die Luft. Paul hielt die Tachonadel auf hundertdreißig.

»Reinkarnation«, meinte er nachdenklich. »Noch vor ein paar Minuten habe ich dir gesagt, daß ich heute alles glauben könnte, aber das ist verrückt. Reinkarnation? Wo zum Teufel ist dir denn diese Theorie über den Weg gelaufen?«

Während die Scheibenwischer arbeiteten und die Reifen ein schrilles Klagelied auf der Fahrbahn voller Regenpfützen sangen, erzählte Grace ihm von den Anrufen Leonards, dem Besuch des längst verstorbenen Reporters, den prophetischen Träumen; sie erzählte ihm von dem verbissenen Kampf gegen Aristophanes. »Ich bin Rachael Adams, Paul. Dieses andere Leben ist mir enthüllt worden, damit ich diesen Teufelskreis durchbrechen kann. Willa hat das Feuer nicht ausgelöst. Ich habe das aus Versehen getan. Es gibt keinen Grund für die Rache des Mädchens. Das Ganze ist ein Fehler, ein düsteres Mißverständnis. Wenn ich mit dem Mädchen Jane reden kann, während sie in ihrer Lauraphase steckt, kann ich sie von der Wahrheit überzeugen. Das weiß ich. Ich kann das Ganze zum Stillstand bringen, jetzt, ein und für allemal. Glaubst du, das ist nur Geschwätz? Daß ich senil bin? Das glaube ich nicht. Ich *weiß*, daß ich es nicht bin. Und ich vermute, daß du in letzter Zeit selbst merkwürdige Erlebnisse gehabt hast, die das bestätigen, was ich dir erzähle.«

»Da hast du den Nagel auf den Kopf getroffen«, meinte er.

Trotzdem, Reinkarnation – in einem neuen Körper wiedergeboren zu werden – war etwas, was man nur mit großer Verblüffung und Erschütterung hinnehmen konnte. Es gibt keinen endgültigen Tod. Ja, das war viel schwerer hinzunehmen als die Existenz von Poltergeistern.

»Weißt du etwas von Millicent Parker?« fragte er sie. »Noch nie gehört«, meinte Grace.

Es begann nun, noch stärker zu regnen. Er stellte die Scheibenwischer auf die höchste Geschwindigkeit.

»Im Jahre 1905«, erzählte er Grace, »hat Millie Parker versucht, ihre Mutter umzubringen – in der Nacht vor ihrem sechzehnten Geburtstag. Wie im Fall Linda Bektermann hat schließlich die Mutter Millie umgebracht statt umgekehrt. Eindeutig Notwehr. Und jetzt kommt etwas, was du vielleicht noch nicht weißt: Unter Hypnose hat Jane behauptet, Laura, Millie und dann Linda Bektermann zu sein. Aber uns haben die Namen bis jetzt nichts gesagt.«

»Und wieder, wie in dem Fall Millicent Parker«, meinte Grace, »hat das Mädchen sich nicht rächen können. Ja. Ich hab' gewußt, daß es zwischen Laura und Linda noch ein weiteres Leben geben muß.«

»Aber warum immer diese Geschichte mit der Nacht vor dem Geburtstag?«

»Laura hat sich unheimlich auf *ihren* sechzehnten Geburtstag gefreut«, meinte Grace-Rachael. »Sie hat geglaubt, daß das der schönste Tag ihres Lebens werden würde. Sie hat alles mögliche vorgehabt für diesen Tag – und sich vorgestellt, wie sich ihr Leben verändern würde, wenn sie erst einmal dieses magische Alter erreicht hatte. Ich glaube, sie hat irgendwie das Gefühl gehabt, daß ihre Mutter sie anders behandeln würde, wenn sie ›erwachsen‹ wäre. Aber sie ist vor ihrem Geburtstag in den Flammen umgekommen.«

»Und Leben für Leben tauchen die Angst vor ihrer Mutter und der Haß gegen ihre Mutter aus ihrem Unterbewußtsein auf, wenn ihr sechzehnter Geburtstag näherrückt.«

Grace nickte. »Aus dem Unterbewußtsein des Mädchens, das sie im Jahre 1865 gewesen ist, des Mädchens, der Identität, die auf dem Grunde von Janes Psyche vergraben liegt.«

Sie fuhren eine oder zwei Minuten schweigend dahin. Pauls Hände lagen schweißnaß auf dem Steuer. Es drehte sich in ihm alles, als er versuchte, die Geschichte aufzunehmen, die sie ihm erzählt hatte, und er hatte jenes merkwürdige Gefühl, auf einem Seil hoch über einem tiefen, tiefen, dunklen Abgrund zu balancieren.

Dann sagte er: »Aber Carol ist nicht Janes Mutter.«

»Du hast etwas vergessen«, meinte Grace.
»Was?«
»Carol hat als Teenager ein uneheliches Kind zur Welt gebracht. Ich weiß, daß sie dir das alles erzählt hat. Ich verrate dir also kein Geheimnis.«

Pauls Magen verkrampfte sich. Es fror ihn bis in die Knochen. »Mein Gott. Du meinst... Jane ist das Kind, das Carol zur Adoption freigegeben hat.«

»Ich habe keine Beweise dafür«, sagte Grace. »Aber ich wette, daß wir, wenn die Polizei ihr Suchnetz nur weit genug auswirft und die Eltern des Mädchens schließlich in einem anderen Bundesstaat aufspürt, erfahren, daß sie adoptiert ist. Und daß Carol ihre richtige Mutter ist.«

Sie kämpften scheinbar ewig auf dem Boden neben dem Kamin, stöhnten, wanden sich, das Mädchen schlug um sich, und Carol versuchte, sich zu wehren, ohne sie zu verletzen. Als es schließlich klar wurde, daß Carol zweifelsfrei die stärkere von beiden war und letztlich die Oberhand gewinnen würde, drückte sich das Mädchen von ihr weg, krabbelte hoch, gab ihr einen Tritt in den Oberschenkel und rannte aus dem Zimmer in die Küche.

Carol war schockiert und wie betäubt von der unerwarteten Gewalttätigkeit des Mädchens sowie der manischen Wucht ihrer Schläge. Ihr Gesicht brannte, und sie wußte, daß sie blaue Flecken im Gesicht bekommen würde. Die Schulter, in die das Mädchen sie gebissen hatte, blutete; langsam breitete sich ein großer, feuchter, roter Fleck vorne über ihre Bluse aus.

Sie stand auf und wankte einen Augenblick lang unsicher hin und her. Dann folgte sie dem Mädchen. »Kleines, warte!«

In der Ferne, draußen vor dem Haus, schwoll Lauras Stimme zu einem hohen, schrillen Schrei an: »Ich haaaaaasse dich!«

Carol erreichte die Küche und lehnte sich gegen den Kühlschrank. Das Mädchen war weg. Die hintere Tür stand offen.

Das Geräusch des Regens war sehr laut.

Sie eilte zur Tür und sah hinaus auf den hinteren Garten, auf die kleine Wiese, auf den Wald, der sich an die Wiese herandrängte. Das Mädchen war verschwunden.

»Jane! Laura!«

Millicent? fragte sie sich. Linda? Wie um Himmels willen *soll* ich sie bloß nennen?

Sie ging über die Veranda und die Stufen zum Garten hinunter, hinaus in den kalten, prasselnden Regen. Sie wandte sich nach rechts, dann nach links, nicht sicher, wo sie zuerst suchen sollte.

Dann tauchte Jane auf. Das Mädchen kam aus dem Holzschuppen der südwestlichen Ecke der Hütte. Sie hatte eine Axt in der Hand.

»... *und daß Carol ihre richtige Mutter ist.*«

Grace' Worte hallten wieder und wieder in Pauls Kopf. Einen Augenblick lang war er unfähig zu sprechen. Er starrte schockiert geradeaus, sah die Straße eigentlich nicht mehr und wäre fast von hinten in einen langsam dahinrollenden Buick gefahren. Er trat voll auf die Bremse. Er und Grace wurden nach vorne geschleudert und stellten dabei ihre Sicherheitsgurte auf die Probe. Er verlangsamte, bis er sich wieder unter Kontrolle hatte.

Schließlich brachen die Worte aus ihm hervor wie Maschinengewehrfeuer: »Aber wie zum Teufel hat das Mädel rausgefunden, wer ihre richtige Mutter ist; normalerweise kriegen Kinder in ihrem Alter solche Informationen nicht. Wie ist sie von dem Staat, in dem sie lebt, hierhergekommen? Wie hat sie uns aufgespürt und die ganze Angelegenheit so weit gebracht, wie sie jetzt ist? Guter Gott, sie ist Carol also tatsächlich absichtlich vors Auto gelaufen. Es ist ein abgekartetes Spiel gewesen. Die ganze verdammte Sache ist ein abgekartetes Spiel gewesen!«

»Ich weiß nicht, wie sie den Weg zu Carol gefunden hat«, meinte Grace. »Vielleicht haben ihre Eltern gewußt, wer die richtige Mutter des Kindes ist, und haben den Namen in den Familienunterlagen aufbewahrt, falls das Mädchen ihn als Erwachsene jemals wissen wollte. Vielleicht aber auch nicht. Vielleicht war's ganz anders. Vielleicht haben einfach dieselben Mächte sie zu Carol getrieben, die versucht haben, durch Aristophanes an mich heranzukommen. Das könnte erklären, warum sie so benommen gewirkt hat, bevor sie Carol vor die Räder gelaufen ist. Aber ich weiß es auch nicht genau. Vielleicht erfahren wir es nie.«

»O Scheiße«, sagte Paul mit zitternder Stimme. »O nein, nein. Verdammt!«

»Was?«

»Du weißt doch, wie Carol immer an *dem* Tag ist«, meinte er schwach. »An dem Tag, an dem ihr Kind geboren wurde, das Kind, das sie weggegeben hat. Sie ist an dem Tag ganz anders als sonst. Deprimiert, zurückgezogen. Das ist immer so ein schlimmer Tag für sie, daß sich das Datum in mein Gedächtnis eingegraben hat.«

»Mir auch«, sagte Grace.

»Es ist morgen«, meinte er. »Wenn Jane tatsächlich Carols Kind ist, wird sie morgen sechzehn.«

»Ja.«

»Und sie wird heute versuchen, Carol umzubringen.«

Laken aus dunklem Regen kräuselten sich und flatterten wie windgepeitschte Segeltuchzelte.

Carol stand auf dem durchweichten Rasen, unfähig, sich zu bewegen, von der Angst wie gelähmt, erstarrt durch den kalten Regen.

Etwa sechs Meter entfernt stand das Mädchen mit der Axt, die sie mit beiden Händen gepackt hielt. Ihr nasses Haar hing auf ihre Schulter herab, und die Kleider klebten an ihr. Sie schien den Sturm und die eisige Luft vergessen zu haben. Ihre Augen waren wie die einer Eule, als hätte sie Amphetamin genommen, und ihr Gesicht war wutverzerrt.

»Laura?« sagte Carol schließlich. »Hör mir zu. Du wirst mir jetzt zuhören. Du wirst die Axt fallen lassen.«

»Du gemeine, niederträchtige Hexe«, preßte das Mädchen durch ihre fest zusammengebissenen Zähne hervor.

Ein Blitz riß den Himmel auf, und einen Augenblick lang schimmerte der fallende Regen in den flackernden Strahlen, die von der anderen Seite des Himmels herniederschlugen.

Als der folgende Donner verrollt und Carol wieder zu hören war, sagte sie: »Laura, ich will, daß du...«

»Ich hasse dich!« sagte das Mädchen. Sie ging einen Schritt auf Carol zu.

»Hör jetzt sofort damit auf«, sagte Carol, ohne zurückzuweichen. »Du wirst dich jetzt beruhigen. Du wirst dich entspannen.«

Das Mädchen machte einen weiteren Schritt auf sie zu.

»*Laß die Axt fallen*«, beharrte Carol. »Kleines, hör mir zu. Du *wirst* mir jetzt zuhören. Du bist nur in Trance. Du bist...«

»Diesmal krieg' ich dich, Mami. Diesmal verlier' ich nicht.«

»Ich bin nicht deine Mutter«, sagte Carol. »Laura, du bist...«

»Diesmal hack' ich dir deinen verdammten Kopf ab, du Hexe!«

Die Stimme hatte sich verändert. Sie war nun nicht mehr die von Laura. Sie gehörte Linda Bektermann, der dritten Identität.

»Ich werd' dir deinen verdammten Kopf abhacken und ihn zusammen mit dem von Vati auf den Küchentisch legen.«

Mit einem Schlag erinnerte sich Carol wieder an den Alptraum von letzter Woche. In dem Traum hatte es einen Augenblick gegeben, wo sie in die Küche getreten und auf zwei abgetrennte Köpfe auf einem Tisch gestoßen war, den eines Mannes und den einer Frau. Aber wie konnte Jane diesen Alptraum kennen?

Carol trat schließlich einen Schritt zurück, dann noch einen. Obwohl der Regen kalt war, begann sie zu schwitzen.

»Ich sag' dir's nur noch einmal, Linda. Du mußt die Axt weglegen und...«

»Ich hack' dir den Kopf ab und hau' dich in tausend kleine Stücke«, sagte das Mädchen.

Und die Stimme gehörte jetzt Jane.

Es war nicht die Stimme einer Identität, die sich nur in der Trance gezeigt hatte. Das war *Janes* Stimme. Sie war aus eigener Kraft aus der Trance erwacht. Sie wußte, wer sie war. Sie wußte, wer Carol war. Und *trotzdem* wollte sie die Axt immer noch verwenden.

Carol schob sich an die Stufen zur hinteren Veranda heran.

Das Mädchen beschrieb schnell einen Kreis in diese Richtung und versperrte so den Zugang zur Hütte. Dann begann sie, sich rasch und grinsend auf Carol zuzubewegen.

Carol drehte sich um und rannte auf die Wiese zu.

Trotz des trommelnden Regens, der mit der Wucht von Geschossen gegen die Windschutzscheibe knallte, trotz des schmutzigen

Dunstes, der über der Straße hing, trotz der trügerisch schmierigen Fahrbahn trat Paul das Gaspedal ganz durch und lenkte den Pontiac auf die Überholspur.

»Es ist eine Maske«, sagte er.

Grace fragte: »Was meinst du damit?«

»Die Identität von Jane Doe, von Linda Bektermann und Millie Parker – jede davon ist nur eine Maske gewesen. Eine sehr wirkliche, sehr überzeugende Maske. Aber nichtsdestoweniger eine Maske. Hinter der Maske hat die ganze Zeit dasselbe Gesicht, dieselbe Person Laura gesteckt.«

»Und wir müssen dieser Maskerade ein für allemal ein Ende machen«, meinte Grace. »Wenn ich nur als ihre Tante Rachael zu ihr sprechen kann, kann ich diesen Wahnsinn beenden. Da bin ich mir ganz sicher. Sie wird auf mich hören... auf Rachael. Ihr hat sie am nächsten gestanden. Näher als ihrer Mutter. Ich kann ihr klarmachen, daß ihre Mutter Willa das Feuer damals im Jahre 1865 nicht absichtlich oder auch nur zufällig verursacht hat. Dann wird sie endlich verstehen. Sie wird sehen, daß kein Anlaß zur Rache besteht. Der Kreis wird sich schließen.«

»Wenn wir rechtzeitig kommen«, sagte Paul.

»Wenn«, sagte Grace.

Carol rannte durch den prickelnden Regen und durch das kniehohe Gras. Sie rannte die ansteigende Wiese hinauf, die Arme fest an die Seite gepreßt, schnappte nach Luft, hob die Beine bei jedem Schritt hoch und erzitterte jedesmal bis in die Knochen.

Vor ihr lag der Wald, der ihr die einzige Rettung zu sein schien. In dieser Wildnis gab es Tausende von Orten, an denen sie sich verstecken, unzählige Pfade, auf denen sie das Mädchen abhängen konnte. Schließlich war ihr die Gegend doch ein bißchen vertraut, während sie dem Mädchen fremd war.

Als sie die Wiese halb durchquert hatte, wagte sie einen Blick zurück. Das Mädchen war nur etwa fünf Meter von ihr entfernt.

Blitze schnitten durch die Bäuche der Wolken, und die Klinge der Axt flackerte einmal, zweimal auf und spiegelte jenes eisige elektrische Gleißen wider.

Carol sah wieder nach vorne und verdoppelte ihre Anstrengungen, zu den Bäumen zu gelangen. Die Wiese war feucht wie ein Schwamm und an manchen Stellen rutschig. Sie erwartete hinzufallen und sich dabei den Knöchel zu verstauchen, aber sie erreichte den Waldrand ohne Schwierigkeiten. Sie stürzte sich zwischen die Bäume, zwischen die purpurfarbenen und braunen und schwarzen Schatten, in das üppige Unterholz, und sie begann nun zu glauben, daß sie eine Chance hatte – vielleicht nur eine kleine Chance, aber nichtsdestoweniger eine Chance –, daß sie die ganze Sache lebend überstehen würde.

Paul saß über das Lenkrad gebeugt, schaute mit zusammengekniffenen Augen auf die Autobahn, über die der Regen fegte, und meinte: »Ich will eins klarstellen zwischen uns.«

Grace fragte: »Und was wäre das?«

»Mir geht's in erster Linie um Carol.«

»Natürlich.«

»Wenn wir in der Hütte in eine brenzlige Situation hineinplatzen, werd' ich alles tun, um Carol zu beschützen.«

Grace sah auf das Handschuhfach. »Du meinst... der Revolver.«

»Ja. Wenn ich muß, wenn's keine andere Möglichkeit gibt, werd' ich ihn benutzen, Grace. Ich erschieß' das Mädchen, wenn ich keine andere Wahl habe.«

»Es ist nicht sehr wahrscheinlich, daß wir mitten in eine Auseinandersetzung platzen«, sagte Grace. »Entweder hat's noch nicht angefangen – oder es ist schon alles vorbei, bis wir da sind.«

»Ich werd's nicht zulassen, daß sie Carol was tut«, meinte er grimmig. »Und wenn's hart auf hart kommt, möchte ich nicht, daß du versuchst, mich aufzuhalten.«

»Es gibt ein paar Dinge, die du in Betracht ziehen solltest«, sagte Grace.

»Und zwar?«

»Schließlich wäre es genauso tragisch, wenn Carol das Mädchen tötet. Und das ist bis jetzt immer das Muster gewesen. Sowohl Millie als auch Linda haben ihre Mutter angegriffen, aber letztlich waren *sie* diejenigen, die umgekommen sind. Was ist, wenn das auch dieses Mal passiert? Was ist, wenn Carol gezwungen ist, das Mädchen in Notwehr zu töten? Du weißt, daß sie ihre Schuldgefühle darüber nie losgeworden ist, daß sie das Mädchen zur Adoption freigegeben hat. Das lastet nach sechzehn Jahren immer noch auf ihren Schultern. Was wird also passieren, wenn sie erfährt, daß sie ihre eigene Tochter umgebracht hat?«

»Das wird sie zerbrechen«, meinte er, ohne zu zögern. »Das könnte es sehr wohl. Und was wird aus deiner Beziehung zu Carol, wenn *du* ihre Tochter umbringst, selbst wenn du's tust, um Carol das Leben zu retten?«

Er dachte einen Augenblick darüber nach. Dann meinte er: »Das könnte *uns* zerbrechen«, und er schauderte.

Eine ganze Zeitlang konnte Carol das Mädchen nicht abhängen, ganz egal, wie gewunden der Weg auch war, dem sie durch den Wald folgte. Sie wechselte ständig die Trampelpfade, überquerte einen kleinen Bach und ging wieder den Weg zurück, den sie gekommen war. Die ganze Zeit über lief sie gebückt und hielt sich unter der oberen Grenze der Sträucher aus dem Blickfeld heraus. Sie machte keine Geräusche, die bei dem ständigen Rauschen des Regens noch zu hören gewesen wären. Die meiste Zeit trat sie vorsichtig auf alte Blätter oder von Stein zu Stein, von Holzklotz zu Holzklotz, um keine Fußspuren auf der feuchten, kahlen Erde zu hinterlassen. Und dennoch verfolgte Jane sie mit unheimlicher Selbstsicherheit, ohne zu zögern, als ob ein Teil von ihr die Instinkte eines Bluthundes besaß.

Schließlich war sich Carol jedoch sicher, daß sie das Mädchen abgehängt hatte. Sie ging unter einer riesigen Kiefer in die Hocke, lehnte sich gegen die feuchte Rinde zurück und atmete tief, schnell und rauh ein, während sie darauf wartete, daß ihr Herzschlag aufhörte zu rasen.

Eine Minute verstrich. Zwei. Fünf.

Das einzige Geräusch war das des Regens, der durch die Blätter und durch die ineinander verflochtenen Kiefernnadeln nieselte.

Sie nahm jetzt den naßkalten Geruch üppiger Vegetation wahr – Moos und Pilze und Waldgras und ähnliches.

Nichts rührte sich.

Sie war in Sicherheit, jedenfalls vorübergehend.

Aber sie konnte nicht einfach unter der hohen Kiefer sitzen bleiben und darauf warten, daß Hilfe kam. Jane würde schließlich aufhören, nach ihr zu suchen und versuchen, einen Weg zurück zur Hütte zu finden. Wenn das Mädchen sich nicht verirrte – was sie höchstwahrscheinlich tun würde –, wenn es ihr irgendwie gelang, zur Hütte zurückzugelangen, und wenn sie sich noch immer in einem psychischen Fluchtzustand befand, wenn sie dort ankam, würde sie vielleicht den ersten Menschen umbringen, den sie traf. Wenn sie Vince Gervis überraschte, würden nicht einmal seine Größe und seine eindrucksvollen Muskeln etwas gegen die Klinge einer Axt ausrichten.

Carol erhob sich, bewegte sich weg von dem Baum und begann, in einem Kreis wieder zur Hütte zurückzukehren. Die Schlüssel zum Volkswagen steckten in ihrer Handtasche, und ihre Handtasche lag in einem der Schlafzimmer. Sie mußte die Schlüssel holen, in die Stadt fahren und den Bezirkssheriff um Hilfe bitten.

Was ist schiefgegangen? fragte sie sich. Das Mädchen hatte keinen Anlaß gehabt, gewalttätig zu werden. Es gab keinerlei Anzeichen dafür, daß sie zu so etwas in der Lage war. Die Fähigkeit zu töten war einfach nicht Teil ihrer psychischen Struktur. Paul hatte recht gehabt, sich Sorgen zu machen. Aber *warum?*

Da sie sich mit äußerster Vorsicht bewegte und erwartete, daß das Mädchen sich hinter jedem Baum oder Busch auf sie stürzen könnte, brauchte Carol fünfzehn Minuten, um den Waldrand an einem Punkt zu erreichen, der nicht weit von der Stelle entfernt war, wo sie, das Mädchen dicht auf den Fersen, in den Wald getreten war. Die Wiese lag verlassen da. Am Fuße des Hügels kauerte die Hütte unter dem strömenden Regen.

Das Kind hat sich verlaufen, dachte Carol. Dieses ganze Hin und Her und Vor und Zurück durch fremdes Gelände ist zuviel für sie gewesen. Sie wird den Weg zurück nie mehr allein finden.

Den Männern des Sheriffs würde das sicher nicht gefallen: eine Suchaktion im Regen und im Wald, nach einem gewalttätigen Mädchen, das mit einer Axt bewaffnet war. Nein, das würde ihnen überhaupt nicht gefallen.

Carol rannte über die Wiese.

Die hintere Tür der Hütte stand offen, genau wie sie sie verlassen hatten.

Sie eilte hinein, schlug die Tür hinter sich zu und legte den Riegel vor. Ein Gefühl der Erleichterung überkam sie.

Sie schluckte ein paarmal, schöpfte Atem und ging durch die Küche zur Wohnzimmertür. Sie wollte gerade über die Schwelle treten, als die plötzliche, schreckliche Gewißheit, daß sie nicht allein war, sie stehenbleiben ließ.

Sie sprang zurück, eher durch Intuition als durch etwas anderes getrieben, und noch während sie sich bewegte, sauste die Axt von links durch die offene Tür hernieder. Sie durchschnitt die Luft an der Stelle, wo sie gestanden hatte. Wenn sie sich nicht bewegt hätte, wäre sie in zwei Hälften zerhackt worden.

Das Mädchen trat ins Zimmer und schwang dabei die Axt.

Carol bewegte sich rückwärts auf die Tür zu, die sie gerade verschlossen hatte. Sie tastete hinter sich nach dem Riegel. Konnte ihn nicht finden.

Das Mädchen kam näher.

Wimmernd drehte sich Carol zu der Tür um und packte den Riegel. Sie ahnte, daß sich die Axt hinter ihr erhob, wußte, daß sie keine Zeit haben würde, die Tür zu öffnen, warf sich zur Seite, und die Klinge drang genau dort in die Tür, wo ihr Kopf gewesen war.

Das Mädchen zerrte die Axt mit übermenschlicher Kraft aus dem Holz.

Keuchend duckte sich Carol an ihr vorbei und rannte ins Wohnzimmer. Sie suchte nach etwas, womit sie sich verteidigen konnte. Das einzige, was sie fand, war ein Schürhaken im Gestell mit den Kaminwerkzeugen. Sie packte ihn.

Hinter ihr sagte Jane: »Ich hasse dich!«

Carol wirbelte herum.

Das Mädchen holte mit der Axt aus.

Carol riß den Schürhaken keine Sekunde zu früh hoch, und er hallte wider an der schimmernden, gefährlich scharfen Klinge, als er den Schlag abwehrte.

Der Aufprall sandte Schwingungen bis zu Carols Händen

hinunter und betäubte sie. Sie konnte die Eisenstange nicht mehr halten; sie fiel ihr aus den prickelnden Händen.

Die Schwingungen des Aufpralls wurden durch den hölzernen Griff der Axt nicht weitergeleitet, und Jane hielt diese Waffe noch immer wild entschlossen fest.

Carol schob sich an die breite Feuerstelle des Steinkamins heran. Sie spürte die Hitze an ihren Beinen.

Sie konnte nicht mehr ausweichen.

»Jetzt«, sagte Jane. »Jetzt. Endlich.«

Sie hob die Axt hoch in die Luft, und Carol schrie in Erwartung des Schmerzes laut auf, und die Eingangstür flog auf. Sie krachte gegen die Wand. Paul war da. Und Grace.

Das Mädchen warf ihnen einen Blick zu, ließ sich jedoch nicht abhalten; die Axt sauste auf Carols Gesicht nieder.

Carol sank vor der Feuerstelle in sich zusammen.

Die Axt traf auf den Steinsims über ihrem Kopf; die Funken flogen.

Paul stürzte auf das Mädchen zu, aber sie ahnte, daß er kam. Sie wandte sich ihm zu, schwang die Axt und trieb ihn zurück.

Und wandte sich wieder Carol zu.

»Wie eine Ratte in die Ecke getrieben«, sagte sie grinsend.

Die Axt erhob sich.

Diesmal verfehlt sie ihr Ziel nicht, dachte Carol.

Jemand sagte: »Spinnen!«

Das Mädchen erstarrte.

Die Axt blieb mitten in der Luft stehen.

»Spinnen!« Es war Grace. »Auf deinem Rücken sind Spinnen, Laura. Mein Gott, auf deinem ganzen Rücken. Spinnen! Laura, paß auf die Spinnen auf!«

Carol sah voller Verwirrung, wie ein Ausdruck blanken Entsetzens sich über das Gesicht des Mädchens ausbreitete.

»Spinnen!« rief Grace wieder. »Große, schwarze, haarige Spinnen, Laura. Wisch sie weg! Wisch sie weg von deinem Rücken. Schnell!«

Das Mädchen schrie auf und ließ die Axt fallen, die gegen die Feuerstelle aus Stein klapperte. Sie fegte wie wild an ihrem Rücken herum und verdrehte dabei die Arme nach hinten. Sie schniefte und kreischte wie ein ganz kleines Kind. »Helft mir!«

»Spinnen«, sagte Grace wieder, als Paul die Axt aufhob und aus dem Weg schaffte.

Das Mädchen versuchte, sich die Bluse vom Leib zu reißen. Sie fiel auf die Knie, kippte zur Seite und plapperte voller Schrecken unverständliches Zeug. Sie wand sich auf dem Boden und wischte sich eingebildete Spinnen vom Körper. Nach einer Minute schien sie sich in einem Schockzustand zu befinden; sie lag zitternd und weinend da.

»Sie hat immer Angst vor Spinnen gehabt«, sagte Grace. »Deshalb hat sie auch den Keller gehaßt.«

»Den Keller?« fragte Carol.

»Wo sie gestorben ist«, meinte Grace.

Carol verstand nicht. Aber im Moment war ihr das egal. Sie sah, wie sich das Mädchen am Boden wand und empfand plötzlich überwältigendes Mitleid für sie. Sie kniete neben Jane nieder, hob sie auf und nahm sie in den Arm.

»Bist du in Ordnung?« fragte Paul sie.

Sie nickte.

»Spinnen«, sagte das Mädchen und zitterte dabei völlig unkontrolliert.

»Nein, Kleines«, sagte Carol. »Keine Spinnen. Du hast keine Spinnen am Körper. Jetzt nicht. Nicht mehr.« Und sie sah Grace fragend an.

Die Augen
der Dunkelheit

*Dieses Buch habe ich einigen Menschen
in Bedford, Pennsylvania, gewidmet –
Ross und Angela Cerra,
Henry und Virginia Hillegass –
deren Freundschaft mir viel bedeutet.*

Teil I
Dienstag, 30. Dezember

1

In der Nacht zum Dienstag – genauer gesagt, um vier Minuten nach Mitternacht – glaubte Tina Evans auf der Heimfahrt von einer späten Probe ihrer neuen Show ihren Sohn Danny in einem fremden Auto zu sehen, obwohl Danny schon seit über einem Jahr tot war.

Sie wollte in einem Supermarkt, der rund um die Uhr geöffnet hatte, rasch noch Milch und Weizenbrot kaufen und parkte ihren Wagen im gespenstisch gelben Licht einer Natriumbogenlampe neben einem funkelnden, cremefarbenen Chevrolet-Kombi. Der Junge saß auf dem Beifahrersitz des Chevrolets. Vermutlich wartete er auf seine Mutter oder auf seinen Vater. Tina konnte sein Gesicht nur im Profil sehen, aber sie zuckte wie vom Blitz getroffen zusammen, und ihr stockte jäh der Atem.

Danny.

Der Junge im Kombi mußte etwa zwölf Jahre alt sein, also in Dannys Alter, und er hatte Dannys dichte dunkle Haare, Dannys Nase und Dannys zartes Kinn. Und nun führte er auch noch eine Hand zum Mund und begann am Daumen zu lutschen – eine Unsitte, die Danny sich etwa ein Jahr vor seinem Tod angewöhnt und die er allen Bemühungen Tinas zum Trotz nicht wieder abgelegt hatte.

Während sie jetzt den Jungen anstarrte, hatte sie das merkwürdige Gefühl, daß seine Ähnlichkeit mit Danny mehr als nur ein reiner Zufall war. Ihr Mund wurde trocken, und sie bekam rasendes Herzklopfen. Weil sie sich immer noch nicht mit dem Verlust ihres einzigen Kindes abgefunden hatte, diente ihr die Ähnlichkeit dieses Jungen mit Danny nun als Entschuldigung für die Fantasie, daß es tatsächlich Danny war, und je mehr sie darüber nachdachte, desto weniger absurd kam ihr diese Idee vor. Schließlich hatte sie ja Dannys Leiche nie gesehen. Die Polizei, der Gerichtsmediziner und der Leichenbestatter, alle hatten ihr erklärt, Danny sei so gräßlich verstümmelt, daß sie sich diesen Anblick lieber ersparen solle. Vor Trauer und Schmerz wie betäubt, hatte sie diesen Rat befolgt, und so war bei Dannys Beerdigung der Sarg geschlossen geblieben. Aber vielleicht war bei der Identifizierung der Leiche ein Irrtum passiert. Vielleicht war Danny bei dem Unfall doch nicht ums Leben gekommen. Vielleicht hatte er nur eine Kopfverletzung erlitten und dadurch sein Gedächtnis verloren. Ja, so könnte es gewesen sein – Gedächtnisschwund! Vielleicht hatte er sich von dem völlig zertrümmerten Bus entfernt und war einfach immer weiter und weiter gelaufen und schließlich meilenweit vom Unfallort gefunden worden, ohne irgendwelche Ausweise, außerstande zu sagen, wer er war oder woher er kam. So etwas war doch möglich, oder etwa nicht? Man sah es schließlich in Filmen. Natürlich – Gedächtnisschwund! Und in diesem Fall konnte er ohne weiteres bei Pflegeeltern gelandet sein und dort ein neues Leben führen. Und jetzt saß er hier in diesem cremefarbenen Chevrolet. Das Schicksal hatte ihn ihr wiedergeschenkt und...

Sie wurde jäh aus ihrem herrlichen Fantasietraum gerissen, als der Junge ihre Blicke spürte und sich langsam zu ihr umdrehte. Sie hielt den Atem an. Während sie einander durch zwei Fenster hindurch betrachteten, hatte Tina einige Sekunden lang den Eindruck, als nähmen sie über einen unermeßlichen Abgrund von Zeit und Raum hinweg Kontakt miteinander auf. Aber dann wurde ihr bewußt, daß der Junge von vorne gesehen nicht die geringste Ähnlichkeit mit Danny hatte.

Sie wandte ihre Augen von ihm ab und blickte auf ihre Hände, die das Lenkrad so fest umklammert hielten, daß es weh tat.

»Verdammt!« murmelte sie.

Sie ärgerte sich über sich selbst. Sie hielt sich für eine starke, ausgeglichene und vernünftige Frau, die mit jeder Lebenssituation fertig werden konnte, und es verstörte sie, daß sie sich immer noch nicht mit Dannys Tod abfinden konnte.

Und dabei hatte es nach dem Begräbnis, nachdem der erste

Schock überwunden war, zunächst ganz so ausgesehen, als würde es ihr gelingen, den schweren Schicksalsschlag zu verkraften. Allmählich konnte sie Danny ein wenig vergessen, jeden Tag und jede Woche etwas mehr, unter Schmerz und Bitterkeit, Schuldgefühlen und Tränen, aber doch mit aller Energie und Entschiedenheit. Sie war in diesem Jahr seit Dannys Tod einige Stufen auf der Karriereleiter vorangekommen, und sie hatte sich mit harter Arbeit betäubt, bis die Wunde verheilt zu sein schien.

Aber dann, vor einigen Wochen, war sie in jenen Zustand zurückgefallen, der direkt nach Erhalt der Unglücksnachricht ihre Gesundheit bedroht hatte. Sie wurde immer wieder von dem beklemmenden Gefühl überfallen, daß ihr Sohn lebte. Die Zeit hätte ihren Schmerz eigentlich lindern müssen, aber statt dessen schien er von Tag zu Tag zuzunehmen. Dieser Junge im Chevrolet war nicht der erste, in dem sie Danny wiederzuerkennen geglaubt hatte. Seit einigen Wochen passierte ihr das auf Schritt und Tritt. Außerdem träumte sie immer wieder, daß Danny lebte, und nach dem Aufwachen konnte sie sich nicht mit der Wahrheit abfinden; sie redete sich ein, daß diese Träume eine Vorahnung von Dannys Rückkehr zu ihr seien, daß er irgendwie überlebt hatte, daß sie ihn in naher Zukunft wieder in ihre Arme schließen würde. Es war eine herrlich tröstende Fantasie, die sich aber natürlich nicht lange aufrechterhalten ließ. Obwohl sich alles in ihr gegen die bittere Wahrheit sträubte, wurde sie doch jedesmal auf den Boden der Realität zurückversetzt und mußte sich mit der Tatsache abfinden, daß ihre Träume eben doch keine Vorahnungen waren. Und trotzdem wußte sie, daß sie auch beim nächstenmal wider alle Vernunft neue Hoffnung aus diesem Traum schöpfen würde.

Und das war nicht gut.

Das war krankhaft.

Sie schaute zum Kombi hinüber und sah, daß der Junge sie immer noch anstarrte. Unter Aufbietung aller Willenskraft zwang sie sich, das Lenkrad loszulassen.

Seelischer Schmerz konnte einen Menschen in den Wahnsinn treiben. Das hatte sie irgendwo gelesen. Aber sie würde nicht zulassen, daß ihr etwas derartiges widerfuhr. Sie mußte hart gegen sich sein. Sie durfte sich einfach nicht erlauben, auf

Dannys Rückkehr zu hoffen. Sie hatte ihn von ganzem Herzen geliebt, aber er war nicht mehr da. Verdammt, er war tot! Zusammen mit vierzehn anderen Jungen war er bei dem tragischen Busunglück ums Leben gekommen, war bis zur Unkenntlichkeit verstümmelt worden. Tot. Er lag in einem Sarg unter der Erde, für immer.

Ihre Unterlippe zitterte. Nur mit großer Mühe konnte sie die Tränen zurückhalten.

Der Junge im Chevrolet hatte das Interesse an ihr verloren und fixierte jetzt wieder den Ausgang des Supermarktes.

Tina stieg aus ihrem VW-Käfer. Die Nacht war angenehm kühl. Sie holte tief Luft und betrat das Geschäft. Drinnen war es viel zu kalt, und die Leuchtstoffröhren waren viel zu grell.

Sie kaufte einen halben Liter Magermilch und einen Laib Weizenbrot, der für Diäthaltende in besonders dünne Scheiben aufgeschnitten war. Obwohl sie keine Tänzerin mehr war, sondern jetzt als Intendantin von Shows hinter den Kulissen arbeitete, fühlte sie sich doch physisch und psychisch am besten, wenn sie ihr früheres Gewicht hielt.

Fünf Minuten später war sie zu Hause. Sie machte sich zwei Scheiben Toast, bestrich sie mit Erdnußbutter, goß sich ein Glas kalter Milch ein und setzte sich an den Küchentisch.

Toast mit Erdnußbutter hatte seit jeher zu Dannys Lieblingsspeisen gehört. Schon als ganz kleiner Junge hatte er ›Adusputter‹ haben wollen. Sie schloß die Augen und sah ihn deutlich vor sich – drei Jahre alt, Mund und Kinn mit Erdnußbutter beschmiert; er lachte ihr zu und rief: »Mehr Adusputtertoss, bitte!«

Sie öffnete rasch wieder die Augen, denn sein Bild war viel zu lebendig, und sie wußte genau, daß sie sich nicht ihren Erinnerungen ausliefern durfte. Aber es war viel zu spät. Sie hatte einen Kloß im Halse, und ihre Unterlippe begann wieder zu zittern. Sie ließ ihren Kopf vornüber auf den Tisch sinken und brach in Tränen aus.

In dieser Nacht träumte sie, daß Danny am Leben sei. Irgendwie. Irgendwo. Er lebte. Und er brauchte sie.

In ihrem Traum stand Danny am Rande eines tiefen Abgrunds, und Tina stand ihm gegenüber auf der anderen Seite der

Schlucht und blickte zu ihm hinüber. Danny rief nach ihr. Er war allein und fürchtete sich. Sie war verzweifelt, weil sie nicht wußte, wie sie zu ihm gelangen könnte. Der Himmel wurde mit jeder Sekunde dunkler; dichte düstere Sturmwolken verdrängten das letzte Tageslicht. Dannys Schreie und ihre Antworten wurden immer schriller und angstvoller, denn sie wußten beide, daß sie vor Einbruch der Nacht zusammenkommen mußten, wenn sie einander nicht für immer verlieren wollten. Die Nacht hielt etwas Schreckliches für Danny bereit. Etwas Grauenvolles lauerte ihm auf und würde ihn erwischen, wenn er im Dunkeln allein war. Plötzlich zerriß ein Blitz den Himmel, und danach trat totale Finsternis ein, und ein heftiger Donnerschlag krachte.

Tina Evans setzte sich abrupt im Bett auf, überzeugt davon, ein Geräusch im Haus gehört zu haben. Es konnte nicht der Donner aus ihrem Traum gewesen sein. Sie hatte dieses Geräusch in dem Moment wahrgenommen, als sie aus ihrem Alptraum aufgeschreckt war, ein *reales* Geräusch, kein Produkt ihres Unterbewußtseins. Sie lauschte angespannt, bereit, beim leisesten Laut aus dem Bett zu springen, aber im Haus blieb alles völlig still. Allmählich stiegen Zweifel in ihr auf. Sie *war* in letzter Zeit übernervös. Dies war nicht das erste Mal, daß sie nachts einen Einbrecher zu hören glaubte. In den vergangenen zwei Wochen war ihr das ein halbes Dutzend Mal passiert, und jedesmal, wenn sie nach der Pistole auf dem Nachttisch gegriffen und mit der Waffe in der Hand ein Zimmer nach dem anderen überprüft hatte, war kein Eindringling zu finden gewesen. Sie stand in letzter Zeit unter starkem seelischen Druck, sowohl beruflich als auch im Privatleben. Vielleicht war das Geräusch, das sie gehört hatte, doch nur der Donner aus ihrem Traum gewesen. Sie spannte noch eine Zeitlang ihre Sinne an, aber die Nacht war so ruhig, daß ihr Herzklopfen nachließ. Niemand außer ihr selbst hielt sich im Haus auf. Sie streckte sich wieder im Bett aus.

In Augenblicken wie diesen wünschte sie sich von Herzen, daß Michael noch bei ihr wäre. Sie schloß die Augen und malte sich aus, er läge neben ihr, und sie könnte im Dunkeln nach ihm tasten, ihn berühren, sich in seine Arme schmiegen. Er würde sie trösten und beruhigen, und sie könnte geborgen wieder einschlafen.

Aber sie wußte genau, daß die Realität ganz anders aussähe, wenn Michael und sie jetzt tatsächlich nebeneinander im Bett lägen. Sie würden sich nicht lieben, sondern heftig zanken. Er würde ihre Zärtlichkeiten im Keim ersticken und einen Streit vom Zaun brechen, würde sie so lange provozieren, bis auch sie die Geduld verlöre und zurückbrüllte. So war es gegen Ende ihrer Ehe meistens zugegangen. Ihm war jeder Vorwand recht gewesen, um seinen Zorn an ihr abreagieren zu können. Sie hatte unter seiner Aggressivität und unter der zuletzt unvermeidlichen Trennung sehr gelitten, weil ihre Liebe zu ihm noch nicht erkaltet war, aber gleichzeitig war sie doch erleichtert gewesen, als schließlich alles hinter ihr lag.

Sie hatte ihr Kind und ihren Ehemann in ein und demselben Jahr verloren, zuerst den Mann, dann den Jungen, den Sohn an den Tod, den Mann an die Wechselfälle des Lebens. Während der zwölf Jahre ihrer Ehe hatte sie sich stark gewandelt, Michael hingegen nicht im geringsten. Es war eine Liebesheirat gewesen, und anfangs hatten sie Freud und Leid miteinander geteilt. Aber im Laufe der Zeit hatten sie sich dermaßen auseinandergelebt, daß die Scheidung nur noch der äußerliche Schlußpunkt einer längst eingetretenen Entfremdung gewesen war. Obwohl Michael weiterhin in dieser Stadt lebte, obwohl die räumliche Entfernung zwischen ihnen nur etwa einen Kilometer betrug, so lagen doch Welten zwischen ihnen, war er für sie in gewisser Hinsicht genauso unerreichbar wie Danny.

Mit einem resignierten Seufzer öffnete Tina ihre Augen.

Sie fühlte sich hellwach, aber sie wußte genau, daß sie dringend etwas Schlaf benötigte. Sie mußte morgen frisch und ausgeruht sein, denn der vor ihr liegende Tag würde einer der entscheidendsten ihres bisherigen Lebens sein. Der 30. Dezember... In anderen Jahren hatte dieses Datum keine besondere Bedeutung gehabt, aber jetzt hing ihre gesamte Zukunft davon ab, wie dieser Dienstag verlaufen würde.

Seit fünfzehn Jahren lebte und arbeitete Tina Evans nun schon in Las Vegas. Sie hatte ihre Karriere mit achtzehn – zwei Jahre vor ihrer Heirat – als Tänzerin im Lido de Paris begonnen, einer grandiosen Bühnenshow im Stardust Hotel. Es war eine jener unglaublich aufwendigen Produktionen, die es nirgends auf der

Welt außer in Las Vegas zu sehen gibt, denn nur hier konnte eine Show, die Millionen Dollar kostete, jahrelang laufen, ohne Gewinn abzuwerfen. Die prächtigen Bühnenbilder und Kostüme sowie das riesige Ensemble schluckten solche Unsummen, daß das Hotel normalerweise schon froh war, wenn dieser Einsatz durch den Karten- und Getränkeverkauf einigermaßen gedeckt war. So großartig die Show auch sein mochte, so war sie doch letztlich nur eine Art Magnet, der allabendlich Tausende von Menschen ins Hotel ziehen sollte. Um in den Aufführungssaal und von dort wieder zum Ausgang zu gelangen, mußten die Besucher sämtliche Würfel- und Kartentische, Roulettescheiben und Spielautomaten passieren, und *dort* wurden die riesigen Profite erzielt. Tina genoß es, im Lido zu tanzen, und sie blieb dort zweieinhalb Jahre, bis sie feststellte, daß sie schwanger war. Sie zog sich vorübergehend von der Bühne zurück, brachte Danny zur Welt und widmete sich in den ersten Monaten seines Lebens ausschließlich ihrem Sohn. Als er ein halbes Jahr alt war, begann sie hart zu trainieren, um wieder in Form zu kommen, und nach drei anstrengenden Monaten eroberte sie einen Platz im Ensemble einer neuen spektakulären Show. Es gelang ihr, sowohl eine gute Tänzerin als auch eine gute Mutter zu sein, obwohl es nicht immer leicht war, dies miteinander in Einklang zu bringen. Sie liebte Danny, und sie liebte ihre Arbeit, und deshalb machte ihr die Doppelbelastung nichts aus.

Vor fünf Jahren, an ihrem achtundzwanzigsten Geburtstag, war ihr jedoch zu Bewußtsein gekommen, daß sie nur noch etwa zehn Jahre lang als Tänzerin gefragt sein würde, und sie beschloß, sich im Showbusiness einen neuen Aufgabenbereich zu suchen, um nicht mit achtunddreißig auf der Straße zu stehen. Sie fand eine Stelle als Choreographin einer billigen Foyer-Revue, einer blassen Imitation der Lido-Shows, und sie war dort nach kurzer Zeit auch für die Kostüme verantwortlich. Danach führte sie erfolgreich eine Reihe ähnlicher Jobs aus, zuletzt in den kleinen Revuetheatern für vier- bis sechshundert Zuschauer, die es in den zweitrangigen Hotels mit begrenzten Show-Budgets gab. Nach gelungenen selbständigen Inszenierungen mehrerer Revuen machte sie sich rasch einen Namen in der Unterhaltungsbranche von Las Vegas, und seit damals wußte sie, daß der

Durchbruch zum ganz großen Erfolg für sie kein unerfüllbarer Traum bleiben mußte.

Vor einem knappen Jahr, kurz nach Dannys Tod, erhielt sie dann das verlockende Angebot, zusammen mit dem berühmten Joel Bandiri eine wirklich aufwendige Bühnenshow zu inszenieren, die drei Millionen Dollar kosten würde und im prächtig ausgestatteten, zweitausend Zuschauer fassenden Theatersaal des Desert Mirage aufgeführt werden sollte, eines der größten Luxushotels am Strip. Sie empfand es irgendwie als pietätlos, daß sie diese großartige Chance erhielt, noch bevor sie richtig Zeit gehabt hatte, um ihren Sohn zu trauern; man hätte fast glauben können, das Schicksal wollte sie mit dieser einmaligen Gelegenheit für Dannys Tod entschädigen. Trotz des Gefühls einer tiefen Leere und Sinnlosigkeit, trotz ihrer Verbitterung und Trauer nahm sie das Angebot an. Sie wußte, daß sie es annehmen *mußte*, um ihren Schmerz überwinden zu können. Wenn sie sich dieser Herausforderung nicht stellte, wenn sie nur zu Hause herumsaß oder bei kleineren und leichteren Inszenierungen mitwirkte, würde sie zuviel Zeit zum Grübeln haben, und dann würde sie den Verlust ihres Kindes nie verwinden.

Die neue Show hatte den Titel *Magyck!*, weil zwischen den großen Tanznummern verschiedene hervorragende Varietémagier auftraten und auch die Tanzszenen selbst die übernatürlichen Mächte zum Inhalt hatten. Die originelle Schreibweise des Titels war nicht Tinas Einfall gewesen, der größte Teil des Programms hingegen beruhte auf ihrem Ideenreichtum, und sie war stolz auf ihre Leistung, allerdings auch erschöpft. Sie hatte im vergangenen Jahr zwölf bis vierzehn Stunden täglich gearbeitet, ohne Urlaub, mit nur wenigen freien Tagen. Aber obwohl *Magyck!* sie so stark in Anspruch genommen hatte, war es ihr sehr schwergefallen, sich mit Dannys Tod abzufinden. Eigentlich hatte sie erst vor einem Monat zu glauben begonnen, daß ihre Trauer nun bewältigt sei. Zu dieser Zeit hatte sie erstmals an den Jungen denken können, ohne in Tränen auszubrechen, und sie hatte sogar sein Grab besuchen können, ohne hysterisch zu werden. Sie hatte sich im großen und ganzen wieder leidlich gefühlt, war mitunter sogar heiter gewesen. Ihr war bewußt, daß sie Danny niemals vergessen würde, dieses bezaubernde Kind, das eine so überaus wichtige Rolle in ihrem Leben gespielt hatte, aber sie hatte geglaubt, daß die Wunde, die sein Tod aufgerissen hatte, inzwischen fast verheilt wäre. Ja, das hatte sie vor nunmehr einem Monat geglaubt, und diese Hoffnung hatte zwei Wochen angehalten. Und dann begannen die Träume. Und sie waren noch schlimmer als jene, die sie nach Dannys Tod gehabt hatte.

Vielleicht waren ihre Ängste in bezug auf den Erfolg von *Magyck!* schuld daran, daß die Wunde nun wieder schwärte. In weniger als siebzehn Stunden – um 20 Uhr – würde im Desert Mirage Hotel vor geladenen wichtigen Persönlichkeiten die Premiere stattfinden, und am folgenden Abend, an Silvester, würde die Show erstmals für das normale Publikum zugänglich sein. Falls die Zuschauerreaktion so enthusiastisch ausfiel, wie Tina es hoffte, dürfte ihre finanzielle Zukunft gesichert sein. Sie würde vertragsgemäß zweieinhalb Prozent der Bruttoeinnahmen, abzüglich der verkauften Getränke, erhalten, sobald die ersten drei Millionen eingespielt waren. Wenn *Magyck!* ein Hit wurde und drei Jahre lang lief, was bei erfolgreichen Shows in Vegas durchaus vorkam, würde sie nach Ablauf dieser Zeit Millionärin sein. Sollte die Produktion sich allerdings als Reinfall erweisen, würde sie vermutlich gezwungen sein, wieder in den Kleinen Revuetheatern zu arbeiten. Im Showbusiness herrschten gnadenlose Gesetze.

Tina hatte demnach allen Grund, unter Ängsten zu leiden. Ihre an Verfolgungswahn grenzende Furcht vor Einbrechern, ihre beunruhigenden Träume von Danny, ihr neu erwachter Schmerz um ihn – das alles waren vielleicht nur Auswirkungen ihrer Besorgnis wegen *Magyck!* Wenn dem so war, dann würden all diese Symptome verschwinden, sobald das Schicksal der Show sich entschieden hatte. Sie mußte nur noch wenige Tage durchhalten. In der verhältnismäßig ruhigen Zeit danach würde sie sich erholen und neue Kräfte schöpfen können.

Aber zunächst einmal mußte sie in dieser Nacht etwas Schlaf bekommen. Um zehn Uhr vormittags hatte sie einen Termin mit zwei Herren der Fremdenverkehrsbranche, die in Erwägung zogen, sich für die nächsten drei Monate nicht weniger als achttausend Karten für *Magyck!* reservieren zu lassen. Und für eins war die Generalprobe angesetzt.

Sie schüttelte ihr Kissen auf, zog die Decken bis zum Hals hoch und glättete ihr kurzes Nachthemd. Sodann versuchte sie sich zu entspannen, indem sie die Augen schloß und sich einen nächtlichen Strand vorstellte, an dem im silbrigen Mondlicht sanfte Wellen rauschten.

Bumm!

Sie setzte sich abrupt auf.

Etwas war irgendwo im Haus umgestürzt. Es mußte etwas ziemlich Großes und Schweres gewesen sein, denn trotz der dazwischenliegenden Wände, die den Schall dämpften, war das Geräusch relativ laut gewesen.

Aber dieser Gegenstand war nicht einfach umgefallen. Nein. Was immer es auch gewesen sein mochte – es war umgeworfen worden. Von allein fiel in einem leeren Raum nichts um.

Sie legte den Kopf zur Seite und lauschte angestrengt. Sie hörte ein anderes Geräusch, leiser als das erste, geheimnisvoller, aber es hielt nicht lange genug an, als daß sie es hätte identifizieren können.

Diesmal bildete sie sich die Bedrohung nicht nur ein. Jemand war tatsächlich im Haus.

Sie schaltete die Lampe ein und öffnete die Nachttischschublade. Die Pistole war geladen. Sie entsicherte die Waffe.

Sie horchte wieder.

Stille. Die spröde Stille der herben Wüstennacht.

Sie stieg aus dem Bett, schlüpfte in ihre Pantoletten. Mit der Pistole in der rechten Hand ging sie zur Schlafzimmertür.

Nichts. Stille.

Sie überlegte, ob sie die Polizei anrufen sollte, aber sie wollte sich nicht lächerlich machen. Wenn nun ein Streifenwagen mit rotem Licht und heulender Sirene angebraust kam, und dann stellte sich heraus, daß außer ihr kein Mensch im Haus war? Wenn sie in den vergangenen zwei Wochen jedesmal, wenn sie sich eingebildet hatte, einen Einbrecher im Haus zu hören, die Polizei angerufen hätte, würde man sie dort bereits für verrückt halten. Natürlich war sie sich sicher. Aber eben doch nicht hundertprozentig. Sie war eine stolze Frau, der die Vorstellung unerträglich war, daß ein paar Macho-Bullen sie beruhigend angrinsen würden, nur um dann später bei Kaffee und Doughnuts Witze über das hysterische Frauenzimmer zu reißen. Sie würde das Haus lieber selbst durchsuchen, auf eigene Faust.

Sie holte tief Luft, schloß die Schlafzimmertür auf und trat auf den Korridor hinaus.

2

Tina durchsuchte das ganze Haus, außer Dannys ehemaligem Zimmer, fand aber nirgends auch nur die geringste Spur eines Einbrechers. Es wäre ihr fast lieber gewesen, jemanden in der Küche oder in einem Wandschrank aufzuspüren, als gezwungen zu sein, Dannys Zimmer zu betreten. Aber nun blieb ihr keine andere Wahl.

Vom Elternschlafzimmer aus gesehen, lag es am anderen Ende des kleinen Hauses. Ursprünglich hatte es Tina und Michael als gemütlicher Aufenthaltsraum gedient, aber kurz nach seinem zehnten Geburtstag, etwa ein Jahr vor seinem Unfalltod, hatte Danny sich mehr Platz und Zurückgezogenheit gewünscht, als er sie in seiner bisherigen Bude neben dem Elternschlafzimmer hatte. Seine Eltern hatten Couch, Lehnstuhl, Beistelltisch und Fernseher in dieses kleine Zimmer gestellt und dem Jungen geholfen, seine Sachen in den Aufenthaltsraum zu schaffen und sich dort wohnlich einzurichten.

Tina war damals überzeugt gewesen, daß Danny in erster Linie umziehen wollte, um die nächtlichen Auseinandersetzungen zwischen ihr und Michael nicht mehr mitanhören zu müssen. Obwohl sie sich zu jener Zeit noch nicht gegenseitig anbrüllten, ja noch nicht einmal ihre Stimmen erhoben, sondern sich in normaler Lautstärke und manchmal sogar im Flüsterton stritten, mußte der Junge mitbekommen haben, daß seine Eltern Probleme hatten. Tina hatte das zutiefst bedauert, aber nicht mit ihm darüber gesprochen, ihn weder zu beruhigen versucht noch irgendwelche Erklärungen abgegeben. Was hätte sie ihm auch sagen sollen? Schließlich konnte sie einem Zehnjährigen nicht ihre eigene Einschätzung der Situation anvertrauen: *Danny, Liebling, mach dir keine Sorgen, wenn du uns durch die Wand hindurch streiten* hörst. Dein Vater macht nur eine Identitätskrise durch. Er führt sich in letzter Zeit wie das letzte Arschloch auf, aber er wird sich bestimmt wieder fangen.

Und das war ein weiterer Grund für ihr Schweigen gewesen – sie hatte geglaubt, ihre ehelichen Schwierigkeiten seien nur vorübergehender Art. Sie hatte ihren Mann geliebt und war überzeugt gewesen, daß ihre Liebe alle Probleme lösen konnte. Sechs Monate später hatten Michael und sie sich getrennt, und knapp fünf Monate danach waren sie geschieden worden.

Auf ihrer Suche nach dem Einbrecher – den sie nun schon wieder eher für eine Ausgeburt ihrer überstrapazierten Nerven hielt – öffnete sie die Tür zu Dannys Zimmer, schaltete das Licht ein und trat widerstrebend über die Schwelle.

Es war leer.

Mit der Pistole vor der Brust ging sie zum Schrank, zögerte einen Moment und schob sodann energisch die Tür auf. Niemand hielt sich dort versteckt. Trotz der Geräusche, die sie gehört hatte, war sie allein im Haus.

Während sie den Inhalt des dumpf riechenden Schrankes anstarrte – die Schuhe des Jungen, seine Jeans, Hemden, Pullis, die blaue Baseballmütze, den grauen Anzug, den er bei besonderen Gelegenheiten getragen hatte –, schnürte sich ihr die Kehle zu. Sie schloß hastig die Tür und lehnte sich mit dem Rücken dagegen.

Obwohl die Beerdigung nun schon über ein Jahr zurücklag, hatte sie sich bisher nicht dazu überwinden können, Dannys Sachen zu verschenken. Seine Kleidung wegzugeben hätte etwas Endgültiges an sich gehabt und wäre fast noch schmerzlicher gewesen, als mitansehen zu müssen, wie sein Sarg in die Erde gesenkt wurde.

Und es war nicht nur seine Kleidung, die sie behalten hatte. Sein Zimmer sah noch genauso aus, wie er es verlassen hatte. Das Bett war ordentlich gemacht. Auf der breiten Abstellfläche am Kopfende standen mehrere Star-Wars-Spielzeuge. Das Regal mit den fünf Brettern enthielt über hundert Taschenbücher, sorgfältig alphabetisch geordnet. Der Schreibtisch stand in einer Ecke; Tuben mit Klebstoff, Röhrchen mit Email in allen Farben sowie eine Vielzahl von anderem Zubehör für den Modellbau nahmen eine Hälfte der Platte ein. Die andere Hälfte war leer und schien nur darauf zu warten, daß er sich an die Arbeit setzte. Neun Modellflugzeuge füllten eine Vitrine, drei weitere hingen an Angelschnüren von der Decke herab. Die Wände waren mit Postern geschmückt – drei Baseballstars und fünf Monster aus Horrorfilmen. Im Gegensatz zu vielen Jungen seines Alters hatte Danny Ordnung und Sauberkeit geliebt, und hauptsächlich deshalb hatte Tina ihre Putzfrau Mrs. Neddler, die zweimal in der Woche kam, angewiesen, Dannys Zimmer weiterhin zu pflegen, so als ob er noch am Leben wäre.

Sie betrachtete die Spielzeuge und die Basteleien, die ihrem Sohn soviel bedeutet hatten, und ihr kam – nicht zum erstenmal – zu Bewußtsein, daß es nicht gut für sie war, dieses Zimmer wie ein Museum zu behandeln. Oder wie einen Reliquienschrein. Solange sie Dannys Sachen unberührt ließ, konnte sie sich in der Hoffnung wiegen, daß er nicht tot war, daß er nur für eine Weile irgendwohin verreist war, daß er bald zurückkehren und sein gewohntes Leben wieder aufnehmen würde. Ihr Unvermögen, sein Zimmer auszuräumen, ängstigte sie plötzlich; sie hatte das beklemmende Gefühl, als handle es sich nicht einfach um Schwäche oder Sentimentalität, sondern als sei es ein Symptom für ernsthafte geistige Krankheit. Sie *mußte* den Toten in Frieden ruhen lassen. Wenn ihre beklemmenden Träume von dem Jungen aufhören sollten, wenn sie ihre Trauer bezwingen wollte, mußte sie mit dem ersten schmerzhaften Schritt hier in diesem Zimmer beginnen und ihr irrationales Bedürfnis überwinden, seine bescheidenen Besitztümer unangetastet zu lassen.

Sie faßte den festen Vorsatz, das Zimmer am Donnerstag – an Neujahr – auszuräumen. Sowohl die VIP-Premiere als auch die allgemeine Premiere von *Magyck!* würden dann hinter ihr liegen. Sie würde sich endlich entspannen können und etwas Freizeit haben, und diese Freizeit würde sie gleich am Donnerstagnachmittag nutzen, um die Kleider, Spielsachen und Poster ihres Sohnes in Kartons zu packen.

Ihre nervliche Anspannung löste sich nach diesem Entschluß und machte einer tiefen Erschöpfung Platz. Sie hatte plötzlich nur noch den Wunsch, ins Bett zu fallen und zu schlafen.

Auf dem Weg zur Tür streifte ihr Blick zufällig die Staffelei. Sie blieb bestürzt stehen. Danny hatte sehr gern gemalt, und die Staffelei samt Bleistiften, Farben und anderen Utensilien war ein Geschenk zu seinem neunten Geburtstag gewesen. Auf der Rückseite befand sich eine Schiefertafel. Danny hatte die Staffelei an der Wand neben seinem Bett aufgestellt, und dort hatte sie auch gestanden, als Tina zuletzt in diesem Zimmer gewesen war. Nun aber war sie umgekippt und lag – mit der Tafelseite nach unten – quer auf einem niedrigen Tischchen und hatte ein elektronisches Kriegsschiff-Spiel hinuntergeworfen.

Zweifellos war es dieses Geräusch gewesen, das Tina erschreckt hatte. Aber wie um alles in der Welt hatte die Staffelei plötzlich umfallen können?

Tina ging um das Bett herum, richtete die Staffelei mit einem Griff wieder auf, bückte sich und stellte die einzelnen Teile des Kriegsschiff-Spiels auf das Tischchen. Während sie dann die auf dem Boden verstreuten Kreidestifte und Filzradierer aufsammelte, fiel ihr plötzlich auf, daß auf der Tafel etwas geschrieben stand. Es waren zwei Wörter:

NICHT TOT

Sie starrte die Botschaft fassungslos an. Sie war sich ganz sicher, daß die Tafel blank geputzt gewesen war, als Danny jene verhängnisvolle Reise mit der Pfadfindergruppe angetreten hatte. Und es stand auch nichts auf ihr, als sie zuletzt in diesem Zimmer gewesen war.

Die Bedeutung der beiden Wörter wurde ihr erst nach einigen Sekunden bewußt. Ein kalter Schauer überlief sie. *Nicht tot.* Das war ein klares Dementi von Dannys Tod. Eine Weigerung, die schreckliche Wahrheit zu akzeptieren. Ein Widerspruch zur Realität.

Hatte sie diese beiden Wörter selbst geschrieben? Sie konnte sich beim besten Willen nicht daran erinnern. War es möglich, daß sie in einem ihrer schrecklichen Anfälle von Schmerz, in einem Augenblick schwärzester Verzweiflung, hierher gekommen war und unbewußt diese Botschaft auf Dannys Tafel gekritzelt hatte?

Wenn dem so wäre, so müßte sie unter Blackouts leiden, unter zeitweiligem Gedächtnisschwund. Das war unvorstellbar. Sie war doch nicht unzurechnungsfähig!

Folglich mußten die Wörter die ganze Zeit auf der Tafel gestanden haben. Danny mußte sie geschrieben haben. Seine Schrift war – wie alles an ihm – sauber und ordentlich gewesen, kein so nachlässiges Gekritzel, und doch *mußte* er es getan haben.

Und der offensichtliche Zusammenhang dieser Botschaft mit dem Busunglück?

Zufall. Reiner Zufall, weiter nichts. Etwas anderes *konnte* es nicht sein.

Sie weigerte sich, irgendeine andere Möglichkeit auch nur in Betracht zu ziehen, weil die Alternativen viel zu erschreckend waren.

Sie schlang ihre Arme um die Brust. Ihre Hände waren eisig. Sie spürte die Kälte sogar durch ihr Nachthemd hindurch.

Zitternd löschte sie die Schrift von der Tafel und verließ den Raum.

Sie war hellwach.

Sie wußte, wie dringend sie etwas Schlaf benötigte. Sie hatte soviel Arbeit vor sich. Ihr großer Tag...

In der Küche holte sie eine Flasche Wild Turkey – Michaels Lieblingsbourbon – aus dem Schrank neben der Spüle und goß einen ordentlichen Schluck in ein Wasserglas. Sie machte sich nichts aus harten Getränken, bevorzugte Wein, aber nun zwang sie sich, das Glas in zwei Zügen zu leeren, wobei sie eine Grimasse schnitt und sich fragte, wie Michael nur über die Milde des Geschmacks hatte schwärmen können. Nach kurzem Zögern schenkte sie sich noch einmal die gleiche Menge ein, trank sie so schnell, als handle es sich um eine Medizin, und stellte die Flasche in den Schrank zurück.

Sie legte sich ins Bett, drückte ihr Gesicht ins Kissen, schloß die Augen und versuchte, nicht an die Tafel zu denken.

Aber sie sah sie immer wieder deutlich vor sich, und obwohl sie die Wörter ausgewischt hatte, schienen sie förmlich in ihr Gehirn eingebrannt zu sein. Sie verschwammen erst, als der Bourbon seine Wirkung tat und sie endlich in den ersehnten Schlaf fiel.

3

Am Dienstagnachmittag verfolgte Tina die Generalprobe von *Magyck!* nervös von einem Sitz im dritten Rang aus. Das Theater des Desert Mirage Hotels hatte die Form eines riesigen Fächers, der sich unter einer hohen gewölbten Decke ausbreitete. Breite und schmale Galerien wechselten nebeneinander ab und fielen zur Bühne hin terrassenartig ab. Auf den breiten Abschnitten waren – im rechten Winkel zur Bühne – lange, weiß gedeckte Tische aufgestellt. Jede der schmalen Galerien bestand aus einem Gang mit einem niedrigen Geländer auf der einen und bogenförmig angeordneten, weich gepolsterten Plüschlogen auf der anderen Seite. Die Bühne hatte die riesigen Ausmaße, die für eine gigantische Show in Las Vegas typisch sind. Sie war mehr als doppelt so groß wie die größte Bühne am Broadway. Sogar eine DC-9 würde nur die Hälfte der vorhandenen Fläche einnehmen, und im MGM Grand Hotel in Reno war tatsächlich für eine Shownummer ein Flugzeug dieses Typs auf eine ähnliche Bühne gerollt worden. Aber trotz dieser phänomenalen Größe wirkte der Raum durch verschwenderischen Einsatz von blauem Samt, dunklem Leder, Kristallkandelabern und dicken blauen Teppichböden sowie durch die raffinierte Beleuchtungstechnik so gemütlich wie ein Kleines Kabarett.

Die Probe verlief ohne den kleinsten Zwischenfall. Bei sieben rasanten Tanzszenen und fünf anspruchsvollen Varietéeinlagen mit insgesamt 42 Tänzerinnen, 42 Tänzern, 15 Showgirls, zwei Sängern, zwei Sängerinnen, 47 Technikern, einem zwanzigköpfigen Orchester, einem Elefanten, einem Löwen, zwei schwarzen Panthern und zwölf weißen Tauben für einen reibungslosen Ablauf zu sorgen, war außerordentlich kompliziert, aber die Schwerstarbeit eines ganzen Jahres machte sich nun bezahlt. Am Schluß versammelten sich alle Mitwirkenden auf der Bühne, applaudierten sich selbst, umarmten und küßten einander. Die Atmosphäre knisterte förmlich vor Erregung; jeder Beteiligte spürte, daß diesem Mammutprogramm ein triumphaler Erfolg beschieden sein würde.

Joel Bandiri, der die Generalprobe vom ersten Rang aus verfolgt hatte, stürmte zu Tina hinauf.

»Wir haben's geschafft!« rief er schon von weitem. »Wir haben's wirklich und wahrhaftig geschafft!«

Tina lief ihm entgegen.

»Wir haben einen Hit gelandet, Mädchen!« Joel riß sie in seine Arme und drückte ihr einen nassen Kuß auf die Wange.

Sie erwiderte seine Umarmung. »Glaubst du, Joel?«

»Glauben? Ich weiß es! Das wird ein Riese, sag ich dir, ein echter Riese! Ein Gargantua!«

»Danke, Joel. Oh, ich danke dir. Danke, danke!«

»Mir? Wofür bedankst du dich bei mir?«

»Daß du mir eine Chance gegeben hast, mein Können zu beweisen.«

»He, Mädchen, nun red mal nicht so'n Stuß daher! In den Schoß ist dir hier wirklich nichts gefallen. Du hast dich mächtig reingekniet und geschuftet wie ein Ackergaul. Du hast dir jeden Penny sauer verdient, den unser gemeinsames Baby dir einbringen wird, und mir war von Anfang an klar, daß du das Zeug dazu hast. Wir sind ein tolles Team! Wenn jemand anderer versucht hätte, dieses Mordsding hinzukriegen, so wäre er damit voll auf die Schnauze gefallen. Aber du und ich – wir beide haben's geschafft, einen echten Hit auf die Beine zu stellen!«

Joel war ein komischer kleiner Mann, nur 1,63 m groß, etwas plump, aber nicht dick, mit lockigen braunen Haaren und einem breiten Clownsgesicht, das so wandlungsfähig war, als sei es aus Gummi. Er trug einfache Blue Jeans, ein billiges blaues Arbeitshemd – und Ringe im Wert von etwa 80 000 Dollar, drei an jeder Hand. Zwei waren mit Diamanten besetzt, zwei mit Smaragden, einer mit einem großen Rubin und der sechste mit einem noch größeren Opal. Er strotzte nur so vor Energie und Temperament. Auch jetzt konnte er, nachdem er Tina endlich losgelassen hatte, keinen Augenblick stillstehen. Er trat von einem Bein aufs andere, während er über *Magyck!* redete, gestikulierte wild mit seinen edelsteingeschmückten Händen, tänzelte umher wie ein unruhiger Hengst.

Mit sechsundvierzig war er der erfolgreichste Produzent von Las Vegas. Seit zwanzig Jahren gelang ihm eine Supershow nach der anderen. Die Ankündigung ›Joel Bandiri Presents‹ auf einem Werbeplakat garantierte für erstklassige Unterhaltung. Er hatte einen Teil seiner beträchtlichen Einnahmen in Immobilien in Vegas angelegt, war Miteigentümer von zwei Hotels, Inhaber eines Autohauses und eines Spielautomatencasinos im Stadtzentrum. Er war so reich, daß er sich ohne weiteres von einem Tag auf den anderen aus dem Showbusiness zurückziehen könnte, ohne für den Rest des Lebens auf irgendeinen Luxus verzichten zu müssen. Aber Joel würde seine Arbeit niemals freiwillig aufgeben, denn er liebte sie. Höchstwahrscheinlich würde er dereinst auf der Bühne sterben, während er an irgendeinem schwierigen Inszenierungsproblem herumtüftelte.

Er hatte Tinas Werke in einigen Foyers und kleinen Theatern gesehen und sie mit seinem Angebot überrascht, die Inszenierung von *Magyck!* zu übernehmen. Sie hatte anfangs gezögert anzunehmen. Sie wußte, daß er als Perfektionist bekannt war, der von seinen Mitarbeitern geradezu übermenschlichen Einsatz verlangte. Auch die Vorstellung, für eine Produktion von drei Millionen verantwortlich zu sein, ängstigte sie. Mit solchen Summen umzugehen, bedeutete für sie einen gewaltigen Sprung. Aber Joel hatte sie davon überzeugt, daß sie seinen Ansprüchen durchaus gewachsen sein würde, und während ihrer gemeinsamen Arbeit hatte er immer wieder ihr Selbstbewußtsein und ihr Vertrauen in die eigenen Fähigkeiten gestärkt. Sie hatte in ihm nicht nur einen hochgeschätzten Kollegen gefunden, sondern auch einen guten Freund, eine Art älteren Bruder. Und nun sah es ganz danach aus, als hätten sie zusammen eine Erfolgsshow geschaffen. Während Tina ihre Blicke von den prächtig kostümierten Menschen auf der Bühne zu Joels ausdrucksvollem Gesicht schweifen ließ und zuhörte, wie er ihre gemeinsame Arbeit aufrichtig lobte, fühlte sie sich glücklicher als seit langem. Falls das Publikum bei der VIP-Premiere enthusiastisch auf *Magyck!* reagierte, würde sie sich Bleigewichte kaufen müssen, um nicht in den siebten Himmel zu schweben.

Zwanzig Minuten später, um 15.45 Uhr, trat sie auf das kunstvolle Kopfsteinpflaster vor dem Haupteingang des Hotels hinaus und übergab dem Parkwächter ihren Parkschein. Während er ihren VW-Käfer holte, stand sie in der warmen Nachmittagssonne und lächelte immer noch selig vor sich hin.

Sie drehte sich um und betrachtete das Desert Mirage Hotel.

Ihre Zukunft war verknüpft mit diesem imposanten Gebäude aus Beton, Stahl und Glas. Die schweren Drehtüren mit ihren Bronzerahmen funkelten im Licht. Zu beiden Seiten des Eingangs waren die Mauern mit hellrosa Stein verkleidet, fensterlos und mit riesigen Steinmünzen üppig geschmückt, mit einer regelrechten Münzflut, die sich aus einem steinernen Füllhorn ergoß. An der Decke der riesigen Einfahrt waren Hunderte von Lämpchen angebracht, die nach Einbruch der Dunkelheit das glänzende Kopfsteinpflaster in strahlendes goldenes Licht tauchen würden. Der Bau des Hotels hatte mehr als 140 Millionen Dollar verschlungen, und die Eigentümer hatten dafür gesorgt, daß das auch zu sehen war. Tina vermutete, daß manche Leute dieses Bauwerk als geschmacklos, häßlich und protzig bezeichnen würden, aber sie liebte es, weil sie hier ihre große Chance erhalten hatte.

Nach den verhältnismäßig ruhigen Weihnachtstagen riß der Zustrom von Hotelgästen an diesem 30. Dezember nicht ab. Die Vorbestellungen wiesen für Silvester und Neujahr auf einen Besucherrekord hin. Das Desert Mirage mit seinen fast 2100 Zimmern war – wie alle anderen Hotels der Stadt – total ausgebucht. Wenige Minuten nach elf hatte eine Sekretärin aus San Diego fünf Silberdollar in einen Spielautomaten geworfen und einen Jackpot im Wert von 195 000 Dollar gewonnen; die Kunde von dieser Sensation war sogar hinter die Kulissen des Theatersaals gedrungen. Kurz vor Mittag hatten sich zwei Texaner an einen Blackjack-Tisch gesetzt und innerhalb von drei Stunden eine knappe Viertelmillion Dollar verspielt, woraufhin sie lachend und scherzend zu einem anderen Glücksspiel überwechselten. Das hatte Tina vor wenigen Minuten von Carol Hirson erfahren, einer Bedienung, mit der sie befreundet war. Carol hatte übers ganze Gesicht gestrahlt, denn die beiden Männer aus Dallas hatten ihr für das halbe Dutzend Drinks, das sie ihnen serviert hatte, als Trinkgeld grüne Chips im Wert von 400 Dollar gegeben, so als hätten sie nicht verloren, sondern gewonnen.

Sinatra hielt sich in der Stadt auf, im Caesar's Palace, und in Las Vegas hatte er größere Zugkraft als jede andere Berühmtheit; Tausende fanatischer Fans versuchten Karten für einen seiner Auftritte zu ergattern. Auf dem ganzen Strip und in den weniger eleganten, aber genauso überfüllten Casinos der Innenstadt herrschte enormer Betrieb. Und in vier Stunden würde die Premiere von *Magyck!* beginnen!

Der Parkwächter brachte Tinas Wagen, und sie gab ihm ein Trinkgeld.

»Hals- und Beinbruch für heute abend, Tina«, wünschte er ihr.

»O Gott, ich hoffe es so sehr!« sagte sie.

Um Viertel nach vier war sie zu Hause. Sie hatte zweieinhalb Stunden Zeit, bis sie wieder ins Hotel zurückfahren mußte. Da sie nicht soviel Zeit benötigte, um zu duschen, sich zu schminken und anzukleiden, beschloß sie, mit dem Einpacken von Dannys Sachen anzufangen. Sie glaubte, in ihrer augenblicklichen Hochstimmung dieser unangenehmen Pflicht gewachsen zu sein; nicht einmal der Anblick seines Zimmers würde sie – wie sonst immer – in tiefe Depression stürzen können, so großartig fühlte sie sich momentan. Wozu sollte sie es also, wie ursprünglich geplant, bis Donnerstag aufschieben? Sie würde genügend Zeit haben, wenigstens die Kleider des Jungen einzupacken.

Als sie Dannys Zimmer betrat, sah sie auf den ersten Blick, daß die Staffelei wieder umgeworfen worden war. Sie stellte sie auf.

Zwei Wörter standen auf der Tafel.

NICHT TOT

Ein kalter Schauer lief ihr über den Rücken.

War sie nachts, nachdem sie den Bourbon getrunken hatte, hierher zurückgekommen und ...?

Nein!

Sie hatte keinen Blackout gehabt. Sie hatte diese Wörter nicht geschrieben. Sie war nicht daran, den Verstand zu verlieren. Sie war nicht die Sorte von Mensch, die vor Kummer wahnsinnig wurde. Sie war hart im Nehmen. Sie war immer stolz auf ihre Zähigkeit und Kraft gewesen.

Sie griff nach dem Filzschwämmchen und löschte die Botschaft.

Jemand trieb seinen grausamen Scherz mit ihr. Jemand war während ihrer Abwesenheit ins Haus gekommen und hatte diese beiden Wörter wieder auf die Tafel geschrieben. Jemand wollte ihr die Tragödie, die sie verzweifelt zu vergessen versuchte, immer wieder in Erinnerung bringen.

Die einzige Person, die Zutritt zum Haus hatte, war die Putzfrau, Vivian Neddler. Vivian hätte eigentlich an diesem Nachmittag kommen sollen, hatte jedoch gebeten, statt dessen ausnahmsweise abends arbeiten zu dürfen, wenn Tina bei der Premiere sein würde. Aber sogar wenn Vivian wie ursprünglich vorgesehen nachmittags hier gewesen wäre, hätte sie niemals diese Botschaft auf die Tafel geschrieben. Vivian war eine nette alte Frau, sehr selbständig und mitunter eigensinnig, aber auf gar keinen Fall der Typ für Gemeinheiten und üble Scherze.

Plötzlich fiel Tina ein, wer dafür verantwortlich sein könnte. Es war der einzig mögliche Verdächtige. Michael! Es gab kein Anzeichen dafür, daß jemand gewaltsam ins Haus eingedrungen war, und Michael besaß immer noch einen Schlüssel. Sie hatte nach der Scheidung die Schlösser nicht auswechseln lassen.

Michael hatte ihr Dannys Tod zum Vorwurf gemacht. Er war über den Verlust seines Sohnes so erschüttert gewesen, daß er noch Monate nach dem Begräbnis außerordentlich gehässig zu ihr gewesen war. Weil sie Danny erlaubt hatte, jene Fahrt mitzumachen, machte Michael sie für den Unfall verantwortlich. Aber Danny hatte sich diese Reise so sehr gewünscht. Außerdem hatte Mr. Jaborski, der Anführer der Pfadfinder, seit vierzehn Jahren jeden Winter ein solches ›Überlebenstraining‹ veranstaltet, und kein einziger Junge war dabei jemals auch nur im geringsten verletzt worden. Sie begaben sich schließlich nicht wirklich in die Wildnis, sondern hielten sich nur fern von belebten Wegen. Alles war äußerst sorgfältig geplant und bestens organisiert. Völlig ungefährlich. Alle hatten ihr versichert, daß überhaupt nichts passieren könne und, daß eine derartige Erfahrung für einen Jungen sehr nützlich sei. Woher hätte sie auch wissen sollen, daß Mr. Jaborskis fünfzehnte Fahrt mit einer Katastrophe enden würde? Dennoch hatte Michael ihr heftige Vorwürfe gemacht. Sie hatte geglaubt, er wäre in den letzten Monaten endlich zur Vernunft gekommen, aber offenbar hatte sie sich getäuscht.

Sie starrte auf die Tafel und dachte an die beiden Wörter, die dort gestanden hatten. Zorn stieg in ihr auf. Michael benahm sich wie ein boshaftes Kind. Begriff er denn nicht, daß sie genauso um Danny trauerte wie er selbst? Was wollte er beweisen?

Sie ging wütend in die Küche, nahm den Telefonhörer ab und wählte Michaels Nummer. Nach fünfmaligem Klingeln sah sie ein, daß er nicht zu Hause war, und sie legte auf. Vermutlich arbeitete er.

Die beiden Wörter, weiß auf schwarz, waren eingebrannt in ihr Gedächtnis.

NICHT TOT.

Sie würde Michael nachts anrufen, wenn sie von der Premiere und der anschließenden Party nach Hause käme. Es würde ziemlich spät werden, aber es war ihr völlig egal, ob sie ihn aufwecken würde oder nicht.

Sie stand mitten in der kleinen Küche und versuchte die Willenskraft aufzubringen, Dannys Kleidung einzupacken. Aber sie konnte sich einfach nicht dazu durchringen, sein Zimmer wieder zu betreten. Heute nicht mehr. Und vielleicht würde sie nun mehrere Tage nicht dazu imstande sein.

Verdammter Michael!

Im Kühlschrank stand eine halbvolle Flasche Weißwein. Sie schenkte sich ein Glas ein und trug es ins Bad.

Sie duschte ausgiebig, ließ das heiße Wasser minutenlang auf ihren Nacken prasseln, um ihre steifen Muskeln zu lockern.

Nach der Dusche trug der kalte Wein dazu bei, ihren Körper vollends zu entspannen, aber er verfehlte seine Wirkung auf ihre geistige Verfassung. Von Unruhe getrieben, hatte sie immer wieder die Tafel vor Augen.

NICHT TOT.

4

Um 18.50 Uhr war Tina wieder im Theater, hinter der Bühne. Noch ging es relativ ruhig zu, nur aus dem Saal war durch die geschlossenen Samtvorhänge gedämpft das Stimmengewirr der VIP-Gäste zu hören.

Achtzehnhundert Personen waren geladen worden – einflußreiche Leute aus Las Vegas und aus der ganzen Umgebung –, und mehr als fünfzehnhundert hatten ihr Kommen zugesagt. Kellner in weißen Fracks, Kellnerinnen in flotten blauen Kostümen und nervöse Piccolos hatten schon mit dem Servieren des Abendessens begonnen.

Gegen halb acht herrschte hinter den Kulissen geschäftiges Treiben. Techniker überprüften ein letztes Mal die motorisierten Utensilien, die elektrischen Anlagen und die hydraulischen Pumpen, mit Hilfe derer Teile der Bühne gehoben und gesenkt werden konnten. Bühnenarbeiter stellten die Requisiten auf. Garderobenfrauen besserten in letzter Minute gerade entdeckte aufgeplatzte Nähte aus. Friseure und Beleuchter hatten noch alle Hände voll zu tun. Die Tänzer – schlanke, attraktive junge Männer in schwarzen Smokings –, die gleich zu Beginn einen Auftritt hatten, standen aufgeregt herum.

Dutzende bezaubernder Showgirls boten eine wahre Augenweide. Manche trugen Satin und Spitzen, andere Samt, bestickt mit Pailletten, besetzt mit Pelzen oder geschmückt mit Federn. Ein Teil kostümierte sich noch in den Umkleideräumen, während die übrigen sich in den Gängen oder am Rand der Bühne aufhielten und über Kinder, Ehemänner, Freunde und Kochrezepte plauderten, ganz so, als wären sie Stenotypistinnen während einer Kaffeepause.

Tina wäre am liebsten während der ganzen Vorstellung hinter den Kulissen geblieben, aber sie wußte, daß es hier für sie nichts mehr zu tun gab. Das Schicksal von *Magyck!* lag jetzt in den Händen der Mitwirkenden.

Fünfundzwanzig Minuten vor Beginn der Show begab sich Tina in den lauten Saal und steuerte auf die zentrale Loge in der VIP-Reihe zu, wo Charles Mainway, der Chefmanager und Hauptaktionär des Desert Mirage Hotels, sie erwartete.

In der Nebenloge saßen Joel Bandiri, seine Frau Eva und einige Freunde des Ehepaars. Eva, ein ehemaliges Showgirl, war siebzehn Jahre jünger als ihr Mann, blond, geschmeidig, von zarter Schönheit und seit 8 Jahren mit ihm verheiratet. Sie schüttelte Tina herzlich die Hand. »Machen Sie sich keine Sorgen. Sie haben so gute Arbeit geleistet, daß einfach nichts schiefgehen kann.«

»Wir haben einen Hit auf die Beine gestellt, Mädchen«, versicherte auch Joel Tina noch einmal.

Charles Mainway begrüßte Tina mit einem breiten warmen Lächeln. Er hatte das Auftreten eines Aristokraten, und seine gepflegte silberne Haarmähne sowie die strahlend blauen Augen trugen zu diesem von ihm gewünschten Image bei. Aber seine plumpen Gesichtszüge straften die aristokratische Fassade Lügen, und trotz der Bemühungen von Sprachlehrern erinnerte der rauhe Klang seiner tiefen Stimme Tina stets an schwere Zeiten und an einen harten Lebenskampf.

Sobald Tina neben Mainway Platz genommen hatte, schenkte ein befrackter Kellner ihr ein Glas Dom Pérignon ein.

Helen Mainway, Charlies Frau, saß an seiner linken Seite. Helen verkörperte von Natur aus all das, was Charlie als Ideal vorschwebte: sie hatte perfekte Umgangsformen, war gebildet, charmant und konnte sich jeder Umgebung anpassen. Niemand sah der großen, schlanken und gepflegten Frau ihre 55 Jahre an; sie wurde meistens auf etwa vierzig geschätzt.

»Tina, meine Liebe, ich möchte Ihnen einen Freund von uns vorstellen«, sagte Helen und deutete auf die vierte Person in der Loge. »Das ist Elliot Stryker. Elliot, diese bezaubernde junge Dame ist Christina Evans, die *Magyck!* aus der Taufe gehoben hat.«

»Eine von zweien, die *Magyck!* aus der Taufe hoben«, kombinierte Tina. »Joel Bandiri trägt größere Verantwortung für die Show als ich – besonders dann, wenn es ein Reinfall wird.«

Stryker lachte. »Freut mich sehr, Sie kennenzulernen, Mrs. Evans.«

»Nennen Sie mich einfach Tina«, sagte sie. »Okay – wenn Sie mich Elliot nennen.« Er war ein schlanker, gut aussehender Mann, mittelgroß, etwa vierzig. Seine dunklen Augen wirkten lebhaft und intelligent.

»Elliot ist mein Anwalt«, erklärte Charlie Mainway.

»Oh«, sagte Tina erstaunt, »ich dachte, das sei Harry Simpson.«

»Harry ist der Anwalt fürs Hotel. Elliot kümmert sich um meine persönlichen Angelegenheiten.«

»Und das macht er hervorragend«, warf Helen ein. »Tina, falls Sie einen Anwalt benötigen sollten – vor Ihnen steht der beste Mann von Las Vegas.«

»Falls Sie aber Bedarf an Komplimenten haben sollten«, fuhr

Stryker fort, »was ich bei Ihrem Aussehen allerdings sehr bezweifle, so müssen Sie sich an Helen halten – niemand in Vegas kann einem charmanter und stilvoller schmeicheln als sie.«

»Sehen Sie, wie geschickt er ist?« fragte Helen Tina. »Mit einem einzigen Satz hat er es fertiggebracht, Ihnen und mir Komplimente zu machen und zugleich uns alle mit seiner Bescheidenheit zu beeindrucken. Verstehen Sie jetzt, warum er ein großartiger Anwalt ist?«

»Stellen Sie sich ihn nur einmal beim Plädoyer im Gerichtssaal vor!« rief Charlie.

»Wirklich ein äußerst redegewandter Mensch«, sagte Helen.

Stryker grinste Tina zu. »Wie Sie sehen, bin ich diesen beiden nicht gewachsen, wie beredt ich auch sein mag.«

In diesem Stil wurde das amüsante Geplauder eine Viertelstunde lang fortgesetzt, ohne *Magyck!* auch nur zu erwähnen. Es war Tina bewußt, daß die anderen versuchten, sie von der Show abzulenken, und sie wußte diese Bemühungen zu schätzen.

Selbstverständlich registrierte sie trotzdem, daß die Erregung des Publikums zunahm, je näher der Augenblick kam, da der Vorhang aufgehen würde. Die Wolken von Zigarettenrauch verdichteten sich zusehens. Die Kellner und Kellnerinnen eilten geschäftig hin und her, um vor Beginn der Show noch alle Getränke zu servieren. Das Stimmengewirr schwoll immer lauter an.

Obwohl Tinas Aufmerksamkeit einerseits der erwartungsvollen Stimmung der Menge galt und andererseits von Charlie und Helen Mainway in Anspruch genommen wurde, entging ihr nicht, daß Elliot Stryker an ihr sehr interessiert war. Die Anziehungskraft, die sie auf ihn ausübte, war an seinen Augen abzulesen, obwohl er sie keineswegs auffällig umwarb oder sich besonders produzierte. Sie spürte instinktiv, daß sich unter der liebenswürdigen, witzigen und etwas kühlen Fassade ein gesundes männliches Tier verbarg, und sie reagierte darauf nicht viel anders als eine Stute auf die ersten Anzeichen von Brunst des Hengstes.

Es war mindestens anderthalb, wenn nicht zwei Jahre her, daß ein Mann sie auf diese Weise angesehen hatte. Oder vielleicht bemerkte sie es jetzt einfach zum erstenmal seit langem wieder.

Die heftigen Auseinandersetzungen mit Michael, der Schock der Trennung und Scheidung, die Trauer um Danny, die Inszenierung der Show – das alles hatte ihre Tage und Nächte so sehr beansprucht, daß sie keinen Gedanken an Romantik verschwendet hatte.

Unter Elliots bewundernden Blicken wurde ihr plötzlich warm, und sie dachte: Mein Gott, ich war ja dabei zu vertrocknen! Wie habe ich *das* nur vergessen können?

Nachdem sie nun über ein Jahr um ihre gescheiterte Ehe und um ihren toten Sohn getrauert hatte und auch *Magyck!* jetzt fast hinter ihr lag, würde sie in Zukunft wieder Zeit haben, eine Frau zu sein. Sie würde sich Zeit dafür *nehmen*. Zeit für Elliot Stryker? Dessen war sie sich noch nicht sicher. Sie hatte es nicht eilig, sich für entgangene Vergnügungen zu entschädigen. Sie brauchte nicht den erstbesten Mann, der sie begehrte, zu erhören. Das wäre bestimmt nicht klug. Aber andererseits sah Elliot wirklich gut aus und wirkte sehr sympathisch. Sie mußte sich eingestehen, daß er in ihr die gleichen Gefühle weckte, die sie offenbar in ihm wachrief.

Dieser Abend schien sogar noch interessanter zu werden, als sie erwartet hatte.

5

Vivian Neddler parkte ihren Nash Rambler, ein altes Modell von 1955, an der Bordsteinkante, wobei sie sorgfältig darauf achtete, die Weißwandreifen nicht zu beschädigen. Das Auto war in tadellosem Zustand, besser als die meisten neuen Wagen. Es bereitete Vivian Freude, die Trends der modernen Wegwerfgesellschaft zu mißachten und sämtliche Dinge, die sie kaufte – vom Toaster bis hin zum Auto – möglichst lange zu benutzen. Sie liebte dauerhafte Sachen. Auch sie selbst war nicht mehr die Jüngste, aber mit ihren siebzig Jahren noch gesund und rüstig. Die kleine, stämmige Frau hatte das liebliche Gesicht einer Botticelli-Madonna und den energischen Gang eines Feldwebels.

Sie stieg aus ihrem Wagen und eilte auf Tina Evans' Haus zu.

Das gelbliche Licht der Straßenlampe erhellte nur einen Teil des Gartenweges. Niedrige Oleanderbüsche säumten ihn und raschelten in der leichten Brise. Hinter dem Haus brannte eine auf alt gemachte Kutscherlaterne. Im dunklen Wasser des Swimmingpools spiegelten sich die Strahlen des Halbmondes, der hoch am wolkenlosen Himmel stand. Vivian schloß die Küchentür auf. Sie putzte nun seit fast zwei Jahren für Tina Evans, die ihr schon nach kurzer Zeit einen Schlüssel anvertraut hatte.

Das leise Surren des Kühlschranks war das einzige Geräusch im Haus. Vivian begann die Küche sauberzumachen. Sie wischte überall gründlich Staub, reinigte mit einem feuchten Schwamm die Lamellen der Jalousien und brachte die mexikanischen Bodenfliesen auf Hochglanz. Schlampige Arbeit war ihr ein Greuel, und sie hätte es als höchst unmoralisch empfunden, für schlechte Leistung Geld zu kassieren.

Normalerweise arbeitete sie tagsüber und nicht abends. An diesem Nachmittag hatte sie jedoch eine Glückssträhne an den Spielautomaten im Hilton Hotel gehabt und diese nicht unterbrechen wollen. Einige der Leute, bei denen sie putzte, bestanden darauf, daß sie ein- oder zweimal pro Woche zu fest vereinbarten Zeiten erschien, und wenn sie sich nur um wenige Minuten verspätete, gab es dort Ärger. Aber Tina Evans war großzügig; sie wußte, wie wichtig die Spielautomaten für Vivian waren, und es machte ihr nichts aus, wenn die Putzfrau gelegentlich ihr Kommen verschob.

Vivian war eine ›Nickel-Herzogin‹. Das war der Spitzname der Casino-Angestellten für ältere ortsansässige Frauen, die dem Spieltrieb verfallen waren. Nickel-Herzoginnen hielten sich immer an die billigen Automaten mit Einsätzen von fünf oder zehn Cents. Sie fütterten die Automaten stundenlang hintereinander, und ihre Getränkerechnung belief sich oft auf nur fünf Dollar. Ihre Philosophie war ganz einfach: *Es ist nicht so wichtig, ob man gewinnt oder verliert, solange man nur am Ball bleibt.* Mit dieser Einstellung, mit ihrer Ausdauer und Beharrlichkeit, gewannen die ›Herzoginnen‹ mehr Jackpots als die Touristen, die von einem Automaten zum anderen hüpften. Die ›Herzoginnen‹ trugen schwarze Handschuhe, um von den Münzen keine schmutzigen Finger zu bekommen, sie saßen beim Spielen immer auf Hokkern, betätigten die Hebel oder Knöpfe abwechselnd mit der rechten und linken Hand und hatten für alle Fälle eine Salbe gegen Muskelschmerzen in der Tasche. Die meisten von ihnen waren Witwen oder alte Jungfern, die sich oft zum Essen trafen, einander beglückwünschten, wenn jemand einen hohen Betrag gewonnen hatte, und unbedingt zur Beerdigung gingen, wenn eine von ihnen starb. Sie bildeten eine feste Gemeinschaft und hatten das befriedigende Gefühl des Dazugehörens. In einem Land, das Jugendlichkeit zum Postulat erhoben hatte, sehnten sich die meisten älteren Amerikaner nach einem solchen Zugehörigkeitsgefühl, um sich nicht überflüssig vorzukommen, aber sehr vielen gelang es nicht, ihre Vereinsamung zu überwinden.

Vivian hatte eine Tochter, einen Schwiegersohn und drei Enkelkinder in Sacramento, die sie seit nunmehr fünf Jahren seit ihrem fünfundsechzigsten Geburtstag – drängten, sie solle zu ihnen ziehen. Vivian liebte ihre Familie sehr, und sie wußte, daß sie dort wirklich willkommen wäre, daß man sie nicht nur aus Pflichtgefühl und Schuldbewußtsein einlud. Trotzdem wollte sie nicht in Sacramento leben. Sie hatte nach mehreren Besuchen den Eindruck gewonnen, daß es eine furchtbar langweilige Stadt war. Vivian liebte die Atmosphäre von Las Vegas, den Lärm, die grellen Lichter, die Geschäftigkeit. Außerdem könnte sie in Sacramento keine ›Nickel-Herzogin‹ mehr sein; dort wäre sie nur noch eine ganz gewöhnliche alte Frau, die bei der Familie ihrer Tochter lebte, ihre Enkel betreute und auf den Tod wartete.

Allein schon die Vorstellung eines solchen Lebens war ihr unerträglich.

Vivian schätzte ihre Unabhängigkeit über alles, und sie hoffte von ganzem Herzen, daß ihr Gesundheitszustand ihr erlauben würde, bis zum Tode weiterzuarbeiten und allein zu leben.

Während sie letzte Hand an die Küche legte und sich wieder einmal ausmalte, wie langweilig ihr Leben ohne ihre Freundinnen und ohne die Spielautomaten wäre, hörte sie plötzlich ein Geräusch im Haus. Es schien aus dem Wohnzimmer zu kommen.

Sie hielt in der Arbeit inne und lauschte angestrengt.

Der Kühlschrankmotor schaltete sich aus. Eine Uhr tickte leise.

Nach längerer Stille hörte Vivian eine Art Geklapper, das sie verwirrte.

Gleich darauf verstummte es wieder.

Vivian öffnete die Besteckschublade und suchte ein langes, scharfes Messer aus. Die Polizei zu rufen, kam für sie nicht in Frage. Wenn sie telefonierte und danach aus dem Haus rannte, würden die Beamten bei ihrem Eintreffen möglicherweise keinen Einbrecher vorfinden und sie für eine hysterische alte Frau halten. Vivian Neddler wollte um keinen Preis als Närrin gelten. Außerdem hatte sie in den letzten 21 Jahren, seit ihr Mann Harry gestorben war, immer selbst auf sich aufgepaßt, und das hatte großartig geklappt.

Sie trat aus der Küche auf den Korridor hinaus, knipste das Licht an und stellte fest, daß das Eßzimmer leer war.

Sie ging weiter zum Wohnzimmer und machte auch dort Licht.

Kein Mensch war zu sehen.

Sie wollte ihre Kontrollrunde durchs Haus gerade fortsetzen, als vier glänzende Fotos an der Wand über dem Sofa ihre Aufmerksamkeit auf sich zogen. Es waren immer sechs Fotos gewesen, doch es war nicht die Tatsache, daß zwei fehlten, die Vivian so bestürzte. Alle vier Fotos schaukelten an ihren Haken hin und her. Niemand war in ihrer Nähe, und doch begannen zwei von ihnen plötzlich heftig gegen die Wand zu schlagen. Sie lösten sich von ihren Befestigungen und fielen mit lautem Klirren auf den Boden hinter dem beigen Cordsofa.

»Was, zum Teufel?« murmelte Vivian erstaunt.

Eine Sekunde später rissen sich auch die beiden letzten Fotos von den Haken los. Eines landete auf dem Sofa, das andere dahinter.

Vivian zwinkerte erschrocken mit den Augen. Sie konnte das, was sie soeben gesehen hatte, einfach nicht begreifen. Ein Erdbeben? Aber sie hatte keine Erschütterung des Hauses wahrgenommen, und auch die Fenster hatten nicht geklirrt.

Sie ging zum Sofa und hob das Foto auf, das auf die Polster gefallen war. Sie kannte es gut, hatte sie es doch oft genug abgestaubt. Es war ein Porträt von Danny Evans, wie auch die fünf anderen. Auf diesem Bild war er zehn oder elf Jahre alt, ein braunhaariger Junge mit dunklen Augen und einem bezaubernden Lächeln. Vivian überlegte, ob vielleicht ein Atomtest stattgefunden hatte. Das nukleare Testgelände von Nevada, wo mehrmals im Jahr unterirdische Versuche durchgeführt wurden, befand sich nur etwa 150 Kilometer nördlich von Las Vegas, und jedesmal, wenn die Militärs eine Bombe zur Explosion brachten, schwankten die großen Hotels von Vegas, und jedes Haus in der Stadt wurde zumindest leicht erschüttert.

Aber dieses Haus hatte vor einer Minute nicht gebebt, und das bedeutete, daß die Fotos nicht durch einen Atomtest von der Wand gerissen worden waren. Außerdem wurden solche Versuche nie abends durchgeführt.

Verwirrt legte Vivian das Messer aus der Hand, rückte ein Ende des Sofas etwas von der Wand ab und sammelte die fünf gerahmten Fotos im Format 20 x 25 cm auf. Zwei davon hatten jene Geräusche verursacht, die sie ins Wohnzimmer geführt hatten, die drei anderen hatte sie ja mit eigenen Augen von den Haken springen sehen. Sie hängte sie wieder in der üblichen Anordnung auf und schob das Sofa wieder an die Wand.

Ein hohes schrilles elektronisches Geräusch tönte plötzlich durchs Haus: *Aiii-ie, aiii-ie, aiii-ie ...*

Vivian schnappte nach Luft, wirbelte herum, drehte ihren Kopf nach allen Seiten. Sie war immer noch allein im Raum.

Ihr erster Gedanke war: *Einbrecheralarm*. Aber das Haus der Evans hatte überhaupt keine Alarmanlage.

Sie zuckte zusammen, denn das elektronische Kreischen wurde immer lauter. Die Fenster begannen zu vibrieren, ebenso die Glasplatte des Kaffeetisches, und Vivian spürte die Resonanz auch in ihren Zähnen und Knochen.

Sie konnte den Ursprungsort dieser durchdringenden Heultöne nicht orten; sie schienen aus jeder Ecke des Hauses zu kommen.

»Was, in aller Welt, geht hier vor?« sagte sie laut vor sich hin.

Sie ersparte sich die Mühe, das Messer wieder zur Hand zu nehmen, denn sie war inzwischen überzeugt davon, daß sie es nicht mit einem Einbrecher zu tun hatte. Es war etwas anderes – etwas Unheimliches.

Sie durchquerte den Wohnraum und schaltete das Licht auf dem Gang ein, der zu den Schlafzimmern, Bädern und zu Dannys Zimmer führte. In dem schmalen Korridor hallte das entnervende Geräusch noch lauter von den Wänden wider. Vivian blickte in beide Richtungen und ging sodann nach rechts, auf die geschlossene Tür am Ende des Flurs zu.

Die Luft war hier kühler als im übrigen Haus. Zunächst dachte Vivian, daß sie sich die Temperaturveränderung nur einbildete. Aber je mehr sie sich Dannys Zimmer näherte, desto kälter wurde es, und als sie vor der geschlossenen Tür stand, hatte sie eine Gänsehaut und klapperte mit den Zähnen.

Ihre Neugier wich allmählich der Angst. Etwas stimmte hier nicht. Ein unheimlicher Druck schien die Luft um sie herum zusammenzupressen.

Aiii-ie, aiii-ie, aiii-ie...

Ihr schoß durch den Kopf, daß es am klügsten wäre, schleunigst das Haus zu verlassen. Aber sie hatte sich nicht mehr völlig unter Kontrolle; sie fühlte sich wie eine Schlafwandlerin. Eine Kraft, die sie spüren, aber nicht definieren konnte, schien sie magisch in Dannys Zimmer zu ziehen.

Aiii-ie, aiii-ie, aiii-ie...

Vivian streckte schon die Hand nach dem Türknopf aus, als sie plötzlich ihren Augen nicht traute. Sie zwinkerte mehrmals, schloß die Lider für einen Moment, aber als sie sie wieder öffnete, sah der Türknopf immer noch so aus, als sei er mit einer dünnen unregelmäßigen Eisschicht überzogen. Sie berührte ihn. Ja: *Eis.* Ihre Finger blieben leicht am Metall haften. Sie riß ihre Hand zurück und betrachtete die feuchte Hand.

Das elektronische Quieken wurde schneller, blieb aber so laut und durchdringend wie zuvor.

Mach auf der Stelle kehrt, sagte sich Vivian. Verlaß dieses Haus, so schnell du kannst.

Aber sie ignorierte den Rat, den sie sich selbst gegeben hatte. Sie zog ihre Bluse aus der Hose und faßte den eisigen Metallknopf mit einem Stoffzipfel an. Der Knopf ließ sich drehen, aber die Tür öffnete sich nicht. Die Kälte hatte das Holz verzogen. Vivian lehnte sich mit der Schulter dagegen, drückte kräftig, und schließlich schwang die Tür nach innen auf.

6

Magyck! war mit Abstand die beste Bühnenshow, die Elliot Stryker je gesehen hatte. Das Programm begann mit einer elektrisierenden Version von ›That Old Black Magic‹. Die großartig kostümierten Sänger und Tänzer agierten in einer verblüffenden Dekoration aus Spiegeltreppen, Spiegelwänden und großen Kronleuchtern aus Kristall, die sich langsam drehten und bunte Farbsplitter auf alle Mitwirkenden warfen, wenn die Scheinwerfer in regelmäßigen Abständen abgeblendet wurden. Die Choreographie war sehr kompliziert, und die beiden Solosänger hatten mitreißende Stimmen. Nach dieser Nummer trat vor geschlossenen Vorhängen ein erstklassiger Zauberkünstler auf. Als knapp zehn Minuten später der Vorhang wieder aufging, waren die Spiegel verschwunden, und die Bühne war in eine Eisbahn verwandelt worden. Die zweite Nummer wurde auf Schlittschuhen getanzt, wobei die Kulissen einer Winterlandschaft so wirklichkeitsgetreu waren, daß man die Kälte förmlich zu spüren glaubte.

Aber trotz der Faszination von *Magyck!* vermochte sich Elliot nicht voll darauf zu konzentrieren. Er mußte zwischendurch immer wieder Christina Evans ansehen, die genauso aufregend wie die Show war, die sie geschaffen hatte. Sie spürte seine Blicke nicht, denn ihre ganze Aufmerksamkeit war auf die Bühne gerichtet. Ihr Gesicht spiegelte ihre nervöse Spannung deutlich wider, und jedesmal, wenn das Publikum lachte oder applaudierte, spielte ein zögerndes Lächeln um ihre Lippen.

Sie war eine ungewöhnlich schöne Frau, schlank, langbeinig, mit schmalen und doch weiblich gerundeten Hüften und einer Wespentaille. Der V-Ausschnitt ihres Kleides enthüllte den Ansatz voller, wohlgeformter Brüste. Dennoch war es nicht so sehr der Körper, der ihre Schönheit ausmachte, sondern vielmehr ihr Gesicht. Ihre dichten glänzenden Haare waren dunkelbraun, fast schwarz, und schulterlang; die Stirnfransen und die federig geschnittenen Seitenpartien umrahmten ihr Gesicht, als wäre es das Gemälde eines alten Meisters. Und dieses Gesicht war auch tatsächlich ein Meisterwerk. Der Knochenbau war so zart, so klar, so überaus feminin, daß der Anblick Elliot Herzklopfen verursachte. Ihre makellose Haut hatte einen olivfarbenen Ton, der ihr ein verwirrend exotisches Aussehen verlieh. Ihr Mund war voll und sinnlich. Und ihre Augen... Bei ihrer Haarfarbe und ihrem Teint hätte man dunkle Augen erwartet, aber sie waren blau, strahlendblau, von dem kräftigen Blau einer Gasflamme. Der Kontrast zwischen ihrem sonstigen südlichen Typ und diesen nordischen Augen wirkte einfach umwerfend. Elliot vermutete, daß andere Menschen vielleicht ihre Stirn zu breit, ihren Mund zu groß und ihr Kinn etwas zu betont finden könnten, daß manche sagen würden, ihre schmale gerade Nase verleihe ihr ein strenges Aussehen. Aber für Elliots Geschmack war ihr Gesicht vollkommen. Geradezu perfekt.

Doch obwohl dieses hinreißende Gesicht und auch dieser attraktive Körper sein Verlangen weckten, war es letztlich doch nicht ihre physische Schönheit, die ihn am meisten erregte. In erster Linie war er daran interessiert, mehr über diesen Menschen zu erfahren, der ein Werk wie *Magyck!* geschaffen hatte. Nach einem knappen Viertel des Programms war ihm bereits klar, daß es ein Riesenerfolg sein würde. Eine Vegas-Show dieser Dimension konnte unter falscher Regie leicht entgleisen, konnte sich als gigantisch aufgeblähte Luftblase entpuppen, geschmacklos, langweilig und protzig. Elliot wollte mehr über Christina Evans wissen, aber er war ehrlich genug, um sich einzugestehen, daß er sie auch heftig begehrte.

Kein weibliches Wesen hatte auf ihn eine so starke Faszination ausgeübt, seit seine Frau Nancy vor drei Jahren gestorben war.

Er grinste vor sich hin, nicht über den komischen Zauberer, der jetzt vor den geschlossenen Vorhängen seine Kunststücke darbot, sondern über den plötzlichen jugendlichen Überschwang seiner eigenen Gefühle.

7

Das von der Kälte verzogene Holz gab ein protestierendes Knarren von sich, als Vivian die Tür mit Gewalt öffnete.

Aiii-ie, aiii-ie, aiii-ie...

Ein eisiger Luftstrom drang aus dem dunklen Zimmer auf den Gang hinaus.

Vivian tastete nach dem Lichtschalter, fand ihn und trat vorsichtig ein. Der Raum war leer.

Aiii-ie, aiii-ie, aiii-ie...

Es war ein typisches Jungenzimmer, mit Postern von Baseballstars und Monstern aus Horrorfilmen an den Wänden und drei Modellflugzeugen, die an der Decke aufgehängt waren. Nichts schien sich hier verändert zu haben, seit Vivian – noch zu Dannys Lebzeiten – ihre Arbeit in diesem Haus aufgenommen hatte.

Aiii-ie, aiii-ie, aiii-ie...

Die elektronischen Heultöne kamen aus zwei kleinen Stereolautsprechern, die an der Wand hinter dem Bett befestigt waren. Plattenspieler und Radio standen auf einem der Nachttischchen.

Vivian kannte jetzt zwar die Quelle des Lärms, aber die eiskalte Luft im Raum war ihr nach wie vor ein Rätsel.

Sie ging auf die Stereoanlage zu. Auf dem Plattenspieler lag keine Schallplatte, die Geräusche mußten also vom Radio herrühren.

Aber welcher Rundfunksender strahlte anstelle von Musik elektronische Heultöne aus?

Als sie ihre Hand nach dem Gerät ausstreckte, brach das gräßliche Kreischen abrupt ab. Ihre gemarterten Ohren brauchten einige Sekunden, um sich an die Stille zu gewöhnen. Erst danach konnte Vivian das leise Zischen der immer noch eingeschalteten Lautsprecher wahrnehmen, und gleich darauf auch ihr rasendes Herzklopfen.

Die Metallteile der Stereoanlage waren mit einer dünnen Eiskruste bedeckt. Sie tippte mit dem Finger daran, und ein Stückchen Eis sprang ab und fiel auf den Nachttisch, wo es jedoch auch nicht schmolz; dazu war es im Zimmer viel zu kalt.

Der Spiegel und das Fenster waren gefroren.

Draußen ist es kühl, dachte Vivian. Aber *so* kühl nun auch wieder nicht. Zehn oder zwölf Grad plus waren es bestimmt.

Der Abstimmknopf des Radios begann sich von allein zu drehen, und der Frequenzzeiger bewegte sich rasch über die Leuchtskala. Musikfetzen, Satzfragmente von Discjockeys und

Nachrichtensprechern sowie Werbespots gingen ineinander über, vermischten sich zu einer einzigen Kakophonie. Der Zeiger erreichte das Ende der Skala und wechselte die Richtung.

Zitternd schaltete Vivian das Gerät aus.

Sobald sie den Knopf losgelassen hatte, schaltete sich das Radio wieder ein.

Sie starrte es fassungslos und angsterfüllt an. Der Zeiger sauste über die Skala. Sie schaltete das Radio ein zweites Mal aus. Es schaltete sich augenblicklich wieder ein.

»Das ist doch ganz unmöglich!« murmelte sie mit schwacher Stimme.

Als sie es zum drittenmal ausschaltete, ließ sie den Knopf nicht los und spürte sekundenlang, wie er unter ihren Fingern zuckte und wieder auf ›Ein‹ springen wollte.

Die Modellflugzeuge gerieten in Bewegung. Jedes hing an einem langen Stück Angelschnur, deren oberes Ende an einem in die Decke geschraubten Haken festgeknotet war. Alle drei Flugzeuge ruckten und zuckten.

»Es ist nur ein Luftzug«, sagte Vivian.

Gleich darauf fügte sie hinzu: »Aber ich spüre keinen Luftzug!«

Die Modellflugzeuge begannen an ihren Schnüren heftig auf und ab zu schaukeln.

»Gott steh mir bei!« rief Vivian.

Eines der Flugzeuge beschrieb nun Kreisbahnen, anfangs kleine, dann immer größere; gleichzeitig steigerte es seine Geschwindigkeit. Die beiden anderen Modelle stellten ihr Zappeln und Schaukeln ein und begannen wie das erste zu kreisen. Diese akkuraten Bewegungen ließen sich nun beim besten Willen nicht mehr als zufällige Auswirkungen einer Luftströmung erklären.

Gespenster? dachte Vivian. Ein Poltergeist? Aber ich *glaube* nicht an Geister. So etwas gibt es nicht.

Die Schiebetüren des Kleiderschrankes glitten zur Seite, und einen schrecklichen Moment lang dachte Vivian, daß irgend ein gräßliches *Etwas* aus dem dunklen Innern herausspringen würde. Aber kein Monster hatte sich im Schrank versteckt. Dort hingen nur Dannys Kleidungsstücke. Und dennoch öffneten sich die Türen, ohne daß jemand sie berührte ... und schlossen sich ... öffneten sich ...

Die Modellflugzeuge drehten ihre Kreise. Die Luft schien noch kälter zu werden.

Das Bett begann zu schwanken. Die Beine am Fußende hoben sich acht oder zehn Zentimeter, fielen krachend auf die Rollen zurück, die als Teppichschutz dienten, und stiegen sodann wieder in die Höhe. Die Sprungfedern surrten, als zupften Metallfinger an ihnen.

Vivian preßte sich gegen die Wand und verfolgte das Spektakel mit geballten Fäusten und schreckensweit aufgerissenen Augen.

Plötzlich stand das Bett wieder still. Die Schranktüren schlossen sich krachend – aber sie öffneten sich nicht mehr. Die Modellflugzeuge verloren an Tempo, der Radius ihrer Kreisbahnen wurde immer kleiner, bis sie schließlich regungslos an ihren Schnüren hingen.

Es war ganz still im Zimmer. Nichts bewegte sich mehr. Die Luft wurde wärmer.

Vivians Herzklopfen ließ allmählich nach. Schaudernd verschränkte sie ihre Arme vor der Brust.

»Eine logische Erklärung«, murmelte sie. »Es muß eine logische Erklärung hierfür geben.«

Aber ihr fiel keine ein.

Als der Raum sich erwärmte, fiel die dünne Eiskruste von den Türknöpfen, der Stereoanlage und anderen Metallgegenständen ab und hinterließ feuchte Flecken auf dem Teppich. Auch auf der Fensterscheibe taute die Frostschicht ab.

Nichts deutete mehr auf die ungewöhnlichen Vorgänge hin, die soeben stattgefunden hatten. Jetzt war es wieder das ganz normale Schlafzimmer eines Jungen, ein Zimmer, wie es Tausende gab.

Nur mit einem Unterschied – der Junge, der hier einst geschlafen hatte, war seit einem Jahr tot. Und vielleicht spukte er nun hier herum.

Aber ich glaube doch nicht an Gespenster, rief Vivian sich ins Gedächtnis. Es gibt keine Gespenster.

Trotz alledem wäre es eine gute Idee, wenn Tina Evans endlich die Sachen des Jungen wegräumen würde. Das hätte sie schon vor langer Zeit tun sollen.

Vivian hatte keine logische Erklärung für das, was geschehen war, aber eines wußte sie genau – sie würde keiner Menschenseele erzählen, was sie heute abend hier erlebt hatte. Wie überzeugend sie diese unheimlichen Ereignisse auch schildern mochte – niemand würde ihr Glauben schenken. Die Leute würden lächelnd nicken und beteuern, daß es ein seltsames und erschreckendes Erlebnis gewesen sein müsse, aber insgeheim würden sie denken, daß die arme alte Vivian nun doch senil wurde. Früher oder später könnten Gerüchte über ihre Fantasien sogar ihrer Tochter in Sacramento zu Ohren kommen, und dann würde ihre Familie sie noch mehr bedrängen, nach Kalifornien umzuziehen. Vivian hatte nicht die Absicht, ihre kostbare Unabhängigkeit zu gefährden.

Sie verließ Dannys Zimmer, ging in die Küche und genehmigte sich zwei kräftige Schlucke von Tina Evans bestem Bourbon. Danach machte sie sich mit der ihr eigenen stoischen Gelassenheit wieder an die Arbeit.

Sie würde sich nicht von Poltergeistern aus dem Haus vertreiben lassen.

Vielleicht sollte sie aber am Sonntag in die Kirche gehen. Sie hatte lange keine Kirche mehr von innen gesehen. Vielleicht wäre es ganz gut für sie, ab und zu hinzugehen, natürlich nicht jede Woche, aber doch ein- oder zweimal im Monat. Und es könnte auch nichts schaden, wenn sie hin und wieder eine Beichte ablegen würde. Sie hatte seit Ewigkeiten keinen Beichtstuhl mehr betreten. Sicher ist sicher, dachte sie.

8

Es war im Showbusiness allgemein bekannt, daß Premierenbesucher, die nichts bezahlen mußten, besonders kritisch und schwer zu begeistern waren. Aber an diesem Abend brachten es nicht einmal die hartgesottensten Gäste fertig, unbeteiligt und skeptisch zu bleiben.

Der Schlußvorhang fiel um elf Minuten vor zehn, und die Ovationen dauerten noch an, als Tinas Armbanduhr die volle

Stunde anzeigte. Das Ensemble von *Magyck!* verbeugte sich immer wieder, danach das Orchester sowie die Crew von Technikern, Kostümbildnern und anderen wichtigen Mitwirkenden hinter den Kulissen. Alle hatten strahlende Gesichter und rote Wangen vor Aufregung über den grandiosen Erfolg. Die begeisterten VIP-Zuschauer ließen nicht locker, bis Joel Bandiri und Tina in ihren Logen von Scheinwerfern angestrahlt und ebenfalls mit donnerndem Applaus belohnt wurden.

Tina konnte die überwältigende Reaktion auf ihr Werk noch nicht richtig fassen. Ihr Herz drohte vor Glück zu zerspringen. Helen Mainway plapperte aufgeregt über die spektakulären Spezialeffekte, Elliot Stryker hatte einen schier unerschöpflichen Vorrat an Komplimenten auf Lager, machte aber auch einige kluge Bemerkungen über die technischen Aspekte der Inszenierung, und Charlie Mainway öffnete die dritte Flasche Dom Pérignon; die Lichter im Saal gingen an, das Publikum begann widerwillig aufzubrechen, und Tina hatte kaum Zeit, an ihrem Champagner zu nippen, weil jeder ihr gratulieren wollte.

Gegen halb elf hatten die meisten Zuschauer den Saal verlassen; die restlichen bewegten sich langsam auf die Ausgangstüren zu. Obwohl an diesem Abend keine zweite Vorstellung stattfand, wie es vom nächsten Tag an der Fall sein würde, waren Hilfskellner schon damit beschäftigt, die Tische abzuräumen und neu zu decken.

Als der Gang vor ihrer Loge sich endlich von Gratulanten geleert hatte, stürzte Tina auf Joel zu, warf ihm die Arme um den Hals und brach zu ihrer eigenen Überraschung in Glückstränen aus. Sie umarmte ihn mit aller Kraft, und Joel verkündete, diese Show sei »ein Erfolg, wie er im Buche steht«.

Als sie schließlich auf die Bühne kamen, war die Premierenparty schon in vollem Gange. Die Kulissen und Requisiten waren von der zentralen Bühnenfläche entfernt und an der Stelle standen jetzt acht Klapptische. Die weiß gedeckten Tische bogen sich unter der Last der Speisen. Es gab fünf verschiedene warme Vorspeisen, Nudelsalat, Kartoffelsalat, Bohnensalat, kaltes Roastbeef, kalten Schinken, heiße Hähnchenbrust in Weinsauce, vier Sorten Käse, Brötchen, drei Torten, drei Kuchen, Petit fours, Nußpudding und frisches Obst. Angehörige des Hotelmanagements, Showgirls, Tänzer, Zauberkünstler, Bühnenarbeiter und Musiker scharten sich um das Buffet, während der Küchenchef des Hotels, Philippe Chevalier, alles höchstpersönlich überwachte. In Erwartung dieses Festmahls hatten die meisten Anwesenden nicht zu Abend gegessen, und die Tänzer hatten natürlich außer einem leichten Frühstück den ganzen Tag über nichts in den Magen bekommen. Alle sprachen deshalb den Speisen – und ebenso auch den Getränken – herzhaft zu, und die Stimmung war sehr ausgelassen, hatte doch jeder noch den Applaus im Ohr.

Tina schob sich durch die Menge und dankte allen Beteiligten für ihren Beitrag zum Erfolg der Show, für ihren Einsatz und Enthusiasmus. Mehrmals traf sie mit Elliot Stryker zusammen, und er schien aufrichtig interessiert daran zu sein, wie die verblüffenden Bühneneffekte bewirkt worden waren. Er war ein guter Zuhörer und stellte intelligente Fragen. Tina tat es jedesmal leid, ihn verlassen zu müssen, um mit anderen Personen zu sprechen, und von Mal zu Mal blieb sie länger bei ihm. Bei ihrem vierten Zusammentreffen verlor sie dann jedes Zeitgefühl.

Sie standen in der Nähe des linken Stützpfeilers der Vorderbühne, etwas abseits vom größten Gedränge, aßen Kuchen und unterhielten sich. Von *Magyck!* ging das Gespräch allmählich auf andere Themen über – Jura, Charlie und Helen Mainway, Immobiliengeschäfte in Las Vegas, alte Lieblingsfilme –, und Tina fand ihn immer sympathischer. Er war klug und gebildet, hatte einen trockenen Sinn für Humor, und sein dunkler Typ erinnerte sie an Al Pacino.

»Ich nehme an«, sagte er bedauernd, »daß Sie nun lange Zeit die meisten Abende hier verbringen müssen.«

»Nein«, erwiderte sie. »Das ist nicht notwendig.«

»Aber ich dachte, ein Intendant...«

»Der größte Teil meiner Arbeit ist beendet. Ich brauche mich nur noch alle paar Wochen zu vergewissern, daß die Show nicht vom ursprünglichen Konzept abdriftet.«

»Aber Sie sind doch auch Koproduzentin«, warf Elliot ein.

»Nun, nach der erfolgreichen Premiere wird meine Arbeit jetzt hauptsächlich im Bereich Public Relations und Werbung liegen, und das meiste davon läßt sich von meinem Büro aus erledigen.

Ich brauche nicht ständig hinter den Kulissen zu stehen. Tatsache ist sogar, daß Joel der Meinung ist, es sei nicht gut, wenn wir jeden Abend – oder auch nur an den meisten Abenden – anwesend sind. Er sagt, das würde nur das Ensemble nervös machen und die Techniker veranlassen, nach dem Boß zu schielen, anstatt sich auf ihre Arbeit zu konzentrieren.«

»Aber werden Sie es fertigbringen, Ihrer Show fernzubleiben?«

Sie grinste. »Es wird mir nicht leichtfallen, aber was Joel sagt, leuchtet mir ein, deshalb werde ich versuchen, Distanz zu halten.«

»Aber in der ersten Woche werden Sie doch vermutlich jeden Abend hier sein?«

»Nein«, sagte sie. »Wenn Joel recht hat – und davon bin ich überzeugt –, gewöhne ich mich am besten gleich von Anfang an daran, wegzubleiben.«

»Und morgen abend?« fragte Elliot.

»Oh, ich nehme an, daß ich einige Male vorbeischauen werde.«

»Sie gehen doch bestimmt auf eine Silvesterparty?«

»Wieder falsch geraten«, lächelte sie. »Ich hasse Silvesterparties. Alle sind betrunken, und es ist schrecklich langweilig.«

»Nun, dann... glauben Sie, daß Sie Zeit hätten, zwischen Ihren Stippvisiten bei der Show mit mir zu Abend zu essen?«

»Bitten Sie mich um ein Rendezvous?«

»Ich werde versuchen, meine Suppe nicht zu schlürfen.«

»Sie bitten mich *wirklich* um ein Rendezvous!« stellte sie erfreut fest.

»Ja«, sagte Elliot, »und es ist lange her, daß ich mich dabei so ungeschickt angestellt habe.«

»Woher kommt das?«

»Daran sind Sie schuld.«

»Ich? Warum denn ich?«

»Sie geben mir das Gefühl, wieder jung zu sein. Und in meiner Jugend war ich sehr ungeschickt und schüchtern.«

»Wie süß!«

»Ich versuche, Sie für mich einzunehmen.«

»Und das gelingt Ihnen auch.«

Er schenkte ihr ein warmes Lächeln. »Plötzlich fühle ich mich gar nicht mehr so unbeholfen.«

»Sollen wir noch einmal von vorne anfangen?«

»Werden Sie morgen abend mit mir essen?«
»Aber ja. Wie wär's um halb acht?«
»Großartig. Abendgarderobe erforderlich?«
»Blue Jeans genügen vollkommen.«

Er zupfte an seinem gestärkten Kragen und an den Satinrevers seines Smokings. »Sie sind ein Engel!«

»Ich gebe Ihnen meine Adresse«, sagte sie und suchte in ihrer Handtasche nach einem Kugelschreiber.

»Wir können hier Zwischenstation machen und uns die ersten Nummern von *Magyck!* ansehen, bevor wir ins Restaurant gehen.«

»Warum gehen wir nicht direkt ins Restaurant?«

»Sie wollen nicht wenigstens einen Blick auf Ihre Show werfen?«

»Ich habe soeben beschlossen, heroisch darauf zu verzichten.«

»Joel wird stolz auf Sie sein.«

»Falls ich es tatsächlich schaffe, werde ich selbst stolz auf mich sein.«

»Sie werden es schaffen, denn Sie scheinen mir eine sehr charakterfeste Frau zu sein.«

Sie grinste. »Es ist durchaus möglich, daß ich mitten beim Essen plötzlich das unwiderstehliche Bedürfnis verspüre, hierher zu rasen.«

»Ich werde meinen Wagen direkt vor der Restauranttür parken und vorsichtshalber den Motor laufen lassen.«

Tina schrieb ihm ihre Adresse auf, und dann kamen sie irgendwie auf Jazz und Benny Goodman zu sprechen, und danach bemängelte sie den miserablen Service der Telefongesellschaft von Las Vegas. Sie plauderten so zwanglos, als wären sie alte Freunde. Elliot hatte vielfältige Interessen; unter anderem war er Skiläufer und Pilot, und er schilderte höchst amüsant seine anfänglichen Mißgeschicke in diesen Disziplinen. Sie fühlte sich wohl in seiner Gegenwart, doch gleichzeitig verwirrte er sie durch seine Ausstrahlung von männlicher Kraft und aggressiver Sexualität einerseits und von Güte und Einfühlungsvermögen andererseits.

Eine Erfolgsshow... viele fürstliche Schecks in Aussicht... unzählige neue Möglichkeiten, die sich ihr nach diesem Durchbruch eröffnen würden... vielleicht ein neuer, sehr aufregender Liebhaber... Tina war überrascht, wie sehr ein einziges Jahr ihr Leben verändert hatte. Hinter ihr lagen Verbitterung, Tragödien und Schmerzen, aber nun schien ein vielversprechender neuer Tag am Horizont zu dämmern. Die Zukunft sah nun wieder lebenswert aus. Sie konnte sich nicht vorstellen, daß jetzt noch etwas schiefgehen würde.

9

Ein trockener Wüstenwind blies in dieser Nacht um Tina Evans' Haus. Eine weiße Nachbarskatze jagte auf dem Rasen hinter einem Papierfetzen her.

Im Haus war es sehr still. Nur der Kühlschrank schaltete sich von Zeit zu Zeit ein und surrte gleichmäßig vor sich hin. Eine lockere Fensterscheibe im Wohnzimmer klirrte bei jedem Windstoß. Die Heizung flüsterte etwas Unverständliches, wenn heiße Luft durch die Ventile geblasen wurde.

Kurz vor Mitternacht wurde es in Dannys Zimmer immer kälter. Auf dem Türknopf, an der Stereoanlage und anderen Metallgegenständen kondensierte sich die feuchte Luft in Form von Flüssigkeit, und als die Temperatur weiter fiel, bildete sich daraus rasch eine dünne Eisschicht. Auch das Fenster war nach kürzester Zeit gefroren.

Die Stereoanlage schaltete sich von selbst ein.

Sekundenlang wurde die Stille durch einen schrillen elektronischen Heulton unterbrochen. Dann begann der Frequenzzeiger über die beleuchtete Senderskala zu wandern, von einem Ende zum anderen, immer schneller. Musikfetzen und Satzfragmente vermischten sich unter Knacken zu unheimlichen Dissonanzen, die in dem eisigen Raum widerhallten.

Aber da das Haus leer war, konnte niemand diesen Lärm hören.

Die Schranktüren öffneten und schlossen sich, öffneten sich wieder...

Im Schrankinnern begannen die Hemden und Jeans auf ihren

Bügeln wild an der Stange zu schaukeln, und einige der Kleidungsstücke fielen auf den Boden.

Das Bett schwankte.

Die offene Vitrine mit den neun Modellflugzeugen begann zu rucken und gegen die Wand zu hämmern. Eines der Flugzeuge flog von seinem Regal, zwei weitere folgten, dann noch drei, und zuletzt lagen alle neun auf dem Fußboden.

An der Wand links vom Bett wurde ein Poster von Willie Stargell in der Mitte durchgerissen.

Der Frequenzzeiger blieb plötzlich auf einer unbesetzten Frequenz stehen. Nach kurzem Zischen und Knacken erscholl eine Stimme aus den Lautsprechern. Es war die Stimme eines Kindes. Eines Jungen. Sie brachte keine Wörter zustande, nur einen langen gequälten Schrei.

Die Stimme verklang nach einer Minute, aber das Bett schwankte nun noch heftiger auf und ab.

Und die Schranktüren öffneten und schlossen sich mit noch größerer Energie.

Auch andere Gegenstände begannen sich zu bewegen. Knapp fünf Minuten lang schien der ganze Raum lebendig zu sein.

Schlagartig war der Spuk wieder vorbei.

Stille trat ein.

Die Luft erwärmte sich.

Die Eisschicht am Fenster taute.

Draußen jagte die weiße Katze immer noch dem Papierfetzen nach.

Teil II
Mittwoch, 31. Dezember

10

Tina kam erst kurz vor zwei in der Nacht zum Mittwoch von der Premierenparty nach Hause. Erschöpft und leicht beschwipst, ging sie sofort zu Bett und fiel in einen tiefen Schlaf.

Wenige Stunden später hatte sie wieder einen Alptraum. Danny war auf dem Grund einer tiefen Grube gefangen. Sie hörte ihn mit ängstlicher Stimme leise nach ihr rufen, und sie beugte sich über den Rand der Grube und sah ihn in der Tiefe. Sein Gesicht war nur als kleiner heller Fleck zu erkennen. Er brauchte ihre Hilfe, und sie wollte ihn dort herausholen, aber er war unten angekettet und konnte nicht zu ihr hinaufklettern, und sie hatte auch keine Möglichkeit, zu ihm zu gelangen. Und dann trat ein von Kopf bis Fuß schwarz gekleideter Mann, dessen Gesicht im Schatten blieb, an die andere Seite der Grube und begann mit einem Spaten Erde hinabzuwerfen. Dannys Hilferufe wurden jetzt zu Schreckensschreien. Er wurde lebendig begraben. Tina brüllte den Mann in Schwarz an, aber er ignorierte sie völlig und setzte seine Arbeit gnadenlos fort. Sie rannte am Rand der Grube entlang; sie wollte ihm in den Arm fallen, ihm Einhalt gebieten. Aber er bewegte sich genauso schnell wie sie und stand ihr immer genau gegenüber. Sie konnte ihn nicht einholen, und sie konnte auch nicht zu Danny gelangen, und die Erde reichte dem Jungen schon bis zu den Knien, und dann bis zu den Hüften, und dann bis zu den Schultern. Danny schrie und weinte, und nun ging die Erde ihm schon bis zum Kinn, und der Mann in Schwarz hörte immer noch nicht zu schaufeln auf. Sie wollte diesen Verbrecher umbringen, ihn mit seinem eigenen Spaten erschlagen. Aber gerade, als dieser Gedanke ihr durch den Kopf schoß, blickte er sie an, und sie sah endlich sein Gesicht. Es war ein mit wächserner Haut überzogener Schädel. Er bleckte grinsend seine gelben Zähne, und seine roten Augen glühten. Auf seiner linken Wange, bis hin zum Augenwinkel, wimmelte es von Maden, die an ihm nagten. In Tinas Entsetzen über das grauenvolle Schicksal ihres Sohnes mischte sich Angst um ihr eigenes Leben. Dannys verzweifelte Schreie erstickten allmählich, als die Erde sein Gesicht zu bedecken begann und in seinen Mund eindrang, und sie wußte, daß sie zu ihm gelangen und sein Gesicht mit ihren Händen ausgraben mußte, bevor er erstickte. Sie stürzte sich in blinder Panik in die Grube hinab und fiel und fiel...

Sie fuhr keuchend und zitternd aus dem Schlaf auf und hatte das unheimliche Gefühl, daß der Schwarzgekleidete in ihrem Schlafzimmer war, daß er grinsend im Dunkeln stand. Mit rasendem Herzklopfen tastete sie nach der Nachttischlampe und befürchtete dabei, daß eine kalte, feuchte Hand sie daran hindern würde, auf den Schalter zu drücken. Sie blinzelte im Licht und stellte mit grenzenloser Erleichterung fest, daß sie allein war.

»O Gott«, murmelte sie schwach.

Sie wischte sich mit der Hand den Schweiß vom Gesicht und machte einige Atemübungen.

Immer noch am ganzen Leibe zitternd, ging sie ins Bad und wusch sich das Gesicht. Ihr Spiegelbild starrte sie bleich und angespannt an.

Ihr Mund fühlte sich rauh und trocken an. Sie trank zwei Glas kaltes Wasser.

Als sie dann wieder im Bett lag, hätte sie am liebsten das Licht brennen lassen, wollte aber ihren Ängsten nicht nachgeben und knipste deshalb schließlich die Lampe aus.

Die plötzliche Dunkelheit erschien ihr bedrohlich.

Sie war nicht sicher, ob sie wieder einschlafen würde, aber sie wollte es wenigstens versuchen. Es war noch nicht einmal fünf Uhr. Sie hatte weniger als drei Stunden geschlafen, und dabei hatte sie eigentlich einen enormen Nachholbedarf an Schlaf.

Gleich am Vormittag würde sie Dannys Zimmer ausräumen, und dann würden diese Alpträume aufhören. Davon war sie fest überzeugt.

Sie dachte an die beiden Wörter, die sie zweimal von Dannys Tafel gelöscht hatte – NICHT TOT –, und ihr fiel ein, daß sie Michael nicht angerufen hatte. Sie mußte wissen, ob er ohne ihr Wissen und ohne ihre Erlaubnis im Haus gewesen war, in Dannys Zimmer.

Es *konnte* nur Michael gewesen sein.

Sie könnte ihn jetzt anrufen. Nach all den schlaflosen Nächten, die er ihr bereitet hatte, müßte sie keine Skrupel haben, ihn zu wecken. Aber sie *wußte*, daß sie momentan einer Auseinandersetzung nicht gewachsen wäre. Ihr Verstand war von Alkohol und Müdigkeit benebelt. Und falls Michael sich ins Haus geschlichen hatte, um ihr diesen grausamen Streich zu spielen, falls er diese Botschaft auf die Tafel geschrieben hatte, so mußte er sie viel mehr hassen, als sie geglaubt hatte. Möglicherweise war er sogar geisteskrank und würde wilde Drohungen und Beschimpfungen ausstoßen. Für dieses Telefonat brauchte sie einen klaren Kopf. Sie würde ihn morgens anrufen, wenn sie wieder bei Kräften war.

Sie drehte sich gähnend auf die andere Seite und schlief ein, ohne erneut von bösen Träumen heimgesucht zu werden. Als sie um zehn Uhr aufwachte, fühlte sie sich frisch und beschwingt über den Erfolg des Vorabends.

Sie rief Michael an, aber er war nicht zu Hause. Sie beschloß, es in einer halben Stunde noch einmal zu versuchen, da sie wußte, daß er vormittags nie arbeitete – es sei denn, er hätte in den letzten sechs Monaten seine Schichten gewechselt.

Sie holte die Morgenzeitung von der Veranda und las die fantastische Kritik über *Magyck!* Der Theaterkritiker hatte an der Show nicht das geringste auszusetzen. Sein Loblied machte Tina sogar etwas verlegen, obwohl sie den Artikel allein las, in ihrer eigenen Küche.

Ihr leichtes Frühstück bestand aus Grapefruitsaft und einem Brötchen. Danach begab sie sich in Dannys Zimmer, doch als sie die Tür öffnete, blieb sie völlig fassungslos stehen.

Der Raum war ein einziges Durcheinander. Die Flugzeugmodelle aus der Vitrine lagen auf dem Fußboden, und einige waren beschädigt. Dannys Taschenbücher standen nicht mehr auf dem Regal, sondern lagen im ganzen Zimmer verstreut umher. Die

Schreibtischplatte war leer – sämtliche Utensilien für den Modellbau lagen ebenfalls auf dem Boden herum. Das Poster eines Baseballspielers hing zerrissen an der Wand. Die Schranktüren standen offen, und sämtliche Kleidungsstücke waren von den Bügeln gerissen worden. Der Spieltisch war umgestürzt. Die Staffelei lag auf dem Teppich, mit der Tafelseite nach unten.

Zitternd vor Zorn, ging Tina darauf zu und stellte die Staffelei auf. Nach sekundenlangem Zögern warf sie einen Blick auf die Tafelseite.

NICHT TOT

»Verdammt!« rief sie wütend.

Vivian Neddler war am Vorabend zum Putzen im Haus gewesen, aber Tina wußte genau, daß Vivian etwas Derartiges niemals tun würde. Und wenn die alte Frau dieses Durcheinander schon vorgefunden hätte, hätte sie alles aufgeräumt und eine Notiz für Tina hinterlassen. Demnach mußte der Eindringling gekommen sein, nachdem Mrs. Neddler das Haus verlassen hatte.

Tina überprüfte, immer noch wutentbrannt, jede Tür und jedes Fenster im Haus, fand aber keinen Hinweis darauf, daß jemand sich gewaltsam Zutritt verschafft hatte.

Sie ging in die Küche und wählte Michaels Nummer, aber er meldete sich auch diesmal nicht.

Sie holte das Branchenverzeichnis aus einer Schublade, schlug die Seiten mit den Schlossereien auf und wählte die Nummer der Firma, die dort mit dem größten Inserat warb.

»Anderlingen Lock and Security«, meldete sich eine Frauenstimme.

»In Ihrer Werbung auf den gelben Seiten heißt es, daß Sie in einer Stunde nach Anruf Schlösser wechseln können.«

»Das ist unser Notdienst. Er ist teurer.«

»Das ist mir egal«, sagte Tina.

»Aber wenn Sie Ihren Namen auf die normale Liste setzen lassen, kommen unsere Leute höchstwahrscheinlich auch noch heute nachmittag oder spätestens morgen vormittag. Und der Normalservice ist um vierzig Prozent billiger als der Notdienst.«

»In meinem Haus haben letzte Nacht Vandalen gehaust«, erklärte Tina.

»In was für einer Welt leben wir eigentlich?« meinte die Firmenangestellte mitfühlend.

»Sie haben eine Menge kaputtgemacht...«

»Oh, das tut mir aber leid.«

»...deshalb will ich die Schlösser sofort auswechseln lassen.«

»Selbstverständlich.«

»Und ich möchte gute Schlösser installieren lassen. Die besten, die Sie haben.«

»Nennen Sie mir Ihren Namen und Ihre Adresse, dann schicke ich gleich jemanden los.«

Einige Minuten später stand Tina wieder in Dannys Zimmer und betrachtete das Chaos.

»Was zum Teufel willst du von mir, Mike?« murmelte sie unwillkürlich vor sich hin.

Sie bezweifelte, daß er ihre Fragen beantworten könnte, selbst wenn er sie gehört hätte. Welche Entschuldigung könnte er denn schon vorbringen? Welche Rechtfertigung könnte es für ein derart krankhaftes Verhalten geben? Es mußte blinder Haß sein, der ihn dazu getrieben hatte.

Ein kalter Schauer lief ihr über den Rücken.

11

Um 13.50 Uhr fuhr Tina vor dem MGM Grand Hotel vor und übergab ihren VW einem Parkwächter.

Das Grand gehörte zu den beliebtesten Hotels der Stadt, und an diesem letzten Tag des Jahres war es total überfüllt. Mindestens zwei- oder dreitausend Gäste hielten sich im Casino auf, das größer als ein Fußballfeld war. Hunderte von Spielern – hübsche junge Frauen, nette Großmütter, Burschen in Jeans und T-Shirts, ältere Herren in teurer, aber lässiger Freizeitkleidung oder in dreiteiligen Anzügen, Kaufleute, Ärzte, Mechaniker, Sekretärinnen, Anwälte, Amerikaner aus sämtlichen westlichen Staaten, Dienstreisende aus den Großstädten der Oststaaten, japanische Touristen, einige Franzosen und Araber – saßen an den halb-elliptischen Blackjack-Tischen, machten ihre Einsätze mit Geldscheinen oder Chips, griffen gierig nach den Karten und betrachteten ihr Blatt kopfschüttelnd oder zufrieden grinsend, wütend oder enthusiastisch. Hinter den Spielern standen Hunderte von Zuschauern, die darauf warteten, daß ein Platz frei wurde.

An den Würfeltischen ging es wesentlich lauter zu. Die Spieler – größtenteils Männer – brüllten, stöhnten, heulten auf, feuerten einander an, fluchten und beschworen laut die Würfel. Auf der linken Seite reihte sich über die ganze Länge des Casinos ein Spielautomat an den anderen, grell und bunt beleuchtet, von Spielern umringt, die sich nicht ganz so wüst wie die Würfelspieler aufführten. Rechts, hinter den Würfeltischen, etwa auf halber Höhe des langen Saales, wurde auf einer erhöhten Tribüne an weißen Marmortischen Bakkarat gespielt; hier ging es wesentlich gesitteter und vornehmer zu; Bankhalter und Kartengeber mußten sogar Smokings tragen.

Bedienungen in knappen Kostümen, die viel Dekolleté und lange Beine zur Schau stellten, eilten überall in dem riesigen Casino geschäftig hin und her.

Tina schob sich durch die Zuschauer, die den breiten Mittelgang versperrten, und entdeckte Michael nach kürzester Zeit. Er fungierte als Kartengeber an einem der ersten Blackjacktische. Alle sieben Plätze waren besetzt. Der Mindesteinsatz betrug fünf Dollar. Michael plauderte und lachte mit den Spielern. Manche Kartengeber waren kühl und wortkarg, aber Michael sagte stets, der Tag vergehe schneller, wenn man nett zu den Leuten sei. Kein Wunder, daß er immer wesentlich mehr Trinkgelder erhielt als die meisten seiner Kollegen.

Michael war schlank und blond, mit strahlend blauen Augen. Er hatte etwas Ähnlichkeit mit Robert Redford, und die Frauen an den Spieltischen bedachten ihn meistens mit besonders großzügigen Trinkgeldern.

Michael mußte Tinas Blicke gespürt haben, denn er schaute plötzlich auf. Sie hatte damit gerechnet, daß sein Lächeln schlagartig einem gereizten Stirnrunzeln Platz machen würde, aber er reagierte völlig anders als erwartet. Sein Lächeln wurde noch breiter, und sie glaubte, echte Freude in seinen Augen zu lesen. Ohne das Kartenmischen zu unterbrechen, rief er ihr charmant zu: »Hallo, du siehst fantastisch aus, Tina. Die reinste Augenweide!«

Völlig verwirrt über seine Liebenswürdigkeit, ja sogar Herzlichkeit, murmelte Tina: »Ah ... danke.«

»Das ist ein hübscher Pulli. Er gefällt mir. Blau stand dir schon immer hervorragend.«

Sie lächelte unbehaglich und rief sich in Erinnerung, daß sie hergekommen war, um ihn zu beschuldigen, ein grausames Spiel mit ihr zu treiben. »Hör mal, Michael, ich muß mit dir reden.«

Er warf einen Blick auf seine Uhr. »Ich habe in fünf Minuten Pause.«

»Wo kann ich dich dann treffen?«

»Warum wartest du nicht einfach hier? Du kannst zusehen, wie diese netten Menschen mir eine Menge Geld abnehmen.«

Alle Spieler am Tisch seufzten schwer und gaben ihre Kommentare dazu ab, wie unwahrscheinlich es sei, bei diesem Kartengeber etwas zu gewinnen.

Michael nickte Tina grinsend zu. Sie lächelte hölzern.

Die fünf Minuten Wartezeit kamen ihr wie eine Ewigkeit vor. Sie hatte sich in Casinos noch nie wohlgefühlt. Das hektische Treiben, der ungeheure Lärm und die erregte Atmosphäre, die manchmal an Hysterie grenzte, gingen ihr auf die Nerven.

Schließlich wurde Michael aber doch von einem anderen Kartengeber abgelöst und gesellte sich zu ihr. »So, jetzt können wir uns unterhalten.«

»Nicht hier.« Sie mußte schreien, um den Lärm zu übertönen. »Hier kann ich keinen klaren Gedanken fassen.«

»Gehen wir runter in die Arkaden.«

»Okay.«

Um zu den Lifts zu gelangen, die zu den Einkaufsarkaden in der unteren Etage hinabfuhren, mußten sie das ganze Casino durchqueren. Michael ging voraus und bahnte sich mit den Ellbogen einen Weg durch die Menge, und Tina folgte ihm dicht auf den Fersen.

Etwa auf halbem Wege sahen sie einen Mann mittleren Alters vor einem Blackjack-Tisch bewußtlos auf dem Rücken liegen. Er trug einen beigen Anzug, ein dunkelbraunes Hemd und eine beige-gemusterte Krawatte. Hinter seinem Kopf lag ein umgekippter Stuhl, und auf dem Teppich um ihn herum lagen grüne Chips im Wert von mindestens 500 Dollar. Zwei uniformierte Aufsichtsbeamte leisteten ihm Erste Hilfe, ein dritter hielt neugierige Gaffer zurück.

»Herzattacke, Pete?« fragte Michael.

Der dritte Aufsichtsbeamte drehte sich um. »Hallo, Mike! Nein, ich glaube nicht, daß es das Herz ist. Sieht mir eher wie eine Kombination von Blackjack-Blackout und Bingo-Blase aus. Er hat acht Stunden ununterbrochen an diesem Tisch gesessen.«

Der Mann im beigen Anzug stöhnte; seine Lider zuckten. Michael schüttelte amüsiert den Kopf und ging weiter. Als sie endlich im Fahrstuhl standen, erkundigte sich Tina: »Was ist ein Blackjack-Blackout?«

»Eine dumme Sache«, erklärte Michael grinsend. »Jemand setzt sich an den Kartentisch und merkt beim Spielen überhaupt nicht mehr, wie die Zeit vergeht. Natürlich ist es genau das, was das Management sich wünscht; deshalb gibt es in Casinos ja auch weder Fenster noch Uhren. Hin und wieder kommt es aber vor, daß jemand jedes Zeitgefühl total verliert und stundenlang wie in Trance spielt, ohne auch nur einmal aufzustehen. Gleichzeitig trinkt er zuviel. Und wenn er dann schließlich *doch* aufsteht, so tut er es viel zu schnell. Der Kreislauf versagt, und – peng! – fällt er in Ohnmacht. Blackjack-Blackout.«

»Aha.«

»So etwas kommt laufend vor.«

»Und Bingo-Blase?«

»Manchmal ist ein Spieler förmlich hypnotisiert. Er trinkt beim Spielen eine Menge, aber er ist so in Trance, daß er sein menschliches Bedürfnis völlig ignoriert – bis er einen Blasenkrampf bekommt. In schweren Fällen kann er sich dann nicht mehr auf natürlichem Wege Erleichterung verschaffen, sondern muß ins Krankenhaus gebracht und katheterisiert werden.«

»Mein Gott, stimmt das wirklich?«

»O ja.«

Auch in den Einkaufsarkaden herrschte lebhafter Betrieb, wenn auch kein solches Gedränge wie im Casino. Die Menschen wogten an den Souvenirläden, Kunstgalerien, Juwelieren, Bekleidungsgeschäften und anderen Einzelhändlern vorbei.

»Ich sehe immer noch nicht, wo wir uns ungestört unterhalten könnten«, sagte Tina.

»Komm, wir gehen in die Eisdiele und holen uns Pistazieneis. Das mochtest du doch immer besonders gern.«

»Ich möchte kein Eis, Michael.«

Ihr Zorn auf ihn war verraucht, und nun befürchtete sie, daß sie den einzigen Grund für ihr Kommen aus dem Auge verlieren könnte. Er bemühte sich so sehr, nett zu sein. Das hatte sie nicht erwartet, und das sah Michael auch gar nicht ähnlich, zumindest nicht dem Michael, den sie in den letzten Jahren erlebt hatte. In der Anfangszeit ihrer Ehe war er fröhlich, charmant und verträglich gewesen, aber das war sehr lange her. Sie fragte sich verwundert, was ihn bewogen haben mochte, seine feindselige Haltung aufzugeben.

»Kein Eis«, wiederholte sie. »Ich möchte nur mit dir reden.«

»Aber *ich* habe Lust auf Pistazieneis«, sagte Michael. »Ich hole mir schnell eine Eistüte, und dann können wir ja rausgehen und um den Parkplatz schlendern. Es ist ein ziemlich warmer Tag.«

»Wie lange hast du denn Pause?«

»Zwanzig Minuten. Aber mein Kollege ist ein guter Kumpel und vertritt mich auch länger, wenn's sein muß.«

Die Eisdiele befand sich am Ende der Arkaden, in der Nähe des Kinos, in dem nur alte MGM-Filme gespielt wurden. Unterwegs unterhielt Michael sie mit anderen ungewöhnlichen Erkrankungen, zu denen Spieler neigten.

»Da gibt es beispielsweise das sogenannte Vegas-Syndrom«, berichtete er. »Jemand ist so damit beschäftigt zu spielen und von einer Show zur nächsten zu rennen, daß er einen ganzen Tag oder noch länger zu essen vergißt. Er – oder auch sie, denn es passiert Frauen genauso häufig wie Männern – verspürt dann schließlich irgendwann Hunger und verschlingt eine riesige Portion. Das Blut strömt aus seinem Kopf in den Magen, und er fällt mitten im Restaurant in Ohnmacht. Das Vegas-Syndrom ist allerdings nicht weiter gefährlich, es sei denn, man hat gerade einen vollen Mund, wenn man umkippt – dann kann man ersticken.«

Erst nachdem Michael seine Eistüte geholt hatte und sie das Hotel durch den Hinterausgang verließen und in der warmen

Wintersonne am unbewachten Parkplatz entlangbummelten, fragte er: »Nun, worüber wolltest du mit mir sprechen?«

Tina wußte nicht so recht, wie sie beginnen sollte. Sie hatte ursprünglich die Absicht gehabt, ihn ohne Umschweife zu beschuldigen, Dannys Zimmer verwüstet zu haben. Sie hatte ihn völlig überrumpeln und auf diese Weise zum Eingeständnis seiner Schuld bringen wollen. Aber wenn sie jetzt, nachdem er unvermutet so liebenswürdig zu ihr war, diese Überraschungstaktik anwandte, würde sie wie ein hysterisches Ungeheuer erscheinen. Deshalb sagte sie nur: »Im Haus gehen merkwürdige Dinge vor.«

»Merkwürdige Dinge? Welcher Art?«

»Ich glaube, jemand hat eingebrochen.«

»Du *glaubst* es?«

»Nun gut... ich bin mir sicher.«

»Wann ist das passiert?«

»Dreimal im Laufe dieser Woche«, antwortete sie in Anbetracht der beiden Wörter auf der Tafel.

Er blieb abrupt stehen und starrte sie fassungslos an. »Dreimal?«

»Ja. Zuletzt gestern abend.«

»Und was sagt die Polizei?«

»Ich habe sie nicht verständigt.«

Michael runzelte die Stirn. »Warum denn nicht?«

»Nun ja... es fehlte nichts im Haus.«

»Willst du mir weismachen, daß jemand dreimal eingebrochen hat, ohne etwas zu stehlen?«

Wenn er sich nur unschuldig *stellte*, mußte er ein wesentlich besserer Schauspieler sein, als sie gedacht hatte, und sie glaubte immerhin, ihn sehr gut zu kennen. Sie wußte, daß er sich nicht gut verstellen konnte. Sie hatte es immer gemerkt, wenn er sie belog. Und sie glaubte nicht, daß er jetzt log. Er sah sie forschend, aber keineswegs arglistig an. Er schien wirklich nicht zu wissen, was im Haus geschehen war. Vielleicht hatte er doch nichts damit zu tun.

Aber wenn nicht Michael diese Verwüstung in Dannys Zimmer angerichtet hatte, wenn nicht er jene Botschaften auf die Tafel geschrieben hatte – wer dann?

»Warum sollte jemand einbrechen und dann nichts mitgehen lassen?« fragte Michael.

»Ich glaube, daß jemand mich nur verstören und mir Angst einjagen will.«

»Wer sollte dir Angst einjagen wollen?« meinte er, aufrichtig beunruhigt.

Sie wußte nicht, was sie sagen sollte.

»Du bist kein Mensch, der sich jede Menge Feinde schafft«, fuhr er fort. »Eine Frau wie dich kann doch niemand hassen.«

»*Du* hast es fertiggebracht«, erwiderte sie und deutete damit zum erstenmal an, welchen Verdacht sie gehegt hatte.

Er zwinkerte überrascht. »O nein! Nein, nein, Tina. Ich habe dich nie gehaßt. Ich war enttäuscht, weil du dich so verändert hast. Ich war wütend auf dich. Wütend und gekränkt, das gebe ich zu. Auch verbittert. Aber Haß war es zu keiner Zeit.«

Sie seufzte.

Michael hatte Dannys Zimmer nicht verwüstet. Davon war sie jetzt überzeugt.

»Tina?«

»Es tut mir leid. Ich hätte dich damit nicht belästigen sollen. Ich weiß selbst nicht genau, warum ich es getan habe«, schwindelte sie. »Ich hätte sofort die Polizei rufen sollen.«

Er schleckte an seinem Eis und betrachtete sie aufmerksam. Dann sagte er lächelnd: »Ich hab' schon verstanden. Du wußtest nicht so recht, wie du es mir sagen solltest, und deshalb bist du mit dieser Geschichte zu mir gekommen.«

»Geschichte? Michael, das ist keine erfundene Geschichte!«

»Reg dich nicht auf, Tina. Es ist alles in Ordnung«, sagte er sanft.

»Jemand *hat* eingebrochen.«

»Ich verstehe, wie dir zumute ist.« Mit blasiertem Lächeln fuhr er in besänftigendem und leicht herablassendem Ton fort: »Ich verstehe es wirklich, Tina. Diese Geschichte von den Einbrechern diente dir als Vorwand, um zu mir kommen zu können. Aber jetzt brauchst du sie nicht mehr. Ich verstehe dich, und mich bewegt das gleiche wie dich. Du kannst es mir also frei heraus sagen.«

Sie war völlig perplex. »Was sagen?«

»Wir haben unsere Ehe in die Brüche gehen lassen. Aber anfangs klappte alles ganz großartig zwischen uns. Wir hatten jahrelang eine tolle Zeit. Und das könnte wieder so werden, wenn wir uns beide ein bißchen Mühe geben.«

»Ist das dein Ernst?« fragte sie verblüfft.

»Ich habe in den letzten Tagen viel darüber nachgedacht. Und als ich dich vorhin im Casino sah, wußte ich, daß ich recht hatte. Sobald ich dich sah, wußte ich, daß alles so kommen würde, wie ich es mir ausgemalt habe.«

»Es *ist* dein Ernst?«

»Aber ja.« Er legte ihr Erstaunen fälschlich als Glück aus. »Nachdem du dich jetzt als Intendantin austoben konntest, bist du bereit, häuslich zu werden. Das ist sehr vernünftig, Tina.«

Austoben! Er sah in ihr also immer noch eine flatterhafte Frau, die abwechslungshalber versucht hatte, sich im Showbusiness zu bestätigen. Dieser widerliche Mistkerl! Sie war wütend, aber sie schwieg; sie traute sich nicht, den Mund aufzumachen, weil sie befürchtete, daß sie wie eine Furie brüllen würde.

»Karriere ist schließlich nicht alles«, erklärte Michael salbungsvoll. »Im Leben zählen noch ganz andere Dinge – beispielsweise Haus und Familie. Sie sind vielleicht das Allerwichtigste überhaupt. In den letzten Tagen hatte ich das Gefühl, du könntest jetzt, nach dieser erfolgreichen Show, erkannt haben, daß du im Leben auch noch etwas anderes brauchst, etwas emotional Befriedigenderes als beruflichen Erfolg.«

Tinas beruflicher Ehrgeiz war einer der Gründe für das Scheitern ihrer Ehe gewesen. Zum Problem war die Tatsache, daß sie nach Erfolg strebte, allerdings nur durch Michaels kindische Reaktion geworden. Er selbst war völlig zufrieden damit, ein Blackjack-Kartengeber zu sein. Sein Lohn und die guten Trinkgelder genügten ihm, und es lag ihm nicht, sich Gedanken über die Zukunft zu machen. Aber Tina konnte nicht so einfach in den Tag hinein leben. Als sie sich allmählich von einer Tänzerin zur Kostümbildnerin und Choreographin hocharbeitete und schließlich sogar kleine Revuen inszenierte und produzierte, hatte sich Michael über ihr berufliches Engagement geärgert. Sie hatte weder ihn noch Danny vernachlässigt. Ihr Mann und ihr Sohn sollten nie das Gefühl haben, für sie weniger wichtig zu sein als früher, das hatte sich Tina fest vorgenommen. Danny hatte sie verstanden und großartig reagiert – ganz im Gegensatz zu Michael, der sie nicht verstehen konnte oder wollte. Noch komplizierter war die Lage geworden, als Michael ihr auch den kleinsten Erfolg zu neiden begann. Sie hatte ihn ermutigt, seine eigenen Aufstiegschancen zu nutzen, aber daran war er nicht interessiert gewesen. Er war immer mürrischer und gereizter geworden und hatte sich schließlich mit anderen Frauen eingelassen. Diese Reaktion hatte Tina zutiefst depriminiert. Um ihren Ehemann zu halten, hätte sie ihren neuen Beruf aufgeben müssen, und dazu war sie nicht bereit gewesen.

Mit der Zeit war ihr klar geworden, daß Michael die wirkliche Christina nie geliebt hatte. Er hatte in ihr nur das Showgirl gesehen, das von vielen Männern begehrt wurde, eine hübsche kleine Tänzerin, mit der er in seinem Freundeskreis Eindruck machen konnte. Solange er in Tinas Leben der absolute Mittelpunkt gewesen war, solange er sie überall wie ein ewig lächelndes, bezauberndes Püppchen präsentieren konnte, war er zufrieden gewesen. Aber sobald sie mehr als nur ein Sexobjekt hatte sein wollen, hatte er rebelliert. Zutiefst verletzt über diese Erkenntnis, hatte Tina ihn freigegeben.

Und jetzt glaubte er wirklich, daß sie zu ihm zurückgekrochen kam. Deshalb also hatte er gelächelt, als er sie am Blackjack-Tisch erblickte. Deshalb also war er so charmant gewesen. Sie fragte sich erschüttert, wie ein Mensch so egozentrisch und eingebildet sein konnte.

Sein selbstzufriedenes, herablassendes Lächeln trieb sie fast zur Weißglut. Sie hatte ihn einmal sehr geliebt. Aber jetzt konnte sie beim besten Willen nicht begreifen, was sie an ihm gefunden hatte.

»Michael, falls es dir noch nicht zu Ohren gekommen sein sollte – *Magyck!* ist ein Hit. Ein großer Erfolg!«

»Sicher«, sagte er. »Das weiß ich, Baby. Und ich freue mich für dich. Ich freue mich für dich *und* mich. Nachdem du jetzt bewiesen hast, was immer du dir beweisen mußtest, kannst du dich entspannen.«

»Michael, ich beabsichtige, auch in Zukunft Shows zu inszenieren. Ich habe nicht vor...«

»Oh, ich erwarte nicht, daß du deinen Job ganz aufgibst«, gab er großmütig von sich. »Nein, nein. Ich sehe inzwischen ein, daß es gut für dich ist, dieses kleine Hobby zu haben. Aber nachdem Magyck! jetzt erfolgreich angelaufen ist, wirst du nicht mehr soviel zu tun haben wie früher.«

»Michael...«, begann sie. Sie wollte ihm erklären, daß sie im neuen Jahr eine weitere Show inszenieren würde, daß sie sogar mit dem Gedanken spielte, irgendwann einmal ihr Glück auch in New York am Broadway zu versuchen, mit Musicals im Stil von Busby Berkeley.

Aber Michael bemerkte in seiner Begeisterung überhaupt nicht, daß sie an einer Zukunft mit ihm nicht interessiert war. Er fiel ihr ins Wort, kaum daß sie seinen Namen ausgesprochen hatte. »Wir können es schaffen, Tina. Wir hatten in jenen ersten Jahren ein schönes Leben, und so könnte es wieder sein. Wir sind noch jung. Wir können eine neue Familie gründen. Vielleicht sogar zwei Jungen und zwei Mädchen. Das habe ich mir schon immer gewünscht.«

Als er eine kurze Pause machte, um an seinem Eis zu schlekken, sagte sie: »Michael, du fantasierst!«

»Na ja, vielleicht hast du recht. Vielleicht ist eine große Familie heutzutage keine gute Idee, bei der herrschenden Inflation und all den schwierigen Problemen auf der Welt. Aber zwei Kinder können wir uns ohne weiteres leisten, und vielleicht haben wir Glück und bekommen ein Mädchen und einen Jungen. Natürlich werden wir ein Jahr oder so warten. Ich kann mir vorstellen, daß eine Show wie *Magyck!* auch nach der Premiere noch Arbeit macht. Wir werden warten, bis die Sache läuft wie am Schnürchen, bis deine Zeit davon kaum noch beansprucht wird. Dann können wir...«

»Michael, hör auf!« rief sie streng.

Er blinzelte überrascht.

»Mein derzeitiges Leben ist durchaus nicht unerfüllt, wie du zu glauben scheinst. Ich sehne mich keineswegs nach dem Hausfrauendasein. Du verstehst mich heute keinen Deut besser als zur Zeit unserer Scheidung.«

Michaels Miene verdüsterte sich.

»Ich habe diese Geschichte über die Einbrecher nicht erfunden«, fuhr Tina fort. »Ich hatte nicht die Absicht, das schwache, ängstliche Weibchen zu spielen, um dir die Rolle des starken, zuverlässigen Mannes zu ermöglichen. Jemand hat tatsächlich eingebrochen. Ich bin zu dir gekommen, weil ich glaubte... na ja, das spielt jetzt keine Rolle mehr.« Sie wandte ihm den Rücken zu und ging auf den Hintereingang des Hotels zu.

»Warte!« rief Michael. »Tina, warte!«

Sie blieb stehen.

Er eilte auf sie zu. »Es tut mir leid, Tina. Es ist meine Schuld. Ich habe mit meinem Gerede alles verpfuscht. Ich habe es dich nicht auf deine Weise ausdrücken lassen. Ich wußte, was du sagen wolltest, aber ich hätte dir Zeit lassen sollen, es selbst zu formulieren. Aber das lag nur daran, daß ich so aufgeregt war, Tina. Ich hätte den Mund halten und zuerst dich zu Wort kommen lassen sollen. Es tut mir leid. Wirklich, es tut mir leid, Baby.« Er hatte wieder sein charmantes Lächeln aufgesetzt. »Du darfst mir nicht böse sein. Wir wollen doch beide das gleiche: ein harmonisches Ehe- und Familienleben. Diese Chance müssen wir nutzen.«

Ihre Augen schleuderten Blitze. »Ja, ich wünsche mir ein harmonisches Familienleben. In diesem Punkt hast du recht, aber in allem übrigen täuschst du dich gewaltig. Shows zu inszenieren und zu produzieren ist für mich keine Liebhaberei, kein Hobby zum Zeitvertreib. Es ist unmöglich, eine Show wie *Magyck!* als Hobby sozusagen nebenbei aus dem Ärmel zu schütteln. Ich habe schwer geschuftet, aber ich habe jede Minute davon genossen! Ich liebe diesen Beruf, und ich werde ihn, so Gott will, weiter ausüben. Ich werde Shows auf die Beine stellen, von denen man überall reden wird. *Magyck!* ist erst der allererste Anfang. Vielleicht werde ich eines Tages auch wieder Mutter sein – eine verdammt gute Mutter. Ich kann eine gute Mutter *und* eine gute Produzentin sein. Ich habe genügend Intelligenz und Talent, um mich nicht auf eine Sache beschränken zu müssen. Und ich kann mit hundertprozentiger Sicherheit mehr sein als nur dein Anhängsel – als deine Sexpartnerin und Haushälterin in einer Person.«

»Jetzt mach aber mal einen Punkt!« rief er verärgert. »Du...«

Sie fiel ihm ins Wort. Jahrelang hatte sie ihre Verbitterung heruntergeschluckt. Sie hatte ihre Gefühle vor Danny verborgen, um den Jungen nicht gegen seinen Vater aufzuhetzen. Und nach

Dannys Tod hatte sie weiterhin geschwiegen, weil sie wußte, daß Michael wirklich unter dem Verlust des Kindes litt. Aber nun brach der seit langem angestaute Zorn aus ihr hervor. »Du hast dich gründlich geirrt, wenn du glaubst, ich käme zu dir zurückgekrochen. Warum in aller Welt sollte ich das tun? Was hast du mir zu geben, das ich nicht auch anderswo bekommen kann? Geben war ohnehin nie deine Stärke. Du gibst nur etwas, wenn du sicher sein kannst, doppelt soviel zurückzuerhalten. Du willst nehmen, nicht geben, Michael. Und bevor du weiter salbungsvoll von deiner großen Liebe zum Familienleben schwafelst, solltest du dir ins Gedächtnis rufen, daß nicht *ich* es war, die unsere Familie auseinanderriß. Nicht ich bin von einem Bett ins andere gehüpft. Du warst es doch, der mit jeder Frau schlafen mußte, und dann hast du mit deinen billigen Affären geprahlt, um mir weh zu tun. *Du* bist an den Wochenenden mit deinen Freundinnen weggefahren. Du hast mich damit demütigen und verletzen wollen, und das ist dir auch gelungen. Aber hast du dir eigentlich jemals überlegt, wie sich deine Abwesenheit auf Danny auswirkte? Warum hast du all jene Wochenenden nicht mit deinem Sohn verbracht, wenn das Familienleben dir soviel bedeutete?«

»Ich gebe deiner Ansicht nach also zu wenig? Und wer hat dir das Haus gegeben, in dem du lebst? Wer mußte in ein Apartment ziehen, als wir uns trennten, und wer behielt das Haus?«

Tina durchschaute seinen Versuch, vom eigentlichen Thema abzulenken, und sie entkräftete seinen Vorwurf kurz und bündig.

»Sei nicht albern, Michael«, sagte sie. »Du weißt selbst verdammt gut, daß das Grundkapital für das Haus von meinem Sparkonto stammte. Du hast dein Geld ja immer für schnelle Autos und teure Kleidung ausgegeben. Auch die Darlehensraten wurden von meinem Gehalt getilgt.

Außerdem habe ich bei der Scheidung auf Unterhaltsansprüche verzichtet. Aber das alles ist jetzt nebensächlich. Wir sprachen übers Familienleben, über Danny.«

»Jetzt hör mir mal zu«, wollte Michael sie wütend unterbrechen.

»O nein, mein Lieber, jetzt bist endlich du einmal an der Reihe zuzuhören – wenn du dazu überhaupt fähig bist. Du hättest an den Wochenenden mit Danny etwas unternehmen können, selbst wenn meine Gegenwart dir unerträglich war. Du hättest mit ihm nach Disneyland fahren können, oder zum Angeln an den Colorado. Aber du warst viel zu sehr damit beschäftigt, dich mit irgendwelchen Frauen zu amüsieren, um mir weh zu tun und gleichzeitig dir selbst zu beweisen, was für ein toller Hengst du bist. Du hättest diese Zeit mit Danny genießen können, Michael. Er hat dich vermißt. Er verstand nicht, warum du nicht da warst, und du hast ihm sehr gefehlt. Du hättest diese kostbare Zeit mit deinem Sohn verbringen können, aber das wolltest du nicht.«

Michael war blaß vor Zorn. Seine Augen funkelten. »Du bist immer noch ein verdammtes Luder – wie eh und je!«

Sie seufzte erschöpft. Nachdem der Staudamm jahrelang unterdrückter Gefühle nun endlich gebrochen war und sie Michael gründlich die Meinung gesagt hatte, fühlte sie sich völlig ausgelaugt.

»Ein gottverdammtes Drecksweib bist du!« tobte Michael.

»Ich habe keine Lust, mit dir zu streiten, Michael. Es tut mir sogar leid, wenn einiges von dem, was ich über Danny gesagt habe, dich getroffen hat, obwohl du es, weiß Gott, verdient hast, endlich einmal die Wahrheit zu hören. Aber es lag nicht in meiner Absicht, dir weh zu tun. Ich hasse dich nicht, Michael. Ich empfinde einfach überhaupt nichts mehr für dich. Nicht das geringste.«

Sie ließ ihn dort draußen in der Sonne stehen, mit seinem schmelzenden Eis in der Hand, durchquerte rasch die Einkaufsarkaden, führ mit dem Lift ins Casino hinauf und verließ das Hotel durch den Haupteingang. Einer der Parkwächter brachte ihren Wagen, und sie machte sich auf den Weg zum Desert Mirage Hotel, um in ihrem Büro einige Arbeiten zu erledigen.

Aber schon nach einem Block war sie gezwungen, am Straßenrand anzuhalten, weil sie vor Tränen blind war. Den Kopf auf das Lenkrad gelegt, brach sie zu ihrer eigenen Überraschung in heftiges Schluchzen aus.

Sie weinte um Danny, den ein ungerechtes und grausames Schicksal so jung aus dem Leben gerissen hatte, und sie weinte auch um sich und um Michael. Sie weinte um all das, was hätte sein können und nun nie mehr Wirklichkeit werden würde.

Nach einigen Minuten bekam sie sich wieder unter Kontrolle, trocknete ihre Augen, schneuzte sich und führte ein lautes Selbstgespräch: »Um Himmels willen, hör auf, Trübsal zu blasen! Das hast du jetzt lange genug getan. Versuch zur Abwechslung einmal glücklich zu sein. Üb dich mal in positivem Denken. Die Vergangenheit war zwar nicht so toll, aber dafür sieht die Zukunft doch verdammt gut aus!«

Sie betrachtete ihr Gesicht im Rückspiegel und stellte erleichtert fest, daß sie nicht so schlimm aussah, wie sie befürchtet hatte. Ihre Augen waren leicht gerötet, aber mit etwas Make-up und Puder ließen sich die Tränenspuren einigermaßen beheben.

Sie reihte sich wieder in den Verkehr ein, und während sie ein Stück weiter an einer roten Ampel warten mußte, wurde ihr plötzlich klar, daß sie sich mit einem Rätsel herumschlagen mußte. Sie war jetzt überzeugt davon, daß Michael mit der Verwüstung in Dannys Zimmer nichts zu tun hatte. Aber wer dann? Niemand außer ihm und Vivian Neddler besaß einen Hausschlüssel. Und warum sollte ein erstklassiger Einbrecher – denn nur ein absoluter Profi könnte ins Haus gelangen, ohne irgendwelche Spuren zu hinterlassen – alle Wertgegenstände unangetastet lassen und sich darauf beschränken, NICHT TOT auf Dannys Tafel zu schreiben und die Sachen des Jungen zu beschädigen?

Es war höchst eigenartig und beunruhigend. Als sie Michael der Tat verdächtigt hatte, war sie wütend und verstört gewesen, aber sie hatte keine Angst gehabt. Falls es aber einen *Unbekannten* gab, der ihr den Verlust ihres Sohnes immer wieder schmerzhaft ins Gedächtnis rufen wollte, so war das äußerst beängstigend, weil es einfach keinen Sinn ergab. Und doch – es *mußte* ein Fremder sein. Von allen Menschen, die sie kannte, war Michael der einzige gewesen, der sie für Dannys Tod verantwortlich gemacht hatte. Aber warum sollte ein wildfremder Mensch ihr die Schuld daran geben und sich zu derartig haßerfüllten Handlungen hinreißen lassen?

Die Ampel schaltete auf Grün. Ein Autofahrer hinter Tina hupte wütend.

Während sie die Kreuzung überquerte und in die Einfahrt zum Desert Mirage einbog, konnte sie das unheimliche Gefühl nicht loswerden, von jemandem beobachtet zu werden, der ihr übel mitspielen wollte. Sie blickte immer wieder in den Rückspiegel, aber soweit sie feststellen konnte, wurde sie von niemandem verfolgt.

12

In der zweiten Etage des Hotels befanden sich ausschließlich Büros und Kanzleiräume. Hier war vom Glanz und Flitter von Las Vegas nichts zu spüren. Hier wurde hart gearbeitet. Hier war die komplizierte Maschinerie untergebracht, die den Touristen ihr paradiesisches Vergnügen ermöglichte.

Tina hatte ein ziemlich großes Büro mit holzgetäfelten Wänden, gemütlichen Möbeln und bernsteinfarbenen Lampen, die warmes Licht spendeten. Die breite Fensterfront, die auf den Strip hinausging, war hinter schweren weinroten Vorhängen verborgen, um die grelle Wüstensonne abzuhalten.

Nachts bot der Strip einen überwältigenden Anblick, war ein einziges Meer von Lichtern und Farben. Tagsüber büßte er jedoch viel von seinem Glanz ein; dann wirkte dieses Zentrum der Vergnügungsindustrie mit seinen riesigen Bauten im Einheitsstil sogar etwas schäbig.

Aber Tina wußte den Ausblick auf den berühmten Boulevard ohnehin nicht zu würdigen. Auch an diesem Nachmittag setzte sie sich in dem abgedunkelten Raum sofort an ihren Schreibtisch, schaltete die Lampe ein und begann eine Zimmermannsrechnung für Kulissen von *Magyck!* zu überprüfen. Kurze Zeit später kam Angela, ihre Sekretärin, aus dem Vorzimmer herein und fragte: »Ist noch etwas Wichtiges zu erledigen, bevor ich gehe?«

Tina warf einen Blick auf ihre Uhr. »Aber es ist doch erst Viertel vor vier.«

»Ich weiß«, sagte Angela. »Aber heute, an Silvester, ist um vier Dienstschluß.«

»Ach ja, natürlich«, entschuldigte sich Tina. »Ich hatte ganz vergessen, daß Silvester ist.«

»Wenn Sie wollen, kann ich ein bißchen länger hierbleiben.«

»Nein, nein«, sagte Tina. »Gehen Sie ruhig wie alle anderen um vier nach Hause.«

»Brauchen Sie noch etwas?«

Tina lehnte sich in ihrem Sessel zurück. »Ja, eine Kleinigkeit könnten Sie noch für mich erledigen... Viele unserer besonders lukrativen Stammgäste konnten zur gestrigen VIP-Premiere von *Magyck!* nicht kommen. Ich hätte gern eine Liste dieser Namen, und außerdem das Hochzeitsdatum all jener, die verheiratet sind.«

»Ich ruf's gleich im Computer ab«, sagte Angela bereitwillig. »Was haben Sie denn vor?«

»Ich will den Verheirateten im Laufe des kommenden Jahres spezielle Einladungen schicken und sie auffordern, ihren Hochzeitstag im Desert Mirage zu verbringen, selbstverständlich bei freier Kost und Logis für zwei oder drei Tage. Wir werden es unter dem Motto anpreisen: ›Verbringen Sie die zauberhafte Nacht Ihres Hochzeitstages in der Wunderwelt von *Magyck!*‹. Irgend etwas in dieser Art. Jedenfalls sehr romantisch. Wir werden ihnen während der Show Champagner servieren, und so weiter. Das gibt eine tolle Reklame – glauben Sie nicht auch?« Sie breitete in gespieltem Pathos die Arme aus. »Das Desert Mirage – unübertrefflich *Magyck!* für Liebespaare!«

»Das Hotel wird bestimmt begeistert sein«, meinte Angela, »denn das garantiert eine dauernde Berichterstattung in den Medien.«

»Die Casino-Bosse dürften sich ebenfalls freuen, wenn ihre besten Stammkunden ein zusätzliches Mal herkommen. Und ich werde ebenfalls Grund zur Freude haben, denn durch diesen Werbegag wird immer wieder von der Show die Rede sein.«

»Es ist eine großartige Idee«, versicherte Angela begeistert. »Ich lasse den Computer gleich die nötigen Informationen ausspucken.«

Tina vertiefte sich wieder in die Rechnung, bis Angela um fünf Minuten nach vier mit einem fast fünf Meter langen Papierstreifen zurückkehrte, den sie ziehharmonikartig gefaltet hatte.

»Danke, daß Sie es noch erledigt haben«, sagte Tina.

»Gern geschehen.«

»Frieren Sie?«

»Ja«, antwortete Angela. »Mit der Klimaanlage muß irgendwas nicht in Ordnung sein. Während der Computer die Angaben ausdruckte, wurde es eiskalt in meinem Zimmer.«

»Hier drin funktioniert die Anlage offenbar tadellos.«

»Hoffentlich war dieses Frösteln kein Vorbote einer Erkältung. Na, ich mache mich jetzt auf die Socken.«

»Wollen Sie auf eine Party?«

»Ja, später. Drüben am Rancho Circle.«

»Dem Wohnsitz der Millionäre?«

»Ja. Der Chef meines Freundes wohnt dort draußen und veranstaltet ein Riesenfest.« Sie wandte sich zum Gehen, blieb an der Tür aber noch einmal stehen. »Ein glückliches neues Jahr, Tina.«

»Danke, gleichfalls.«

»Also dann, bis Montag.«

»Was? Ach ja, ich weiß schon... langes Wochenende. Ich bin heute etwas begriffsstutzig. Passen Sie auf, daß Sie vom vielen Feiern keinen Kater bekommen.«

Angela grinste. »Oh, ohne den wird's bestimmt nicht abgehen.«

Tina beendete ihre Rechnungsprüfung und wies sie zur Zahlung an. Sie beschloß, noch eine Stunde – bis um fünf – zu arbeiten und dann nach Hause zu fahren. Sie würde zwei Stunden benötigen, um sich für ihr Rendezvous mit Elliot Stryker zurechtzumachen. Sie freute sich auf diesen Abend mit ihm. Lächelnd nahm sie den langen Computerstreifen zur Hand.

Es war erstaunlich, wieviel Informationen das Hotel über seine Stammgäste besaß. Wenn sie wissen wollte, wieviel jeder dieser Menschen verdiente, konnte der Computer es ihr sagen. Er kannte auch die bevorzugte Alkoholsorte jedes Mannes, das Lieblingsparfüm und die Lieblingsblumen seiner Ehefrau, ihre Automarke, Namen und Alter ihrer Kinder, ihre Krankheiten, Lieblingsspeisen, Lieblingsfarben, ihren musikalischen Geschmack, ihre politische Tendenz und Dutzende – wenn nicht gar Hunderte – anderer Dinge, sowohl wichtige als auch nebensächliche. Dem Hotel lag daran, diese lukrativen Gäste voll zufriedenzustellen, und je mehr es über sie wußte, desto perfekter konnte der Service sein. Trotzdem fragte sich Tina manchmal, ob diese Leute sehr erfreut wären, wenn sie wüßten, daß das Desert Mirage ausführliche Dossiers über sie besaß.

Sie studierte die Liste der VIPs, die der Premiere von *Magyck!* nicht beigewohnt hatten, und kreiste jene Namen mit einem roten Bleistift ein, hinter denen das Datum ihres Hochzeitstages angegeben war. Sie wollte eine ungefähre Vorstellung von der Größenordnung der Werbekampagne erhalten, die ihr vorschwebte. Sie hatte erst zweiundzwanzig Namen gezählt, als sie zu einer unglaublichen Botschaft kam, die der Computer in der Liste aufgeführt hatte.

Ihr Herzschlag setzte für den Bruchteil einer Sekunde aus.

Sie rang nach Atem, während sie auf das Papier starrte, und Angst stieg in ihr auf – dunkle, kalte, ölige Angst.

Zwischen den Namen von zwei Stammgästen waren fünf Zeilen ausgedruckt, die nichts mit den angeforderten Informationen zu tun hatten.

> NICHT TOT
> NICHT TOT
> NICHT TOT
> NICHT TOT
> NICHT TOT

Das Papier raschelte in ihren heftig zitternden Händen.

Zuerst zu Hause, in Dannys Zimmer. Und nun hier. Wer konnte ihr das antun?

Angela? Nein, völlig absurd.

Angela war ein nettes Mädchen. Sie wäre zu einer solchen Gemeinheit niemals fähig. Angela hatte diesen Einschub nicht bemerkt, weil sie den Drucker bei seiner Arbeit nicht beobachtet hatte. Und später hatte sie den langen Papierstreifen einfach zusammengefaltet, ohne ihn sich anzusehen.

Außerdem hätte Angela nicht ins Haus gelangen können. Das Mädchen war schließlich keine professionelle Einbrecherin.

Tina entfaltete hastig das Print-out, auf der Suche nach weiteren Mitteilungen ihres bösartigen Feindes.

Nach sechsundzwanzig Namen von Gästen folgten wieder fünf Zeilen, die nichts in dieser Liste zu suchen hatten.

DANNY LEBT
DANNY LEBT
HILFE
HILFE
HILF MIR

Ihr Herz schlug jetzt so laut, als hätte sie einen Schmiedehammer in der Brust. Mit Schrecken wurde ihr bewußt, daß sich außer ihr vermutlich kein Mensch mehr in dieser Etage aufhielt.

Sie dachte an den Mann aus ihrem Alptraum, den Schwarzgekleideten, an dessen Gesicht Maden gefressen hatten, und die Schatten in ihrem Büro, außerhalb des Lichtkegels der Schreibtischlampe, kamen ihr plötzlich dunkel und bedrohlich vor.

Sie stand auf und ließ den Computerstreifen in seiner vollen Länge bis auf den Boden hinabfallen, um ihn schneller durchsehen zu können. Nach vierzig weiteren Namen hatte der Computer gedruckt:

ICH HABE ANGST
ICH HABE ANGST
HOL MICH RAUS
HOL MICH HIER RAUS
BITTE... BITTE
HILFEHILFEHILFEHILFE

Das war die letzte Einfügung auf der Liste.

Tina warf das Print-out auf den Boden und ging ins Vorzimmer hinüber.

Angela hatte das Licht ausgeschaltet. Tina knipste die Lampe wieder an.

Sie setzte sich an Angelas Schreibtisch und schaltete den Computer ein. Der Bildschirm leuchtete grün auf.

In der mittleren Schreibtischschublade lag ein Buch, in dem die Codenummern aufgeführt waren, mit deren Hilfe man Informationen aus der Datenbank des Computers abrufen konnte, die sich in einem Raum am anderen Ende des Gebäudes befand. Tina fand die Nummer der lukrativsten Hotelgäste – 1 001 012 – unter dem Stichwort ›Ehrengäste‹, einem Euphemismus für ›Verlierer großen Stils‹. Sie mußten für ihre Unterbringung und Verpflegung nie etwas bezahlen, wenn sie im Casino ein kleines Vermögen verspielt hatten.

Da in der Datenbank des Hotels viel vertrauliches Material über Gäste gespeichert war, konnten nur bestimmte Personen Informationen abrufen. Tina mußte ihre persönliche Nummer – EO 13 331 555 – sowie ihren Namen eingeben, die vom Computer auf Übereinstimmung geprüft wurden, bevor sie die gewünschten Informationen abrufen konnte. Die Namen und Adressen der VIPs, die nicht bei der Premiere anwesend gewesen waren, sowie die Hochzeitstage der Verheirateten unter ihnen tauchten auf dem Bildschirm auf. Gleichzeitig wurden sie auf dem Endlospapier ausgedruckt.

Der Drucker tippte mit phänomenaler Geschwindigkeit, aber die Zeilen über Danny fehlten auf diesem Print-out. Nach etwa hundert Namen entschied Tina, daß der Computer so programmiert worden war, daß er jene Zeilen nur in die erste von ihr angeforderte Information einfügen sollte. Sie stoppte das Gerät, und die Schrift verschwand vom Bildschirm.

Auf der Fahrt ins Hotel war Tina zu dem Schluß gekommen, daß es ein Unbekannter sein mußte, der ihr diese grausamen Streiche spielte. Aber wie könnte sich ein Fremder sowohl zu ihrem Haus als auch zum Hotelcomputer so leicht Zutritt verschaffen? Mußte es nicht doch jemand sein, den sie kannte?

Aber wer?

Und *warum?*

Aus welchem Grund sollte jemand sie so sehr hassen? Ein Schauder überlief sie.

Gleich darauf erkannte sie, daß sie nicht nur vor Angst fröstelte. Die Luft war kalt.

Ihr fiel ein, daß Angela vorhin ebenfalls über die Kälte in diesem Zimmer geklagt hatte. Aber als Tina den Raum betreten hatte, war es hier warm gewesen, und jetzt war es sehr kühl. Wie konnte die Temperatur in so kurzer Zeit so stark fallen?

Mit einem scharfen, lauten elektronischen Knacksen, das Tina zusammenfahren ließ, begann der Computer wieder zu drucken, obwohl sie keine neuen Daten angefordert hatte. Sie warf einen Blick auf den Papierstreifen, dann auf den Bildschirm. Auf beiden stand zu lesen:

NICHT TOT   NICHT TOT
NICHT   TOT NICHT TOT
NICHT IN DER ERDE
NICHT TOT
HOL MICH HIER RAUS
HOL MICH HIER RAUS RAUS RAUS

Der Drucker verstummte. Die Botschaft war zu Ende. Im Raum wurde es von Sekunde zu Sekunde kälter. Oder bildete sie sich das nur ein?

Sie hatte das absurde Gefühl, nicht allein zu sein. Der Mann in Schwarz. Obwohl er nur ein Traumwesen war, obwohl er unmöglich als reale Gestalt hier sein konnte, schien er im Zimmer zu sein. Sie versuchte, über sich selbst zu lachen, aber sie war dazu nicht imstande. Der Mann in Schwarz. Der Mann mit den bösen rotglühenden Augen und den gelben gebleckten Zähnen. Er stand hinter ihr. Er würde sie mit einer kalten, feuchten Hand packen. Sie drehte sich in panischer Angst um, aber niemand hatte den Raum betreten.

Natürlich.

Er war schließlich nur ein Monster aus ihrem Alptraum. Wie dumm von ihr!

Trotzdem hatte sie immer noch das Gefühl, nicht allein zu sein.

Wider Willen starrte sie erneut auf den Bildschirm. Die Schrift flimmerte leicht. Dann verschwand sie.

Unter Aufbietung aller Willenskräfte gelang es ihr, ihre lähmende Angst soweit unter Kontrolle zu bringen, daß sie ihre Finger auf die Tastatur des Computers legen konnte, um eine Frage einzugeben. Sie wollte wissen, ob diese Sätze über Danny von einer Diskette stammten, oder ob jemand sie erst vor wenigen Sekunden in irgendeinem anderen Büro getippt hatte.

Falls diese Zeilen nicht von einer Diskette stammten – und sie hatte ganz stark das Gefühl, daß der Urheber dieses bösartigen Scherzes sich *jetzt im* Gebäude aufhielt –, dann war der Dreckskerl möglicherweise sogar hier im zweiten Stock. Sie könnte ihn suchen, ihn erwischen. Sie sah sich den langen Korridor entlanggehen, Türen öffnen, in leere Büros spähen, bis sie schließlich einen Mann am Computer finden würde. Er würde sich überrascht nach ihr umwenden, und sie würde sein Gesicht sehen und endlich wissen, wer er war.

Und was dann?

Würde er sie töten?

Das war ein völlig neuer Gedanke: die Möglichkeit, daß er sie nicht nur verstören, sondern ihr letztlich etwas viel Schlimmeres antun wollte.

Sie verharrte mit den Fingern auf der Tastatur, unschlüssig, ob sie dem Computer Fragen stellen sollte. Sie würde dadurch ihre Anwesenheit in diesem Büro verraten. Dann wurde ihr jedoch klar, daß er – falls er wirklich irgendwo in der Nähe war – ohnehin schon wußte, daß sie allein hier war. Sie hatte also nichts zu verlieren, wenn sie versuchte, den Computer zu befragen. Aber als sie ihre erste Frage tippen wollte, sperrte die Tastatur. Statt dessen begann das Gerät eine neue Botschaft zu drucken.

Das Zimmer wurde kälter und kälter.

Sie las auf dem Bildschirm:

    MIR IST KALT UND ICH HABE
    SCHMERZEN
    MOM? KANNST DU MICH HÖREN?
    MIR IST SO KALT
    ICH HABE SCHMERZEN
    HOL MICH HIER RAUS
    BITTE BITTE BITTE
    NICHT TOT   NICHT TOT

Eine Sekunde lang leuchtete diese Botschaft auf dem Bildschirm, dann verschwand sie.

Wieder versuchte sie, ihre Fragen zu stellen. Aber die Tastatur ließ sich nicht betätigen.

Ihr Gefühl, daß jemand im Zimmer war, wurde immer stärker, je kälter es im Raum wurde.

Wie konnte der Unbekannte das Zimmer so schnell abkühlen?

Als auf dem Bildschirm plötzlich wieder jene sieben Zeilen auftauchten, die soeben erst verschwunden waren, hatte Tina endgültig genug. Sie schaltete den Computer aus, und der grüne Bildschirm wurde dunkel.

Als sie gerade aufstehen wollte, schaltete das Gerät sich wieder ein.

MIR IST KALT UND ICH HABE
SCHMERZEN
HOL MICH HIER RAUS
BITTE BITTE BITTE

»Wo soll ich dich denn rausholen?« schrie sie hysterisch. »Aus dem Grab?«

HOL MICH RAUS RAUS RAUS

Sie rief sich energisch zur Ordnung. So ging es nicht weiter. Sie hatte mit dem Computer gesprochen, so als wäre er ein Mensch – so als wäre er wirklich Danny. Aber es war nicht Danny, der diese Botschaften tippte. Danny konnte mit Computern nicht umgehen. Und, verdammt, *Danny war tot!*

Sie schaltete das Gerät aus.

Es schaltete sich ein.

Sie stieß einen Schrei aus. Das verdammte Ding konnte sich doch unmöglich selbst einschalten.

Während Tina um den Schreibtisch herum zur Steckdose in der Wand hastete, warf der Computer in dämonischer Raserei seine Botschaft aufs Papier und auf den Bildschirm.

HOL MICH HIER RAUS
HOL MICH HIER RAUS
RAUS
RAUS

Tina bückte sich und packte die beiden Kabel. Sie schienen sich in ihren Händen zu winden wie Schlangen, so als wollten sie ihr Widerstand leisten. Sie riß heftig beide Stecker aus der Steckdose.

Der Bildschirm wurde dunkel. Er blieb dunkel. Sofort begann der Raum sich zu erwärmen. »Gott sei Dank!« flüsterte sie.

Sie taumelte mit weichen Knien auf Angelas Schreibtischstuhl zu, als plötzlich die Tür zum Korridor geöffnet wurde. Sie schrie entsetzt auf.

Der Mann in Schwarz,

Elliot Stryker sah sie erstaunt an, und im ersten Moment war sie unendlich erleichtert, ihn zu sehen.

»Tina, was ist denn los? Ist alles in Ordnung?«

Sie machte einen Schritt auf ihn zu, doch dann fiel ihr ein, daß er vielleicht geradewegs aus einem anderen Büro auf dieser Etage kam, wo er den Computer bedient hatte. Konnte er der Mann sein, der sie quälte?

»Tina? Mein Gott, Sie sind ja leichenblaß!«

Er wollte auf sie zueilen.

»Halt! Warten Sie!«

Er blieb völlig perplex stehen.

Mit zitternder Stimme fragte sie: »Was machen Sie hier?«

Er zwinkerte verwirrt. »Ich hatte geschäftlich im Hotel zu tun, und dann kam mir der Gedanke, daß Sie vielleicht noch an Ihrem Schreibtisch sitzen. Ich beschloß, kurz nachzusehen.«

»Haben Sie mit irgendeinem Computer herumgespielt?«

»Was?«

»Was hatten Sie im zweiten Stock zu suchen? Sie können hier keine Verabredung gehabt haben. Alle sind schon nach Hause gegangen. Ich bin die einzige, die noch hier ist.«

Leicht gereizt, erklärte Elliot: »Ich hatte mit Charlie Mainway etwas zu besprechen. Wir haben unten im Restaurant Kaffee getrunken. Vor einigen Minuten haben wir uns getrennt, und ich bin in den zweiten Stock hinaufgefahren, um nachzusehen, ob Sie noch hier sind. Was ist nur los mit Ihnen?«

Sie starrte ihn durchdringend an.

»Tina, was ist passiert?«

Sie suchte in seinem Gesicht nach einem Anzeichen dafür, daß er log, aber seine Bestürzung schien nicht gespielt zu sein. Außerdem hätte er ihr bestimmt nicht erzählt, daß er mit Charlie Kaffee getrunken hatte, wenn es nicht stimmen würde, denn dieses Alibi ließ sich zu leicht überprüfen. Wenn er der Täter wäre, hätte er sich eine bessere Geschichte einfallen lassen. Er sagte die Wahrheit.

»Es ... es tut mir leid«, stammelte sie. »Ich ... ich hatte gerade ... ein ... ein Erlebnis ... ein schreckliches Erlebnis ...«

»Was für eines?«

Während er auf sie zuging, breitete er seine Arme aus, so als sei es für ihn die natürlichste Sache der Welt, sie festzuhalten und zu trösten, so als hätte er sie schon oft in seinen Armen gehalten. Und sie schmiegte sich mit dem gleichen Gefühl von Vertrautheit an ihn und fühlte sich plötzlich geborgen. Sie war nicht mehr allein.

13

Tina verfügte in ihrem Büro über eine gut sortierte Bar, denn hin und wieder brauchten ihre Geschäftsfreunde nach langen, anstrengenden Besprechungen einen Drink. Zum erstenmal mußte Tina nun selbst Gebrauch von ihren Alkoholvorräten machen. Ihre Hände zitterten allerdings so heftig, daß sie Elliot bat, den Remy-Martin für sie beide einzuschenken.

Sie nahmen auf dem beigen Sofa Platz, und Tina war froh, daß das Lampenlicht nicht voll darauf fiel. Sie mußte ihr Cognacglas mit beiden Händen zum Mund führen.

»Ich weiß nicht so recht, womit ich beginnen soll«, sagte sie. »Am vernünftigsten wird es wohl sein, wenn ich Ihnen zunächst von Danny erzähle.«

»Von Ihrem Sohn?«

»Ja.«

»Helen Mainway hat mir gesagt, daß er vor einem Jahr gestorben ist.«

»Hat sie Ihnen auch gesagt, wie es dazu kam?«

»Nein.«

»Er gehörte zu der Jaborski-Gruppe.«

»Jaborski-Gruppe?«

»Sie haben damals bestimmt davon gehört«, sagte Tina. »Das *Review-Journal* brachte vier oder fünf Tage lang große Artikel auf der ersten Seite über diese Katastrophe. Bill Jaborski war ein Wildnis-Experte, der auch als Pfadfinderführer sehr aktiv war. Jedes Jahr fuhr er mit einer kleinen Gruppe von Pfadfindern in die High Sierras nördlich von Reno, zu einer siebentägigen sogenannten Überlebensexpedition in der Wildnis.«

»Ja«, murmelte Elliot mitleidig, »jetzt erinnere ich mich wieder daran.«

»Alle Jungen wetteiferten das ganze Jahr hindurch miteinander, um für diese Gruppe ausgewählt zu werden. Es hieß immer, ein solches Training wirke sich sehr positiv auf den Charakter aus und sei völlig ungefährlich. Bill Jaborski galt als einer der zehn besten Winter-Überlebensexperten der ganzen Welt. Und die zweite erwachsene Begleitperson, Tom Lincoln, war fast so gut wie Bill – so wurde jedenfalls behauptet«, fügte sie verbittert hinzu.

»Wenn mich mein Gedächtnis nicht täuscht, so hatten sie diese Fahrten jahrelang durchgeführt, ohne daß es den kleinsten Unfall gab«, sagte Elliot.

Tina trank einen Schluck Cognac; er schmeckte gut, half aber nicht gegen ihr innerliches Frieren.

»Letztes Jahr«, fuhr sie mit ihrem Bericht fort, »wählte Jaborski für die Tour vierzehn Jungen im Alter zwischen zwölf und achtzehn aus – alles hervorragende Pfadfinder. Alle vierzehn starben, und mit ihnen Jaborski und Lincoln.«

»Wurden die genauen Ursachen dieser Katastrophe jemals festgestellt?«

»Es wurde geklärt, *wie* es passiert ist«, antwortete Tina, »nicht aber, *warum*. Die Fahrt ins Gebirge wurde mit einem Kleinbus mit Vierradantrieb unternommen, einem Wagen, der speziell für winterliche Verhältnisse auf kleinen Straßen konstruiert worden war. Er war mit riesigen Reifen, Ketten und sogar einem Schneepflug ausgestattet. Geplant war selbstverständlich keine Expedition ins Zentrum der Wildnis, sondern nur in die Randgebiete. Kein vernünftiger Mensch würde zwölfjährige Jungen tief in die Sierras führen, wie gut vorbereitet, ausgerüstet und trainiert sie auch immer sein mochten. Jaborski beabsichtigte, vom Highway auf einen alten Holzfällerpfad abzubiegen und etwa anderthalb Kilometer in den Wald hineinzufahren, vielleicht noch ein kleines Stück tiefer, falls die Verhältnisse es erlaubten. Von dort aus wollten sie eine dreitägige Rucksackwanderung mit Schneeschuhen unternehmen – einen weiten Kreis beschreiben, mit dem Bus als Ausgangspunkt und Ziel. Sie hatten die beste Wildniskleidung, die besten Daunenschlafsäcke, die besten Winterzelte, Holzkohle und anderes Heizmaterial sowie jede Menge Nahrungsmittel bei sich, und zwei Wildnisexperten hatten die Führung dieser kleinen Expedition übernommen. Vollkommen sicher, sagten alle. Absolut gefahrlos. Was ging also schief?«

Sie konnte nicht länger stillsitzen. Sie sprang auf und begann im Zimmer auf und ab zu laufen, mit ihrem Cognacglas in der Hand.

Obwohl Elliot sich inzwischen wieder deutlich an dieses Drama erinnerte, unterbrach er Tina nicht, denn er wußte, daß es ihr gut tun würde, sich einmal alles von der Seele zu reden.

»Etwas ging nämlich schief, das steht fest«, fuhr sie fort. »Aus unerfindlichen Gründen entfernten sie sich mehr als *sechs* Kilometer vom Highway, fuhren einen steilen Weg hinauf, direkt in die verdammten Wolken, einen lange nicht mehr benutzten Holzfällerweg hinauf, der so vereist und zugeschneit war, daß nur ein Verrückter versuchen konnte, ihn mit einem Wagen zu befahren. Der Bus stürzte ab.« Sie mußte tief Luft holen, bevor sie weitersprechen konnte. »Der Bus stürzte dreißig Meter in die Tiefe... prallte auf zackige Felsen auf. Der Benzintank explodierte. Der Bus wurde zertrümmert, rollte weitere dreißig Meter in den Wald hinein. Alle Insassen kamen ums Leben.« Sie starrte Elliot an. »Warum? Warum hat ein Mann wie Bill Jaborski etwas so unvorstellbar Idiotisches getan?«

Elliot schüttelte nur stumm den Kopf und betrachtete seinen Cognac.

Aber Tina hatte von ihm auch keine Antwort erwartet; ihre Frage war eigentlich nicht an ihn gerichtet gewesen, überhaupt an keinen Menschen, sondern nur an Gott.

»Warum? Jaborski war der beste Mann. Der allerbeste. Er war so gut, daß er nicht die geringsten Bedenken hatte, solche Touren mit Jungen zu unternehmen – und vierzehn Jahre lang passierte nicht das geringste. Bill Jaborski war intelligent, enorm tüchtig und überaus erfahren – und er war sich aller Gefahren, die im Winter im Gebirge lauern konnten, durchaus bewußt. Er war nicht tollkühn, und auf seinen Expeditionen mit den Pfadfindern ging er nie irgendwelche Risiken ein. Wie konnte ein solcher Mann nur so dumm und verantwortungslos handeln und jenen Weg ins Gebirge hinauffahren?«

In Elliots Augen stand tiefes Mitgefühl geschrieben, als er vom Sofa zu ihr aufblickte. »Sie werden die Antwort vermutlich nie erfahren«, sagte er sanft. »Ich verstehe, wie schwer es für Sie sein muß, mit dem Wissen zu leben, daß Sie nie eine befriedigende Erklärung finden werden.«

»Ja, das ist wahnsinnig schwer.«

Sie setzte sich wieder auf die Couch. Er nahm ihr das leere Cognacglas ab, erhob sich und ging zur Bar.

»Mir bitte nichts mehr«, protestierte sie. »Ich möchte nicht betrunken werden.«

»Unsinn!« widersprach er. »Zwei Cognacs werden Ihnen nicht das geringste ausmachen.«

Diesmal konnte sie das Glas Remy-Martin, das er ihr brachte, mit einer Hand halten.

»Danke, Elliot.«

»Sie dürfen mich nur nicht bitten, einen Drink zu mixen«, lächelte er. »Ich bin nämlich der miserabelste Barkeeper der Welt. Nicht einmal Wodka und Orangensaft kann ich ordentlich mixen.«

»Ich habe mich nicht für den Drink bedankt, sondern dafür, daß Sie sich das alles geduldig angehört haben. Sie sind ein großartiger Zuhörer, Elliot.«

»Die meisten Anwälte reden zuviel«, sagte er. »Das fiel mir schon während meines Studiums auf. Vielleicht wollen sie auf diese Weise im Training für Gerichtsverhandlungen bleiben. Wie dem auch sein mag – damals beschloß ich, als Anwalt in erster Linie zuzuhören. Und im Laufe meiner Praxis konnte ich feststellen, daß ich auf diese Weise meinen Klienten besser helfen kann, weil ich sie durchs Zuhören wirklich kennenlerne.«

Ein kurzes Schweigen trat ein. Beide nippten an ihrem Cognac.

Tina war immer noch nervös, aber zumindest fror sie nicht mehr.

»Ein Kind auf diese Weise zu verlieren, muß grauenvoll sein«, sagte Elliot schließlich. »Obwohl seitdem mehr als ein Jahr vergangen ist, kann ich mir vorstellen, daß Sie nur langsam lernen, mit diesem Drama zu leben. Trotzdem bin ich ganz sicher, daß es nicht einfach eine schmerzliche Erinnerung war, die Sie vorhin so verstört hat.«

»Doch – in gewisser Weise.«

»Möchten Sie darüber sprechen?«

Sie berichtete ihm von den eigenartigen Vorkommnissen der letzten Zeit, von den Botschaften auf Dannys Tafel, der Verwüstung seines Zimmers, den höhnischen Worten auf den Computerlisten.

Elliot sah sich die Print-outs aufmerksam an, und gemeinsam untersuchten sie den Computer in Angelas Büro. Sie schlossen das Gerät wieder an und probierten aus, ob es sich irgendwie ungewöhnlich verhielt, aber es funktionierte völlig vorschriftsmäßig.

»Jemand hätte den Computer natürlich so programmieren können, daß er diesen ganzen Unsinn über Danny auswarf«, dachte Elliot laut. »Aber ich kann mir beim besten Willen nicht vorstellen, wie es jemand fertigbringen könnte, daß sich das Ding von selbst einschaltet.«

»Und doch ist eben dies passiert.«

»Daran zweifle ich nicht. Ich kann nur nicht verstehen, wie so etwas möglich ist.«

»Vielleicht ist jemand nachts hergekommen und hat irgendwelche Spezialleitungen installiert.«

»Das scheint mir etwas weit hergeholt zu sein.«

»Absurd hört sich diese ganze Geschichte an.«

»Und was ist mit der Temperaturveränderung, die Sie erwähnten?«

»Was wollen Sie damit sagen?«

»Wie soll er das ausgelöst haben?«

»Ich weiß es nicht.«

»Und aus welchem Grunde sollte er sich diese Mühe machen?«

Sie zuckte mit den Schultern.

»Ich meine«, fuhr Elliot fort, »selbst wenn er die Klimaanlage auf irgendeine Weise manipulieren konnte – wozu sollte er sich damit abplagen? Welchen Sinn sollte das haben?«

»Ich weiß es nicht«, sagte Tina wieder.

»Könnte diese Temperaturveränderung vielleicht eine subjektive Empfindung gewesen sein?«

Sie runzelte die Stirn. »Sie glauben, ich hätte mir das nur eingebildet?«

»Nun, Sie hatten Angst und...«

»Aber ich bin mir ganz sicher, daß es keine Einbildung war. Außerdem hat Angela die Kälte ebenfalls gespürt, noch *vor* mir, als der Computer jene erste Namensliste mit den Einschüben über Danny ausdruckte. Es ist doch höchst unwahrscheinlich, daß auch Angela sich die Kälte nur eingebildet hat.«

»Stimmt«, gab er zu und starrte nachdenklich den Computer an. »Kommen Sie.«

»Wohin?«

»Zurück in Ihr Büro. Dort steht nämlich mein Cognac, und den brauche ich jetzt, um meine Gehirnzellen anzuregen.«

Sie folgte ihm in den holzgetäfelten Raum.

Er nahm das Glas von dem niedrigen Tisch vor dem Sofa und setzte sich auf die Kante ihres Schreibtisches. »Wer?« fragte er. »Wer könnte Ihnen so etwas antun?«

»Ich habe keine Ahnung.«

»Sie müssen doch irgendeinen Verdacht haben.«

»Ich wünschte, dem wäre so.«

»Nun, offensichtlich ist es jemand, der eine starke Abneigung gegen Sie hegt oder Sie regelrecht haßt. Ein Spaßvogel würde sich bestimmt nicht soviel Arbeit machen. Es muß jemand sein, der den leidenschaftlichen Wunsch hat, Sie zu quälen. Ich halte es für wahrscheinlich, daß es jemand ist, der Sie für Dannys Tod verantwortlich macht. Und er – oder sie – empfindet den Tod des Jungen als schmerzhaften persönlichen Verlust. Folglich müßte es jemand sein, den Sie kennen.«

Tina mußte zugeben, daß seine Argumentation logisch war, aber damit würde sie nur wieder in jene Sackgasse geraten, in der sie sich früher am Nachmittag befunden hatte. »Ich bin vor einigen Stunden zu dem Schluß gekommen«, sagte sie, während sie zwischen Schreibtisch und Fensterfront auf und ab ging, »daß es *doch* ein Fremder sein muß. Niemand, den ich kenne, wäre zu so etwas fähig, selbst wenn er – oder sie – mich hassen würde. Und niemand außer Michael hat je auch nur angedeutet, daß er mich für mitschuldig an Dannys Tod hält.«

Elliot zog die Brauen hoch. »Ist Michael Ihr geschiedener Mann?«

»Ja.«

»Und er macht Ihnen Dannys Tod zum Vorwurf?«

»Er sagt, ich hätte Danny niemals mitfahren lassen dürfen. Aber Michael ist nicht der Übeltäter, den wir suchen.«

»Warum nicht? Meiner Meinung nach würde er der erste Verdächtige sein.«

»Nein.«

»Sind Sie sicher?«

»Hundertprozentig. Es muß jemand anders sein.«

Elliot trank einen Schluck Cognac. »Nun, es sieht ganz so aus, als würden Sie die Hilfe von Profis benötigen, um diesen Kerl bei einem seiner miesen Tricks zu erwischen.«

»Denken Sie an die Polizei?«

»Ich glaube nicht, daß die Polizei für eine Sache wie diese geeignet ist. Einerseits wäre man dort höchstwahrscheinlich der Ansicht, daß Ihr Problem nicht ernst genug ist, um Zeit damit zu verschwenden. Sie sind ja nicht bedroht worden.«

»Aber diese Vorgänge implizieren doch eine Art von Drohung.«

»Ich bin ganz Ihrer Meinung, daß man die Sache nicht auf die leichte Schulter nehmen darf. Aber Polizisten sind meistens Pedanten. Verhüllte Drohungen beeindrucken sie nicht besonders. Außerdem bräuchte man, um Ihr Haus wirkungsvoll observieren zu lassen, mehr Leute, als die Polizei zur Verfügung stellen kann – es sei denn, es geht um Mord, Kidnapping oder um eine große Rauschgiftaffäre.«

Sie blieb vor ihm stehen. »Was meinten Sie dann, als Sie von Profis sprachen, die diesen Kerl erwischen könnten?«

»Privatdetektive.«

»Ist das nicht ein bißchen melodramatisch?«

Er lächelte säuerlich. »Die Person, die solche Aktivitäten entwickelt, muß eine ausgeprägte melodramatische Ader haben. Es ist nie unvernünftig, Gleiches mit Gleichem zu vergelten.«

Sie seufzte, trank einen Schluck Cognac und ließ sich auf die Couch sinken. »Ich weiß nicht... Wenn ich Privatdetektive engagiere, erwischen sie möglicherweise nur mich.«

»Was? Das müssen Sie mir erklären.«

Sie machte sich mit einem kleinen Schluck Cognac Mut für das, was sie ihm sagen wollte. »Ich überlege mir, ob nicht vielleicht ich selbst diese Botschaften auf Dannys Tafel geschrieben und sein Zimmer verwüstet habe.«

»Ich kann Ihnen nicht folgen.«

»Ich könnte das alles im Schlaf getan haben.«

»Das ist doch lächerlich, Tina!«

»Wirklich? Ich dachte, ich hätte im September allmählich begonnen, über Dannys Tod hinwegzukommen. Damals hatte ich wieder einen guten Schlaf, und ich hörte auf, ständig über die Katastrophe nachzugrübeln. Ich glaubte, den schlimmsten Schmerz überwunden zu haben. Aber vor einem Monat begann ich wieder, von Danny zu träumen. In der ersten Woche passierte es zweimal, in der zweiten schon viermal. Und in den beiden letzten Wochen habe ich jede Nacht von ihm geträumt. Und diese Träume werden immer schlimmer. Inzwischen sind es regelrechte Alpträume.«

Elliot setzte sich neben sie auf die Couch. »Welcher Art?«

»Ich träume, daß er lebt, daß er aber gefangen ist, in einer Schlucht oder einem Brunnen oder einer tiefen Grube – irgendwo unter der Erdoberfläche. Er ruft nach mir, fleht mich an, ihn zu retten. Aber das kann ich nicht. Ich kann nie zu ihm gelangen. Und dann beginnt sich die Erde um ihn zu schließen, und ich wache schreiend und schweißgebadet auf. Und ... ich ... ich habe dann jedesmal ganz stark das Gefühl, daß Danny wirklich nicht tot ist. Es hält nie lange an, aber wenn ich aufwache, bin ich sicher, daß er irgendwo lebt. Sehen Sie, ich habe mein Bewußtsein davon überzeugt, daß mein Sohn tot ist, aber wenn ich schlafe, übernimmt mein Unterbewußtsein das Kommando, und mein Unterbewußtsein ist offenbar nicht überzeugt davon, daß Danny nicht mehr am Leben ist.«

»Sie glauben also, Ihr Unterbewußtsein treibe Sie zum Schlafwandeln und lasse Sie NICHT TOT auf Dannys Tafel schreiben?«

»Glauben Sie nicht, daß so etwas möglich ist?«

»Möglich ist es vermutlich«, sagte Elliot. »Ich bin kein Psychologe, aber mir kommt diese Theorie relativ einleuchtend vor. Trotzdem glaube ich nicht, daß die Sache sich so verhält. Ich gebe zu, daß ich Sie nicht allzu gut kenne, aber ich bilde mir ein, Sie gut genug zu kennen, um sagen zu können, daß Sie nicht auf diese Weise reagieren würden. Sie sind ein Mensch, der sich Problemen stellt. Wenn Ihr Unvermögen, Dannys Tod zu akzeptieren, ein gravierendes Problem wäre, würden Sie es nicht ins Unterbewußtsein verdrängen, sondern Sie würden lernen, es zu bewältigen.«

Sie lächelte. »Sie haben eine sehr hohe Meinung von mir.«

»Stimmt. Außerdem – falls Sie auf die Tafel geschrieben und sich an Dannys Sachen abreagiert hätten – dann müßten Sie auch in der Nacht hierher ins Hotel gekommen sein und den Computer programmiert haben. Glauben Sie wirklich, Sie wären geistig derartig verwirrt, daß Sie so etwas tun könnten, ohne sich daran zu erinnern? Halten Sie sich für schizophren?«

Sie lehnte sich erleichtert zurück. »Nein.«

»Gut, wir machen Fortschritte.«

»Finden Sie?«

»Aber selbstverständlich. Wir eliminieren Möglichkeiten. Soeben haben wir Sie von der Liste der Verdächtigen gestrichen. Sie schließen Michael als Täter aus. Und ich bin davon überzeugt, daß es kein Unbekannter sein kann – somit bleibt nur ein relativ kleiner Personenkreis übrig.«

»Ich wiederum bin überzeugt davon, daß keiner von meinen Freunden oder Verwandten der Täter ist. Wissen Sie, was dann als einzige Möglichkeit übrigbliebe?«

»Was?«

Sie beugte sich vor, stellte ihr Glas auf den Tisch und vergrub ihr Gesicht in den Händen.

»Tina?«

Sie hob den Kopf. »Ich habe mir nur überlegt, wie ich es am besten in Worte fassen soll. Wissen Sie, es ist eine verrückte Idee. Völlig absurd. Vielleicht sogar die Ausgeburt eines kranken Hirns. Und nachdem Sie mich soeben davon überzeugt haben, daß ich nicht wahnsinnig bin, möchte ich nichts sagen, das Sie veranlassen könnte, Ihre Ansicht über meinen Geisteszustand zu ändern.«

»Ich werde Sie bestimmt nicht für verrückt halten«, beteuerte er. »Sagen Sie mir, was Ihnen im Kopf herumgeht.«

Sie zögerte immer noch, mit ihrer Idee herauszurücken. Die Möglichkeit, die ihr eingefallen war, schien so fantastisch ... und doch ... Sie beschloß, den Sprung ins kalte Wasser zu wagen. »Vielleicht *ist* Danny am Leben.«

Elliot sah sie mit schiefgelegtem Kopf aufmerksam an. »Am Leben?«

»Ich habe seine Leiche nie gesehen.«

»Warum nicht?«

»Der Gerichtsmediziner und der Leichenbestatter sagten, Danny sei gräßlich verstümmelt. Beide meinten, Michael und ich sollten uns diesen Anblick ersparen. Wir befolgten diesen Rat, und es war ein Begräbnis mit geschlossenem Sarg.«

»Wie wurde denn die Leiche identifiziert?«

»Mit Hilfe von Fotos. In erster Linie aber aufgrund zahnärztlicher Eintragungen.«

»Diese Methode ist fast so sicher wie Fingerabdrücke.« »*Fast*«, betonte sie. »Aber vielleicht ist Danny bei dem Unfall doch nicht ums Leben gekommen. Vielleicht hat er überlebt. Vielleicht weiß irgend jemand, wo er ist. Vielleicht versucht dieser Jemand mir mitzuteilen, daß Danny lebt. Vielleicht will man mich mit diesen seltsamen Vorkommnissen der letzten Tage nicht quälen oder zu Selbstvorwürfen treiben, sondern mir ganz im Gegenteil Hinweise darauf geben, daß Danny nicht tot ist.«

»Zu viele ›vielleicht‹«, meinte Elliot. »Vielleicht auch nicht.«

Er legte ihr sanft eine Hand auf die Schulter. »Tina, Sie wissen doch selbst, daß diese Theorie keinen Sinn ergibt. Danny ist tot.«

»Sehen Sie? Jetzt *halten* Sie mich für verrückt.«

»Nein. Ich glaube, daß Sie etwas durcheinander sind, und das ist mehr als verständlich, nach allem, was Ihnen zugestoßen ist.«

»Sie schließen die Möglichkeit, daß er am Leben sein könnte, also völlig aus?«

»Wie sollte er diesen schrecklichen Unfall überlebt haben?« fragte Elliot.

»Ich weiß es nicht.«

»Und wo könnte er diese ganze Zeit über gewesen sein… wenn nicht im Grab!«

»Ich weiß auch das nicht.«

»Wenn er am Leben wäre«, erklärte Elliot geduldig, »würde jemand einfach zu Ihnen kommen und es Ihnen sagen, ohne diese ganze Geheimniskrämerei.«

»Vielleicht.«

Sie war sich bewußt, daß ihre ausweichende Antwort ihn enttäuschte und blickte niedergeschlagen auf ihre Hände, die sie so fest gefaltet hatte, daß die Knöchel weiß hervortraten.

Elliot berührte ihr Gesicht, drehte es sanft zu sich herum. Seine ausdrucksvollen dunklen Augen hatten einen besorgten Ausdruck.

»Tina, Sie wissen genau, daß von ›vielleicht‹ keine Rede sein kann. Wenn Danny leben würde und wenn jemand Ihnen das mitteilen wollte, würde er das bestimmt nicht auf diese Weise tun, nicht mit dramatischen Andeutungen und völlig sinnlosen Handlungen. Habe ich recht?«

»Vermutlich.«

»Danny ist tot.«

Sie schwieg.

»Wenn Sie sich in die Illusion hineinsteigern, daß er lebt«, sagte Elliot mit großem Ernst, »wird das Erwachen zwangsläufig schrecklich sein.«

Sie blickte ihm tief in die Augen, und nach kurzer Zeit nickte sie seufzend. »Sie haben recht.«

»Danny ist tot.«

»Ja«, murmelte sie.

»Sind Sie auch wirklich davon überzeugt?«

»Ja.«

»Gut.«

Tina stand auf, ging zum Fenster und öffnete die Vorhänge. Sie hatte plötzlich das Bedürfnis, den Strip zu sehen. Nachdem soviel vom Tod die Rede gewesen war, mußte sie sich vor Augen führen, daß es daneben auch noch das Leben gab, und der Boulevard, auf dem Tag und Nacht lebhaftes Treiben herrschte, war dafür ein überzeugender Beweis. Die frühe Winterdämmerung brach gerade herein; die riesigen Leuchtreklamen wurden eingeschaltet und verwandelten die Straße in ein faszinierendes Lichtermeer. Der Verkehrsstrom riß nicht ab, und auf den Trottoirs herrschte ein Gewühl von Menschen, die von einem Casino zum anderen, von einer Show zur anderen unterwegs waren.

Tina beobachtete diesen Rummel eine Weile, dann wandte sie sich Elliot wieder zu. »Wissen Sie, was ich tun möchte?«

»Was denn?«

»Das Grab öffnen lassen.«

»Sie wollen Dannys Leiche exhumieren lassen?«

»Ja. Weil ich sie nicht gesehen habe, fällt es mir so schwer zu akzeptieren, daß er tot ist. Deshalb auch meine Alpträume. Wenn ich die Leiche gesehen hätte, könnte mein Unterbewußtsein sich nicht an die Illusion klammern, daß Danny noch am Leben ist.«

»Aber der Zustand der Leiche...«

»Das ist mir egal«, sagte sie.

Elliot runzelte die Stirn. Es war ihm deutlich anzusehen, daß

Tinas Wunsch nach einer Exhumierung ihm Sorgen bereitete. »Obwohl die Leiche in einem luftdichten Sarg liegt, wird sie jetzt zwangsläufig noch schlimmer aussehen als vor einem Jahr«, argumentierte er, »und schon damals hat man Ihnen geraten, Ihren Sohn lieber nicht noch einmal zu sehen.«

»Ich muß ihn sehen.«

»Sie werden einen furchtbaren Schock erleben.«

»Ja, aber es wird eine heilsame Schocktherapie sein«, entgegnete sie. »Dieser Schock wird endlich meine Zweifel zunichte machen. Wenn ich Dannys... sterblichen Überreste sehe, werde ich keine Zweifel mehr hegen können, weder bewußt noch unterbewußt. Die Alpträume werden aufhören.«

»Vielleicht. Möglicherweise werden Sie danach aber im Gegenteil noch schlimmere Träume haben.«

Sie schüttelte den Kopf. »Schlimmer als die jetzigen könnten sie gar nicht sein.«

»Eine Exhumierung wird Ihnen aber keine Antwort auf die entscheidende Frage geben, wer Sie quälen und ängstigen will.«

»Vielleicht doch«, widersprach Tina. »Wer auch immer es sein mag und welche Motive dahinterstecken mögen – diese Person ist jedenfalls labil und irgendwie krank. Wer weiß schon, was einen solchen Menschen total aus dem Gleichgewicht bringt? Wenn er von der Exhumierung erfährt, wird er vielleicht so heftig darauf reagieren, daß er sich verrät. Möglich ist alles.«

Elliot dachte kurz darüber nach und gab zu: »Ja, ich glaube, daß Sie recht haben könnten.«

»Aber selbst wenn die Exhumierung mich nicht auf die Spur des Täters dieser makabren Scherze führt, wird sie doch auf jeden Fall meine psychische Verfassung verbessern, und dann werde ich auch den ganzen Unsinn leichter verkraften können. Eine Exhumierung wird deshalb in jeder Hinsicht positive Auswirkungen haben.« Sie ließ sich wieder neben Elliot auf der Couch nieder. »Ich werde einen Anwalt benötigen, stimmt's?«

»Um das Grab öffnen zu lassen? Ja, wenn ein Anwalt Sie vertritt, dürften Sie wesentlich schneller eine Genehmigung erhalten.«

»Würden Sie diesen Fall übernehmen?«

Er zögerte keinen Augenblick. »Ja.«

»Wird es sehr schwierig sein?«

»Nun, ein wichtiger juristischer Grund für die Exhumierung liegt nicht vor. Ich meine damit – es besteht kein Zweifel an der Todesursache, und es geht auch nicht darum, durch eine neue gerichtsmedizinische Untersuchung die Wiederaufnahme eines Prozesses zu erreichen. In solchen Fällen ist eine Öffnung des Grabes sehr schnell durchzusetzen. Aber ich stelle mir die Angelegenheit dennoch nicht allzu schwierig vor. Ich werde mit dem Leiden und der Verstörung einer Mutter argumentieren, und diesem Appell ans Gefühl wird sich das Gericht vermutlich nicht verschließen.«

»Hatten Sie schon einmal einen ähnlich gelagerten Fall?«

»Ja«, sagte Elliot. »Vor fünf Jahren. Ein achtjähriges Mädchen starb plötzlich und völlig unerwartet an Nierenversagen. An einem Tag war die Kleine noch ein ganz normales glückliches Kind, am nächsten schien sie eine leichte Erkältung zu haben, und am dritten Tag war sie tot. Ihre Mutter war so verzweifelt, daß sie es nicht über sich brachte, von ihrer im Sarg liegenden Tochter Abschied zu nehmen. Sie war auch außerstande, an der Beerdigung teilzunehmen. Einige Wochen später begann die Mutter heftige Schuldgefühle zu entwickeln.«

»Ich weiß, wie das ist«, murmelte Tina.

»Diese Schuldgefühle führten allmählich zu schweren seelischen Störungen. Weil die Mutter die Leiche nicht gesehen hatte, konnte sie nicht akzeptieren, daß ihre Tochter wirklich tot war. Sie wurde hysterisch, stand am Rande eines Nervenzusammenbruchs. Ich beantragte eine Exhumierung und mußte mich selbstverständlich näher mit diesem Thema beschäftigen, um eine überzeugende Begründung vorlegen zu können. Dabei stellte ich fest, daß die Reaktion meiner Klientin in einer solchen Situation nicht ungewöhnlich war. Offenbar ist es ein verhängnisvoller Fehler, wenn Eltern sich weigern, beim Tod eines Kindes die Leiche zu sehen. Man braucht etwas Zeit am offenen Sarg des Verstorbenen, um die Tatsache verarbeiten zu können, daß dieser Körper niemals wieder lebendig wird.«

»Hat die Exhumierung Ihrer Klientin geholfen?«

»O ja. Ihre emotionalen Probleme ließen sofort nach und verschwanden schließlich völlig.«

»Sehen Sie!«

»Sie dürfen aber eines nicht vergessen«, wandte Elliot ein. »Die Leiche ihrer Tochter war nicht verstümmelt. Und die Exhumierung wurde bereits zwei Monate nach dem Begräbnis durchgeführt, nicht ein ganzes Jahr danach. Die Leiche war noch in ziemlich gutem Zustand. Aber bei Danny wird das nicht der Fall sein.«

»Dessen bin ich mir bewußt«, sagte Tina, »und – weiß Gott – mir graut davor. Aber ich bin überzeugt davon, daß es absolut notwendig für mich ist.«

»Okay, ich werde mich um die Sache kümmern.«

»Wie lange wird das voraussichtlich dauern?«

»Wird Ihr Ex-Ehemann Einspruch dagegen erheben?«

Tina erinnerte sich an den Haß in Michaels Gesicht, als sie ihn vor einigen Stunden verlassen hatte. »Ja«, sagte sie. »Vermutlich wird er das tun.«

Elliot brachte die leeren Gläser zur Bar und knipste dort eine Lampe an. »In diesem Fall müssen wir schnell handeln. Wenn wir geschickt vorgehen, wird Ihr geschiedener Mann nichts erfahren, bis die Exhumierung ein *fait accompli* ist. Morgen ist Feiertag, deshalb können wir erst am Freitag einen offiziellen Antrag stellen.«

»Das wird sich wahrscheinlich auch nicht durchführen lassen. Sie vergessen das verlängerte Wochenende.«

Elliot fand unter der Spüle ein Geschirrtuch und Spülmittel. »Normalerweise müßten wir wirklich bis Montag warten. Aber ich kenne zufällig einen sehr vernünftigen Richter. Harold Kennebeck. Er war mein Vorgesetzter beim militärischen Nachrichtendienst. Wenn ich...«

»Nachrichtendienst? Sie waren Spion?«

»Diese Bezeichnung weckt falsche Assoziationen«, sagte er lächelnd. »Ich habe weder einen Trenchcoat getragen, noch bin ich durch dunkle Sackgassen geschlichen.«

»Aber Karate, Zyanidkapseln und all sowas?«

»Nun, viel Kampftraining gehörte schon dazu. Das betreibe ich übrigens immer noch dreimal wöchentlich, um körperlich in Form zu bleiben. Aber ansonsten war es wirklich ganz anders, als es in Filmen dargestellt wird. Keine James-Bond-Autos mit

Maschinengewehren, die hinter Scheinwerfern verborgen sind. Es ging ganz prosaisch bei uns zu.«

»Irgendwie habe ich das Gefühl«, sagte Tina, »daß es doch wesentlich interessanter war, als Sie es darstellen.«

»Keineswegs«, entgegnete er. »Analysen von Dokumenten, Auswertung von Satellitenfotos und all solche Dinge. Meistens war es stinklangweilig. Na ja, jedenfalls kenne ich Richter Kennebeck schon sehr lange. Wir respektieren einander, und ich bin sicher, daß er mir helfen wird. Ich sehe ihn morgen nachmittag bei einer Neujahrsparty und werde die Situation mit ihm besprechen. Vielleicht erklärt er sich bereit, am Freitag kurz im Gerichtsgebäude vorbeizuschauen, um meinen Exhumierungsantrag in Empfang zu nehmen und zu unterzeichnen. Das läßt sich in ein paar Minuten erledigen. Dann könnten wir das Grab am Samstagmorgen öffnen lassen.«

Tina ging zur Bar und setzte sich auf einen der drei Hocker, durch die Theke von Elliot getrennt. »Je eher, desto besser«, sagte sie. »Ich möchte diese Sache so schnell wie möglich hinter mich bringen.«

»Das ist nur allzu verständlich. Es gleich am Wochenende zu erledigen, hätte außerdem den großen Vorteil, daß Michael wahrscheinlich nichts von der Sache erführe. Und selbst wenn er doch irgendwie Wind davon bekäme, müßte er einen anderen Richter auftreiben, um die Exhumierung verhindern zu können.«

»Glauben Sie, daß er das schaffen könnte?«

»Nein. Das ist ja der springende Punkt. Über die Feiertage werden nur wenige Richter Dienst haben, und diese wenigen werden mit Trunkenheitsdelikten und Anträgen auf Kaution alle Hände voll zu tun haben. Mit größter Wahrscheinlichkeit wird Michael erst am Montagmorgen bis zu einem Richter vordringen, und dann wird es schon zu spät sein.«

»Ganz schön raffiniert!«

»Das ist sozusagen mein Markenzeichen.« Er stellte das erste gespülte Glas auf das Trockengestell.

»Elliot der Raffinierte!« neckte sie ihn.

Er lächelte. »Stets zu Ihren Diensten.«

»Ich bin froh, daß Sie mein Anwalt sind.«

»Beglückwünschen Sie sich nicht voreilig zu Ihrem weisen Entschluß. Warten Sie lieber ab, ob ich wirklich Erfolg haben werde.«

»Daran zweifle ich nicht«, sagte sie. »Sie gehören zu jenen Menschen, die alle Probleme in den Griff bekommen.«

»Sie haben eine sehr hohe Meinung von mir.«

»Stimmt«, bestätigte sie, so wie er es vor einer Weile in der umgekehrten Situation getan hatte.

Beide lachten, und dieses erste Lachen, seit Elliot im Büro aufgetaucht war, änderte schlagartig die Atmosphäre. Sie hatten plötzlich das Gefühl, als läge ihr Gespräch über Tod und Angst, Wahnsinn und Trauer schon lange zurück. Jetzt wollten sie sich auf den vor ihnen liegenden Abend einstimmen und alle Probleme wenigstens für eine Zeit vergessen.

Als Elliot das zweite Glas mit heißem Wasser nachspülte und zum Trocknen hinstellte, kommentierte Tina: »Das machen Sie ausgezeichnet.«

»Fensterputzen kann ich aber *nicht*.«

»Ich habe es gern, wenn Männer sich an der Hausarbeit beteiligen.«

»Dann sollten Sie mich einmal kochen sehen.«

»Sie können kochen?«

»Ich bin als Koch einsame Spitze!«

»Was ist Ihre Spezialität?«

»Alles.«

»Bescheidenheit gehört offenbar nicht gerade zu Ihren Tugenden.«

»Jeder große Küchenchef muß von seinen kulinarischen Künsten völlig überzeugt sein, wenn er etwas Erstklassiges kreieren will.«

»Und was wäre, wenn Sie etwas für mich kochten, und mir würde es nicht schmecken?«

»Dann würde ich auch Ihre Portion aufessen.«

»Und mich darben lassen?«

»Wenn Sie meine Kochkünste verschmähen, haben Sie es nicht besser verdient.«

Tina lachte. Es tat gut, nach so vielen Monaten der Trauer und Depression wieder einmal so richtig von Herzen zu lachen, und es war schön, mit einem attraktiven und sympathischen Mann zusammen zu sein.

Elliot trocknete seine Hände am Handtuch ab. »Wir könnten, anstatt im Restaurant zu essen, zu mir fahren, und ich stelle meine Kochkünste unter Beweis.«

»Ohne Vorbereitungen?«

»Als Kapazität brauche ich nicht viel Zeit, um eine Mahlzeit auf den Tisch zu bringen. Außerdem können Sie mir ja ein bißchen zur Hand gehen – Gemüse putzen, Zwiebeln schälen – lauter ehrenvolle Aufgaben!«

»Nun ... ich weiß nicht so recht«, neckte sie ihn. »In welches Restaurant wollten Sie mich denn ausführen?«

»Ich dachte an Battista's Hole. Ich kenne Battista und Rio sehr gut, und sie würden uns bestimmt alle möglichen Köstlichkeiten auftischen.«

»Mmmmmm«, machte Tina. »In Battista's Hole gibt es das beste Essen der ganzen Stadt. Glauben Sie, daß Sie etwas wenigstens halb so Gutes zustande bringen?«

»Ich könnte beispielsweise mit herrlichen Fettuccine Alfredo aufwarten.«

»Aber vielleicht ist heute einer der Abende, an denen Battista für die Gäste singt«, fuhr Tina grinsend fort. »Das möchte ich auf keinen Fall versäumen. Er hat eine herrliche Stimme.«

»Ich kann statt dessen pfeifen!«

»Battista singt Opernarien. Ich liebe Opern.«

»Ich kann Opernmelodien pfeifen.«

»Oh! Welche denn?«

Elliot spitzte die Lippen, warf sich in die Brust und pfiff laut die bekannte Arie ›Vesti la guibba‹ aus dem ›Bajazzo‹.

Tina lachte schallend. »Das hört sich ja grauenhaft an!«

»Kochen kann ich besser als pfeifen.«

»Das hoffe ich sehr.«

»Wenn Sie mein großzügiges Angebot, heute abend für Sie zu kochen, nicht augenblicklich annehmen, werde ich weiterpfeifen. Etwas aus ›Turandot‹.«

»O nein, bitte nicht! Das ist eine meiner Lieblingsopern.«

Elliot warf ihr einen gespielt finsteren Blick zu. »Also – werden Sie mich für Sie kochen lassen?«

»Ja, ja. Ich tu alles, was Sie wollen, nur damit Sie nicht wieder Opernarien pfeifen.«

»Okay.« Er kam hinter der Bartheke hervor und streckte ihr die Hand entgegen. »Machen wir, daß wir in meine Küche kommen.«

»Ich müßte zuerst nach Hause und mich etwas frisch machen«, wandte sie ein.

»Sie sind schon jetzt viel zu frisch für mich.«

»Mein Wagen...«

»Sie fahren damit einfach hinter mir her.« Sie schalteten die Lampen aus und verließen das Büro. Als sie auf dem Weg zum Korridor das Vorzimmer durchquerten, warf Tina unwillkürlich einen nervösen Blick auf den Computer. Sie befürchtete, er könnte wieder von allein zu drucken beginnen und ihnen den ganzen Abend verderben.

Aber nichts Derartiges geschah.

14

Elliot Stryker lebte in einem repräsentativen Haus mit Blick auf den Golfplatz des Country Clubs. Die Räume waren warm und gemütlich, hauptsächlich in erdfarbenen Tönen tapeziert, mit Möbeln von Henreden sowie einzelnen auserlesenen Antiquitäten eingerichtet und mit herrlich gemusterten Teppichen ausgestattet. Er besaß eine ausgezeichnete Sammlung von Gemälden moderner Künstler, die im Westen der Vereinigten Staaten zu Hause waren und ihre Sujets aus dem alten und neuen Westen schöpften.

Elliot war sichtlich gespannt, ob ihr sein Haus gefiel, und Tina spannte ihn nicht lange auf die Folter.

»Es ist herrlich«, sagte sie. »Geradezu umwerfend. Wer war Ihr Innenarchitekt?«

»Er steht vor Ihnen.«

»Tatsächlich?«

»Als ich arm war, träumte ich von dem Tag, da ich ein schönes Haus mein eigen nennen würde, vom besten Innenarchitekten geschmackvoll eingerichtet. Aber als ich das Geld dann hatte, wollte ich mein Haus nicht mehr von einem Fremden ausstatten lassen. Ich wollte mich nicht um die Freude bringen, meine eigenen Vorstellungen zu verwirklichen. Nancy – meine verstorbene Frau – und ich suchten hingebungsvoll nach schönen Stücken; kein Möbelgeschäft zwischen Las Vegas, Los Angeles und San Francisco war vor uns sicher, kein Antiquitätengeschäft, keine Galerie, kein Trödler und kein Flohmarkt. Wir hatten eine wunderbare Zeit. Und als sie dann starb... nun, ich erkannte, daß ich niemals über den Verlust hinwegkommen würde, wenn ich an einem Ort blieb, wo jeder Gegenstand mit Erinnerungen an sie verknüpft war. Fünf oder sechs Monate lang war ich ein seelisches Wrack, weil die Erinnerungen mich ständig überwältigten. Schließlich zog ich einen radikalen Schlußstrich. Ich nahm einige wenige Stücke mit, die mich immer an sie erinnern werden, und zog aus, verkaufte unser Haus, kaufte dieses hier und betätigte mich von neuem als mein eigener Innenarchitekt.«

»Ich wußte nicht, daß Sie Ihre Frau verloren haben«, sagte Tina. »Ich dachte, Sie wären geschieden oder lebten getrennt.«

»Sie ist vor drei Jahren gestorben.«

»Woran?«

»Krebs.«

»Das tut mir leid, Elliot.«

»Wenigstens blieb ihr ein langes Siechtum erspart«, berichtete er. »Es war eine sehr aggressive Krebsart. Einen Monat nach der Diagnose war sie schon tot.«

»Waren Sie lange verheiratet?«

»Zwölf Jahre.«

Sie legte ihm sanft eine Hand auf den Arm. »Ich weiß, was Sie durchgemacht haben müssen.«

Ihre mitfühlenden Worte zeigten ihm, daß sie noch mehr gemeinsam hatten, als er gedacht hatte. »Ach ja – Sie hatten Danny ja auch fast zwölf Jahre lang, nicht wahr?«

»Ja. Wissen Sie... bei mir ist es ja erst etwas über ein Jahr, daß ich allein bin. Bei Ihnen sind es immerhin schon drei Jahre. Vielleicht können Sie mir sagen...«

»Was?«

»Hört er jemals auf?«

»Der Schmerz?«

»Ja«

»Bei mir ist es bisher nicht der Fall«, gestand er. »Vielleicht wird er nach vier Jahren aufhören, oder nach fünf... oder zehn. Es tut nicht mehr so grausam weh wie anfangs, und es ist auch kein ständiger Schmerz mehr. Aber immer noch gibt es Momente, da...«

Er ließ seinen Satz unvollendet, und sie rührte nicht mehr an dieses Thema.

Er zeigte ihr auf ihren Wunsch hin das ganze Haus und konnte sich davon überzeugen, daß ihre stilvolle Bühnenshow kein Zufallstreffer war. Sie hatte Geschmack und ein sicheres Auge, das den Unterschied zwischen hübschen und wirklich schönen Stücken, zwischen bloßer Raffinesse und echter Kunst sofort erkannte. Es machte ihm viel Freude, sich mit ihr über Antiquitäten und Gemälde zu unterhalten, und eine Stunde verging dabei wie im Fluge.

Zuletzt führte er sie in die große Küche mit der Kupferdecke, den mexikanischen Bodenfliesen und der perfekten Ausstattung, die sogar einem kleineren Restaurant alle Ehre gemacht hätte. Tina bewunderte die riesige Kühltruhe, den Grill, die beiden Herde, den Mikrowellenherd sowie die zahlreichen arbeitssparenden Geräte und Vorrichtungen und kommentierte schließlich: »Sie haben hier ja ein kleines Vermögen ausgegeben. Offensichtlich ist Ihre Anwaltspraxis nicht einfach eine der unzähligen Scheidungsmühlen von Vegas.«

Elliot grinste. »Ich bin einer der Gründer von Stryker, Cohen, Dwyer, Coffey & Napotino. Das ist eine der größten Anwaltskanzleien der Stadt. Wir hatten sehr viel Glück. Wir waren zur richtigen Zeit am richtigen Ort. Orrie Cohen und ich fingen vor elfeinhalb Jahren mit einem billigen Laden als Büro an, und kurz darauf begann zufällig der größte Boom, den diese Stadt je erlebt hat. Wir vertraten einige Leute, an denen die renommierten Anwälte kein Interesse hatten – junge Unternehmer mit einer Menge guter Ideen, aber wenig Geld für Juristen. Einigen unserer Klienten gelang – bedingt durch das explosive Wachstum der Spielindustrie und des Immobilienmarktes – in der Folge die ganz große Karriere, und wir hängten uns einfach an ihre Rockzipfel und kamen auf diese Weise zu Geld und Ansehen.«

»Interessant«, sagte Tina.

»Finden Sie?«

»Ich finde es interessant, daß Sie in bezug auf Ihre Anwaltskanzlei so bescheiden sind und Ihren Erfolg als glücklichen Zufall hinstellen, und daß Sie angeben wie zehn nackte Neger, wenn es ums Kochen geht.«

Er lachte. »Das liegt daran, daß ich ein viel, viel besserer Koch als Anwalt bin. Könnten Sie uns vielleicht einen Drink mixen, während ich mich rasch umziehe? In fünf Minuten bin ich wieder hier, und dann werden Sie sehen können, wie ein echtes kulinarisches Genie arbeitet.«

»Falls es nicht klappt«, neckte sie ihn, »können wir zum Glück immer noch ins Auto springen und bei McDonald's einen Hamburger essen.«

»Philisterin!«

»Die Hamburger von McDonald's sind unübertrefflich.«

»Das trifft erst recht auf meine Fettuccine zu.«

»Wenn das stimmt, fresse ich einen Besen«, lachte sie.

»Roh oder gekocht?«

»Von Ihnen gekocht, würde ich ihn nicht so gern essen.«

»Schon wieder diese Beleidigungen«, stöhnte er. »Lassen Sie sich von mir eines gesagt sein – falls ich einen Besen kochen würde, so wäre er einfach köstlich. Sie würden ihn ratzekahl aufessen, sich die Finger lecken und um einen zweiten bitten.«

Ihr Lächeln war so hinreißend, daß er sie stundenlang hätte ansehen können.

Elliot war amüsiert über die Wirkung, die Tina auf ihn ausübte. Er konnte sich nicht erinnern, sich jemals so tollpatschig in der Küche angestellt zu haben wie an diesem Abend. Er ließ Löffel fallen. Er warf Gewürzdosen um. Ein Topf kochte auf dem Herd über, weil er nicht aufgepaßt hatte. Er vertat sich beim Mischen der Salatsauce und mußte eine zweite zubereiten. Sie neckte ihn, und das gefiel ihm sehr.

»Elliot, sind Sie sicher, daß Sie die Cognacs in meinem Büro nicht spüren?«

»Absolut.«

»Dann vielleicht den Drink, den Sie hier getrunken haben?«

»Nein, das ist einfach mein Küchenstil.«

»Sachen umzuwerfen und zu verstreuen ist Ihr Stil?«

»Ja – es gibt der Küche ein so gemütliches, benutztes Aussehen.«

»Sind Sie ganz sicher, daß Sie nicht doch lieber zu McDonald's gehen wollen?«

»Macht man sich dort die Mühe, der Küche ein gemütliches, benutztes Aussehen zu geben?«

»Es gibt dort nicht nur gute Hamburger ...«

»Die *benutzt* aussehen«, warf er ein.

»... sondern auch wundervolle Pommes frites.«

»Und außerdem ... was das Umwerfen angeht – ein guter Koch braucht nicht graziös wie ein Ballettänzer zu sein.«

»Würden Sie sagen, daß er ein gutes Gedächtnis braucht?«

»Wie?«

»Dieses Senfpulver, das Sie gerade in die Salatsauce geben wollen.«

»Was ist damit?«

»Sie haben es vor einer Minute schon einmal verwendet.«

»Tatsächlich? O Gott! Vielen Dank für den Hinweis. Ich würde dieses verdammte Dressing ungern ein drittes Mal herstellen.«

Sie lachte – und stieß mit dem Ellbogen versehentlich gegen ein großes italienisches Brot, das auf der Arbeitsplatte lag. Der runde Laib landete auf den mexikanischen Fliesen.

»He, Sie spüren wohl Ihren Cognac?« neckte er zur Abwechslung einmal Tina.

»Nein.«

»Was ist es dann? Ich wette, Sie sind so aufgeregt, weil Sie mit einem attraktiven und erfolgreichen Mann wie mir zusammenarbeiten dürfen.«

»Keineswegs«, widersprach sie. »Ich mag mein Brot am liebsten, wenn es ein bißchen schmutzig ist.«

»Sie mögen schmutziges Brot?«

»Kennen Sie denn die alte Volksweisheit nicht – Dreck reinigt den Magen?«

»Ich streue meine Tagesration auf meine Frühstückseier.«

Sie lachte. Nancy hatte ein ähnlich kehliges Lachen gehabt. Tina war in vieler Hinsicht ganz anders als Nancy, aber etwas sehr Wichtiges hatten die beiden Frauen doch gemeinsam: Es war schön, mit ihnen zusammen zu sein. Tina war – wie Nancy – eine großartige Gesprächspartnerin, klug, schlagfertig und sensibel.

Vielleicht war es noch zu früh, um sicher sein zu können, aber Elliot hatte das Gefühl, daß das Schicksal ihm eine zweite Glückschance bot.

Nach dem Dessert schenkte Elliot ihr und sich die zweite Tasse Kaffee ein. »Möchten Sie immer noch bei McDonald's einen Hamburger essen gehen?«

»Der Pilzsalat, die Fettuccine Alfredo und das Zabaglione... alles war köstlich«, sagte Tina. »Sie können *wirklich* kochen.«

»Würde ich Sie anlügen?«

»Ich nehme an, daß ich jetzt den Besen fressen muß.«

»Den haben Sie doch schon verzehrt.«

»Na sowas! Und ich hab' nicht mal die Borsten bemerkt!« Noch während sie bei der Zubereitung des Essens in der Küche herumgealbert hatten, war Tina die Idee gekommen, daß sie vielleicht schon in dieser Nacht miteinander ins Bett gehen würden. Und gegen Ende des fürstlichen Mahles *wußte* sie es. Elliot drängte sie nicht, und auch sie forderte ihn nicht heraus. Aber sie fühlten sich wie von Naturkräften zueinander hingezogen. Instinktiv hatten sie beide schon erkannt, daß sie einander brauchten, körperlich und seelisch und geistig, und daß alles, was zwischen ihnen geschehen mochte, richtig und gut sein würde.

Es war unvermeidlich.

Anfangs machte die Unterströmung sexuellen Verlangens Tina nervös. Sie hatte in den letzten vierzehn Jahren – seit ihrem neunzehnten Lebensjahr! – nur mit Michael geschlafen, und seit nunmehr fast zwei Jahren hatte sie überhaupt mit *niemandem* geschlafen. Plötzlich befürchtete sie, es könnte sehr dumm von ihr gewesen sein, zwei Jahre wie eine Nonne zu leben. Im ersten dieser beiden Jahre war sie natürlich noch mit Michael verheiratet gewesen und hatte sich ihm gegenüber zur Treue verpflichtet gefühlt, obwohl er sich über derartige Moralvorstellungen schon lange hinweggesetzt hatte und es schließlich zur Trennung und später zur Scheidung kam. Und danach? Nach Dannys Tod war sie einfach nicht in der Verfassung für eine Romanze gewesen, und zudem hatte *Magyck!* ihre ganze Zeit in Anspruch genommen. Aber nun fühlte sie sich wie ein unerfahrenes junges Mädchen! Sie fragte sich, ob sie überhaupt noch wissen würde, was sie *tun* mußte. Sie befürchtete, sie könnte sich im Bett ungeschickt, töricht und lächerlich anstellen. Sie sagte sich zwar, daß man Sex nicht verlernt, genauso wenig wie Fahrradfahren, und innerlich mußte sie über diesen dummen Vergleich lachen – aber ihr Selbstbewußtsein wurde dadurch nicht gestärkt.

Während sie und Elliot dann aber das uralte Ritual der Werbung mit all seinen versteckten sexuellen Vorstößen und Paraden vollzogen, beruhigte sie sich allmählich, weil diese Spiele ihr so vertraut waren. Obwohl vierzehn Jahre vergangen waren, seit sie dieses Spiel mit Michael gespielt hatte, kam es ihr so vor, als wäre es erst gestern gewesen. Es war offenbar wirklich so wie mit dem Fahrradfahren.

Nach dem Essen gingen sie ins Wohnzimmer, und Elliot machte im offenen Kamin Feuer. Obwohl Wintertage in der Wüste oft fast frühlingshaft warm waren – die Winternächte waren immer kühl – oft sogar kalt. Die Scheite im Feuer knisterten anheimelnd, während draußen ein kalter Nachtwind ums Dach pfiff und an den Fensterscheiben rüttelte.

Elliot legte eine Sinatra-Platte auf. Tina zog ihre Schuhe aus. Sie saßen nebeneinander auf dem Sofa vor dem Kamin, blickten in die Flammen, lauschten der Musik, nippten an ihrem Pfefferminzlikör und unterhielten sich. Es kam Tina so vor, als unterhielten sie sich pausenlos den ganzen Abend hindurch, so als hätte jeder von ihnen eine Menge wichtiger Informationen, die der andere erfahren mußte, bevor sie sich trennen würden. Und je länger sie redeten, desto mehr Gemeinsamkeiten entdeckten sie. Und nach zwei Stunden am Kamin stellte Tina fest, daß Elliot ihr immer besser gefiel, je mehr sie über ihn erfuhr.

Sie hätte hinterher nicht sagen können, wie es zum ersten Kuß kam, ob Elliot sich zu ihr herübergebeugt hatte, oder ob sie näher an ihn herangerückt war. Wie dem auch sein mochte – plötzlich trafen sich ihre Lippen, sanft, flüchtig. Dann wieder. Und ein drittes Mal. Und danach begann er, ihr Gesicht mit Küssen zu bedecken: ihre Stirn, ihre Augen, ihre Wangen, ihre Nase, ihre Mundwinkel, ihr Kinn, ihre Ohren. Er ließ seine Lippen über ihren Hals gleiten, bevor er zu ihrem Mund zurückkehrte und sie nun leidenschaftlich küßte. Sie öffnete bereitwillig ihre Lippen, und ihre Zungen begannen miteinander zu spielen.

Seine Hände glitten langsam über ihren Körper, erkundeten sie behutsam, und auch sie berührte ihn, streichelte seine Schultern, seine Arme, seine harten Rückenmuskeln.

In einem traumhaften Schwebezustand zogen sie ins Schlafzimmer um. Er schaltete eine kleine matte Lampe auf der Kommode ein und schlug die Bettdecke zurück.

Sie befürchtete, daß damit der Zauber gebrochen sein könnte, aber als er sie wieder in die Arme nahm und küßte, spürte sie, daß sich nichts verändert hatte.

Sie umarmte ihn leidenschaftlich, während sie sich küßten, und preßte sich fest an ihn. Eigenartigerweise hatte sie das Gefühl, als wären sie schon oft in einer solch innigen Umarmung verschmolzen.

»Wir kennen einander kaum«, flüsterte sie. »Hast du wirklich dieses Gefühl?«

»Nein.«

»Ich auch nicht.«

»Ich kenne dich so gut.«

»Seit einer Ewigkeit.«

»Und doch sind es erst zwei Tage.«

»Zu schnell für dich?« fragte er.

»Was meinst du?«

»Für mich ist es nicht zu schnell.«

»Für mich auch nicht.«

»Bist du sicher?«

»Hundertprozentig.«

»Du bist wundervoll.«

»Liebe mich!«

Er war kein außergewöhnlich großer Mann, aber er hob sie hoch, als wäre sie ein kleines Kind.

Sie schmiegte sich fest an ihn. In seinen dunklen Augen las sie ein machtvolles Verlangen, das nur zum Teil sexueller Art war, und sie wußte, daß in ihren Augen das gleiche geschrieben stand – das Bedürfnis, geliebt zu werden.

Er trug sie zum Bett und legte sie sanft auf das Laken,

entkleidete sie ohne jede Hast, aber in atemloser Erwartung, die sein Gesicht strahlen ließ.

Er streifte rasch seine eigenen Kleider ab, legte sich zu ihr und nahm sie in seine Arme.

Langsam nahm er von ihrem Körper Besitz, zuerst mit den Augen, dann mit seinen zärtlichen Händen und schließlich mit Lippen und Zunge.

Tina erkannte, daß es ein Irrtum gewesen war zu glauben, sie müsse während der Trauerzeit enthaltsam sein. Genau das Gegenteil war der Fall. Sex mit einem Mann, der sie gern hatte, hätte ihr geholfen, sich schneller zu erholen, denn Sex war die Antithese des Todes, ein Freudenfest des Lebens.

Sie streichelte seinen Körper, liebkoste ihn.

Ihr Verlangen nach ihm wurde übermächtig.

»Du bist so süß«, flüsterte er.

Er nahm sie, und sie begannen sich im Rhythmus der Liebe zu bewegen. Für lange Zeit vergaßen sie die Realität des Todes. In jenen herrlichen Stunden hatten sie das Gefühl, als würden sie beide ewig leben.

Teil III

Donnerstag, 1. Januar

15

Tina blieb die Nacht über bei Elliot, und zum erstenmal seit Nancys Tod fühlte er wieder, wie schön es war, mit jemandem, den man aufrichtig gern hatte, ein Bett zu teilen. In den vergangenen zwei Jahren hatte er mehrere Frauen in seinem Bett gehabt, und einige hatten auch bei ihm übernachtet, aber keine jener Geliebten hatte ihm ein solches Gefühl von Wärme und tiefer Zufriedenheit gegeben wie Tina. Mit ihr war Sex ein wundervolles Erlebnis, aber es war nicht der Hauptgrund, weshalb er sie in seiner Nähe haben wollte. Sie war eine großartige Geliebte – langbeinig, mit vollen Brüsten und seidig zarter Haut, hingebungsvoll und leidenschaftlich – aber zugleich war sie ein *Mensch*, eine reizvolle Persönlichkeit, kein Durchschnittstyp, sondern eine unverwechselbare, warmherzige und intelligente Frau, und *deshalb* war es so schön, das Bett mit ihr zu teilen. Zu wissen, daß es jemanden wie sie gab, erfüllte ihn mit einem tiefen Glücksgefühl. Er lag neben ihr, lauschte auf ihre regelmäßigen Atemzüge im Schlaf und spürte, wie die Einsamkeit von drei langen Jahren allmählich von ihm wich.

Schließlich schlief auch er ein, aber um vier Uhr morgens wurde er von ihren Schreien abrupt aufgeweckt.

Sie fuhr aus ihrem Alptraum hoch, rang verzweifelt nach Atem und stammelte zitternd wirres Zeug über einen schwarzgekleideten Mann.

Elliot mußte die Nachttischlampe einschalten, um ihr zu beweisen, daß außer ihnen beiden niemand im Zimmer war.

Sie hatte ihm zwar von ihren Träumen erzählt, aber erst jetzt begriff er, *wie* schrecklich sie waren, und ihm wurde klar, daß die

Exhumierung von Dannys Leiche vielleicht tatsächlich das Beste für sie wäre, trotz des grauenvollen Anblicks, der sich ihr im Sarg bieten würde, wenn dadurch nur diese unerträglichen Alpträume aufhörten.

Er knipste die Lampe aus, überredete sie, sich wieder hinzulegen und hielt sie fest in seinen Armen, bis ihr Zittern nachließ. Zu seinem großen Erstaunen ging ihre Angst sehr schnell in Begierde über, und zu seinem noch größeren Erstaunen konnte er darauf eingehen, obwohl er vor wenigen Stunden völlig erschöpft gewesen war.

Und morgens nahm er sie wieder leidenschaftlich, als sie beide naß und eingeseift unter der Dusche standen.

Während des Frühstücks bat er sie, ihn zu der Nachmittagsparty zu begleiten, bei der er Richter Kennebeck wegen der Exhumierung ansprechen wollte. Aber Tina erklärte, sie wolle lieber Dannys Zimmer ausräumen, da sie sich im Augenblick dieser Aufgabe gewachsen fühle.

»Wir sehen uns doch aber heute abend?« fragte er.

»Ja.«

»Ich werde wieder für dich kochen.«

Sie lächelte herausfordernd. »In welchem Sinn meinst du das?«

»Ausschließlich im kulinarischen. Nach der vergangenen Nacht werde ich im Schlafzimmer erst wieder kochen können, wenn meine Batterien aufgeladen sind, und das wird einige Tage dauern.«

Sie beugte sich vor und küßte ihn. »Ich wette, daß du schon in einigen Stunden wieder auf der Höhe sein wirst.«

Ihr Geruch, ihre strahlend blauen Augen, ihre zarte Gesichtshaut unter seinen Fingern – all das weckte in ihm sofort wieder zärtliche Gefühle. »Mein Gott«, sagte er, »ich glaube, du könntest recht haben. Es ist wirklich unglaublich. Ich komme mir vor wie sechzehn!«

»Schrecklich, nicht wahr?«

»Ich werde noch völlig ausbrennen, und das ist einzig und allein deine Schuld.«

Er begleitete sie zu ihrem VW-Käfer, der vor seiner Garage stand, und als sie bereits hinter dem Steuer saß, zögerte er ihren Aufbruch noch um eine Viertelstunde hinaus, indem er ihr in allen Einzelheiten schilderte, welches Menü er für den Abend plante.

Als sie schließlich losfuhr, blickte er ihrem Auto nach, bis es hinter einer Kurve verschwand, und plötzlich wurde ihm klar, weshalb es ihm so widerstrebt hatte, sie gehen zu lassen: Er fürchtete, sie niemals wiederzusehen.

Es gab keinen rationalen Grund für diese Angst. Tina glaubte nicht, daß ihr von seiten des Kerls mit den makabren Scherzen eine echte Gefahr drohte, und Elliot war geneigt, ihr recht zu geben. Dieser Unbekannte wollte ihr seelische Qualen zufügen; ihren Tod wollte er gewiß nicht, denn das würde ihn ja um seinen perversen Spaß bringen.

Es war Elliot bewußt, daß seine Angst abergläubischer Natur war. Er traute ganz einfach dem Schicksal nicht über den Weg. Vielleicht hatte es ihm das kurze Glück mit Tina nur beschert, um dann wieder grausam zuschlagen zu können. Er hatte Angst, daß Tina ihm entrissen werden könnte wie Nancy.

Ohne seine düsteren Vorahnungen ganz abschütteln zu können, ging er ins Haus.

Die nächsten anderthalb Stunden verbrachte er in der Bibliothek, wo er in juristischen Fachwerken nach Präzedenzfällen für die Exhumierung einer Leiche ›aus rein humanitären Gründen‹ suchte. Elliot glaubte zwar nicht, daß Kennebeck irgendwelche Schwierigkeiten machen würde, geschweige denn, daß der Richter in einer verhältnismäßig einfachen und harmlosen Angelegenheit von Ihm eine Liste der Präzedenzfälle verlangen würde, aber er wollte für alle Fälle perfekt vorbereitet sein. Kennebeck war als Offizier immer ein zwar gerechter, aber sehr anspruchsvoller Vorgesetzter gewesen.

Um eins fuhr Elliot mit seinem silberfarbenen Mercedes 450 SL zu der Neujahrsparty am Sunrise Mountain. Der Himmel war klar und blau, und Elliot wünschte, er hätte Zeit für einen kleinen Flug mit seiner Cessna. Es war ideales Flugwetter, einer jener kristallenen Tage, da man sich über der Erde besonders frei fühlte. Vielleicht würde er am Sonntag, wenn die Exhumierung überstanden war, mit Tina nach Arizona oder nach Los Angeles fliegen.

Die meisten der großen, teuren Häuser am Sunrise Mountain

hatten ›natürliche Landschaftsgestaltung‹ – Felsen, bunte Steine und kunstvoll arrangierte Kakteen anstelle von Gras, Büschen und Bäumen – ein Zugeständnis an die Tatsache, daß die Wüste sich in diesem neuen Stadtteil noch erfolgreich gegen die Vergewaltigung durch den Menschen wehrte. Nachts hatte man von diesem Berg aus einen überwältigenden Blick auf Las Vegas, aber Elliot begriff beim besten Willen nicht, welche anderen Gründe jemanden veranlassen konnten, sich hier und nicht in einem der älteren und grüneren Viertel der Stadt niederzulassen. Diese öden, sandverwehten Abhänge würden auch in zehn Jahren noch nicht mit üppigem Grün bewachsen sein – vielleicht in zwanzig. Die riesigen Häuser ragten auf den braunen Hügeln empor wie Monumente einer alten, überholten Religion. Die Bewohner mußten damit rechnen, daß sie auf ihren Patios, Sonnenterrassen und Pool-Anlagen gelegentlich Besuch von Skorpionen, Taranteln und Klapperschlangen erhielten. An windigen Tagen war der Staub so dicht wie Nebel und drang durch alle Spalten und Ritzen. Elliots Einschätzung nach war Sunrise Mountain nur deshalb zu einer vornehmen Wohngegend geworden, weil ganz zu Beginn einige Millionäre hier gebaut hatten. Andere waren ihnen bald gefolgt, überzeugt davon, daß Millionäre nichts falsch machen konnten, wobei sie übersahen, daß diese Herrschaften sich nur deshalb auf dem Berg niedergelassen hatten, weil sie aus Senilität die riesigen Nachteile nicht mehr zu erkennen vermochten.

Die Party fand in einem imposanten Haus im neo-spanischen Stil etwa auf halber Höhe des Berges statt. Ein dreiseitiges, fächerförmiges Zelt war auf dem hinteren ›Rasen‹ errichtet worden, neben dem Swimmingpool, mit der offenen Seite zum Haus hin. Ein achtzehnköpfiges Orchester spielte im Hintergrund des bunt gestreiften Segeltuchzeltes. Schätzungsweise zweihundert Gäste tanzten und promenierten hinter dem Haus, weitere hundert feierten in den fünfzehn Räumen.

Elliot kannte viele Gesichter, denn die Hälfte der Gäste bestand aus Juristen und deren Ehefrauen. Staatsanwälte, Steueranwälte, Strafverteidiger und Justitiare unterhielten und betranken sich fröhlich zusammen mit den Richtern, vor denen sie nächste Woche wieder im Gerichtssaal erscheinen würden.

Elliot mischte sich unter die Menge, tauschte Neujahrsglückwünsche und höfliche Floskeln mit allen möglichen Leuten aus und machte schließlich nach zwanzig Minuten Harold Kennebeck ausfindig. Der Richter war ein großer, streng aussehender Mann mit lockigen weißen Haaren. Er begrüßte Elliot herzlich, und sie unterhielten sich über ihre gemeinsamen Interessen – Kochen, Fliegen und Floßfahren auf Flüssen.

Elliot wollte Kennebeck nicht in Hörweite von mindestens einem Dutzend Anwälten um einen Gefallen bitten, und er wußte, daß sie nirgends im Haus völlig ungestört sein würden, deshalb schlug er dem Richter einen kleinen Spaziergang vor, und sie bummelten die Straße hinunter, vorbei an den luxuriösen Wagen der Partygäste.

Kennebeck lauschte interessiert, während Elliot inoffiziell die Chancen für eine Exhumierung von Dannys Leiche sondierte. Von dem bösartigen Unruhestifter erwähnte Elliot nichts; er wollte die Angelegenheit nicht unnötig komplizieren. Nach wie vor war er der Ansicht, daß Tina, um dem Störenfried auf die Schliche zu kommen, Privatdetektive engagieren sollte. Um dem Richter zu erklären, weshalb eine Exhumierung plötzlich so dringlich war, übertrieb Elliot beträchtlich die Seelenqualen und die geistige Verwirrung, unter denen Tina litt, weil sie die Leiche ihres Sohnes nicht gesehen hatte.

Harry Kennebeck hatte ein Pokergesicht, an dem nicht abzulesen war, ob er Mitgefühl und Verständnis für Tinas Situation aufbrachte. Etwa eine Minute lang überdachte er schweigend das Problem, dann fragte er: »Und was ist mit dem Vater?«

»Ich hoffte, daß Sie diese Frage nicht stellen würden.«

»Aha!«

»Der Vater wird dagegen protestieren«, gab Elliot gezwungenermaßen zu.

»Sind Sie sicher?«

»Ja.«

»Aus religiösen Gründen?«

»Nein. Kurz vor dem Tod des Jungen wurde die Ehe der Evans geschieden. Michael Evans haßt seine Ex-Frau.«

»Aha... Er würde die Exhumierung also nur verhindern wollen, um seiner Frau eins auszuwischen?«

»So ist es«, bestätigte Elliot.

»Trotzdem muß ich die Einstellung des Vaters berücksichtigen.«

»Das Gesetz verlangt lediglich die Einwilligung *eines* Elternteils, sofern es nicht um Einspruch aus religiösen Motiven geht.«

»Ich habe dennoch die Pflicht, die Interessen aller Beteiligten zu berücksichtigen.«

»Wenn man dem Vater die Möglichkeit zum Einspruch gibt«, argumentierte Elliot, »kommt es unweigerlich zu einem langen Hickhack vor Gericht.«

»Das würde mir absolut nicht gefallen«, sagte Kennebeck nachdenklich. »Das Gericht ist ohnehin schon total überlastet. Es mangelt uns einfach an Richtern oder an Geld. Das System ächzt und kracht in allen Fugen.«

»Und wenn der Staub sich dann endlich gesetzt hat«, fuhr Elliot fort, »wird meine Klientin ohnehin gewinnen und die Erlaubnis zur Exhumierung erhalten.«

»Vermutlich«, gab Kennebeck zu.

»Mit Sicherheit«, verbesserte Elliot. »Der Ehemann würde ja nur gehässige Obstruktion betreiben; in dem Bestreben, seiner Ex-Frau weh zu tun, würde er tagelang die Zeit des Gerichts in Anspruch nehmen, und das Endresultat wäre genau dasselbe, als hätte man ihm nie die Chance zum Protest gegeben.«

Kennebeck legte die Stirn in Falten.

Sie blieben am Ende des nächsten Blocks stehen, und der Richter wandte mit geschlossenen Augen sein Gesicht der warmen Sonne zu. Schließlich sagte er: »Sie bitten mich also um eine Gesetzesübertretung.«

»Nein. Ich bitte Sie nur, auf Ersuchen der Mutter eine Exhumierungserlaubnis zu verfügen. Das ist gesetzlich erlaubt.«

»Sie möchten diese Erlaubnis vermutlich schnellstens haben?«

»Morgen vormittag, wenn es irgend möglich ist.«

»Und dann lassen Sie das Grab morgen nachmittag öffnen?«

»Spätestens am Samstag.«

»Bevor der Vater von einem anderen Richter eine einstweilige Verfügung erwirken kann«, konstatierte Kennebeck.

»Wenn wir Glück haben, wird der Vater nie etwas von der Exhumierung erfahren.«

»Aha.«

»Diese Lösung wäre doch für alle Beteiligten am vorteilhaftesten. Das Gericht spart sich eine Menge Zeit und Mühe. Meiner Klientin wird viel unnötiger Schmerz erspart. Und ihr Ex-Ehemann spart sich hohe Anwaltskosten, die völlig zum Fenster hinausgeworfen wären.«

»Hmmm«, brummte Kennebeck.

Sie gingen schweigend auf das Haus zu, wo die Party immer lauter wurde.

In der Mitte des Blocks sagte der Richter endlich: »Ich muß mir das eine Weile durch den Kopf gehen lassen, Elliot.«

»Wie lange?«

»Werden Sie den ganzen Nachmittag hier verbringen?«

»Das bezweifle ich. Für meinen Geschmack sind zuviel Juristen hier. Diese ewige Fachsimpelei geht mir auf die Nerven.«

»Fahren Sie anschließend nach Hause?«

»Ja.«

Kennebeck strich sich eine lockige Haarsträhne aus der Stirn. »Dann werde ich Sie heute abend anrufen.«

»Können Sie mir wenigstens verraten, in welche Richtung Sie tendieren?«

»In Ihre, glaube ich.«

»Sie wissen, daß ich recht habe, Harry.«

Kennebeck lächelte. »Ich habe Ihr Plädoyer gehört, Herr Rechtsanwalt. Lassen wir's dabei bewenden. Ich werde Sie heute abend anrufen, sobald ich etwas Zeit zum Nachdenken hatte.«

Zumindest hatte der Richter das Anliegen nicht strikt abgelehnt. Trotzdem hatte Elliot mit einer befriedigenderen Antwort gerechnet. Schließlich war es nur ein kleiner Gefallen, um den er Kennebeck gebeten hatte, und sie kannten einander seit einer Ewigkeit. Elliot wußte, daß der Richter ein vorsichtiger Mann war, aber übertrieben vorsichtig war er normalerweise nun auch wieder nicht. Sein Zögern in dieser relativ simplen Angelegenheit wunderte Elliot, aber er sagte nichts mehr. Ihm blieb jetzt nichts anderes übrig, als auf Kennebecks Anruf zu warten.

Auf dem letzten Stück Weges bis zum Haus unterhielten sie sich darüber, wie köstlich Nudeln mit einer dünnen, leichten Sauce aus Olivenöl, Knoblauch und süßem Basilikum schmecken.

Elliot blieb nur zwei Stunden auf der Party. Das Fachsimpeln der vielen Juristen ödete ihn an. Überall war die Rede von Beleidigungsklagen, Vorladungen, Plädoyers, Prozessen, Gegenprozessen, Berufungen, Verteidigungen und dergleichen mehr. Mit solchen Dingen hatte er ständig an fünf Wochentagen acht bis zehn Stunden zu tun, und er hatte nicht die geringste Lust, auch am Neujahrstag über juristische Themen zu diskutieren.

Gegen vier Uhr war er wieder zu Hause und begann mit den Essensvorbereitungen. Tina sollte ihm, wenn sie um sechs kam, nicht wieder zur Hand gehen und lästige Arbeiten übernehmen müssen. Er schälte und hackte eine kleine Zwiebel, putzte Sellerie und einige junge Karotten. Als er gerade Weinessig in einen Meßbecher goß, hörte er hinter sich ein Geräusch.

Er drehte sich um und sah zwei Männer durch das Eßzimmer in die Küche kommen. Einer der beiden war knapp einsfünfundsiebzig groß, hatte ein schmales Gesicht und einen ordentlich gestutzten blonden Bart. Er trug einen dunkelbraunen Anzug, ein beiges Hemd und eine dunkelbraune Krawatte, hatte eine Arzttasche in der Hand und machte einen nervösen Eindruck. Sein Begleiter sah wesentlich bedrohlicher aus – ein Kleiderschrank von einem Mann mit riesigen Pranken. In seinen frisch gebügelten Hosen, einem blauen Hemd, gepunkteter Krawatte und grauem Sportsakko wirkte er wie ein Football-Profi, den man für ein Festessen ausstaffiert hat. Ihm war von Nervosität nichts anzumerken.

Beide Männer blieben in der Nähe des Kühlschranks stehen, drei oder vier Meter von Elliot entfernt. Der kleinere trat unruhig von einem Bein aufs andere, der große grinste unverschämt.

»Wie sind Sie hereingekommen?« fragte Elliot verblüfft.

»Mit einem Hauptschlüssel«, erklärte der Riesenkerl bereitwillig. »Bob« – er deutete auf den Kleinen – »hat Hauptschlüssel für alle Arten von Schlössern. Das erleichtert einem die Arbeit beträchtlich.«

»Was, zum Teufel, soll das eigentlich?«

»Nur keine Aufregung«, sagte der Riese beruhigend.

»Raubüberfall?«

»Aber nein«, erwiderte der Riese. Sein Begleiter Bob schüttelte mit gerunzelter Stirn den Kopf, so als sei er entrüstet, daß jemand ihn für einen gewöhnlichen Einbrecher gehalten hatte.

»Falls Sie mich kidnappen wollen...«

»Wir haben nicht die Absicht.« Der Riese war immer noch der Wortführer.

»Verdammt, was wollen Sie dann hier?«

»Immer mit der Ruhe! Entspannen Sie sich.«

»Sie haben den falschen Mann erwischt.«

»O nein, Sie sind der Richtige«, versicherte der Riese.

»Ja«, bestätigte Bob. »Sie sind unser Mann. Es ist kein Irrtum.«

»Ich habe meines Wissens nach keine ernsthaften Feinde«, sagte Elliot. »Sie *müssen* sich irren. Hören Sie, wenn...«

»Beruhigen Sie sich, Mr. Stryker«, fiel der Riese ihm ins Wort.

»Ja«, wiederholte Bob. »Bitte beruhigen Sie sich.«

Elliot machte einen Schritt auf sie zu.

Der Riese zog eine Pistole mit Schalldämpfer aus einem Schulterhalfter, das unter seinem grauen Sportsakko verborgen war. »Ich rate Ihnen, vernünftig zu sein.«

Elliot wich bis zur Spüle zurück.

»So ist es besser«, lobte der Riese.

»Viel besser«, bestätigte Bob.

»Wer sind Sie?« fragte Elliot.

»Wenn Sie zur Zusammenarbeit bereit sind, wird Ihnen nichts passieren«, versicherte der Riese.

»Fangen wir an!« meinte Bob.

»Die Frühstücksecke dort drüben eignet sich hervorragend für unsere Zwecke«, sagte der Riese.

Bob ging zu dem Eichentisch, stellte seine schwarze Arzttasche ab, öffnete sie und holte einen kleinen Kassettenrecorder hervor. Andere Gegenstände folgten: ein dünner Gummischlauch, ein Sphygmomanometer – ein Gerät zum Blutdruckmessen zwei Fläschchen mit einer bernsteinfarbenen Flüssigkeit und eine Packung Einwegspritzen.

Elliot ließ alle Fälle, die er gegenwärtig in seiner Kanzlei bearbeitete, im Geist Revue passieren und suchte nach einem möglichen Zusammenhang mit diesen beiden Eindringlingen, aber er fand beim besten Willen keine Erklärung.

Der Riese winkte Elliot mit der Pistole. »Setzen Sie sich an den Tisch.«

»Nicht bevor Sie mir verraten, was das alles soll.«

»*Ich* gebe hier die Befehle.«

»Und ich weigere mich, sie zu befolgen.«

»Wenn Sie nicht sofort gehorchen, sind Sie ein toter Mann.«

»O nein, Sie werden mich nicht erschießen«, entgegnete Elliot, obwohl er insgeheim bei weitem nicht so zuversichtlich war. »Sie sind mit einer ganz bestimmten Absicht hierher gekommen, und die könnten Sie nicht realisieren, wenn Sie mich umbringen.«

»Bewegen Sie Ihren Arsch endlich zum Tisch rüber!« kommandierte der Riese in scharfem, wütendem Ton.

»Nicht bevor Sie mir eine Erklärung geben.« Der Riese starrte ihn an. Elliot hielt seinem Blick ungerührt stand.

»Hören Sie«, bequemte sich der Riese schließlich zu einer Auskunft, »wir müssen Ihnen nur ein paar Fragen stellen.«

Elliot wußte, daß es in dieser Situation in erster Linie darauf ankam, kein Zeichen von Schwäche zu zeigen, seine Angst zu verbergen. »Nun, ich muß schon sagen«, bemerkte er deshalb ironisch, »für Leute, die eine Meinungsumfrage machen, haben Sie recht unkonventionelle Methoden.«

»Sehr komisch«, erwiderte der Riese ohne die Spur eines Lächelns. »Und jetzt vorwärts!«

»Was wollen Sie mit den Spritzen?«

»Vorwärts, habe ich gesagt!«

»Wofür sind die Spritzen?«

Der Riese seufzte. »Wir müssen sicher sein, daß Sie wahrheitsgemäß antworten.«

»Drogen?«

»Sie sind äußerst wirksam und zuverlässig.«

»Ja, und wenn Sie mit mir fertig sind, wird mein Gehirn total im Eimer sein.«

»Nein, nein«, beteuerte Bob. »Diese Drogen richten keinerlei bleibende physische oder geistige Schäden an.«

»Was sind das für Fragen, die Sie mir stellen wollen?«

»Allmählich reißt mir wirklich die Geduld!« erklärte der Riese.

»Das beruht auf Gegenseitigkeit«, sagte Elliot.

»Vorwärts mit Ihnen!«

Elliot bewegte sich nicht von der Stelle und verschwendete keinen Blick auf die Mündung der Pistole. Die Burschen sollten glauben, daß eine Waffe ihn nicht im geringsten schrecken konnte. Innerlich vibrierte er allerdings wie eine Stimmgabel.

»Ich sage es Ihnen jetzt zum allerletzten Mal – *vorwärts!*«

»Was für Fragen wollen Sie mir stellen?«

Der Riese schien einem Wutausbruch nahe. »Um Himmels willen, Vince, dann sag's ihm eben«, mischte Bob sich ein. »Er wird die Fragen ja ohnehin hören, wenn er sich endlich hinsetzt. Wir vergeuden nur unnötig Zeit.«

Vince, der Riese, kratzte sich nachdenklich am Kinn und holte schließlich einige gefaltete Blätter aus der Innentasche seines Jacketts, wobei er die Pistolenmündung jedoch weiterhin auf Elliot gerichtet hielt.

»Sie sollen uns sämtliche Fragen beantworten, die auf dieser Liste stehen«, erklärte Vince. »Es sind eine ganze Menge, dreißig oder vierzig, aber die Sache wird nicht lange dauern, wenn Sie sich hinsetzen und keine Schwierigkeiten machen.«

»Fragen worüber?« beharrte Elliot.

»Christina Evans.«

Elliot war im ersten Moment völlig perplex. *Tina?* Damit hatte er nun wirklich nicht gerechnet. Er schüttelte den Kopf, so als wollte er auf diese Weise seine Zunge lösen, und fragte: »Christina Evans? Was wollen Sie denn über sie wissen?«

»Weshalb die Frau eine Exhumierung der Leiche ihres Sohnes wünscht.«

Elliot starrte ihn bestürzt an. »Woher wissen Sie überhaupt etwas davon?«

»Das ist völlig unwichtig«, sagte Vince.

»Ja«, unterstützte ihn Bob. »Woher wir es wissen, ist völlig irrelevant. Von Bedeutung ist einzig und allein, *daß* wir es wissen.«

»Sind Sie beide die Dreckskerle, die ihre üblen Scherze mit Tina treiben?«

»Was?«

»Sind Sie es, die ihr Botschaften schicken?«

»Was für Botschaften denn?«

»Haben Sie das Zimmer des Jungen verwüstet?«

»Wovon reden Sie eigentlich?« fragte Vince. »Davon haben wir bisher keine Ahnung gehabt.«

»Jemand schickt dieser Christina Evans Botschaften über den Jungen?« erkundigte sich Bob.

Sie schienen völlig überrascht zu sein, und Elliot entschied sofort, daß sie mit der Sache nichts zu tun hatten. Sie machten außerdem auch nicht den Eindruck von Psychopathen, die Befriedigung darin finden, wehrlose Frauen zu ängstigen. Ihr Auftreten deutete vielmehr darauf hin, daß sie irgendeiner Organisation angehörten, obwohl der Riese seinem Äußeren nach auch als einfacher Ganove durchgehen konnte. Eine Pistole mit Schalldämpfer, Hauptschlüssel aller Art und Wahrheitsserum – das alles sprach dafür, daß hinter diesen Männern eine einflußreiche Gruppe stand.

»Was sind das für Botschaften, die Christina Evans erhält?« fragte Vince, ohne Elliot auch nur einen Moment aus den Augen zu lassen.

»Das dürfte eine der vielen Fragen sein, auf die Sie keine Antwort erhalten werden«, erwiderte Elliot kaltblütig.

»O doch, wir werden die Antworten bekommen«, sagte Vince mit drohendem Unterton.

»Wir werden sie bekommen«, echote Bob.

»Gehen Sie jetzt endlich zum Tisch rüber und nehmen dort Platz?« erkundigte sich Vince. »Oder muß ich Ihnen mit der Pistole Beine machen?«

»Kennebeck!« rief Elliot, dem plötzlich ein Licht aufgegangen war. »Sie können unmöglich von der geplanten Exhumierung wissen, wenn Kennebeck Sie nicht informiert hat.«

Die beiden Männer tauschten einen Blick. Sie waren sichtlich betreten, daß der Name des Richters gefallen war.

»Deshalb also hat er mich hingehalten«, fuhr Elliot fort. »Er wollte Ihnen Zeit geben, mich aufzusuchen. Aber weshalb in drei Teufels Namen sollte Kennebeck etwas dagegen haben, daß Dannys Grab geöffnet wird? Und das gilt auch für Sie beide. Verdammt, wer sind Sie, und weshalb versetzt die Möglichkeit einer Exhumierung Sie derart in Aufregung und Schrecken?«

»Wir sind nicht im geringsten aufgeregt«, protestierte Vince mit hochrotem Kopf.

»Jemand ist jedenfalls ganz schön beunruhigt«, sagte Elliot. »Ihr Eindringen ins Haus, Ihr ganzes Benehmen, die Pistole, die Drogen – das alles deutet nicht gerade auf bloße Neugier hin. Warum? Was steckt hinter dieser Sache?«

Der Riese war jetzt nicht nur ungeduldig, sondern auch zornig. »Hör zu, du blödes Arschloch, ich habe jetzt endgültig die Schnauze voll. Ich werde keine einzige Frage mehr beantworten, sondern dir eine Kugel in den Bauch verpassen, wenn du dich nicht schleunigst drüben hinsetzt.«

Elliot tat so, als hätte er die Drohung nicht gehört. Ihn ängstigte inzwischen etwas anderes weit mehr als die Pistole. Ein eiskalter Schauer jagte ihm über den Rücken, als ihm allmählich klar wurde, was das Auftauchen dieser beiden Männer über den Unfall aussagte, bei dem Danny angeblich ums Leben gekommen war. »Etwas ist mit Dannys Tod nicht in Ordnung... mit dem Tod all dieser Pfadfinder... Die Version, die überall verbreitet wurde, entspricht nicht den Tatsachen... Die Geschichte von dem Busunglück ist eine Lüge – stimmt's?«

Die beiden Männer schwiegen.

»Die Wahrheit ist weitaus schlimmer«, fuhr Elliot fort. »O ja... so muß es sein... In Wirklichkeit muß etwas so Schreckliches geschehen sein, daß irgendwelche mächtigen Leute eine Menge Zeit und Energie darauf verwendet haben, die Sache zu vertuschen. Vermutlich ist es sogar die Regierung. Na klar, für wen sonst würde Kennebeck schon arbeiten? Er war sein Leben lang ein loyaler Staatsdiener. All die Jahre beim militärischen Nachrichtendienst... und danach seine Arbeit im zivilen Bereich... Vermutlich hat er immer noch Kontakte zu allen Geheimdiensten ... Einmal ein Agent, immer ein Agent... Für welche Organisation arbeiten Sie beide? Jedenfalls nicht für das FBI – dort sind heutzutage nur Ivy Leaguers gefragt, hochgezüchtete Leute von den vornehmsten Colleges im Nordosten. Nein, für das FBI seid ihr zwei Jungs viel zu gewöhnlich... Das gleiche gilt für den CIA4 Auch dafür habt ihr nicht das nötige Niveau... Was ist es dann? Mit Sicherheit nicht der CID – von militärischer Disziplin ist euch nichts anzumerken. Soll ich einmal raten? Ihr arbeitet für irgendeine Organisation, von deren Existenz die Öffentlichkeit überhaupt nichts weiß und die ganz im geheimen etwas Schmutziges betreibt. Habe ich recht?«

Der Riese hatte vor Wut einen hochroten Kopf und atmete schwer. »Verdammt, ich sagte doch, daß von jetzt ab nur noch *Sie* Fragen beantworten!« brüllte er.

»Regen Sie sich nicht auf«, beruhigte ihn Elliot. »Ich kenne diese Spielchen aus eigener Erfahrung, weil ich früher mal – in der Armee – beim Nachrichtendienst war. Ich bin also kein Outsider. Ich weiß, wie diese Sachen laufen. Ich kenne die Regeln und die Taktiken. Sie brauchen bei mir also nicht so geheimnistuerisch zu sein. Legen Sie Ihre Karten offen auf den Tisch. Dann bin ich bereit, mit Ihnen zusammenzuarbeiten.«

Bob, der eine Explosion seines Kollegen Vince kommen sah, die ihre Mission nur behindert hätte, ergriff hastig das Wort. »Hören Sie, Stryker, die meisten Ihrer Fragen können wir nicht beantworten, weil wir nicht informiert sind. Ja, wir arbeiten für eine Regierungsorganisation. Ja, es ist eine, von der Sie bisher nie etwas gehört haben und höchstwahrscheinlich auch in Zukunft nichts hören werden. Aber wir wissen nicht, warum dieser Danny Evans so wichtig ist. Wir wissen, *daß* er es ist, aber nicht *warum.* Verstehen Sie? Natürlich tun Sie das. Man hat uns keine Einzelheiten mitgeteilt, und die *wollen* wir auch gar nicht wissen. Sie verstehen, was ich meine – je weniger man weiß, umso weniger kann man später für etwas verantwortlich gemacht werden. Verdammt, wir sind in dieser Organisation nur kleine Fische. Man sagt uns nur so viel, wie wir unbedingt wissen müssen. Werden Sie jetzt vernünftig sein? Kommen Sie her, setzen Sie sich, lassen Sie mich Ihnen diese Spritze geben und beantworten Sie uns ein paar Fragen. Danach können wir alle unser normales Leben weiterführen. Wir können doch nicht ewig hier herumstehen.«

»Wenn Sie für einen staatlichen Nachrichtendienst arbeiten, so kommen Sie bitte mit allen notwendigen Papieren wieder«, sagte Elliot. »Zeigen Sie mir Durchsuchungsbefehle und Vorladungen.«

»Reden Sie keinen solchen Unsinn, Mann!« knurrte Vince.

»Die Behörde, für die wir arbeiten, existiert offiziell nicht«, erklärte Bob geduldig. »Wie könnte eine Behörde, die gar nicht existiert, bei Gericht eine Vorladung erwirken? Das ist Ihnen doch vollkommen klar, Mr. Stryker.«

»Wenn ich mir nun die Droge verabreichen lasse – was geschieht dann mit mir, sobald Sie Ihre Antworten haben?« fragte Elliot.

»Nichts«, erwiderte Vince.

»Nicht das geringste«, versicherte Bob.

»Wie kann ich dessen sicher sein?«

Der Riese war zwar vor Zorn immer noch rot im Gesicht, entspannte sich aber etwas, weil er glaubte, daß Elliot endlich zum Nachgeben bereit war. »Ich sag's Ihnen doch – sobald wir die nötigen Informationen haben, verduften wir. Wir müssen nur herausfinden, warum diese Evans das Grab öffnen lassen will. Wir müssen wissen, ob jemand zu ihr übergelaufen ist. Wenn dem so ist, müssen wir dieses Schwein an ein Scheunentor nageln. Aber gegen Sie haben wir nicht das geringste. Sobald Sie unsere Fragen beantwortet haben, verschwinden wir.«

»Und lassen mich ungehindert zur Polizei gehen?«

»Die verdammten Bullen kümmern uns einen feuchten Dreck«, erwiderte Vince arrogant. »Schließlich können Sie ihnen weder sagen, wer wir sind, noch, wo sie anfangen sollen, nach uns zu suchen. Sie werden nichts ausrichten können. Aber selbst *wenn* sie uns auf die Spur kämen, könnten wir Druck auf sie ausüben, damit sie die Sache ganz schnell fallenlassen. Wie Sie ja selbst erkannt haben, arbeiten wir für eine Staatsbehörde. Hier geht's um wichtige Dinge wie nationale Sicherheit. Die Regierung darf Gesetze beugen, wenn sie will, denn schließlich erläßt sie sie auch.«

»Ganz so hat man es uns allerdings beim Jurastudium nicht beigebracht«, sagte Elliot.

»Pah, die Universität ist ein Elfenbeinturm.« Bob zupfte nervös an seiner Krawatte.

»Stimmt«, kam Vince ihm sofort zu Hilfe. »Und dies hier ist das reale Leben. Werden Sie jetzt also endlich ein braver Junge sein und sich drüben hinsetzen?«

»Bitte, Mr. Stryker«, fügte Bob hinzu.

»Nein«, sagte Elliot. Sein intuitives Gespür für Gefahr, das durch die Zeit beim militärischen Nachrichtendienst geschärft war, läutete alle Sturmglocken, nachdem er die Situation analysiert hatte. Sobald diese beiden Männer ihre Antworten hatten, würden sie ihn töten. Davon war er überzeugt. Wenn sie die Absicht hätten, ihn am Leben zu lassen, würden sie sich nicht in seiner Gegenwart mit ihren richtigen Vornamen anreden, und sie würden auch nicht soviel Zeit darauf verwenden, ihn zur freiwilligen Mitarbeit zu überreden, sondern ohne jedes Zögern Gewalt anwenden. Es gab nur einen Grund, weshalb sie darauf verzichteten – sie wollten ihn nicht verletzen, weil sein Tod wie ein Unfall oder Selbstmord aussehen sollte, wobei Selbstmord wahrscheinlicher war. Während er noch unter dem Einfluß der Droge stand, würden sie ihn höchstwahrscheinlich dazu bringen, einen Abschiedsbrief zu schreiben. Danach könnten sie ihn in seine Garage tragen, in seinen Wagen setzen, ihm den Sicherheitsgurt anlegen und den Motor anlassen, ohne die Garagentür zu öffnen. Von der Droge betäubt, würde er sich nicht bewegen können, und das Kohlenstoffmonoxyd würde den Rest besorgen. In ein oder zwei Tagen würde jemand ihn dort finden, mit blau-grüngrauem Gesicht, heraushängender dunkler Zunge und weit aufgerissenen Augen. Und wenn sein Körper keine Verletzungen aufwies, die gegen einen Selbstmord sprachen, würde die Polizei den Fall rasch zu den Akten legen. Er war überzeugt davon, daß die Aktion so ablaufen sollte. Schließlich kannte er die Tricks und Taktiken in diesem Spiel.

»Nein«, sagte er noch einmal, diesmal lauter. »Wenn ihr wollt, daß ich mich drüben an den Tisch setze, werdet ihr mich gewaltsam dorthin schleifen müssen.«

16

Tina hatte die Unordnung in Dannys Zimmer beseitigt und war auch mit dem Verpacken seiner Sachen fast fertig. Sie wollte alles einer Wohlfahrtsorganisation übergeben. Beim Anblick mancher Gegenstände, die mit besonderen Erinnerungen verknüpft waren, hatte sie mehrmals mit den Tränen gekämpft, aber dann doch die Zähne zusammengebissen und dem Wunsch widerstanden, die Arbeit unvollendet zu lassen.

Jetzt waren nur noch einige Kartons übrig, die hinten im Schrank standen. Sie versuchte, eine dieser Schachteln hochzuheben, aber sie war viel zu schwer; Tina mußte sie nach vorn ziehen, um im rotgoldenen Licht der Nachmittagssonne einen Blick auf den Inhalt werfen zu können.

Als sie den Karton öffnete, stellte sie fest, daß er einen Teil von Dannys Comic-Heften enthielt. Horrorgeschichten. Sie hatte diese morbide Neigung in ihm nie ganz verstehen können. Monsterfilme, Horror-Comics, Vampirgeschichten, Schrecken jeder Art. Seine Vorliebe für das Makabre war ihr nicht ganz geheuer gewesen, aber sie hatte Danny nie verboten, sich damit zu beschäftigen. Die meisten seiner Freunde hatten dieses lebhafte Interesse an Geistern und Dämonen geteilt, und da Danny sich daneben für viele andere Dinge interessiert hatte, war sie mit der Zeit zu der Ansicht gelangt, daß es keinen Grund zur Besorgnis gab.

Das Titelbild des obersten Heftes war schreiend aufgemacht und zeigte eine schwarze Kutsche, gezogen von vier schwarzen Pferden mit bösartig funkelnden Augen. Ein bleicher Mond erhellte gespenstisch die nächtliche Straße, und auf dem Kutschbock saß ein Mann ohne Kopf. Aus seinem Hals schoß rotes Blut hervor, und an seinem weißen Rüschenhemd klebten Blutklumpen. Sein Kopf stand neben ihm auf dem Bock und grinste teuflisch, offenbar sehr lebendig trotz der Tatsache, daß er brutal vom Rumpf abgetrennt worden war.

Tina schnitt eine Grimasse. Wie hatte Danny nur ruhig schlafen können, wenn er vor dem Zubettgehen solche Horrorgeschichten las? Er hatte immer fest und tief geschlafen, ohne böse Träume. Es war erstaunlich.

Sie zog einen zweiten Karton aus dem Schrank heraus. Er war genauso schwer wie der erste, und sie vermutete, daß er weitere Comic-Hefte enthielt, öffnete ihn aber, um sich zu vergewissern.

Sie schrie laut auf.

Er starrte sie aus der Schachtel an. Vom Titelblatt eines Horror-Comics. Er. Der Mann. Der Mann ganz in Schwarz. Dasselbe Gesicht. Ein mit welker Haut bespannter Schädel. Hindurchschimmernde Knochen. Rote unmenschliche Augen mit einem Ausdruck von wildem Haß. Die Madenschwärme an seiner Wange und im Augenwinkel. Das Grinsen mit gebleckten gelben Zähnen. Es war die gräßliche Gestalt aus ihren Alpträumen der beiden letzten Nächte. Sie waren völlig identisch, in jeder abstoßenden Einzelheit.

Wie war so etwas nur möglich? Wie konnte sie von diesem Monster geträumt haben, das ihr nun als Titelbild einer Horrorgeschichte entgegenstarrte?

Sie wich unwillkürlich vor der Schachtel zurück.

Die glühenden scharlachroten Augen schienen sie zu verfolgen.

Ich muß es vor langer Zeit einmal gesehen haben, dachte Tina. Ich muß dieses grausige Bild gesehen haben, als Danny das Heft nach Hause brachte, und es hat sich meinem Unterbewußtsein tief eingeprägt. Und jetzt wurde es zu einem Bestandteil meiner Alpträume.

Das war die einzig mögliche logische Erklärung.

Aber Tina wußte, daß diese einfache Erklärung nicht stimmte.

Sie hatte diese Zeichnung nie zuvor gesehen. Als Danny angefangen hatte, von seinem Taschengeld Horror-Comics zu kaufen, hatte sie sich die Hefte sorgfältig angeschaut, um entscheiden zu können, ob sie harmlos waren. Aber nachdem sie beschlossen hatte, ihn dieses Zeug lesen zu lassen, wenn es ihm Spaß machte, hatte sie nie wieder auch nur einen Blick darauf geworfen.

Und doch hatte sie von dem Mann in Schwarz geträumt. Und hier war er nun, grinste sie aus der Schachtel an. Neugierig auf die Geschichte, zu der diese Illustration gehörte, griff Tina nach dem Heft, und als ihre Finger gerade das glänzende Titelbild berührten, klingelte es an der Tür.

Sie zuckte erschrocken zusammen.

Wieder klingelte es, und nun erst erkannte sie das Geräusch.

Mit klopfendem Herzen ging sie zur Vordertür. Durch den Spion konnte sie einen glattrasierten jungen Mann sehen, der eine Mütze mit irgendeinem Emblem trug. Er lächelte in den Spion hinein.

Ohne die Tür zu öffnen, rief sie: »Was wünschen Sie?«

»Gaswerke. Wir müssen die Leitungen überprüfen.«

Tina runzelte die Stirn. »Am Neujahrstag?«

»Notdienst«, erklärte der Mann. »Hier in der Gegend soll irgendwo eine Gasleitung undicht sein.«

Nach kurzem Zögern öffnete sie die Tür einen Spalt breit, ohne die schwere Sicherheitskette abzunehmen, und musterte den Mann aufmerksam. »Eine undichte Leitung?«

Er lächelte beruhigend. »Vermutlich besteht überhaupt kein Grund zur Aufregung. Wir haben einen Druckabfall in unseren Leitungen festgestellt und versuchen nun, die Ursache dafür herauszufinden. Es ist nicht notwendig, Menschen zu evakuieren oder sonstige gravierende Vorsichtsmaßnahmen zu treffen. Wie gesagt, zur Panik ist überhaupt kein Grund vorhanden. Aber wir versuchen, jedes Haus zu überprüfen. Haben Sie einen Gasherd in der Küche?«

»Nein.«

»Und was ist mit der Heizung?«

»Ja, ich habe Gasheizung.«

»Soviel ich weiß, haben alle Häuser in dieser Gegend Gasheizung. Ich würde gern einen Blick darauf werfen und die Zuleitungen und Ventile kontrollieren – für jeden Fall.«

Sie musterte ihn wieder von Kopf bis Fuß. Er trug eine Uniform der Gaswerke und hatte einen großen Werkzeugkasten mit dem Emblem der Gaswerke in der Hand.

»Können Sie sich ausweisen?« fragte sie trotzdem.

»Na klar.« Er griff in seine Hemdtasche und zeigte eine beschichtete Identitätskarte mit dem Stempel der Gaswerke, seinem Foto und seinem Namen.

Etwas verlegen sagte Tina: »Entschuldigen Sie bitte. Es ist nicht etwa so, daß Sie wie ein Verbrecher aussehen, aber ich...«

»Ist völlig in Ordnung«, unterbrach er sie. »Sie brauchen sich nicht zu entschuldigen. Es war ganz richtig, nach meinem Ausweis zu fragen. Heutzutage muß man verrückt sein, wenn man die Tür öffnet, ohne genau zu wissen, wer dort steht.«

Sie schloß die Tür, um die Kette abnehmen zu können, und öffnete sie weit.

»Wo ist die Heizungsanlage?« fragte er.

»In der Garage.«

»Wenn Sie wollen, kann ich auch die Garagentür benutzen.«
»Ach was, kommen Sie gleich mit.«
Er trat über die Schwelle.
Sie schloß hinter ihm die Tür ab.
»Sie haben es hier sehr gemütlich.«
»Danke.«
»Sie müssen einen ausgezeichneten Farbensinn haben. Diese Erdtöne sind wunderschön, ein bißchen wie bei uns zu Hause. Meine Frau hat auch einen guten Farbensinn.«
»Ich finde diese Töne beruhigend.«
»Ganz meiner Meinung.«
»Zur Garage geht's hier entlang.«
Er folgte ihr durch die Küche in den kurzen Korridor, von dort in die Waschküche und schließlich in die Garage.
Tina schaltete das Licht ein. Schatten huschten über die Wände.
Es roch etwas muffig, aber kein Gasgeruch war wahrzunehmen.
»Hier bei mir scheint alles in Ordnung zu sein«, bemerkte Tina.
»Vermutlich haben Sie recht«, sagte der Mann, »aber trotzdem muß ich alles kontrollieren. Es könnte sich um ein unterirdisches Leck auf Ihrem Grundstück handeln. Vielleicht entweicht das Gas unterhalb der Grundmauern. Dann merken Sie hier oben zunächst nichts, und trotzdem sitzen Sie auf einer Bombe.«
»Ein äußerst beruhigender Gedanke!«
»Macht das Leben interessant.«
»Es ist nur gut, daß Sie nicht in der Werbeabteilung der Gaswerke arbeiten.«
Er grinste. »Machen Sie sich keine Sorgen. Würde ich hier so fröhlich herumstehen, wenn ich diese Möglichkeit wirklich ernsthaft in Betracht zöge?«
»Kaum.«
»Jede Wette. Aber ganz im Ernst Sie brauchen wirklich nicht beunruhigt zu sein. Ich mache nur eine Routinekontrolle.«
Er ging zur Heizungsanlage, stellte seinen schweren Werkzeugkasten ab, ging in die Hocke und nahm eine Metallplatte ab. Ein flackernder Flammenring kam dahinter zum Vorschein und tauchte sein Gesicht in gespenstisch blaues Licht.
»Nun?« fragte Tina.

Er blickte zu ihr hoch. »Das wird so etwa fünfzehn oder zwanzig Minuten dauern.«

»Oh, ich dachte, es ginge schneller.«

»In einer solchen Situation sollte man gründlich sein.«

»O ja, daran ist mir viel gelegen.«

»Hören Sie, lassen Sie sich von mir nicht stören, wenn Sie irgend etwas zu tun haben. Ich werde mit Sicherheit nichts benötigen.«

Tina dachte an das Comic-Heft mit dem Mann in Schwarz auf dem Titelblatt. Sie war sehr neugierig auf die Geschichte, der dieses Monster entstammte, denn sie hatte das seltsame Gefühl, daß diese Geschichte Ähnlichkeiten mit Dannys Tod aufweisen würde. Sie wußte nicht, wie sie auf diese absurde Idee kam, aber sie wurde den Gedanken einfach nicht los.

»Na ja«, sagte sie, »ich habe gerade im hinteren Zimmer ein bißchen aufgeräumt. Wenn Sie sicher sind...«

»Aber ja«, versicherte er. »Ich möchte Sie wirklich nicht von der Hausarbeit abhalten.«

Sie ließ ihn in der Garage allein.

17

Als Elliot sich weigerte, zum Frühstückstisch am anderen Ende der Küche hinüberzugehen, machte Bob, der kleinere der beiden Männer, mit sichtlichem Widerstreben einen Schritt in seine Richtung.

»Warte«, rief Vince.

Bob blieb sofort erleichtert stehen.

»Komm mir nicht in die Quere«, fuhr Vince fort, während er die Blätter mit den maschinengetippten Fragen wieder in seine Sakkotasche schob, um die linke Hand frei zu haben. »Überlaß dieses dumme Arschloch jetzt mal völlig mir.«

Bob kehrte zum Tisch zurück, und Elliot konzentrierte seine Aufmerksamkeit auf den zweiten ungebetenen Besucher.

Vince hielt die Pistole in der rechten Hand und ballte die linke zur Faust. Er grinste, und aus seiner Stimme klang Hohn. »Wollen

Sie sich wirklich mit mir anlegen, kleiner Mann? Ich habe mich an sehr vielen Straßenkämpfen beteiligt, als ich jünger war, und nie verloren. Kein einziges Mal. Ich habe starke Arme, weil ich nämlich Gewichte hebe. Und sehen Sie diese Hand?« Er zeigte Elliot seine mächtige Faust. »Meine Hände waren stets mein größter Vorteil. Ideale Hände für einen Basketballspieler, aber auch für Straßenkämpfe nicht schlecht geeignet, was? Verdammt, Ihr ganzer Kopf ist nicht viel größer als meine Faust! Wissen Sie, was passiert, wenn diese Faust zuschlägt?«

Elliot konnte es sich lebhaft vorstellen, und er schwitzte unter den Achseln und am Rücken, aber er bewegte sich nicht von der Stelle und reagierte auch nicht auf den Spott des Riesen.

»Sie werden das Gefühl haben, daß ein Güterzug Sie gerammt hat, wenn diese Faust Sie trifft. Das kann ich Ihnen versichern. Werden Sie jetzt endlich aufhören, so verdammt eigensinnig zu sein?«

Diese beiden Burschen gaben sich wirklich größte Mühe, Gewaltanwendung zu vermeiden, und das bestätigte nur Elliots Verdacht, daß seine Leiche später keine Verletzungen aufweisen sollte, die mit Selbstmord unvereinbar waren.

Der Riese machte einen Schritt auf ihn zu. »Wollen Sie vielleicht Ihre Meinung ändern und kooperativ sein?«

Elliot blieb stehen, wo er war. Vince kam noch einen Schritt näher. Elliot wartete ab.

Das Lächeln des Riesen verwandelte sich in ein hämisches Grinsen.

Er genießt das, dachte Elliot. Er liebt es, Menschen einzuschüchtern und Drohungen auszustoßen. Und vermutlich liebt er es auch, diese Drohungen in die Tat umzusetzen.

»Ein guter kräftiger Boxhieb in den Magen«, sagte Vince genießerisch, »und Sie kotzen sich die Seele aus dem Leib.«

Wieder ein Schritt.

»Und wenn Sie Ihr Gedärm ausgekotzt haben, werde ich Sie bei den Eiern packen und zum Tisch zerren.«

Noch ein Schritt. Der Riese blieb stehen.

Sie waren nur noch auf Armeslänge voneinander getrennt.

Elliot blickte kurz zu Bob hinüber, der immer noch am Frühstückstisch stand und mit der Packung Spritzen spielte.

»Dies ist Ihre letzte Chance, es auf einfache Weise hinter sich zu bringen«, warnte Vince.

Elliot griff blitzschnell nach dem Meßbecher und schüttete den Weinessig in Vinces Gesicht. Der Riese schrie vor Überraschung und Schmerz auf und war vorübergehend blind. Elliot ließ den Meßbecher fallen und packte die Pistole, aber Vince drückte in einer Reflexhandlung auf den Abzug, und die Kugel sauste dicht an Elliots Gesicht vorbei und zerschmetterte das Fenster hinter der Spüle. Elliot sprang geduckt vor, ohne die Pistole loszulassen, die der Riese seinerseits umklammert hielt. Er beugte seinen Arm und schmetterte seinen Ellbogen in Vinces Kehle. Der Kopf des Mannes flog nach hinten, und Elliot schlug ihm mit der flachen Handkante gegen den Adamsapfel, rammte sein Knie in den Unterleib des Gegners und entriß dessen erschlafften Fingern die Waffe. Vince krümmte sich stöhnend, und Elliot ließ die Pistole auf seinen Kopf niedersausen.

Der Riese brach in die Knie und stürzte aufs Gesicht. Er blieb regungslos auf dem Boden liegen.

Der ganze Kampf hatte weniger als zehn Sekunden gedauert.

Der Riese hatte sich überschätzt. Fünfzehn Zentimeter größer und fünfzig Pfund schwerer als Elliot, hatte er sich für unbesiegbar gehalten. Er war einem verhängnisvollen Irrtum erlegen.

Wie Elliot am Vorabend Tina erzählt hatte, hatte er den Kampfsport auch nach seinem Ausscheiden aus dem Militärdienst weiter betrieben, um körperlich in Form zu bleiben. Er trainierte dreimal wöchentlich mit dem besten Lehrer von Vegas und beherrschte Aikido, Karate, Judo und einige andere exotische Disziplinen.

Sobald Vince am Boden lag, wollte Elliot die Pistole auf den zweiten Eindringling richten, aber Bob hielt sich nicht mehr in der Küche auf. Er rannte bereits durch das Eßzimmer. Offenbar war er nicht bewaffnet, und die Geschwindigkeit und Leichtigkeit, mit der sein bewaffneter Kollege kampfunfähig geschlagen worden war, mußte ihn sehr beeindruckt haben.

Elliot verfolgte ihn, kam aber nur langsam voran, weil Bob auf seiner Flucht die Eßzimmerstühle umgeworfen hatte. Auch im Wohnzimmer waren Möbel umgefallen, und Bücher lagen auf dem Fußboden verstreut, so daß der Weg zum Eingangsflur ein regelrechter Hindernislauf war.

Als Elliot aus dem Haus stürzte, hatte Bob bereits die Straße überquert und sprang in eine dunkelgrüne Chevrolet-Limousine, und bis Elliot die Auffahrt hinabgerannt war, fuhr der Wagen mit aufheulendem Motor und quietschenden Reifen davon; die Zulassungsnummer konnte Elliot nicht erkennen, weil das Nummernschild mit Lehm beschmiert war.

Er eilte ins Haus zurück.

Der Mann in der Küche war noch bewußtlos und würde es vermutlich mindestens noch eine weitere Viertelstunde bleiben. Elliot prüfte seinen Puls und hob ein Lid etwas an. Vince würde überleben; allerdings würde er vielleicht ein Krankenhaus aufsuchen müssen, und in den nächsten Tagen würde er erhebliche Schluckbeschwerden haben.

Elliot durchsuchte seine Taschen. Er fand etwas Kleingeld, einen Kamm, eine Brieftasche und die Blätter mit den Fragen, die er hätte beantworten sollen.

Er faltete die Blätter noch einmal zusammen und schob sie in seine Hüfttasche.

Vinces Brieftasche enthielt 92 Dollar, sonst nichts – keine Kreditkarten, keinen Führerschein, keinerlei Dokumente. Jetzt wußte Elliot definitiv, daß der Mann nicht vom FBI war. Diese Leute hatten immer ihre Ausweise bei sich. Ebenso die Leute vom CIA, auch wenn ihre Papiere meistens auf einen falschen Namen ausgestellt waren. Das Fehlen jeglicher Dokumente beunruhigte Elliot zutiefst, denn diese totale Anonymität roch nach einer absolut geheimen Polizeiorganisation.

Geheimpolizei. Dieser Gedanke jagte Elliot einen kalten Schauder über den Rücken. Nicht in den guten alten USA. Bestimmt nicht. In der Sowjetunion, ja. In einer südamerikanischen Bananenrepublik, ja. In der Hälfte aller Staaten dieser Welt gab es Geheimpolizei, moderne Gestapos, und die Menschen lernten es, mit der Angst zu leben. Aber doch nicht in Amerika, verdammt noch mal!

Aber selbst wenn die Regierung tatsächlich eine geheime Polizeitruppe geschaffen hatte, warum nahmen sie ausgerechnet ihn aufs Korn? Warum lag ihnen soviel daran, die wirklichen

Umstände von Dannys Tod zu vertuschen? Was in aller Welt mochte dort in der Sierra in Wirklichkeit geschehen sein?

Tina!

Er begriff schlagartig, daß sie in viel größerer Gefahr schwebte als er selbst. Wenn diese Leute ihn umbringen wollten, um die Exhumierung zu verhindern, so *mußten* sie auch Tina töten. O *Gott!*

Er zitterte am ganzen Leibe.

Er rannte zum Küchentelefon und nahm den Hörer ab. Dann fiel ihm ein, daß er ihre Nummer nicht kannte. Er schlug hastig das Telefonbuch auf, aber eine Christina Evans war nicht verzeichnet.

Scheiße!

Bei der Auskunft würde man ihm eine Geheimnummer bestimmt nicht angeben, und wenn er die Polizei anrief, würde er zuerst die ganze Situation erklären müssen, und bis dahin könnte für Tina schon jede Hilfe zu spät kommen.

Die schreckliche Aussicht, Tina zu verlieren, lähmte ihn förmlich. Er dachte an ihr schelmisches Lächeln, an ihre dunklen Haare im Wind, an ihre Augen, die so klar und tiefblau waren wie ein sauberer Bergbach... Der Druck in seiner Brust wurde so stark, daß er kaum noch atmen konnte.

Dann fiel ihm ihre Adresse ein. Sie hatte sie ihm bei der Premierenparty gegeben. Sie wohnte nicht weit von ihm entfernt. Er konnte in knapp fünf Minuten bei ihr sein.

Er hielt immer noch die Pistole in der Hand, und er beschloß, sie zu behalten. Vielleicht würde er sie noch benötigen. Sogar mit großer Wahrscheinlichkeit.

Er rannte zu seinem Wagen in der Auffahrt.

18

Tina ließ den Mann von den Gaswerken in der Garage allein und kehrte in Dannys Zimmer zurück. Sie holte das Comic-Heft aus der Schachtel und setzte sich auf die Bettkante.

Das Magazin enthielt ein halbes Dutzend illustrierter Horrorgeschichten, und jene, zu der das Titelblatt gehörte, war sechzehn Seiten lang. Mit Lettern aus vermodernden Leichentüchern hatte der Künstler den Titel auf der ersten Seite entworfen, über dem düstern Bild eines regengepeitschten Friedhofs. Tina starrte auf diesen Titel in ungläubigem Schrecken.

DER JUNGE, DER NICHT TOT WAR.

Sie dachte an die Wörter auf der Tafel und an das Print-out des Computers: *Nicht tot, nicht tot, nicht tot . . .*

Ihre Hände zitterten so stark, daß sie Mühe hatte, die Geschichte zu lesen.

Sie spielte in der Mitte des neunzehnten Jahrhunderts, als der schmale Grat zwischen Leben und Tod für die Ärzte noch ziemlich verschwommen war. Ein Junge namens Kevin stürzte vom Dach und prallte mit dem Kopf auf dem Boden auf, wodurch er in ein tiefes Koma fiel. Die schwachen Lebenszeichen des Jungen waren mit den medizinischen Mitteln jener Zeit nicht zu erkennen. Der Arzt erklärte ihn für tot, und seine gramgebeugten Eltern übergaben ihn der Erde. Damals wurden Leichen nicht einbalsamiert, nichts wurde unternommen, um sie wenigstens einige Zeit vor der Verwesung zu bewahren; deshalb war es möglich, daß der Junge lebendig begraben wurde. Kevins Eltern verließen sofort nach der Beerdigung die Stadt; sie wollten einen Monat in ihrem Landhaus verbringen, um fern von Arbeitsdruck und sozialen Verpflichtungen ihren Sohn betrauern zu können. Aber in der ersten Nacht hatte die Mutter eine Vision, daß Kevin lebendig begraben worden war und nach ihr rief. Diese Vision war so lebendig und erschütternd, daß sie und ihr Mann beschlossen, unverzüglich in die Stadt zurückzukehren und das Grab im Morgengrauen öffnen zu lassen. Aber der Tod war der Meinung, daß Kevin ihm gehörte, weil die Beerdigung bereits stattgefunden hatte und das Grab zugeschaufelt war. Der Tod wollte die Eltern um jeden Preis daran hindern, das Grab rechtzeitig zu erreichen und ihren Sohn zu retten. Der größte Teil der Geschichte schilderte die Bemühungen des Todes, die Eltern auf ihrer nächtlichen Kutschfahrt aufzuhalten; sie wurden von allen möglichen Versionen wandelnder Toter angegriffen, von Vampiren und Zombies und Geistern und Dämonen. Aber die Eltern überwanden alle Hindernisse. Sie erreichten den Friedhof im

Morgengrauen, ließen das Grab öffnen und fanden ihren Sohn am Leben, aus dem Koma erwacht. Die letzte Szene zeigte die Eltern und den Jungen, wie sie den Friedhof verließen. Der Tod blickte ihnen nach und sprach: »Nur ein zeitweiliger Sieg. Früher oder später gehört ihr alle mir. Eines Tages kommt ihr hierher zurück. Ich werde auf euch warten.«

Es war nur eine absurde Horrorgeschichte. Und doch... es schien gewisse Parallelen zwischen dieser makabren Geschichte und ihren eigenen Erlebnissen zu geben.

Sie legte das Magazin aufs Bett, mit dem Titelblatt nach unten, um nicht in das wurmzerfressene rotäugige Gesicht des Todes blicken zu müssen.

Der Junge, der nicht tot war.

Es war gespenstisch.

Sie hatte geträumt, daß Danny lebendig begraben worden war. In ihrem Traum war eine unheimliche Gestalt erschienen, die aufs Haar dem Titelbild eines Horror-Comics aus Dannys Sammlung glich. Und die Titelgeschichte dieses Heftes handelte von einem Jungen etwa in Dannys Alter, der irrtümlich für tot erklärt, lebendig begraben und dann gerettet wurde.

Zufall?

Nein. Für einen bloßen Zufall gab es zu viele Übereinstimmungen.

Tina hatte plötzlich das seltsame Gefühl, als wäre ihr Alptraum nicht ihrem eigenen Unterbewußtsein entsprungen, sondern als hätte irgend jemand den Traum in sie hineinprojiziert, um...

Um – was?

Um ihr zu sagen, daß Danny lebendig begraben worden war?

Das war unmöglich. Er konnte nicht lebendig begraben worden sein. Die Leiche war gräßlich verstümmelt gewesen, versengt, gefroren. Das hatte ihr sowohl der Gerichtsmediziner als auch der Bestatter gesagt. Außerdem lebten sie nicht mehr im neunzehnten Jahrhundert. Heutzutage konnten die Ärzte selbst schwächste Lebenszeichen wie Atmung und Gehirnströme ermitteln.

Danny war tot. Und er war mit Sicherheit tot gewesen, als man ihn begraben hatte.

Und selbst *wenn* er – was so gut wie ausgeschlossen war – lebendig begraben worden wäre, warum hatte es dann ein ganzes Jahr gedauert, bis sie eine Botschaft aus der Geisterwelt erhielt, oder woher auch immer solche hellseherischen Fähigkeiten stammten?

Sie erschrak über ihre eigenen Gedanken. Geisterwelt? Visionäre Botschaften? Hellseherische Fähigkeiten? Sie glaubte nicht an diesen übernatürlichen Quatsch. Zumindest war sie immer davon überzeugt gewesen, daß sie nicht daran glaubte. Und doch zog sie jetzt allen Ernstes die Möglichkeit in Betracht, daß ihre Träume ihr von irgendwelchen überirdischen Mächten eingegeben wurden. Das war totaler hirnverbrannter Unsinn. Alle Träume hatten ihren Ursprung in den Erfahrungsvorräten der Psyche; Träume wurden nicht wie ätherische Telegramme von Geistern, Göttern oder Dämonen gesandt. Ihr plötzlicher Aberglaube erschreckte sie, weil er darauf hindeutete, daß der Entschluß, Dannys Leiche exhumieren zu lassen, nicht den erhofften stabilisierenden Effekt auf ihre Emotionen hatte.

Tina stand auf, trat ans Fenster und blickte auf die friedliche Straße hinaus, auf die Palmen und Olivenbäume.

Ich muß mich auf die nackten grausamen Fakten konzentrieren, rief sie sich streng zur Ordnung. Ich muß diese verrückte Idee, daß der Traum mir von irgendeiner überirdischen Macht gesandt wurde, schnellstens vergessen. Es war *mein* Traum, meinem Unterbewußtsein entsprungen. Davon muß ich völlig überzeugt sein. Und dann muß ich mir überlegen, welche logischen Erklärungen es für die Ähnlichkeiten zwischen meinem Alptraum und der Horrorgeschichte geben kann.

Soweit sie sehen konnte, gab es nur eine einzige vernünftige Erklärung. Sie mußte die gräßliche Gestalt des Todes auf dem Umschlag gesehen haben, als Danny das Magazin gekauft hatte.

Aber sie wußte, daß dem nicht so war.

Und selbst wenn sie das Bild schon einmal flüchtig gesehen hätte, so wußte sie doch genau, daß sie die Geschichte nie gelesen hatte. DER JUNGE, DER NICHT TOT WAR. Sie hatte nur die allerersten Hefte gelesen, die Danny gekauft hatte, um entscheiden zu können, ob diese Lektüre schädlich war oder nicht. Das Erscheinungsdatum auf dem Umschlag besagte, daß die Nummer mit dem Abdruck von DER JUNGE, DER NICHT TOT WAR erst etwas über zwei Jahre alt war, und schon lange vorher hatte sie entschieden, daß die Horror-Comics harmlos waren; daraufhin hatte sie diese Lektüre ihres Sohnes nicht länger überwacht.

Sie war wieder am Ausgangspunkt ihrer Überlegungen angelangt.

Ihr Traum hatte unbestreitbar große Ähnlichkeit mit der illustrierten Horrorgeschichte. Aber sie hatte diese Geschichte vor wenigen Minuten zum erstenmal gelesen. Das war eine Tatsache.

Verdammt!

Gereizt und frustriert, weil sie das Rätsel nicht lösen konnte, wandte sie sich vom Fenster ab und ging auf das Bett zu, um noch einen Blick auf das Magazin zu werfen.

Der Mann von den Gaswerken rief nach ihr.

Er wartete an der Vordertür auf sie. »Ich bin fertig«, erklärte er. »Ich wollte Ihnen nur Bescheid sagen, daß ich gehe, damit Sie hinter mir wieder abschließen können.«

»Alles in Ordnung?«

»O ja, hier ist alles in bester Ordnung. Falls irgendwo in dieser Gegend eine undichte Stelle in der Leitung ist, so jedenfalls nicht auf Ihrem Grundstück.«

Sie wünschten einander einen schönen Tag und ein gutes neues Jahr, und sie schloß hinter ihm ab.

Sie ging in Dannys Zimmer zurück und nahm das schreiend grelle Magazin zur Hand. Der Tod grinste sie schauerlich vom Titelblatt an. Sie setzte sich wieder auf die Bettkante und begann die Geschichte ein zweites Mal zu lesen, in der Hoffnung, daß sie darin etwas Wichtiges finden würde, das sie beim erstenmal übersehen hatte.

Wenige Minuten später klingelte es – viermal hintereinander.

Mit dem Magazin in der Hand ging sie nachsehen, wer gekommen war. In den zehn Sekunden, die sie für den Gang zur Tür brauchte, klingelte es noch dreimal.

»Nur nicht so hektisch«, murmelte sie vor sich hin.

Sie blickte durch den Spion und sah Elliot draußen stehen.

Als sie ihm die Tür öffnete, stürzte er hastig ins Haus und sah sich nach allen Richtungen um, während er aufgeregt fragte: »Bist du okay? Ist alles in Ordnung?«

»Aber ja. Was hast du denn?«

»Bist du allein?«

»Jetzt nicht mehr.«

Er schloß die Tür ab. »Pack einen Koffer.«

»Was?«

»Ich glaube nicht, daß du hier in Sicherheit bist.«

»Elliot, ist das eine Pistole?«

»Ja, ich ...«

»Eine echte Pistole?«

»Ja. Ich habe sie dem Mann abgenommen, der versucht hat, mich umzubringen.«

»Oh! Warum war er so böse auf dich? Hat er gehört, wie du Opernarien pfeifst?«

»Tina, ich scherze nicht.«

Sie wußte nicht, was mit ihm los war, warum er sich so eigenartig benahm; aber sie konnte nicht glauben, daß jemand tatsächlich versucht hatte, ihn zu töten. »Welcher Mann? Wann?«

»Vor wenigen Minuten, in meinem Haus.«

»Aber ...«

»Hör zu, Tina, sie wollten mich töten, nur weil ich dir bei der Exhumierung von Dannys Leiche behilflich bin.«

Sie starrte ihn fassungslos an. »Wovon redest du?«

»Mord. Konspiration. Verdammt komische Sache. Höchstwahrscheinlich wollen sie auch dich umbringen.«

»Aber das ist ...«

»Verrückt«, vollendete er ihren Satz. »Ich weiß. Trotzdem ist es wahr.«

»Elliot ...«

»Kannst du schnell einen Koffer mit dem Nötigsten packen?«

Sie blickte in seine dunklen ausdrucksvollen Augen und begriff endlich, daß er nicht versuchte, sie mit einem spannenden Spiel zu unterhalten, sondern daß es sein blutiger Ernst war.

»Mein Gott, Elliot, hat wirklich jemand versucht, dich umzubringen?«

»Ich werde dir später alles erklären.«

»Bist du verwundet?«

»Nein, nein. Aber ich glaube, wir beide müssen sehr vorsichtig sein.«

»Hast du die Polizei verständigt?«

»Ich bin mir nicht sicher, ob das eine gute Idee wäre.«

»Warum nicht?«

»Vielleicht steckt die Polizei in dieser Sache irgendwie mit drin. Wo bewahrst du deine Koffer auf?«

Sie war von den Neuigkeiten noch völlig benommen. »Wohin willst du denn?«

»Das weiß ich noch nicht.«

»Aber...«

»Tina, du mußt dich beeilen. Pack deine Siebensachen, und dann machen wir, daß wir hier wegkommen, bevor diese Typen auch bei dir auftauchen.«

»Ich habe Koffer im Schlafzimmerschrank.« Er schob sie sanft, aber energisch vor sich her.

Sie war völlig verwirrt, und allmählich stieg Angst in ihr auf.

»War heute nachmittag irgend jemand hier?« fragte er auf dem Weg zum Schlafzimmer.

»Nein.«

»Hat niemand auf deinem Grundstück herumgeschnüffelt oder bei dir geklingelt?«

»Nein.«

»Ich begreife nicht, warum sie zuerst zu mir gekommen sind.«

»Das heißt, der Gasmann war hier«, verbesserte sich Tina auf der Schwelle zum Schlafzimmer.

»Wer?«

»Ein Mann von den Gaswerken.«

Elliot packte sie bei den Schultern und drehte sie zu sich herum. »Ein Arbeiter der Gaswerke?«

»Ja. Aber mach dir keine Sorgen, ich habe mir seinen Ausweis zeigen lassen.«

Elliot runzelte die Stirn. »Aber heute ist doch Feiertag.«

»Er kam vom Notdienst.«

»Weshalb denn das?«

»Sie hatten Druckabfall in den Leitungen und dachten, irgendwo hier in der Umgebung sei eine undichte Stelle.«

Elliots Gesicht verdüsterte sich immer mehr. »Und was wollte dieser Kerl von dir?«

»Meine Heizungsanlage kontrollieren und sich vergewissern, daß nirgends Gas ausströmt.«

»Du hast ihn hoffentlich nicht eingelassen?«

»Doch. Er hatte eine Ausweiskarte der Gaswerke, mit Foto und Namen und Stempel. Er hat meine Heizung überprüft, aber alles war in Ordnung.«

»Wann war das?«

»Er ist weggegangen, kurz bevor du kamst.«

»Und wie lange war er hier?«

»Fünfzehn oder zwanzig Minuten.«

»Soviel Zeit hat er benötigt, um die Heizung zu kontrollieren?«

»Ja.«

»Warst du die ganze Zeit über bei ihm?«

»Nein. Ich habe Dannys Zimmer ausgeräumt und...«

»Wo ist deine Heizungsanlage?«

»In der Garage.«

»Zeig sie mir.«

»Und was ist mit dem Koffer?«

»Dazu ist vielleicht keine Zeit mehr.« Er war sehr bleich, und Schweißperlen standen auf seiner Stirn.

Sie fühlte, wie auch sie blaß wurde. »Mein Gott, du glaubst doch nicht etwa...«

»Die Heizung!«

»Hier entlang...«

Sie führte ihn rasch in die Waschküche, von wo eine Tür zur Garage führte. Noch während sie die Hand nach dem Türknopf ausstreckte, stieg ihr Gasgeruch in die Nase.

»Nicht öffnen!« brüllte Elliot und fiel ihr grob in den Arm, so als hätte sie eine Tarantel berühren wollen.

»Das Schloß könnte einen Funken auslösen«, erklärte Elliot. »Nichts wie weg hier! Durch die Vordertür. Komm! *Schnell!*«

Sie eilten den Weg zurück, den sie gekommen waren.

Tina hatte immer noch das Horror-Magazin in der Hand, und nun umklammerte sie es, als sei es ihr wichtigster Besitz.

Elliot riß die Vordertür auf und stieß sie in die goldene Spätnachmittagssonne hinaus.

»Auf die Straße!« schrie er.

Ein grauenvolles Bild tauchte vor Tinas geistigem Auge auf: ihr Haus, das durch die Gasexplosion in die Luft flog, unzählige Splitter – Holz, Glas, Metall – die sich in ihren Körper bohrten, und das grinsende Gesicht des Todes mit seinen rotglühenden Augen und den gelben Zähnen...

Der Fliesenweg durch ihren Rasen schien kilometerlang zu sein, aber schließlich erreichte sie doch die Straße. Elliots 450 SL stand auf der anderen Straßenseite, und sie war noch zwei oder drei Meter davon entfernt, als eine Explosionswelle sie erfaßte und nach vorne schleuderte, gegen den Mercedes.

Sie schlug sich heftig ein Knie am Metall auf, spürte den Schmerz jedoch vor Entsetzen überhaupt nicht. Sie wirbelte herum und schrie Elliots Namen. Er war dicht hinter ihr. Auch er taumelte unter der Wucht der Druckwelle, aber er war unverletzt.

Die Garage war explodiert. Die große Tür hing zerbrochen in den Angeln, und das Dach hatte sich in einen Konfettiregen aus Ziegelscherben verwandelt. Im nächsten Moment erschütterte eine zweite Explosion das Haus, eine riesige Flammenwelle überrollte das ganze Gebäude, und auch die letzten Fensterscheiben zerbarsten.

Tina stand wie gelähmt da und beobachtete, wie die Flammen aus einem Fenster schlugen und einige trockene Palmblätter in Brand setzten.

Elliot schob sie beiseite, um die Tür auf der Beifahrerseite öffnen zu können. »Steig ein. *Schnell!*«

»Aber mein Haus brennt!«

»Da ist nichts mehr zu retten.«

»Wir müssen doch auf die Feuerwehr warten.«

»Je länger wir hier herumstehen, desto bessere Zielscheiben geben wir ab.«

»Aber...«

Er riß sie am Arm herum, damit sie das brennende Haus nicht mehr sehen konnte, das sie förmlich hypnotisierte.

»Um Gottes willen«, schrie er, »steig ein! Wir müssen hier weg, bevor die Schießerei losgeht!«

Wie betäubt von der unglaublichen Geschwindigkeit, mit der

sich ihre Welt in Nichts auflöste, gehorchte Tina seinem Befehl.

Er warf ihre Tür zu, rannte zur Fahrerseite und setzte sich ans Steuer.

»Bist du in Ordnung?« fragte er. Sie nickte stumm. »Zumindest leben wir noch«, versuchte er sie zu trösten.

Er legte die Pistole auf seinen Schoß, mit der Mündung zur Tür. Seine Hände zitterten, als er den Zündschlüssel benutzte, um den Motor anzulassen.

Tina starrte ungläubig durch das Seitenfenster auf die langen blutroten Flammenzungen, die im orangefarbenen Nachmittagslicht gierig ihr Haus verzehrten.

19

Elliots angeborener Instinkt für Gefahr war so geschärft wie früher beim Militär, als er losfuhr.

Er warf einen Blick in den Rückspiegel und sah etwa einen halben Block hinter sich einen schwarzen Lieferwagen.

»Wir werden verfolgt«, sagte er.

Tina, die immer noch ihr Haus betrachtet hatte, drehte sich vollends nach hinten um und schaute aus dem Heckfenster des Sportwagens. »Ich wette, daß in diesem Karren der Kerl sitzt, der meine Heizung präpariert hat.«

»Darauf kannst du Gift nehmen.«

»Ich wünschte, dieses Schwein fiele mir in die Hände«, rief sie hitzig. »Ich würde ihm die Augen auskratzen.«

Elliot war froh, daß sie ihren tranceartigen Zustand überwunden hatte, und ihre Spannkraft und Belastbarkeit beeindruckte und ermutigte ihn.

»Leg deinen Sicherheitsgurt an«, sagte er. »Wir werden ein scharfes Tempo vorlegen müssen.«

Sie tat, wie ihr geheißen. »Willst du versuchen, sie abzuhängen?«

»Nicht nur *versuchen*.«

Dies war ein Wohngebiet, und die erlaubte Höchstgeschwindigkeit betrug vierzig Stundenkilometer. Elliot trat aufs Gas, und der niedrige Zweisitzer schoß davon.

Der Lieferwagen blieb zurück, bis anderthalb Blocks zwischen den beiden Fahrzeugen lagen, doch dann beschleunigte auch er.

»Einholen kann er uns nicht«, sagte Elliot. »Bestenfalls kann er den jetzigen Abstand halten.«

Die Straße entlang kamen Leute aus ihren Häusern, aufgeschreckt durch die Explosion. Der durch die Gegend rasende Mercedes lenkte vorübergehend ihre Aufmerksamkeit auf sich.

Zwei Blocks weiter ging Elliot rasant in eine Kurve. Die Reifen quietschten, und der Wagen rutschte etwas seitwärts, geriet aber dank der hervorragenden Federung und dank Elliots Fahrkünsten nicht ins Schleudern.

»Du glaubst doch nicht, daß sie wirklich auf uns schießen würden?« fragte Tina.

»Ich weiß es nicht. Nach ihrem Plan solltest du bei einem Gasunglück ums Leben kommen, und für mich hatten sie, glaube ich, einen vorgetäuschten Selbstmord vorgesehen. Aber jetzt, nachdem das nicht geklappt hat, könnten sie in Panik geraten und vielleicht sogar eine Schießerei auf offener Straße riskieren. Ich weiß nicht, was sie jetzt tun werden. Ich weiß nur, daß sie es sich nicht leisten können, uns einfach davonkommen zu lassen.«

»Aber wer...«

»Ich werde dir alles erzählen, was ich weiß – aber nicht jetzt.«

»Was haben sie denn mit Danny zu tun?«

»Später«, sagte er ungeduldig.

»Aber das ist doch alles völlig verrückt.«

»Wem sagst du das?«

Er bog mehrmals scharf ab, in der Hoffnung, den schwarzen Lieferwagen abhängen zu können. Viel zu spät sah er das Hinweisschild an der vierten Ecke – KEINE DURCHFAHRT. Der Mercedes brauste in die schmale Sackgasse hinein, die auf beiden Seiten nur von etwa zehn Häusern gesäumt war.

»Verdammt!«

»Du mußt wenden.«

»Dann fahren wir ihnen direkt in die Arme.«

»Du hast immerhin die Pistole.«

»Vermutlich sitzen mehrere Typen in dem Wagen, und sie sind mit Sicherheit bewaffnet.«

Beim fünften Haus auf der linken Straßenseite war die Garagentür geöffnet, und die Garage war leer.

»Wir müssen uns ein Weilchen verstecken«, sagte Elliot.

Er fuhr so dreist in die offene Garage hinein, als wäre es seine eigene, schaltete den Motor aus, sprang aus dem Auto und rannte zu der schweren Tür. Sie ließ sich nicht schließen, und er begriff, daß sie mit einem automatischen System versehen war.

»Geh mal etwas zurück«, rief Tina.

Sie war ebenfalls ausgestiegen und hatte den Kontrollknopf an der Garagenwand entdeckt.

Die Tür schloß sich und schützte sie vor einer Entdeckung von der Straße her.

»Das war knapp!« murmelte Elliot.

Tina griff nach seiner Hand und drückte sie kraftvoll, obwohl ihre eigene Hand eiskalt war.

»Wollen wir nur hoffen, daß die Leute, die hier wohnen, nicht ausgerechnet jetzt nach Hause kommen.«

»Wir bleiben ja nicht lange hier, nur so lange, bis die Männer im Lieferwagen der Ansicht sind, daß wir sie abgehängt haben. Wenn sie uns in den nächsten fünf Minuten nicht sichten, werden sie hier bestimmt nicht mehr nach uns Ausschau halten.«

»Aber wer sind diese Männer überhaupt?«

»Nun, alles fing damit an, daß ich mit Richter Kennebeck gesprochen habe. Er...«

Die Tür zum Haus öffnete sich quietschend. Elliot und Tina zuckten erschrocken zusammen.

Ein großer Mann mit mächtigem Brustkorb in zerknitterter Hose und weißem T-Shirt schaltete das Garagenlicht ein und betrachtete die Eindringlinge neugierig. Er hatte muskulöse Arme, die fast so dick wie Elliots Schenkel waren. Und es mußte schwierig sein, für seine Kragenweite ein passendes Hemd zu finden. Trotz des Bierbauchs, der ihm über die Hose hing, schien er körperlich gut in Form zu sein.

»Wer sind Sie?« fragte er mit einer weichen, sanften Stimme, die nicht zu seinem Äußeren paßte.

Elliot wurde von der gräßlichen Vorstellung geplagt, daß der Mann auf den Knopf drücken und die Garagentür öffnen würde, genau in dem Augenblick, wenn der schwarze Lieferwagen langsam die Straße entlangfuhr.

Um Zeit zu gewinnen sagte er: »Oh, hallo! Ich heiße Elliot, und das hier ist Tina.«

»Tom«, stellte der Mann sich seinerseits vor. »Tom Polumby.«

Ihr plötzliches Auftauchen in seiner Garage schien Tom Polumby nicht zu beunruhigen. Vermutlich war ein Mann seiner Statur nicht so leicht zu erschrecken.

»Hübscher Wagen«, sagte er, und die Ehrfurcht in seiner Stimme war nicht zu überhören. Er verschlang den Mercedes mit seinen Blicken.

Elliot konnte sich nur mit Mühe ein Lachen verbeißen. *Hübscher Wagen!* Sie waren in seine Garage gefahren und hatten die Tür hinter sich geschlossen, und alles, was der Mann zu sagen hatte, war *hübscher Wagen!*

»Wirklich ein toller Karren!« Tom starrte den 450 SL immer noch bewundernd an.

Offenbar war ihm noch nie in den Sinn gekommen, daß Einbrecher, psychopathische Mörder und andere Verbrecher einen Mercedes-Benz erwerben konnten, wenn sie das nötige Kleingeld hatten. Für ihn schien festzustehen, daß jeder, der einen Mercedes fuhr, ein ehrenwerter Mensch war.

Elliot fragte sich, wie Tom wohl reagiert hätte, wenn sie in einem Pinto aufgekreuzt wären.

Tom wandte endlich seinen Blick von dem Sportwagen ab. »Was tun Sie hier?« fragte er liebenswürdig.

»Wir werden erwartet«, erwiderte Elliot.

»Häh? Ich habe Sie jedenfalls nicht erwartet.«

»Wir kommen... wegen des Bootes.« Elliot sagte einfach das Erstbeste, was ihm einfiel, nur damit Tom sie noch nicht hinauswarf.

Tom blinzelte verblüfft. »Welches Boot? Ich besitze überhaupt kein Boot.«

»Das Boot mit den Evinrude-Motoren.«

»Hier werden Sie kein Boot finden.«

»Da muß irgendein Mißverständnis vorliegen«, sagte Elliot.

»Vermutlich haben Sie die falsche Adresse erwischt«, meinte Tom und streckte seine Hand nach dem Knopf aus, der die Garagentür öffnen würde.

»Warten Sie, Mr. Polumby«, rief Tina hastig. »Irgendwas stimmt hier nicht. Dies *ist* die Adresse, die man uns angegeben hat.«

Tom hielt mitten in seiner Bewegung inne.

»Sie sind allerdings nicht der Mann, den wir hier treffen wollten, das stimmt. Vermutlich hat er nur vergessen, Ihnen wegen des Bootes Bescheid zu sagen.«

Elliot sah sie bewundernd an.

»Wie heißt denn der Bursche, den Sie hier treffen wollten?« fragte Tom mit gerunzelter Stirn.

»Sol Fitzpatrick.«

»Hier wohnt niemand, der so heißt.«

»Aber er hat uns doch die Adresse angegeben!« rief Tina. »Er hat uns gesagt, die Garage würde offen stehen, und wir sollten gleich reinfahren.«

Elliot hätte sie umarmen mögen.

»Ja«, unterstützte er sie. »Sol sagte, wir sollten in die Garage fahren, damit auf der Auffahrt Platz für das Boot ist, wenn er es herbringt.«

Tom kratzte sich am Kopf und zupfte sich am Ohr. »Fitzpatrick?«

»Ja.«

»Nie gehört. Wozu soll er denn überhaupt ein Boot herbringen?«

»Weil wir es ihm abkaufen wollen«, erklärte Tina. Tom schüttelte den Kopf. »Nein, ich meinte – warum ausgerechnet *hierher*?«

»Nun«, erwiderte Elliot, »wir hatten es so verstanden, daß er hier wohnt.«

»Aber das tut er nicht«, sagte Tom. »Hier wohne ich mit meiner Frau und unserer kleinen Tochter, sonst niemand. Einen Mann namens Fitzpatrick werden Sie hier nicht finden.«

»Aber warum hat er uns dann diese Adresse angegeben?« fragte Tina verwundert.

»Meine Dame«, antwortete Tom, »das kann ich Ihnen beim besten Willen nicht sagen. Das heißt... Sagen Sie mal, haben Sie das Boot vielleicht schon bezahlt?«

»Nun ja...«

»Eine Anzahlung?« erkundigte sich Tom neugierig.

»Wir haben ihm wirklich einige hundert Dollar gegeben, damit er das Boot nicht anderweitig verkauft, bevor wir es uns angesehen haben.«

»Na, ich glaube, dieses Geld können Sie in den Wind schreiben«, grinste Tom.

»Sie wollen doch wohl nicht sagen, daß Sol Fitzpatrick uns betrogen hat?« Tinas Verblüffung wirkte sehr überzeugend.

Es gefiel Tom offensichtlich, daß Leute, die sich einen Mercedes leisten konnten, trotzdem nicht besonders clever waren. »Wenn er die Mäuse kassiert, Ihnen diese Adresse angegeben und behauptet hat, daß er hier wohnt, würde *ich* sagen, daß der gute Sol Fitzpatrick vermutlich überhaupt kein Boot besitzt.«

»Verdammt!« rief Elliot.

»Wir sind also auf einen Schwindel reingefallen?« empörte sich Tina.

»Sie werden's leichter verschmerzen«, riet Tom ihnen grinsend, »wenn Sie sich sagen, daß dieser Fitzpatrick Ihnen eine nützliche Lehre erteilt hat.«

»Man hat uns betrogen«, murmelte Tina kopfschüttelnd.

»Für mich ist das sonnenklar«, meinte Tom.

Tina wandte sich Elliot zu. »Was glaubst *du*?«

Elliot warf einen Blick auf seine Armbanduhr. »Ich denke, daß die Gefahr vorüber ist«, sagte er.

»Gefahr?« fragte Tom.

Tina schob sich graziös an ihm vorbei und drückte auf den Knopf, der die Garagentür öffnete. Sie schenkte ihrem verdutzten Gastgeber ein bezauberndes Lächeln und nahm auf dem Beifahrersitz Platz, während Elliot die Fahrertür öffnete.

Polumby ließ seine Blicke verblüfft von Elliot zu Tina und wieder zurück schweifen. »Gefahr?« wiederholte er.

»Vielen Dank für Ihre Hilfe, Tom.« Elliot setzte sich ans Steuer und fuhr im Rückwärtsgang aus der Garage.

Seine Freude über den Einfallsreichtum, den Tina und er im Umgang mit Polumby an den Tag gelegt hatten, verflog schlagartig, als sie ihren Zufluchtsort verließen. Er hörte seinen lauten

Herzschlag und rechnete jeden Moment damit, daß eine Kugel die Windschutzscheibe durchschlagen und in seinem Kopf landen würde.

Er war diese Art von Anspannung nicht mehr gewöhnt. Körperlich war er gestählt, aber geistig und seelisch war er jetzt sensibler als in seiner Jugend. Viel Zeit war seit dem Krieg vergangen, seit seiner Tätigkeit beim militärischen Nachrichtendienst, seit den schwülen Nächten in Saigon und anderen Städten Südostasiens. Damals war ihm seine jugendliche Spannkraft sehr von Nutzen gewesen, und er hatte auch weit weniger Respekt vor dem Tod gehabt. In jenen Tagen war es ihm leichtgefallen, den Jäger zu spielen, menschliche Beute zu hetzen. Ja, in gewisser Weise hatte es ihm sogar Spaß gemacht, wenn er selbst gejagt wurde, denn in solchen Fällen konnte er seine Intelligenz unter Beweis stellen, indem er den Verfolger überlistete. Aber er hatte sich sehr verändert. Inzwischen war er schon seit Jahren ein erfolgreicher, sehr kultivierter Anwalt, verweichlicht durch seinen gehobenen Lebensstil. Er hatte nie damit gerechnet, noch einmal in jenes Spiel verwickelt zu werden. Aber so unglaublich es auch sein mochte – nun wurde er wieder gejagt, und er fragte sich, wie lange es ihm gelingen würde, seine Feinde zu überlisten.

Tina blickte in beide Richtungen, als Elliot von der Auffahrt in die Straße einbog. »Kein schwarzer Lieferwagen zu sehen«, meldete sie.

In einiger Entfernung stieg eine häßliche Rauchsäule gen Himmel, schwarz wie die Nacht, nur an den oberen Rändern von den letzten Strahlen der untergehenden Sonne rötlich verfärbt. Der Rauch kam natürlich aus Tinas Haus, besser gesagt, aus dessen Trümmern.

Während Elliot durch das ruhige Wohngebiet kreuzte, um auf eine Hauptverkehrsstraße zu gelangen, hielt er an jeder Kreuzung nervös Ausschau nach dem schwarzen Lieferwagen.

Tina schien die Chancen, ihren Feinden zu entkommen, genauso pessimistisch einzuschätzen wie er. Sie beugte sich entweder weit vor und spähte in jede neue Straße, in die sie einbogen, oder aber sie verrenkte sich den Hals nach hinten, um festzustellen, ob ihre Verfolger ihnen auf den Fersen waren. Ihr Gesicht war bleich und angespannt, und sie nagte fortwährend an ihrer Unterlippe.

Erst als sie ohne Zwischenfälle den Charleston Boulevard erreichten, begannen sich beide ein wenig zu entspannen. Sie waren jetzt weit entfernt von Tinas Haus. Wer auch immer nach ihnen suchte, wie mächtig diese Organisation auch sein mochte – diese Stadt war einfach zu riesig, als daß in jeder Ecke Gefahr lauern konnte. Mit seinen knapp 350 000 ständigen Einwohnern, den zwölf Millionen Touristen im Jahr und der weiten Wüstenfläche, über die es sich erstreckte, bot Las Vegas Tausende dunkler, stiller Winkel, wo zwei Menschen auf der Flucht eine kurze Atempause einlegen und einen Schlachtplan entwerfen konnten.

»Wohin willst du?« fragte Tina, als Elliot sich mit seinem Wagen auf dem Charleston Boulevard in westliche Richtung einordnete.

»Fahren wir einfach ein Stück durch die Gegend. Wir haben eine ganze Menge zu besprechen, und wir müssen Pläne schmieden.«

»Welche Pläne?«

»Wie wir es schaffen wollen zu überleben.«

20

Er erzählte ihr während der Fahrt, was vor wenigen Stunden in seinem Haus geschehen war: die beiden Männer, ihr Interesse an einer möglichen Exhumierung von Dannys Leiche, ihr Eingeständnis, daß sie für irgendeine Regierungsstelle arbeiteten, die Spritze für die Wahrheitsdroge...

Tina unterbrach seinen Bericht mit zahlreichen Fragen – den gleichen, die auch er selbst sich gestellt hatte, ohne Antworten darauf zu finden. Schließlich sagte sie: »Vielleicht sollten wir zu deinem Haus zurückfahren. Wenn dieser Vince noch dort ist, könnten wir diese Drogen doch bei ihm anwenden. Selbst wenn er wirklich nicht weiß, weshalb seine Organisation sich für die Exhumierung interessiert, wird er doch auf jeden Fall wissen, wer seine Vorgesetzten sind. Wir könnten auf diese Weise einige Namen erfahren, und möglicherweise auch andere wichtige Dinge.«

Sie mußten an einer Ampel halten. Elliot drückte zärtlich Tinas Hand und schöpfte neue Kraft aus dieser Berührung.

»Ich würde Vince liebend gern befragen«, sagte er, »aber das geht leider nicht.«

»Warum nicht?«

»Aus zweierlei Gründen. Zum einen wird er mit größter Wahrscheinlichkeit gar nicht mehr in meinem Haus sein. Er hat sich bestimmt längst aus dem Staub gemacht. Und selbst wenn er länger bewußtlos war, als ich schätzte, haben einige seiner Kollegen ihn vermutlich rausgeholt, während ich auf dem Weg zu dir war. Zum anderen – und das ist das Wichtigste – würden wir uns direkt in die Höhle des Löwen begeben, wenn wir zu mir gingen.«

»Glaubst du, daß sie dein Haus observieren?«

»Davon bin ich fest überzeugt.«

Die Ampel schaltete auf grün, und Elliot ließ widerwillig Tinas Hand los.

»Diese Leute können uns nur erwischen, wenn wir einen taktischen Fehler begehen«, erklärte er. »Wer immer sie auch sein mögen – allwissend sind sie nicht. Wir können uns eine ganze Weile verstecken, wenn es sein muß. Wenn sie uns nicht finden, können sie uns auch nicht töten.«

»Du hast vorhin gesagt, wir könnten nicht zur Polizei gehen.«

»Stimmt.«

»Warum denn nicht?«

»Die Polizei könnte in diese Affäre verwickelt sein, zumindest in der Form, daß die Bosse von Vince Druck auf sie ausüben. Außerdem haben wir es ja mit einer Regierungsorganisation zu tun, und Regierungsstellen pflegen miteinander zu kooperieren.«

»Das alles ist so absurd.«

»Ich weiß.«

»Augen allüberall!«

»Wenn sie einen Richter in der Tasche haben – warum nicht auch ein paar Bullen?«

»Aber du sagtest mir doch, daß du Kennebeck respektierst, daß er ein guter Richter ist.«

»Das stimmt auch. Er ist ein sehr verrsierter Jurist, und er ist gerecht.«

»Warum sollte er dann mit diesen Killern kooperieren? Warum sollte er seinen Amtseid derart verletzen?«

»Einmal ein Agent, immer ein Agent«, sagte Elliot. »Auf mich trifft das zwar nicht zu, aber sehr oft ist es tatsächlich so. Für manche dieser Leute ist das die einzige Loyalität, zu der sie überhaupt fähig sind. Kennebeck hatte zahlreiche Posten bei verschiedenen Geheimdienstorganisationen. Das war dreißig Jahre lang seine Welt. Und als er dann ausschied, etwa vor zehn Jahren, war er immer noch relativ jung – dreiundfünfzig, und deshalb sah er sich nach einem neuen Aufgabenbereich um. Er war von Haus aus Jurist, wollte sich aber keine Kanzlei aufbürden, kandidierte deshalb für einen Posten bei Gericht und gewann die Wahl. Ich glaube, daß er seinen Job sehr ernst nimmt, aber immerhin war er wesentlich länger Agent, als er jetzt Richter ist, und diese Zeit hat ihn vermutlich für immer entscheidend geprägt. Es wäre natürlich auch möglich, daß er in Wirklichkeit nie ausgeschieden ist, daß er immer noch für irgendeinen geheimen Laden arbeitet. Vielleicht war dieses angebliche Ausscheiden nur ein Trick, damit er hier in Vegas zum Richter gewählt werden konnte. Einen ihrer eigenen Leute beim Gericht sitzen zu haben, in wichtiger Position, dürfte für Kennebecks Bosse ein verlockender Gedanke sein.«

»Hältst du das für wahrscheinlich? Ich meine – wie konnten sie sicher sein, daß er das Rennen gewinnen würde?«

»Vielleicht durch Wahlbetrug.«

»Ist das wirklich dein Ernst?«

»Ja. Verdammt, erst vor wenigen Jahren hat doch ein texanischer Wahlmanager enthüllt, wie Lyndon Johnsons erste lokale Wahl manipuliert wurde. Dieser Mann sagte, er wolle nur nach all den Jahren sein Gewissen erleichtern. Und was passierte? Gar nichts! Kein Hahn krähte danach. So etwas kommt eben hin und wieder vor, hieß es. Und wenn es sich um eine kleine lokale Wahl handelt wie in Kennebecks Fall, wäre so ein Wahlbetrug ganz leicht, sofern man über genügend Geld verfügt und Rückendeckung aus irgendwelchen Regierungskreisen hat.«

»Aber weshalb hätten sie Kennebeck dann nicht an ein Gericht in Washington, New York oder sonst eine Stadt berufen, die wichtiger als Las Vegas ist?«

»Oh, Vegas *ist* eine sehr wichtige Stadt«, widersprach Elliot. »Für schmutzige Geldgeschäfte aller Art ist hier das beste Pflaster. Wenn man einen gefälschten Paß, Führerschein oder sonstwas benötigt, hat man hier die Auswahl unter mehreren der besten Fälscher der Welt. In Vegas findet man auch jederzeit illegale Waffenhändler großen Formats, kann sich eine kleine Söldnertruppe für eine militärische Operation in Übersee aufstellen lassen oder für Privatzwecke einen Mörder dingen. Nevada hat weniger Gesetzesparagraphen als alle anderen Bundesstaaten. Die Steuersätze sind niedrig, und es wird überhaupt keine Einkommensteuer erhoben. Die Ausführungsbestimmungen für Banken, Immobilienmakler und andere Berufszweige – außer für Casinoinhaber – sind hier weit weniger kompliziert als in anderen Staaten der USA, was für jeden Bürger sehr angenehm ist, aber verständlicherweise besonders geschätzt wird von Leuten, die schmutziges Geld ausgeben und investieren wollen. In Nevada genießt man mehr persönliche Freiheit als anderswo im Land, und das ist meiner Ansicht nach gut, aber überall, wo den Menschen viel persönliche Freiheit eingeräumt wird, gibt es Elemente, die diese liberale Gesetzgebung zu ihrem eigenen Vorteil mißbrauchen. Vegas ist ein außerordentlich wichtiges Betätigungsfeld für Dunkelmänner und Agenten aller Arten.«

»Demnach sind wirklich überall Augen?«

»In gewissem Sinn – ja!«

»Aber selbst wenn Kennebecks Bosse sehr viel Einfluß auf die Polizei haben – würde diese wirklich zulassen, daß man uns ermordet? Würde die Polizei wirklich soweit gehen?«

»Sie könnte uns vermutlich nicht wirkungsvoll schützen.«

»Welche Regierungsstelle könnte denn soviel Machtbefugnis haben, das Recht in dieser Form brechen zu dürfen? Welche Art von Organisation darf unschuldige Bürger töten, nur weil sie ihr zufällig irgendwie in die Quere gekommen sind?«

»Das frage ich mich auch«, sagte Elliot. »Und du kannst mir glauben, daß es mich wahnsinnig beunruhigt.«

Sie mußten wieder an einer Ampel halten.

»Du bist also, wenn ich dich richtig verstanden habe, der Meinung, daß wir uns ganz allein unserer Haut wehren müssen?«

»Zumindest für den Augenblick – ja!«

»Aber das ist hoffnungslos.«

»Nein.«

»Zwei ganz normale Bürger gegen *sie*?«

Elliot warf unwillkürlich einen Blick in den Rückspiegel, was er alle paar Minuten tat, seit sie den Charleston Boulevard entlangfuhren. Sie wurden von niemandem verfolgt, aber er mußte sich immer wieder vergewissern.

»Es ist nicht hoffnungslos«, sagte er. »Wir brauchen nur etwas Zeit zum Nachdenken, etwas Zeit, um einen Plan auszuarbeiten. Vielleicht fällt uns dann auch jemand ein, der uns helfen könnte.«

»Beispielsweise?«

Die Ampel schaltete auf grün.

»Beispielsweise die Presse«, antwortete Elliot beim Überqueren der Kreuzung. »Wir haben Beweise, daß etwas Ungewöhnliches vorgeht – die Pistole mit dem Schalldämpfer, die ich Vince abgenommen habe, die Tatsache, daß dein Haus in die Luft gesprengt wurde... Ich bin mir ziemlich sicher, daß wir einen Reporter finden können, der daraus eine tolle Story macht, wie namenlose, gesichtslose Personen versuchen, uns an einer Exhumierung von Dannys Leiche zu hindern. Wenn meine Theorie in die Zeitungen käme, daß die Geschichte von dem Busunglück eine Lüge war, daß dort in der Sierra etwas wesentlich Geheimnisvolleres passiert ist, würden sehr viele Leute auf eine Exhumierung der Leichen *all* jener Pfadfinder drängen. Kennebecks Bosse wollen uns zum Schweigen bringen, bevor wir irgendwelche Zweifel an der offiziellen Version eines Unfalls verbreiten können. Sobald diese Saat aber erst einmal aufgeht, sobald die Eltern der anderen Jungen und die ganze Stadt eine Untersuchung verlangen, wird es Kennebecks Kumpanen nichts mehr nutzen, uns zu eliminieren. Nein, unsere Lage ist nicht hoffnungslos, und es sieht dir gar nicht ähnlich, so schnell aufzugeben.«

Sie seufzte. »Ich gebe ja nicht auf.«

»Gut.«

»Ich kann nicht aufgeben, bis ich endlich weiß, was wirklich mit Danny geschehen ist.«

»So ist es besser«, lobte er. »Das hört sich schon wieder nach der Christina Evans an, die ich kenne.«

Die Dämmerung ging in Dunkelheit über, und Elliot schaltete die Scheinwerfer ein.

»Es ist nur...«, versuchte Tina zögernd zu erklären, »weißt du.. . ein ganzes Jahr lang habe ich versucht, mich mit der Tatsache abzufinden, daß Danny bei jenem Busunglück ums Leben kam. Und nun, da ich das gerade einigermaßen verarbeitet habe, erfahre ich, daß sein Tod vielleicht ganz andere Gründe hatte. Plötzlich... plötzlich wird alles wieder aufgewühlt.«

»Du wirst wieder Ruhe finden.«

»Glaubst du?«

»O ja, denn wir werden dieser Sache auf den Grund gehen.«

Er schaute in den Rückspiegel.

Nichts Verdächtiges.

Er spürte, daß Tina ihn beobachtete, und nach einer Weile sagte sie: »Weißt du was?«

»Was?«

»Ich glaube – in gewisser Weise macht dir das alles Spaß.«

»Was macht mir Spaß?«

»Diese Verfolgungsjagd.«

»O nein. Es macht mir keineswegs Spaß, regelrechten Riesen eine Pistole abnehmen zu müssen.«

»Davon bin ich überzeugt, aber das meinte ich auch gar nicht.«

»Und ich hätte es mir ganz bestimmt nicht ausgesucht, mein schönes friedliches, ruhiges Leben auf diese Weise durcheinanderbringen zu lassen. Ich wäre viel lieber weiterhin ein behäbiger, langweiliger Bürger als ein Mann auf der Flucht.«

»Ich sprach auch nicht davon, was du machen würdest, wenn du die Wahl hättest«, erklärte ihm Tina. »Aber nachdem es nun einmal passiert ist, nachdem es dir aufgezwungen wurde, bist du nicht ganz unglücklich. Ein Teil von dir – ein tief verborgener Teil – stellt sich bereitwillig dieser Herausforderung, genießt sie sogar ein wenig. Das kann ich sehen – an der Art, wie du dich bewegst, wie du sprichst, wie du dich verhältst. Ich weiß nicht so recht, wie ich diese Eigenschaft nennen soll, aber jedenfalls war sie heute morgen noch nicht spürbar.«

»Quatsch!«

»Nein, es stimmt. Ich kann es nur nicht gut beschreiben... aber es ist eine Art von... von animalischer Wachsamkeit... von Energie... von List und Geschick, die bisher nicht zum Vorschein kamen.«

»Das einzig Neue an mir ist, daß ich heute morgen noch nicht solchen Schiß hatte wie jetzt.«

»Aber diese Angst, das Bewußtsein einer tödlichen Bedrohung – das hat eine Saite in dir zum Schwingen gebracht, stimmt's? Ich vermute, daß du dich in gewisser Weise in deine Jugend zurückversetzt fühlst.«

Er lächelte. »Die guten alten Zeiten von Spionen und Gegenspionen? Ich muß dich enttäuschen – danach sehne ich mich überhaupt nicht zurück. Ich befürchte, du fantasierst dir einfach ein verklärtes und melodramatisches Bild von mir zusammen. Ich bin alles andere als ein Draufgänger, als ein Mann mit Tatendrang. Ich bin immer noch derselbe, der ich gestern war.«

»Na ja, wie dem auch sein mag«, sagte Tina, »ich bin jedenfalls heilfroh, dich an meiner Seite zu haben.«

»Mir gefällt es besser, dich *auf* mir zu haben.«

»Sag mal – hattest du schon immer eine so schmutzige Fantasie?«

»Nein, ich mußte sie mühsam erarbeiten.«

»Das ist dir hervorragend gelungen.«

»Danke!«

»Mein Gott, hast du das gehört?«

»Was?«

»Wir lachen!«

»Na und?«

»Mitten in einer Katastrophe lachen wir, albern wir herum.«

»Lachen ist eine Medizin gegen Trübsal, der beste Schutz vor Verzweiflung, das beste Heilmittel gegen Melancholie.«

»Wer hat das gesagt«, fragte sie. »Shakespeare?«

»Groucho Marx, glaube ich.«

»Kein großer Unterschied.« Sie bückte sich seufzend und hob etwas vom Boden auf. »Und zu allem übrigen ist da auch noch dieses verdammte Ding.«

»Was hast du gefunden?«

»Nichts – es ist etwas, das ich mitgebracht habe.«

In der Hast, vor der Gasexplosion aus dem Haus zu kommen, war ihm nicht aufgefallen, daß sie etwas bei sich gehabt hatte. Nun warf er einen kurzen Blick darauf, aber es war zu dunkel, als daß er hätte erkennen können, was es war.

»Es ist ein Horror-Comicheft«, erklärte sie. »Ich fand es beim Ausräumen in Dannys Sachen. Er lag in einer Schachtel, zusammen mit einer Menge weiterer Hefte dieser Art.«

»Und?«

»Erinnerst du dich an die Alpträume, von denen ich dir erzählt habe?«

»Ja.«

»Das Monster aus meinem Alptraum der letzten Nächte ist auf dem Titelblatt dieses Magazins abgebildet. Der Mann in Schwarz. Er ist es – in jeder kleinsten Einzelheit.«

»Dann mußt du das Heft schon einmal gesehen haben und...«

»Nein! Das war zwar auch mein erster Erklärungsversuch, aber ich weiß genau, daß ich dieses Bild nie zuvor gesehen habe. Ich habe mir Dannys Comics nie angesehen, wenn er sie nach Hause brachte.«

»Vielleicht hast du...«

»Warte«, unterbrach sie ihn. »Den unheimlichsten Teil habe ich dir ja noch gar nicht erzählt.«

Sie hatten inzwischen den Stadtkern hinter sich gelassen, und der Verkehr war nicht mehr so dicht.

Tina erzählte Elliot von DER JUNGE, DER NICHT TOT WAR.

Die Ähnlichkeiten zwischen der Horrorgeschichte und ihrer beider Versuch, Dannys Leiche exhumieren zu lassen, ließen Elliot unwillkürlich erschaudern.

»Und nun versucht jemand«, schloß Tina ihren Bericht, »mich daran zu hindern, das Grab meines Sohnes öffnen zu lassen, genauso wie in der Geschichte der Tod die Eltern des Jungen daran hindern wollte.«

Sie entfernten sich zu weit von der Stadt. Dunkelheit umgab sie auf beiden Seiten der Straße. Das Land begann zum Mount Charleston hin anzusteigen, wo – nur eine Autostunde entfernt – um diese Jahreszeit die Tannenwälder tief verschneit waren. Elliot wendete und fuhr wieder auf die Lichter der Großstadt zu, die über der schwarzen Wüstenebene einem strahlenden Pilz glichen.

»Es *gibt* Ähnlichkeiten«, gab Elliot zu. »Das kann man wohl sagen. Viel zu viele.«

»Allerdings gibt es auch einen großen Unterschied. In der Geschichte wurde der Junge lebendig begraben. Aber Danny *ist* tot. Wir wissen nur nicht, *wie* er starb.«

»Das ist aber wirklich der einzige Unterschied. Und dann die Worte NICHT TOT im Titel der Geschichte. Und dieser Kevin war etwa in Dannys Alter...«

Nach kurzem Schweigen sagte Elliot: »Du hast recht. Es kann kein bloßer Zufall sein. Deine Träume, das Bild auf dem Horror-Magazin, diese Geschichte... Nein, das kann wirklich kein Zufall mehr sein.«

»Und wie erklärst du dir das alles?«

»Ich weiß es nicht«, gab er zu.

»Willkommen im Klub!«

Auf der rechten Straßenseite tauchte eine Raststätte auf, und Elliot bog in die Ausfahrt ab. Die einzige Lampe auf dem Parkplatz erhellte nur etwa ein Drittel des Gesamtgeländes. Elliot fuhr hinter das Restaurant und stellte seinen Mercedes an der dunkelsten Stelle zwischen einem Toyota Celica und einem kleinen Wohnwagen ab, so daß er von der Straße aus nicht zu sehen war.

»Hungrig?« fragte er.

»Nach allem, was wir in den letzten Stunden durchgemacht haben, ist es kaum zu glauben – aber ich sterbe vor Hunger.«

»Ich auch. Und mich überrascht das nicht im geringsten. Wir haben durch Angst und nervöse Anspannung mindestens zehntausend Kalorien verbraucht.«

»Vielleicht ließe sich daraus eine Diätkur machen.«

»Die Schreckens-Diät.«

Sie lächelte schwach. »Sehen wir uns, bevor wir hineingehen, doch einmal die Liste mit den Fragen an, die du beantworten solltest. Vielleicht gibt sie uns irgendwelche Aufschlüsse.«

»Im Lokal werden wir besseres Licht haben«, erwiderte Elliot. »Hier scheint nicht viel Betrieb zu sein. Wir müßten uns eigentlich ungestört unterhalten können. Nimm auch dieses Horror-Magazin mit. Ich möchte die Geschichte lesen.«

Er stieg aus, und seine Aufmerksamkeit wurde von einem

Seitenfenster des Wohnwagens angezogen, neben dem er geparkt hatte. Er warf einen Blick in den völlig dunklen Innenraum und hatte das unbehagliche Gefühl, als würde sich dort jemand verstecken und ihn heimlich beobachten.

Du darfst nicht in Verfolgungswahn geraten! rief er sich selbst zur Ordnung.

Er wandte sich von dem Wohnwagen ab, aber als sein Blick auf eine besonders dunkle Stelle um den Müllcontainer herum fiel, hatte er wieder das beklemmende Gefühl, beobachtet zu werden.

Er hatte Tina erklärt, Kennebecks Bosse seien nicht allmächtig, und das mußte er auch sich selbst immer wieder ins Gedächtnis rufen. Tina und er hatten es offenbar mit einer mächtigen, gesetzlosen und gefährlichen Organisation zu tun, die um jeden Preis das Geheimnis der Tragödie in der Sierra wahren wollte. Aber jede Organisation bestand aus *Menschen*, und kein Mensch war allwissend und allgegenwärtig.

Und dennoch...

Während sie über den Parkplatz zur Imbißstube gingen, wurde Elliot das Gefühl nicht los, daß jemand – oder etwas – sie beobachtete. Nicht unbedingt ein Mensch... irgend etwas... Seltsames... Unheimliches. Das war natürlich ein absurder Gedanke, der ihm normalerweise nie in den Sinn gekommen wäre, und das warf ein schlechtes Licht auf seinen Geisteszustand.

Tina blieb stehen, als sie den rötlichen Lichtkegel der Lampe erreichten, und blickte zum Mercedes zurück. Ihr Gesicht hatte einen sonderbaren Ausdruck.

»Was ist?« fragte Elliot. »Ich weiß nicht...«

»Siehst du etwas?«

»Nein.« Beide starrten in die Dunkelheit.

»Fühlst du es auch?« sagte Tina.

»Was?«

»Ich habe so ein... so ein prickelndes Gefühl.«

Er schwieg.

»Du spürst es auch, nicht wahr?« fragte sie.

»Ja.«

»So als wären wir nicht allein.«

»Es ist verrückt«, sagte er, »aber mich scheinen Augen anzustarren.«

Sie schauderte. »Aber es ist niemand hier.«

»Nein. Zumindest sehe ich niemanden.«

Sie versuchten, in der Finsternis irgendeine Bewegung auszumachen.

»Stehen wir beide am Rande eines Nervenzusammenbruchs?« fragte Tina.

»Wir sind verständlicherweise ein bißchen nervös«, versuchte er die Sache zu bagatellisieren, aber in Wirklichkeit war er nicht davon überzeugt, daß nur ihre überreizte Fantasie ihnen einen Streich spielte.

Ein kühler Wind kam auf, trug den Duft trockener Wüstenpflanzen mit sich und pfiff durch die Zweige der Dattelpalmen.

»Es ist ein so *starkes* Gefühl«, sagte Tina. »Und weißt du, woran es mich erinnert?«

»Woran denn?«

»Es ist das gleiche Gefühl, das ich in Angelas Büro hatte, als der Computer von selbst zu drucken begann. Es ist nicht nur das Gefühl, beobachtet zu werden. Es ist mehr als das – ich spüre eine *Präsenz*.«

Er wußte genau, was sie meinte, aber er wollte nicht darüber nachdenken, weil er keine logische Erklärung für dieses Phänomen wußte. Er war ein Mann, der es gern mit harten Fakten zu tun hatte; deshalb war er auch ein so guter Anwalt. Er war es gewohnt, alles nüchtern und sachlich zu analysieren. »Wir sind beide überreizt«, sagte er.

»Das ändert nichts an meinem Gefühl.«

»Komm, essen wir etwas.«

Aber sie blieb weiterhin stehen und starrte in die Dunkelheit außerhalb des Lichtkegels.

»Tina?«

Ein Windstoß fegte trockene Blätter über das Pflaster. Ein Vogel flog über ihre Köpfe hinweg; sie konnten ihn nicht sehen, aber sie hörten seinen Flügelschlag.

Tina räusperte sich. »Es ist so, als würde die Nacht selbst uns beobachten ... die Nacht, die Schatten ... die Augen der Finsternis.«

Der Wind zerzauste Elliots Haare, klapperte mit dem losen Metallgriff eines Abfallkübels, schaukelte die Leuchtreklame der Raststätte hin und her.

Tina und Elliot bemühten sich, nicht ständig über die Schultern hinweg zurückzublicken, während sie zum Eingang der Imbißstube gingen.

21

Das lange L-förmige Lokal war mit viel Chrom, Glas, Plastik und rotem Vinyl ausgestattet. Aus der Musikbox erklang ein Country-and-Western-Song von Kenny Rogers. Es duftete köstlich nach Spiegeleiern, gebratenem Speck und Würstchen. In Las Vegas war es durchaus nicht unüblich, daß jemand um diese Tageszeit ein herzhaftes Frühstück zu sich nahm. Tina wurde der Mund wäßrig, sobald sie die Schwelle übertreten hatte.

Es waren nur elf Gäste im Lokal, und sie saßen alle in der Nähe des Eingangs an der Längsseite, fünf auf Hockern an der Theke, die übrigen sechs in den roten Nischen. Elliot und Tina nahmen möglichst weit von ihnen entfernt Platz, in der letzten Nische der kürzeren Seite.

Eine rothaarige Bedienung mit Sommersprossen namens Elvira nahm ihre Bestellung auf – Cheeseburger, Pommes Frites, Krautsalat und Bier.

Als die Kellnerin sich entfernt hatte, sagte Tina: »Sehen wir uns doch mal die Papiere an, die du diesem Vince abgenommen hast.«

Elliot zog die Blätter aus seiner Hosentasche, entfaltete sie und legte sie auf den Tisch. Es waren drei Blätter, und auf jedem standen zehn oder zwölf mit der Schreibmaschine geschriebene Fragen.

Sie steckten ihre Köpfe zusammen und lasen die erste Seite schweigend durch.

1. Wie lange kennen Sie Christina Evans?
2. Warum hat Christina Evans ausgerechnet Sie und keinen

anderen Anwalt bevollmächtigt, die Exhumierung der Leiche ihres Sohnes zu erwirken?
3. Aus welchem Grund zweifelt sie an den offiziellen Angaben über den Tod ihres Sohnes?
4. Hat sie irgendeinen Beweis, daß diese offiziellen Angaben falsch sind?
5. Wenn ja, welchen?
6. Woher hat sie diesen Beweis?
7. Haben Sie jemals etwas vom Projekt Pandora gehört?
8. Besitzen Sie oder Mrs. Evans irgendwelche Informationen über streng geheime militärische Forschungsanlagen in den Sierra Mountains?

Elliot blickte von der Fragenliste auf. »Hast du jemals etwas vom Projekt Pandora gehört?«
»Nein.«
»Und von geheimen Labors in den High Sierras?«
»Aber ja. Mrs. Neddler hat mir alles darüber erzählt.«
»Mrs. Neddler?«
»Meine Putzfrau.«
»Tss, tss – alberne Späße!«
»In einer derartigen Situation!«
»Medizin gegen Trübsal, Schutz vor Verzweiflung.«
»Groucho Marx«, sagte sie.
»Sie haben die 64 000 Dollar gewonnen!«
»Offenbar glauben sie, daß einer der am Projekt Pandora Beteiligten sie verraten hat.«
»Sieht ganz danach aus.«
»War jemand vom Projekt Pandora in Dannys Zimmer und hat jene Botschaft auf die Tafel geschrieben und später am Computer herumgespielt?«
»Vielleicht.«
»Aber du glaubst es nicht?«
»Na ja, wenn jemand Gewissensbisse hätte«, wandte Elliot ein, »könnte er doch direkt Kontakt mit dir aufnehmen.«
»Vielleicht hat er Angst. Nach unseren eigenen Erfahrungen zu schließen, hätte er auch guten Grund dafür.«
»Vielleicht«, sagte Elliot wieder. »Aber ich glaube, daß die Sache

komplizierter ist. Frag mich nicht, warum. Es ist nur so ein Gefühl.«

Sie lasen rasch die übrigen Fragen durch, erfuhren aber nichts Interessantes mehr. In den meisten Fragen ging es darum, wieviel Tina über den tatsächlichen Hergang des Unglücksfalls in der Sierra wußte, wieviel sie Elliot davon erzählt hatte, wieviel sie Michael davon erzählt hatte, mit wieviel anderen Personen sie darüber gesprochen hatte. Es gab keine weiteren ›Delikatessen‹ wie die Erwähnung des Projekts Pandora, nichts, was ihnen weiterhelfen konnte.

Elvira brachte zwei Gläser und zwei eiskalte Flaschen Coors. Aus der Musikbox erklang jetzt ein trauriger Song von Barbara Mandrell.

Elliot trank einen Schluck Bier und überflog die Horrorgeschichte in Dannys Comic-Heft. »Erstaunlich!« kommentierte er, als er die Lektüre beendet hatte.

»Du würdest es noch weitaus erstaunlicher finden, wenn du diese Alpträume gehabt hättest«, sagte Tina. »Und was wollen wir jetzt unternehmen?«

Nach kurzem Nachdenken fragte Elliot: »Waren die Särge der dreizehn anderen Pfadfinder bei den Beerdigungen ebenfalls geschlossen?«

»Nicht alle – etwa die Hälfte.«

»Und die Eltern dieser Jungen – haben sie die Leichen wie du niemals gesehen?«

»O doch. Alle anderen Eltern wurden gebeten, ihre Kinder zu identifizieren, obwohl einige der Leichen in so schlimmem Zustand waren, daß man sie nicht für ein Begräbnis mit offenem Sarg zurechtmachen konnte. Michael und ich waren die einzigen, denen dringend geraten wurde, uns den Anblick der sterblichen Überreste zu ersparen. Danny war am schlimmsten verstümmelt.« Sogar nach dieser langen Zeit drohte der Schmerz sie zu überwältigen, als sie an Dannys letzte Lebensminuten dachte – an sein Entsetzen, an seine Qualen, selbst wenn sie nicht lange gedauert haben konnten. Sie blinzelte, um ihre Tränen zurückzudrängen, und trank einen großen Schluck Bier. »Warum fragst du?«

»Ich dachte, wir könnten uns mit den anderen Eltern verbünden«, erklärte Elliot. »Wenn sie die Leichen ihrer Kinder nicht gesehen hätten, wären sie vermutlich leicht zu überreden, mit uns gemeinsam eine Öffnung *aller* Gräber zu verlangen. So viele Stimmen zum Schweigen zu bringen, hätten Vinces Bosse nicht riskieren können, und damit wären wir in Sicherheit gewesen. Aber diesen Plan muß ich leider vergessen. Wenn die anderen Eltern ihre toten Kinder gesehen haben, können sie nicht wie du irgendwelche Zweifel hegen, und sie werden die Tragödie inzwischen halbwegs überwunden haben. Wenn wir ihnen nun eine haarsträubende Geschichte über eine mysteriöse Verschwörung auftischen, werden sie uns mit größter Wahrscheinlichkeit kein Gehör schenken wollen – um die alten, gerade erst vernarbten Wunden nicht wieder aufzureißen.«

»Wir sind also immer noch allein?«

»Ja.«

»Du sagtest doch, wir könnten versuchen, das Interesse der Presse zu wecken. Hast du schon an einen bestimmten Reporter gedacht?«

»Ich kenne einige Burschen von der Lokalpresse«, erwiderte Elliot. »Aber vielleicht wäre es unklug, sich an die Lokalpresse zu wenden. Möglicherweise erwarten Vinces Bosse genau diese Reaktion von uns und liegen schon auf der Lauer. Wir könnten tot sein, bevor wir einem Reporter mehr als zwei Sätze erzählt haben. Ich glaube, wir müssen uns an die Presse in anderen Städten wenden, aber zu diesem Zweck hätte ich gern mehr Fakten in der Hand.«

»Aber du sagtest doch, wir hätten genug Material, um einen guten Zeitungsmann interessieren zu können. Die Pistole ... und mein Haus ...«

»Für unsere Lokalpresse würde es zweifellos genügen«, sagte Elliot. »In Vegas erinnert man sich noch an den Unfall in der Sierra; er war eine lokale Tragödie. Aber die Presse in Los Angeles, New York oder in einer anderen Großstadt wird sich nicht allzu sehr für diese Sache interessieren, wenn sie nicht einen Aspekt wittert, der überregionale Bedeutung hat. Möglicherweise könnten wir sie schon jetzt davon überzeugen, daß das eine tolle Story abgibt, aber ich bin mir nicht ganz sicher. Mir wäre es am liebsten, wenn ich dem Reporter gleich eine einleuchtende Theorie mitliefern könnte, was jenen Pfadfindern in Wirklichkeit zustieß – irgendeine echte Sensation.«

»Beispielsweise?«

Er schüttelte den Kopf. »Vorläufig kann ich nur Spekulationen anstellen. Meiner Meinung nach ist es aber am wahrscheinlichsten, daß die Pfadfinder etwas gesehen haben, was sie nicht sehen durften.«

»Das Projekt Pandora?«

Er trank einen Schluck Bier und wischte sich mit dem Finger etwas Schaum von den Lippen. »Ja. Ein militärisches Geheimnis. Ich kann mir nicht vorstellen, daß etwas anderes eine große Organisation wie jene, mit der wir es hier zu tun haben, auf den Plan rufen würde. Diese Leute verschwenden ihre Zeit nicht mit Bagatellen.«

»Aber das hört sich so absurd an. Militärische Geheimnisse... ist das nicht ein bißchen weit hergeholt?«

»Für den Fall, daß du es nicht wissen solltest – in Nevada gibt es mehr Militäranlagen als in jedem anderen Bundesstaat. Ich spreche nicht nur von den bekannten Einrichtungen wie Nellis Air Force Base und dem nuklearen Testgelände. Dieser Staat eignet sich hervorragend für mehr oder weniger geheime Forschungszentren auf dem Gebiet modernster Waffen. Überleg doch mal – in Nevada gibt es Tausende von Quadratkilometern unbesiedelten Landes. Die Wüsten. Die unzugänglichen Gegenden der Gebirge. Und der größte Teil dieser Gebiete gehört dem Staat. Wenn man Anlagen in solch abgelegenen Landstrichen errichtet, ist es sehr leicht, sie völlig geheimzuhalten und perfekt abzusichern.«

Tina, die mit beiden Händen ihr Bierglas umklammerte, beugte sich weit vor. »Und du meinst, daß Mr. Jaborski, Mr. Lincoln und die Pfadfinder in den High Sierras über eine solche Anlage stolperten?«

»Es wäre möglich.«

»Und daß sie etwas sahen, was nicht für ihre Augen bestimmt war – irgendein wichtiges militärisches Geheimnis?«

»Vielleicht.«

»Und was dann? Du glaubst doch nicht etwa, daß sie deshalb ... *ermordet* wurden?«

»Jedenfalls ist das eine Theorie, die einen guten Reporter interessieren müßte«, sagte Elliot.

»Aber die Regierung würde doch nicht eine Gruppe von Kindern töten, nur weil sie versehentlich eine neue Waffe oder sowas Ähnliches gesehen haben!«

»Nein?«

Der aufkommende Nachtwind rüttelte an der großen Fensterscheibe neben ihrer Nische. Durch umherwirbelnde Staubwolken und Papierfetzen hindurch sah man den Verkehr auf dem Charleston Boulevard.

Tina fröstelte. »Aber was könnten die Kinder denn schon gesehen haben? Du sagst doch selbst, daß solche Anlagen mitten in der Wildnis leicht zu sichern sind. Die Jungen können doch gar nicht sehr dicht an eine scharf bewachte Anlage herangekommen sein. Mehr als ein flüchtiger Blick war mit Sicherheit nicht möglich.«

»Vielleicht genügte schon dieser flüchtige Blick, um sie zum Tode zu verurteilen.«

»Kinder sind keine guten Beobachter«, wandte Tina ein. »Sie sind sehr leicht zu beeindrucken, sehr emotional und neigen zu Übertreibungen. Selbst wenn sie tatsächlich etwas gesehen haben, wären sie mit vierzehn verschiedenen Geschichten zurückgekommen, von denen keine ganz exakt gewesen wäre. Eine Gruppe von Pfadfindern hätte die Sicherheit einer geheimen Anlage nicht bedrohen können.«

»Du hast wahrscheinlich recht«, gab Elliot zu.

»Natürlich habe ich recht.«

»Aber sture Militärs, die für die Sicherheit verantwortlich sind, könnten anderer Meinung gewesen sein.«

»Nun, sie müßten aber wirklich überaus töricht gewesen sein, wenn sie eine Liquidierung für die einfachste Lösung gehalten haben. So viele Leute zu töten und einen Unfall vorzutäuschen – das ist doch wesentlich riskanter, als die Jungen ihre fantasievoll ausgeschmückten Geschichten erzählen zu lassen.«

»Du darfst nicht vergessen, daß zu der Gruppe auch zwei Erwachsene gehörten. Die Leute hätten den Berichten der Jungen vermutlich kein Gewicht beigemessen, aber Jaborski und Lincoln hätten sie Glauben geschenkt. Vielleicht stand so viel auf dem

Spiel, daß die Sicherheitsbeamten in der Anlage entschieden, daß Jaborski und Lincoln sterben mußten. Und daraufhin mußten sie natürlich auch die Kinder töten, damit es für die beiden ersten Morde keine Zeugen gab.«

»Aber das... das ist diabolisch!«

»Ja – aber nicht unwahrscheinlich.«

Tina betrachtete den nassen Kreis, den ihr Glas auf dem Tisch hinterlassen hatte. Während sie über Elliots Theorie nachdachte, zeichnete sie mit einem Finger Augen, Nase und einen grimmigen Mund in diesen Kreis und fügte Hörner an. Eine böse dämonische Fratze starrte sie nun vom Tisch an. Sie verwischte sie mit der Handfläche und sagte: »Ich weiß nicht... verborgene Einrichtungen... militärische Geheimnisse... das kommt mir alles so unglaubhaft vor.«

»Mir nicht«, widersprach Elliot. »Mir scheint es durchaus eine plausible, ja sogar wahrscheinliche Möglichkeit zu sein. Aber ich behaupte nicht, daß es sich tatsächlich so abgespielt hat. Es ist nur eine Theorie. Aber eine solche Theorie wird fast jeden ehrgeizigen Reporter förmlich elektrisieren – wenn wir genügend Fakten haben, um sie zu stützen.«

»Was ist mit Richter Kennebeck?«

»Was soll mit ihm sein?«

»Er könnte uns bestimmt sagen, was wir wissen wollen.«

»Uns bei Kennebeck sehen zu lassen, würde einem Selbstmord gleichkommen«, sagte Elliot. »Vinces Freunde warten dort mit Sicherheit auf uns.«

»Bestünde nicht die Möglichkeit, sie irgendwie auszutricksen, um dennoch an Kennebeck heranzukommen?«

Er schüttelte den Kopf. »Unmöglich.«

Sie lehnte sich seufzend zurück.

»Außerdem kennt Kennebeck vermutlich auch nicht die ganze Geschichte«, fuhr Elliot fort. »Ihm geht es bestimmt wie meinen beiden Besuchern – man hat ihm nur gesagt, was er unbedingt wissen muß.«

Elvira brachte ihr Essen. Die Cheeseburger waren saftig, die Pommes frites knusprig, und der Krautsalat war pikant, aber nicht sauer.

Während des Essens sprachen Tina und Elliot nicht über ihre

Probleme. Sie redeten überhaupt nicht viel, sondern lauschten den Country-and-Western-Songs aus der Musikbox und blickten auf den Charleston Boulevard hinaus, wo der Staubsturm die Autofahrer zwang, ihr Tempo zu drosseln. Und beide dachten an jene Dinge, über die sie nicht sprechen wollten – über die mysteriösen Todesumstände der Pfadfindergruppe und über die Mordanschläge dieses Tages, denen sie nur knapp entgangen waren.

Erst als sie ihre Mahlzeit beendet hatten, sagte Tina: »Du meintest vorhin, wir sollten weitere Beweise sammeln, bevor wir uns an die Presse wenden.«

»Uns bleibt keine andere Wahl.«

»Aber wie sollen wir das anstellen? Wer könnte uns dazu verhelfen?«

»Darüber habe ich beim Essen nachgedacht«, erwiderte Elliot. »Das Beste wäre natürlich, wenn wir das Grab öffnen könnten. Wenn die Leiche exhumiert und von einem erstklassigen Pathologen noch einmal gründlich untersucht würde, fänden sich mit Sicherheit Beweise dafür, daß die Todesursache nicht mit der offiziell verbreiteten Version übereinstimmt.«

»Aber wir können das Grab nicht selbst öffnen«, wandte Tina ein. »Wir können uns nicht nachts auf den Friedhof schleichen und mehrere Tonnen Erde wegschaufeln. Außerdem ist es ein privater Friedhof, der von einer hohen Mauer umgeben und vermutlich mit einer Alarmanlage zum Schutz vor Vandalen ausgestattet ist.«

»Und Kennebecks Freunde lassen den Friedhof bestimmt überwachen«, fügte Elliot hinzu. »Nun, wenn wir die Leiche nicht untersuchen können, müssen wir uns eben mit dem Nächstbesten zufriedengeben. Wir sollten uns unbedingt mit dem Mann unterhalten, der Dannys Leiche als letzter sah.«

»Wen meinst du damit?«

»Nun ... den Gerichtsmediziner.«

»Den Mann in Reno?«

»Wurde dort der Totenschein ausgestellt?«

»Ja, die Leichen wurden aus dem Gebirge nach Reno gebracht.«

»Aber wenn ich es mir näher überlege ... vielleicht sollten wir den Gerichtsmediziner doch lieber überspringen«, grübelte Elliot.

»Immerhin war er es, der den Unfalltod bestätigte. Die Wahrscheinlichkeit ist ziemlich groß, daß er von Kennebecks Leuten bestochen wurde. Er dürfte mit Sicherheit nicht auf unserer Seite stehen, und mit ihm Kontakt aufzunehmen, könnte für uns schlimme Folgen haben. Vielleicht werden wir uns später doch noch mit ihm unterhalten müssen, aber als erstes sollten wir den Bestatter aufsuchen. Er kann uns bestimmt eine Menge Interessantes erzählen. Ist er hier in Vegas?«

»Nein«, antwortete Tina. »Ein Bestatter in Reno hat die Leiche präpariert und dann zur Beerdigung hierher gebracht. Der Sarg war versiegelt, als er hier ankam, und wir haben ihn, wie gesagt, nicht mehr öffnen lassen.«

Elvira kam an ihren Tisch und fragte, ob sie noch etwas wünschten, was beide verneinten. Sie legte ihnen die Rechnung hin und räumte ab.

Sobald sie sich entfernt hatte, fragte Elliot: »Erinnerst du dich an den Namen des Bestatters in Reno?«

»Ja. Bellicosti – Luciano Bellicosti.«

Elliot trank sein Bier aus. »Okay, dann machen wir einen Ausflug nach Reno.«

»Können wir Bellicosti nicht einfach anrufen?«

»Heutzutage scheint jedes Telefon angezapft zu sein. Außerdem werden wir besser entscheiden können, ob er die Wahrheit sagt, wenn wir ihm in die Augen sehen können. Nein, telefonisch läßt sich sowas Heikles nicht erledigen. Wir müssen nach Reno.«

Ihre Hand zitterte, als sie ihr Glas zum Mund führte, um es auszutrinken.

»Was ist?« fragte Elliot.

Das wußte sie selbst nicht genau. Sie wurde plötzlich von einer neuen Angst gepeinigt, die noch schlimmer war als die Furcht der vergangenen Stunden. Es fiel ihr schwer, ihre Gefühle in Worte zu fassen. »Ich ... ich nehme an ... daß ich einfach ... daß ich Angst habe, nach Reno zu fahren.«

Er legte seine Hand auf die ihrige. »Dort haben wir weniger zu befürchten als hier. Die Mörder suchen *hier* nach uns.«

»Das weiß ich«, sagte sie. »Sicher, ich fürchte mich vor diesen Typen. Aber wovor ich noch viel größere Angst habe ... ist ... die

Wahrheit über Dannys Tod herauszufinden. Und ich habe sehr stark das Gefühl, daß wir sie in Reno erfahren werden.«

»Ich dachte, du *wolltest* die Wahrheit wissen.«

»Das stimmt auch, aber gleichzeitig habe ich Angst davor, weil sie schrecklich sein wird. Ich ahne, daß die Wahrheit grauenvoll sein wird.«

»Vielleicht auch nicht.«

»O doch!«

»Die einzige Alternative wäre, aufzugeben und dann nie zu erfahren, was in Wirklichkeit geschah.«

»Und das wäre noch qualvoller«, gab sie zu.

»Außerdem bleibt uns gar nichts anderes übrig als herauszufinden, was hinter dem angeblichen Busunglück steckt. Wenn wir die Wahrheit wissen, können wir damit an die Öffentlichkeit treten. Das ist praktisch unsere einzige Überlebenschance.«

»Und wann wollen wir uns auf den Weg nach Reno machen?« fragte Tina.

»Noch heute abend. Jetzt gleich. Wir werden mit meiner Cessna Skylane fliegen, einer hübschen kleinen Maschine, die uns in wenigen Stunden nach Reno bringen wird. Am besten bleiben wir dort einige Tage, auch wenn wir mit Bellicosti gesprochen haben. Diese Typen werden uns hier in Vegas suchen, und in einer anderen Stadt werden wir beide etwas leichter atmen können, bis uns einfällt, wie wir aus diesem Schlamassel wieder rauskommen.«

»Aber ich habe nicht einmal eine Zahnbürste, von anderen Dingen ganz zu schweigen. Wir sind beide ohne Mäntel, und in Reno ist es um diese Jahreszeit verdammt kalt.«

»Wir kaufen alles, was wir brauchen, bevor wir losfliegen.«

»Ich habe keinen Penny bei mir.«

»Aber ich – ein paar Hunderter Bargeld und außerdem Kreditkarten. Mit Hilfe der Karten könnten wir sogar rund um die Welt fliegen.«

»Aber heute ist Feiertag und...«

»Und wir befinden uns in Las Vegas«, fiel Elliot ihr ins Wort. »Hier findet man immer irgendwo einen offenen Laden; auf jeden Fall werden aber die Geschäfte in den Hotels geöffnet sein, weil sie an Feiertagen besonders gute Umsätze machen. Wir werden Mäntel und alles sonstige schnell besorgen können.«

»Ich werde dir das Geld zurückgeben, sobald...«

»Mach dir darüber keine Gedanken«, unterbrach er sie wieder, während er aufstand und ein gutes Trinkgeld für die Bedienung auf den Tisch legte. »Komm. Ich werde mich sicherer fühlen, wenn wir erst einmal aus dieser Stadt verschwunden sind.«

Sie ging mit ihm zur Kasse in der Nähe des Eingangs. Der Kassierer, ein weißhaariger Mann mit extrem dicken Brillengläsern, erkundigte sich mit freundlichem Lächeln, ob das Essen geschmeckt habe, was Elliot aufrichtig bejahte. Mit arthritischen Fingern begann der Alte langsam das Wechselgeld abzuzählen.

Das Lokal hatte sich inzwischen gefüllt; etwa vierzig Personen saßen in den Nischen an der Längsseite, lachten und unterhielten sich angeregt. Alle schienen frohgelaunt zu sein, weil noch drei freie Tage vor ihnen lagen.

Plötzlich beneidete Tina diese unbeschwerten Menschen, für die dies ein ganz normaler Abend ihres ganz normalen Lebens war und die auch auf eine ganze normale friedliche Zukunft hoffen konnten. Keiner dieser Menschen brauchte sich mit professionellen Mördern herumzuschlagen, mit unheimlichen Verschwörungen, verkleideten Gasmännern, Pistolen, Exhumierungen... Sie wußten überhaupt nicht, wie glücklich sie waren. Sie hatten das Gefühl, als würde sie ein breiter, unüberbrückbarer Abgrund von Leuten wie diesen trennen, und sie fragte sich, ob sie wohl jemals wieder auch nur halb so entspannt und sorgenfrei sein würde, wie diese Gäste es zu sein schienen.

Ein kalter Luftzug streifte ihren Nacken.

Sie drehte sich zur Tür um, aber niemand war hereingekommen.

Die Luft blieb kühl.

Aus der Musikbox, die links von der Tür stand, erklang ein populärer Country-Song:

»Baby, Baby, Baby, ich liebe dich noch,
Unsere Liebe wird leben, das weiß ich.
Und du kannst darauf wetten,
Daß unsere Liebe noch nicht tot ist.
Nein, unsere Liebe ist nicht tot –

nicht tot –
nicht tot –
nicht tot –«

Die Platte war hängengeblieben.

Tina starrte die Musikbox erschrocken an.

»nicht tot –
nicht tot –
nicht tot –

Elliot wandte sich vom Kassierer ab und legte Tina eine Hand auf die Schulter. »Was, zum Teufel...?«

Tina konnte nicht sprechen. Sie konnte sich auch nicht bewegen.

Die Luft wurde kälter. Tina schüttelte es.

Die anderen Gäste hielten in ihren Unterhaltungen inne und drehten sich nach der Musikbox um.

»nicht tot –
nicht tot –
nicht tot –
nicht tot –«

Tina hatte plötzlich das von Würmern zerfressene Gesicht des Todes vor Augen.

»Gebt dem Scheißding mal 'nen ordentlichen Fußtritt!« rief jemand.

Elliot trat an die Musikbox heran und schüttelte sie behutsam. Die Nadel glitt aus dem Kratzer heraus, und die nächste Liedzeile erklang. Aber gleich darauf blieb die Nadel wieder an der Stelle mit den gleichen Wörtern hängen.

»nicht tot –
nicht tot –
nicht tot –«

Tina hätte am liebsten jeden der Gäste an der Kehle gepackt, beschimpft und bedroht, bis einer von ihnen zugeben würde, die Musikbox manipuliert zu haben. Gleichzeitig war ihr jedoch schon klar, daß die Erklärung für dieses Phänomen nicht so einfach war, daß niemand der Anwesenden etwas damit zu tun hatte. Soeben noch hatte sie diese Leute um ihr alltägliches Leben beneidet. Es war einfach absurd anzunehmen, daß einer von ihnen im Dienst jener Organisation stand, die ihr Haus in die

Luft gesprengt hatte. Ein solcher Verdacht war nicht nur lächerlich, sondern geradezu paranoid. All diese Menschen aßen zufällig in der Raststätte zu Abend.

»nicht tot –
nicht tot –
nicht tot –«

Elliot schüttelte das Gerät wieder, aber diesmal bewegte sich die Nadel nicht von der Stelle.

Die Luft wurde noch kälter. Tina hörte, daß einige Gäste Bemerkungen darüber machten.

Elliot schüttelte die Musikbox jetzt kräftiger, aber sie wiederholte beharrlich mit der Stimme des Country-Sängers jene Botschaft, so als hielte eine unsichtbare Hand den Plattenarm mit eisernem Griff fest.

Der weißhaarige Mann kam hinter der Kasse hervor. »Ich kümmere mich um die Sache, Leute. Moment, bitte.« Dann rief er einer der Bedienungen zu: »Jenny, überprüf mal den Thermostat. Wir brauchen heute abend Warmluft, kein Airconditioning.«

Elliot trat beiseite, als der alte Mann sich näherte.

Obwohl in diesem Augenblick niemand die Musikbox berührte, wurde die Lautstärke aufgedreht, und die beiden Wörter dröhnten und hallten durch den Raum, ließen die Scheiben vibrieren und die Bestecke auf den Tischen klirren.

»NICHT TOT –
NICHT TOT –
NICHT TOT –«

Einige Leute hielten sich die Ohren zu.

Tina war dazu außerstande. Ihre Arme hingen steif herab, mit geballten Fäusten, und sie hatte einfach nicht die Kraft, sie zu heben. Sie wollte schreien, brachte aber keinen Laut hervor.

Kälter, immer kälter.

Sie begann eine geisterartige Präsenz zu spüren, wie in Angelas Büro, als der Computer sich von selbst eingeschaltet hatte, und sie hatte auch jenes Gefühl, beobachtet zu werden, wie zuletzt auf dem Parkplatz der Raststätte.

Der alte Mann ging neben der Musikbox in die Hocke, tastete auf der Rückwand nach dem Ausschaltknopf und drückte mehrmals darauf.

»NICHT TOT –
NICHT TOT –
NICHT TOT –«

»Ich muß den Stecker rausziehen!« schrie der Alte.

Die Lautstärke nahm abermals zu. Die beiden Wörter donnerten mit markerschütternder Kraft aus den Lautsprechern, und es schien unglaublich, daß das Gerät überhaupt über ein solches Volumen verfügte.

Elliot rückte es von der Wand ab, damit der Alte an die Schnur herankommen konnte.

In diesem Augenblick begriff Tina, daß sie von der Präsenz, die diese unheimliche Vorstellung gab, nichts zu befürchten hatte. Ganz im Gegenteil. Die Erleuchtung kam ihr blitzartig. Ihre geballten Fäuste öffneten sich. Ihre angespannten Muskeln entspannten sich. Ihr Herz dröhnte nun nicht mehr wie ein Schmiedehammer, pochte allerdings immer noch beschleunigt, aber nicht mehr vor Entsetzen, sondern vor freudiger Erregung.

Während der weißhaarige Kassierer mit seinen knotigen Fingern am Stecker rüttelte, der in der Steckdose festklemmte, hätte Tina ihn am liebsten daran gehindert. Sie wollte sehen, was als nächstes geschehen würde. Aber sie wußte nicht, wie sie ihre merkwürdige Bitte begründen sollte, und gleich darauf gelang es dem Alten, den Stecker herauszuziehen.

Das monotone Gebrüll aus den Lautsprechern verstummte jäh, und die nachfolgende Stille wirkte geradezu überwältigend.

Nach einer Sekunde überraschter Erleichterung applaudierten alle dem Weißhaarigen.

Jenny rief ihm zu: »He, Al, ich hab' den Thermostat nicht angerührt. Er zeigt eine Temperatur von zwanzig Grad an. Wirf lieber mal selbst einen Blick darauf.«

»Du mußt ihn aber irgendwie verstellt haben«, widersprach Al, »denn es wird wieder warm.«

»Ich habe ihn nicht angerührt«, wiederholte Jenny. Al glaubte ihr nicht – im Gegensatz zu Tina. Elliot wandte sich von der Musikbox ab und warf Tina einen besorgten Blick zu. »Wie geht es dir?«

»Gut! Mein Gott, besser als seit langem!«

Er war verblüfft über ihr strahlendes Lächeln. »Aber was soeben hier geschehen ist, das...«

»Ich weiß, was es ist«, fiel sie ihm ins Wort. »Elliot, ich weiß genau, was es ist.«

»Du... du weißt es?«

»Ja!« rief sie aufgeregt. »Komm, gehen wir.«

Sie öffnete die Tür und eilte hinaus.

22

Der scharfe Ostwind blies immer noch, wirbelte Staubwolken auf und fegte von der Wüste weißen pulverigen Sand heran.

Tina und Elliot eilten mit eingezogenen Köpfen über den Parkplatz.

Als sie im Mercedes saßen, im Dunkeln, sagte Tina atemlos: »Kein Wunder, daß wir des Rätsels Lösung nicht finden konnten.«

»Tina, was in aller Welt hat dich plötzlich so heiter gestimmt?«

»Wir haben das Pferd vom Schwanz her aufgezäumt«, erklärte sie. »Nur deshalb kam uns alles so mysteriös vor.«

»Wovon redest du eigentlich? Hast du die Musikbox gehört? Ich weiß beim besten Willen nicht, wie dieser Vorfall dich erheitern konnte. Mir ist fast das Blut in den Adern gefroren. Es war unheimlich, gespenstisch.«

»Hör zu«, berichtete sie aufgeregt. »Wir dachten, daß jemand mich mit diesen Botschaften quälen will, daß jemand mir damit Dannys Tod immer wieder unter die Nase reiben will – oder aber, daß jemand mich auf Umwegen wissen lassen will, daß Danny auf andere Weise ums Leben kam als mir gesagt wurde. Aber es ist kein Sadist, der mir diese Botschaften zukommen läßt, und es ist auch nicht jemand, der das wirkliche Geschehen in der Sierra enthüllen möchte. Diese Botschaften stammen weder von Michael, noch von einem Wildfremden, noch von einem meiner Bekannten oder Verwandten. Sie sind genau das, was sie zu sein scheinen!«

»Und das wäre?« fragte er verwirrt.

»Es sind Hilferufe.«

»Was?«

»Sie kommen von Danny!«

Elliot starrte sie fassungslos an. »Willst du damit sagen, daß Danny..., daß er als Gespenst herumspukt und soeben die Aufregung in der Imbißstube verursacht hat?«

»Nein, nein. Ich sage, daß Danny nicht tot ist.«

»Jetzt mal ganz ruhig... ganz ruhig«, sagte er sanft.

»Mein Danny lebt! Davon bin ich überzeugt!«

»Diese Möglichkeit haben wir doch bereits durchgesprochen und verworfen«, brachte er ihr in Erinnerung.

»Wir haben uns geirrt«, erwiderte Tina. »Jaborski, Lincoln und all die anderen Jungen mögen in den High Sierras ums Leben gekommen sein, aber nicht Danny. Ich weiß es. Ich *fühle* es. Es ist wie... wie eine Erleuchtung... fast wie eine Vision. Vielleicht gab es irgendeinen Unfall, aber er spielte sich auf keinen Fall so ab, wie die Behörden es uns weismachten. Es war etwas ganz anderes, etwas sehr Sonderbares.«

»Darin sind wir uns völlig einig, aber...«

»Die Regierung hat etwas zu verbergen, und jene Organisation, für die Kennebeck arbeitet, wurde mit der Vertuschung beauftragt.«

»Auch in diesem Punkt sind wir einer Meinung«, sagte Elliot. »Das sind alles logische Schlußfolgerungen aus den Geschehnissen der letzten Stunden. Aber wie kommst du darauf, daß Danny lebt? Das läßt sich nicht aus den übrigen Erkenntnissen ableiten.«

»Ich sage dir nur, was ich *weiß*, was ich *fühle*«, erwiderte sie. »Im Lokal verspürte ich schlagartig eine ungeheure Beruhigung, in den Sekunden, bevor der alte Mann den Stecker der Musikbox herauszog. Es war nicht einfach ein Gefühl inneren Seelenfriedens, nein, es kam von außen her... es überrollte mich wie eine riesige Welle. Oh, verdammt, ich kann es nicht richtig in Worte fassen. Ich weiß nur, was ich in diesem Moment fühlte. Danny versuchte mich zu beruhigen, mir mitzuteilen, daß er noch am Leben ist. Ich *weiß* es. Danny hat den Unfall überlebt, aber sie konnten ihn nicht nach Hause lassen, weil er berichtet hätte, daß die Regierung für den Tod der anderen verantwortlich war – und damit wäre auch die streng geheime militärische Anlage in aller Munde gewesen.«

»Du klammerst dich an Strohhalme«, sagte er.

»Nein! Nein, das tu ich nicht!«

»Wo soll Danny denn sein?«

»Sie halten ihn irgendwo gefangen. Ich weiß nicht, warum sie ihn nicht auch getötet haben. Ich weiß nicht, wie lange sie ihn festhalten wollen. Aber ich weiß, daß es sich so und nicht anders verhält. Vielleicht weicht meine Darstellung in einigen Einzelheiten von der Realität ab, aber sie kommt der Wahrheit sehr nahe.«

»Tina...«

Sie ließ sich nicht unterbrechen. »Diese geheime Polizeitruppe... diese Leute hinter Kennebeck... sie glauben, daß einer der am Projekt Pandora Beteiligten sie verraten hat, daß er mir erzählt hat, was in Wirklichkeit mit Danny geschah. Das ist natürlich ein Irrtum. Das ist Danny, der irgendwie... mit mir Kontakt aufzunehmen versucht... mit irgendwelchen geistigen Kräften, nehme ich an... Danny hat jene Botschaft auf die Tafel geschrieben!«

»Der einzige Beweis, den du dafür hast, ist diese... diese Erleuchtung, diese Vision, die du hattest. Und das ist überhaupt kein Beweis.«

»Für mich *ist* es ein Beweis«, widersprach sie energisch. »Und wenn du so etwas selbst erlebt hättest, würdest auch du es als Beweis gelten lassen. Es war Danny, der mit mir Verbindung aufnehmen wollte, als ich gestern nachmittag im Desert Mirage arbeitete... er fand mich im Büro... er bediente sich des Computers, um mir seine Botschaft mitzuteilen. Und diesmal versuchte er es mit Hilfe der Musikbox. Er muß... er muß übersinnliche Kräfte haben. Ja, das ist es! Er hat übersinnliche Kräfte und setzt sie ein, um mir mitzuteilen, daß er lebt und meine Hilfe braucht. Er bittet mich, ihn zu finden und zu retten. Und die Leute, die ihn gefangenhalten, *wissen nicht, daß er das tut!* Sie glauben, einen Verräter in ihrer Mitte zu haben.«

»Tina, das ist zweifellos eine sehr fantasievolle Theorie, aber...«

»Es ist keine Theorie. Es ist die Wahrheit. So und nicht anders sehen die Tatsachen aus. Ich fühle es tief im Innern. Hast du triftige Gegenargumente? Kannst du mir beweisen, daß ich mich irre?«

»Nun, mein allererster Einwand – gab es in all den Jahren, bevor Danny mit Jaborski ins Gebirge fuhr, jemals Hinweise darauf, daß er übersinnliche Kräfte besitzt?«

»Zugegebenermaßen – nein.«

»Wie kommt es dann, daß er plötzlich über solche Kräfte verfügt?«

»Wart mal... mir fallen jetzt doch einige merkwürdige Dinge aus seiner Kindheit ein.«

»Beispielsweise?«

»Als er acht oder neun Jahre alt war, wollte er genau wissen, womit sein Vater seinen Lebensunterhalt verdiente. Er interessierte sich für alle Einzelheiten. Michael setzte sich mit ihm an den Kartentisch und erklärte ihm Blackjack. Danny war gerade alt genug, um die Spielregeln zu begreifen, aber er war ganz gewiß nicht alt genug, um alle ausgespielten Karten im Gedächtnis behalten und daraus seine Chancen errechnen zu können, wie manche der erstklassigen Spieler es tun. Danny war kein mathematisches Genie, und trotzdem gewann er ständig. Michael verwendete eine Dose Erdnüsse, um den Einsatz von Chips zu demonstrieren, und Danny gewann alle Erdnüsse.«

»Michael hat ihn eben gewinnen lassen«, sagte Elliot. »Ganz einfach.«

»Das dachte ich zunächst auch. Aber Michael hat mir geschworen, daß dem nicht so war, und er schien selbst sehr erstaunt über Dannys Glückssträhne zu sein. Außerdem ist Michael nicht so geschickt, daß er beim Mischen irgendwelche Tricks anwenden könnte. Und dann war da auch noch die Sache mit Elmer.«

»Wer ist Elmer?«

»Das war unser Hund – ein frecher kleiner Köter. Eines Tages vor etwa zwei Jahren – ich war gerade in der Küche und habe Apfelkuchen gebacken – kam Danny angelaufen und erzählte mir, er könne Elmer nirgends finden. Der Hund muß durch die Gartenpforte hinausgeschlüpft sein, als ein Arbeiter kam, um unseren Swimmingpool mit den nötigen Chemikalien zu versorgen. Danny schluchzte, Elmer würde nicht mehr nach Hause kommen, weil er von einem Lastwagen überfahren worden sei. Ich versuchte ihn zu beruhigen, sagte ihm, wir würden Elmer bestimmt gesund und munter wiederfinden. Aber wir haben ihn nie gefunden.«

»Aber das ist doch noch lange kein Beweis dafür, daß der Hund tatsächlich von einem Lastwagen überfahren wurde.«

»Für Danny war es Beweis genug. Er trauerte wochenlang um Elmer.«

Elliot seufzte. »Beim Blackjack zu gewinnen – nun, das ist einfach Glück. Und vorauszusagen, daß ein entlaufener Hund überfahren wird – das ist nichts weiter als eine relativ wahrscheinliche Vermutung. Aber selbst wenn man das als Beispiele für gewisse übersinnliche Fähigkeiten gelten lassen wollte, wären solche Kleinigkeiten Lichtjahre entfernt von den Kräften, die du Danny jetzt zuschreibst.«

»Das weiß ich«, sagte sie. »Auf irgendeine Weise haben diese Fähigkeiten sich ganz enorm entwickelt. Vielleicht situationsbedingt – durch die Angst, durch den seelischen Stress.«

»Warum hat er dann nicht schon vor Monaten begonnen, mit dir Kontakt aufzunehmen?« fragte Elliot.

»Vielleicht hat es ein ganzes Jahr gedauert, bis seine Kräfte dazu ausreichten. Ich weiß es nicht. Mein Gott, wie sollte ich auch eine Antwort darauf haben?«

»Beruhige dich«, sagte er. »Du hast mich selbst aufgefordert, Gegenargumente anzuführen, und genau das tue ich jetzt.«

»Nein«, widersprach sie. »Deine Gegenargumente sind nicht überzeugend. Danny lebt! Er wird irgendwo gefangengehalten, und er versucht mich auf geistigem Wege zu erreichen. Er ist imstande, Gegenstände zu bewegen, ohne sie zu berühren – nur durch Gedankenkraft. Wie nennt man diese Fähigkeit doch gleich noch?«

»Telekinese.«

»Richtig. Das ist es! Er ist telekinetisch veranlagt. Hast du etwa eine bessere Erklärung für die Vorgänge in der Imbißstube?«

»Zugegebenermaßen – nein.«

»Willst du mir etwa weismachen, die Nadel sei rein zufällig bei diesen beiden Wörtern hängengeblieben?«

»Nein«, erwiderte Elliot. »Ein Zufall war das ganz bestimmt

nicht. Das wäre sogar noch unwahrscheinlicher als die Möglichkeit, daß Danny es getan hat.«

»Du gibst also zu, daß ich recht habe?«

»Nein«, mußte er sie enttäuschen. »Ich weiß keine bessere Erklärung, aber deine kann ich auch nicht akzeptieren. Ich habe nie an diesen ganzen übersinnlichen Quatsch geglaubt.«

Einige Minuten lang schwiegen beide und starrten auf den dunklen Parkplatz hinaus. Schließlich sagte Tina: »Ich weiß, daß ich recht habe, Elliot. Meine Theorie erklärt alles, sogar die Alpträume. Danny versucht auch auf diese Weise, mich zu erreichen. Er hat mir in den vergangenen Wochen diese schrecklichen Träume gesandt. Deshalb unterschieden sie sich auch von allen anderen Träumen, die ich in meinem Leben hatte, deshalb waren sie so kraftvoll, so lebendig.«

Ihr neues Argument versetzte ihn in noch größere Bestürzung. »Moment mal, jetzt sprichst du ihm außer der Telekinese auch noch andere Fähigkeiten zu.«

»Na und?«

»Bald wirst du noch behaupten, er sei allmächtig wie Gott!«

»Keineswegs. Ich rede nur von Telekinese und von der Gabe, meine Träume zu beeinflussen. Das erklärt auch, weshalb ich von der gräßlichen Gestalt des Todes in jenem Comic-Heft geträumt habe. Wenn Danny mir Botschaften in Träumen zukommen läßt, ist es nur natürlich, daß er Bilder verwendet, die ihm vertraut sind – wie das Monster aus einer Horrorgeschichte, die ihn beeindruckt haben muß.«

»Aber wenn er dir Träume einzugeben vermag«, wandte Elliot ein, »warum drückt er sich dann nicht deutlicher aus, warum teilt er dir nicht einfach mit, was geschehen ist und wo er sich befindet? Dann könntest du ihm doch viel leichter helfen. Warum sollte er sich so umständlicher Methoden bedienen? Er bräuchte dir doch nur ein kurzes geistiges Telegramm zu senden, mit exakten Angaben.«

»Sei nicht sarkastisch«, bat sie.

»Ich bin nicht sarkastisch. Ich stelle nur eine knallharte Frage, die deine Theorie aushöhlt.«

Sie ließ sich nicht beirren. »Nein, denn ich habe dafür eine Erklärung. Offensichtlich gehört Telepathie nicht zu seinen Fähigkeiten. Er kann nur Gegenstände bewegen und meine Träume beeinflussen, aber er kann keine konkreten Gedanken übertragen. Er kann mir kein ›kurzes geistiges Telegramm‹ schicken, weil seine übersinnlichen Kräfte dazu nicht ausreichen. Deshalb muß er mich auf Umwegen zu erreichen versuchen.«

»Weißt du, daß wir uns wie zwei ausgezeichnete Kandidaten für eine Gummizelle anhören?«

»Nein, dieser Meinung bin ich keineswegs.«

»Ein vernünftiger, logisch denkender Mensch kann doch nicht an diese ganzen Psi-Phänomene glauben!«

»Dann erklär mir, was in der Imbißstube passiert ist.«

»Verdammt, ich kann es nicht erklären!« Er hörte sich wie ein Priester an, dessen Glaube tief erschüttert worden war. Nur war der Glaube, an dem Elliot zu zweifeln begann, nicht religiöser, sondern wissenschaftlicher Art.

»Du mußt aufhören, wie ein Jurist zu denken«, riet sie ihm. »In diesem speziellen Fall kommst du nicht weiter, wenn du Fakten logisch aneinanderreihst.«

»Aber genau das hat man mich als einzig richtige Methode gelehrt.«

»Ich weiß«, sagte sie teilnahmsvoll. »Aber die Welt ist voll von unlogischen Dingen, die nichtsdestotrotz wahr sind. Und hier haben wir es mit einem solchen Fall zu tun.«

Der Wind heulte um den Sportwagen, rüttelte an den Scheiben, versuchte einzudringen.

»Wenn Danny diese unglaublichen Kräfte besitzt«, fragte Elliot weiter, »warum sendet er dann nur dir Botschaften, nicht auch Michael?«

»Vielleicht ist seine Beziehung zu Michael nicht eng genug«, sagte Tina nachdenklich. »Weißt du, in den letzten Jahren unserer Ehe hatte Michael eine Menge Liebschaften und verbrachte nur noch sehr wenig Zeit zu Hause. Danny litt darunter, sogar noch mehr als ich. Ich habe ihn nie gegen Michael aufzuhetzen versucht. Ich habe das Verhalten seines Vaters sogar zu entschuldigen versucht, weil ich nicht wollte, daß er ihn haßte. Aber Danny fühlte sich natürlich von seinem Vater im Stich gelassen. Deshalb ist es ganz verständlich, daß er jetzt mich und nicht Michael um Hilfe bittet.«

Elliot dachte kurz darüber nach. Eine Staubwolke hüllte das Auto ein.

»Glaubst du immer noch, meine Theorie erschüttern zu können?« fragte Tina.

»Nein. Dein Plädoyer war sehr überzeugend.«

»Danke, Euer Ehren.«

»Aber ich kann immer noch nicht glauben, daß du recht hast. Oh, ich weiß, daß viele intelligente Leute an Parapsychologie glauben, aber ich gehöre nicht zu ihnen. Ich vermag deine Ideen einfach noch nicht zu akzeptieren. Ich werde weiterhin versuchen, eine weniger exotische Erklärung für die Geschehnisse zu finden.«

»Falls dir eine einfällt«, sagte Tina, »verspreche ich dir, sie ernsthaft in Erwägung zu ziehen.«

Er legte ihr eine Hand auf die Schulter. »Ich habe nur deshalb so hart mit dir diskutiert, Tina, weil... weil ich mir Sorgen um dich mache.«

»Um meinen Gesundheitszustand?«

»Nein, nein. Was mir Sorgen bereitet, ist die Tatsache, daß du jetzt wieder hoffst, Danny könnte am Leben sein. Und das ist meiner Meinung nach gefährlich, weil die Ernüchterung dann umso schlimmer sein wird.«

»Das wird nicht geschehen«, beteuerte sie. »Und zwar, weil Danny wirklich lebt.«

»Und wenn nicht?«

»Er lebt!«

»Wenn du feststellst, daß er tot ist, wirst du ihn sozusagen ein zweites Mal betrauern müssen.«

»Aber er ist nicht tot!« beharrte sie. »Ich fühle es. Ich spüre es. Ich *weiß* es, Elliot.«

Elliot konnte es an Hartnäckigkeit durchaus mit ihr aufnehmen. »Und wenn er *doch* tot ist?«

Nach kurzem Überlegen antwortete sie: »Dann werde ich damit fertig werden.«

»Bist du sicher?«

»Hundertprozentig.«

Er blickte ihr intensiv in die Augen, und sie hatte das Gefühl, als wollte er in sie hineinsehen, bis ins tiefste Innere. Schließlich beugte er sich vor und küßte ihren Mundwinkel, ihre Wange, ihre Augen.

»Ich will nicht, daß dir das Herz bricht«, murmelte er.

»Das wird nicht geschehen.«

»Ich werde jedenfalls mein möglichstes tun, um es zu verhindern.«

»Das weiß ich.«

»Leider liegt es nicht in meiner Macht, viel dagegen zu tun. Wir müssen uns einfach vom Strom der Ereignisse treiben lassen.«

Sie erwiderte seine Küsse, legte eine Hand auf seinen Nacken und drückte ihn fest an sich. Seine Lippen und seine Wärme zu spüren, erfüllte sie mit einem tiefen Glücksgefühl.

»Weißt du, was ich jetzt am liebsten täte?« fragte er.

»Ich kann es mir vorstellen.«

»Ich möchte in ein Hotel gehen, uns als Mr. und Mrs. Smith eintragen und mit dir eine Nacht wilder Leidenschaft verbringen.«

»Entfesselte Lust«, sagte sie.

»Sexuelle Ausschweifung.«

»Hört sich an, als hätten wir die gleichen schmutzigen Schundromane gelesen«, stellte Tina fest.

»Wäre es nicht wundervoll, wenn das Leben gelegentlich wirklich so klar und geradlinig wie in Schundromanen wäre?«

Er legte seinen Arm um sie, hielt sie fest umschlungen und verbarg sein Gesicht in ihrer Halsgrube.

Trotz ihrer Späße erkannte Tina, daß es nicht Sex war, den er im Augenblick brauchte. Er mußte sie nur berühren und festhalten, ihre Nähe spüren und daraus Trost schöpfen. Und sie brauchte das gleiche: Zuneigung, Beruhigung, Überwindung des schrecklichen Gefühls menschlicher Einsamkeit – eine Geborgenheit, wie Tiere sie vielleicht im Winterschlaf erleben. Aber sie hatte immer geglaubt, daß nur Frauen dieses Bedürfnis nach einer Zärtlichkeit, die mit Sex nichts zu tun hatte, hegten. Es überraschte und rührte sie, daß Elliot genauso ihres Trostes und Schutzes bedurfte wie umgekehrt. Bei Michael hatten Zärtlichkeiten unweigerlich ins Bett geführt, waren nicht mehr als eine geschickte Verführungstaktik gewesen. Während Elliot und sie sich umschlungen hielten, begriff sie deutlicher als je zuvor, wieviel sie bisher im Leben entbehrt hatte.

»Eines Tages werden wir eine der Flitterwochen-Suiten in einem Hotel am Strip beziehen müssen«, fuhr Elliot mit dem sexuellen Geplänkel fort, das nur amüsieren, nicht aber verführen sollte. »Du weißt schon... eines dieser Zimmer mit Spiegeln an der Decke, einem überdimensionalen Bett...«

»Einem Vibrator in der Matratze.«

»Parfümierten Ölen.«

»Eines Tages«, murmelte sie im deutlichen Bewußtsein, daß sie einander zu überzeugen versuchten, sie würden ihr gefährliches Abenteuer überleben und dann Zeit für allerhand närrische Freuden haben.

Er ließ sie los und lehnte sich seufzend in seinem Sitz zurück. »Im Augenblick müssen wir allerdings Einkäufe machen. Wir brauchen Mäntel und Zahnbürsten und andere prosaische Dinge.«

»Hört sich wirklich nicht so aufregend an wie eine Flitterwochen-Suite.«

Er ließ den Motor an. »Ein kleiner Hoffnungsschimmer bleibt uns noch«, sagte er. »Wir werden in Reno eine Unterkunft benötigen. Vielleicht gibt es dort auch Hotelzimmer mit Spiegeln an der Decke. Schließlich hat Las Vegas kein Monopol auf verruchte Ausschweifungen.«

Trotz ihrer Versuche, sich gegenseitig aufzuheitern, und trotz ihrer neuen Überzeugung, daß Danny am Leben war, verspürte Tina wieder Angst, als sie den Charleston Boulevard entlangfuhren. Sie fürchtete sich jetzt nicht mehr vor der schrecklichen Wahrheit, die sie in Reno erfahren würde. Was mit Danny geschehen war, konnte sich natürlich immer noch als grauenvoll und niederschmetternd erweisen, aber sie glaubte nicht, daß es so schwer zu bewältigen sein würde wie sein Tod. Was sie jetzt ängstigte, war die Möglichkeit, daß sie Danny lebendig finden und dann doch nicht imstande sein würde, ihn zu retten. Bei dem Versuch, Danny zu befreien, könnten Elliot und sie ums Leben kommen. Getötet zu werden, nachdem Danny ihr wiedergeschenkt worden war – das wäre wirklich ein gemeiner Zug des Schicksals. Sie wußte aus Erfahrung, daß das Schicksal unzählige gemeine Züge bereithalten konnte, und eben deshalb hatte sie eine solche Angst.

23

Willis Bruckster verglich seinen Keno-Schein mit der Serie von Gewinnziffern, die über die elektronische Leuchttafel flimmerten. Er bemühte sich, außerordentlich interessiert und gespannt zu wirken, obwohl er überhaupt keinen Wetteinsatz für das Spiel gemacht hatte. Keno war für ihn nur eine Tarnung. Er wollte den allgegenwärtigen Sicherheitsbeamten im Casino nicht auffallen, und das ging am einfachsten, wenn man sich wie ein unbedarfter Neuling benahm. Deshalb trug Bruckster einen billigen Freizeitanzug, dunkelgrüne Schuhe und weiße Socken; er hatte eine Kamera umgehängt und hielt eine Anzahl von Discount-Coupons in der Hand, die von den Casinos ausgegeben werden, um Leute an die Spielautomaten zu locken. Und er spielte Keno, ein Spiel, das weder für besonders gewiefte Profis noch für Betrüger – also für die beiden Kategorien, auf die es die Sicherheitsbeamten besonders abgesehen hatten – von Reiz war. Bruckster sah so unauffällig und einfältig aus, daß es ihn nicht gewundert hätte, wenn einer der Beamten bei seinem Anblick gegähnt hätte.

Er war fest entschlossen, seinen Auftrag erfolgreich durchzuführen. Seine weitere Karriere hing davon ab. Die Organisation wollte jeden eliminiert sehen, der möglicherweise auf eine Exhumierung von Danny Evans' Leiche drängen könnte. Dies war eine echte Notsituation. Der Chef der Abteilung Nevada schwitzte Blut und Wasser, weil alle Augen in der Washingtoner Zentrale auf ihn gerichtet waren. Die Agenten, die auf Elliot Stryker und Christina Evans angesetzt worden waren, hatten bei der Ausführung der Morde bisher versagt, und ihre Unfähigkeit gab Bruckster die Möglichkeit zu glänzen. Wenn er hier im überfüllten Casino erfolgreich zuschlug, würde er bestimmt befördert werden.

Bruckster stand in der Nähe der Rolltreppen, die von den Einkaufsarkaden zum Casino des MGM Grand Hotels führten. Während ihrer Arbeitspausen konnten die Kartengeber ihre steifen Nacken und bleiernen Arme in einem Raum im Tiefgeschoß neben den Rolltreppen ausruhen. Eine Gruppe war vor kurzem hinuntergefahren und mußte bald wieder zurückkommen, um dann bis zum Schichtwechsel weiterzuarbeiten.

Bruckster wartete auf einen dieser Kartengeber – auf Michael Evans.

Er hatte eigentlich nicht erwartet, daß der Mann im Dienst sein würde. Er hatte damit rechnen müssen, daß Evans vor dem zerstörten Haus herumstehen und zuschauen würde, wie die Feuerwehrleute in den rauchenden Trümmern nach der Leiche seiner Ex-Frau suchten. Aber als Bruckster vor einer halben Stunde ins Grand gekommen war, hatte Evans mit den Spielern geplaudert, geschert und gelacht. Vielleicht wußte er noch nichts von der Explosion in seinem ehemaligen Heim, vielleicht war ihm das Schicksal seiner Ex-Frau aber auch einfach scheißegal, um es vulgär auszudrücken. Vielleicht war bei der Scheidung viel schmutzige Wäsche gewaschen worden.

Es war Bruckster nicht gelungen, an Evans heranzukommen, als der Mann seinen Blackjack-Tisch zu Beginn der Pause verlassen hatte. Deshalb hatte er hier Position bezogen und vorgegeben, sich für die Keno-Leuchttafel zu interessieren. Er war zuversichtlich, daß er den Mann erledigen würde, wenn dieser in wenigen Minuten aus dem Aufenthaltsraum zurückkam.

Die letzte Ziffer tauchte auf der Tafel auf. Willis Bruckster betrachtete die Ziffernserie und zerknüllte sodann seinen Spielschein mit einem Ausdruck von Enttäuschung und Ärger, so als hätte er einige sauer verdiente Dollar verloren.

Er warf einen Blick auf die Rolltreppen. Einige Kartengeber in schwarzen Hosen, weißen Hemden und kastanienbraunen Krawatten kamen gerade herauf, und auch Evans war dabei.

Bruckster entfernte sich ein Stück von den Rolltreppen, glättete seinen Keno-Schein und verglich ihn noch einmal mit den Ziffern auf der elektronischen Tafel, so als hoffte er, sich beim erstenmal geirrt zu haben.

Michael Evans war ein attraktiver und charmanter Bursche mit einem federnden Gang. Er blieb kurz stehen, um einige Worte mit einer hübschen Bedienung zu wechseln, die ihm verführerisch zulächelte. Seine Kollegen gingen schon an Bruckster vorüber, und als Evans sich von dem Mädchen trennte, war er der letzte in der Prozession, die den Blackjack-Tischen zustrebte.

Bruckster blieb dicht hinter seinem Opfer, während sie sich durch die Menge drängten. Er griff in eine Tasche seines Freizeitanzugs und holte eine kleine Sprühflasche hervor, die er bequem in seiner Faust verstecken konnte.

Sie mußten stehenbleiben, weil eine lachende Menschenmenge den Mittelgang versperrte. Bruckster benutzte diese Gelegenheit, um Evans auf die Schulter zu tippen.

Der Kartengeber drehte sich um.

»Ich glaube, Sie haben dies hier verloren«, sagte Bruckster lächelnd.

Er streckte seine Hand etwa einen halben Meter unterhalb von Evans' Augen aus, so daß dieser gezwungen war, nach unten zu schauen.

Das feine Spray traf ihn genau ins Gesicht, an Nase und Lippen, und drang sofort in die Nasenlöcher ein. Evans reagierte erwartungsgemäß. Er atmete überrascht die Luft ein, als er besprüht wurde.

Dadurch gelangte der tödliche Sprühregen tief in seine Nase, wo das Gift mit unglaublicher Geschwindigkeit durch die Sinusmembrane absorbiert wurde. Innerhalb von zwei Sekunden befand es sich im Blutkreislauf und gelangte zum Herzen.

Evans' überraschter Ausdruck verwandelte sich in Schrecken und verzerrte sich sodann vor rasendem Schmerz. Er taumelte, ein schaumiger Speichelfaden lief aus seinem Mundwinkel über das Kinn. Er verdrehte wild die Augen und stürzte zu Boden.

Bruckster schob seine Sprühdose in die Tasche, dann rief er: »Hier ist jemand bewußtlos geworden!«

Köpfe drehten sich nach ihm um.

»Machen Sie Platz! Holen Sie einen Arzt! Um Himmels willen, schnell!« schrie er in die Menge.

Niemand hatte den Mord beobachtet.

Bruckster kniete rasch neben Michael Evans nieder und fühlte ihm den Puls. Nicht einmal der schwächste Herzschlag war mehr vorhanden.

Nase, Lippen und Kinn des Opfers waren mit einem dünnen Flüssigkeitsfilm überzogen, aber das war nur das harmlose Mittel, in dem das Gift enthalten gewesen war. Der Giftstoff selbst war bereits verdampft. Und in wenigen Sekunden würde auch das Bindemittel verdampft sein, so daß dem Arzt nichts Ungewöhnliches auffallen würde.

Ein uniformierter Sicherheitsbeamter schob sich durch die Menge der neugierigen Gaffer und ging neben Bruckster in die Hocke. »Was ist passiert?«

»Sieht mir ganz nach einem Herzschlag aus.«

»Kennen Sie ihn?«

»Nie zuvor gesehen.«

Auch der Sicherheitsbeamte konnte keinen Puls feststellen. Er begann mit Wiederbelebungsversuchen, stellte sie aber nach wenigen Minuten ein. »Ich glaube, es ist hoffnungslos.«

»Sieht ganz so aus«, stimmte Bruckster niedergeschlagen zu.

»Herzschlag – wie Sie gesagt haben.«

»Ich nehme es an.«

Das Gift hinterließ keine Spuren. Der Hotelarzt würde bei seiner Untersuchung Herzinfarkt feststellen. Und so würde es auch auf dem Totenschein stehen.

Ein perfekter Mord.

Will Bruckster hatte Mühe, ein zufriedenes Lächeln zu unterdrücken.

24

Richter Harold Kennebeck hatte ein ausgefallenes Hobby – er baute Flaschenschiffe. Die Wände seines Arbeitszimmers legten Zeugnis von seinem Eifer ab. In verglasten Schränken und Vitrinen standen Segelschiffe aller Epochen und Nationen – mit äußerster Sorgfalt und Kunstfertigkeit gearbeitet – in originell geformten Flaschen, die genau auf das jeweilige Modell abgestimmt waren.

Kennebeck stand vor einer der Vitrinen und betrachtete das perfekt nachgebildete Takelwerk einer französischen Fregatte aus dem Ende des 18. Jahrhunderts. Mit seinen Gedanken war er jedoch nicht bei dem Modell, sondern bei den letzten Entwicklungen im Fall Evans. Der Anblick seiner in Glasbehältern verschlossenen Schiffe beruhigte und entspannte ihn; deshalb liebte er es, sie zu betrachten, wenn er über ein Problem nachgrübelte oder besonders nervös war.

Je länger er darüber nachdachte, desto weniger konnte Kennebeck glauben, daß diese Evans wirklich die Wahrheit über ihren Sohn wußte. Wenn jemand vom Projekt Pandora ihr tatsächlich erzählt hätte, was mit jener Busladung von Pfadfindern geschehen war, so hätte die Frau bestimmt nicht gleichmütig reagiert. Sie wäre erschrocken und entsetzt gewesen – und verdammt zornig. Sie wäre geradewegs zur Polizei oder zu den Zeitungen gelaufen, oder auch zu beiden.

Statt dessen hatte sie sich an Elliot Stryker gewandt.

Und genau das war das Paradoxe an der Sache. Einerseits benahm sie sich so, als sei ihr die Wahrheit nicht bekannt. Aber andererseits hatte sie Stryker beauftragt, die Exhumierung der Leiche ihres Sohnes durchzusetzen, und das deutete darauf hin, daß sie irgend etwas wußte.

Wenn man Stryker Glauben schenken wollte, so waren die Motive der Evans ganz unschuldig. Angeblich hatte die Frau Schuldgefühle, weil ihr der Mut gefehlt hatte, vor der Beerdigung einen Blick auf die verstümmelte Leiche ihres Sohnes zu werfen. Sie machte sich Vorwürfe, dem Jungen nicht auf angemessene Weise die letzte Ehre erwiesen zu haben. Ihre Gewissensbisse hatten sich allmählich zu einem ernsthaften psychologischen Problem gesteigert. Sie war sehr verstört und litt jede Nacht unter schrecklichen Alpträumen. So lautete jedenfalls Strykers Version.

Kennebeck war geneigt, dem Anwalt zu glauben. Zufälle gab es nun einmal, auch wenn man das beim Geheimdienst mit der Zeit oft vergaß. Christina Evans hatte an der offiziellen Version des Unfalls in der Sierra höchstwahrscheinlich nicht den geringsten Zweifel gehegt; sie hatte wahrscheinlich keine Ahnung vom Projekt Pandora gehabt, als sie eine Exhumierung beantragte, aber sie hatte dafür einen besonders unglückseligen Zeitpunkt ausgesucht.

Wenn sich hätte feststellen lassen, daß die Frau wirklich nichts von der Vertuschungsaffäre wußte, hätte die Organisation die Exhumierung mit legalen Mitteln verzögern können, zumal der Ex-Ehemann der Evans dagegen Einspruch erhoben hätte. In der Zwischenzeit hätten Agenten die Leiche eines Jungen auftreiben können, die im Verwesungsstadium Dannys Körper entsprochen hätte, vorausgesetzt er hätte wirklich das letzte Jahr im Sarg verbracht. Das Grab wäre nachts heimlich geöffnet und die sterblichen Überreste des falschen Jungen anstelle der Steine in den Sarg gelegt worden. Danach hätte man der verstörten Mutter einen verspäteten Blick auf ihren Sohn erlauben können. Natürlich wäre das alles eine komplizierte Angelegenheit gewesen, und die Gefahr einer Entdeckung hätte bestanden, aber die Risiken wären in akzeptablen Grenzen geblieben, und zumindest hätte man bei einem solchen Vorgehen niemanden töten müssen.

Bedauerlicherweise hatte George Alexander, der Chef der Abteilung von Nevada, nicht die Geduld und die Nerven besessen, die eigentlichen Motive der Frau feststellen zu lassen. Er hatte sofort das Schlimmste angenommen und entsprechend gehandelt. Als Kennebeck ihn über Strykers Antrag auf Exhumierung informierte, war der Abteilungschef sofort ganz massiv vorgegangen und hatte für Stryker einen Selbstmord, für Christina Evans eine tödliche Gaskatastrophe und für ihren geschiedenen Ehemann einen Herzinfarkt beschlossen. Zwei dieser Mordversuche waren fehlgeschlagen. Stryker und die Frau waren verschwunden. Und jetzt saß die gesamte Organisation tief in der Tinte.

Kennebeck hörte hinter sich ein Geräusch, wandte sich von der französischen Fregatte ab und sah George Alexander, der das Arbeitszimmer soeben durch die Tür zur Halle betreten hatte. Der Distriktchef war ein schlanker eleganter Mann von distinguiertem Aussehen. Er trug Schuhe von Gucci, einen teuren Anzug, ein maßgeschneidertes Seidenhemd und eine Cartier-Uhr. Sein perfekt frisiertes braunes Haar war an den Schläfen von grauen Fäden durchzogen. Seine grünen Augen hatten einen wachsamen Ausdruck; aber nur ein aufmerksamer Beobachter konnte erkennen, daß sie auch etwas Bedrohliches ausstrahlten. Er hatte ein wohlgeformtes Gesicht mit hohen Backenknochen, einer schmalen geraden Nase und dünnen Lippen. Wenn er lächelte, bog sich sein linker Mundwinkel leicht nach oben, was ihm ein hochmütiges Aussehen verlieh – aber im Moment hatte Alexander nichts zu lachen.

Kennebeck kannte diesen Mann seit fünf Jahren und hegte seit dem Tag ihrer ersten Begegnung eine tiefe Abneigung gegen ihn. Dieses Gefühl beruhte vermutlich auf Gegenseitigkeit.

Die Feindschaft begründete sich – zumindest teilweise – aus der Tatsache, daß sie in sehr verschiedenen Welten geboren worden waren, beide stolz auf ihre Herkunft waren und auf die jeweils andere verächtlich herabsahen. Harry Kennebeck stammte aus einer sehr armen Familie und hatte es, zumindest seiner eigenen Einschätzung nach, sehr weit gebracht. Alexander hingegen war der Abkömmling einer alten pennsylvanischen Familie, die seit fast hundertfünfzig Jahren reich und mächtig war. Kennebeck hatte sich durch harte Arbeit und eiserne Entschlossenheit hochgearbeitet. Alexander wußte nicht einmal vom Hörensagen, was harte Arbeit war; ihm war alles zugefallen, so als wäre er ein Prinz von Gottes Gnaden.

Was Kennebeck außerdem ärgerte, war Alexanders Heuchelei. Die ganze verdammte Familie bestand aus Heuchlern. Die Alexanders waren sehr stolz darauf, seit langem hohe öffentliche Ämter zu bekleiden. Viele von ihnen waren Präsidialbeauftragte gewesen und hatten wichtige Regierungsposten innegehabt; einige hatten sogar im Kabinett gedient, obwohl keiner jemals geruht hatte, bei irgendeiner Wahl zu kandidieren. Die berühmten Alexanders aus Pennsylvania hatten stets ihre Stimmen erhoben, wenn es um die Rechte von Minderheiten, um den Kreuzzug gegen die Todesstrafe, um liberale Politik und sozialen Idealismus aller Art ging. Gleichzeitig hatten jedoch viele Mitglieder dieser hochehrenwerten Familie dem FBI, CIA und verschiedenen anderen Geheimdienstorganisationen ausgezeichnete Dienste erwiesen – selbstverständlich in aller Heimlichkeit, denn öffentlich kritisierten und schmähten sie diese Organisationen. Jetzt war George Alexander in Nevada Abteilungschef der ersten total geheimen Polizeitruppe der Nation, aber diese Tatsache schien sein liberales Gewissen absolut nicht zu belasten.

Kennebeck selbst gehörte politisch dem äußerst rechten Flügel an. Er war ein Faschist und schämte sich dessen nicht im geringsten. Als er in jungen Jahren seine Karriere beim Nachrichtendienst begonnen hatte, war er sehr erstaunt gewesen, daß nicht alle Leute im Spionagegeschäft seine ultrakonservativen politischen Ansichten teilten. Er hatte erwartet, daß seine Kollegen superpatriotische Rechte sein würden. Aber es gab unter ihnen auch ziemlich viel Liberale. Mit der Zeit war Kennebeck klargeworden, daß die extrem Linken und die extrem Rechten zwei wichtige Ziele gemeinsam hatten: Sie wollten für mehr Ordnung in der Gesellschaft sorgen, und sie strebten eine weitgehende Zentralisierung der Macht in Händen einer starken Regierung an. Die beiden Flügel der äußersten Rechten und äußersten Linken vertraten in bestimmten Einzelfragen verschiedene Ansichten, aber ihr einzig wichtiger Streitpunkt war die Frage, wer zur privilegierten herrschenden Klasse gehören sollte, sobald die Macht erst einmal genügend zentralisiert war.

Ich bin wenigstens ehrlich, was meine Motive betrifft, dachte Kennebeck, während er Alexander auf sich zukommen sah. Ich vertrete in der Öffentlichkeit die gleichen Ansichten wie privat, und das ist eine Tugend, derer er sich nicht rühmen kann. Ich bin kein Heuchler. Ich bin mit Alexander überhaupt nicht zu vergleichen. Mein Gott, er ist ein so eingebildetes, doppelzüngiges Drecksschwein!

»Ich habe soeben mit den Männern gesprochen, die Strykers Haus bewachen«, berichtete Alexander. »Er ist noch nicht aufgetaucht.«

»Ich habe Ihnen gleich gesagt, daß er sich dort nicht mehr sehen lassen wird«, sagte Kennebeck.

»Früher oder später schon.«

»Nein. Er wird sich versteckt halten, bis er absolut sicher ist, daß für ihn keine Lebensgefahr mehr besteht.«

»Irgendwann wird er bestimmt zur Polizei gehen, und dann haben wir ihn!«

»Wenn er glauben würde, daß die Polizei ihm helfen kann, hätte er sich gleich als erstes an sie gewandt«, widersprach Kennebeck. »Aber das hat er nicht getan. Und er wird es auch nicht tun.«

Alexander warf einen Blick auf seine Uhr. »Nun, dann kreuzt er vielleicht noch hier auf. Ich bin sicher, daß er Ihnen eine Menge Fragen stellen möchte.«

»Oh, dessen bin ich mir verdammt sicher«, sagte Kennebeck. »Er würde mir bestimmt am liebsten das Fell über die Ohren ziehen. Aber er wird nicht herkommen, weder heute noch irgendwann in nächster Zeit. Er weiß, daß wir hier auf ihn warten. Er kennt die Spielregeln nur allzu gut. Vergessen Sie nicht, daß er dieses Spiel früher selbst gespielt hat.«

»Das ist lange her«, entgegnete Alexander ungeduldig. »Er ist seit fünfzehn Jahren ein reiner Zivilist. Er muß völlig aus der Übung sein. Selbst wenn er damals ein Naturtalent war, kann er heute unmöglich noch so tüchtig wie früher sein.«

»Aber das versuche ich Ihnen doch schon die ganze Zeit klarzumachen«, sagte Kennebeck und strich sich eine schneeweiße Locke aus der Stirn. »Elliot ist alles andere als ein Dummkopf. Er war der beste und intelligenteste junge Offizier, den ich je hatte. Er war ein Naturtalent. Und damals war er jung und relativ unerfahren. Deshalb könnte er jetzt, als reifer Mann, sogar noch tüchtiger sein.«

Alexander weigerte sich, das zur Kenntnis zu nehmen. Trotz der Tatsache, daß zwei von den drei geplanten Morden fehlgeschlagen waren, wirkte Alexander selbstsicher wie eh und je; er war überzeugt davon, daß er siegen würde.

Er ist immer so verdammt arrogant, dachte Kennebeck. Und meistens hat er dafür nicht den geringsten Grund. Wenn er sich seiner Fehler und Mängel bewußt wäre, würde er vermutlich unter seinem in sich zusammenbrechenden Ego zermalmt werden.

Alexander ging zu dem riesigen Ahornschreibtisch und setzte sich in Kennebecks Ohrensessel.

Der Richter starrte ihn gereizt an.

Alexander tat so, als bemerkte er Kennebecks Verärgerung nicht. »Wir werden Stryker und diese Frau noch vor morgen früh finden. Daran habe ich nicht den geringsten Zweifel. Wir lassen alle Hotels und Motels von unseren Leuten überprüfen...«

»Du lieber Himmel, das ist reine Zeitverschwendung!« fiel Kennebeck ihm ins Wort. »Elliot ist viel zu schlau, um einfach in ein Hotel zu spazieren und sich mit seinem Namen einzutragen. Außerdem gibt es in Vegas mehr Hotels und Motels als in jeder anderen Stadt der Welt.«

»Ich bin mir der Schwierigkeiten durchaus bewußt«, erklärte Alexander pikiert. »Aber wir könnten Glück haben. Selbstverständlich werden auch Strykers Partner in der Kanzlei, seine

Freunde und die Freunde dieser Frau observiert werden – sämtliche Personen, bei denen sie Zuflucht suchen könnten.«

»Sie haben nicht genügend Leute, um all diesen Möglichkeiten nachzugehen«, sagte der Richter. »Warum wollen Sie das nicht einsehen? Sie sollten Ihre Männer klüger einsetzen, sie nicht so dünn streuen. Sie sollten...«

»Die Entscheidungen treffe *ich*«, unterbrach ihn Alexander in eisigem Ton.

»Was ist mit dem Flughafen?«

»Wir kümmern uns selbstverständlich darum«, erwiderte Alexander. »Einige unserer Leute überprüfen die Passagierlisten sämtlicher Flüge.« Er hob einen Brieföffner mit Elfenbeingriff vom Schreibtisch auf und begann ihn in den Händen zu drehen. »Auch wenn wir unsere Leute ein bißchen dünn streuen müssen, so spielt das keine Rolle. Ich weiß nämlich ohnehin, wo wir Stryker festnageln werden. *Hier*. In diesem Haus. Deshalb hänge ich immer noch hier herum. Oh, ich weiß, ich weiß, Sie glauben nicht, daß er sich hier sehen läßt. Aber Sie waren vor langer Zeit Strykers Mentor, der Mann, zu dem er aufblickte, und nun haben Sie ihn verraten. Er wird herkommen, um Sie zur Rede zu stellen, auch wenn er weiß, daß es riskant ist. Dessen bin ich mir sicher. Ich *weiß* es.«

»Allmächtiger Himmel«, rief Kennebeck erbittert. »Sie verkennen total die Art unserer Beziehung. Er...«

»Ich kenne die menschliche Natur«, beendete Alexander die Diskussion.

Wütend drehte sich Kennebeck wieder der Flasche mit der französischen Fregatte zu. Plötzlich fiel ihm etwas Wichtiges über Elliot Stryker ein. »Ah!« murmelte er.

Alexander blickte von dem emaillierten Zigarettenetui auf, das er gerade betrachtet hatte. »Was ist?«

»Elliot ist ein Pilot. Er besitzt ein eigenes Flugzeug.«

Alexander runzelte die Stirn.

»Lassen Sie auch die kleinen Privatmaschinen überprüfen, die vom Flughafen starten?« erkundigte sich Kennebeck.

»Nein, nur die Verkehrsflugzeuge.«

»Ah.«

»Er hätte bei Dunkelheit starten müssen«, sagte Alexander.

»Glauben Sie, daß er eine Lizenz für Instrumentenflüge besitzt? Die meisten Hobbypiloten dürfen nur bei Tageslicht fliegen.«

»Informieren Sie lieber Ihre Männer am Flughafen«, riet ihm Kennebeck. »Ich weiß aber schon jetzt, was sie herausfinden werden. Ich wette hundert Dollar, daß Elliot sich vor Ihrer Nase aus der Stadt abgesetzt hat.«

Die Cessna Turbo Skylane RG flog drei Kilometer über der Wüste von Nevada durch die Dunkelheit.

»Elliot?«

»Hmmm?«

»Es tut mir leid, daß ich dich in diese Sache hineingezogen habe.«

»Gefällt dir meine Gesellschaft nicht?«

»Du weißt, was ich meine. Es tut mir wirklich sehr leid.«

»Hör mal, du hast mich in nichts hineingezogen. Ich habe mich freiwillig bereit erklärt, dir bei der Exhumierung behilflich zu sein, und alles weitere ist nun wirklich nicht deine Schuld.«

»Trotzdem ... du bist jetzt auf der Flucht ... du schwebst in Lebensgefahr ... und das alles nur meinetwegen.«

»Unsinn! Du konntest schließlich nicht ahnen, welche Folgen meine Unterredung mit Kennebeck haben würde.«

»Ich habe trotzdem Schuldgefühle.«

»Wenn nicht mich, so hätte es irgendeinen anderen Anwalt getroffen. Und der hätte vielleicht nicht mit Vince umzugehen gewußt. In diesem Falle wären jetzt sowohl er als auch du tot. Wenn du es unter diesem Aspekt betrachtest, war es so noch das Beste.«

»Du bist großartig.«

»O nein.«

»Und mutig!«

»Mut ist eine Tugend der Narren.«

»Und gerissen!«

»Nicht so gerissen, wie ich mir einbilde.«

»Und stark!«

»Ich vergieße bei traurigen Filmen Krokodilstränen. Du siehst also, ich bin alles andere als ein Held.«

»Aber du kannst kochen!«

»Das stimmt.«

Die Cessna geriet in ein Luftloch und verlor neunzig Meter an Höhe, bevor sie sich wieder fing und aufstieg.

»Ein großartiger Koch, aber ein lausiger Pilot«, kommentierte Tina.

»Der Sturm ist Gottes Werk. Beschwer dich also bei ihm.«

»Wie lange dauert es noch, bis wir in Reno landen?«

»Achtzig Minuten.«

George Alexander legte den Hörer auf. Er saß immer noch in Kennebecks Ohrensessel. »Stryker und die Frau sind vor über zwei Stunden mit seiner Cessna vom McCarran International gestartet. Er hat als Flugziel Flagstaff angegeben.«

Der Richter unterbrach seine Wanderung durch das Zimmer. »Arizona?«

»Das ist das einzige Flagstaff, das mir bekannt ist. Aber weshalb sollten sie ausgerechnet nach Arizona gehen?«

»Das tun sie vermutlich auch nicht«, sagte Kennebeck. »Er will Sie vermutlich nur irreführen.« Perverserweise war er stolz auf Strykers Schläue.

»Wenn sie tatsächlich nach Flagstaff geflogen sind«, sinnierte Alexander, »müßten sie dort schon gelandet sein. Ich werde den dortigen Flughafen anrufen, mich als FBI-Mann ausgeben und Erkundigungen einziehen.«

Weil die Organisation offiziell überhaupt nicht existierte, konnte sie auch nicht in ihrem eigenen Namen Informationen einholen. Deshalb gaben sich die Agenten normalerweise als Angehörige des FBI aus und benutzten auch falsche Ausweise mit den Namen echter FBI-Agenten.

Während Alexander telefonierte, ging Kennebeck von einem Flaschenschiff zum anderen, aber diesmal vermochten seine Modelle ihn nicht zu beruhigen.

Eine Viertelstunde später legte Alexander den Hörer auf. »Stryker ist nicht auf dem Flugfeld von Flagstaff gelandet. Und sie haben ihn auch noch nicht in ihrem Flugraum gesichtet.«

»Aha! Er hat also doch eine falsche Fährte gelegt.«

»Es sei denn, daß er unterwegs abgestürzt ist«, sagte Alexander hoffnungsvoll.

Kennebeck schnitt eine Grimasse. »Er ist nicht abgestürzt. Aber wohin, in drei Teufels Namen, mag er geflogen sein?«

»Wahrscheinlich in die entgegengesetzte Richtung«, vermutete Alexander. »Nach Südkalifornien.«

»Ah... Los Angeles?«

»Oder Santa Barbara. Burbank. Long Beach. Ontario. Orange County. Es gibt ziemlich viele Flughäfen, die er mit seiner kleinen Cessna ansteuern kann.«

Beide dachten schweigend nach. Schließlich rief Kennebeck: »Reno! Sie sind nach Reno geflogen!«

»Sie waren doch überzeugt davon, daß die beiden nichts von den Labors in der Sierra wissen«, wandte Alexander ein. »Haben Sie Ihre Meinung geändert?«

»Nein. Ich glaube immer noch, daß Sie sich diese Mordaufträge hätten sparen können. Ich glaube auch nicht, daß sie ins Gebirge wollen. Sie wissen nicht, wo die Laboratorien sind. Sie wissen über Projekt Pandora nur das, was sie der Fragenliste entnehmen konnten, die Stryker diesem Trottel Vince abgenommen hat.«

»Warum dann ausgerechnet Reno?«

Kennebeck begann wieder auf und ab zu gehen. »Überlegen Sie doch mal – nachdem wir versucht haben, sie umzubringen, wissen sie natürlich, daß die Geschichte von dem angeblichen Busunglück erstunken und erlogen ist. Sie ahnen jetzt, daß mit der Leiche des Jungen etwas nicht stimmt. Sie würden das Grab bestimmt auf eigene Faust öffnen, wenn sie könnten, aber sie gehen mit Sicherheit davon aus, daß wir den Friedhof observieren. Wenn sie schon nicht selbst nachsehen können, was wir Danny zugefügt haben – was glauben Sie, was die beiden tun werden? Ich kann es Ihnen verraten. Sie werden die Person befragen wollen, die angeblich als letzte die Leiche gesehen hat. Sie werden sich den Zustand der Leiche in allen Einzelheiten schildern lassen wollen.«

»Richard Pannafin war der Gerichtsmediziner in Reno, der den Totenschein ausgestellt hat.«

»Nein, zu Pannafin werden sie nicht gehen, weil sie vermuten, daß er an der Verschwörung beteiligt war.«

»Was ja auch stimmt, obwohl er nur widerwillig mitgemacht hat.«

»Deshalb werden sie sich an den Bestatter wenden, der angeblich die Leiche des Jungen für die Beerdigung präpariert hat.«

»Bellicosti!«

»Heißt er so?«

»Ja. Luciano Bellicosti«, sagte Alexander. »Aber wenn sie vorhaben, Bellicosti aufzusuchen, dann verstecken sie sich nicht einfach und lecken ihre Wunden. Allmächtiger Himmel, das würde ja bedeuten, daß sie in die Offensive gegangen sind!«

»Daran zeigt sich eben Strykers Ausbildung beim Nachrichtendienst«, stellte Kennebeck befriedigt fest. »Das versuchte ich Ihnen ja dauernd klarzumachen. Er wird nicht leicht zu erledigen sein. Er könnte mit etwas Glück unserer ganzen Organisation vernichtenden Schaden zufügen. Und die Frau gehört offenbar auch nicht zu jenen, die vor Problemen davonlaufen. Wir müssen auf diese beiden mehr Sorgfalt und Mühe verwenden als sonst üblich. Was ist mit diesem Bellicosti? Wird er den Mund halten?«

»Ich weiß nicht recht«, erwiderte Alexander unbehaglich. »Wir haben ihn fest in der Hand. Er ist ein italienischer Einwanderer. Nachdem er acht oder neun Jahre hier gelebt hatte, stellte er einen Antrag auf amerikanische Staatsbürgerschaft. Er hatte seine Papiere noch nicht erhalten, als wir plötzlich einen willfährigen Bestatter brauchten. Wir ließen seinen Antrag bei der Einwanderungsbehörde auf Eis legen und drohten ihm mit Ausweisung, wenn er den Auftrag nicht in unserem Sinne ausführen würde. Er war alles andere als begeistert von der Sache, aber die Staatsbürgerschaft erwies sich letztlich doch als gutes Lockmittel. Trotzdem... ich glaube nicht, daß auf den Mann hundertprozentig Verlaß ist.«

»Dies ist eine verdammt wichtige Angelegenheit«, sagte Kennebeck. »Und dieser Bellicosti scheint mir zuviel zu wissen.«

»Genau!« Alexander griff nach dem Telefonhörer. »Er muß liquidiert werden. Und der Gerichtsmediziner vorsichtshalber auch.«

»Sie wollen doch nicht so drastische Maßnahmen treffen, bevor Sie nicht mit hundertprozentiger Sicherheit wissen, daß Stryker tatsächlich nach Reno unterwegs ist? Und Sie können erst sicher sein, wenn er dort gelandet ist.«

Alexander zögerte mit der Hand auf dem Hörer. »Wenn ich abwarte, gebe ich Stryker die Chance, uns bei Bellicosti zuvorzukommen.« Er nagte an seiner Unterlippe. »Vielleicht besteht eine Möglichkeit herauszufinden, ob er wirklich Reno ansteuert. Er wird dort ein Auto benötigen. Vielleicht hat er eins vorbestellt. Ich werde unser Informationsbüro beauftragen, bei allen Mietwagenagenturen anzurufen, die am Flughafen von Reno auch nachts Wagen verleihen. Das dürften nicht viele sein, und folglich müßte eine Überprüfung keine Schwierigkeiten bereiten.«

»Gute Idee«, mußte Kennebeck widerwillig zugeben.

Zehn Minuten später wußten sie, daß Elliot Stryker bei Avis einen Wagen bestellt hatte, der kurz vor Mitternacht bereitstehen sollte.

»Das war ein bißchen nachlässig von ihm«, kommentierte Kennebeck, »wenn man bedenkt, wie geschickt er bisher vorgegangen ist.«

»Er glaubt, daß wir ihn in Arizona suchen, nicht in Reno.«

»Trotzdem ist es nachlässig«, sagte Kennebeck enttäuscht.

»Es ist also doch so, wie ich Ihnen sagte«, lächelte Alexander. »Er ist nicht mehr so tüchtig wie früher.«

»Wir sollten uns nicht zu früh freuen«, mahnte Kennebeck. »Noch haben wir ihn nicht geschnappt!«

»Aber bald«, versicherte Alexander, nun wieder völlig selbstsicher. »Unsere Leute in Reno werden schnelle Arbeit leisten müssen, aber sie werden es schaffen. Ich glaube nicht, daß es eine gute Idee wäre, Stryker und die Frau an einem öffentlichen Ort wie dem Flughafen zu liquidieren. Meiner Ansicht nach sollten wir sie nach ihrer Landung auch nicht beschatten lassen. Stryker wird bestimmt nach eventuellen Verfolgern Ausschau halten, und wenn er sie wie hier in Vegas abhängt, wird er gewarnt sein.«

»Lassen Sie von Ihren Leuten einen Sender am Mietwagen anbringen. Dann können sie ihn verfolgen, ohne gesehen zu werden.«

»Wir werden es versuchen«, sagte Alexander. »Wir haben allerdings weniger als eine Stunde Zeit. Aber selbst wenn wir es nicht mehr schaffen, einen Sender am Wagen anzubringen, so ist es nicht weiter tragisch. Wir wissen ja, wohin die beiden wollen.

Wir brauchen nur Bellicosti zu erledigen und ihnen in seinem Haus aufzulauern.«

Er nahm den Hörer ab und rief das Büro der Organisation in Reno an.

25

In Reno, das sich selbst als ›Größte Kleinstadt der Welt‹ anpries, herrschten kurz vor Mitternacht Minustemperaturen um fünf Grad. Der Himmel über den Parkplatzlampen war völlig schwarz; weder der Mond noch Sterne waren zu sehen. Schneeflocken tanzten im Wind.

Elliot war froh, daß sie sich vor dem Abflug in Las Vegas die Zeit genommen hatten, schwere Anoraks zu kaufen. Er wünschte, sie hätten auch an Handschuhe gedacht. Ihn fror an den Händen.

Er warf ihren einzigen Koffer in den Kofferraum des gemieteten Chevrolets, den ein Avis-Angestellter ihnen soeben übergeben hatte. In der kalten Luft wirbelten die Auspuffgase als weiße Wolken um Elliots Beine. Er schloß den Kofferraum und betrachtete aufmerksam alle schneebestäubten Fahrzeuge auf dem Parkplatz. Sie schienen leer zu sein. Er hatte auch nicht das Gefühl, beobachtet zu werden. Vielleicht hatten die Jagdhunde die falsche Spur aufgenommen und suchten in Flagstaff nach ihnen. Er öffnete die Fahrertür und stieg ein. Tina hantierte schon an der Heizung herum.

»Mein Blut friert gleich ein«, sagte sie.

Elliot hielt seine Hand über die Ventilation. »Es kommt schon warme Luft.«

Er öffnete den Reißverschluß seines Anoraks und holte die Pistole heraus, die er gleich nach der Landung unter seinen Gürtel geschoben hatte. Er legte sie zwischen Tina und sich auf den Sitz, mit der Mündung zum Armaturenbrett.

»Glaubst du wirklich, daß wir Bellicosti um diese Zeit noch aufsuchen können?« fragte Tina.

»Na klar. So spät ist es noch nicht.«

Tina hatte in einer Telefonzelle am Flughafen die Adresse des Bestattungsinstituts von Luciano Bellicosti herausgesucht, und der Avis-Angestellte hatte ihnen den kürzesten Weg auf dem kostenlosen Stadtplan eingezeichnet, der zum Service der Mietwagenagentur gehörte.

Elliot schaltete die Innenleuchte ein und studierte die Karte, dann übergab er sie Tina. »Ich glaube, ich kann den Weg problemlos finden. Sollte ich mich aber doch verfahren, mußt du Steuermann spielen.«

»Aye, aye, Käpt'n.«

Er schaltete die Innenleuchte wieder aus und streckte die Hand nach dem Schalthebel aus.

Mit einem vernehmbaren Klicken schaltete das Licht sich wieder ein.

Er schaltete es aus.

Es schaltete sich ein.

Auch das Radio schaltete sich von selbst ein. Der Frequenzzeiger bewegte sich über die Leuchtskala, von links nach rechts, dann von rechts nach links, dann wieder von links nach rechts. Der Abstimmknopf drehte sich, obwohl niemand ihn berührte. Musikfetzen und Satzfragmente gingen schrill ineinander über.

»Das ist Danny!« sagte Tina.

Die Scheibenwischer begannen mit ihrer höchsten Geschwindigkeit über die Scheiben zu gleiten, und ihre metronomischen Schläge untermalten die chaotischen Klänge aus dem Radio.

Die Scheinwerfer blinkten so schnell, daß sie einen stroboskopischen Effekt erzeugten: die weißen Schneeflocken schienen mit kurzen, ruckartigen Bewegungen dem Boden zuzustreben.

Die Luft im Wagen war kalt und wurde mit jeder Sekunde noch kälter.

Elliot hielt seine Hand an die Ventilation. Nach wie vor kam warme Luft heraus, aber sie konnte die fallende Lufttemperatur nicht stabilisieren.

Das Handschuhfach öffnete sich.

Der Aschenbecher schob sich selbsttätig heraus.

Tina lachte vor Entzücken.

Ihr Lachen bestürzte Elliot, aber dann mußte auch er sich eingestehen, daß er sich von dem Schabernack des Poltergeistes nicht bedroht fühlte. Im Gegenteil, er spürte, daß das ein Freudenausbruch war, der aufgeregte Willkommensgruß eines Kindes. Er stellte zu seiner größten Überraschung fest, daß er spürbare Wellen von Liebe und Zuneigung empfing. Er hätte so etwas niemals für möglich gehalten, und er wußte, daß er es nie jemandem würde erklären können. Ein nicht unangenehmer Schauer lief ihm über den Rücken. Offensichtlich war es diese überwältigende Erfahrung, von Wellen der Liebe gepufft zu werden, die Tina zum Lachen gebracht hatte.

»Wir kommen, Danny«, sagte sie. »Hör mich, wenn du es kannst, mein Kleiner. Wir werden dich befreien. Wir kommen!«

Das Radio schaltete sich aus, danach die Innenleuchte. Die Scheibenwischer blieben stehen. Die Scheinwerfer hörten auf zu blinken. Stille trat ein.

Völlige Stille.

Schneeflocken fielen lautlos auf die Windschutzscheibe.

Im Wagen wurde die Luft rasch wieder wärmer.

»Warum wird es jedesmal kalt, wenn er…wenn er seine übersinnlichen Kräfte einsetzt?« fragte Elliot.

»Wer weiß? Vielleicht bewegt er die Gegenstände, indem er sich die Wärmeenergie in der Luft irgendwie zunutze macht, sie umwandelt oder irgend etwas. Vielleicht hat die Kälte aber auch eine völlig andere Ursache. Wir werden es wahrscheinlich nie erfahren. Vielleicht versteht Danny es selbst nicht. Aber das ist auch nicht wichtig. Wichtig ist einzig und allein, daß mein Danny lebt. Daran kann kein Zweifel mehr bestehen. Jetzt kann daran nicht mehr der geringste Zweifel bestehen. Und aus deiner Frage erkenne ich, daß auch du jetzt daran glaubst.«

»Ja«, gab Elliot zu, immer noch verwirrt über das gerade Geschehene, das ihn zwang, seine Ansichten über parapsychologische Phänomene zu revidieren. »Ja, ich glaube wirklich, daß du mit deiner Vermutung recht haben könntest.«

»Ich weiß es.«

»Irgend etwas höchst Ungewöhnliches muß dieser Pfadfindergruppe zugestoßen sein. Und mit deinem Sohn muß etwas regelrecht Unheimliches geschehen sein.«

»Aber er ist wenigstens nicht tot!«

»Mach dir keine allzu großen Hoffnungen«, sagte er besorgt.

»Okay? Wir haben noch einen sehr weiten Weg vor uns. Wir wissen nicht einmal, wo sich Danny befindet und in welchem Zustand er ist. Wir müssen noch viele Hürden nehmen, bevor wir ihn finden und befreien können. Möglicherweise werden wir beide getötet werden, bevor wir auch nur in seine Nähe kommen.«

Er fuhr los, verließ den Parkplatz. Soweit er feststellen konnte, wurden sie nicht verfolgt.

26

Der Raum befand sich drei Stockwerke unter der Erdoberfläche. Er gehörte zur geheimen Forschungsanlage in der Sierra und war etwa zwölf Meter lang und sechs Meter breit. Die niedrige Decke war mit einem porösen cremefarbenen schalldichten Material verkleidet, das fast wie Naturstein aussah. Leuchtröhren warfen ihr kaltes Licht auf Computer und Tische, die mit Zeitschriften, Akten, Diagrammen und wissenschaftlichen Instrumenten beladen waren. Auch zwei Kaffeebecher standen dort.

In die Mitte der Westwand – einer der beiden kürzeren Wände – gegenüber dem Eingang ins Zimmer war ein knapp zwei Meter breites und einen Meter hohes Fenster eingebaut, das den Blick in den angrenzenden, nur halb so großen Raum erlaubte. Dieses Fenster bestand aus zwei jeweils zweieinhalb Zentimeter dicken bruchsicheren Scheiben im Abstand von zweieinhalb Zentimeter. Dieser Zwischenraum war mit einem schweren Gas gefüllt. Die Rahmen waren aus rostfreiem Stahl und an den Ecken zusätzlich mit Gummi abgedichtet. Dieses Fenster war so konstruiert, daß es weder durch Schüsse, noch durch ein Erdbeben, noch durch sonstige Einwirkungen zerstört werden konnte.

Weil es für die Männer, die in dem großen Zimmer arbeiteten, wichtig war, den kleinen Raum ständig im Auge behalten zu können, wurde das Glas mit Hilfe von Deckenventilatoren in beiden Räumen ständig mit warmer trockener Luft angeblasen, um ein Beschlagen der Scheiben zu verhindern. Dennoch waren sie im Augenblick zu drei Vierteln mit einer dünnen Frostschicht überzogen.

Zwei Männer in weißen Laborkitteln hielten sich in dem größeren Raum auf. Dr. Carlton Dombey, ein Mann mit Lockenkopf und buschigem Schnurrbart, stand am Fenster und spähte durch eine der wenigen frostfreien Stellen ins Nebenzimmer. Dr. Aaron Zachariah, jünger als Dombey, glattrasiert und braunhaarig, beugte sich über einen Computer, dessen Bildschirm Daten lieferte.

»Die Temperatur ist drüben während der letzten anderthalb Minuten wieder um ein halbes Grad gefallen«, sagte Zachariah besorgt. »Das kann für den Jungen nicht gut sein.«

»Es scheint ihm bisher aber nie etwas ausgemacht zu haben«, meinte Dombey.

»Ich weiß, aber...«

»Kontrollier mal seine Daten.«

Zachariah ging zu einer anderen Computeranlage, auf deren Bildschirmen Danny Evans' Herzschlag, Blutdruck, Körpertemperatur und Gehirnströme ständig abzulesen waren. »Puls normal, vielleicht sogar etwas langsamer als vorhin. Blutdruck okay, Temperatur unverändert. Nur das EEG weist Besonderheiten auf.«

»Wie immer während dieser verdammten Temperaturstürze«, sagte Dombey. »Seltsame Gehirnstromaktivität, aber kein anderer Hinweis auf körperliches Unbehagen.«

»Wenn es drüben lange so kalt bleibt, werden wir ihn in ein anderes Zimmer verlegen müssen«, meinte Zachariah.

»Wir haben keines zur Verfügung«, erwiderte Dombey. »In allen anderen laufen Tierexperimente.«

»Dann werden wir eben die Tiere umquartieren müssen. Der Junge ist schließlich wichtiger. Wir brauchen ihn noch für weitere Daten.«

»Wir werden ihn nicht verlegen müssen. Diese Kälte wird nicht lange anhalten.« Dombey spähte in den kleineren Raum, wo der Junge regungslos auf einem Krankenbett lag, unter einem weißen Laken und einer gelben Decke. »Zumindest war es bisher immer so. Die Temperatur fällt abrupt, bleibt zwei bis höchstens fünf Minuten niedrig und steigt dann wieder auf die normale Höhe an.«

»Was, zum Teufel, ist eigentlich mit den Ingenieuren los? Warum können sie diesen Schaden nicht beheben?«

»Sie behaupten, die Heizungsanlage funktioniere perfekt.«

»Aber das stimmt doch nicht, verdammt noch mal!« Zachariah trat nun ebenfalls ans Fenster und suchte sich eine frostfreie Stelle. »Als es vor etwa einem Monat anfing, war es längst nicht so schlimm. Die Temperatur fiel nur um wenige Grad, und das nur einmal pro Nacht. Tagsüber nie. Die Gesundheit des Jungen wurde dadurch nicht gefährdet. Aber in den letzten Tagen wird es immer schlimmer mit diesen Temperaturstürzen. Und da behaupten diese Idioten, die Anlage funktioniere perfekt!«

»Ich habe gehört, daß die Leute herzitiert worden sind, die diese Heizung gebaut haben«, sagte Dombey. »Die werden bestimmt in kürzester Zeit herausfinden, was mit dem verdammten Ding los ist. Aber ich begreife nicht, warum du dich eigentlich so aufregst. Wir sollen mit dem Jungen doch sowieso Experimente machen, bis er stirbt. Weshalb bist du dann so besorgt um seine Gesundheit?«

»Das kann doch nicht dein Ernst sein«, erwiderte Zachariah erregt. »Wenn der Junge schließlich stirbt, müssen wir ganz sicher sein können, daß es wirklich die Injektionen waren, die ihn getötet haben. Und wenn er noch häufig solchen Temperaturschwankungen ausgesetzt wird, werden wir nicht wissen, ob sie nicht vielleicht zu seinem Tod beigetragen haben. Das sind keine sauberen Forschungsmethoden.«

Dombey lachte bitter und wandte sich vom Fenster ab. »Sauber? Diese ganze Sache war niemals sauber. Sie stank von Anfang an zum Himmel.«

Zachariah sah ihn tadelnd an. »Ich spreche nicht von der moralischen Haltung dieses Unternehmens.«

»Aber ich!«

»Mir geht es um die klinischen Maßstäbe.«

»Ich habe keine Lust, mir deine Ansichten anzuhören«, sagte Dombey. »Ich habe nämlich gräßliche Kopfschmerzen.«

»Ich versuche nur, gewissenhaft zu sein«, schmollte Zachariah. »Du kannst mir doch nicht zum Vorwurf machen, daß diese Arbeit schmutzig ist. Ich habe in bezug auf die Forschungspolitik nicht viel zu sagen.«

»Du hast *nichts* zu sagen«, korrigierte Dombey. »Genau wie ich.

Wir sind doch nur ganz kleine Fische. Deshalb müssen wir hier auch sozusagen die Babysitter spielen.«

»Aber selbst wenn ich bei den wichtigen Entscheidungen mitzureden hätte«, sagte Zachariah, »würde ich wahrscheinlich den gleichen Kurs wie Dr. Tamaguchi einschlagen. Er *mußte* diese Forschung betreiben. Ihm blieb gar keine andere Wahl, als wir festgestellt haben, wie weit die verdammten Russen auf diesem Gebiet sind. Vergiß nicht, daß dieses hübsche kleine Projekt ursprünglich von den Russen stammt. Wenn du jemandem Vorwürfe machen willst, weil du Schuldgefühle hast, mußt du dich an die Adresse der Russen wenden und nicht an meine.«

»Ich weiß, ich weiß«, sagte Dombey müde und fuhr sich nervös mit der Hand durch die Locken. »Wenn irgendeine Regierung auf der Erde fähig ist, eine derartige Waffe einzusetzen, so die Sowjetunion. Uns bleibt keine andere Wahl als das Gleichgewicht der Kräfte zu wahren. Davon bin ich überzeugt. Und doch... weißt du... manchmal frage ich mich, ob wir dabei nicht immer mehr die autoritären Methoden der Sowjets übernehmen. Werden wir nicht selbst allmählich zu einem totalitären Staat, obwohl wir lautstark behaupten, ein solches Regime zu verabscheuen?«

»Möglicherweise.«

»Ich glaube – definitiv.«

»Welche andere Wahl haben wir denn?«

»Vermutlich keine.«

»Sieh mal!« rief Zachariah.

»Was ist?«

»Die Scheibe wird klar. Drüben muß es wieder warm werden.«

Die beiden Wissenschaftler spähten in den Nebenraum. Der abgezehrte Junge drehte seinen Kopf langsam in ihre Richtung und starrte sie durch die Seitengitter seines Bettes hindurch an.

»Diese verdammten Augen!« murmelte Zachariah.

»Ganz schön durchdringend, was?«

»Wenn er einen so anstarrt... das jagt mir manchmal einen Schauer über den Rücken. Diese Augen sind irgendwie unheimlich.«

»Du fühlst dich einfach schuldig, wenn er dich ansieht.«

»Nein, das ist es nicht allein. Seine Augen sind...sonderbar. Als er vor einem Jahr herkam, waren sie ganz anders.«

»Wie könnte es auch anders sein?« sagte Dombey traurig. »Jetzt drücken diese Augen Schmerz und Einsamkeit aus.«

»Mehr als das«, meinte Zachariah. »In diesen Augen steht etwas...etwas...es gibt kein Wort dafür.«

Er wandte sich vom Fenster ab und kehrte zu den Computern zurück, um sein Unbehagen verdrängen zu können.

Teil IV
Freitag, 2. Januar

27

Größtenteils waren die Straßen in Reno trocken, trotz des kürzlichen Schneefalls, aber hier und da lauerten vereiste Stellen auf unvorsichtige Autofahrer. Elliot Stryker fuhr deshalb langsam und umsichtig.

»Wir müßten bald da sein«, sagte Tina.

Nach einem halben Kilometer kam auf der linken Seite Luciano Bellicostis Haus und Geschäft in Sicht. Ein großes, schwarz umrandetes Schild wies ihn großartig als BESTATTUNGSUNTERNEHMER UND TRAUERBERATER aus. Das riesige Haus im Pseudo-Kolonialstil stand auf einem Hügel, von der Straße weit zurückversetzt. Daneben befand sich passenderweise ein Friedhof. Die lange kurvige Auffahrt schlängelte sich wie ein schwarzes Band durch den schneebedeckten Rasen. Steinpfeiler und elektrische Laternen säumten den Weg zum Vordereingang, und aus mehreren Erdgeschoßfenstern schimmerte warmes Licht.

Elliot beschloß im letzten Moment, nicht in die Auffahrt einzubiegen, sondern auf der Straße zu bleiben.

»Warum fährst du weiter?« fragte Tina.

»Vorsicht ist besser als Nachsicht. Hat dir das noch nie jemand gesagt?«

»Du hast es soeben nachgeholt.«

»Einfach zum Vordereingang zu stürzen und Bellicosti sofort mit Fragen zu überschütten – das wäre emotional befriedigend, mutig und kühn. Und sehr dumm.«

»Aber hier können sie uns doch nicht auflauern. Sie wissen doch gar nicht, daß wir in Reno sind.«

»Man soll den Gegner nie unterschätzen«, sagte Elliot. »Sie haben mich und dich unterschätzt, und das war ein schwerer Fehler. Wir werden nicht den gleichen Fehler machen. Ich habe nicht den geringsten Wunsch, ihnen in die Hände zu fallen.«

Hinter dem Friedhof bog er in eine Seitenstraße ab, parkte am Bordstein, schaltete die Scheinwerfer aus und stellte den Motor ab.

»Und was nun?« erkundigte sich Tina.

»Ich gehe zu Fuß zum Bestattungsinstitut«, erklärte Elliot. »Ich nehme den Weg durch den Friedhof und schleiche mich von hinten ans Haus heran.«

»Wir werden uns von hinten anschleichen.«

»Nein.«

»Doch.«

»Du wartest hier auf mich.«

»Blödsinn!«

Das bleiche Licht einer Straßenlampe fiel auf ihr Gesicht. Sie sah einfach hinreißend aus, und am liebsten hätte er sie in die Arme genommen.

Aber das Licht enthüllte zugleich auch die eiserne Entschlossenheit in ihren Gesichtszügen und in den strahlend blauen Augen. Sie würde nicht zulassen, daß er sie wie ein zerbrechliches Porzellanpüppchen behandelte.

Obwohl ihm klar war, daß er gegen sie unterliegen würde, versuchte er, sie zum Nachgeben zu überreden. »Sei doch vernünftig, Tina. Wenn es Schwierigkeiten gibt, könntest du die Nerven verlieren.«

»Also wirklich, Elliot, red doch kein dummes Zeug. Hältst du mich für eine Frau, die leicht die Nerven verliert?«

»Der Schnee ist ziemlich tief, und du trägst keine Stiefel.«

»Du auch nicht.«

»Wenn sie uns nun aber im Haus auflauern...«

»Könntest du meine Hilfe brauchen«, vollendete sie seinen Satz. »Und falls sie uns keine Falle gestellt haben, möchte ich unbedingt dabei sein, wenn du Bellicosti befragst.«

»Hör mal, wir verschwenden hier nur unnötige Zeit!« sagte er ungeduldig.

»Ich bin ganz deiner Meinung.« Mit diesen Worten öffnete sie ihre Tür und stieg aus.

In diesem Augenblick erkannte er, daß er sie liebte.

Er schob die Pistole in eine Anoraktasche und stieg ebenfalls aus. Er schloß den Chevrolet nicht ab, um keine Verzögerung zu riskieren, falls Tina und er es eilig haben sollten, von hier wegzukommen.

Auf dem Friedhof reichte ihm der Schnee bis zur Mitte der Waden, durchnäßte seine Hosenbeine und Socken und schmolz in seinen Schuhen.

Tina, die leichte Segeltuchschuhe mit Gummisohlen trug, mußte noch schlimmer daran sein, aber sie hielt tapfer mit ihm Schritt, ohne zu jammern.

Der scharfe feuchte Wind war stärker als bei ihrer Landung auf dem Flughafen. Er fegte durch den Friedhof, pfiff zwischen den Grabsteinen und verhieß mehr Schnee, viel mehr Schnee, als er bisher gebracht hatte.

Eine niedrige Steinmauer und eine Reihe haushoher Tannen trennten den Friedhof von Bellicostis Grundstück. Sie kletterten über die Mauer und blieben für einen Augenblick im Schutz der Bäume stehen, während Elliot den Weg bis zur Rückseite des Hauses aufmerksam beobachtete.

Er brauchte Tina nicht zu sagen, daß sie still sein solle. Sie wartete geduldig neben ihm, mit verschränkten Armen, die Hände zum Aufwärmen in den Achselhöhlen.

Elliot hatte Angst um sie, aber zugleich war er glücklich, daß sie bei ihm war.

Bellicostis Haus war knapp hundert Meter entfernt. Es gab eine große Garage für drei Wagen. Eine kleine Hinterveranda. Einige immergrüne Büsche, die aber zu niedrig waren, als daß sich jemand dahinter verstecken konnte. Und eine Menge gähnend dunkler Fenster, hinter denen ohne weiteres jemand stehen und nach ihnen Ausschau halten konnte.

Elliot kniff seine Augen zusammen, um besser erkennen zu können, ob sich hinter den Glasscheiben etwas bewegte.

Er sah nichts Verdächtiges.

Nicht das geringste.

Er hielt die Wahrscheinlichkeit, daß man hier eine Falle für sie aufgestellt hatte, für relativ gering. Falls aber doch Mörder im Haus auf sie warteten, so rechneten sie vermutlich damit, daß ihre Opfer sich in Sicherheit wähnen und ganz naiv den Haupteingang benutzen würden. Die Killer würden deshalb hauptsächlich die Auffahrt im Auge behalten.

Elliot sagte sich, daß er auf keinen Fall die ganze Nacht hier stehenbleiben konnte.

Er trat aus dem Schutz der Rottannen heraus. Tina hielt sich dicht an seiner Seite.

Der heftige Wind wirbelte Schneekristalle vom Boden auf und peitschte sie ihnen in die vor Kälte geröteten Gesichter.

Elliot kam sich auf dem schimmernden Schneefeld wie eine Zielscheibe vor. Er bedauerte zutiefst, daß sie keine helle Kleidung trugen. Falls jemand an einem der Fenster stand, würde er sie sofort entdecken.

Das Knirschen des Schnees unter ihren Füßen kam ihm erschreckend laut vor. Aber er wußte, daß sie sich in Wirklichkeit fast lautlos bewegten. Er war einfach nervös.

Sie erreichten das Haus ohne Zwischenfälle, blieben kurz stehen und tauschten einen Händedruck, um sich gegenseitig Mut zu machen.

Elliot holte die Pistole aus seiner Tasche, nahm sie in die rechte Hand und entsicherte sie mit der linken. Seine kalten Finger waren so steif und ungeschickt, daß er sich fragte, ob er die Waffe im Notfall überhaupt schnell genug würde handhaben können.

Sie schlichen um die Ecke des Hauses und bewegten sich dicht an der Mauer entlang.

Beim ersten Fenster, hinter dem Licht brannte, blieb Elliot stehen. Er bedeutete Tina mit einer Geste, sich hinter ihm zu halten. Vorsichtig beugte er sich vor und spähte durch einen schmalen Spalt in der heruntergelassenen Jalousie. Um ein Haar hätte er einen Schreckensschrei ausgestoßen.

Er sah einen Toten.

Einen nackten Mann, der in der Badewanne saß.

Ein Handgelenk war aufgeschlitzt. Das Wasser war blutig.

Elliot betrachtete das fahle Gesicht des Toten. Er wußte, daß es Luciano Bellicosti war, und er wußte auch, daß Bellicosti sich nicht selbst getötet hatte. Der blaulippige Mund war weit aufgerissen, so als wollte er gegen die Unterstellung eines Selbstmordes protestieren.

Elliot hätte Tina am liebsten beim Arm gepackt und mit sich gezogen, zurück zum Wagen. Aber sie spürte, daß er etwas Wichtiges gesehen hatte, und er kannte sie nun schon gut genug, um zu wissen, daß sie nicht von der Stelle weichen würde, bevor sie nicht selbst einen Blick darauf geworfen hatte. Deshalb trat er einen Schritt zurück und schob sie ans Fenster. Er legte ihr eine Hand auf die Schulter, während sie sich vorbeugte, und er spürte, wie sie beim Anblick der Leiche erstarrte. Als sie sich ihm wieder zuwandte, hatte auch sie nur den einen Wunsch, schleunigst von hier wegzukommen.

Sie hatten jedoch keine zwei Schritte gemacht, als Elliot eine eigenartige langgestreckte Erhebung im Schnee auffiel, die sich kaum merklich bewegte. Er feuerte sofort vier Schüsse darauf ab, die dank dem ausgezeichneten Schalldämpfer vom Rascheln und Knistern des Windes völlig übertönt wurden.

Tief geduckt rannte er zu der Stelle hin und fand einen Mann in weißem kälteisoliertem Skianzug. Er hatte im Schnee gelegen, sie beobachtet und abgewartet; jetzt hatte er ein nasses Loch in der Brust, und seine Kehle war zerfetzt. Sogar in dem schwachen Licht vom Schnee konnte Elliot erkennen, daß dieser Mann den gleichen starren Blick hatte wie Bellicosti in seiner Badewanne.

Zumindest ein Killer hielt sich im Haus auf, vermutlich sogar mehrere.

Zumindest ein Mann hatte draußen im Schnee gewartet. Lagen auch noch andere hier auf der Lauer? Wie viele? Wo?

Elliot spähte in die Dunkelheit und rechnete fast damit, daß sich Hunderte zorniger, rachsüchtiger Killer aus dem Schnee erheben würden.

Aber alles blieb ruhig.

Elliot stand langsam auf. Er konnte noch nicht richtig fassen, daß er so blitzschnell und so gewalttätig reagiert hatte. Ihn erfüllte eine warme animalische Befriedigung, die ihm etwas Unbehagen bereitete, weil er sich gern als zivilisierten Menschen sah. Gleichzeitig verspürte er heftige Übelkeit und hatte einen säuerlichen Geschmack im Mund. Er wandte dem Mann, den er umgebracht hatte, rasch den Rücken zu.

Tina tauchte vor ihm im Schnee auf wie eine Märchenfee. »Sie wissen, daß wir in Reno sind«, flüsterte sie.

»Ja.«

»Sie wußten sogar, daß wir zu Bellicosti kommen würden.«

»Aber sie rechneten damit, daß wir den Vordereingang benutzen würden.«

»Warum...«

Er nahm sie beim Arm. »Psst! Machen wir lieber, daß wir hier wegkommen.«

Sie traten den Rückzug an, so schnell sie nur konnten. Elliot befürchtete bei jedem Schritt, daß hinter ihnen Schüsse fallen würden.

Er half Tina, über die Mauer zu steigen, und als er ihr folgte, war er plötzlich überzeugt davon, daß jemand ihn am Anorak gepackt hatte. Er riß sich keuchend los, aber als er von der anderen Seite der Mauer zurückblickte, war kein Mensch zu sehen.

Offenbar hatten die Männer in Bellicostis Haus noch nicht bemerkt, daß ihr Kollege im Schnee tot war, und warteten geduldig darauf, daß ihre Opfer in die Falle laufen würden.

Elliot und Tina eilten zwischen den Grabsteinen durch und wirbelten dabei Schnee auf. Ihre Atemwolken nahmen in der Kälte sofort gespenstische Umrisse an.

Als sie den Friedhof zur Hälfte durchquert hatten und Elliot sicher war, daß sie nicht verfolgt wurden, blieb er stehen, lehnte sich an ein großes Grabdenkmal und versuchte, sein hektisches Keuchen unter Kontrolle zu bringen. Die zerfetzte Kehle seines Opfers tauchte mit ungeheurer Intensität vor seinem geistigen Auge auf, und sein Magen rebellierte. Er taumelte einige Schritte durch den Schnee und übergab sich.

Ich habe einen Menschen getötet.

Die Tatsache, daß er in Notwehr gehandelt hatte, vermochte sein Gewissen nicht zu beruhigen.

Er wusch sich den Mund mit Schnee aus und spürte plötzlich eine Hand auf seiner Schulter.

»Wie geht es dir?« fragte sie teilnahmsvoll.

»Ich habe ihn umgebracht.«

»Andernfalls hätte er uns getötet!«

»Ich weiß...trotzdem...der Gedanke macht mich ganz krank.«

»Ich dachte...nun ja, als du bei der Armee warst...«

»Ja«, sagte er leise. »Ja, ich habe früher auch schon Menschen getötet. Aber, wie du gesagt hast, das war in der Armee...in Südostasien...im Krieg. Ich habe damals mindestens ein halbes Dutzend Männer erschossen. Aber das ist lange her. Irgendwie war es im Krieg etwas anderes. Damals war ich Soldat. Jetzt komme ich mir wie ein Mörder vor.« Er schüttelte den Kopf, so als könnte er damit die belastenden Gedanken vertreiben, nahm wieder eine Handvoll Schnee in den Mund und spuckte ihn aus, nachdem er geschmolzen war. »Es geht schon wieder.« Er steckte die Pistole in die Anoraktasche. »Es war nur der Schock. Aber ich werd' schon damit fertig. Du brauchst keine Angst zu haben, daß ich schlapp mache.«

»Dummer Junge! Ich weiß genau, daß du nicht zusammenklappst.« Sie umarmten sich flüchtig, dann fuhr Tina fort: »Warum sind sie uns nicht vom Flughafen hierher gefolgt, wenn sie genau wußten, daß Reno unser Ziel war? Dann hätten sie gewußt, daß wir Bellicostis Haus nicht durch die Vordertür betreten würden.«

»Ich weiß nicht«, erwiderte er. Sein klares Denkvermögen war immer noch durch die Erschütterung beeinträchtigt, einen Mord begangen zu haben. »Vielleicht befürchteten sie, ich würde die Verfolger bemerken und dann auf der Hut sein, oder aber sie hielten es für überflüssig, uns zu beschatten, weil sie sicher waren, daß wir Bellicosti aufsuchen würden.«

»Komm, gehen wir zum Auto. Ich friere.«

»Ich auch. Außerdem sollten wir aus dieser Gegend verschwinden, bevor sie den Toten im Schnee entdecken.«

In der ruhigen Seitenstraße hielt Elliot Tina die Beifahrertür des Chevrolets auf und ging dann hinten um den Wagen herum. Er öffnete gerade die Fahrertür, als er aus dem Augenwinkel eine Bewegung wahrnahm. Er wußte, noch bevor er aufsah, was ihn erwartete. Eine weiße Ford-Limousine war langsam um die Ecke gebogen; sie fuhr an den Bordstein heran und bremste abrupt; zwei Türen wurden aufgerissen, und zwei große, kräftige Männer sprangen heraus.

»Verdammt!« Elliot schlug die Wagentür hinter sich zu und steckte hastig den Zündschlüssel ins Schloß.

»Wir wurden also doch verfolgt«, sagte Tina.

»Ja.« Er ließ den Motor an. »Ein Sender. Sie müssen uns damit erst jetzt geortet haben.«

Er hörte keinen Schuß, aber eine Kugel zerschmetterte das hintere Seitenfenster und blieb in der Rückenlehne des Vordersitzes stecken. Splitter von Sicherheitsglas flogen durchs Auto.

»Kopf runter!« schrie Elliot, während er einen Blick über die Schulter warf.

Die beiden Männer kamen auf dem stellenweise vereisten Pflaster zum Glück nur langsam voran.

Elliot drückte aufs Gas. Der Chevrolet brauste mit quietschenden Reifen los.

Zwei Kugeln prallten rasch hintereinander vom Metall des Mietwagens ab.

Elliot beugte sich tief übers Lenkrad, um nicht von einer eventuellen Kugel durchs Rückfenster getroffen zu werden. An der Ecke ignorierte er das Halteschild und riß das Steuer hart nach links herum.

Tina hob den Kopf, stellte fest, daß die Straße hinter ihnen leer war und sah Elliot fragend an. »Ein Sender? Heißt das, daß sie ihn irgendwo am Auto angebracht haben?«

»Ja.«

»Sollten wir dann nicht lieber zu Fuß fliehen?«

»Nicht bevor wir diese Clowns losgeworden sind«, erwiderte er. »Andernfalls schnappen sie uns sehr schnell. Zu Fuß hätten wir keinerlei Chance.«

»Also was dann?«

Er bog an einer Kreuzung nach rechts ab. »Hinter der nächsten Ecke halte ich kurz an und steige aus. Du übernimmst sofort das Steuer.«

»Wohin willst du denn?«

»Ich verstecke mich im Gebüsch und warte, bis sie ebenfalls um die Ecke biegen. Du fährst weiter, aber nicht zu schnell. Sie sollen das Auto sehen und ihre Aufmerksamkeit darauf konzentrieren. Ich durchlöchere derweil zumindest einen ihrer Reifen.«

»Wir sollten uns nicht trennen«, sagte sie.

»Es ist unsere einzige Chance.«
»Und wenn sie dich nun gefangennehmen?«
»Dazu wird es nicht kommen.«
»Dann wäre ich ganz allein.«
»Sie werden mich nicht fangen, weil sie nicht mit einer Falle rechnen. Sie werden deshalb völlig überrascht sein. Aber du mußt sehr schnell das Steuer übernehmen. Wenn wir länger als ein paar Sekunden anhalten, werden sie es auf ihrem Empfänger registrieren, und dann könnten sie Verdacht schöpfen.«

Er bog an der Kreuzung rechts ab und hielt mitten auf der Straße.

»Elliot, du...«

»Wir haben keine andere Wahl«, schnitt er ihr das Wort ab, riß seine Tür auf und sprang aus dem Wagen.

»Aber ich...«

»Beeil dich!«

Er rannte zu einer Hecke aus immergrünen Büschen, die den Rasen eines niedrigen Ziegelhauses säumten, und duckte sich an einer Stelle außerhalb des Lichtkegels der Straßenlampe. Während Tina weiterfuhr, holte er die Pistole aus seiner Tasche.

Gleich darauf schoß der weiße Ford mit hoher Geschwindigkeit um die Ecke.

Elliot stand auf, zielte mit beiden Händen und feuerte drei Schüsse ab. Die beiden ersten prallten auf Metall, aber die dritte traf den rechten Vorderreifen.

Die Limousine, die ohnehin viel zu schnell in die Kurve gegangen war, geriet infolge des geplatzten Reifens völlig außer Kontrolle. Sie schleuderte quer über die Straße, raste auf den Bordstein zu, durchbrach eine Hecke, zerstörte ein Vogelbad aus Gips und kam in der Mitte eines schneebedeckten Rasens zum Stehen.

Elliot rannte los. Tina hatte etwa hundert Meter entfernt angehalten, aber die Strecke kam ihm kilometerweit vor.
Seine Schritte hallten wie Trommelschläge durch die Stille der Nacht. Als er das Auto erreichte, hatte Tina die Tür schon geöffnet. Er sprang in den Wagen und rief: »Los, weiter!«

Sie trat aufs Gaspedal, und der Chevrolet brauste davon.

Nach zwei Blocks sagte er: »Bieg an der nächsten Ecke rechts ab.« Und nach zwei weiteren Kreuzungen: »Halt am Straßenrand an. Ich will die Wanze finden, die sie am Wagen angebracht haben.«

»Aber sie können uns jetzt doch nicht mehr verfolgen.«

»Sie haben immer noch den Empfänger, der ihnen verrät, in welche Richtung wir fahren, selbst wenn sie uns mit dem durchschossenen Reifen nicht auf den Fersen bleiben können.«

Sie hielt an, und Elliot stieg aus. Er tastete die Innenflächen der Kotflügel ab, wo ein kleiner Sender mühelos installiert werden konnte. Nichts. Auch an der vorderen Stoßstange blieb seine Suche erfolglos. Er entdeckte den mit einem Magneten haftenden Sender an der Unterseite der hinteren Stoßstange, riß ihn ab und warf ihn in hohem Bogen weg.

Als er wieder im Wagen saß, bei laufendem Motor und voll eingeschalteter Heizung, brachten beide zunächst keine Silbe hervor. Trotz der warmen Luft fröstelten sie beim Gedanken an das soeben überstandene Abenteuer.

Nach minutenlangem Schweigen murmelte Tina: »Mein Gott, haben die ein Tempo drauf!«

»Wir sind ihnen aber immer noch eine Nasenlänge voraus«, sagte Elliot.

»Eine halbe.«

»Ja, das dürfte eher zutreffen.«

»Bellicosti hätte uns also tatsächlich die Fakten liefern können, die wir brauchen, um einen Reporter für den Fall zu interessieren.«

»Ja, deshalb mußte er sterben.«

»Und wie können wir diese Tatsachen jetzt erfahren?«

»Irgendwie«, antwortete er vage.

»Was tun wir als nächstes?«

»Die Sache ist nicht hoffnungslos, Tina.«

»Das habe ich auch nicht behauptet. Ich frage mich nur, wie wir weiter vorgehen sollen.«

»Heute nacht fällt uns bestimmt nichts Vernünftiges mehr ein«, erwiderte er müde. »Wir sind beide völlig erschöpft und überreizt, und in diesem Zustand Beschlüsse zu fassen, wäre gefährlich. Wir müssen uns ein wenig ausruhen. Morgen früh, wenn wir wieder klar denken können, wird uns dann bestimmt eine Lösung einfallen.«

»Glaubst du wirklich, daß du schlafen könntest?«

»O ja! Dieser Tag hatte es wirklich in sich. Ich war gezwungen, in meinem eigenen Haus um mein Leben zu kämpfen. In deinem Haus flog ich um ein Haar in die Luft. Ein schwarzer Lieferwagen hetzte mich durch Las Vegas, und hier in Reno setzte eine weiße Limousine mir hart zu. Und ich habe einen Mann getötet. Das genügt fürs erste. Erzähl mir nicht, daß du von Kraft und Energie überschäumst.«

»Nein«, gab sie zu. »Ich bin völlig ausgelaugt.«

»Freut mich zu hören. Ich weiß zwar, daß du eine starke Frau bist, aber wenn du jetzt noch in Höchstform wärest, wärest du viel zu stark für mich.«

»Was glaubst du – wo könnten wir einigermaßen in Sicherheit übernachten?«

»Wir werden einen altbewährten Trick anwenden«, erwiderte Elliot. »Anstatt uns in einem abgelegenen Motel zu verkriechen, werden wir uns im besten Hotel der Stadt einquartieren.«

»Harrah's?«

»Genau. Eine derartige Frechheit werden sie uns nicht zutrauen.«

»Es ist riskant.«

»Fällt dir etwas Besseres ein?«

»Nein.«

»Riskant ist *alles*.«

»Also gut. Versuchen wir's!«

Sie fuhren in die Stadtmitte und ließen den Chevrolet auf einem öffentlichen Parkplatz stehen, vier Blocks von Harrah's entfernt.

»Ich wünschte, wir bräuchten das Auto nicht aufzugeben«, sagte Tina, während er ihren Koffer aus dem Kofferraum holte.

»Sie werden danach suchen.«

Sie gingen zu Fuß zum Hotel. Es war kalt und windig. Auch um Viertel vor zwei strahlten die Straßen in grellem Neonlicht. Aus den Casinos war laute Musik zu hören, vermischt mit Stimmengewirr, Gelächter und dem Lärm der Spielautomaten.

Obwohl es in Reno nachts nicht ganz so verrückt zuging wie in Las Vegas und viele Touristen schon zu Bett gegangen waren, herrschte im Casino von Harrah's doch noch ziemlich viel

Betrieb. Ein junger Seemann hatte offenbar eine Glückssträhne beim Würfelspiel und wurde von einer erregten Zuschauerschar angefeuert.

Elliot und Tina fuhren mit dem Lift ins Foyer hinauf. Alle großen Hotels von Nevada waren so angelegt, daß die Gäste das Casino passieren mußten, um zur Empfangshalle zu gelangen. Auf diese Weise sollten sie sofort zum Spielen verführt werden, und viele ließen sich auch beim Verlassen des Hotels noch einmal in Versuchung führen. Aber das vornehme Harrah's bewies sein Stilgefühl, indem es die Rezeption in den ruhigen ersten Stock verlegt hatte.

Offiziell war das Hotel an diesem verlängerten Wochenende völlig ausgebucht, aber Elliot wußte, daß einige Zimmer immer freigehalten wurden, für den Fall, daß lukrative Stammgäste ohne Voranmeldung eintrafen. Ein gefalteter Zwanzigdollarschein, dem Angestellten am Empfang diskret in die Hand gedrückt, wirkte meistens Wunder, wenn man unerwartet ein Zimmer benötigte.

Diese Taktik wandte auch Elliot erfolgreich an und trug sich sodann als ›Clifford Montgomery‹ ein – eine kleine Reverenz an seinen Lieblingsschauspieler. Dazu erfand er eine Adresse in Seattle. Der Rezeptionsangestellte fragte nach einem Ausweis oder einer Kreditkarte, und Elliot erzählte eine traurige Geschichte, wie er auf dem Flughafen das Opfer eines Taschendiebs geworden sei, und bezahlte zwei Übernachtungen im voraus mit einem Bündel Banknoten, die er vor Betreten des Hotels in seine Anoraktasche gesteckt hatte.

Sie erhielten ein geräumiges, gemütlich eingerichtetes Zimmer im neunten Stock. Elliot schloß die Tür ab, verriegelte sie, legte die Sicherheitskette vor und schob zusätzlich noch die Rückenlehne des schweren Schreibtischsessels unter die Klinke.

»Ich komme mir wie im Gefängnis vor«, sagte Tina.

»Nur mit dem Unterschied, daß die Mörder in diesem Fall draußen frei herumlaufen«, fügte Elliot hinzu.

Als, sie kurze Zeit später im Bett lagen und einander im Arm hielten, dachten sie zunächst nicht an Sex. Beide hatten einfach das Bedürfnis nach Wärme, Zärtlichkeit und Geborgenheit, um zu spüren, daß sie nach diesem alptraumhaften Tag noch am

Leben waren. Nach einer Weile überkam sie jedoch ein heftiges Verlangen, ihre Küsse wurden leidenschaftlicher, und plötzlich lag Elliot auf Tina, und sie umschlang ihn mit Armen und Beinen. Dieser Liebesakt war erstaunlich intensiv. Die Wollust überrollte beide wie eine mächtige Welle und schenkte ihnen in wenigen Minuten tiefe Befriedigung.

Danach lagen sie dicht nebeneinander auf dem Rücken und hielten sich bei der Hand, während ihr Pulsschlag sich allmählich wieder beruhigte.

Etwas später sagte er: »Du hattest recht.«

»Womit?«

»Mit dem, was du gestern abend in Vegas gesagt hast.«

»Du mußt meinem Gedächtnis etwas nachhelfen.«

»Du meintest, diese Jagd mache mir Spaß.«

»Tief im Innersten – ja, ich glaube, daß es so ist.«

»Ich weiß es jetzt«, gab er zu. »Anfangs wollte ich es nicht glauben, wollte es mir zumindest nicht eingestehen.«

»Warum nicht? Ich wollte dich mit dieser Feststellung in keiner Weise kritisieren.«

»Das weiß ich. Es ist nur... weißt du, über fünfzehn Jahre habe ich ein sehr ruhiges Leben geführt, und ich war überzeugt davon, daß ich Aufregungen und Nervenkitzel, die ich als junger Mann genoß, nicht mehr benötigte... nicht mehr wollte.«

»Das stimmt meiner Ansicht nach auch«, erwiderte Tina. »Du suchst sie nicht mehr, du brauchst sie nicht mehr. Aber nachdem du jetzt zum erstenmal seit deiner Militärzeit wieder in echter Lebensgefahr schwebst, reagiert ein Teil von dir auf diese Herausforderung. Es ist wie bei einem ehemaligen Athleten, der nach langer Zeit wieder einmal auf dem Spielfeld steht, seine Muskeln und Reflexe testet und stolz darauf ist, daß er noch nicht alles verlernt hat.«

»Es ist mehr als das«, gestand Elliot. »Ich glaube... tief im Innern... verschaffte es mir eine krankhafte Befriedigung, als ich... als ich jenen Mann erschoß.«

»Geh mit dir selbst nicht zu streng ins Gericht.«

»Das tu ich nicht. Ich versuche nur, ganz ehrlich mir selbst gegenüber zu sein.«

»Es sah für mich wirklich nicht so aus, als hättest du diese

Notwehrhandlung genossen. Es sei denn, daß bei dir Genuß immer von Erbrechen begleitet wird.«

»Ich übergab mich, weil... weil mir plötzlich zu Bewußtsein kam, wie sehr es mich befriedigte, so schnell reagiert und so gut gezielt zu haben. Ich... ich wurde plötzlich mit einem wilden Tier konfrontiert, das mein Gesicht hatte.«

»Du solltest froh sein, daß du diesen Dreckskerl getötet hast«, sagte sie sanft und drückte ihm zärtlich die Hand.

»Findest du?«

»Hör zu – wenn ich diese Typen in die Finger bekäme, die mich daran hindern wollen, Danny zu finden und zu retten – ich hätte keinerlei Skrupel, sie umzubringen. Ich bin wie eine Löwin, der man ihr Junges geraubt hat. Vielleicht wäre es das Natürlichste und Bewundernswerteste, was ich tun könnte, diese Schurken zu töten.«

»Steckt demnach in jedem von uns etwas von einem wilden Tier?«

»Ja.«

»Aber macht das die Tatsache akzeptabler?«

»Ich glaube, wir müssen akzeptieren, daß Gott uns so erschaffen hat. Wir sind nun einmal so und nicht anders. Wer könnte uns das zum Vorwurf machen?«

»Vielleicht hast du recht.«

»Wenn ein Mensch aus Sadismus tötet, wenn Morden jemandem eine perverse Befriedigung bereitet, oder wenn man nur für irgendein Ideal seine Gegner umbringt wie manche Revolutionäre – das ist Grausamkeit... oder Wahnsinn. Aber was du getan hast, war etwas ganz anderes. Der Selbsterhaltungstrieb gehört zu den mächtigsten Instinkten, die Gott uns eingepflanzt hat. Wir wollen überleben, selbst wenn wir dazu andere Menschen töten müssen. Steht nicht in der Bibel: ›Ein jegliches hat seine Zeit... geboren werden und sterben... würgen und heilen...‹«

Nach längerem Schweigen sagte Elliot leise: »Ich danke dir.«

»Wofür denn? Ich habe doch überhaupt nichts getan.«

»Du hast zugehört.«

»Dazu habe ich schließlich meine Ohren.«

»Und du hast sehr vernünftige Dinge gesagt.«

»Dafür habe ich meine Stimme.« Er berührte ihre Brüste. »Und wofür hast du die?«

»Natürlich für dich.«

»Und dies hier?«

»Auch für dich.«

»Das ist ein schönes Geschenk.«

»Gefällt es dir?«

»Ich liebe es.«

»Dann tu's doch!«

»Ich glaube nicht, daß ich schon wieder dazu imstande bin.«

»O doch, das bist du.«

Diesmal war ihre Vereinigung langsamer und zärtlicher. Als Tina den Höhepunkt erreichte, spürte Elliot, wie die Lust sie überrollte wie eine Flutwelle. Sie zuckte und bebte wie eine zarte Unterwasserpflanze in unsichtbarer Strömung. Auch Elliot hielt sich nun nicht mehr zurück, und danach fühlte er sich völlig leer, angenehm erschöpft. Wenige Minuten später schlief Tina fest.

Auch Elliot war viel zu müde, um sich noch Gedanken über die gefährlichen Typen zu machen, die ihnen nach dem Leben trachteten. Er fiel ebenfalls in einen tiefen Schlaf.

28

Kurt Hensen, George Alexanders rechte Hand, döste während des unruhigen Fluges von Las Vegas nach Reno. Der kleine Düsenjet für zehn Passagiere, der ihrer Organisation gehörte, wurde von den Winden tüchtig gebeutelt. Hensen, ein stämmiger Mann mit weißblonden Haaren und grausamen Augen, hatte Angst vor dem Fliegen und mußte immer einige Beruhigungstabletten einnehmen, bevor er an Bord ging. Wenige Minuten nach dem Start schlummerte er dann stets ein.

Der zweite Passagier war George Alexander. Der Erwerb des Jets war seiner Meinung nach eine der wichtigsten Leistungen in den drei Jahren, seit er die Abteilung von Nevada leitete. Obwohl er mehr als die Hälfte seiner Arbeitszeit in seinem Büro in Las Vegas verbrachte, mußte er doch auch relativ oft andere Orte aufsuchen, sowohl in Nevada als auch in anderen Bundesstaaten. Im ersten Jahr hatte er Linienflüge buchen müssen oder einen verläßlichen Privatpiloten für die konventionelle zweimotorige Maschine engagieren müssen, die sein Vorgänger aus dem Budget der Organisation abgezwackt hatte. George Alexander hatte es als absurd und kurzsichtig empfunden, daß ein Mann in seiner Position auf diese relativ primitiven Transportmittel angewiesen war. Seine Zeit war für das Land außerordentlich kostbar. Er hatte komplizierte Aufträge auszuführen, die oft dringende Entscheidungen anhand von Informationen aus erster Hand in weit entfernten Orten erforderten. Nach langwierigen Verhandlungen mit dem obersten Chef der Organisation hatte Alexander die Anschaffung des kleinen Jets durchgesetzt und daraufhin sogleich zwei Piloten – beide ehemalige Militärs – eingestellt.

Manchmal knauserte die Organisation zu ihrem eigenen Nachteil mit den Geldmitteln. Und George Lincoln Stanhope Alexander, der sowohl das beträchtliche Vermögen der pennsylvanischen Alexanders als auch die noch enormeren Reichtümer der Stanhopes aus Delaware im Hintergrund hatte, konnte absolut kein Verständnis für übertriebene Sparsamkeit aufbringen.

Er wußte natürlich, daß die geheime Organisation jeden Dollar zweimal umdrehen mußte, weil ihr Budget nur finanziert werden konnte, indem Geldmittel aus anderen Regierungsbehörden umgeleitet wurden. Drei Milliarden Dollar stammten beispielsweise jährlich aus dem Gesundheitsministerium. Ein Agent der Organisation, ein Mann namens Jacklin, hatte eine sehr hohe Position in diesem Ministerium. Seine Aufgabe war es, neue Wohlfahrtsprojekte zu entwickeln, den Gesundheitsminister und den Kongreß von ihrer Notwendigkeit zu überzeugen und sodann mit bürokratischen Tricks die Tatsache zu verschleiern, daß die Projekte nie realisiert wurden. Die riesigen Geldmittel flossen so in den Fond der Geheimorganisation. Im Gesundheitsministerium wurde ständig soviel Geld verschwendet, daß nicht einmal die drei Milliarden auffielen. Auch das Verteidigungsministerium, dessen Budget etwas kleiner war, konnte für die Geheimorganisation immerhin eine Milliarde jährlich unauffällig abzweigen. Kleinere Summen – von hundert Millionen bis zu einer halben Milliarde – stammten aus anderen Ministerien.

Zugegebenermaßen, die Organisation zu finanzieren war nicht ganz einfach; aber andererseits war ein kleiner Jet für den Leiter der enorm wichtigen Abteilung von Nevada keine Extravaganz, und Alexander glaubte, durch seine besseren Leistungen im vergangenen Jahr auch den alten Mann in Washington davon überzeugt zu haben, daß diese Investition sich gelohnt hatte.

Alexander war stolz auf seine einflußreiche Position, aber gleichzeitig frustrierte es ihn, daß kaum jemand wissen durfte, wie bedeutend er war.

Manchmal beneidete er seinen Vater und seine Onkel. Die meisten von ihnen hatten ihrem Land offen gedient, in Positionen, wo jeder ihre Selbstlosigkeit und aufopfernde Tätigkeit bewundern konnte. Verteidigungsminister, Staatssekretär, Botschafter in Frankreich... Auf solchen Posten wurde ein Mann geschätzt und respektiert.

George hingegen war eine solch einflußreiche Position bis vor sechs Jahren verwehrt geblieben, bis zu seinem sechsunddreißigsten Lebensjahr. Zwar waren seine Tätigkeiten diplomatischer und geheimdienstlicher Natur nie eine direkte Beleidigung für seinen Familiennamen gewesen, aber es hatte sich doch stets um relativ unwichtige Posten in Asien und Südamerika gehandelt, und wichtige Zeitungen wie die New York Times hatten ihn nie auch nur einer Erwähnung gewürdigt.

Vor sechs Jahren war jedoch die neue Geheimorganisation gegründet worden, weil FBI und CIA durch die ständigen Angriffe in den Medien und im Kongreß stark geschwächt waren. Der Präsident hatte George mit der Aufgabe betraut, in Südamerika eine zuverlässige Abteilung der neuen, streng geheimen Organisation aufzubauen. Das war ein aufregender und wichtiger Auftrag gewesen. George hatte über die Verwendung von Summen in Millionenhöhe zu entscheiden gehabt, und mit der Zeit waren ihm Hunderte von Agenten in einem Dutzend Länder unterstellt gewesen. Nach drei Jahren hatte der Präsident sich über Georges Leistungen begeistert geäußert und ihn gebeten, die Leitung der Abteilung von Nevada zu übernehmen, an deren Spitze ein unfähiger Mann stand. Das war einer der sechs bedeutendsten Posten in der Hierarchie der Geheimorganisation. Der Präsident hatte George in Aussicht gestellt, daß er in nicht allzu ferner Zukunft zum Chef der gesamten Westlichen Division befördert werden könnte, und wenn er dort dann genauso hervorragende Arbeit leistete wie in Südamerika und Nevada, war es durchaus möglich, daß er eines Tages den Sessel des Direktors in Washington einnehmen und die volle Verantwortung für sämtliche in- und ausländischen Geheimdienstoperationen tragen würde. Dann wäre er einer der mächtigsten Männer in den Vereinigten Staaten; sein Einfluß würde über den eines Staatssekretärs oder Verteidigungsministers weit hinausgehen.

Aber er konnte niemandem von seiner glänzenden Karriere berichten. Er würde auch nicht mit öffentlichen Ehren überhäuft werden wie andere Mitglieder seiner Familie. Die Organisation war streng geheim und mußte es auch bleiben, wenn sie ihren Zweck erfüllen sollte. Über die Hälfte der Leute, die für sie arbeiteten, wußte nichts von ihrer Existenz; sie glaubten, im Dienste des FBI, CIA, des Finanzministeriums oder des Nachrichtendienstes zu stehen. Nur absolut vertrauenswürdige Mitarbeiter in höheren Positionen waren über die wahre Natur der Organisation informiert. Es war äußerst wichtig, daß speziell die Medien nichts von dieser ersten Geheimpolizei in der zweihundertjährigen Geschichte der Vereinigten Staaten erfuhren.

Während Alexander aus der schwach beleuchteten Kabine des Jets auf die Wolken hinabblickte, fragte er sich wieder einmal, was sein Vater und seine Onkel wohl sagen würden, wenn sie wüßten, daß er im Dienst seines Landes oft gezwungen gewesen war, Mordbefehle zu erteilen. Bei drei Missionen in Südamerika hatte er sogar selbst auf den Abzug drücken müssen, und das hatte ihm eine solche Befriedigung verschafft, daß er später bei verschiedenen Gelegenheiten freiwillig die Rolle des Vollstreckers übernommen hatte. Was würden die älteren Alexanders, die bekannten Staatsmänner, davon halten, daß er seine Hände mit Blut besudelt hatte? Daß es mitunter seine Pflicht war, den Befehl zum Töten zu geben, würde seine Familie wahrscheinlich verstehen. Alle Alexanders waren Idealisten, solange es um theoretische Diskussionen ging, aber wenn sie in der Praxis Entscheidungen treffen mußten, waren sie nüchterne Pragmatiker. Sie wußten genau, daß die Bereiche der inneren militärischen Sicherheit und der internationalen Spionage alles andere als Kinderspielplätze waren. Vielleicht würden sie ihm sogar verzeihen, daß er höchstpersönlich auf den Abzug gedrückt hatte. *Schließlich*, so dachte Alexander, *habe ich nie einen wirklich wertvollen Menschen getötet*. Seine Opfer waren stets Spione und Verräter gewesen, darunter einige kaltblütige Mörder. *Abschaum*, dachte er, *ich habe nur menschlichen Abschaum liquidiert*. Es war keine schöne Aufgabe, und doch war ihr ein gewisses Maß an echter Würde und Heldentum eigen. Zumindest sah George selbst seine Tätigkeit in diesem Licht. Und er war sicher, daß sein Vater und sein Onkel ihm ihren Segen geben würden – wenn er ihnen das alles erzählen dürfte.

Der Jet wurde plötzlich von besonders starken Höhenwinden erfaßt, und fast eine Minute lang schwankte und schaukelte er beängstigend.

Kurt Hensen schnaubte im Schlaf, wachte jedoch nicht auf.

Als der Flug etwas ruhiger wurde, blickte Alexander auf die milchigweißen, feminin anmutenden Rundungen der Wolkenfelder hinab und dachte an Christina Evans. Die Frau war sehr reizvoll. Ihre Akte lag auf dem Nebensitz. Er schlug sie auf und betrachtete ihr Foto. Sehr attraktiv, gar kein Zweifel. Er beschloß, sie mit eigener Hand zu töten, und dieser Gedanke verschaffte ihm sogleich eine Erektion.

Töten bereitete ihm große Lust. Er versuchte nicht, sich selbst etwas vorzumachen, auch wenn er sein wahres Gesicht vor der ganzen Welt verbergen mußte. Sein Leben lang war er aus unerfindlichen Gründen vom Tod fasziniert gewesen, hatte sich intensiv damit beschäftigt. Und nun betrachtete er sich als eine Art Todesengel, als Scharfrichter von Gottes Gnaden. Exekutionen waren für ihn in vieler Hinsicht erregender und befriedigender als Sex. Er wußte, daß seine Vorliebe beim FBI oder in anderen Polizeiabteilungen, die im Licht der Öffentlichkeit standen, nicht lange geduldet worden wäre. Aber in dieser völlig unbekannten Geheimorganisation konnte er seiner Leidenschaft frönen.

Er schloß die Augen und dachte an Christina Evans.

29

In Tinas Traum war Danny am Ende eines langen Tunnels angekettet. Er saß in einer kleinen, grell beleuchteten Höhle, aber der Weg zu ihm lag im Dunkeln und sah bedrohlich aus. Danny rief immer wieder nach ihr, flehte sie an, ihn zu retten, bevor die Decke seines unterirdischen Kerkers einstürzen und ihn lebendig begraben würde. Sie machte sich auf den Weg zu ihm, fest entschlossen, ihn zu befreien, und etwas griff aus einem engen Spalt in der Felswand nach ihr. Aus diesem Spalt fiel weiches, feuriges Licht, und von dem rötlichen Hintergrund hob sich eine Silhouette ab. Im nächsten Moment blickte sie direkt ins grinsende Gesicht des Todes, der sie aus den Tiefen der Hölle zu beobachten schien. Die scharlachroten Augen. Die welke Haut. Die Maden auf seiner Wange. Sie schrie entsetzt auf, aber dann bemerkte sie, daß der Tod sie nicht erreichen konnte. Der Spalt in der Wand war nicht breit genug, um ihm den Zutritt in den Tunnel zu ermöglichen; er konnte nur seinen Arm hindurchstrecken, und seine langen Knochenfinger versuchten vergeblich, sie zu packen. Danny begann wieder zu rufen, und sie ging weiter den dunklen Tunnel entlang. Ein Dutzendmal kam sie an Öffnungen in der Wand vorbei, und jedesmal starrte der Tod sie daraus an, brüllte und tobte und verfluchte sie, aber keine der Spalten war groß genug, als daß er hätte zu ihr gelangen können. Sie erreichte Danny, und als sie ihn berührte, fielen die Ketten an seinen Armen und Beinen von ihm ab. Sie sagte: »Ich hatte Angst«, und Danny sagte: »Ich habe die Öffnungen verkleinert, damit dir nichts geschehen konnte.«

Um halb neun am Freitagmorgen erwachte Tina lächelnd, aufgeregt. Sie rüttelte Elliot wach. Er blinzelte schläfrig und setzte sich auf. »Was ist passiert?«

»Danny hat mir soeben wieder einen Traum gesandt.« Er sah ihr seliges Lächeln.

»Offenbar war es diesmal kein Alptraum.«

»Nein. Danny will, daß wir zu ihm kommen. Er will, daß wir einfach in sein Gefängnis hineingehen und ihn befreien.«

»Wir wären tot, noch bevor wir ihn erreicht hätten. Wir können nicht einfach losstürmen wie die Kavallerie. Wir müssen ihn mit

Hilfe der Medien und der Gerichte befreien. Wir beide können unmöglich die ganze Organisation, für die Kennebeck arbeitet, außer Gefecht setzen, und zusätzlich auch noch die Sicherheitskräfte eines geheimen militärischen Forschungszentrums.«

»Aber Danny wird dafür sorgen, daß uns nichts geschieht«, erklärte sie zuversichtlich. »Er wird uns mit seinen übersinnlichen Kräften helfen, zu ihm zu gelangen.«

»Das ist unmöglich.«

»Du sagtest doch, daß du inzwischen an seine Fähigkeiten glaubst?«

»Das stimmt auch«, erwiderte Elliot gähnend. »Ich glaube daran. Aber... wie sollte er uns helfen können? Wie kann er unsere Sicherheit garantieren?«

»Ich weiß es nicht. Aber das war es, was er mir mit dem Traum sagen wollte. Dessen bin ich mir ganz sicher.«

Sie erzählte ihm ihren Traum in allen Einzelheiten, und er mußte zugeben, daß ihre Interpretation nicht total an den Haaren herbeigezogen war.

»Aber selbst wenn Danny uns auf irgendeine Weise Zutritt verschaffen könnte«, sagte er, »wissen wir ja überhaupt nicht, wo sie ihn gefangenhalten.«

»Diese geheime Militäranlage, von der wir gesprochen haben...«

»Sie kann sich Gott weiß wo befinden. Vielleicht existiert sie sogar nur in unserer Fantasie. Und falls sie existiert, so bedeutet das noch lange nicht, daß Danny sich dort aufhält.«

»Sie existiert, und Danny ist dort!« erklärte sie überzeugter, als sie in Wirklichkeit war.

Sie spürte, daß Danny irgendwo in Reichweite war. Sie glaubte fast schon, ihn in ihren Armen zu halten, und sie wollte sich von niemandem entmutigen lassen.

»Okay«, sagte Elliot und rieb sich den Schlaf aus den Augen. »Nehmen wir einmal an, daß unsere Theorie stimmt, daß diese geheime Anlage tatsächlich existiert. Das hilft uns auch nicht weiter. Sie könnte überall im Gebirge sein.«

»Nein«, widersprach Tina. »Sie muß nur wenige Kilometer von der Stelle entfernt sein, wo Jaborski mit den Pfadfindern kampieren wollte.«

»Okay, du dürftest recht haben. Aber das läßt immer noch zu viele Möglichkeiten offen. Wie sollen wir dieses unwegsame Gelände absuchen?«

Tinas Zuversicht war unerschütterlich. »Danny wird uns den Weg weisen.«

»Er wird uns sagen, wo er ist?«

»Ich glaube, er wird es versuchen. Ich spürte es in meinem Traum.«

»Aber wie will er das machen?«

»Ich weiß es nicht. Aber ich habe das Gefühl, wenn wir irgendeine Möglichkeit fänden, seine Energie in bestimmte Bahnen zu lenken...«

Sie starrte auf das zerknitterte Bettlaken, so als könnten die Falten des Leinens sie inspirieren; ihr konzentrierter Gesichtsausdruck glich dem einer Zigeunerin, die aus Teeblättern weissagt. »Karten!« rief sie plötzlich.

»Was?«

»Gibt es nicht Geländekarten der Wildnis zu kaufen? Wanderer und andere Naturfreunde benötigen so etwas doch. Karten, auf denen Hügel, Täler, Fluß- und Bachläufe, Fußpfade, ehemalige Holzfällerwege und all sowas eingezeichnet sind. Ich bin sicher, daß Jaborski Karten hatte. Ich *weiß* es. Ich habe sie bei jenem Elternabend gesehen, als er erklärte, daß diese Reise absolut ungefährlich sei.«

»Ich nehme an, daß jedes Geschäft für Sportartikel zumindest Karten der näheren Teile der Sierras führen müßte.«

»Wenn wir eine solche Karte finden und ausbreiten...nun, vielleicht wird Danny dann eine Möglichkeit finden, uns zu zeigen, wo er ist.«

»Wie denn?«

»Ich bin mir noch nicht sicher.« Sie schlug die Decke zurück und sprang aus dem Bett. »Besorgen wir zuerst die Karten. Über alles andere können wir uns später Gedanken machen. Komm, wir duschen und ziehen uns an. In einer Stunde öffnen die Geschäfte.«

Wegen des Fehlschlags im Haus von Bellicosti kam George Alexander erst um halb sechs am Freitagmorgen ins Bett, und weil er immer noch zornig war, daß seine Untergebenen die Frau und Stryker wieder hatten entkommen lassen, konnte er nicht gleich einschlafen. Gegen sieben schlummerte er endlich ein, und um zehn war er wieder auf den Beinen, müde und wie zerschlagen.

Er hatte nicht etwa den Wecker auf zehn Uhr gestellt, sondern wurde vom Telefon aus dem Schlaf gerissen. Der Direktor rief aus Washington an. Sie konnten ganz offen sprechen, da sie eine abhörsichere Direktleitung benutzten, und der Direktor nahm wirklich kein Blatt vor den Mund. Der alte Herr war in Rage, und während Alexander die Beschuldigungen und Forderungen demütig über sich ergehen ließ, begriff er, daß seine ganze Zukunft auf dem Spiel stand. Wenn es ihm nicht gelang, die Frau und Stryker schnellstens zur Strecke zu bringen, konnte er seinen Traum vergessen, in einigen Jahren auf dem Stuhl des Direktors zu thronen.

Nach diesem unerfreulichen Gespräch rief Alexander im Büro an, absolut nicht in der Stimmung, sich anzuhören, daß Elliot Stryker und Christina Evans immer noch auf freiem Fuß waren. Aber genau das wurde ihm mitgeteilt. Er befahl, augenblicklich Männer von anderen Aufträgen abzukommandieren und ganz gezielt mit der Suche zu beauftragen.

»Ich wünsche, daß sie noch heute geschnappt werden!« sagte Alexander. »Dieser Bastard hat jetzt einen unserer Leute auf dem Gewissen. Er muß schnellstens umgelegt werden.«

Und ich möchte auch dieses Luder erwischen, dachte Alexander. Ich will, daß diese Frau stirbt!

30

In der näheren Umgebung des Hotels gab es zwei Geschäfte für Sportartikel und zwei Waffenhandlungen. Das erste Sportartikelgeschäft führte keine Landkarten, im zweiten waren sie zur Zeit ausverkauft. Tina und Elliot fanden schließlich, was sie suchten, in einem der Waffengeschäfte: zwölf Wildniskarten der Sierras für Wanderer und Jäger in einer Kunstledermappe zum stolzen Preis von hundert Dollar.

Sobald sie wieder in ihrem Hotelzimmer waren, breiteten sie eine der Karten auf dem Bett aus, und Elliot fragte: »Und was jetzt?«

Tina überlegte kurz, ging dann zum Schreibtisch und holte aus der mittleren Schublade einen billigen Kugelschreiber, auf dem der Name des Hotels aufgedruckt war. Mit dem Stift in der Hand setzte sie sich vor die Karte aufs Bett.

»Menschen, die an Okkultismus glauben, sprechen oft von ›automatischem Schreiben‹. Hast du schon einmal etwas davon gehört?«

»Aber sicher«, antwortete er. »Geisterschrift. Angeblich führt ein Geist die Hand eines Lebenden, um eine Botschaft aus dem Jenseits zu übermitteln. Ich habe das immer für totalen Blödsinn gehalten.«

»Nun, ich werde jetzt etwas Ähnliches versuchen. Nur erwarte ich nicht, daß ein Geist meine Hand führt. Ich hoffe, daß Danny es tun wird.«

»Müßtest du dazu nicht in Trance sein, wie ein Medium bei der Seance?«

»Ich weiß nicht. Ich werde einfach versuchen, mich völlig zu entspannen und ganz offen und aufnahmebereit zu sein. Ich werde den Kuli an die Karte halten, und vielleicht wird Danny uns dann die Route aufzeichnen.«

Elliot zog einen Stuhl ans Bett heran und nahm darauf Platz. »Ich glaube zwar nicht, daß das klappen könnte, aber ich werde hier mucksmäuschenstill sitzen und abwarten.«

Tina starrte auf die Karte und bemühte sich, an nichts zu denken. Ihr Blick verschwamm ein wenig.

Eine Minute verging.

Zwei Minuten. Drei.

Sie versuchte es mit geschlossenen Augen.

Wieder eine Minute. Zwei.

Nichts.

Sie drehte die Karte um und probierte es mit der anderen Seite.

Immer noch nichts.

»Gib mir eine andere Karte«, bat sie.

Elliot faltete die erste Karte zusammen und reichte ihr die zweite aus der Mappe.

Eine halbe Stunde später, bei der sechsten Karte, glitt ihre Hand plötzlich über das Papier, so als hätte jemand sie angestoßen.

Sie hatte das eigenartige Gefühl, als zöge jemand *innen* an ihrer Hand, und sie versteifte sich unwillkürlich.

Die Kraft wich sofort von ihr.

»Was war los?« erkundigte sich Elliot.

»Danny hat's probiert.«

»Bist du sicher?«

»Hundertprozentig. Aber ich war so überrascht, daß ich Widerstand leistete, und das muß den Kontakt unterbrochen haben. Zumindest wissen wir jetzt aber, daß dies hier die richtige Karte ist. Ich werde es noch einmal versuchen.«

Sie setzte die Mine des Kugelschreibers wieder auf den Kartenrand und konzentrierte sich.

Im Zimmer begann es kühl zu werden.

Sie bemühte sich, weder an die kalte Luft noch an andere Dinge zu denken.

Ihre rechte Hand, in der sie den Stift hielt, kühlte schneller ab als ihr übriger Körper. Wieder spürte sie jenes unangenehme Ziehen von innen her. Ihre Finger waren nun eiskalt. Plötzlich glitt ihre Hand über die Karte, zuerst im Zickzack, dann kreisförmig; der Schreiber vollführte ein wirres Gekritzel.

Nach etwa einer halben Minute fühlte sie, wie die Kraft ihre Hand verließ.

Die Karte flog in die Luft, so als hätte jemand sie vor Wut oder Frustration hochgeschleudert.

Elliot stand auf und griff danach.

Aber die Karte riß sich los und flog mit lautem Rascheln bis zur Wand und wieder zurück, bevor sie wie ein toter Vogel Elliot vor die Beine fiel.

»Allmächtiger Himmel!« murmelte er. »Wenn ich nächstes Mal in der Zeitung lese, daß jemand behauptet, in einer fliegenden Untertasse entführt worden zu sein und einen Rundflug durchs Universum gemacht zu haben, werde ich lieber nicht darüber lachen. Falls ich noch viele unbelebte Gegenstände herumtanzen sehe, werde ich alles glauben, ganz egal, wie absurd es sich anhören mag.«

Tina stand vom Bett auf und massierte ihre kalten Finger. »Ich leiste vermutlich immer noch zuviel Widerstand. Es ist so unheimlich, wenn Danny die Kontrolle übernimmt... ich versteife mich automatisch. Du hattest wahrscheinlich recht, daß man in Trance versetzt sein muß.«

»Ich befürchte, daß ich dir da nicht helfen kann«, sagte er. »Ich bin ein verdammt guter Koch, aber ich bin kein Hypnotiseur.«

»Hypnose! Na klar, das wird bestimmt helfen.«

»Vielleicht. Aber wie willst du einen Hypnotiseur finden? Sie haben normalerweise keinen Laden an der Straßenecke.«

»Billy Sandstone!« rief sie.

»Wer?«

»Er ist Hypnotiseur und lebt hier in Reno. Ein Bühnenkünstler. Der Große Sandstone. Es ist eine großartige Nummer. Ich wollte ihn für *Magyck!* verpflichten, aber er hatte leider einen Exklusivvertrag mit einer Hotelkette. Billy könnte mich hypnotisieren. Vielleicht werde ich dann entspannt genug sein, daß Danny die Route aufzeichnen kann.«

»Hast du Sandstones Telefonnummer?«

»Nein, und er hat wahrscheinlich eine Geheimnummer. Aber ich habe die Nummer seines Agenten und kann auf diese Weise mit Billy Verbindung aufnehmen.«

Sie eilte zum Telefon.

31

Billy Sandstone war ein mittelgroßer Mann in den Dreißigern, der größten Wert auf Ordnung und ein gepflegtes Äußeres legte.

Seine Schuhe waren auf Hochglanz poliert, die Falten seiner Hose messerscharf gebügelt und sein blaues Sporthemd sah frisch gestärkt aus. Sein Haar war sehr kurz geschnitten, und sein sorgfältig gestutzter Schnurrbart wirkte fast wie aufgemalt.

Auch Billys Eßzimmer war überaus ordentlich und gepflegt. Die Möbel glänzten mit seinen Schuhen um die Wette. Auf dem Tisch stand eine geschliffene Kristallvase mit frischen Rosen. Die Vorhänge fielen in korrekten Falten herab. Selbst der größte

Pedant hätte in diesem Zimmer kein Stäubchen entdecken können.

Sie breiteten die Karte auf dem Tisch aus und setzten sich.

»Automatisches Schreiben ist totaler Humbug, Tina. Das mußt du doch wissen.«

»Ich weiß es, Billy. Aber trotzdem möchte ich, daß du mich hypnotisierst.«

»Du bist doch sonst so vernünftig, Tina«, wandte Billy ein. »So etwas sieht dir überhaupt nicht ähnlich.«

»Ich weiß.«

»Wenn du mir verraten würdest, *warum*... Wenn ich wüßte, was das alles soll, könnte ich dir vielleicht besser helfen.«

»Wenn ich es dir erklären wollte, Billy«, sagte sie, »wären wir noch heute abend hier.«

»Länger!« warf Elliot ein.

»Und wir haben nicht viel Zeit«, fuhr Tina fort. »Glaub mir, es ist eine äußerst dringende und wichtige Sache.«

Sie hatten ihm nichts von Danny erzählt. Sandstone hatte nicht die geringste Ahnung, was sie mit der Hypnose bezwecken wollten.

»Ich verstehe, daß Ihnen die Sache lächerlich vorkommen muß, Billy«, sagte Elliot. »Sie fragen sich wahrscheinlich, ob ich ein armer Irrer bin, der Tina angesteckt hat.«

»Was aber nicht der Fall ist«, ergänzte Tina.

»Stimmt auffallend«, rief Elliot, »ihr Geist war nämlich schon verwirrt, lange bevor ich sie kennenlernte.«

Der Scherz lockerte Sandstone auf, was Elliot auch beabsichtigt hatte.

»Ich versichere Ihnen, Billy«, fügte Elliot ernst hinzu, »daß wir unseren Verstand nicht verloren haben. Und hier geht es wirklich um Leben und Tod.«

»Okay«, sagte Billy. »Ihr habt jetzt keine Zeit, mir die Geschichte zu erzählen. Das akzeptiere ich. Aber werdet ihr sie mir später einmal erzählen, wenn ihr es nicht mehr so verdammt eilig habt?«

»Ich verspreche es dir«, sagte Tina. »Ich werde dir alles erzählen. Aber versetz mich jetzt bitte in Trance.«

»In Ordnung.« Billy Sandstone trug einen goldenen Siegelring.

Er streifte ihn kurz vom Finger und steckte ihn verkehrt herum an, so, daß das Wappen zur Handfläche hin wies. Dann hielt er die Hand vor Tinas Augen. »Schau den Ring an und hör' nur auf meine Stimme.«

»Warte einen Moment«, sagte sie und nahm die Kappe des roten Filzstiftes ab, den Elliot am Zeitungsstand des Hotels gekauft hatte. Er hatte den Rotstift vorgeschlagen, damit sie eventuelle neue Markierungen von den bisherigen sinnlosen Kritzeleien unterscheiden könnten. Sie setzte den Schreiber aufs Papier. »Okay, Billy, fang an.«

Elliot konnte nicht genau feststellen, von welchem Zeitpunkt an Tina unter Hypnose stand, und er hatte keine Ahnung, wie Sandstone das bewerkstelligt hatte. Der Mann bewegte nur seine Hand langsam vor Tinas Gesicht hin und her und redete mit ruhiger, rhythmischer Stimme auf sie ein, wobei er häufig ihren Namen erwähnte.

Um ein Haar wäre auch Elliot in Trance versetzt worden. Er blinzelte krampfhaft und löste sich mühsam aus dem Bann dieser melodischen Stimme.

Tina starrte ins Leere.

Der Hypnotiseur senkte seine Hand und steckte seinen Ring wieder korrekt an den Finger. »Du schläfst jetzt tief, Tina.«

»Ja.«

»Deine Augen sind geöffnet, aber du schläfst ganz tief.«

»Ja.«

»Du wirst in diesem tiefen Schlaf bleiben, bis ich dir aufzuwachen befehle. Hast du verstanden?«

»Ja.«

»Du wirst völlig passiv bleiben, bis du den Drang verspürst, den Stift in deiner Hand zu benutzen.«

»Ja.«

»Wenn du diesen Drang verspürst, wirst du ihm keinen Widerstand entgegensetzen. Du wirst ihm nachgeben. Verstanden?«

»Ja.«

»Du wirst dich nicht ablenken lassen, falls Elliot und ich uns unterhalten. Du wirst nur reagieren, wenn ich dich direkt anspreche. Verstanden?«

»Ja.«

Sie warteten. Eine Minute verging, eine zweite.

Billy Sandstone beobachtete Tina anfangs intensiv, doch nach kurzer Zeit begann er ungeduldig auf seinem Stuhl hin und her zu rutschen. Er blickte zu Elliot hinüber und sagte: »Ich glaube nicht, daß diese blödsinnige Geisterschrift...«

Die Karte raschelte und ließ ihn mitten im Satz verstummen. Ihre Ecken rollten sich auf und entrollten sich, immer und immer wieder.

Die Luft wurde kühler.

Die Karte hörte auf sich zu bewegen. Das Rascheln verstummte.

Tina senkte ihren Blick auf die Karte, und ihre Hand begann langsam und zögernd über das Papier zu gleiten. Sie hinterließ eine dünne, rote Linie, die Elliot paradoxerweise an einen Blutfaden erinnerte.

Sandstone rieb sich die Arme, denn im Zimmer wurde es immer kälter. Er warf einen Blick auf die Heizung und wollte aufstehen.

»Bleiben Sie ruhig sitzen«, riet ihm Elliot. »Sie brauchen die Heizung nicht zu kontrollieren. Das Airconditioning ist nicht eingeschaltet, und die Anlage spendet noch die gleiche Wärme wie vorhin.«

»Was?«

»Die Kälte kommt von dem... von dem Geist«, erklärte Elliot, der beschlossen hatte, lieber in der Terminologie des Okkultismus zu bleiben, um nicht die ganze Geschichte über Danny erzählen zu müssen.

»Geist?«

»Ja.«

»Wessen Geist?«

»Das weiß ich nicht so genau.«

»Meinen Sie das ernst?«

»O ja.«

Sandstone starrte ihn an, so als wollte er sagen: Sie sind total verrückt, aber sind Sie auch gefährlich?

Elliot deutete auf die Karte.

Während Tinas Hand langsam über das Papier glitt, begannen sich die Ecken wieder aufzurollen und zu entrollen.

»Wie macht sie das nur?« fragte Sandstone.

»Das macht nicht sie.«

»Vermutlich der Geist?«

»So ist es.«

Ein schmerzlicher Ausdruck huschte über Billys Gesicht, so als bereite ihm Elliots Glaube an Geister echtes physisches Unbehagen. Billy hatte offenbar ein festes Weltbild, das so geordnet war wie er selbst und seine Wohnung, und wenn er erst einmal anfinge, an Geister zu glauben, würde er auch seine Meinungen über viele andere Dinge ändern müssen, und dann würde das Leben in ein unerträgliches Chaos einmünden.

Der Hypnotiseur hatte Elliots volles Mitgefühl. Auch er sehnte sich im Augenblick verzweifelt nach dem streng strukturierten Leben in seiner Anwaltskanzlei, nach den logisch aufgebauten Paragraphen der Gesetzbücher und den unabänderlichen Regeln im Gerichtssaal.

Tina ließ den Stift aus ihren Fingern fallen und blickte von der Karte auf.

»Bist du fertig?« fragte Billy sie.

»Ja.«

»Bist du ganz sicher?«

»Ja.«

Mit wenigen einfachen Sätzen und einem Händeklatschen weckte der Hypnotiseur sie aus dem Trancezustand auf.

Sie blinzelte verwirrt, dann betrachtete sie die Route, die sie auf der Karte eingezeichnet hatte. »Es hat geklappt, Elliot!« rief sie. »Mein Gott, es hat tatsächlich funktioniert!«

»Sieht ganz so aus.«

Sie deutete auf das Ende der roten Linie. »Hier ist er, Elliot. Hier halten sie ihn gefangen.«

»Es wird nicht einfach sein, in dieses unwegsame Gelände vorzudringen«, meinte Elliot.

»Wir können es schaffen. Wir brauchen nur gute warme Kleidung und Schneeschuhe, falls wir sehr weit laufen müssen. Kannst du mit Schneeschuhen umgehen? Sehr schwierig wird es wohl nicht sein.«

»Halt, nicht so schnell«, dämpfte Elliot ihre Begeisterung. »Ich bin noch nicht überzeugt, daß dein Traum wirklich das bedeutete, was du glaubst. Ich weiß nach deiner Schilderung des Inhalts nicht so recht, wie du zu der Schlußfolgerung kommst, daß Danny uns helfen wird, in die Anlage hineinzukommen. Vielleicht werden wir feststellen müssen, daß wir die Sicherheitssysteme nicht überwinden können.«

Billy Sandstone blickte völlig verdutzt von Tina zu Elliot.

»Es war nicht allein der *Inhalt* des Traumes, der mich zu dieser Schlußfolgerung führte. Viel wichtiger war, was ich dabei *fühlte*, aber das kann ich dir nicht erklären. Du könntest das nur verstehen, wenn du selbst diesen Traum gehabt hättest. Ich bin sicher, daß Danny mir sagen wollte, er könne uns helfen, zu ihm zu gelangen. Bin ich ein Mensch, der voreilig irgendwelche Schlüsse zieht?«

»Nein«, gab Elliot zu. Er zog die Karte zu sich heran und studierte die eingezeichnete Route sehr aufmerksam.

»Ich sagte, er würde uns zeigen, wo man ihn gefangenhält, und er hat es getan. Warum sollte ich dann nicht auch recht haben, daß er uns helfen wird, in sein Gefängnis hineinzukommen?«

»Es ist nur... wir würden ihnen damit direkt in die Arme laufen«, warnte Elliot.

»In wessen Arme?« erkundigte sich Billy, den seine beiden Besucher völlig vergessen zu haben schienen.

»Elliot, und was geschieht, wenn wir hierbleiben und uns verstecken, in der vagen Hoffnung, eine andere Lösung zu finden? Wieviel Zeit bleibt uns? Nicht viel. Sie werden uns früher oder später finden, und dann werden sie uns umbringen.«

»Umbringen?« rief Billy.

»Wir sind ihnen bisher entkommen, weil wir aktiv und angriffslustig waren«, fuhr Tina fort. »Wenn wir unser Verhalten ändern, wenn wir plötzlich übervorsichtig werden, könnte das unseren Untergang und nicht unsere Rettung bedeuten.«

»Ihr beide hört euch so an, als befändet ihr euch mitten in einem Krieg«, kommentierte Billy.

»Du hast vermutlich recht«, sagte Elliot, an Tina gewandt. »Ich habe beim Militär gelernt, daß man hin und wieder stehenbleiben muß, um die Truppen neu zu formieren, daß es aber verhängnisvoll sein kann, viel zu lange an einem Ort zu verharren.«

»Sollte ich mir vielleicht die Nachrichten anhören?« fragte Billy. »Ist ein Krieg ausgebrochen?«

»Was werden wir außer der warmen Kleidung, den Stiefeln und Schneeschuhen sonst noch benötigen?« erkundigte sich Elliot bei Tina.

»Einen Jeep.«

»Das ist eine schwierige Bestellung.«

»Wie wär's mit einem Panzer?« fragte Billy.

Nachdem Tina und Elliot beschlossen hatten, der Traumbotschaft zu vertrauen, waren sie so von der geplanten Rettungsoperation in Anspruch genommen, daß sie Sandstones Kommentare kaum zur Kenntnis nahmen.

»Wir brauchen unbedingt einen Jeep«, meinte Tina, »oder ein anderes Fahrzeug mit Vierradantrieb. Wir wollen doch nicht weiter als unbedingt notwendig zu Fuß gehen. Vielleicht läßt sich eine Wanderung überhaupt vermeiden. Es muß doch eine Straße zu dieser Anlage führen, auch wenn sie noch so geheim ist. Wenn alles gut geht, werden wir auf dem Rückweg Danny bei uns haben, und ich glaube nicht, daß sein Zustand einen langen Fußmarsch erlauben wird.«

»Ich könnte mir natürlich Geld von meiner Bank in Vegas hierher überweisen lassen«, sagte Elliot, »aber das würde sie möglicherweise auf unsere Spur führen. Und außerdem sind die Banken während der Feiertage geschlossen. Wir könnten also erst nächste Woche etwas unternehmen, und bis dahin haben sie uns vielleicht geschnappt.«

»Und was ist mit deiner American-Express-Karte?« fragte Tina.

»Du meinst, ich soll damit einen Jeep kaufen?«

»Es gibt doch kein Limit für die Karte, oder?«

»Nein, aber...«

»Ich habe einmal in der Zeitung von einem Mann gelesen, der mit seiner Kreditkarte einen Rolls-Royce gekauft hat. So etwas geht durchaus, wenn gewährleistet ist, daß die Rechnung bezahlt wird, wenn sie einen Monat später eingeht.«

»Es hört sich verrückt an, aber versuchen könnten wir's ja mal.

»Ich habe einen Jeep«, sagte Billy Sandstone.

»Suchen wir erst einmal die Adresse des Händlers raus«, schlug

Tina vor. »Dann werden wir ja sehen, ob sie die Kreditkarte akzeptieren.«

»Ich habe einen Jeep!« brüllte Sandstone.

Beide blickten ihn völlig verwirrt an.

»Ich trete jeden Winter einige Wochen lang am Lake Tahoe auf«, erklärte Billy. »Ihr wißt ja, wie es dort um diese Jahreszeit aussieht. Schnee bis zum Hintern. Und ich hasse es, das Pendelflugzeug Tahoe-Reno zu benutzen, weil die Maschine so verdammt klein ist. Und der Flughafen von Tahoe ist auch nicht gerade vertrauenerweckend. Deshalb fahre ich meistens einen Tag vor meinem ersten Auftritt mit dem Jeep runter. Das ist bei schlechtem Wetter im Gebirge das einzig sichere Fahrzeug.«

»Fährst du in den nächsten Tagen nach Tahoe?« erkundigte sich Tina.

»Nein, erst Ende des Monats.«

»Brauchen Sie den Jeep am Wochenende?« fragte Elliot.

»Nein.«

»Würden Sie ihn uns leihen?«

»Nun... ich glaube schon.«

Tina beugte sich über den Tisch, nahm Billys Kopf zwischen ihre Hände, zog ihn zu sich heran und küßte ihn. »Du bist ein Lebensretter, Billy. Und das meine ich im buchstäblichen Sinne.«

»Ich will verdammt sein«, sagte Elliot, »aber mir kommt es so vor, als hätten wir eine Glückssträhne. Vielleicht wird es uns tatsächlich gelingen, Danny dort rauszuholen.«

»Es *wird* uns gelingen«, versicherte Tina. »Ich weiß es.«

Die Rosen in der Kristallvase wirbelten umher wie eine Gruppe rothaariger Tänzerinnen.

Billy Sandstone sprang erschrocken auf und warf dabei seinen Stuhl um.

Die Vorhänge öffneten und schlossen sich immer wieder, obwohl kein Mensch in ihrer Nähe war.

Der kupferne Kronleuchter begann sich langsam im Kreis zu drehen.

Billy starrte mit weit aufgerissenem Mund auf die scheinbar zum Leben erwachten Gegenstände.

Elliot wußte genau, wie dem Hypnotiseur zumute war, und der Mann tat ihm herzlich leid.

Nach dreißig oder vierzig Sekunden war der ganze Spuk vorüber.

Im Zimmer wurde es rasch wieder warm.

»Wie habt ihr das nur gemacht?« wollte Billy wissen.

»Das waren nicht wir«, antwortete Tina.

»Bitte kein Geist!« flehte Billy.

»Nein, es war auch kein Geist«, beruhigte ihn Elliot.

»Ich borge euch meinen Jeep«, sagte Billy, »aber zuerst müßt ihr mir erzählen, was in aller Welt los ist. Es ist mir egal, wie eilig ihr es habt. Ihr könnt mir doch wenigstens das Wichtigste in Stichworten sagen. Andernfalls werde ich vor Neugier sterben.«

Tina sah Elliot fragend an. »Was meinst du?«

»Billy, es dürfte besser für Sie sein, wenn Sie nichts wissen«, sagte Elliot.

»Unmöglich.«

»Wir kämpfen gegen eine Gruppe verdammt gefährlicher Typen. Wenn die auch nur vermuten, daß Sie etwas wissen...«

»Hören Sie«, fiel Billy ihm ins Wort. »Ich bin nicht nur Hypnotiseur, sondern auch so eine Art Magier. Das war mein großer Berufstraum, aber leider fehlte mir das Geschick dafür. Deshalb muß ich meine Auftritte in erster Linie auf Hypnose konzentrieren. Aber die Magie ist nun einmal meine große Liebe. Ich muß einfach wissen, wie dieser Trick mit den Rosen und den Vorhängen funktioniert. Und auch der mit den aufgerollten Kartenecken. Ich *muß* es wissen!«

An diesem Morgen war es Elliot zu Bewußtsein gekommen, daß er und Tina die einzigen Menschen waren, die wußten, daß die offizielle Version über den Unfall in der Sierra eine gemeine Lüge war. Wenn sie beide umgebracht wurden, würde die Wahrheit mit ihnen sterben, und die Vertuschung würde weitergehen. In Anbetracht des hohen Preises, den sie für die wenigen Bruchstücke an Information bisher schon bezahlt hatten, war ihm der Gedanke unerträglich, daß all ihre Ängste und Qualen umsonst gewesen sein könnten.

»Haben Sie einen Kassettenrecorder, Billy?« fragte er deshalb.

»Klar. Aber es ist nur ein kleines tragbares Gerät. Ich verwende es, wenn ich neue Nummern einstudiere, zur Kontrolle.«

»Das wird vollkommen ausreichen«, sagte Elliot. »Hauptsache, es funktioniert. Wir werden Ihnen in Kurzform erzählen, worum es bei dieser Sache geht, und diesen Bericht gleichzeitig aufnehmen. Dann werde ich die Kassette meinem Partner mit der Post zuschicken.« An Tina gewandt, fügte er hinzu: »Keine große Rückendeckung, aber besser als nichts.«

»Ich hole den Recorder«, rief Billy und eilte eifrig aus dem Zimmer.

Tina faltete die Karte zusammen.

»Es ist schön, dich wieder lächeln zu sehen«, sagte Elliot.

»Ich muß verrückt sein«, erwiderte sie. »Vor uns liegt noch ein schwieriges und gefährliches Stück Arbeit. Wir haben immer noch diese Mörderbande auf dem Hals. Wir wissen nicht, was uns dort im Gebirge erwartet. Warum fühle ich mich also plötzlich so großartig?«

»Weil wir nicht mehr davonlaufen«, sagte Elliot. »Weil wir in die Offensive gehen. Und so tollkühn das auch sein mag, so stärkt es doch das Selbstbewußtsein.«

»Können wir zwei gegen eine große Regierungsorganisation wirklich ein Chance haben?«

»Nun«, antwortete Elliot, »ich glaube zufällig, daß Individuen eher zu verantwortungsbewußtem und moralischem Handeln fähig sind als irgendwelche Institutionen. Zumindest stehen wir also auf der Seite der Gerechtigkeit. Und ich glaube auch, daß Individuen schlauer und für den Überlebenskampf besser gerüstet sind als Regierungsinstitutionen. Hoffen wir nur, daß meine Philosophie sich nicht als unausgegorener Quatsch erweist.«

Um halb zwei kam Kurt Hensen in George Alexanders Büro. »Der Wagen, den Stryker bei Avis gemeldet hatte, ist gefunden worden. Er steht auf einem öffentlichen Parkplatz, etwa drei Blocks von hier entfernt.«

»Wurde er vor kurzem benutzt?« fragte Alexander.

»Nein. Der Motor ist kalt, und die Fenster sind vereist. Er muß über Nacht dort abgestellt gewesen sein.«

»Dieser Kerl ist nicht dumm«, sagte Alexander. »Er hat den verdammten Karren vermutlich aufgegeben.«

»Soll ich das Auto trotzdem beobachten lassen?«

»Ja«, erwiderte Alexander. »Früher oder später werden sie einen

Fehler machen. Vielleicht kommen sie doch noch zum Wagen zurück. Ich glaube es zwar nicht, aber möglich wäre es immerhin.«

Hensen verließ den Raum.

Alexander holte ein Valium aus einem Tablettenröhrchen, das er immer in seiner Sakkotasche hatte, und spülte die Pille mit einem Schluck Eiswasser hinunter. Es war schon sein zweites Valium, seit er vor dreieinhalb Stunden aufgestanden war, aber er war immer noch nervös.

Stryker und die Frau erwiesen sich als ebenbürtige Gegner.

Alexander machte sich nichts aus ebenbürtigen Gegnern. Ihm waren Schwächlinge wesentlich lieber.

Wo steckte nur dieses verdammte Pärchen?

32

Die kahlen Laubbäume ragten wie vielarmige dunkle Skelette empor. Die Nadelbäume – Fichten, Rottannen, Kiefern und Lärchen – bogen sich unter der Schneelast. Ein scharfer Wind jagte die tiefhängenden Wolken über den düstern Himmel und peitschte eisige Schneeflocken gegen die Windschutzscheibe des Jeeps.

Tina betrachtete ehrfürchtig den prächtigen Wald, der immer dichter wurde, je weiter sie auf der schmalen Landstraße nach Norden kamen. Vor einer Viertelstunde waren sie von der Interstate 80 abgebogen, entsprechend der Route, die Danny aufgezeichnet hatte. In kurzer Zeit würden sie auch von dieser zweispurigen Teerstraße auf einen Weg abbiegen müssen, der auf der Karte als ›ungepflastert, nicht lehmig‹ gekennzeichnet war, was immer das auch bedeuten mochte.

Nachdem sie Billy Sandstones Haus in seinem Jeep verlassen hatten, waren Tina und Elliot nicht ins Hotel zurückgekehrt, weil sie beide die Vorahnung gehabt hatten, daß ausgesprochen unfreundliche Zeitgenossen sie in ihrem Zimmer erwarten würden.

In einem Sportartikelgeschäft hatten sie wetterfeste Kleidung,

Stiefel, Schneeschuhe, Lebensmittelkonserven und einige andere lebenswichtige Dinge gekauft. Wenn die Rettungsaktion so erfolgreich verlaufen würde, wie Tinas Traum es zu prophezeien schien, würden sie die meisten Gegenstände nicht benötigen. Aber falls der Jeep im Gebirge eine Panne bekam oder sich sonst etwas Unvorhergesehenes ereignen sollte, wollten sie wenigstens halbwegs ordentlich ausgerüstet sein.

Elliot hatte auch hundert Schuß Munition für die Pistole erworben, um bei der Begegnung mit ihren Feinden nicht ganz wehrlos zu sein.

Danach hatten sie Reno in westlicher Richtung, auf das Gebirge zu, verlassen, in einer Raststätte angehalten und sich auf den Toiletten umgezogen. Elliots kälteisolierter Anzug war grün mit einem gelben Streifen auf jeder Seite, der von Tina war blau und hatte weiße Streifen. Sie sahen wie zwei Skifahrer aus, die auf dem Weg zu den Pisten waren.

Als sie das Gebirge erreicht hatten, war ihnen klar geworden, wie bald schon die Dunkelheit über die Täler und Hohlwege hereinbrechen würde, und sie hatten überlegt, ob es klug war weiterzufahren, ob sie nicht lieber nach Reno zurückkehren, sich irgendwo wieder ein Hotelzimmer nehmen und am nächsten Morgen wieder losfahren sollten. Aber dazu hatten sie beide nicht die geringste Lust verspürt. Möglicherweise würden sie ihren Entschluß, nicht umzukehren, noch bereuen, aber genauso gut konnte es sich als Vorteil erweisen, sich der geheimen Anlage im Schutze der Dunkelheit zu nähern. Ausschlaggebend für ihren Entschluß war die Tatsache, daß sie von großem Elan erfüllt waren, daß sie das Gefühl hatten, das Glück sei momentan auf ihrer Seite, und daß sie das Schicksal nicht versuchen wollten, indem sie die Fahrt aufschoben.

Und nun waren sie also auf der Landstraße unterwegs, die stetig bergauf führte. Schneepflüge hatten die Fahrbahn geräumt; der Schnee türmte sich nun rechts und links bis zu zwei Meter Höhe.

Tina warf einen Blick auf die Karte, die auf ihren Knien lag. »Jetzt müßte die Abzweigung bald kommen.«

»Ganz schön einsam hier, was?« sagte Elliot.

»Ich habe das Gefühl, daß die ganze Zivilisation vernichtet

werden könnte, und hier draußen würde man das überhaupt nicht mitbekommen.«

Sie hatten seit etwa drei Kilometern kein Gebäude mehr gesehen, und seit fünf Kilometern waren sie keinem anderen Fahrzeug begegnet.

Die Dämmerung senkte sich über den Winterwald, und Elliot schaltete die Scheinwerfer ein.

Auf der linken Straßenseite kam in dem hohen Schneewall eine Lücke in Sicht. Elliot brachte den Jeep an dieser Stelle zum Stehen. Ein schmaler Weg bog hier von der Landstraße in die Wälder ab. Die Bäume bildeten einen regelrechten Tunnel um ihn, so daß er schon nach fünfzehn oder zwanzig Metern im Dunkeln nicht mehr zu erkennen war. Auch dieser Weg war von Schneepflügen geräumt worden; er war nicht geteert, hatte aber einen alten Kiesbelag; die Schlaglöcher waren jetzt mit hartem Schnee angefüllt.

»Das dürfte die ›ungepflasterte, nicht lehmige‹ Straße sein, von der auf der Karte die Rede ist«, sagte Tina.

»Zweifellos.«

»Ein ehemaliger Holzfällerweg?«

»Sieht mir eher nach dem Weg aus, der in alten Filmen immer zu Draculas Schloß führt«, kommentierte Elliot.

»Keine sehr ermutigende Feststellung.«

»Tut mir leid.«

»Leider hast du recht. Er sieht *wirklich* aus wie der Weg zu Draculas Schloß!«

Sie wagten sich mutig in diesen Baumtunnel, der in die Tiefe des Waldes führte.

33

In dem langen rechteckigen Raum drei Stockwerke unter der Erde summten, piepsten, klapperten und wisperten die Computer.

Dr. Carlton Dombey, der vor zwanzig Minuten seinen Dienst angetreten hatte, saß an einem der Tische vor der Nordwand und studierte aufmerksam eine Serie Röntgenbilder und die dazugehörigen Computeranalysen.

»Hast du dir die Aufnahmen angesehen, die heute morgen vom Gehirn des Jungen gemacht wurden?« fragte er schließlich seinen Kollegen.

Dr. Aaron Zachariah wandte sich von den Computerbildschirmen ab. »Ich wußte überhaupt nicht, daß es neue Bilder gibt.«

»Eine ganze Serie.«

»Irgendwas Interessantes?«

»Ja«, antwortete Dombey. »Die Wucherung auf dem Scheitellappen, die vor etwa sechs Wochen aufgetaucht ist.«

»Was ist damit?«

»Sie ist größer und dunkler geworden.«

»Dann ist es also tatsächlich ein bösartiger Tumor?«

»Das läßt sich noch nicht sagen.«

»Gutartig?«

»Das steht auch noch nicht fest.«

»Und welche Diagnose stellt der Computer?«

»Keine eindeutige«, erwiderte Dombey. »Diese Wucherung weist nicht alle spezifischen Besonderheiten eines Tumors auf.«

»Könnte es sich um Narbengewebe handeln?«

»Sieht nicht so aus.«

»Ein Blutgerinnsel?«

»Der Computer sagt entschieden nein.«

»Hat das verdammte Ding überhaupt etwas Nützliches zu sagen?«

»Vielleicht«, meinte Dombey. »Ich bin mir nicht sicher, ob es nützlich ist oder nicht.« Er runzelte die Stirn. »Eigenartig ist es auf jeden Fall.«

»Spann mich nicht so auf die Folter«, sagte Zachariah und trat an den Tisch heran, um selbst einen Blick auf die Aufnahmen zu werfen.

»Nach Ansicht des Computers hat das Gewächs die Struktur von normalem Gehirngewebe.«

Zachariah starrte ihn an. »Sag das noch einmal!«

»Der Computer meint, es könnte ein neues Stück Gehirngewebe sein.«

»Aber das ergibt doch überhaupt keinen Sinn.«
»Ich weiß.«
»Das Gehirn beginnt doch nicht plötzlich neue kleine Knoten zu bilden, die kein Mensch je zuvor gesehen hat.«
»Ich weiß.«
»Ich habe den Eindruck, daß der Computer dringend überprüft werden muß. Er spinnt offenbar total.«
»Sie haben ihn heute nachmittag kontrolliert«, sagte Dombey und deutete auf einen Stapel Print-outs auf dem Tisch. »Angeblich ist er hundertprozentig in Ordnung.«
»Genau wie die Heizungsanlage drüben im Isolierraum«, erwiderte Zachariah sarkastisch.
Dombey studierte immer noch die Testauswertungen und strich dabei mit einem Finger über seinen Schnurrbart. »Der Computer hat festgestellt, daß das Wachstum dieser Wucherung am Scheitellappen genau proportional zu der Anzahl von Injektionen verläuft, die der Junge erhalten hat. Das Gewächs tauchte nach der ersten Spritzenserie vor sechs Wochen auf. Je häufiger der Junge infiziert wird, desto schneller wächst das Gebilde im Gehirn.«
»Dann *muß* es ein Tumor sein«, erklärte Zachariah.
»Wahrscheinlich.«
Zachariah warf einen Blick auf das Fenster, durch das man die Vorgänge in der Isolierkammer beobachten konnte. »Verdammt, es geht schon wieder los!«
Zachariah eilte ans Fenster.
Dombey starrte die gefrorene Scheibe nachdenklich an. »Weißt du was? Das Problem mit dem Fenster – es tauchte zur gleichen Zeit auf wie dieses Gewächs am Scheitellappen.«
Zachariah drehte sich nach ihm um. »Na und?«
»Kommt dir das nicht äußerst merkwürdig vor?«
»Reiner Zufall, was denn sonst?«
»Nun ja...«
»Was geht dir im Kopf herum?«
»Könnte es nicht vielleicht einen Zusammenhang zwischen diesem Hirngewächs und dem Frost geben?«
»Willst du damit andeuten, daß der Junge für die Veränderungen der Lufttemperatur verantwortlich sein könnte?«

»Wäre das nicht denkbar?«

»Wie sollte so etwas möglich sein?«

»Das weiß ich nicht.«

»Nun, du hast diese Frage doch aber aufgeworfen.«

»Ich weiß es nicht«, wiederholte Dombey.

»Es ergibt keinen Sinn«, stellte Zachariah fest. »Überhaupt keinen Sinn. Wenn du weiterhin auf so merkwürdige Ideen kommst, Carl, wird man demnächst nicht nur die Computer und die Heizungsanlage überprüfen müssen, sondern auch deinen Geisteszustand.«

34

Der Kiesweg führte tief in den Wald hinein. Er war insgesamt relativ gut befahrbar, obwohl der Jeep dreimal in tiefe Bodensenken geriet.

Die Äste hingen von beiden Seiten immer tiefer herab, bis die eisverkrusteten Nadeln schließlich häufig über das Dach des Jeeps kratzten, was sich anhörte, als führe jemand mit den Fingernägeln über eine Schiefertafel.

Sie fuhren an einigen Schildern vorbei, die besagten, daß dieser Weg zu einem Naturreservat führe und nur mit einer Sondererlaubnis befahren werden dürfe.

»Ob sie diese geheime Militäranlage vielleicht als Naturreservat tarnen?« überlegte Elliot laut.

»Nein«, meinte Tina. »Dazu müßte man auf diesem Weg fünfzehn Kilometer zurücklegen. So ist es jedenfalls auf der Karte eingetragen. Laut Dannys Instruktionen müssen wir aber nach etwa acht Kilometern in nördliche Richtung abbiegen.«

»Wir haben schon fast acht Kilometer zurückgelegt, seit wir die Landstraße verlassen haben.«

Äste kratzten über das Dach, und Pulverschnee rieselte über die Windschutzscheibe auf die Motorhaube.

Während die Scheibenwischer den Schnee zur Seite schoben, beugte sich Tina plötzlich vor und spähte ins Scheinwerferlicht hinaus. »Halt mal an! Ich glaube, das muß die Abzweigung sein.«

Obwohl Elliot nur mit fünfzehn Stundenkilometern fuhr, konnte er den Jeep nicht rechtzeitig zum Stehen bringen, sondern mußte ein Stückchen zurücksetzen, bevor die Scheinwerfer auf den Weg fielen, den Tina entdeckt hatte.

»Er ist nicht geräumt«, sagte Elliot.

»Aber schau dir nur mal die vielen Reifenspuren an.«

»Ja, du hast recht.«

»Das ist der Weg, den wir einschlagen müssen, um zu Danny zu gelangen!« rief Tina zuversichtlich.

»Nur gut, daß wir den Jeep haben.«

Er bog auf den verschneiten Weg ein. Der Jeep, der mit Vierradantrieb und schweren Ketten an den Winterreifen ausgerüstet war, kam mühelos vorwärts.

Nach etwa hundert Metern stieg der Weg etwas an und beschrieb eine scharfe Rechtskurve. Dahinter standen die Bäume plötzlich nicht mehr so dicht am Rand, und Elliot und Tina konnten zum erstenmal, seit sie die Landstraße verlassen hatten, wieder freien Himmel über sich sehen.

Inzwischen war die Dunkelheit hereingebrochen. Vor ihnen erstreckte sich eine völlig schneefreie, geteerte Straße, von der Dampf aufstieg und die stellenweise sogar völlig trocken war.

»Sie wird offenbar beheizt«, sagte Elliot.

»Und das hier mitten in der Wildnis!«

Er hielt an, nahm die geladene Pistole vom Sitz und entsicherte sie für den Fall, daß es auf jede Sekunde ankommen würde.

»Wir können immer noch umkehren«, murmelte Tina.

»Möchtest du das?«

»Nein.«

»Ich auch nicht.«

Nach etwa hundertzwanzig Metern beschrieb die Straße eine scharfe Linkskurve, und zwanzig Meter weiter war sie durch ein hohes Gatter versperrt. Auf beiden Seiten dieses Gatters zog sich ein zwei Meter fünfzig hoher Stacheldrahtzaun in die Wälder hinein. Auch das Gatter selbst war mit Stacheldraht versehen und an der oberen Kante mit Spikes besetzt.

Rechts daneben war ein großes Schild angebracht:

PRIVATGELÄNDE
ZUTRITT NUR MIT KARTE
UNBEFUGTES BETRETEN BEI STRAFE VERBOTEN!

»Sie tarnen ihre Anlage als privaten Landbesitz«, sagte Tina.

»Und was jetzt?« fragte Elliot. »Du hast wohl nicht zufällig eine Karte bei dir, die das Gatter öffnen würde?«

»Danny wird uns helfen«, versicherte sie.

»Und wie lange sollen wir hier warten?«

»Nicht lange«, antwortete sie, und da schwang das Gatter auch schon auf.

»Verdammt noch mal!« rief Elliot.

Die beheizte Straße verlor sich vor ihnen in der Dunkelheit.

»Wir kommen, Danny«, sagte Tina ruhig.

»Und wenn nun jemand anderer das Tor geöffnet hat?« fragte Elliot. »Wenn Danny nun überhaupt nichts damit zu tun hatte? Vielleicht lassen sie uns nur ein, damit wir dann in der Falle sitzen.«

»Es war Danny.«

»Du bist so sicher.«

»Ja.«

Seufzend fuhr er durch das Tor, und das Gatter schloß sich hinter dem Jeep.

Die Straße stieg jetzt stetig an. An einigen Stellen ragten riesige Felsformationen auf beiden Seiten dachartig vor, an anderen Stellen windgeformte Schneekapuzen. Die Bäume schienen immer größer zu werden, je höher sie ins Gebirge kamen.

Ein zweites Tor kam zwei Kilometer weiter in Sicht, hinter einem Hügelkamm, auf einem kurzen, ebenen Abschnitt. Diesmal handelte es sich um einen richtigen Kontrollpunkt mit einer Wachstube rechts von der Straße.

Elliot bremste und griff nach der Pistole.

Sie waren höchstens zweieinhalb Meter von der hell beleuchteten Wachstube entfernt und konnten das Gesicht des Postens deutlich erkennen, der mit gerunzelter Stirn durchs Fenster spähte.

»Er überlegt bestimmt krampfhaft, wer wir sein könnten«, kommentierte Elliot. »Er hat weder uns noch den Jeep jemals gesehen, und Unbekannte dürften hier Seltenheitswert haben.«

Der Wachposten in der Bude nahm den Hörer eines Wandtelefons ab.

»Verdammt!« rief Elliot. »Ich muß ihn daran hindern.«

Er wollte gerade die Tür aufreißen, als Tina ihn am Arm packte. »Warte! Das Telefon funktioniert nicht. Sieh mal, er schüttelt es.«

Der Posten warf den Hörer auf die Gabel, schlüpfte hastig in einen Anorak und stürzte mit einer Maschinenpistole in der Hand ins Freie.

Das Tor öffnete sich von selbst.

Der Wachposten blieb wie angewurzelt stehen, völlig perplex.

Elliot trat stark aufs Gas, und der Jeep schoß vorwärts. Der Posten zielte auf sie.

Tina warf instinktiv die Hände hoch, in einem völlig sinnlosen Versuch, die Kugeln abzuwehren.

Aber es kamen keine Kugeln angeflogen.

Kein durchschlagendes Metall, kein zerbrochenes Glas, kein Blut, kein jäher Schmerz.

Nicht einmal das Knattern von Schüssen.

Der Jeep brauste den nächsten Hügel hinauf, durch die Dampfwolken, die vom schwarzen Pflaster aufstiegen.

Immer noch waren keine Schüsse zu hören.

Elliot riß das Lenkrad plötzlich herum, als unvermutet eine scharfe Kurve auftauchte, und Tina glaubte sekundenlang, sie würden über die Straßenkante in die Tiefe stürzen, aber gleich darauf befanden sie sich hinter der Biegung, außerhalb der Schußlinie des Postens, und auf den vor ihnen liegenden hundertfünfzig Metern bis zur nächsten Kurve war nichts Bedrohliches zu sehen.

Elliot verlangsamte das Tempo des Jeeps.

»Hat Danny das alles bewerkstelligt?« fragte er.

»Muß er wohl.«

»Er hat das Telefon gestört, das Tor geöffnet und die Maschinenpistole unbrauchbar gemacht. Was ist dein Sohn eigentlich?«

Es begann heftiger zu schneien.

»Ich weiß es nicht«, antwortete Tina nach kurzem Nachdenken.

»Ich weiß nicht, wie oder was er jetzt ist. Ich weiß nicht, was ihm widerfahren ist, und ich begreife nicht, was aus ihm geworden ist.«

Zum erstenmal kam ihr der beängstigende Gedanke, daß sie vielleicht einen völlig veränderten Jungen in die Arme schließen würde.

35

George Alexanders Männer gingen in der Innenstadt von Reno von einem Hotel zum anderen und zeigten jedesmal Fotos von Christina Evans und Elliot Stryker. Sie sprachen mit den Angestellten an der Rezeption, mit Pagen und anderem Hotelpersonal, und um halb fünf nachmittags erkannte ein Zimmermädchen bei Harrah's das Paar.

In Zimmer 918 fanden die Agenten einen billigen Koffer, einige schmutzige Kleidungsstücke, Zahnbürsten, Toilettengegenstände – und elf Landkarten in einer Kunstledermappe, die Elliot und Tina in ihrer Eile mitzunehmen vergessen hatten.

Alexander wurde um 17.05 Uhr über die Entdeckung informiert, und um 17.40 Uhr wurden alle Fundgegenstände in sein Büro gebracht.

Als Alexander feststellte, um welche Art von Landkarten es sich handelte und, daß eine fehlte – jene, die Stryker benötigen würde, um die Laboratorien des Projektes Pandora zu finden –, lief sein Gesicht vor Zorn und Besorgnis rot an. »Diese bodenlose Frechheit!« schrie er.

Kurt Hensen stand vor Alexanders Schreibtisch und sah die anderen Sachen durch, die aus dem Hotel hergebracht worden waren. »Was ist los?« erkundigte er sich.

»Die wollen ins Gebirge. Sie werden versuchen, ins Labor vorzudringen«, erwiderte Alexander. »Irgendein Verräter muß ihnen die ungefähre Lage verraten haben. Und jetzt haben sie sich Karten gekauft!«

Was Alexander besonders erboste, war das kaltblütige methodische Vorgehen dieser beiden. Was waren das nur für Leute? Warum versteckten sie sich nicht irgendwo in einer dunklen

Ecke? Warum brachte die Angst sie nicht fast um den Verstand? Christina Evans war doch nur ein ehemaliges Showgirl! Alexander weigerte sich zu glauben, daß ein Showgirl besonders intelligent sein könnte. Und Stryker hatte zwar beim Militär gute Arbeit geleistet, aber das war schon sehr lange her. Woher nahmen sie nur ihre Kraft, ihre Ausdauer, ihren Mut? Sie mußten irgendeinen geheimen Vorteil haben. Was konnte das nur sein? Was war das für ein Vorteil, von dem er nichts wußte? Er lehnte sich in seinem Sessel zurück und grübelte darüber nach.

Hensen nahm eine der Karten zur Hand. »Ich sehe keinen Grund zur Besorgnis. Selbst wenn sie das erste Tor entdecken, kommen sie dort auf keinen Fall weiter. Das eingezäunte Gelände ist riesig, und das Labor befindet sich genau in der Mitte. Sie können nicht einmal in die Nähe gelangen, geschweige denn ins Innere.«

Alexander begriff schlagartig, worin ihr Vorteil bestand, weshalb sie so tatkräftig vorgingen. Er setzte sich wieder aufrecht hin. »Sie können sehr leicht hineingelangen, wenn sie dort einen Freund haben.«

»Was?«

»Das ist es!« Alexander stand auf. »Jemand vom Projekt Pandora hat dieser Evans nicht nur von ihrem Sohn erzählt, sondern dieser Verräter befindet sich jetzt auch in den Labors und wird Stryker und der Frau Türen und Tore öffnen. Irgendein Dreckschwein ist uns in den Rücken gefallen und will der Frau helfen, ihren Sohn dort herauszuholen.«

Alexander wählte die Nummer des militärischen Sicherheitsbüros in der Forschungsanlage. Es kam weder ein Freizeichen noch ein Besetztzeichen. Die Leitung war tot. Er legte auf und versuchte es gleich darauf noch einmal, mit dem gleichen negativen Ergebnis. Er wählte hastig die Nummer des Labordirektors Dr. Tamaguchi. Nichts. Nur die beunruhigende Stille.

»Etwas muß dort oben passiert sein«, sagte Alexander, während er den Hörer auf die Gabel warf. »Die Telefone funktionieren nicht mehr.«

»In der Wettervorhersage wurde ein Sturm angekündigt«, berichtete Hensen. »Vermutlich schneit es im Gebirge schon heftig. Vielleicht sind die Leitungen...«

»Reden Sie nicht solchen Unsinn, Kurt. Die Leitungen sind unterirdisch verlegt. Kein Sturm kann ihnen etwas anhaben. Rufen Sie Jack Morgan an. Sagen Sie ihm, er soll den Hubschrauber startklar machen. Wir treffen ihn am Flughafen, so schnell es nur geht.«

»Er wird ohnehin mindestens eine halbe Stunde brauchen«, sagte Hensen.

»Eine halbe Stunde, keine Minute länger!«

»Vielleicht wird er nicht fliegen wollen. Das Wetter muß im Gebirge scheußlich sein.«

»Es ist mir egal, selbst wenn es eiserne Basketbälle hagelt!« entgegnete Alexander scharf. »Wir fliegen hin. Mit einem Wagen würde es zu lange dauern. Etwas ist dort oben schiefgegangen, dessen bin ich mir sicher. Etwas geht in den Labors vor.«

Hensen machte ein skeptisches Gesicht. »Aber im Dunkeln ins Gebirge zu fliegen... bei Sturm...«

»Morgan ist ein hervorragender Pilot. Er hat in Vietnam Hubschrauber geflogen, und er war bei der Sicherheitspatrouille, als die Pipeline in Alaska gebaut wurde. Er hat Erfahrung mit Schnee.«

»Es wird nicht einfach sein.«

»Wenn Morgan einen leichten Job will«, erwiderte Alexander, »sollte er in Disneyland Zeppelinpilot werden!«

»Aber es ist selbstmörderisch...«

»Und wenn Sie einen leichten Job wollen«, schnitt Alexander ihm das Wort ab, »hätten Sie nicht zu mir kommen dürfen. Unsere Arbeit erfordert ständig Risiken. Das wissen Sie genau. Sie arbeiten nicht für ein Damenhilfskomitee, Kurt.«

Hensen bekam einen hochroten Kopf. »Ich rufe Morgan an«, murmelte er.

»Ja, tun Sie das – und zwar schnell!«

36

Die Scheibenwischer kämpften gegen den Schnee an. Die Ketten an den Winterreifen klirrten auf der beheizten Straße. Der Jeep brauste einen letzten Hügel hinauf, auf ein riesiges Felsplateau an der Seite des Berges.

Elliot brachte den Jeep zum Stehen und betrachtete besorgt das vor ihm liegende Terrain.

Das Plateau, ein Werk der Natur, war von Menschenhand verändert worden. Es konnte ursprünglich nicht so regelmäßig geformt gewesen sein. Es war etwa 270 Meter breit und 180 Meter tief und bildete ein fast perfektes Rechteck. Der Boden war so eben wie ein Rollfeld und gepflastert. Es gab keinen einzigen Baum und auch nichts anderes, das jemandem als Versteck dienen könnte. Dünne Laternenpfähle standen in regelmäßigen Abständen auf der ebenen Fläche. Die Lampen spendeten nur schwaches rötliches Licht; offenbar sollten sie möglichst unauffällig sein, falls ein Flugzeug von den üblichen Luftlinien abwich, oder falls jemand in einem anderen Teil des Gebirges kampierte. Die Beleuchtung reichte jedoch aus, um den Spezialkameras zur Sicherung des Geländes scharfe Bilder zu liefern. Diese Kameras waren an jedem Laternenpfahl so angebracht, daß kein Zentimeter unbeobachtet blieb.

»Das Wachpersonal hat uns höchstwahrscheinlich schon auf den Bildschirmen gesichtet«, sagte Elliot düster.

»Es sei denn, daß Danny ihre Kameras lahmgelegt hat«, tröstete Tina ihn. »Und wenn er eine Maschinenpistole manipulieren kann – warum sollte ihm nicht auch das gelingen?«

»Ja«, stimmte Elliot ihr etwas erleichtert zu. »Du hast wahrscheinlich recht.«

Am anderen Ende des Betonfeldes stand ein einstöckiges, fensterloses Gebäude von etwa dreißig Meter Länge.

»Dort müssen sie ihn gefangenhalten«, sagte Elliot.

»Ich habe mir einen riesigen Komplex vorgestellt.«

»Er ist bestimmt riesig. Du siehst nur die vordere Mauer. Die übrige Anlage ist in den Felsen hineingebaut, Gott weiß, wie tief. Und ich nehme an, daß es mehrere unterirdische Stockwerke gibt.«

»Bis hinab zur Hölle!«

»Könnte sein.«

Er nahm seinen Fuß von der Bremse und fuhr durch das dichte Schneetreiben.

Einige Jeeps, Land Rover und andere Fahrzeuge mit Vierradantrieb, insgesamt acht, waren nebeneinander vor dem niedrigen Gebäude geparkt.

»Sieht so aus, als wären nicht viel Leute hier«, sagte Tina. »Ich dachte, eine große Besatzung würde sich in der Anlage aufhalten.«

»Das ist mit Sicherheit der Fall«, meinte Elliot. »Die Regierung würde sich bestimmt nicht soviel Mühe machen, dieses Ding hier in der Wildnis zu verstecken, nur um eine Handvoll Forscher oder wen auch immer zu beherbergen. Ich nehme an, daß die meisten Leute wochen- oder monatelang hier leben. Es wäre viel zu auffällig, wenn auf einem Waldweg, der angeblich nur zu einem Naturschutzgebiet führt, tagtäglich lebhafter Verkehr herrschen würde. Einige Führungskräfte kommen und gehen wahrscheinlich per Hubschrauber. Aber wenn das eine militärische Einrichtung ist, dürfte der größte Teil der Besatzung unter ähnlichen Bedingungen leben wie die Mannschaften der Unterseeboote; man erlaubt ihnen hin und wieder einen kurzen ›Landgang‹ in Reno, aber ansonsten sind sie über längere Zeiträume hinweg auf diesem ›Schiff‹ angeheuert.«

Er parkte neben einem anderen Jeep und schaltete den Motor und die Scheinwerfer aus.

Es herrschte unwirkliche Stille.

Bisher war niemand aus dem Gebäude gestürzt, um sie festzunehmen. Demnach hatte Danny mit hoher Wahrscheinlichkeit die Videokameras tatsächlich lahmgelegt.

Die Tatsache, daß sie unverletzt hierher gekommen waren, vermochte Elliot jedoch nicht zu beruhigen. Wie lange würde der Junge ihnen noch den Weg ebnen können? Danny schien unglaubliche Kräfte zu besitzen, aber er war nicht Gott. Früher oder später würde er irgend etwas übersehen. Er würde einen Fehler machen. Nur einen einzigen Fehler, der aber ihren Tod bedeuten würde.

»Nun«, sagte Tina, »die Schneeschuhe haben wir jedenfalls nicht gebraucht.« Ihr Versuch, unbekümmert zu erscheinen, war jedoch nicht allzu erfolgreich. Sie hegte insgeheim ähnliche Befürchtungen wie Elliot.

»Aber diese Seilrolle könnte uns noch gute Dienste leisten.«

Elliot beugte sich über die Sitzlehne nach hinten und holte sie zwischen den anderen Ausrüstungsgegenständen hervor. »Es wird sich nicht vermeiden lassen, daß wir einigen Wachposten über den Weg laufen werden, wie clever Danny auch sein mag. Wir werden sie entweder erschießen oder auf andere Art und Weise außer Gefecht setzen müssen.«

»Wenn wir die Wahl haben«, sagte Tina, »würde ich lieber die Schnur als Kugeln verwenden.«

»Du sprichst mir aus der Seele.« Er nahm die Pistole zur Hand. »Schauen wir mal, ob wir überhaupt reinkommen.«

Sie stiegen aus dem Jeep.

Der Wind stürzte sich auf sie wie ein wildes Tier. Er knurrte leise, er bohrte seine scharfen Zähne in ihre ungeschützten Gesichter, und er geiferte sie mit Schnee an.

Die niedrige Betonfassade wurde von einer Stahltür unterbrochen. Sie hatte weder ein Schlüsselloch noch einen Schlitz, in den man eine Identitätskarte hätte schieben können. Diese Tür konnte nur von innen geöffnet werden, nachdem der Einlaßsuchende von einer Kamera überprüft worden war.

Die schwere Stahlplatte glitt zur Seite.

Hatte Danny ihnen die Tür geöffnet, fragte sich Elliot, oder war es ein grinsender Wachposten gewesen, der sie im Innern mit gezückter Waffe erwarten würde?

Hinter der Tür befand sich eine Kammer mit Stahlwänden von der Größe einer Fahrstuhlkabine, grell beleuchtet.

Tina und Elliot traten über die Schwelle, und die Tür schloß sich hinter ihnen.

Eine Kamera und ein Videomonitor waren an der linken Wand angebracht. Über den Bildschirm flatterten wirre Zickzacklinien. Daneben befand sich eine beleuchtete Glasplatte, auf die man die rechte Hand legen mußte, damit ein Computer die Abdrücke kontrollieren und auf diese Weise feststellen konnte, ob man berechtigt war, die Anlage zu betreten.

Elliot und Tina legten ihre Hände nicht auf die Platte, aber die innere Tür öffnete sich, und sie konnten weitergehen.

Im nächsten Raum werkelten zwei uniformierte Männer an den Kontrollkonsolen unterhalb von zwanzig an der Wand montierten Monitoren herum. Auf sämtlichen Bildschirmen waren nichts als wirre Zickzacklinien zu sehen. Der jüngere Wachposten hörte, daß die Tür sich mit einem Zischen komprimierter Luft öffnete. Er drehte sich erschrocken um.

Elliot richtete die Pistole auf ihn. »Keine Bewegung!«

Aber der junge Mann wollte den Helden spielen. Er zog einen großen Revolver aus dem Halfter, zielte aus der Hüfte und drückte auf den Abzug, alles mit einer Geschwindigkeit, die im Wilden Westen große Bewunderung hervorgerufen hätte.

Zum Glück griff Danny auch diesmal wieder ein. Kein Schuß kam aus dem Revolver.

Elliot wollte den Mann nicht töten. »Ihre Pistolen werden Ihnen nichts nutzen«, sagte er schwitzend und betete innerlich, daß Danny ihn jetzt nicht im Stich lassen möge. »Seien Sie also vernünftig.«

Als der junge Posten sah, daß sein Revolver nicht funktionierte, benutzte er ihn als Wurfgeschoß.

Elliot duckte sich, aber nicht schnell genug. Die Waffe traf ihn an der Schläfe, und er taumelte rückwärts gegen die Stahltür.

Tina schrie auf. Durch Schmerztränen hindurch sah Elliot den jungen Mann auf sich zustürzen. Er gab einen Schuß ab.

Die Kugel durchschlug die linke Schulter des Postens und wirbelte ihn herum. Er prallte mit voller Wucht gegen einen Schreibtisch, von dem ein Stapel weißer und rosa Papiere hinunterfiel, und stürzte sodann selbst zu Boden.

Elliot richtete die Pistole auf den älteren Wachposten, der inzwischen ebenfalls seinen Revolver gezogen und festgestellt hatte, daß er nicht funktionierte. »Lassen Sie die Waffe fallen, setzen Sie sich und machen Sie keine Schwierigkeiten!«

Der Mann warf gehorsam seine Waffe weg. »Wie seid ihr hier hereingekommen?« fragte er. »Wer seid ihr?«

»Das ist völlig uninteressant«, entgegnete Elliot. »Setzen Sie sich!«

Aber der Posten war beharrlich. »Wer seid ihr?«

»Die Nemesis«, antwortete Tina.

Fünf Minuten westlich von Reno geriet der Hubschrauber in ein Schneetreiben. Die Flocken waren hart, granulatartig; sie schlugen wie Treibsand gegen die Windschutzscheibe.

Jack Morgan, der Pilot, blickte zu George Alexander hinüber. »Das wird ganz schön haarig werden.«

»Ach was, dieses bißchen Schnee«, erwiderte Alexander gereizt.

»Ein Sturm«, korrigierte Morgan.

»Sie sind doch schon früher bei Sturm geflogen.«

»Im Gebirge werden die Strömungen mörderisch sein.«

»Wir werden es schaffen«, erklärte Alexander grimmig.

»Vielleicht, vielleicht auch nicht«, sagte Morgan. Er grinste. »Jedenfalls werden wir bei dem Versuch unseren Spaß haben.«

»Sie sind verrückt«, sagte Hensen, der direkt hinter dem Piloten saß.

»Schon in Vietnam haben alle gesagt, ich hätte sie nicht alle im Hinterstübchen. Na ja, sie hatten auch allen Grund dazu, mich für übergeschnappt zu halten.« Er lachte.

Hensen hatte eine Maschinenpistole auf dem Schoß. Er ließ seine Hände langsam über die Waffe gleiten, so als streichelte er eine Frau. Er schloß die Augen, nahm die Pistole im Geist auseinander und setzte sie wieder zusammen, um sich abzulenken. Ihm war übel. Er versuchte verzweifelt, nicht daran zu denken, daß der Hubschrauber bei diesem Schneesturm mit großer Wahrscheinlichkeit in eine Gebirgsschlucht abstürzen würde.

37

Der verletzte Wachposten hatte starke Schmerzen, aber soweit Tina es beurteilen konnte, schwebte er nicht in Lebensgefahr. Die Kugel hatte die Wunde teilweise ausgebrannt. Das Loch in der Schulter sah beruhigend sauber aus und blutete auch nicht besonders stark.

»Sie werden am Leben bleiben«, versicherte Elliot dem jungen Mann.

»O Gott, ich sterbe!«

»Nein«, widersprach Elliot. »Ich glaube Ihnen gern, daß es

höllisch schmerzt, aber es ist keine schwere Verletzung. Die Kugel hat keine lebenswichtigen Blutgefäße durchtrennt.«

»Verdammt, woher wollen Sie das wissen?« fragte der Verwundete mit zusammengebissenen Zähnen.

»Ich habe in Vietnam sehr oft solche Verletzungen gesehen«, antwortete Elliot. »Wenn Sie stilliegen, wird alles gut gehen. Andernfalls könnte allerdings irgendein angerissenes Blutgefäß reißen, und dann werden Sie verbluten.«

»Scheiße!« murmelte der Posten.

»Haben Sie mich verstanden?« fragte Elliot.

Der Mann nickte. Sein Gesicht war bleich, und er schwitzte.

Elliot fesselte und knebelte den älteren Wachposten an einen Stuhl. Den Verletzten wollte er nicht fesseln; deshalb führten er und Tina den Mann vorsichtig zu einer Vorratskammer und schlossen ihn dort ein.

»Was macht dein Kopf?« fragte Tina und legte ihre Fingerspitzen sanft auf die Beule an Elliots Schläfe.

Er zuckte zusammen. »Tut weh.«

»Das gibt einen ordentlichen blauen Fleck.«

Ist nicht weiter schlimm«, beruhigte er sie.

»Ist dir schwindelig?«

»Nein.«

»Siehst du doppelt?«

»Nein. Du brauchst dir keine Sorgen zu machen. Es ist keine Gehirnerschütterung. Ich habe nur etwas Kopfschmerzen.«

»Weißt du was?«

»Was?«

»Ich liebe dich.«

»Ich liebe dich auch.«

Sie küßte ihn schnell.

»Komm«, sagte er. »Sehen wir zu, daß wir Danny finden und hier rausholen.«

Sie durchquerten den Raum. Tina trug die restliche Schnur, Elliot hielt die Pistole in der Hand.

Gegenüber der Stahltür, durch die sie hereingekommen waren, befand sich eine ganz normale Tür, die Tina geöffnet hatte, um nach dem Schuß nachzusehen, ob Verstärkung nahte. Die beiden Korridore hinter der Tür waren jedoch leer gewesen, und auch jetzt war kein Mensch zu sehen. Weiße Wände. Weiße Fliesenböden. Kalte Leuchtstoffröhren. Einer der Korridore führte fünfzehn Meter nach links und fünfzehn Meter nach rechts; mehrere Türen waren zu sehen, auf der rechten Seite außerdem vier Aufzüge. Der zweite Korridor führte tief in den Berg hinein; auch dort gab es zahlreiche Türen.

Tina und Elliot flüsterten miteinander.

»Glaubst du, daß Danny auf diesem Stockwerk ist?«

»Ich weiß es nicht.«

»Wo sollen wir unsere Suche beginnen?«

»Wir können doch nicht einfach eine Tür nach der anderen aufreißen.«

»Nein. In manchen Zimmern hält sich bestimmt jemand auf.«

»Genau, und je weniger Menschen wir begegnen...«

»Desto größer ist unsere Chance, lebend hier herauszukommen.«

Sie standen einen Augenblick lang unschlüssig herum und ließen ihre Blicke von einem Korridor zum anderen schweifen.

Kaum drei Meter von ihnen entfernt öffnete sich eine Lifttür.

Tina drückte sich an die Wand. Elliot richtete die Pistole auf den Aufzug. Niemand stieg aus. Sie konnten nicht sehen, wer in der Kabine war. Die Tür schloß sich.

Tina hatte das beängstigende Gefühl, daß jemand ihre Anwesenheit bemerkt hatte und nun Hilfe holte.

Noch bevor Elliot die Pistole senken konnte, glitt dieselbe Lifttür wieder auf. Gleich darauf schloß sie sich. Auf. Zu. Auf. Zu. Auf.

Die Luft wurde kalt.

Tina seufzte erleichtert. »Es ist Danny«, flüsterte sie. »Er zeigt uns den Weg.«

Nichtsdestotrotz schlichen sie auf Zehenspitzen zu dem Aufzug und spähten vorsichtig um die Ecke. Der Lift war leer. Sie stiegen ein, und die Tür schloß sich.

Um den Lift zu benutzen, mußte man eine entsprechende Ausweiskarte in einen Schlitz über den Knöpfen schieben. Mit Danny auf ihrer Seite konnten Tina und Elliot jedoch auf die Erlaubnis des Computers verzichten. Der Lift fuhr abwärts, und auf der Tafel über der Tür leuchtete anstatt der Vier – dem

Stockwerk, auf dem sie eingestiegen waren – die Drei auf, sodann die Zwei. Die Luft in der Kabine wurde so eisig, daß Tina ihren Atem sehen konnte. Im dritten Untergeschoß öffnete sich die Tür.

Sie traten auf einen Gang hinaus, der genauso aussah wie jener im Erdgeschoß.

Die Lifttür schloß sich hinter ihnen, und die Luft wurde wieder warm.

Aus einem Raum, dessen Tür nur angelehnt war, waren Männer- und Frauenstimmen zu hören; mindestens ein halbes Dutzend Menschen, wenn nicht mehr, unterhielten sich angeregt, lachten fröhlich.

Tina wußte, daß sie und Elliot verloren sein würden, wenn jemand jetzt aus diesem Zimmer herauskäme und sie sähe. Danny schien mit unbelebten Dingen wahre Wunder vollbringen zu können, aber er konnte keine Kontrolle über Menschen ausüben, wie sich bei dem jungen Posten gezeigt hatte. Wenn sie entdeckt und von aufgebrachten Besatzungsmitgliedern gestellt wurden, würde Elliots Pistole wahrscheinlich keine ausreichende Abschreckung für diese Leute darstellen. Selbst wenn Danny die Waffen des Feindes wieder funktionsunfähig machte, würden sie nur entkommen können, wenn sie alle niederschossen, und sie wußte genau, daß sie beide nicht einmal aus Selbsterhaltungstrieb zu einem solchen Blutbad fähig wären.

»Wohin jetzt?« flüsterte Elliot.

»Ich weiß es nicht.«

Diese Etage hatte offenbar die gleichen Ausmaße wie das Erdgeschoß. Wieviel Räume mochte es hier geben? Vierzig? Fünfzig? Sechzig? Oder noch mehr?

Tina war der Verzweiflung nahe, als die Luft plötzlich wieder abkühlte. Sie wartete begierig auf ein Zeichen ihres Sohnes; trotzdem zuckte sie zusammen, als eine Leuchtstoffröhre an der Decke zu flackern begann, dann eine zweite links davon, dann eine dritte, noch weiter links.

Sie folgten den blinkenden Lampen bis zum Ende des Korridors und sahen sich einer luftdichten Stahltür gegenüber, wie man sie in Unterseebooten findet. Das polierte Metall glänzte matt, und die großen runden Nieten reflektierten das Licht.

Der schwere radförmige Verschluß drehte sich. Die Tür öffnete sich.

Elliot ging mit der Pistole voraus, und Tina folgte ihm dicht auf den Fersen.

Der rechteckige Raum war etwa zwölf Meter lang und sechs Meter breit. Hinter einem Fenster am entgegengesetzten Ende mußte sich offenbar eine Tiefkühlkammer befinden, denn die Scheibe war gefroren. Rechts von diesem Fenster befand sich eine weitere luftdichte Stahltür. An der linken Längsseite reihten sich Computer aneinander; auf den Bildschirmen flimmerten irgendwelche Daten. An der anderen Wand standen Tische mit Büchern, Aktenordnern und verschiedenen Instrumenten.

Ein Mann mit lockigen Haaren und buschigem Schnurrbart saß an einem dieser Tische und blätterte in einem Buch. Er war groß, breitschultrig, weiß gekleidet wie ein Arzt und mußte um die fünfzig Jahre alt sein.

Ein jüngerer Mann, glattrasiert und ebenfalls weiß gekleidet, saß vor einem Computerterminal und las die Informationen auf dem Bildschirm.

Beide Männer blickten entgeistert hoch.

Elliot richtete die Pistole drohend auf die beiden völlig sprachlosen Männer. »Tina, schließ die Tür«, sagte er. »Sieh zu, ob du sie verriegeln kannst.«

Die schwere Stahltür ließ sich zu Tinas Überraschung leichter bewegen als jede normale Wohnungstür. Sie drehte den Radgriff um und entdeckte einen Bolzen, der als Sperre diente, so daß das Rad sich von außen nicht mehr bewegen ließ.

»Fertig«, sagte sie.

Der Mann am Computer begann plötzlich auf die Tastatur zu hämmern.

»Hören Sie sofort damit auf!« rief Elliot.

Der Mann wollte offenbar den Computer instruieren, Alarm auszulösen.

Elliot gab einen Schuß ab, und der Monitor löste sich in Tausende von Glassplittern auf.

Der Mann schrie auf und ließ rasch seinen Bürostuhl ein Stück zurückrollen.

Elliot feuerte eine zweite Kugel in die Tastatur. Der Computer knisterte, gab ein rasselndes Geräusch von sich und verstummte.

Der Mann sprang von seinem Stuhl auf. »Verdammt, was glauben Sie eigentlich, wer Sie sind?«

»Ich bin jener, der die Pistole hat«, erwiderte Elliot scharf. »Und falls Ihnen das nicht passen sollte, kann ich Sie genauso zum Schweigen bringen wie diese verdammte Maschine. Und jetzt setzen Sie sich schleunigst wieder auf Ihren Arsch, wenn Sie nicht wollen, daß ich Ihr Gehirn wegpuste!«

Tina hatte Elliot noch nie in diesem Ton reden gehört, und sein Gesichtsausdruck war äußerst furchterregend. Er sah brutal und skrupellos aus.

Der junge Mann in Weiß war sichtlich beeindruckt. Er ließ sich bleich auf seinen Stuhl fallen.

»Okay«, sagte Elliot, an beide Männer gewandt. »Wenn Sie vernünftig sind, wird Ihnen nichts geschehen.« Er richtete die Pistole auf den älteren der beiden. »Wie heißen Sie?«

»Carl Dombey.«

»Was tun Sie hier?«

»Ich arbeite hier«, antwortete Dombey, verwirrt über die Frage.

»Ich meine – welchen Beruf üben Sie aus?«

»Ich bin Wissenschaftler und Forscher.«

»Auf welchem Gebiet?«

»Biologie und Biochemie.«

Elliot fixierte den jungen Mann. »Und was ist mit Ihnen?«

»Was soll mit mir sein?« fragte der Mann trotzig.

Elliot streckte den Arm aus, so daß die Mündung der Pistole auf den Nasenrücken des Mannes gerichtet war.

»Ich bin Dr. Zachariah«, sagte der junge Mann.

»Biologe?«

»Ja. Spezialisiert auf Bakteriologie und Virologie.«

Elliot ließ die Pistole sinken. »Wir haben einige Fragen, und ich nehme an, daß Sie uns die Antworten darauf geben können, meine Herren.«

Dombey, der im Gegensatz zu seinem Kollegen offenbar nicht den Wunsch verspürte, den Helden zu spielen, saß regungslos auf seinem Stuhl. »Um welche Fragen handelt es sich?« fragte er.

Tina trat neben Elliot und antwortete: »Wir wollen alles über meinen Sohn wissen. Über Danny Evans. Wir wollen wissen, was Sie ihm angetan haben. Wir wollen wissen, wo er ist.«

Ihre Worte übten auf die beiden Wissenschaftler eine überwältigende Wirkung aus. Dombey riß seine Augen so weit auf, daß sie fast aus den Höhlen traten. Und Zachariah starrte sie an, als wäre sie soeben von den Toten auferstanden.

»Mein Gott!« murmelte Dombey.

»Wie sind Sie hierher gekommen?« fragte Zachariah. »Das ist doch völlig unmöglich.«

»Meiner Ansicht nach ist es durchaus möglich«, widersprach Dombey. »Wenn ich länger darüber nachdenke, kommt es mir sogar geradezu unvermeidlich vor. Ich wußte, daß diese Geschichte viel zu schmutzig war, um anders als in einer Katastrophe enden zu können.« Er seufzte, so als wäre ihm eine schwere Last von den Schultern gefallen. »Ich werde all Ihre Fragen beantworten, Mrs. Evans.«

Zachariah drehte sich wütend nach ihm um. »Das kannst du doch nicht machen!«

»Nein?« sagte Dombey. »Nun, dann lehn dich einfach zurück und hör zu. Du wirst dich wundern, was ich machen kann.«

»Du hast einen Treueeid geschworen«, rief Zachariah. »Und Stillschweigen gelobt! Wenn du ihnen jetzt alles erzählst... der Skandal... die öffentliche Aufregung und Empörung... die Aufdeckung militärischer Geheimnisse... Du wirst zum Verräter an deinem Land werden.«

»Nein«, entgegnete Dombey. »Ich werde zum Verräter an dieser geheimen Forschungsanlage werden, und vielleicht auch an meinen Kollegen. Aber nicht an meinem Land. Mein Land ist alles andere als vollkommen, aber was Danny Evans angetan wurde, würde *mein* Land niemals billigen. Dieses ganze Danny-Projekt ist das Werk einiger weniger Größenwahnsinniger!«

»Dr. Tamaguchi ist nicht größenwahnsinnig!« widersprach Zachariah gekränkt.

»Natürlich ist er es«, erwiderte Dombey. »Er hält sich für einen großen Wissenschaftler, dem aufgrund seiner phantastischen Leistungen Unsterblichkeit beschieden sein wird. Und viele Leute um ihn herum, die ihn decken – sowohl Wissenschaftler als auch Politiker, Militärs und Geheimdienstleute – sind ebenfalls größenwahnsinnig. Was Danny Evans angetan wurde, hat mit großartigen wissenschaftlichen Leistungen nichts zu tun und wird niemandem zur Unsterblichkeit verhelfen. Es war krankhaft, und ich möchte damit nichts mehr zu tun haben.« Er wandte sich wieder Tina zu. »Stellen Sie Ihre Fragen.«

»Nein!« rief Zachariah. »Du verdammter Narr!«

Elliot nahm Tina das Seil ab und gab ihr die Pistole. »Es sieht so aus, als müßte ich Dr. Zachariah fesseln und knebeln, damit wir uns Dr. Dombeys Geschichte in Ruhe anhören können. Wenn einer der beiden eine falsche Bewegung macht, dann schieß.«

»Nur keine Sorge«, sagte sie. »Ich werde abdrücken, ohne zu zögern.«

»Ich lasse mich nicht fesseln!« erklärte Zachariah.

Elliot ging lächelnd mit dem Seil in der Hand auf ihn zu.

Eine kalte Luftströmung erfaßte den Hubschrauber und zog ihn in die Tiefe. Jack Morgan kämpfte mit dem Wind, und nur wenige Meter über den Baumwipfeln gelang es ihm, die Maschine endlich wieder in den Griff zu bekommen und hochzureißen.

»Hui!« sagte der Pilot. »Das ist ja, als wollte man ein wildes Pferd zähmen.«

Im grellen Scheinwerferlicht des Hubschraubers war außer dichtem Schneetreiben kaum etwas zu sehen.

»Das ist absoluter Wahnsinn!« stellte Hensen fest. »Wir fliegen nicht in einen gewöhnlichen Sturm, sondern in einen Blizzard.«

Alexander ignorierte ihn total. An den Piloten gewandt, sagte er: »Verdammt, Morgan, ich weiß, daß Sie's schaffen können.«

»Vielleicht«, erwiderte Morgan. »Ich wünschte, ich wäre mir dessen so sicher wie Sie. Aber eventuell schaff ich's tatsächlich. Ich werde jetzt versuchen, mich dem Plateau auf Umwegen zu nähern, indem ich mit dem Wind fliege, anstatt gegen ihn anzukämpfen. Diese Gegenströmungen sind absolut mörderisch. Wir müssen einen kleinen Zeitverlust in Kauf nehmen, wenn wir überhaupt ankommen wollen.«

Ein besonders starker Windstoß peitschte den Schnee mit solcher Wucht gegen die Windschutzscheibe, daß es sich in Kurt Hensens Ohren wie Maschinengewehrfeuer anhörte.

38

Zachariah lag gefesselt und geknebelt am Boden. In seinen Blicken spiegelten sich Haß und Zorn.

»Sie werden bestimmt als erstes Ihren Jungen sehen wollen«, sagte Dombey. »Anschließend kann ich Ihnen erzählen, wie er hierher in die Anlage kam.«

»Wo ist er?« fragte Tina mit zitternder Stimme.

»In der Isolierkammer«, antwortete Dombey. Er deutete auf das Fenster in der hinteren Wand. »Kommen Sie mit.« Er ging zu der großen Glasscheibe, auf der nur noch vereinzelte Eisflecken zu sehen waren.

Plötzlich hatte Tina Angst, sich von der Stelle zu rühren. Sie hatte Angst, mit eigenen Augen zu sehen, was man Danny angetan hatte.

Elliot berührte ihre Schulter. »Laß Danny nicht warten. Er hat schon so lange gewartet. Er hat dich so lange gerufen.«

Sie machte einen Schritt, einen zweiten, und gleich darauf stand sie neben Dombey am Fenster.

In der Mitte der Isolierkammer stand ein Krankenhausbett, umgeben von elektronischen medizinischen Apparaturen.

Danny lag auf dem Rücken im Bett, hatte aber seinen Kopf dem Fenster zugewandt. Er starrte sie durch das Seitengitter an.

»Danny«, flüsterte sie. Sie hatte Angst, daß der Zauber brechen würde, wenn sie seinen Namen laut aussprach, daß er dann für immer verschwinden würde.

Sein Gesicht war mager. Abgezehrt. Er sah viel älter als zwölf aus. Er machte den Eindruck eines kleinen alten Mannes.

Dombey ahnte, wie erschreckend der Anblick für sie sein mußte. »Er ist so mager«, erklärte er, »weil sein Magen in den letzten Wochen nur noch flüssige Speisen aufnimmt, und auch die in sehr kleinen Mengen.«

Dannys Augen wirkten eigenartig. Dunkel, wie früher. Groß und rund, wie früher. Sie waren tief eingesunken, von dunklen Ringen umgeben, und das waren sie früher nicht gewesen. Aber nicht deshalb kamen sie ihr so eigenartig vor. Sie konnte sich nicht erklären, was diese Augen von allen anderen unterschied, die sie jemals gesehen hatte. Aber als sie Dannys Blick begegnete, überlief sie ein Schauer, und sie empfand ein überwältigendes Mitleid mit ihrem Kind.

Der Junge blinzelte, und mit großer Anstrengung und sichtlich unter Schmerzen zog er einen Arm unter der Decke hervor. Dieser Arm bestand nur noch aus Haut und Knochen. Er streckte ihn durch die Gitterstäbe und öffnete flehend seine kleine schwache Hand, in einem verzweifelten Versuch, Tina zu erreichen, zu berühren.

Mit schwankender Stimme bat sie Dombey: »Ich möchte zu meinem kleinen Jungen. Ich möchte ihn in die Arme schließen.«

»Natürlich.«

Während sie zu dritt auf die Stahltür zugingen, die in den Raum hinter dem Fenster führte, fragte Elliot: »Weshalb ist er denn in einer Isolierkammer? Ist er krank?«

»Zur Zeit nicht«, antwortete Dombey, sichtlich sehr verlegen. »Im Augenblick ist er nur nahe am Verhungern, weil er kaum etwas im Magen behalten kann. Aber er ist nicht infektiös. Er *war* sehr infektiös, immer wieder, aber im Moment ist er es nicht. Er hatte eine einzigartige Krankheit, eine von Menschen im Labor gezüchtete Krankheit. Er ist der einzige, der diese Krankheit jemals überwunden hat. Er besitzt einen natürlichen Antikörper im Blut, der imstande ist, diesen künstlichen Virus zu vernichten. Das hat Dr. Tamaguchi fasziniert – er ist der Leiter dieses Forschungszentrums. Dr. Tamaguchi hat uns unablässig angetrieben, bis es uns gelang, diesen Antikörper zu bestimmen und herauszufinden, warum er die Krankheitserreger bekämpfen kann. Danach war Danny natürlich nicht mehr von wissenschaftlichem Nutzen. Und für Tamaguchi hieß das, daß der Junge überhaupt keine Lebensberechtigung mehr hatte... Er beschloß völlig skrupellos, Danny zu Tode zu testen. Seit fast zwei Monaten infizieren sie den Jungen immer und immer wieder, um festzustellen, wie oft er den Virus bekämpfen kann, bevor dieser Virus ihn schließlich umbringt. Sie müssen wissen, es gibt keine permanente Immunität gegen diese Krankheit... es ist wie bei Angina oder Erkältung... oder Krebs... man kann sie immer wieder bekommen, wenn man das Glück – oder Pech – hat, sie beim erstenmal zu überstehen. Heute hat er den Virus zum vierzehnten Mal abgewehrt. Obwohl er von Tag zu Tag schwächer wird, besiegt er den Virus aus einem uns unbekannten Grund jedesmal schneller. Aber jeder Sieg zehrt an seinen Kräften, und deshalb bringt die Krankheit ihn indirekt *doch* um. Im Augenblick ist er nicht infiziert, aber morgen wollen sie ihm wieder eine Injektion verabreichen.«

»Mein Gott«, murmelte Elliot. »O mein Gott!«

Tina starrte Dombey entsetzt an. »Ich kann nicht glauben, was ich soeben gehört habe.«

»Und dabei haben Sie noch nicht einmal die Hälfte gehört!« erklärte Dombey grimmig.

Er wandte sich von ihnen ab, drehte das Rad an der Stahltür und öffnete sie.

Vor wenigen Minuten, als Tina zum erstenmal durch das Fenster ihr erschreckend mageres Kind gesehen hatte, hatte sie sich fest vorgenommen, nicht zu weinen. Danny sollte sie nicht weinen sehen. Er brauchte Liebe und Aufmerksamkeit und Schutz. Ihre Tränen könnten ihn verstören. Und er sah so schwach aus, daß jede seelische Erschütterung für ihn tödliche Folgen haben könnte.

Während sie sich jetzt seinem Bett näherte, biß sie sich so hart auf die Unterlippe, daß sie blutete. Nur mit äußerster Willenskraft gelang es ihr, ihre Tränen zurückzuhalten.

Danny umklammerte mit schwacher, zitternder Hand das Bettgeländer und setzte sich mühsam auf, während er seine andere Hand sehnsüchtig nach ihr ausstreckte.

Tina legte die letzten Schritte zögernd zurück, mit rasendem Herzklopfen und zugeschnürter Kehle, überwältigt von einer Mischung aus Freude, ihn lebend wiederzusehen, und Entsetzen über seinen schrecklichen Zustand. Auch sie streckte nun ihren Arm aus, ihre Hände berührten sich, und seine dünnen Finger klammerten sich wild an ihr fest.

»Danny«, murmelte sie. »Danny, Danny!«

Von irgendwoher nahm er die Kraft, ihr trotz aller überstandener Qualen zuzulächeln. Dieses kaum merkliche Lächeln, das nur ein gespenstischer Schatten seines früheren strahlenden Lächelns war, brach ihr fast das Herz.

»Mom«, sagte er mit einer tonlosen Stimme, die sie kaum wiedererkannte.

»Jetzt ist alles gut«, murmelte sie.

Er begann zu zittern.

»Es ist vorbei, Danny. Jetzt wird alles wieder gut.«

»Mom... Mom...«

Sein tapferes Lächeln verschwand, und ein gequälter Seufzer entrang sich seiner Brust. »Ooooh, *Mommy*...«

Sie schob das Geländer herunter, setzte sich auf die Bettkante und nahm ihn in ihre Arme. Diese ausgemergelte, gemarterte Kreatur hatte nichts mehr von dem glücklichen, kräftigen, aktiven Jungen an sich, der vor einem Jahr freudig erregt zu der Reise ins Gebirge aufgebrochen war. Sie hatte anfangs Angst, ihn fest zu umarmen, so zerbrechlich wirkte er. Aber er umschlang sie mit einer Kraft, die sie in diesem abgezehrten Körper nie erwartet hätte. Zitternd und leise schluchzend, vergrub er sein Gesicht in ihrer Halsgrube, und sie spürte seine Tränen auf ihrer Haut. Nun konnte auch sie sich nicht länger beherrschen und ließ ihren eigenen Tränen freien Lauf. Als sie ihm eine Hand auf den Rücken legte, um ihn fest an sich zu drücken, hatte sie fast das Gefühl, ein Skelett zu umarmen. Sie zog ihn auf ihren Schoß, und mit all den Kabeln, die von den Elektroden auf seiner Haut zu den Geräten neben dem Bett führten, sah er wie eine Marionette aus. Als seine Beine unter der Decke hervorkamen und sein Klinikhemd sich nach oben verschob, erkannte sie, daß er zu schwach sein würde, um sich auch nur einen Augenblick auf den Beinen halten zu können, und sie wiegte ihn in ihren Armen, murmelte beruhigend auf ihn ein, sagte ihm, wie sehr sie ihn liebte.

Danny lebte.

39

Jack Morgans neue Flugstrategie erwies sich als durchschlagender Erfolg. Alexanders Zuversicht wuchs, daß sie das Forschungszentrum unbeschadet erreichen würden, und er bemerkte, daß sogar Kurt Hensen, der Fliegen haßte, jetzt ruhiger war als noch vor zehn Minuten.

Der Hubschrauber flog in nur drei Meter Höhe durch ein Tal, über einem zugefrorenen Fluß, dessen silbriges Band eine große Orientierungshilfe war. Der Schneefall war unvermindert heftig, aber der Sturm wurde durch die riesigen Nadelbäume entlang der Flußufer beträchtlich abgeschwächt.

»Wie lange brauchen wir noch?« fragte Alexander.

»Zehn Minuten«, antwortete Morgan. »Vielleicht fünfzehn. Wenn nicht...«

»Was?«

»Falls der Schnee nicht die Propellerflügel verklebt. Falls die Antriebswelle und die Scharniere des Rotors nicht vereisen.«

»Ist das wahrscheinlich?« fragte Alexander.

»Jedenfalls ist es eine Möglichkeit, mit der man rechnen muß«, erwiderte Morgan. »Außerdem besteht immer noch die Gefahr, daß ich im Dunkeln einen Hügel ramme.«

»Dazu sind Sie ein viel zu guter Pilot.«

»Nun«, sagte Morgan, »schiefgehen kann immer etwas. Dadurch wird Fliegen nie langweilig.«

Tina begann die Elektroden zu entfernen, die an acht Stellen an Dannys Kopf und Körper befestigt waren. Als sie behutsam das Pflaster löste, wimmerte er, und sie erschrak, wie wund die Haut darunter war.

Während Tina mit Danny beschäftigt war, befragte Elliot den Wissenschaftler. »Was wird hier betrieben? Militärische Forschung?«

»Ja.«

»Biologische Waffen?«

»Biologische und chemische. Es laufen immer etwa dreißig Projekte zur selben Zeit.«

»Ich dachte, die USA wären vor langer Zeit aus dem Wettrüsten auf dem Gebiet chemischer und biologischer Waffen ausgestiegen.«

»Für die Öffentlichkeit haben wir das auch getan«, erwiderte Dombey. »Nixon war der erste Präsident, der erklärt hat, die Vereinigten Staaten würden sich dieser Art schmutziger Kriegsführung niemals bedienen, und alle Präsidenten nach ihm haben das ebenfalls beteuert. Aber in Wirklichkeit geht das Wettrüsten auch auf diesem Gebiet unerbittlich weiter. Das läßt sich nicht vermeiden. Wir haben nur ein einziges Forschungszentrum dieser Art – nämlich dieses hier. Die Russen haben drei solche Anlagen. Sie glauben an biologische und chemische Kriegsführung. Sie sehen nichts Unmoralisches darin. Sie haben biologische und chemische Waffen erst vor kurzem in Afghanistan eingesetzt und damit etwa 20 000 Menschen getötet. Wenn sie irgendeine schreckliche neue Waffe hätten, von der wir nichts *wüßten*, der wir nichts Entsprechendes entgegenzusetzen hätten, könnten sie der Versuchung erliegen, sie gegen uns einzusetzen.«

»Aber wenn der Wettlauf mit den Sowjets zu Situationen wie dieser hier führt«, wandte Elliot ein, »wenn ein unschuldiges Kind in diese Maschinerie geraten kann und zermalmt wird – worin unterscheiden wir uns dann noch von den sowjetischen Führern? Unsere Angst vor dem Feind verwandelt uns selbst in Unmenschen.«

Dombey nickte und rieb sich den Schnurrbart. »Diese Fragen habe auch ich mir immer wieder gestellt, seit Danny in dieses Räderwerk geraten ist. Das Problem besteht darin, daß diese Art von Arbeit gerade auf skrupellose Menschen eine große Faszination ausübt, weil sie absolut geheim ist und man ein enormes Machtgefühl hat, wenn man Waffen entwickelt, die Hunderte und Tausende von Menschen töten könnten. Größenwahnsinnige Typen wie Tamaguchi mißbrauchen dann ihre Macht, pervertieren ihre Aufgaben. Aber wenn wir diese Art von Forschung einstellen würden, nur weil es Männer wie Tamaguchi gibt, würden wir so viel Grund an unsere Feinde verlieren, daß wir nicht lange überleben könnten. Deshalb bin ich der Meinung, daß wir mit dem kleineren Übel leben müssen.«

Tina entfernte behutsam eine mit Pflaster befestigte Elektrode von Dannys Nacken.

Das Kind hielt sie immer noch fest umschlungen, aber seine eingesunkenen Augen waren auf Dombey gerichtet.

»Die Philosophie oder Moral der biologischen Kriegsführung interessiert mich im Augenblick nicht«, sagte Tina. »Ich will wissen, wie in aller Welt Danny hierherkam.«

»Um Ihnen das zu erklären, muß ich zwanzig Monate zurückgehen«, sagte Dombey. »Damals setzte sich ein russischer Wissenschaftler namens Ilja Poparopov in die Vereinigten Staaten ab mit Mikrofilmaufzeichnungen über die gefährlichste neue biologische Waffe der Sowjets. Die Russen nannten sie ›Gorki-400‹, weil sie in den Labors bei Gorki entwickelt worden war und es sich um die vierhundertste Züchtung künstlicher Mikroorganismen in diesem Forschungszentrum handelte.

Gorki-400 ist eine perfekte Waffe. Es ist nur für Menschen tödlich und kann von keinem anderen Lebewesen übertragen werden. Wie die Syphilis, so kann auch Gorki-400 außerhalb eines menschlichen Organismus höchstens eine Minute überleben, was bedeutet, daß es im Gegensatz zu Milzbrand und anderen giftigen Bakterien keine Gegenstände oder ganze Orte verseuchen kann. Und sobald die Körpertemperatur eines an dieser Krankheit Verstorbenen unter dreißig Grad sinkt, stirbt auch Gorki-400 ab. Begreifen Sie die enormen Vorteile dieser Waffe?«

Tina war mit Danny so beschäftigt, daß sie nicht über Dombeys Worte nachdenken konnte, aber Elliot wußte, was der Wissenschaftler meinte. »Wenn ich Sie recht verstehe, könnten die Russen mit Gorki-400 eine Großstadt oder ein ganzes Land auslöschen und bräuchten keine komplizierte und teure Entseuchung durchzuführen, bevor sie das eroberte Territorium besetzen könnten.«

»Genau«, sagte Dombey. »Und Gorki-400 hat auch noch andere große Vorteile gegenüber den meisten anderen biologischen Waffen. Zum einen wird man schon vier Stunden nach einem Kontakt mit dem Virus zum infektiösen Krankheitsträger. Das ist eine unglaublich kurze Inkubationszeit. Zum anderen lebt kein Infizierter länger als vierundzwanzig Stunden. Die meisten sterben schon innerhalb von zwölf Stunden. Die Tötungsrate von Gorki-400 beträgt hundert Prozent. Die Russen haben sie an Gefangenen getestet und nie einen Antikörper oder ein Antibiotikum dagegen gefunden. Der Virus wandert ins Gehirn, und dort sondert er einen Giftstoff ab, der das Gehirngewebe buchstäblich zerfrißt und jenen Teil des Gehirns zerstört, der alle Körperfunktionen kontrolliert. Das Opfer hat schließlich keinen Puls mehr, keine funktionsfähigen Organe, kein Bedürfnis zu atmen.«

»Und diese Krankheit hat Danny überlebt!« murmelte Elliot fassungslos.

»Ja«, sagte Dombey. »Soviel wir wissen, ist er der einzige Mensch, der sie jemals überlebt hat.«

Tina hatte eine Wolldecke vom Bett gezogen und einmal gefaltet, um Danny darin einhüllen zu können. Sie blickte auf und fragte: »Aber wie wurde er denn nun überhaupt infiziert?«

»Es war ein Unfall«, antwortete Dombey.

»Diese Erklärung habe ich schon einmal gehört.«

»Diesmal hören Sie die Wahrheit«, sagte Dombey. »Ilja Poparopov wurde hierher gebracht, und wir begannen sofort mit ihm zu arbeiten, um ein genaues Duplikat des russischen Virus herzustellen. Das ist uns in relativ kurzer Zeit gelungen. Danach begannen wir nach einem Gegenmittel zu forschen.«

»Und irgend jemand handelte verantwortungslos«, vermutete Elliot.

»Ja«, bestätigte Dombey. »Jemand handelte verantwortungslos und unglaublich dumm. Vor fast dreizehn Monaten, als Danny und die anderen Pfadfinder ihre Reise ins Gebirge machten, steckte sich einer unserer Wissenschaftler, ein quirliger Bursche namens Larry Bollinger, versehentlich an, als er eines Morgens allein in diesem Labor arbeitete.«

Dannys Hand klammerte sich noch fester um Christinas Finger, und sie streichelte seinen Kopf, um ihn zu beruhigen, während sie sagte: »Aber Sie haben doch bestimmt Sicherheitsvorkehrungen für den Fall, daß...«

»Selbstverständlich«, erwiderte Dombey. »Das alles wird einem eingeschärft, sobald man hier zu arbeiten beginnt. Im Falle einer versehentlichen Ansteckung löst man sofort Alarm aus. Dann verschließt man den Raum, in dem man gearbeitet hat, und begibt sich, falls vorhanden, in eine angrenzende Isolierkammer. Eine Entseuchungscrew rückt sofort an, um das Labor zu desinfizieren. Falls man sich mit etwas infiziert hat, das heilbar ist, wird man natürlich behandelt. Falls man sich eine unheilbare Infektion zugezogen hat, wird man in der Isolierkammer versorgt, bis man stirbt. Unsere Arbeit ist nicht zuletzt deshalb sehr gut bezahlt, weil sie riskant ist. Das Risiko gehört einfach zu unserem Beruf.«

»Aber dieser Larry Bollinger hat es offenbar nicht so gesehen«, sagte Tina bitter. Sie hatte Mühe, Danny für den Transport zum Jeep in die Decke einzuwickeln, weil er sie nicht loslassen wollte. Endlich gelang es ihr, ihn mit zärtlichen Worten und Küssen auf seine mageren Hände zu überreden, seine Arme dicht an den Körper zu halten.

»Bollinger schnappte völlig über«, mußte Dombey zugeben. Es war ihm sichtlich peinlich, daß einer seiner Kollegen derart die Kontrolle über sich verloren hatte. Er begann in der Isolierkammer auf und ab zu gehen, während er seinen Bericht fortsetzte. »Bollinger wußte, wie schnell Gorki-400 zum Tode führt, und er geriet in Panik. Er redete sich offenbar ein, vor der Krankheit davonlaufen zu können. Er hat keinen Alarm ausgelöst, sondern einfach das Labor verlassen, sich in seiner Wohnung umgezogen und das Gebäude verlassen. Ihm fiel in der Eile wohl kein guter Vorwand ein, um einen der Jeeps benutzen zu können, deshalb sagte er den Wachtposten, er wolle ein paar Stunden skilaufen. Das machen wir oft im Winter. Es ist ein gutes körperliches Training, und man kommt für eine Weile raus aus diesem Erdloch. Bollinger ging also die Bergstraße hinab – jene Straße, auf der Sie vermutlich hergekommen sind. Ein Stück vor der Wachhütte am oberen Tor stieg er mit Hilfe der Skier auf einen Hügel, beschrieb einen Bogen um den Posten und kehrte weiter unten auf die Straße zurück, wo er die Skier liegenließ. Unsere Sicherheitskräfte haben sie später gefunden. Das untere Tor muß Bollinger etwa zweieinhalb Stunden nach seinem Aufbruch erreicht haben – drei Stunden, nachdem er sich infiziert hatte. Etwa um diese Zeit kam ein anderer Forscher ins Labor, sah den Behälter mit den Kulturen von Gorki-400 zerbrochen auf dem Boden liegen und löste Alarm aus. In der Zwischenzeit kletterte Bollinger trotz des Stacheldrahts über den Zaun. Dann wanderte er zu dem Weg, der ins Naturreservat führt, und schlug die Richtung zur etwa acht Kilometer entfernten Landstraße ein. Nach knapp fünf Kilometern...«

»Begegnete er Mr. Jaborski und den Pfadfindern«, vollendete Elliot den Satz.

»Und um diese Zeit war er bereits ansteckend«, fügte Tina hinzu.

»Ja«, sagte Dombey. »Er muß die Pfadfindergruppe etwa fünf oder fünfeinhalb Stunden nach seiner Infizierung getroffen haben. Er war um diese Zeit ziemlich erschöpft, denn die Flucht aus dem Laborgelände war sehr anstrengend gewesen, und außerdem spürte er bereits die ersten Symptome von Gorki-400. Schwindelgefühl. Leichte Übelkeit. Der Leiter der Pfadfinderexpedition hatte den Kleinbus auf einer Waldlichtung etwa zwei Kilometer von der Straße entfernt geparkt und er, sein Assistent und die Jungen waren etwa einen Kilometer gewandert, als sie Larry Bollinger trafen. Sie wollten gerade vom Weg abbiegen und ihr Lager für die erste Nacht in der Wildnis irgendwo im Wald aufschlagen, wo es keine Spuren der Zivilisation mehr gab. Als Bollinger erfuhr, daß sie ein Fahrzeug hatten, versuchte er sie zu überreden, ihn nach Reno zu bringen. Als sie sich weigerten, erfand er eine Geschichte über einen Freund, der mit einem gebrochenen Bein im Gebirge lag. Jaborski nahm ihm dieses Märchen nicht ab, bot ihm aber an, ihn ins Naturreservat zu fahren und dort in der Beobachtungsstation um Hilfe zu bitten. Das war nicht nach Bollingers Geschmack, und er wurde hysterisch. Jaborski und der andere Begleiter hatten inzwischen das Gefühl, daß der Mann gefährlich war. Um diese Zeit trafen die Sicherheitskräfte am Schauplatz des Geschehens ein. Bollinger versuchte zu fliehen. Als ihm das nicht gelang, wollte er den Schutzanzug von einem der Männer aufreißen. Sie waren gezwungen, ihn zu erschießen.«

»Die Astronauten!« rief Danny. Alle sahen ihn an.

Er kauerte, in die gelbe Decke gehüllt, auf dem Bett, und die Erinnerung ließ ihn schaudern. »Die Astronauten kamen und brachten uns weg.«

»Ja«, sagte Dombey. »In ihren Seuchenschutzanzügen dürften sie eine gewisse Ähnlichkeit mit Astronauten gehabt haben. Sie brachten die ganze Gruppe hierher und steckten alle in Isolierkammern. Einen Tag später waren alle außer Danny tot.« Dombey seufzte. »Nun... das weitere habe ich Ihnen ja schon erzählt.«

40

Der Hubschrauber flog immer noch dicht über dem zugefrorenen Fluß durch das Tal.

Die gespenstisch schimmernde Winterlandschaft erinnerte George Alexander an Friedhöfe. Er liebte Friedhöfe und ging gern stundenlang zwischen Grabsteinen spazieren. Solange er sich erinnern konnte, war er vom Tod fasziniert gewesen, hatte sich Gedanken über die Bedeutung, über den Sinn des Todes gemacht, hatte wissen wollen, was wohl auf der anderen Seite sein mochte – natürlich ohne sich selbst auf diese Reise ohne Wiederkehr begeben zu wollen. Er wollte nicht sterben; er wollte nur Bescheid wissen. Jedesmal, wenn er einen Menschen eigenhändig tötete, hatte er das Gefühl, eine Verbindung mit dem Jenseits herzustellen; und er hoffte, wenn er erst einmal genügend solcher Verbindungen geschaffen hatte, mit einer Vision von der anderen Seite belohnt zu werden. Eines Tages würde er vielleicht auf einem Friedhof stehen, vor dem Grab eines seiner Opfer, und die Person, die er getötet hatte, würde ihm vom Jenseits aus eine Art hellseherischen Dokumentarfilm über den Tod zukommen lassen. Und dann würde er wissen, was der Tod eigentlich war.

»Jetzt dauert es nicht mehr lange«, sagte Jack Morgan.

Alexander spähte in das dichte Schneetreiben hinaus. Er berührte die Pistole in seiner Schulterhalfter und dachte an Christina Evans.

»Töten Sie Stryker, sobald Sie ihn sehen«, befahl er Kurt Hensen. »Wir brauchen ihn nicht. Aber verletzen Sie die Frau nicht. Ich will sie verhören. Sie muß mir sagen, wer der Verräter ist, wer ihr geholfen hat, in die Forschungsanlage hineinzukommen. Ich will wissen, welches Dreckschwein das war, und ich werde sie zum Sprechen bringen – auch wenn ich ihr alle Finger brechen muß.«

Als Dombey in der Isolierkammer seinen Bericht beendet hatte, sagte Tina: »Danny sieht so schrecklich aus. Wird er sich je wieder ganz erholen?«

»Dessen bin ich mir ziemlich sicher«, erwiderte Dombey. »Er

muß jetzt hauptsächlich aufgepäppelt werden. Er konnte nichts mehr im Magen behalten, weil sie ihn immer wieder infiziert haben, weil sie ihn – wie gesagt – zu Tode testen wollten. Aber sobald er diesen Ort verlassen hat, wird er wahrscheinlich rasch zunehmen. Da ist allerdings noch eine Sache...«

Die Besorgnis in seiner Stimme entging Tina nicht. »Was? Was ist los?« rief sie erschrocken.

»Seit er immer wieder infiziert wurde, hat sich auf dem Scheitellappen im Gehirn ein Gewächs gebildet.«

»Nein!« murmelte Tina.

»Aber es ist offenbar nicht lebensbedrohlich«, fuhr Dombey hastig fort. »Soweit wir feststellen konnten, ist es kein Tumor, weder ein bösartiger noch ein gutartiger. Das Gewächs weist jedenfalls keine der spezifischen Merkmale eines Tumors auf. Es ist auch kein Narbengewebe und kein Blutgerinnsel.«

»Was ist es dann?« fragte Elliot.

Dombey fuhr sich mit der Hand durch sein lockiges Haar. »Der Computer sagt, das Gewächs habe die gleiche Konsistenz wie normales Hirngewebe. Das ergibt zwar keinen Sinn, aber wir haben unsere Daten hundertmal überprüft und können keine möglichen Fehlerquellen in der Diagnose finden. Trotzdem ist sie unhaltbar. Und anhand der Röntgenaufnahmen läßt sich ebenfalls nicht sagen, worum es sich handelt. Bringen Sie Danny deshalb zu einem Gehirnspezialisten. Bringen Sie ihn, wenn es sein muß, zu einem Dutzend Gehirnspezialisten, bis einer Ihnen sagen kann, was Danny fehlt. Wie gesagt, es scheint nichts Lebensgefährliches zu sein, aber Sie sollten die Sache doch lieber im Auge behalten.«

Tina und Elliot tauschten einen Blick. Sie hatten den gleichen Gedanken: Konnte dieses Gewächs in Dannys Gehirn etwas mit den übernatürlichen Kräften des Jungen zu tun haben? Waren seine latenten übersinnlichen Kräfte durch den künstlichen Virus, mit dem man ihn so oft infiziert hatte, aktiviert worden? Das war auch nicht unwahrscheinlicher als alles andere, was ihm widerfahren war, und es schien Tina die einzig mögliche Erklärung für Dannys phänomenale neue Kräfte zu sein.

Elliot, der befürchtete, sie könnte ihre Überlegungen laut äußern und damit Dombey die unglaubliche Wahrheit verraten, warf einen Blick auf seine Armbanduhr und sagte: »Wir sollten von hier verschwinden.«

»Nehmen Sie einige Akten über Dannys Fall mit. Sie liegen auf dem Tisch neben der Ausgangstür. Wenn Sie der Presse Ihre Geschichte erzählen, werden die Unterlagen bestimmt nützlich sein. Machen Sie diese Geschichte publik, so schnell Sie können. Solange außer Ihnen beiden niemand weiß, was hier geschehen ist, schweben Sie in größter Lebensgefahr.«

»Das ist uns schmerzhaft bewußt«, sagte Elliot.

»Elliot, du wirst Danny tragen müssen«, bat Tina. »Er kann nicht laufen. Er ist so ausgemergelt, daß er nicht zu schwer für mich ist, aber er ist viel zu groß.«

Elliot gab ihr die Pistole und ging aufs Bett zu.

»Könnten Sie mir vorher noch einen großen Gefallen tun?« fragte Dombey.

»Welchen?«

»Bringen Sie Dr. Zachariah in diesen Raum und nehmen Sie ihm den Knebel aus dem Mund. Fesseln und knebeln Sie mich draußen im Labor. Ich werde ihnen dann weismachen, Dr. Zachariah hätte mit Ihnen kooperiert. Vielleicht könnten Sie es ebenfalls so darstellen, wenn Sie der Presse alles erzählen.«

Tina schüttelte verwirrt den Kopf. »Aber nach allem, was Sie zu Zachariah gesagt haben – daß hier Größenwahnsinnige am Werk sind und so weiter, und nachdem Sie auch uns gegenüber deutlich gemacht haben, daß Sie nicht mit allem einverstanden sind, was hier vorgeht – weshalb um alles in der Welt wollen Sie dann hierbleiben?«

»Das Einsiedlerleben gefällt mir, und die Bezahlung ist ausgezeichnet«, erwiderte Dombey. »Und wenn ich eine Arbeit in irgendeinem zivilen Forschungsprogramm annehme, wird es hier noch eine vernünftige Stimme weniger geben. Viele Leute, die hier arbeiten, sind sich ihrer Verantwortung durchaus bewußt. Wenn sie alle weggingen, würden sie diese Einrichtung ausschließlich Männern wie Tamaguchi und Zachariah überlassen. Was glauben Sie, was für eine Art von Forschung *dann* hier betrieben würde?«

»Aber sobald unsere Geschichte in den Medien Aufsehen

erregt«, sagte Tina, »wird diese Anlage doch bestimmt geschlossen werden.«

»Keineswegs«, entgegnete Dombey. »Diese Arbeit muß gemacht werden. Das Kräftegleichgewicht mit der Sowjetunion muß gewahrt bleiben. Vielleicht wird öffentlich bekannt gegeben, man hätte dieses Forschungszentrum geschlossen, aber in Wirklichkeit wird es weiterhin bestehen. Allerdings werden bestimmt viele Posten umbesetzt werden, und das ist auch gut so. Wenn ich ihnen weismachen kann, daß Zachariah die Geheimnisse ausgeplaudert hat, werde ich vielleicht auf eine einflußreichere Position befördert werden.« Er lächelte. »Zumindest werde ich aber eine Gehaltserhöhung bekommen.«

»Okay«, sagte Elliot. »Wir werden Ihren Wunsch erfüllen. Aber wir müssen uns beeilen.«

Sie brachten Zachariah in die Isolierkammer und nahmen ihm den Knebel aus dem Mund. Er zerrte an seinen Fesseln und verwünschte Elliot, Tina, Danny und Dombey. Erst als sich die Stahltür hinter ihnen schloß, konnten sie seine Beschuldigungen nicht mehr hören.

Während Elliot Dombey mit der restlichen Schnur fesselte, sagte der Wissenschaftler: »Bitte befriedigen Sie meine Neugier.«

»Was möchten Sie wissen?«

»Wer hat Ihnen erzählt, daß Ihr Sohn hier war? Wer hat Sie in die Anlage eingelassen?«

Tina wußte nicht, was sie antworten sollte.

»Okay, okay«, sagte Dombey, als sie schwieg. »Ich kann verstehen, daß Sie niemanden verraten wollen. Aber sagen Sie mir wenigstens eines – war es jemand von den Sicherheitskräften, oder war es jemand vom medizinischen Personal? Es würde mich freuen, wenn es einer meiner Kollegen gewesen ist, der endlich das Richtige getan hat.«

Tina blickte Elliot an. Er schüttelte den Kopf: *nein.*

Sie war ebenfalls der Meinung, daß es unklug wäre, jemanden wissen zu lassen, über welche Kräfte Danny verfügte. Die Welt würde ihn bestaunen wie das achte Weltwunder, würde in ihm aber gleichzeitig auch eine Art Monstrum sehen. Und falls die Leute in diesem Labor wüßten, daß Dannys übersinnliche Kräfte ein Resultat des Gehirngewächses waren, das sich durch die wiederholte Infizierung mit Gorki-400 gebildet hatte, so würden sie wieder endlose Testreihen mit ihm durchführen wollen. O nein, sie würde keiner Menschenseele verraten, wozu Danny imstande war. Jedenfalls nicht, bis sie und Elliot gründlich überlegt hatten, welche Auswirkungen diese Enthüllung für das weitere Leben des Jungen haben konnte.

»Es war tatsächlich jemand vom medizinischen Personal«, log Elliot. »Es war ein Arzt, der uns hier Zutritt verschaffte.«

»Gut«, sagte Dombey. »Ich bin glücklich, das zu hören. Ich wünschte, ich hätte selbst schon vor langer Zeit den Mut zu diesem Schritt gefunden.«

Elliot stopfte ihm ein Taschentuch in den Mund.

Tina öffnete die Stahltür zum Korridor. Elliot nahm Danny auf den Arm. »Du bist ja das reinste Fliegengewicht, Junge. Wir werden dich geradewegs zu McDonald's bringen und mit Hamburgern und Pommes frites vollstopfen müssen.«

Danny lächelte ihn an.

Mit der Pistole in der Hand trat Tina als erste auf den Gang hinaus. In dem Raum nahe den Fahrstühlen wurde immer noch geredet und gelacht, aber niemand von diesen Leuten kam auf den Korridor hinaus.

Danny öffnete die Lifttür und setzte gleich darauf den Aufzug in Bewegung. Seine Stirn war gefurcht, so als konzentriere er sich, aber das war auch der einzige Hinweis darauf, daß er etwas mit der Bewegung des Fahrstuhls zu tun hatte.

Auch im Erdgeschoß waren die Korridore menschenleer.

Der Wachposten saß immer noch gefesselt und geknebelt auf seinem Stuhl. Er blickte ihnen mit einer Mischung aus Zorn und Angst nach.

Tina, Elliot und Danny traten in die kalte Nacht hinaus. Schnee peitschte ihnen sofort in die Gesichter.

Außer dem Heulen des Windes war noch ein anderes Geräusch zu hören, und nach einigen Sekunden konnte Tina es identifizieren.

Ein Hubschrauber!

Sie blickte in die Höhe und sah ihn über die Erhebung am westlichen Ende des Plateaus heranfliegen.

»Zum Jeep!« schrie Elliot. »Beeil dich!«

Sie rannten zum Wagen. Tina nahm Danny aus Elliots Armen, ließ ihn auf den Rücksitz gleiten und setzte sich neben ihn.

Elliot sprang hinters Lenkrad. Der Motor wollte nicht sofort anspringen.

Der Hubschrauber schwenkte auf sie zu.

»Wer ist in der Maschine?« fragte Danny, während er durchs Seitenfenster in die Nacht hinausstarrte.

»Ich weiß es nicht«, antwortete Tina. »Aber es sind keine guten Menschen, Baby. Sie sind wie das Monster aus deinem Comic-Heft, das du mir in meinen Träumen gezeigt hast. Sie wollen nicht, daß wir dich befreien.«

Danny starrte auf den Hubschrauber und runzelte wieder die Stirn.

»Gott sei Dank!« rief Elliot. Aber Dannys Stirn blieb weiter gefurcht.

Tina begriff, was der Junge tun wollte, und sagte rasch: »Danny, warte!«

George Alexander ließ den Jeep nicht aus den Augen, während er dem Piloten befahl: »Setzen Sie direkt vor ihnen auf, Jack.«

»Wird gemacht«, sagte Morgan.

An Hensen gewandt, der die Maschinenpistole hatte, fuhr Alexander fort: »Wie schon gesagt, erschießen Sie Stryker auf der Stelle, nicht aber die Frau.«

Der Hubschrauber stieg plötzlich auf. Er hatte sich nur noch fünf oder sechs Meter über dem Boden befunden, aber nun ging er rasch auf eine Höhe von zwölf, fünfzehn, achtzehn Metern hinauf.

»Verdammt, was ist los?« fragte Alexander.

»Der Knüppel«, sagte Morgan, und in seiner Stimme schwang Furcht mit, was während des ganzen alptraumhaften Fluges nicht der Fall gewesen war. »Ich habe keine Kontrolle mehr über das verdammte Ding. Es muß eingefroren sein.«

Fünfundzwanzig Meter, achtundzwanzig, dreißig. Sie stiegen in die Nacht empor.

Dann fiel plötzlich der Motor aus.

»Was, zum Teufel?« rief Morgan.

Hensen schrie auf.

Alexander sah sich plötzlich mit dem Tod konfrontiert und wußte, daß seine Neugier in bezug auf das Jenseits bald befriedigt sein würde.

Der Jeep beschrieb einen weiten Bogen um die brennenden Trümmer des Hubschraubers und verließ das Plateau.

»Es waren böse Menschen«, sagte Danny. »Es ist gut so, Mom. Das waren wirklich sehr böse Menschen.«

Ein jegliches hat seine Zeit, brachte Tina sich selbst in Erinnerung. *Würgen und heilen... lieben und hassen hat seine Zeit.*

Sie hielt Danny fest im Arm und blickte in seine dunklen Augen, und jene Worte aus der Bibel vermochten sie nicht zu trösten, zumindest nicht in dem Ausmaß, wie sie Elliot damit hatte trösten können. In Dannys Augen stand zuviel Schmerz geschrieben, ein viel zu großes Wissen. Sie fragte sich besorgt, wie ihrer aller Zukunft wohl aussehen würde.

Die Hellseherin

Dieses Buch ist
Claire M. Smith
in Liebe und Dankbarkeit
gewidmet.

1

MONTAG, 21. DEZEMBER

»Handschuhe aus Blut.«
 Die Frau starrte auf ihre Hände – starrte durch sie hindurch.
 Sie sprach leise, aber ihre Spannung war hörbar. »Er hat Blut an den Händen.« Ihre eigenen Hände waren sauber, die Hautfarbe blaß.
 Ihr Mann beugte sich vom Rücksitz des Streifenwagens zu ihr vor. »Mary?«
 Sie gab keine Antwort.
 »Mary, hörst du mich?«
 »Ja.«
 »Wessen Blut ist es?«
 »Ich bin mir nicht sicher.«
 »Das Blut der Ermordeten?«
 »Nein. Es ist ... es ist sein eigenes.«
 »Das Blut des Mörders?«
 »Ja.«
 »Du meinst ... an seinen Händen klebt sein eigenes Blut?«
 »Ja, das stimmt«, sagte sie.
 »Hat er sich verletzt?«
 »Ja, aber nicht schlimm.«
 »Wie hat er das gemacht?«
 »Das weiß ich nicht.«
 »Versuche mal, dich in ihn hineinzuversetzen.«
 »Ich bin schon in ihm.«
 »Noch tiefer.«
 »Ich bin kein Gedankenleser.«
 »Ich weiß, Liebling. Aber du bist fast einer.«

Der Schweiß auf Mary Bergens Gesicht glänzte wie die Keramikglasur einer Altarfigur in der Kirche. Das grüne Licht vom Armaturenbrett spiegelte sich auf ihrer glatten Haut wieder. Ihre dunklen Augen waren ins Leere gerichtet.

Plötzlich lehnte sie sich vor und begann zu zittern.

Neben ihr, auf dem Fahrersitz, rutschte Polizeichef Harley Barnes unruhig hin und her. Seine großen Hände krampften sich um das Lenkrad.

»Er lutscht an seiner Wunde«, sagte sie. »Lutscht sein eigenes Blut ab.«

Nach dreißig Jahren im Polizeidienst gab es nicht mehr viele Situationen, die Barnes überraschen oder ihm gar Angst einjagen konnten. Heute jedoch hatte er an einem einzigen Abend bereits mehrere Überraschungen erleben müssen und spürte, wie sein Herz vor Angst schneller schlug.

Die von Bäumen gesäumten Straßen, durch die sie fuhren, waren ihm so bekannt, wie seine eigenen Gesichtszüge. Dennoch machten sie heute bei dem nächtlichen Gewitter einen fast drohenden Eindruck. Die Reifen zischten über den nassen Asphalt. Die Scheibenwischer klopften im gespenstischen Rhythmus.

Die Frau neben Barnes war offensichtlich verstört, doch beunruhigte ihn das weniger, als der Wechsel, der sich mit ihrer Anwesenheit vollzogen hatte. Von dem Augenblick an, wo sie sich in Trance versetzt hatte, war die feuchte, dunstige Luft klarer geworden. Er war ganz sicher, daß er sich das nicht nur einbildete. Ein gespenstisches Summen, wie von einer Geisterfrequenz, übertönte das Fahrgeräusch und das Brausen des Sturmes. Eine unbeschreibliche Macht schien von der Frau auszuströmen. Barnes war ein nüchterner, praktisch veranlagter Mann und keineswegs abergläubisch. Aber er konnte sich diesen starken Eindrücken nicht verschließen.

Sie lehnte sich zum Armaturenbrett vor, soweit der Sicherheitsgurt es erlaubte. Dabei umklammerte sie stöhnend ihre Schultern.

Max Bergen streckte vom Rücksitz die Hand nach ihr aus und berührte sie.

Sie murmelte etwas vor sich hin und beruhigte sich ein wenig.

Seine Hand nahm sich auf ihrer schlanken Schulter riesenhaft aus. Er war ein hochgewachsener, athletisch gebauter Vierziger mit harten Gesichtszügen, zehn Jahre älter als seine Frau. Das Auffallendste an ihm waren seine Augen: Grau, kalt und humorlos.

Der Polizeichef hatte ihn noch nie lächeln sehen. Zweifellos hegte er starke und irgendwie verwickelte Gefühle für Mary, doch für den Rest der Welt schien er nur Verachtung zu empfinden.

»Biegen Sie an der nächsten Kreuzung ab«, sagte die Frau. Barnes tippte leicht auf die Bremse. »Nach links oder rechts?«

»Rechts«, sagte sie.

Zu beiden Seiten der Straße lagen stuckverzierte, dreißigjährige Häuser und Bungalows, die meisten im kalifornisch-spanischen Stil und gut erhalten. Gelbliches Licht drang hier und dort durch die zum Schutz gegen die feuchte Dezembernacht zugezogenen Gardinen. Die Straße war bedeutend dunkler, als die, von der sie gekommen waren. Nur an den Kreuzungen standen Straßenlampen, und die Abschnitte dazwischen waren in regennasse, schwarz-rötliche Schatten gehüllt.

Hinter der Biegung verlangsamte Barnes die Fahrt auf fünfzehn Stundenkilometer. Nach dem Verhalten der Frau mußten sie fast am Ziel sein.

Mary setzte sich gerade auf. Ihre Stimme klang lauter und klarer, als zu Anfang, wo sie zuerst ihre eigenartigen hellseherischen Fähigkeiten ins Spiel gebracht hatte. »Ich sehe etwas vor mir… einen… einen Zaun. Ja, jetzt ganz deutlich… er hat sich die Hand aufgeschnitten… an einem Zaun.«

Max strich ihr übers Haar. »Und es ist keine ernste Verwundung?«

»Nein… nur eine Schnittwunde… am Daumen… tief… aber es behindert ihn nicht ernstlich.« Sie hob ihre schmächtige Hand, vergaß, was sie damit tun wollte und ließ sie auf ihren Schoß zurückfallen.

»Aber wenn er aus einer tiefen Schnittwunde blutet, wird er dann nicht für heute abend aufgeben?« fragte Max.

»Nein«, sagte sie.

»Bist du sicher?«

»Er macht weiter.«

»Der Dreckskerl hat bis jetzt fünf Frauen umgebracht«, sagte Barnes. »Einige von ihnen haben sich mit aller Kraft gewehrt, ihn gekratzt, ihn geschnitten, ihm sogar Haare ausgerissen. Der gibt so leicht nicht auf.«

Ohne den Polizeimenschen zu beachten, versuchte Max, seine Frau zu beruhigen. Er streichelte ihr Gesicht, drang aber mit weiteren Fragen in sie. »Welche Art von Zaun siehst du?«

»Drahtmaschen«, erwiderte sie. »Scharf und spitz und oben ungesäumt.«

»Wie hoch?«

»Anderthalb Meter.«

»Was umschließt dieser Zaun?«

»Einen Hof.«

»Ein Warenlager?«

»Nein. Ein Hinterhof von einem Haus.«

»Kannst du das Haus sehen?«

»Ja.«

»Wie sieht es aus?«

»Es ist zweistöckig.«

»Stuck?«

»Ja.«

»Und das Dach?«

»Spanische Schindeln.«

»Irgend etwas Außergewöhnliches?«

»Ich kann es nicht richtig sehen...«

»Hat es eine Veranda?«

»Nein.«

»Vielleicht einen Vorgarten?«

»Nein. Aber ich sehe... einen gewundenen Gehsteig.«

»Vorne oder hinten?«

»Vor dem Haus.«

»Irgendwelche Bäume?«

»Zwei gleiche Magnolien zu beiden Seiten des Gehsteigs.«

»Sonst noch etwas?«

»Ein paar kleine Palmen... weiter hinten.«

Harley Barnes starrte konzentriert durch die regenbespritzte Scheibe. Er hielt Ausschau nach Magnolien.

Zu Anfang war er äußerst skeptisch gewesen. Er hatte sogar mit ziemlicher Sicherheit angenommen, daß die Bergens nichts als Schwindler waren. Er machte dieses Spielchen nur deshalb mit, weil der Bürgermeister daran glaubte. Der Bürgermeister hatte die beiden kommen lassen und bestand auf der Mitarbeit der Polizei.

Barnes hatte natürlich schon von hellseherisch begabten Detektiven gelesen –, besonders von dem berühmten holländischen Hellseher Peter Hurkos. Aber mit übernatürlichen Kräften einen psychopathischen Killer auf frischer Tat ertappen? Daran wollte er nicht recht glauben.

Oder vielleicht doch? dachte er. Vielleicht hatte ihn diese charmante, entzückende Frau, die das alles so ernst nahm, wirklich bekehrt. Wenn nicht, dachte er sich, warum suche ich dann nach Magnolienbäumen?

Sie gab einen Laut von sich wie ein Tier, das schon längere Zeit in einer scharfgezahnten Falle festsaß. Kein Schmerzensschrei, sondern ein fast unhörbares Winseln.

Wenn ein Tier solche Töne ausstieß, hieß das: Es tut weh, aber ich habe mich damit abgefunden.

Vor vielen Jahren, als Kind in Minnesota, war Barnes auf die Jagd gegangen und hatte auch Fallen gestellt. Das gleiche mitleiderregende Wimmern der verletzten Tiere hatte ihn dazu bewogen, den Blutsport aufzugeben.

Bis heute hatte er noch nie einen Menschen solche Töne von sich geben hören. Ihre übernatürliche Gabe, die irren Gedanken des geisteskranken Killers zu erfassen, schien ihr physische Schmerzen zu bereiten.

Ein Schaudern lief Barnes über den Rücken.

»Mary«, sagte ihr Mann, »was hast du?«

»Ich sehe ihn... an der Hintertür des Hauses. Er hat seine Hand auf der Klinke... und Blut... sein Blut ist auf dem weißen Türrahmen. Er spricht mit sich selbst.«

»Was sagt er?«

»Ich... nein...«

»Mary?«

»Er macht schmutzige Bemerkungen über die Frau.«

»Über die Frau hier im Haus – die, der er nachstellt?«

»Ja.«

»Kennt er sie?«

»Nein, sie ist ihm fremd. Ein zufälliges Opfer. Aber er... er hat sie beobachtet... ein paar Tage schon... er kennt ihre Gewohnheiten und ihren Tagesablauf.«

Nach diesen Worten sank sie kraftlos gegen die Tür und holte mehrmals tief Luft. Zwischendrin war sie immer wieder gezwungen abzubrechen, um frische psychische Kräfte zu sammeln. Manchen Hellsehern machten ihre Visionen, wie Barnes wußte, keinerlei Mühe und erforderten kaum Kraftanstrengung. Bei dieser Frau war es offenbar nicht so.

Über das Funkgerät des Streifenwagens kamen Geräusche wie das Wispern und Ächzen von Phantomstimmen.

Der Wind fegte den strömenden Regen über die Straße.

Die schlimmste Regenperiode seit Jahren, dachte Barnes. Noch vor zwanzig Jahren wäre soviel Niederschlag ganz normal gewesen. Aber im Laufe der Zeit war Kalifornien ein recht trockener Staat geworden. Derartige Regenfälle waren unnatürlich. So wie alles, was heute nacht passierte, dachte er.

Er wartete darauf, daß Mary weitersprechen würde und drosselte die Geschwindigkeit auf acht Stundenkilometer.

– Magnolienbäume am Eingang zu beiden Seiten eines gewundenen Gehsteigs –

Er hatte Mühe den Straßenabschnitt zu sehen, der im Scheinwerferlicht vor ihm lag. An den Seiten war fast nichts zu erkennen. Möglicherweise waren sie längst an den Magnolien vorbeigefahren.

Marys kurzes Zögern veranlaßte Dan Goldman, der seit über einer Stunde kein Wort gesagt hatte, zum Sprechen. »Es bleibt uns nicht mehr viel Zeit, Mrs. Bergen.«

Goldman war ein tüchtiger junger Polizeibeamter, der verläßlichste Mitarbeiter des Chefs. Er saß hinter Barnes, neben Max Bergen, und hielt seine Augen auf die Frau geheftet.

Goldman glaubte an übernatürliche Kräfte. Er war beeindruckt. Im Rückspiegel konnte Barnes erkennen, daß die Ereignisse des Abends einen verstörten Ausdruck auf dem breiten, sonst so gleichmütigen Gesicht des jungen Mannes hinterlassen hatten.

»Wir haben nicht viel Zeit«, sagte Goldman nochmals. »Wenn dieser Verrückte schon an der Hintertür ist...«

Mary drehte sich abrupt zu ihm um. In ihrer Stimme lag Sorge und Angst. »Steigen Sie keinesfalls aus dem Auto, bis der Mann festgenommen ist.«

»Was soll das heißen?« fragte Goldman.

»Wenn Sie helfen, ihn festzunehmen, geschieht Ihnen etwas.«

»Wird er mich töten?«

Sie zuckte zusammen und begann zu zittern. An ihrem Haaransatz bildeten sich Schweißperlen.

Auch Barnes spürte, wie ihm der Schweiß am Gesicht herunterlief.

Sie sagte zu Goldman: »Er wird auf Sie einstechen...mit demselben Messer, mit dem er all die Frauen erstochen hat...Sie schwer verletzen...aber nicht töten.« Sie schloß die Augen und stieß zwischen zusammengepreßten Zähnen hervor: »*Bleiben Sie im Auto!*«

»Harley?« fragte Goldman besorgt.

»Geht schon in Ordnung«, versicherte ihm Barnes.

»Hören Sie lieber auf sie«, sagte Max zu Goldman. »Verlassen Sie den Wagen nicht.«

»Wenn ich dich brauche«, sagte Barnes, »kommst du mit. Keiner wird verletzt werden.« Er durfte nicht zulassen, daß diese Frau seine Autorität untergrub. Er sah sie an. »Wir brauchen eine Hausnummer – die genaue Adresse des Hauses, das Sie beschrieben haben.«

»Drängen Sie sie nicht«, sagte ihr Mann in scharfem Ton. Außer wenn er mit Mary sprach, klang seine Stimme wie zwei Stahlplatten, die sich aneinander rieben. »Es hat überhaupt keinen Zweck, sie zu drängen. Das stört sie nur.«

»Ist schon gut, Max«, sagte Mary.

»Aber ich habe es ihnen doch schon x-mal gesagt«, brummte Max.

Sie wandte sich wieder nach vorne. »Ich sehe...die Hintertür eines Hauses. Sie ist offen.«

»Wo ist der Mann, der Killer?« fragte Max.

»Der steht in einem dunklen Zimmer...einem kleinen Raum...die Waschküche...ja, es ist die Waschküche.«

»Was macht er dort?«

»Er macht eine Tür auf... zur Küche... es ist niemand dort... ein mattes Licht über dem Herd... auf dem Tisch schmutziges Geschirr... er steht dort... ja, er steht und lauscht... die linke Hand hat er zur Faust geballt, um die Blutung zu stoppen... er lauscht... aus dem Wohnzimmer kommt Benny-Goodman-Musik vom Stereogerät...« Sie berührte Barnes am Arm. Ihre Stimme klang jetzt klar und eindringlich: »Noch zwei Querstraßen. Rechts. Das zweite Haus hinter der Kreuzung... nein, das dritte.«

»Sind Sie sicher?«

»Nun beeilen Sie sich schon, um Gottes willen!«

Mache ich mich jetzt zum Narren? fragte sich Barnes. Wenn ich sie ernst nehme und nachher stimmt es nicht, wird man für den Rest meiner Dienstzeit über mich Witze machen.

Trotzdem schaltete er die Sirene ein und trat das Gaspedal durch. Mit quietschenden Reifen schoß der Wagen vorwärts.

Mary sagte atemlos: »Ich sehe ihn noch immer... er geht durch die Küche... ganz langsam...«

Wenn sie mir was vormacht, dachte Barnes, ist sie die beste Schauspielerin, die ich je gesehen habe.

Der Ford raste die schwachbeleuchtete Straße hinunter. Der Regen peitschte gegen die Windschutzscheibe. Sie überfuhren ein Halteschild, dann noch eines.

»Er lauscht... lauscht nach jedem Schritt... vorsichtig... nervös... jetzt zieht er ein Messer aus der Manteltasche... betrachtet die scharfe Klinge und lächelt... so ein großes Messer...«

Vor dem Haus, das sie angegeben hatte, kam der Wagen schlitternd zum Stehen. Das dritte von rechts. Zwei gleiche Magnolienbäume zu beiden Seiten eines sich windenden Gehsteigs, ein zweistöckiges Stuck-Gebäude; Licht im Erdgeschoß.

»Verdammt noch mal«, sagte Goldman fast ehrfürchtig. »Paßt genau auf Ihre Beschreibung.«

2

Das Heulen der Sirene flaute ab, während Barnes aus dem Wagen stieg.

Das rotierende rote Licht auf dem Dach des Polizeiwagens spiegelte sich auf dem nassen Pflaster wider. Ein zweiter Streifenwagen hielt dicht hinter ihnen, und die Warnlampen der beiden Fahrzeuge bildeten eine Kaskade von blutrotem, flackerndem Licht.

Mehrere Männer entstiegen dem zweiten Wagen. Zwei uniformierte Polizisten, Malone und Gonzales, eilten auf Barnes zu. Bürgermeister Henderson, rundlich und glitzernd in seinem Regenumhang aus Kunststoff, wirkte wie ein Luftballon, der über die Straße hüpfte. Direkt hinter ihm kam Harry Oberlander, spindeldürr und Hendersons schärfster Kritiker im Stadtrat.

Der Letzte in der Prozession war Alan Tanner – Mary Tanner-Bergens Bruder. Eigentlich hätte er im ersten Wagen mitfahren sollen, doch hatte er Streit mit Max gehabt, und die beiden gingen sich lieber aus dem Wege.

»Malone, Gonzales... verteilt euch«, befahl Barnes. »Flankiert das Haus und trefft euch an der Hintertür. Ich komme von vorn. Los jetzt!«

»Und ich?« fragte Goldman. Barnes seufzte auf. »Du bleibst besser hier.« Goldman war sichtlich erleichtert.

Barnes zog seine Magnum .357 aus dem Holster und eilte den Gehsteig hinauf aufs Haus zu. Er klingelte an der Haustür. Der Regen ließ plötzlich nach. Es rieselte nur noch.

Durch die Sirenen aufgeschreckt, hatte die Frau im Haus ihn kommen sehen und öffnete sofort die Tür.

»Mrs. Harrington?«

»*Miß* Harrington. Nach meiner Scheidung habe ich meinen Mädchennamen wieder angenommen.«

Sie war eine zierliche Blondine Anfang Vierzig mit üppiger Figur, aber nicht dick.

Offenbar bestand ihre Hauptbeschäftigung daran, sich zu pflegen. Zwar trug sie nur Jeans und ein T-Shirt, war also nicht im Begriff auszugehen, doch war ihre Frisur tadellos gepflegt, ihr

Make-up und ihre künstlichen Wimpern perfekt, und der orangefarbene Nagellack frisch aufgetragen.

»Sind Sie allein im Haus?« fragte Barnes.

Sie warf ihm einen höchst sinnlichen Blick zu und fragte: »Warum möchten Sie das wissen?«

»Polizeiliche Nachforschung, Miß Harrington.«

»Wie schade.« Sie hielt einen Drink in der Hand, und er war sicher, daß es nicht ihr erster an diesem Abend war.

»Sind Sie allein?« fragte er nochmals.

»Ich wohne allein.«

»Alles in Ordnung bei Ihnen?«

»Nun, es macht mir nicht viel Spaß, allein zu leben.«

»Das meinte ich nicht. Ist bei Ihnen alles in Ordnung? Irgendwelche Schwierigkeiten?«

Sie blickte auf den Revolver, den er in der Hand hielt. »Vermuten Sie Schwierigkeiten?«

Irritiert durch die albernen Antworten und die laute Swing-Musik im Haus, die er übertönen mußte, sagte er: »Wir haben Grund zu der Annahme, daß Ihr Leben in Gefahr ist.«

Sie lachte.

»Ich weiß, daß das etwas melodramatisch klingt, aber...«

»Wer soll mir denn nach dem Leben trachten?«

»Die Zeitungen nennen ihn ›Den Schlitzer‹.«

Sie runzelte die Stirn, schien sich aber dann zu erinnern, daß Stirnrunzeln Falten verursachte und gab es sofort wieder auf. »Sie machen wohl Witze.«

»Wir nehmen an, daß er es heute auf Sie abgesehen hat.«

»Wer hat Ihnen denn das eingeredet?«

»Eine Hellseherin.«

»Eine was?«

Malone kam durch die Hintertür ins Wohnzimmer und schaltete das Stereogerät ab.

Erstaunt drehte sie sich zu ihm um.

»Wir haben da was gefunden, Chef«, sagte Malone.

Ohne Aufforderung betrat Barnes das Haus. »Ja, was denn?«

»Die Hintertür war offen.«

»Haben Sie die offengelassen?« fragte Barnes die Frau.

»Doch nicht bei dem Wetter.«

»War sie abgeschlossen?«

»Weiß ich nicht.«

»Am Türrahmen klebt Blut«, sagte Malone. »Und noch mehr an der Tür zwischen der Küche und der Waschküche.«

»Aber der Mann ist weg?«

»Der muß davongelaufen sein, als er die Sirenen hörte.« Barnes kam ins Schwitzen. Er spürte, daß sein Herz zu schnell schlug und überlegte sich, wie er wohl diese Hellseherei auf einen Nenner mit seiner sonst so simplen Arbeitsmethode bringen sollte. Er folgte dem jüngeren Beamten in die Küche und ignorierte Miß Harringtons Fragen.

Hector Gonzales wartete an der Hintertür.

»Da ist eine Gasse hinter dem Drahtzaun. Suchen Sie die mal ab – zwei Häuserblocks weit in beiden Richtungen.«

»Ich bin ganz verwirrt«, sagte die Frau. Ich auch, dachte Barnes.

Zu Malone sagte er: »Sie suchen an beiden Seiten des Hauses die Büsche ab. Auch die am Zaun.«

»Alles klar.«

»Und halten Sie Ihre Waffen schußbereit.«

Vor dem Haus neben den Streifenwagen war Harry Oberlander damit beschäftigt, den Bürgermeister in Wut zu bringen. Er betrachtete ihn kopfschüttelnd, als ob sein bloßer Anblick schon eine Zumutung darstellte. »Was sind Sie doch für ein Bürgermeister«, sagte er sarkastisch, »der eine Hexe für den Polizeidienst anwirbt!«

Henderson reagierte wie ein müder Riese, der einen größenwahnsinnigen, lästigen Zwerg beiseite schiebt. »Sie ist keine Hexe.«

»Wissen Sie nicht, daß es gar keine Hexen gibt?«

»Das sagte ich ja, Herr Stadtrat, sie ist keine Hexe.«

»Alles Schwindel, nichts weiter.«

»Sie ist Hellseherin.«

»Hellseherin, Schnellseherin.«

»Wie gescheit Sie sich ausdrücken.«

»Ein eleganter Ausdruck für Hexe.«

Dan Goldman hörte ihnen zu, der Diskussion ebenso überdrüssig wie der Bürgermeister. Es gibt keine schlimmeren Feinde, dachte er, als zwei Männer, die einstmals die engsten Freunde waren. Er war darauf vorbereitet, zwischen sie zu treten, falls Oberlander wieder mal handgreiflich werden würde. Es war schon vorgekommen, daß der Stadtrat den Bürgermeister mit Faustschlägen auf den dicken Bauch traktiert hatte, die allerdings nicht sehr heftig ausgefallen waren.

»Wissen Sie, warum ich Ihnen seinerzeit meinen Anteil an unserer Möbelfirma verkauft habe?« fragte Oberlander Henderson.

»Weil Sie keinen Weitblick haben«, sagte Henderson schmunzelnd.

»Weitblick – Quatsch. Weil ich wußte, daß ein abergläubischer Idiot wie Sie die Firma früher oder später in Grund und Boden wirtschaften würde.«

»Das Geschäft läuft besser denn je«, sagte Henderson. »Reine Glücksache. Idiotenglück.«

Bevor noch die ersten Faustschläge ausgetauscht werden konnten, erschien glücklicherweise Barnes in der Haustür und rief: »Alles okay, kommen Sie rein.«

»Jetzt werden wir gleich mal sehen, wer hier der Idiot ist«, sagte Henderson. Mit der besonderen Gelenkigkeit mancher korpulenter Männer rannte er über den Gehsteig und über das glitschige Gras.

Oberlander lief ihm nach wie eine Maus auf den Fersen eines Mammuts.

Goldman unterdrückte ein Lachen und folgte ihnen.

Alan Tanner hatte sich hinter das Steuer des ersten Streifenwagens gesetzt, um seiner Schwester nahe zu sein. Als er Harley Barnes an der Haustür sah, fragte er: »Haben sie den Killer erwischt, Mary?«

»Ich weiß es nicht«, erwiderte sie. Ihre Stimme klang hohl, und sie schien völlig erschöpft.

»Ist kein Schuß gefallen?«
»Ich weiß nicht.«
»Irgendein Gerangel muß doch stattgefunden haben.«
»Das ist anzunehmen.«

Max auf dem Rücksitz fragte besorgt: »Mary, ist Goldman jetzt in Sicherheit?«

Sie stieß einen Seufzer aus, schüttelte den Kopf und preßte die Fingerspitzen an die Augen. »Ich kann es dir wirklich nicht sagen. Ich habe den Faden verloren. Ich sehe nichts mehr.«

Max rollte das Fenster herunter. Seine Stimme trug weit in der feuchten Luft. »He, Goldman!«

Der Beamte war schon auf dem halben Weg zum Haus. Er stoppte und wandte sich um.

»Vielleicht sollten Sie doch lieber hierbleiben«, rief Max. »Harley braucht mich«, sagte Goldman. »Denken Sie daran, was Ihnen meine Frau gesagt hat.«

»Alles in Ordnung«, sagte Goldman. »Mir passiert schon nichts. Sie haben ihn geschnappt.«

»Sind Sie sicher?« fragte Max.

Aber Goldman war schon weitergegangen.

Alan sagte: »Mary?«

»Hmmmm?«

»Wie fühlst du dich?«

»Ganz gut.«

»Du hörst dich aber nicht so an.«

»Ich bin nur müde.«

»Er nimmt dich viel zu hart ran«, meinte Alan besorgt. Er blickte Max nicht einmal an, sondern sprach, als sei er mit seiner Schwester allein. »Er macht sich nicht klar, wie empfindlich du bist.«

»Alles okay«, sagte sie.

Aber Alan wollte nicht aufgeben. »Er hat keine Ahnung, welche Fragen er dir stellen muß, damit du klarer siehst. Er hat nicht die geringste Finesse. Er drückt einfach drauf los.«

Du mieses kleines Miststück, dachte Max und starrte seinen Schwager hart an.

Marys wegen sagte er jedoch nichts. Es regte sie immer auf, wenn die beiden Männer, die sie liebte, sich stritten. Sie gab sich lieber der Illusion hin, daß sie sich im Grunde mochten. Zwar ergriff sie niemals gänzlich Partei für Alan, doch schob sie immer Max die Schuld zu, wenn der Streit besonders erbittert ausfiel.

Um sich von Alan abzulenken, betrachtete Max das Haus. Ein

Lichtstrahl fiel durch die offene Tür. Davor zeichneten sich die Umrisse der Büsche und Sträucher ab. »Vielleicht sollten wir die Wagentüren absperren«, sagte er.

Mary wandte sich halb zu ihm um. »Die Türen absperren?« fragte sie erstaunt.

»Zum Schutz.«

»Das verstehe ich nicht.«

»Zum Schutz wovor?« fragte Alan.

»Die Bullen sind alle oben im Haus, und keiner von uns hier hat eine Waffe.«

»Glaubst du, daß wir eine brauchen?«

»Möglicherweise.«

»Entwickelst du jetzt auch schon hellseherische Fähigkeiten?«

Max zwang sich zu einem Lächeln. »Das wohl kaum. Ganz einfach Verstand.« Er verriegelte die Türen auf seiner und auf Marys Seite. Als Alan keine Anstalten machte, es ihm gleichzutun, verschloß er auch die anderen zwei.

»Fühlst du dich jetzt sicher?« fragte Alan.

Max versenkte sich in den Anblick des Hauses.

Barnes, Henderson und Oberlander drängten sich in die schmale Waschküche, um die Blutspuren, die der Killer hinterlassen hatte, zu untersuchen.

Miß Henderson hatte sich an den Polizeichef angehängt, um ja nichts zu verpassen. Sie schien begeistert zu sein, daß der geistesgestörte Killer sie zum Opfer erwählt hatte.

Dan Goldman zog es vor, in der Küche zu bleiben. Während Barnes erklärte, daß die wenigen Beweisstücke genau mit den Visionen der Hellseherin übereinstimmten, würde der Bürgermeister seine hämische Befriedigung deutlich zum Ausdruck bringen. Das wiederum würde zweifellos Harry Oberlander in Rage bringen, und der Austausch bissiger Bemerkungen würde sehr bald in einen lauten und handfesten Krach ausarten. Davon hatte Goldman nun wirklich genug.

Aber ganz abgesehen davon war die geräumige Küche es wert, betrachtet und bewundert zu werden. Offensichtlich war sie von jemand entworfen und eingerichtet worden, der etwas vom Kochen verstand und sich das Beste leisten konnte.

Doch nicht von Miß Harrington, dachte Goldman. Sie machte nicht den Eindruck einer Frau, die sich gern stundenlang an den Herd stellte. Der Koch im Haus war zweifellos ihr geschiedener Mann gewesen.

Man hatte eine Menge Geld dafür ausgegeben, eine Küche im rustikalen Stil zu schaffen, die gleichzeitig professionellen Ansprüchen gerecht wurde. Der Fußboden war mit braunen mexikanischen Kacheln ausgelegt. Schränke und Regale aus Eichenholz enthielten Porzellangeschirr. Die Abstellflächen waren aus weißer Keramik. Neben zwei Standard-Öfen gab es einen Mikrowellenofen, zwei große Kühl- und Gefrierschränke, zwei doppelte Abwaschbecken, einen runden Küchentisch mit eingebauten Geräten, sowie eine Vielfalt zusätzlicher Apparaturen.

Goldman kochte selbst gern, mußte sich jedoch mit einem abgenutzten Gasherd und den billigsten Töpfen und Pfannen begnügen.

Seine neidische Bewunderung der tollen Einrichtung wurde jäh unterbrochen, als sich dicht neben ihm eine Tür öffnete. Sie befand sich etwa einen Meter entfernt und halb hinter seinem Rücken. Die Tür war offen gestanden, als er hereinkam, doch hatte er sich nicht weiter darum gekümmert. Als er sich jetzt umdrehte, sah er einen Mann im Regenmantel aus der Speisekammer treten, deren Regale mit Konserven gefüllt waren. Die linke Hand des Fremden war blutig, und er hielt den Daumen mit der Faust umschlossen.

Sie hat also doch recht gehabt, dachte Goldman. Herrgott im Himmel!

In der erhobenen Rechten hielt der Killer ein Schlächtermesser mit dickem, hölzernem Griff.

Goldman verlor jeden Zeitsinn. Die Sekunden wurden zu Ewigkeiten, und er fühlte sich vom Rest der Welt abgeschnitten.

Wie aus weiter Ferne hörte er Henderson und Oberlander miteinander streiten. Es schien kaum möglich, daß sie sich im Nebenzimmer befanden. Ihr Gespräch hörte sich an, als sei es mit achtundsiebzig Umdrehungen pro Minute auf Tonband aufgenommen worden und als würde es jetzt im Tempo von fünfundvierzig Umdrehungen abgespielt.

Der Fremde trat auf ihn zu. Das Licht spiegelte sich auf der scharfen Klinge seines Messers wider.

Wie gegen einen unerklärlichen Widerstand ankämpfend griff Goldman nach dem Revolver an seiner Hüfte.

Der Killer stieß ihm das Messer in die Brust. Links oben. Unglaublich tief.

Seltsamerweise verspürte er keinen Schmerz, aber sein Hemd war über der Brust plötzlich von Blut durchtränkt.

Mary Bergen, dachte er. Wie konntest du das voraussagen? Wer bist du? Er knöpfte seine Revolvertasche auf.

Zu langsam. Viel zu langsam, verdammt noch mal!

Es war ihm nicht zum Bewußtsein gekommen, daß der Killer ihm die Klinge wieder aus der Brust gezogen hatte, und jetzt sah er voll Entsetzen, wie er ein zweitesmal zustieß. Dann riß der Fremde das Messer wieder heraus, und Goldman sackte blutüberströmt gegen die Wand.

Er verspürte noch immer keinen Schmerz, aber alle Kraft floß aus ihm heraus, wie aus einem offenen Hahn.

Ich darf nicht umfallen, sagte er sich. Nur nicht umfallen. Dann hätte ich keine Chance mehr.

Aber der Killer war mit ihm fertig. Er wandte sich ab und rannte ins Eßzimmer.

Mit immer schwächer werdendem Griff preßte Goldman die linke Hand auf seine Wunden und wankte hinter dem Mann her. Als er am Durchgang zum Eßzimmer ankam und sich an den Türrahmen lehnte um Luft zu schöpfen, hatte der Killer schon fast das Wohnzimmer erreicht. Goldman hatte seinen Revolver aus dem Halfter gezogen, besaß jedoch nicht mehr die Kraft, ihn hochzuheben. Er feuerte einen Schuß in den Fußboden, um Harley aufmerksam zu machen. Kaum war der Schuß verhallt, kehrte sein normaler Zeitsinn zurück. Er spürte einen stechenden Schmerz und konnte kaum atmen. Seine Knie klappten unter ihm zusammen, und er sank zu Boden.

Alan unterbrach sich mitten im Satz. »Was war denn das?«
»Ein Schuß«, sagte Max.
Mary sagte: »Irgendwas ist mit Goldman passiert. Ich weiß es, so wahr ich hier sitze.«

Jemand kam aus dem Haus gerannt. Sein Regenmantel blähte sich im Wind wie ein Cape.

»Das ist er!« rief Mary.

Als der Mann die Polizeiwagen sah, hielt er an. Verwirrt blickte er sich nach links und rechts um, sah keinen Ausweg in diesen Richtungen und wandte sich wieder dem Haus zu.

In der offenen Haustür erschien Harley Barnes. Trotz Regen, schlechtem Licht und beschlagenen Fensterscheiben konnte Max den großkalibrigen Revolver erkennen, den der Bulle in der Faust hielt. Die Waffe spuckte gemein aussehendes Mündungsfeuer von sich.

Der Irre machte einen Satz wie ein ungeschickter Ballettänzer, fiel zu Boden und rollte über den Gehsteig. Dann erhob er sich erstaunlicherweise und lief auf die Straße zu. Er war nicht getroffen. Mit einer Schußwunde aus der Magnum .357 wäre er liegengeblieben.

Dessen war sich Max ganz sicher. Er verstand eine ganze Menge von Feuerwaffen und besaß selbst eine beachtliche Sammlung davon.

Barnes feuerte nochmals.

»Verdammt noch mal«, ärgerte sich Max. »Kleinstadtbullen! Überbewaffnet und saumäßig ausgebildet. Wenn er den Kerl verfehlt, bringt er als nächstes einen von uns um.«

Der dritte Schuß traf den Killer in den Rücken, als er den Gehsteig erreichte.

Max, als Waffenexperte, kam zu folgenden Erkenntnissen: Die Tatsache, daß das Geschoß nicht durch die Brust des Killers ausgetreten war und das Wagenfenster zerschmettert hatte, wies auf eine ungenügende Ladung Schießpulver hin. Es war zur Verwendung auf belebten Straßen bestimmt und würde den Schuldigen niederstrecken ohne andere zu gefährden. Zweitens: Nach der Art, wie der Schuß den Mann in die Höhe gerissen hatte, war anzunehmen, daß die Kugel an der Spitze angeflacht war.

Der getroffene Killer wurde durch die Luft geschleudert, prallte auf den Polizeiwagen auf und hielt sich einen Augenblick lang an Marys Tür fest. Dann rutschte er tiefer hinunter, wo er ihr ins Gesicht sehen konnte. »Mary Bergen«, seine Stimme klang heiser. Er versuchte, sich ans Fenster zu klammern. »Mary Bergen.« Blut quoll ihm aus dem Mund und verschmierte das Glas.

Mary schrie auf.

Die Leiche fiel auf den Gehsteig.

3

Der Krankenwagen, der Dan Goldman wegbrachte, nahm die Kurve so schnell es ging, ohne auf die Seite zu kippen.

Max hoffte, daß das Leben des jungen Polizeibeamten sich nicht ebenso schnell verflüchtigte.

Draußen auf dem Gehsteig lag der Tote auf dem Rücken. Er starrte zum Himmel und wartete geduldig auf den Leichenbeschauer.

»Sie regt sich darüber auf, daß der Killer ihren Namen kannte«, sagte Alan.

»Wahrscheinlich hat er ihr Foto in der Zeitung gesehen«, sagte Max. »Und hat gehört, daß sie hergekommen ist, ihn zu finden.«

»Aber davon wußten doch nur der Bürgermeister und der Stadtrat. Und die Bullen.«

»Irgendwie hat der Kerl es eben erfahren. Er wußte, daß sie in der Stadt war, und dann erkannte er sie. Das ist doch kein übernatürlicher Vorgang. Oder glaubt sie das?«

»Gewiß gibt es eine ganz einfache Erklärung dafür. Das weiß ich, und du weißt es auch. Im Grunde ist sie sich auch darüber klar. Aber wenn man bedenkt, was sie in ihrem Leben schon alles gesehen und durchgemacht hat, ist es kein Wunder, wenn sie sich Gedanken macht. Ich habe eben mit Barnes gesprochen. Er gibt uns einen Wagen und einen Fahrer. Da bringen wir Mary ins Hotel, damit sie sich hinlegen kann.«

»Machen wir«, sagte Max, »sobald ich alles mit dem Bürgermeister geregelt habe.«

»Das kann Stunden dauern.«

»Höchstens eine halbe Stunde«, erwiderte Max. »Also, wenn das alles ist, was du mit mir besprechen wolltest...«

»Sie ist todmüde.«

»Das sind wir alle. Es wird ihr schon nichts passieren.«
»Der rücksichtsvolle Gatte.«
»Scher' dich zum Teufel!«

Sie standen neben dem ersten Streifenwagen. Drinnen saß Mary mit geschlossenen Augen, die Hände im Schoß gefaltet.

Es hatte aufgehört zu regnen. Die Luft war feucht und klar. Alan blickte sich nervös nach den Menschen um, die aus den Nachbarhäusern herbeigeströmt waren, das makabre Schauspiel zu betrachten. Er sagte: »Jeden Moment kommt die Presse. Mary sollte sich heute nicht mehr mit einem Haufen Reportern herumärgern müssen.«

Max wußte, worauf es seinem Schwager ankam. Morgen trat er einen zweiwöchigen Urlaub an. Davor wollte er noch ein ungestörtes Gespräch mit seiner Schwester führen. Ein Stündchen allein mit ihr, um sie zu überzeugen, daß sie den falschen Mann geheiratet hatte.

Seine Fäuste waren die einzigen Waffen, die Max im Kampf gegen diese Art häuslicher Intrigen zur Verfügung standen. Er war um achtzehn Zentimeter größer und vierzig Pfund schwerer als Alan. Trotzdem war ihm klar, daß gespaltene Lippen, ausgeschlagene Zähne und eine angeknackte Kinnlade seinen Schwager nur vorübergehend zum Schweigen bringen würden. Wenn er ihn nicht gerade umbrachte, war seine ewige Einmischung durch nichts zu verhindern.

Jedenfalls hatte es Max aufgegeben, seine Probleme mit Hilfe seiner Fäuste zu lösen. Er hatte Mary versprochen und es sich selbst fest vorgenommen, daß Schlägereien ein Ding der Vergangenheit bleiben sollten.

Außer physischer Kraft und dem Willen sie anzuwenden besaß Alan in der persönlichen Fehde zwischen ihm und Max die stärkeren Waffen. Nicht zuletzt sein gutes Aussehen. Wie Mary, hatte er schwarzes Haar und blaue Augen. Er war ein schöner Mann, während Max so ungeschlacht wirkte, daß man ihn fast häßlich nennen konnte. Alans starke, sinnliche Gesichtszüge, hervorgehoben durch einen Ausdruck jungenhafter Unschuld, verfehlten sogar auf seine Schwester ihren Eindruck nicht.

Besonders auf seine Schwester.

Alans Stimme war so sanft und einschmeichelnd wie die eines

Schauspielers. Mit ihr konnte er jede gewollte Stimmung schaffen oder dramatische Szenen heraufbeschwören. Er verstand es meisterhaft, Marys Mitgefühl zu erwecken und sie dazu zu bringen, ihren Gatten mit einer Art unbewußtem Mißvergnügen zu betrachten.

Max besaß ein überdurchschnittlich gutes Denkvermögen, doch wußte er, daß Alan ihm intellektuell überlegen war. Es war nicht seine Stimme allein, mit der er sich durchsetzte. In den süßtönenden Worten lagen Witz und Intelligenz.

Und Charme?

Wenn Alan es wünschte, ließ er seinen Charme wie Honig fließen.

Den würde ich am liebsten ausdrücken wie eine Tube Zahnpasta, dachte Max. All den verdammten Charme aus ihm herausquetschen und mal sehen, wieviel Wahrheit dahinter steckt.

Was den Ausschlag gab, waren dreißig gemeinsame Jahre, die Mary und Alan hinter sich hatten. Er war dreiunddreißig und als älterer Bruder durch Blutbande, gemeinsame Erfahrungen, nicht wenige Tragödien, sowie drei Jahrzehnte täglichen Zusammenlebens eng mit ihr verbunden.

Die Menschenmenge wurde immer größer, und Max bemerkte, daß noch ein Streifenwagen zu ihnen stieß. Er sagte: »Du hast recht. Sie sollte nicht länger als nötig hierbleiben.«

»Natürlich nicht.«

»Ich fahre sie jetzt gleich ins Hotel.«

»Du fährst sie?« fragte Alan überrascht. »Du mußt doch hierbleiben?«

»Wozu?«

»Das weißt du doch genau.«

»Sag es mir trotzdem.«

»Du kannst das hier besser als ich«, sagte Alan unwillig.

»Was kann ich besser?« fragte Max.

»Weißt du, warum du das immer wieder hören mußt? Weil es alles ist, was du kannst. Nur damit bist du imstande sie zu halten.«

»Also, was kann ich besser?«

»Ganz schön unsicher.«

»Was kann ich besser?«

»Das Geld einkassieren. Bist du jetzt zufrieden?«

Mary verdiente recht gut als Journalistin mit ihrer eigenen Spalte über psychische und übernatürliche Erscheinungen. Auch die drei Bücher, in denen sie die Ereignisse ihrer Laufbahn geschildert hatte, waren Bestseller geworden und hatten ihr viel Geld eingebracht. Allein von den Honoraren ihrer Vorträge hätte sie bequem leben können.

An den zahlreichen Reisen, die sie auf Bitten verschiedener Behörden unternahm, um Mordfälle und andere Verbrechen aufzuklären, verdiente sie dagegen nichts. Für ihre Visionen nahm sie kein Honorar. Einmal hatte sie einer berühmten Schauspielerin geholfen, ein verlorenes Diamantenhalsband im Werte von hunderttausend Dollar wiederzufinden und keinen Pfennig dafür angenommen. Sie berechnete lediglich ihre Spesen – Flugkarten, Mietwagen, Mahlzeiten und Unterkunft – und manchmal nicht einmal das, wenn sie glaubte, nicht genügend Leistungen erbracht zu haben.

Bis Max in ihr Leben trat, war es Alans Aufgabe gewesen, die Spesengelder einzutreiben. Doch hatte ihr Bruder weder das Talent noch die Neigung mit Bürgermeistern, Stadträten und anderen Bürokraten zu feilschen. Wenn Mary ihre Aufgabe beendet hatte und der Schuldige gefunden war, geschah es nicht selten, daß ihre Auftraggeber – Beamte oder Lokalpolitiker – sich vor der Rückzahlung der Spesen zu drücken versuchten. In solchen Fällen bestand Alan nur selten auf Zahlung, und auf diese Weise gingen jährlich Zehntausende von Dollar verloren. Obwohl Mary glänzend verdiente, rückte sie immer näher an den Rand des Bankrotts.

Innerhalb von zwei Monaten nach ihrer Hochzeit hatte Max ihre Finanzen wieder in Ordnung gebracht. Er hatte mit ihrer Agentur einen neuen Vertrag abgeschlossen und Marys Honorar für Vorträge verdoppelt. Als die Erneuerung ihres Vertrags mit dem Zeitungssyndikat fällig wurde, erzielte Max bedeutend günstigere Bedingungen, als sie für möglich gehalten hätte. Und was die Spesenvergütung betraf, bekam er stets seinen Scheck.

»Also?« sagte Alan.

»Also gut. Fahre du sie zurück ins Hotel. Aber denke daran,

was du eben gesagt hast. Geld kassieren kann ich besser als du. Und ich werde es immer können.«

»Natürlich. Dafür hast du einen Riecher«, sagte Alan. Sein Lächeln entbehrte jeder Wärme. »Du hast ja auch Marys Geld recht schnell gerochen.«

»Mach, daß du wegkommst«, sagte Max. »Kannst wohl die Wahrheit nicht vertragen?«

»Hau ab, bevor ich dir ein für allemal den Kopf in den Arsch stecke.«

Alan blinzelte mit den Augen. Max blinzelte nicht zurück. Alan ging hinüber zu Harley Barnes.

Mit der Zeit fiel es Max auf, daß ihn mehrere Leute in der Menge anstarrten. Er starrte zurück. Einer nach dem anderen wandte sich geniert ab, blickte ihn aber sofort wieder an, sobald Max woanders hinschaute.

Keiner stand nahe genug, um sein Gespräch mit Alan überhört zu haben. Dann wurde ihm klar, warum man ihn anstarrte. Sein Gesicht war vor Wut verzerrt, seine Schultern hochgezogen und angespannt wie die eines Panthers vor dem Sprung und seine riesigen Hände zu Fäusten geballt. Er versuchte, sich zu beruhigen und seine Schultern in ihre normale Lage fallen zu lassen. Die Hände steckte er in die Taschen seines Regenmantels. So kannte keiner sehen, daß er zu wütend war, die Fäuste zu öffnen.

4

In dem Hotelzimmer gab es vier häßliche Lampen mit gräßlich gemusterten Lampenschirmen, aber nur eine war eingeschaltet.

Alan saß auf einem schwarzen Kunstledersessel mit drehbarem Sockel, die Hände um ein Glas Scotch gefaltet, von dem er nicht trank. Das Licht zu seiner Linken zeichnete scharfe Schatten auf seinem Gesicht.

Mary lag auf dem Bett, außerhalb des Lichtkreises. Sie wartete darauf, daß Max endlich zurückkommen würde, damit sie ausgehen und irgendwo noch ein verspätetes Abendessen und ein paar Drinks einnehmen konnten. Sie war hungrig und müde und seelisch erschöpft.

»Hast du immer noch Kopfschmerzen?« fragte Alan.

»Das Aspirin hat mir etwas geholfen.«

»Du bist so bleich... so blaß.«

»Mir fehlt nichts, was acht Stunden Schlaf nicht wieder in Ordnung bringen würden.«

»Ich mache mir Sorgen um dich.«

Sie lächelte ihn liebevoll an. »Das hast du schon immer getan, Schätzchen. Auch als wir noch Kinder waren.«

»Ich habe dich eben sehr gern.«

»Ich weiß.«

»Du bist meine Schwester, und ich liebe dich.«

»Das weiß ich, aber...«

»Er treibt dich zu hart.«

»Fang' nicht wieder davon an, Alan.«

»Aber er tut es.«

»Ich wünschte, du und Max würdet euch vertragen.«

»Das wünsche ich mir auch. Aber er wird es nie tun.«

»Aber *warum* denn nicht.«

»Weil ich ihn als das erkannt habe, was er ist.«

»Und was ist das?«

»Zunächst einmal seid ihr so verschieden«, sagte Alan. »Er ist nicht so feinfühlig wie du. Du bist so sanft, und er...«

»Er kann auch sanft sein.«

»Wirklich?«

»Mit mir ist er es. Er ist furchtbar nett.«

»Nun, du hast ein Anrecht auf deine eigene Meinung.«

»Herzlichen Dank«, sagte sie sarkastisch. Ärger wallte kurz in ihr auf, legte sich aber sofort wieder. Sie konnte nie länger als eine Minute mit Alan böse sein. Auch das kam nicht oft vor.

»Mary, ich will mich nicht mit dir streiten.«

»Dann laß es doch.«

»Wir haben uns in dreißig Jahren niemals gezankt... bis er erschien.«

»Ich habe heute wirklich nicht die Kraft dafür.«

»Du hast zu nichts mehr Kraft, weil er dich zu hart antreibt, wenn er dich durch deine Visionen leitet.«

»Er macht das sehr gut.«

»Nicht so gut, wie ich es tat.«

»Zu Anfang war er viel zu eifrig«, gab sie zu. »Zu bestrebt. Aber jetzt nicht mehr.«

Alan setzte sein Glas ab, erhob sich und wandte ihr den Rücken zu. Er trat ans Fenster und wünschte, Max würde zurückkommen.

Nach einer Weile kam Alan vom Fenster zurück. Er stellte ich ans Fußende ihres Bettes und blickte auf sie hinab. »Ich habe Angst, in Urlaub zu fahren.«

Ohne die Augen zu öffnen sagte sie: »Angst wovor?«

»Ich will dich nicht allein lassen.«

»Ich bin doch nicht allein. Ich bin bei Max.«

»Das meine ich ja, – allein mit Max.«

»Alan, also wirklich!«

»Es ist mein voller Ernst.« Sie öffnete die Augen und setzte sich auf. »Du bist wirklich albern. Du machst dich lächerlich. Ich will solchen Quatsch nicht hören.«

»Wenn es mir gleichgültig wäre, was mit dir geschieht, könnte ich ja jetzt gleich gehen. Aber – ob du es hören willst oder nicht –, ich werde dir die Wahrheit über ihn sagen.«

Mary seufzte. »Er ist ein Opportunist«, sagte Alan.

»Na und?«

»Er liebt das Geld.«

»Ich auch. Und auch du.«

»Aber er liebt es zu sehr.«

Sie lächelte nachsichtig. »Kann man das Geld denn zu sehr lieben, Schätzchen?«

»Verstehst du denn nicht?«

»Erkläre es mir.«

Alan zögerte. Traurigkeit lag in seinen schönen Augen. »Max liebt das Geld *anderer Leute* zu sehr.«

Erstaunt starrte sie ihn an. »Hör mal... wenn du damit andeuten willst, daß er mich meines Geldes wegen geheiratet hat...«

»Genau das meine ich.«

»Dann bist du derjenige, der mich zu hart bedrängt.« Ihre Stimme war stahlhart.

Er änderte seine Taktik und sprach in sanftem Ton auf sie ein. »Ich will doch nur, daß du die Tatsachen erkennst. Ich...«

»Bin ich denn so häßlich, daß mich niemand genommen hätte, wenn ich arm wäre?«

»Du bist eine Schönheit. Das weißt du.«

Aber sie ließ nicht locker. »Dann bin ich also so ein hirnloses kleines Geschöpf, das die Männer zu Tode langweilt?«

»Schreie nicht«, sagt Alan. »Beruhige dich. Bitte.« Es schien ihm ehrlich leid zu tun, daß er ihr wehgetan hatte. Aber er blieb beim Thema. »Viele Männer würden alles geben, um dich zu heiraten. Und aus überzeugenden Beweggründen. Warum du dir gerade diesen Max ausgesucht hast...«

»Er war der erste richtige Kerl, der mir einen Antrag gemacht hat.«

»Das ist nicht wahr. Ich weiß von vier anderen, die dir einen Antrag machten.«

»Die ersten zwei waren rückgratlose Jammergestalten«, sagte sie. »Der dritte war ungefähr so sanft und rücksichtsvoll im Bett, wie ein Stier in der Arena. Und der andere war praktisch impotent. Max hatte nichts von all dem. Er war anders, – interessant und aufregend.«

»Du hast ihn aber nicht geheiratet, weil er aufregend war oder intelligent oder geheimnisvoll oder romantisch. Du hast ihn genommen, weil er groß und stark war und ein Rauhbein. Die perfekte Vaterfigur.«

»Seit wann praktizierst du Psychiatrie?«

Sie wußte, daß Alan nicht die Absicht hatte, sie zu ärgern. Er sprach nur aus, was er glaubte ihr sagen zu müssen. Der gewissenhafte große Bruder. Er lag völlig falsch, aber seine Absichten waren die besten. Wenn sie dessen nicht ganz sicher gewesen wäre, hätte sie ihn auf der Stelle hinausgeworfen.

»Man braucht kein Psychiater zu sein, um zu sehen, daß du jemand nötig hast, auf den du dich stützen kannst. Das war immer so. Seitdem du deine hellseherischen Fähigkeiten entdecktest, und dir klar wurde, was es bedeutete, hattest du Angst davor und konntest nicht allein damit fertig werden. Eine Zeitlang war ich deine Stütze. Aber ich war wohl nicht groß und breitschulterig genug, es lange zu bleiben.«

»Alan, zum erstenmal in meinem Leben habe ich das Bedürfnis, dir eine runterzuhauen.«

Er setzte sich zu ihr auf die Bettkante und umfaßte ihre linke Hand mit seinen beiden. »Mary, er war nichts als ein verkrachter Zeitungsreporter, der seit zehn Jahren keine größere Story mehr veröffentlicht hatte. Du kanntest ihn ganze sechs Wochen, als ihr geheiratet habt.«

»Das war lange genug.« Sie entspannte sich und drückte Alans Hand. »Es klappt prima mit uns, Liebes. Du solltest froh und glücklich darüber sein.«

»Aber ihr seid doch erst vier Monate verheiratet.«

»Und er gefällt mir heute noch besser, als damals.«

»Er ist ein gefährlicher Mann. Ich kenne seine Vergangenheit.«

»Die paar Raufereien in der Kneipe... und er geht heute in keine Kneipen mehr.«

»So harmlos war das gar nicht. Bei diesen Schlägereien hat er fast ein paar Leute umgebracht.«

»Wenn Leute besoffen sind, werden sie oft streitsüchtig und legen sich mit dem größten und stärksten Mann im Lokal an. Max hat nie angefangen.«

»Sagt er.«

»Keiner hat jemals Anzeige erstattet.«

»Vielleicht hatten sie Angst.«

»Er hat sich geändert. Er brauchte jemanden, der ihn liebte, für den er sich verantwortlich fühlen konnte. Er brauchte mich.«

Alan nickte gleichmütig. »Willst du einen Drink?«

»Ich warte bis Max kommt.«

Er trank seinen Scotch in drei Zügen aus. »Bist du ganz sicher?«

»Was Max betrifft? Absolut.«

Er trat wieder ans Fenster und sah in die Nacht hinaus. »Ich werde nach meinem Urlaub wohl nicht mehr mit dir arbeiten.«

Sie stand auf, packte ihn an der Schulter und drehte ihn um. »Wie bitte?«

»Ich bin doch jetzt nur das fünfte Rad am Wagen.«

»Unsinn. Du erledigst so viel...«

»Nichts, was nicht jede Sekretärin tun könnte«, sagte Alan. »Bis Max kam, war ich unersetzlich. Für die Führung bei deinen

Visionen. Jetzt gibt es für mich nichts Wichtiges mehr zu tun. Und die ewigen Reibereien mit Max will ich auch nicht.«

»Aber was wirst du tun?«

»Ich weiß noch nicht. Zunächst könnte ich zwei Monate Urlaub nehmen, statt zwei Wochen. Ich kann es mir leisten. Du warst immer sehr großzügig und...«

»Keineswegs. Du hast dir deinen Anteil redlich verdient. Alan...«

»Von dem, was ich zur Seite gelegt habe, kann ich jahrelang leben. Vielleicht nehme ich mein Studium an der Universität wieder auf... mache endlich mein Diplom in Politischen Wissenschaften.«

»Willst du denn aus dem Haus in Bel Air ausziehen?«

»Es wäre wohl das beste. Ich kann mir ja eine Wohnung suchen.«

»Wirst du mit Jennifer zusammenleben?«

»Die hat mir den Laufpaß gegeben.«

»Was?«

»Wegen eines anderen Mannes.«

»Das wußte ich gar nicht.«

»Ich wollte nicht darüber sprechen.«

»Das tut mir aber leid.«

»Es braucht dir nicht leid zu tun. Sie war nicht mein Typ.«

»Aber ihr zwei schient doch so glücklich zusammen zu sein.«

»Zu Anfang.«

»Was ging denn schief?«

»Alles.«

»Aber du wirst doch nicht weit weg ziehen, oder?«

»Wahrscheinlich nur nach Westwood.«

»Dann wären wir ja praktisch Nachbarn.«

»Stimmt.«

»Kommst du dann wenigstens einmal die Woche zu Mittag?«

»Gern.«

»Und ab und zu mal zum Abendessen?«

»Ohne Max?« fragte er.

»Nur du und ich.«

»Hört sich gut an.«

Eine kindliche Träne rollte ihr die Wange herunter.

Er wischte sie weg. »Das ist doch überflüssig.«
»Ich werde dich vermissen.«
»Bruder und Schwester können nicht ewig im selben Haus leben. Das ist unnatürlich.«
Sie hörte das Geräusch eines Schlüssels im Schloß und wandte sich zur Tür.
Max kam herein und streifte seinen Regenmantel ab. Mary lief auf ihn zu und küßte ihn auf die Wange. Ohne Alan zu beachten, legte Max seinen Arm um sie.
»Fühlst du dich besser?« fragte er.
»Nur ein bißchen müde«, sagte sie.
»Alles glatt gelaufen«, sagte Max. »Trotz Oberlander. Den Scheck für die Reisespesen habe ich.«
»Den holst du doch immer heraus«, sagte Mary stolz.
Während des Gesprächs hatte sich Alan zur Tür begeben und sie aufgemacht. »Ich gehe jetzt«, sagte er.
Erst vor ein paar Minuten hatte sie gehofft, er würde gehen bevor Max zurückkam, damit es nicht wieder zum Streit kam. Jetzt spürte sie, daß Alan im Begriff war aus ihrem Leben auszuscheiden und wollte ihn noch nicht gehen lassen. »Kannst du nicht noch auf einen Drink bleiben?«
Er blickte zu Max hinüber und schüttelte den Kopf. »Ich glaube nicht, daß das klug wäre.«
Max sagte nichts. Er machte keine Bewegung. Kein Lächeln, nicht einmal ein Augenzwinkern. Sein Arm, mit dem er Mary umfaßt hielt, war wie ein Steingeländer, auf das sie sich stützte.
Sie sagte: »Wir haben noch gar nicht besprochen, was heute abend passiert ist. Es gibt noch so viel zu besprechen.«
»Ein andermal«, sagte Alan.
»Und du willst wirklich in deinem Urlaub nur die Küste hinauffahren?«
»Ja. Ich bleibe einige Zeit in San Francisco. Ein Mädchen dort hat mich zu Weihnachten eingeladen. Vielleicht fahre ich anschließend noch nach Seattle.«
»Rufst du mich an?«
»Gewiß.«
»Wann?«

»In etwa einer Woche oder so.«
»Zu Weihnachten?«
»Gut.«
»Du wirst mir fehlen, Alan.«
»Paß auf dich auf.«
»Ich werde auf sie aufpassen«, sagte Max.
Alan beachtete ihn nicht. »Sei vorsichtig«, sagte er zu Mary. »Und denke daran, was ich dir gesagt habe.«
Er ging hinaus, schloß die Tür hinter sich und ließ sie mit Max allein.

In der kleinen, matt beleuchteten Taverne in der Innenstadt herrschte kurz vor Mitternacht noch reger Betrieb. Trotz des Gedränges war es gemütlich. Max und Mary saßen in einer Ecknische bei zwei perfekt gemixten Wodka-Martinis. Anschließend verzehrten sie ein paar Roastbeef-Sandwiches und teilten sich eine Flasche Rotwein.
Mary aß nur die Hälfte ihres reichlich belegten Brotes, schob dann den Teller von sich und schenkte sich ein drittes Glas Wein ein. »Ich würde gern wissen, wer Dan Goldmans Krankenhausrechnung bezahlt«, sagte sie.
»Die Stadt hat eine umfassende Unfallversicherung für ihre Polizeibeamten abgeschlossen«, erklärte ihr Max. »Goldman wurde in der Ausübung seiner dienstlichen Pflichten verwundet und braucht keinen Pfennig der Kosten selbst zu tragen.«
»Woher weißt du das so genau?«
»Ich sah diese Frage kommen.«
»Was meinst du damit?«
»Ich wußte, du würdest nach Goldmans Krankenhausspesen fragen, also habe ich mich beim Bürgermeister danach erkundigt.«
»Aber auch wenn die Spesen gedeckt sind«, meinte sie, »wird er doch wohl einen Verdienstausfall haben, während er krankgeschrieben ist.«
»Nein«, sagte Max. »Danach habe ich auch gefragt.«
Sie blickte ihn erstaunt an. »Bist du ein Gedankenleser?«
»Ich kenne dich zu gut. Du bist das weichherzigste Geschöpf, das mir je untergekommen ist.«

»Nein, das bin ich nicht. Ich glaube nur, daß wir etwas für ihn tun sollten.«

Max legte sein Sandwich weg. »Wir könnten ihm entweder einen neuen Elektroherd kaufen, oder vielleicht auch einen Mikrowellenofen.«

Sie starrte ihn verdutzt an. »Was?«

»Ich habe einige seiner Kollegen gefragt, was er brauchen könnte. Goldman ist ein begeisterter Amateurkoch, nur seine Kücheneinrichtung läßt viel zu wünschen übrig.«

Sie lächelte ihn an. »Wir werden ihm einen Herd und einen Ofen kaufen und eine Garnitur der besten Töpfe und Pfannen...«

»Moment mal«, unterbrach sie Max, »er hat eine kleine Apartmentküche, kein Restaurant. Und warum glaubst du, daß du ihm überhaupt etwas schuldest?«

Sie blickte in ihr Glas und sagte: »Wenn ich nicht hergekommen wäre, würde er nicht verletzt sein.«

»Mary Bergen, der weibliche Atlas, der die Welt auf den Schultern trägt.« Er streckte den Arm über den Tisch und ergriff ihre Hand. »Erinnerst du dich an unser erstes Gespräch, als wir uns trafen?«

»Wie könnte ich es vergessen? Ich hielt dich für ziemlich eigenartig.«

Bei ihrer ersten Begegnung war er ungewöhnlich scheu gewesen. Sie trafen sich auf einer Party. Allen anderen Gästen gegenüber war er ungezwungen und selbstsicher aufgetreten, nur nicht mit ihr. Seine Annäherungsversuche waren so schüchtern und tapsig ausgefallen, daß er ihr leid tat. Es hatte mit einem jener Gesellschaftsspiele begonnen, bei dem jeder sich selbst analysieren mußte.

Sie lächelte bei der Erinnerung. »Du fragtest mich, wie meine Wahl ausfallen würde, wenn ich eine Maschine sein müßte und mir aussuchen könnte, was für eine. Blödsinnige Idee.«

»Die letzte Dame, die ich gefragt hatte, antwortete, sie wäre gerne ein Rolls-Royce, der immer zu den besten Gesellschaften fuhr. Aber du sagtest, du wärest lieber ein Stück medizinischer Apparatur zur Rettung von Menschenleben.«

»War das eine gute Antwort?«

»Damals kam sie mir gekünstelt vor«, erwiderte Max. »Aber später, als ich dich besser kennenlernte, wurde mir klar, daß du es ernst meintest. Heute weiß ich genau, wer du bist.«

»Und wer bin ich?«

»Jemand, der immer fragt, wem die Glocke schlägt, und der im Kino heult wie ein Schoßhund, wenn der Film auch nur ein bißchen traurig ist.«

Sie nippte an ihrem Wein. »An dem Abend habe ich mich aber noch revanchiert und dich gefragt, was für eine Maschine du gerne wärest. Erinnerst du dich?«

Max nickte. Er schob sein unaufgegessenes Sandwich zur Seite und nahm sein Weinglas zur Hand. »Ich sagte, ich wollte ein Computer bei einem Heiratsvermittlungsbüro sein, damit ich uns zusammenbringen könnte.«

Sie lachte hell auf. »Das gefiel mir damals, und heute gefällt es mir auch. Ich war überrascht, unter diesem rauhen Äußeren einen Romantiker zu entdecken.«

Max lehnte sich über den Tisch und sagte zärtlich: »Weißt du, was für eine Maschine ich heute am liebsten wäre?« Er deutete auf den Musikautomaten am Ende der Bar. »Diese Musikmaschine da drüben. Und auf welchen Knopf man auch drückte, würde ich dir ein Liebeslied spielen.«

»Aber, Max, das ist doch pures Schmalz.«

»Aber es gefällt dir.«

»Und wie! Schließlich bin ich die Lady, die im Kino heult wie ein Schoßhund, auch wenn der Film nur ein ganz kleines bißchen traurig ist.«

5

Der Alptraum hatte sie aus dem Schlaf geschreckt, aber er hörte nicht auf. Eine volle Minute lang, nachdem sie angstvoll aus den Kissen hochgefahren war, zogen einzelne Szenen des Alptraums in grellen Farben an ihren Augen vorbei. Ätherische Schnappschüsse. Blut. Zerschmetterte Körper. Aufgebrochene Schädel. Klarer und deutlicher, als alle Visionen, die sie je gehabt hatte.

Dann umfing sie wieder das Dunkel des Hotelzimmers. Sobald ihre Augen sich an die Dunkelheit gewöhnt hatten und sie die Umrisse des Mobiliars erkennen konnte, erhob sie sich.

Das Zimmer drehte sich um sie wie ein Karussell. Um sich festzuhalten, griff sie nach einem Messingständer, den es nicht gab.

Als sie ihr Gleichgewicht wieder erlangt hatte, ging sie ins Badezimmer. Sie ließ die Tür hinter sich offen, um Max nicht zu wecken. Aus demselben Grund unterließ sie es, Licht zu machen. Statt dessen schaltete sie den elektrischen Heizkörper an, der ein orangefarbenes Licht ausströmte.

Sie erschrak, als sie bei der geisterhaften Beleuchtung ihr Spiegelbild betrachtete: Dunkle Ringe unter den Augen, die Haut schlaff und feucht. Was sie im Spiegel zu sehen gewohnt war, war ein Anblick, um den sie die meisten Frauen beneidet hätten: Seidenartiges schwarzes Haar, blaue Augen, feingeschnittene Gesichtszüge, einen makellosen Teint. Jetzt starrte ihr eine Unbekannte entgegen.

Sie fühlte sich persönlich gefährdet durch das, was ihr in ihrem Alptraum erschienen war. Die Toten bildeten eine Kette, in der sie das letzte Glied sein konnte.

Sie füllte sich ein Glas Wasser aus der Leitung und trank es gierig aus. Dann ein zweites. Das Wasserglas stieß klappernd an ihre Zähne. Sie mußte es mit beiden Händen festhalten.

Jedesmal, wenn sie die Augen schloß, sah sie die gleiche Szene des Alptraums vor sich. Ein schwarzhaariges Mädchen, das aus einem toten Auge sichtlos an die Decke starrte. Das andere Auge war zugeschwollen und schien auf makabre Art zu zwinkern. Das Gesicht war zerschlagen, aufgerissen und verquollen.

Das Schlimmste: Mary war ganz sicher, daß sie das Mädchen erkennen würde, wenn man das Blut abwusch und sein Gesicht wiederherstellte.

Sie setzte das Wasserglas ab und lehnte sich ans Waschbecken.

Wer war es? Wer war dieses Mädchen? Das entstellte Gesicht verriet nichts.

Als ob die Angst, die ihr Traum ihr eingeflößt hatte, noch nicht ausreichte, erinnerte sie sich jetzt an den psychopathischen Killer, der heute nacht getötet worden war: Sein verzerrtes Gesicht;

seine brüchigen Zähne; seine Hände, ans Fenster des Streifenwagens gekrallt; seine Flüsterstimme, kühl wie Kellerluft, als er ihren Namen sprach.

Es mußte ein Omen gewesen sein, eine Warnung an sie. Aber ein Omen für was?

Der Tatsache, daß er sie erkannt hatte, mußten nicht unbedingt mysteriöse Ursachen zugrunde liegen. Er konnte gewußt haben, daß sie in der Stadt war, obgleich diese Information nur einer kleinen, erlesenen Gruppe zugänglich war. Oder er konnte sie nach ihrem Bild in der Zeitung erkannt haben, das allerdings sechs Jahre alt und nicht sehr gut war. Das war Alans Erklärung.

Es bestand kein logischer Grund, Alans Erklärung abzulehnen, doch spürte Mary instinktiv, daß sie nicht ausreichte.

Vielleicht hatte der Irre in den Sekunden vor seinem Tod seine erste (und zwangsläufig letzte) telepathische Eingebung gehabt.

Oder vielleicht war es auch eine Erscheinung, die sich nicht rationalisieren ließ. Wenn sie sich an die dämonische Fratze des Irren erinnerte, kam ihr nur ein Gedanke: *Er ist ein Bote der Hölle... ein Bote der Hölle...* Sie wußte selbst nicht, was sie sich darunter vorstellte. Aber sie war nicht gewillt, den Gedanken abzuweisen, nur weil er einen übernatürlichen Klang hatte.

Auf ihren ausgedehnten Reisen hatte Mary Gespräche mit Hellsehern wie Peter Hurkos und Gerard Croiset geführt. Sie stand auch in persönlicher und brieflicher Verbindung mit anderen Menschen, die übernatürliche Gaben besaßen, und war zu der Einsicht gelangt, daß nichts unmöglich war. Sie hatte Häuser besucht, wo Poltergeister ihr Wesen trieben, wo Geschirr, Bilder und Möbelstücke unvermittelt durch die Luft segelten und an die Wand krachten, ohne daß jemand sie berührt hätte oder ihnen nahe gekommen wäre. Sie konnte nicht entscheiden, ob dabei Geister an der Arbeit waren oder ob jemand im Hause unwissentlich telekinetische Kräfte besaß, – sie wußte nur, daß *irgend etwas* da war. Sie war dabei gewesen, wie Ted Serios einige seiner berühmten spiritistischen Fotos anfertigte, welche *Time* und *Popular Photography*, sowie andere große Zeitschriften, vergeblich zu diskreditieren versuchten. Vor den Augen skeptischer Wissenschaftler projizierte Serios seine Gedanken auf unbelichteten Film. Sie hatte gesehen, wie ein indischer Fakir das Unmögliche vollbrachte. Er pflanzte ein Saatkorn in einen Topf mit Erde, bedeckte ihn mit einem dünnen Musselintuch und versetzte sich in Trance. Während Mary zuschaute, ging innerhalb von fünf Stunden die Saat auf, und ein Bäumchen mit winzigen Mangofrüchten sproß aus der Erde. Nach zwei Jahrzehnten, in denen sie in stetem Kontakt mit dem Unglaublichen gestanden hatte, hielt sie nichts mehr für unmöglich. Bis jemand den klaren Beweis dafür erbrachte, daß spiritistische Erscheinungen purer Schwindel waren (was keinem jemals gelingen würde), würde sie an unnatürliche, übernatürliche und suprarationale Dinge ebenso glauben, wie an das, was Dogmatiker für die einzige, wahre, natürliche Welt hielten.

... *Bote der Hölle.*

Obgleich sie halb davon überzeugt war, daß es ein Leben nach dem Tod gab, glaubte sie nicht, daß es die im jüdisch-christlichen Mythos beschriebene Form annahm. Die allgemein üblichen Vorstellungen von Himmel und Hölle akzeptierte sie nicht. Das war übervereinfacht. Wenn sie jedoch nicht daran glaubte, woher dann die feste Überzeugung, der Irre sei ein satanisches Omen gewesen? Warum formulierte sie dann ihre Vorahnung in religiösen Begriffen?

Mary erschauerte. Sie war bis auf die Knochen durchgefroren. Als sie ins Schlafzimmer zurückging, ließ sie das Licht im Badezimmer brennen. Die Dunkelheit beunruhigte sie. Sie zog sich ihren Morgenmantel über.

Max schnarchte friedlich vor sich hin. Sie streichelte seine Wange mit den Fingerspitzen.

Er war sofort wach. »Was gibt es?«

»Ich habe Angst. Ich muß mit jemand sprechen. Allein ertrage ich es nicht.«

Er umfaßte sanft ihr Handgelenk. »Ich bin ja da.«

»Ich habe etwas... etwas Schreckliches gesehen.« Die Erinnerung ließ sie wieder erschauern.

Er setzte sich auf, schaltete die Lampe an und sah sich im Zimmer um.

»Ich hatte Visionen«, sagte sie.

Sie immer noch am Handgelenk haltend, zog er sie aufs Bett. »Sie begannen im Schlaf«, erklärte sie ihm, »und gingen dann weiter, nachdem ich aufgewacht war.«

»Im Schlaf? Das ist doch noch nie passiert, oder?«

»Nein, noch nie.«

»Dann war es vielleicht nur ein Traum.«

»Nein, ich kann das unterscheiden.«

Er ließ ihr Handgelenk los und strich sich das Haar aus der Stirn. »Was für Visionen waren es?«

»Tote.«

»Ein Unfall?«

»Mord. Erschlagene und Erstochene.«

»Wo?«

»Ziemlich weit weg.«

»In welcher Stadt?«

»Südlich von hier.«

»Ist das alles, was du weißt?«

»Ich glaube, es war in Orange County. Vielleicht Santa Ana. Oder Newport Beach. Laguna Beach. Anaheim. Irgendwo da unten.«

»Wieviel Tote?«

»Eine Menge. Vier oder fünf Frauen. Alle an einem Ort. Und...«

»Und was?«

»Es sind nur die ersten von vielen.«

»Spürst du das?«

»Ja.«

»Spürst du es spiritistisch?«

»Ja.«

»Die ersten von wie vielen sind es?«

»Ich weiß nicht.«

»Hast du den Mörder gesehen?«

»Nein.«

»Nicht einmal seine Haarfarbe?«

»Nichts, Max.«

»Sind diese Morde bereits geschehen?«

»Ich glaube nicht. Aber ich bin nicht sicher. Die Erscheinung hat mich so überrascht, daß ich keinen Versuch machte, sie festzuhalten. Ich bin ihr nicht nachgegangen, wie ich es hätte tun sollen.«

Er erhob sich vom Bett und schlüpfte in seinen Bademantel. Sie stand ebenfalls auf und schmiegte sich an ihn. »Du zitterst ja«, sagte er.

Sie spürte das Bedürfnis nach Zärtlichkeit und Schutz. »Es war schrecklich.«

»Das ist es immer.«

»Diesmal war es schlimmer, als sonst.«

»Es ist vorbei.«

»Nein. Vielleicht ist es für diese Frauen schon vorbei oder wird es bald sein, aber nicht für uns. Diesmal sind wir darin verwikkelt. O Gott, so viele Leichen, soviel Blut. Und ich glaube, daß ich eines dieser Mädchen kannte.«

»Wer war sie denn?«

»Das Gesicht war so entstellt, daß ich sie nicht erkennen konnte, aber irgendwie kam sie mir doch bekannt vor.«

»Es muß ein Traum gewesen sein«, versicherte er ihr. »Deine Visionen kommen doch nicht einfach aus heiterem Himmel. Du mußtest dich immer erst konzentrieren und ihnen deine ganze Aufmerksamkeit widmen, bis sie dir klar erschienen. Wenn du zum Beispiel beginnst einen Mörder zu verfolgen, mußt du immer erst einen Gegenstand betasten, der seinem Opfer gehörte, bevor du ihn vor Augen siehst.«

Er sagte ihr nichts, was sie nicht bereits wußte und beruhigte sie wie ein Vater, der seinem verängstigten Töchterchen erklärt, daß die Geister, die es im dunklen Schlafzimmer gesehen hatte, nur die Gardinen waren, welche der Wind bewegt hatte, wovon sie sich jetzt bei eingeschaltetem Licht selbst überzeugen konnte.

Im Grunde spielte es keine Rolle, was er sagte. Allein der Klang seiner Stimme und das Gefühl, ihm nahe zu sein, beruhigten Mary.

»Sogar wenn du nur einen Ring oder eine verlorene Halskette suchst«, sagte Max, »mußt du zuerst die Schachtel oder die Schublade betrachten, in der das Schmuckstück aufbewahrt war. Was du heute nacht gesehen hast, mußte ein Traum sein, weil du die Vision nicht herbeigewünscht hast.«

»Es geht mir schon besser.«

»Das ist gut.«

»Aber nicht, weil ich glaube, daß es ein Traum war. Ich bin ganz sicher, es war eine Vision. Die Frauen waren Wirklichkeit. Entweder sind sie bereits tot, oder werden es bald sein.« Sie dachte an die brutal zerschlagenen Gesichter, die sie gesehen hatte, und sagte: »Gott hab Erbarmen.«

»Mary...«

»Es war echt«, versicherte sie ihm. Sie ließ seine Hand los und setzte sich aufs Bett. »Und wir werden in die Sache verwickelt werden.«

»Meinst du damit, daß die Polizei uns um Hilfe bitten wird?«

»Mehr als das. Es wird uns persönlich berühren. Es ist der Beginn eines Geschehens, das unser ganzes Leben verändern wird.«

»Wie kannst du das wissen?«

»So wie ich alles darüber weiß. Ich fühle es spiritistisch.«

»Ob es nun unser Leben verändern wird oder nicht«, sagte er, »können wir diesen Frauen irgendwie helfen?«

»Wir wissen so wenig. Auch wenn wir die Polizei benachrichtigen, könnte ich ihr kaum Hinweise geben.«

»Und da wir noch nicht einmal wissen, in welcher Stadt es geschehen wird – wo könnten wir die Polizei einschalten? Kannst du die Vision nicht noch einmal zurückbringen?«

»Es hat keinen Zweck, es zu versuchen. Sie ist weg.«

»Vielleicht kehrt sie spontan wieder, so wie beim erstenmal.«

»Vielleicht.« Der Gedanke machte sie schaudern. »Hoffentlich nicht. Es gibt ohnehin schon zu viele schaurige Visionen in meinem Leben. Ich will damit nicht überfallen werden, wenn ich sie nicht selbst herbeirufe. Wenn so was öfters passiert, komme ich noch ins Irrenhaus.«

»Wenn es nichts gibt, was wir tun können«, sagte Max, »sollten wir die Sache für heute vergessen. Du brauchst erst mal einen Drink.«

»Ich habe schon etwas Wasser getrunken.«

»Würde ich dir jemals Wasser anbieten? Was ich im Sinn hatte, war etwas Stärkeres.«

Sie lächelte. »Zu dieser frühen Morgenstunde?«

»Es ist noch gar nicht Morgen. Wir sind doch früh zu Bett gegangen und haben kaum eine halbe Stunde geschlafen.«

Sie blickte auf ihren Reisewecker. Elf Uhr zehn. »Mir kam es vor, als hätte ich schon stundenlang gepennt.«

»Nur minutenlang«, sagte er. »Wodka und Tonic?«

»Scotch, wenn du mittrinkst.«

Er ging zu dem kleinen Frühstückstisch vor dem Fenster. Dort standen Flaschen, Gläser und Eiswürfel. Trotz seiner Größe war Max nicht ungeschickt. Er bewegte sich wie ein Raubtier – gleitend und geräuschlos. Sogar wenn er Getränke mixte, wirkten seine Bewegungen graziös.

Wenn alle so wären wie er, dachte Mary, würde man das Wort ›schwerfällig‹ aus dem Lexikon streichen.

Er setzte sich neben sie auf die Bettkante. »Wirst du weiterschlafen können?«

»Das bezweifle ich.«

»Trink erst mal aus.«

Sie nippte an ihrem Scotch. Er brannte ihr in der Kehle.

»Worum machst du dir Sorgen?« fragte er sie.

»Um nichts weiter.«

»Denkst du immer noch an deine Vision?«

»Nein, gar nicht mehr.«

»Sorgenmachen bringt nichts«, sagte er. »Vor allem darfst du nicht an die blaue Giraffe denken, die mitten auf der Apfeltorte steht.«

Sie starrte ihn verdutzt an.

Er grinste. »Woran denkst du jetzt?«

»Na, an eine blaue Giraffe auf einer Apfeltorte.«

»Siehst du! Schon habe ich dich von der Vision abgelenkt.«

Sie lachte. Er besaß so ein ernstes, abweisendes Gesicht, daß seine Anflüge von Humor sie stets überraschten.

»Apropos blau«, sagte er. »In diesem Morgenmantel siehst du entzückend aus.«

»Ich habe ihn doch schon oft getragen.«

»Und jedesmal verschlägt es mir den Atem. Perfekt.«

Sie küßte ihn. Dabei ließ sie ihre Zungenspitze über seine Lippen gleiten und neckte ihn, indem sie sie gleich wieder zurückzog.

»Ja, du siehst entzückend aus in deinem Morgenmantel, aber noch viel besser ohne ihn.« Er setzte sein Glas neben ihrem auf der Konsole ab und öffnete ihre blaue Robe. Seine riesigen Hände waren federleicht, als er jetzt ihre Brüste umfaßte, sie sanft zusammenpreßte und sie mit langsamen, kreisförmigen Bewegungen massierte. Er ließ sich vor ihr auf die Knie nieder und küßte ihre Brustwarzen.

Sie nahm seinen Kopf in beide Hände und ließ ihre Finger durch sein dichtes, glänzendes Haar gleiten.

Alan hatte sich bestimmt in ihm geirrt. »Mein herrlicher Max«, sagte sie.

Sie legte sich zurück. Er strich mit den Lippen über ihre gespannten Bauchmuskeln, küßte ihre Schenkel und leckte zart ihre Mitte. Dann schob er ihr die Hände unter das Gesäß und hob sie an.

Viele köstliche Minuten später, während sie sich stöhnend seinen Liebkosungen hingab, hob er den Kopf und sagte: »Ich liebe dich.«

»Dann liebe mich doch.«

Er streifte seinen Bademantel ab und legte sich zu ihr aufs Bett.

Es war gegen Mitternacht, als sie sich, angenehm geschwächt, voneinander lösten. Mary lag mit geschlossenen Augen und gab sich verzückt dem Zauber des Augenblicks hin. Das Gefühl, das sie erfüllte, war jetzt sogar noch stärker als während des Liebesaktes.

Minuten später jedoch kehrten die Erinnerungen an ihre Vision zurück: Blutige, zerfetzte Gesichter. Ihre geschlossenen Augenlider waren wie Bildschirme, auf denen nichts als Mord und Abschlachtung zu sehen war.

Sie schlug die Augen auf, und das verdunkelte Zimmer schien voll schattenhafter Gestalten. Sie wollte Max nicht aufwecken, brachte es aber nicht fertig, still liegenzubleiben und wälzte sich von einer Seite auf die andere.

Schließlich knipste Max das Licht an. »Du brauchst ein Beruhigungsmittel.« Er schwang seine Beine vom Bett.

»Ich hole mir schon eins.«

»Bleib liegen.«

Kurz darauf kam er aus dem Badezimmer mit einem Glas Wasser und einer der Kapseln, die sie in letzter Zeit viel zu häufig benötigte.

»Vielleicht sollte ich das nach all dem Alkohol jetzt nicht einnehmen«, sagte sie.

»Du hast doch nur die Hälfte von deinem Scotch getrunken.«

»Aber abends hatte ich Wodka.«

»Den hat dein Körper längst verarbeitet.«

Sie schluckte das Beruhigungsmittel. Die Kapsel blieb ihr im Hals stecken. Sie mußte sie mit einem Schluck Wasser hinunterspülen.

Als sie sich wieder hingelegt hatten, hielt er ihre Hand. Er hielt sie immer noch, während das Schlafmittel zu wirken begann.

Noch beim Einschlafen dachte sie daran, wie sehr sich Alan in Max geirrt hatte. Wie schrecklich falsch hatte er ihn eingeschätzt.

6

DIENSTAG, 22. DEZEMBER

»Polizeiwache Anaheim.«

»Sind Sie Polizeibeamtin, Fräulein?«

»Ich bin die Empfangsdame.«

»Könnte ich bitte einen Polizeibeamten sprechen?«

»Welcher Art ist Ihre Beschwerde?«

»Oh, ich habe keine Beschwerde vorzubringen. Meiner Ansicht nach macht ihr euren Job großartig.«

»Ich meinte, wollen Sie ein Verbrechen melden?«

»Da bin ich mir nicht ganz sicher. Etwas ganz Eigenartiges ist hier passiert.«

»Ihr Name?«

»Alice. Alice Barnable.«

»Anschrift?«

»Peregrine Apartments, Euclid Avenue. Ich wohne im Apartment B.«

»Ich verbinde Sie mit jemand.«

»Sergeant Erdman am Apparat.«
»Sind Sie wirklich ein Sergeant?«
»Wer spricht da bitte?«
»Mrs. Alice Barnable.«
»Und was kann ich für Sie tun?«
»Sind Sie auch wirklich ein Sergeant? Ihre Stimme klingt so jung.«
»Ich bin seit zwanzig Jahren Polizeibeamter. Wenn Sie...«
»Ich bin achtundsiebzig, aber noch lange nicht senil.«
»Das habe ich nicht behauptet.«
»So viele Leute behandeln uns Senioren, als ob wir kleine Kinder wären.«
»Das tue ich bestimmt nicht, Mrs. Barnable. Meine Mutter ist fünfundsiebzig und hat ihre Sinne besser beisammen als ich.«
»Dann sollten Sie mir glauben, was ich Ihnen zu erzählen habe.«
»Und was wäre das?«
»Da sind vier Krankenschwestern, die sich die Wohnung über mir teilen. Bei denen ist was passiert. Ich habe oben angerufen, und keiner meldet sich.«
»Und woher wissen Sie, daß denen etwas zugestoßen ist?«
»In meinem Badezimmer ist eine Blutpfütze.«
»Wessen Blut? Ich verstehe nicht ganz, fürchte ich.«
»Also, das ist so: Die Wasserrohre der Wohnung über mir laufen außen an der Wand entlang und in der Ecke meines zweiten Badezimmers nach unten. Jetzt dürfen Sie aber nicht annehmen, daß ich in irgendeiner billigen Bude wohne. Die Rohre sind weiß gestrichen und kaum zu bemerken. Das Haus ist zwar alt, aber auf seine Weise elegant. Keineswegs billig. Malerisch, würde ich sagen. Mein verstorbener Charlie hat mir genug vererbt, daß ich davon bequem leben kann.«
»Davon bin ich überzeugt, Mrs. Barnable. Was ist nun mit dem Blut?«
»Ja. Also, diese Rohre laufen durch ein Loch in der Decke. Das Loch ist ein klein wenig größer, als nötig. Etwa einen Zentimeter weiter, als das Rohr. Das ganze Rohr ist verschmiert damit, und auf meinem Fußboden ist ein klebriger Fleck.«

»Sind Sie sicher, daß es Blut ist? Es könnte doch zum Beispiel Rostwasser sein oder...«

»Jetzt behandeln Sie mich auch wie ein Kind, Sergeant Erdman.«

»Entschuldigung.«

»Ich erkenne doch noch Blut, wenn ich es sehe. Und da kam mir der Gedanke... also der Gedanke, daß Ihre Leute vielleicht mal nachsehen sollten.«

Die Streifenbeamten Stambaugh und Pollini fanden die Wohnungstür offen. Sie war mit Fingerabdrücken aus verklebtem Blut bedeckt.

»Glaubst du, daß er noch drin ist?« fragte Stambaugh.

»Man kann nie wissen. Gib mir Deckung.«

Pollini stürmte mit gezogener Schußwaffe hinein, und Stambaugh folgte ihm.

Das Wohnzimmer war mit Korb- und Rattanmöbeln bescheiden aber nett eingerichtet. An den weißgestrichenen Wänden hingen gerahmte Drucke von Palmen, Eingeborenendörfern und barbrüstigen, nußbraunen Mädchen in gestreiften Sarongs.

Die erste Leiche lag in der Küche. Es war eine junge Frau im schwarz-grünen Schlafanzug. Sie lag auf dem Fußboden. Auf dem Rücken. Langes blondes Haar, mit roten Streifen verklebt, umrahmte ihren Kopf wie ein Fächer. Sie war erstochen worden und hatte Verletzungen im Gesicht.

»Mein Gott«, sagte Stambaugh.

»Allerhand, was?«

»Wird dir nicht übel?«

»Hab das alles schon mal gesehen.«

Pollini deutete auf einige Gegenstände auf der Abstellfläche neben dem Becken – ein Pappteller, zwei Scheiben Brot, ein Töpfchen Senf, eine Tomate, ein Päckchen Käse.

»Ist das wichtig?« fragte Stambaugh.

»Sie ist nachts aufgewacht. Vielleicht litt sie unter Schlaflosigkeit. Als er hereinkam, machte sie sich gerade was zu essen. Sieht nicht so aus, als wenn sie sich gewehrt hätte. Entweder hat er sie überrascht, oder sie kannte ihn und vertraute ihm.«

»Sollten wir hier stehen und reden?«

»Warum denn nicht?«

Stambaugh wies auf die Zimmer, die sie noch nicht durchsucht hatten.

»Du meinst den Killer? Der ist längst weg.«

Stambaugh bewunderte seinen Kollegen sehr. Er selbst war acht Jahre jünger als Pollini. Er war erst seit sechs Monaten im Polizeidienst, während sein älterer Kollege schon sieben Jahre dabei war. Nach Stambaughs Ansicht besaß Pollini alle Attribute eines guten Polizisten – Intelligenz, Mut und gründliche Kenntnis der Straße.

Am wichtigsten: Pollini ließ sich durch seinen Job nicht unterkriegen. Der Anblick zerfetzter Leichen schreckte ihn nicht – nicht einmal das Schlimmste von allen, tote Kinder. Pollini war ein Felsen.

Obgleich Stambaugh stets bemüht war, seinem Vorbild alles nachzumachen, wurde ihm doch beim Anblick von zuviel vergossenem Blut regelmäßig übel.

»Los jetzt«, sagte Pollini.

Er ging Stambaugh durch die Vorhalle voran ins Badezimmer, wo die grelle Deckenbeleuchtung auf blutbespritzte Kacheln und eine entsetzlich verschmierte weiße Kommode fiel.

»Hier hat es einen Kampf gegeben«, sagte Stambaugh.

»Keinen sehr heftigen. Nicht länger, als ein paar Sekunden. Dann war alles vorbei.«

Eine junge Frau, nur mit einem Schlüpfer bekleidet, lag zusammengerollt wie ein Embryo in der Ecke des Badezimmers. Sie wies tiefe Stichwunden in Brust und Bauch, sowie im Rücken und im Gesäß auf.

»Komisch«, sagte Pollini.

»*Komisch?*« Stambaugh hatte noch nie im Leben ein derartiges Blutbad gesehen. Er war unfähig zu begreifen, was den Täter motiviert haben konnte.

»Komisch, daß er keine der beiden vergewaltigt hat.«

»Tun die das im allgemeinen?«

»Neunzig Prozent von ihnen.«

Ein Gästezimmer auf der anderen Seite der Halle enthielt zwei ungemachte Betten, aber keine Leiche.

Im Schlafzimmer fanden sie eine nackte, rothaarige Frau. Sie lag auf dem Bett neben der Tür. Man hatte ihr die Kehle durchgeschnitten.

»Auch hier keine Anzeichen eines Kampfes«, sagte Pollini. »Er hat sie im Schlaf überrascht, und auch die hat er anscheinend nicht vergewaltigt.«

Stambaugh nickte stumm. Er war nicht imstande zu sprechen. Beide Frauen im Schlafzimmer waren offenbar Katholiken gewesen. Wenn nicht fromm, so doch gläubig. Eine Anzahl religiöser Requisiten war über den Fußboden verstreut.

Ein beschädigtes Kruzifix lag neben dem Nachttisch der Rothaarigen. Das hölzerne Kreuz war in vier Stücke gebrochen. Die Christusfigur aus Aluminium war an der Hüfte nach vorne gebogen, so daß der Kopf mit der Dornenkrone die Füße berührte.

»Das ist auch nicht bei einem Handgemenge passiert«, sagte Pollini und beugte sich über das zerbrochene Kruzifix. »Das hat der Kerl von der Wand heruntergerissen und sich dann die Zeit genommen, es in Stücke zu brechen.«

Zwei kleine Heiligenbilder hatten ebenfalls auf dem Nachttisch der Rothaarigen gestanden. Auch diese hatte man zerbrochen. Einige der Scherben hatte der Killer mit dem Fuß zermalmt. Die Abdrücke seiner Absätze waren auf dem Teppich noch sichtbar.

»Er scheint etwas gegen Katholiken zu haben«, meinte Pollini. »Oder gegen Religion überhaupt.«

Zögernd folgte Stambaugh ihm zum letzten Bett.

Der Mörder hatte mehrmals auf sein viertes Opfer eingestochen und es dann mit einem Rosenkranz erwürgt.

Im Leben war die Frau offenbar sehr schön gewesen. Sogar jetzt, kalt und starr mit verkrustetem Blut im Haar, wies sie noch Spuren ehemaliger Schönheit auf. Im Leben mußten ihre blauen Augen klar wie ein Bergsee gewesen sein. Gewaschen und gekämmt wäre ihr Haar dicht und glänzend gewesen. Sie hatte lange, gutgeformte Beine, schmale Hüften und herrliche Brüste.

Solche Frauen kenne ich, dachte Stambaugh traurig. Aufrechte Haltung, Schultern zurück, Frohsinn und Selbstbewußtsein in jedem Schritt.

»Sie war Krankenschwester«, sagte Pollini.

Stambaugh blickte auf die Schwesterntracht, die neben dem Bett über einem Stuhl lag. Seine Knie gaben nach.
»Was hast du?« fragte Pollini.
Stambaugh zögerte mit der Antwort und räusperte sich.
»Na ja, meine Schwester ist auch Krankenpflegerin.«
»Aber das ist doch nicht deine Schwester, oder?«
»Nein, aber sie ist im gleichen Alter.«
»Kennst du sie? Arbeitete sie mit deiner Schwester zusammen?«
»Ich habe sie noch nie gesehen«, sagte Stambaugh.
»Na also. Was hast du dann?«
»Dieses Mädchen könnte meine Schwester sein.«
»Fall mir bloß nicht um.«
»Ist schon gut. Alles okay.«
»Mit der Zeit gewöhnst du dich daran.«
Stambaugh antwortete nicht.
»Die ist vergewaltigt worden«, sagte Pollini.
Stambaugh schluckte. Ihm war schwindlig.
»Siehst du das?« fragte Pollini.
»Was?«
»Hier auf den Schamhaaren. Das ist Sperma.«
»Oh.«
»Ich möchte wissen, ob er es vorher oder nachher getan hat.«
»Vor oder nach was?«
»Bevor er sie ermordet hat oder hinterher.«
Stambaugh rannte ins Bad, kniete vor der Toilette und erbrach sich.
Als sein Magen wieder zur Ruhe kam, wurde ihm klar, daß er in den letzten zehn Minuten etwas Wichtiges über sich selbst erfahren hatte. Trotz allem, was er sich bisher eingeredet hatte, wollte er *niemals* so werden wie Ted Pollini.

7

Max kam um halb zwölf ins Hotelzimmer zurück, als Mary gerade mit dem Ankleiden fertig war. Er küßte sie sanft auf die Lippen. Der Geruch von Seife, Rasierwasser und dem Pfeifentabak mit dem kirschartigen Aroma, den er bevorzugte, strömte von ihm aus. »Spazierengegangen?« fragte Mary.

»Wann bist du aufgewacht?«

»Erst vor einer Stunde.«

»Ich war schon um halb neun auf.«

»Du, ich habe zehn volle Stunden geschlafen. Als ich mich endlich dazu aufraffte, aus dem Bett zu kriechen, war ich noch ganz benommen. Ich hätte nach dem vielen Alkohol nicht auch noch das Schlafmittel nehmen dürfen.«

»Du hattest es aber nötig.«

»Diese Benommenheit am Morgen habe ich durchaus nicht nötig.«

»Jetzt siehst du aber großartig aus.«

»Wo warst du denn?«

»Unten in der Cafeteria. Ich habe mir Orangensaft und Toast bestellt und Zeitung gelesen.«

»Irgendwas in der Zeitung von gestern abend?«

»Eine nette Geschichte im Lokalanzeiger. Wie du und Barnes den ›Schlitzer‹ erwischt habt. Goldman soll außer Lebensgefahr sein.«

»Das meine ich nicht. Diese toten Frauen, die mir erschienen sind. Was ist mit denen?«

»Davon steht nichts in der Zeitung.«

»Die Abendzeitungen werden es bringen.«

Sein Gesicht nahm einen besorgten Ausdruck an. Er legte ihr die Hand auf die Schulter. »Du mußt dich ab und zu mal entspannen. Lauf dieser Sache nicht nach, Mary. Bitte. Tue es für mich. Vergiß es.«

»Ich kann es aber nicht vergessen«, sagte sie unglücklich. »Ich wünschte so sehr, ich könnte es.«

Bevor sie die Stadt verließen, gingen sie noch in ein Geschäft für Elektroartikel und suchten für Dan Goldman einen Mikrowellenofen und einen elektrischen Herd aus.

Auf halber Strecke bogen sie bei Ventura von der Schnellstraße ab und aßen zu Mittag in einer Gaststätte, die sie kannten. Sie bestellten sich Salat, Manicotti und eine Flasche Cabernet Sauvignon der Kellerei Robert Mondavi.

Von ihrem Tisch hatten sie Ausblick auf das Meer. Der dunkle, stürmische Himmel spiegelte sich auf der schiefergrauen See wieder. Die Brandung war hoch und heftig. Ein paar Möwen flitzten am Ufer entlang.

»Es wird schön sein, wieder nach Hause zu kommen«, sagte Max. »Wir dürften noch vor zwei in Bel Air sein.«

»So wie du fährst, sind wir lange vor zwei da.«

»Eigentlich könnten wir über Beverly Hills fahren und Weihnachtseinkäufe machen.«

»Nein, wenn wir schon zeitig ankommen, würde ich lieber noch meinen Psychoanalytiker aufsuchen. Ich habe einen Termin um halb fünf. Gerade in letzter Zeit habe ich viel zu viele Termine ausgelassen. Meine Einkäufe kann ich morgen erledigen. Außerdem habe ich mir über Weihnachtsgeschenke noch gar keine Gedanken gemacht. Ich habe keine Ahnung, was ich dir schenken könnte.«

»Ich verstehe dein Problem«, sagte er. »Schließlich bin ich ein Mann, der alles hat.«

»Oh, bist du das?«

»Natürlich. Ich habe dich.«

»Schon wieder Schmalz.«

»Aber es ist mir ernst.«

»Jetzt bringst du mich zum Erröten.«

»Das war noch nie schwer.«

Sie legte die Hand an ihre Wange. »Ich fühle es. Ich wünschte, ich könnte dieses ewige Rotwerden unterdrücken.«

»Ich bin froh, daß du es nicht kannst«, sagte er. »Ich finde es reizend. Ein Zeichen deiner Unschuld.«

»Was? Ich unschuldig?«

»Wie ein Baby.«

»Erinnerst du dich noch an heute nacht im Bett?«

»Wie könnte ich es vergessen?«

»War das so unschuldig?«

»Es war paradiesisch.«

»Na also.«

»Aber du errötest noch immer.«

»Ach, trink doch deinen Wein aus und halte den Mund.«

»Du bist immer noch rot.«

»Das ist der Wein.«

»Du errötest.«

»Zum Teufel mit dir«, sagte sie zärtlich.

»Immer noch.«

Sie lachte. Geballte schwarze Wolken rollten vom Meer her auf die Küste zu.

Sie nahmen Spumoni und Kaffee zum Nachtisch, und Mary fragte: »Was hältst du von Adoption?«

In gespielter Verzweiflung schüttelte Max den Kopf. »Wir sind zu alt, um noch Adoptiveltern zu finden. Wer will schon so große Kinder haben?«

»Sei doch mal ernst«, sagte sie.

Er sah sie längere Zeit schweigend an. Dann legte er seinen Löffel weg, ohne die Spumoni zu essen. »Meinst du wirklich, du und ich... wir sollten ein Kind adoptieren.«

Das Erstaunen in seiner Stimme ermutigte sie. »Wir haben doch schon davon gesprochen, eine Familie zu gründen. Und da ich kein eigenes Kind haben kann...«

»Vielleicht doch.«

»Nein, nein, der Arzt hat das mit Bestimmtheit gesagt.«

»Auch Ärzte haben sich schon geirrt.«

»Diesmal nicht.« Sie sprach so leise, daß er sie kaum hörte. »Bei mir ist zuviel kaputt... da drinnen. Ich kann nie ein Kind bekommen, Max. Nie.«

»Adoption...« Max nippte nachdenklich an seinem Kaffee. Allmählich begann er zu grinsen. »Ja. Das wäre doch nett. Ein niedliches kleines Mädchen.«

»Ich hatte eher an einen kleinen Jungen gedacht.«

»Da gibt es leider keinen Kompromiß.«

»Aber doch. Wir adoptieren ganz einfach ein Mädchen und einen Jungen.«

»Du hast schon an alles gedacht, nicht wahr?«

»Ach, Max, du bist doch auch dafür. Ich sehe es dir an. Wir können uns noch diese Woche an die Agentur wenden und...«

»Moment mal.« Das Lächeln schwand von seinem Gesicht. »Wir sind doch erst vier Monate verheiratet. Wir sollten uns Zeit lassen, uns besser kennenlernen. Abwarten, bis wir soweit sind, daß wir Kinder haben sollten.«

Sie verbarg ihre Enttäuschung nicht. »Und wie lange wird das dauern?«

»Solange es eben dauert. Sechs Monate... ein Jahr.«

»Schau mal – ich kenne dich. Du kennst mich. Wir lieben uns, und wir mögen uns. Wir besitzen Intelligenz und Verstand und jede Menge Geld. Was brauchen wir denn noch, um gute Eltern sein zu können?«

»Wir müssen inneren Frieden finden«, sagte er.

»Ich habe aufgehört zu kämpfen. Und du besitzt auch inneren Frieden.«

»Nur zur Hälfte«, erwiderte er. »Und du hast auch Probleme, die auf dich zukommen.«

Obgleich sie die Antwort wußte, fragte sie trotzig: »Was zum Beispiel?«

»Du mußt erst mit dem fertigwerden, was dir vor vierundzwanzig Jahren passiert ist. Die Erinnerung, die dir dein Unterbewußtsein verweigert. Jede Einzelheit... die Schläge... alles, was dir dieser Mann angetan hat, als du sechs Jahre alt warst. Bis du damit fertig wirst, werden diese Alpträume immer wiederkehren. Du wirst nie zur Ruhe kommen, bis die Erinnerungen herausgebracht und ausgelöscht sind.«

Sie warf den Kopf zurück, daß ihr langes Haar ihr über die Schultern fiel. »Ich brauche mich nicht an damals zu erinnern, um heute eine gute Mutter zu sein.«

»Ich glaube doch.«

»Aber Max, es gibt so viele Kinder ohne Heim, ohne jede Hoffnung für die Zukunft. Wir könnten sofort zwei von ihnen...«

Er drückte ihre Hand. »Du spielst schon wieder Atlas. Mary, ich verstehe dich ja. Du hast mehr Liebe in dir, als irgend jemand, den ich je gekannt habe. Du willst Liebe schenken, das gehört zu deinem Wesen. Ich verspreche, dir die Gelegenheit dazu zu geben. Aber Adoption ist ein großer und ernster Schritt, den wir erst tun werden, wenn es soweit ist.«

Sie konnte ihm nicht böse sein. Lächelnd sagte sie: »Ich werde dich schon mürbe machen. Ich verspreche es dir.«

Er seufzte. »Das befürchte ich auch.«

Mary fuhr ungern schnell. Als sie neun Jahre alt war, war ihr Vater bei einem Verkehrsunfall ums Leben gekommen. Sie war dabei gewesen, und seither betrachtete sie das Automobil als ein heimtückisches Mordinstrument.

Als Beifahrerin ertrug sie hohe Geschwindigkeiten nur, wenn Max am Steuer saß. Wenn sie mit ihm fuhr, war sie entspannt und fand sogar Vergnügen daran, die Landschaft am Fenster vorbeiflitzen zu sehen. Er war ihr Schutzengel, der über sie wachte und sie behütete. Nichts konnte ihr geschehen, solange sie bei ihm war.

Es machte ihm großen Spaß, seinen Mercedes mit Höchstgeschwindigkeit über die Schnellstraße zu jagen und gleichzeitig den Fallen der Verkehrspolizei zu entgehen. Er liebte sein Auto ebenso sehr, wie seine Waffensammlung, und wenn er fuhr, tat er es mit der gleichen Hingabe und Konzentration, wie bei einer Frau im Bett. Auf der schnurgeraden, nur mäßig befahrenen Schnellstraße, wo seine ganze Aufmerksamkeit auf sein Fahrzeug gerichtet war, ließ er sich nur ungern durch Gespräche ablenken. Schweigsam und scharfäugig über das Lenkrad gebeugt, sah er aus wie ein Raubvogel.

Wenn er so fuhr, konnte Mary verstehen, wie er durch seinen Spaß an tollen Wagnissen und Gewaltanwendung immer wieder in Raufereien verwickelt worden war. Merkwürdigerweise bereitete ihr diese Seite seines Charakters überhaupt keine Angst. Im Gegenteil – es machte ihn eher anziehender.

Mit hundertfünfzig Stundenkilometern rasten sie in Richtung Los Angeles.

Ihr Bewußtsein kehrte zurück, als er sie in ihrem Schlafzimmer im zweiten Stock aufs Bett legte. Zitternd klammerte sie sich an ihn.

»Wieder alles in Ordnung?«

»Halte mich fest«, bat sie ihn. Er hielt sie im Arm. »Schon gut, schon gut.«

Sie spürte seine starken, ruhigen Herzschläge. Nach einer Weile sagte sie: »Ich habe Durst.«

»Ist das alles? Tut dir nichts weh? Soll ich einen Arzt rufen?«

»Gib mir nur ein bißchen Wasser zu trinken.«

»Du bist ohnmächtig geworden.«

»Es geht schon wieder.«

Er brachte ihr Wasser aus dem Badezimmer und half ihr, sich aufzusetzen. Wie einem kranken Kind hielt er ihr das Glas an die Lippen und flößte ihr das Wasser ein. Als sie ausgetrunken hatte, fragte er: »Was ist denn passiert?«

Sie lehnte sich gegen die Kopfstütze des Bettes. »Wieder eine Vision, die ich nicht selbst herbeigeführt habe. Nur... war sie diesmal ganz anders als sonst.«

Er sah, wie blaß sie wurde und sagte: »Beruhige dich. Es ist ja vorbei.«

Wie gut er aussah. Fantastisch. So groß und zuverlässig.

In der Tat wurde sie etwas ruhiger, nur weil er es ihr gesagt hatte.

»Gesehen habe ich überhaupt nichts, Max. Nur *gefühlt*, verdammt noch mal. Ein Messer. Ein Messer, das mir in den Leib stach und mich auseinander riß...«

Sie legte ihre Hand auf den Bauch. Es war keine Wunde zu sehen. Kein Bluterguß. Nicht einmal eine Abschürfung.

»Erkläre mir das mal genau«, sagte Max. »Du hast gesehen, wie man dich erstach?«

»Nein.«

»Was hast du dann gesehen?«

Sie stand auf und winkte ab, als er sie stützen wollte. Sie stellte sich ans Fenster und blickte hinunter auf das dreizehn Meter lange Schwimmbecken hinter dem Hauptgebäude und auf das kleine Häuschen der Churchills am Ende des Grundstücks. Gewöhnlich erfreute und beruhigte sie der Anblick ihres Anwesens, aber heute verfehlte die herrliche Aussicht auf die gepflegten Anlagen – Zeugen ihres Wohlstands – ihre Wirkung. »Ich sah eine andere Frau. Nicht mich selbst. Aber ich fühlte ihren Schmerz wie meinen eigenen.«

»Das ist dir doch noch nie passiert.«

»Aber diesmal.«

»Hast du jemals gehört, daß andere Hellseher die gleiche Erfahrung gemacht haben? Hurkos? Croiset? Dykshoorn?«

»Nein.« Sie wandte sich vom Fenster ab. »Was heißt das? Was passiert mit mir?«

»Nichts wird dir passieren.« Nachdem er sich vergewissert hatte, daß sie nicht krank war, begann er die übliche Befragung, mit der er sie gewöhnlich durch ihre Visionen führte oder anschließend ihre Erinnerung auffrischte. »Ist das, was du eben gesehen hast, schon geschehen?«

»Nein.«

»Diese Frau, die erstochen werden wird... war das eine von denen aus deinem Alptraum von gestern?«

»Nein, eine Neue.«

»Hast du ihr Gesicht deutlich gesehen?«

»Ja, aber nur ganz kurz.«

Mary setzte sich in den großen Lehnstuhl am Fenster. Ihre Hände hoben sich bleich, fast durchsichtig, von dem braunen Samtpolster ab. Es kam ihr vor, als sei sie leichter als Luft, als würde sie sich auflösen.

»Wie sah die Frau aus?« fragte Max.

»Hübsch.«

Er schritt vor ihr auf und ab. »Haarfarbe?«

»Brünett.«

»Augen?«

»Grün oder blau.«

»Jung?«

»Ja. Etwa in meinem Alter.«

»Hast du ihren Namen gefühlt?«

»Nein. Aber ich habe sie schon mal gesehen, glaube ich.«

»Das hat du gestern auch von einer geglaubt.«

Sie nickte.

»Warum glaubst du, sie zu kennen.«

»Ich weiß es nicht. Nur ein Eindruck.«

»War der Tatort der gleiche, wie der von gestern?«

»Nein. Diese Frau wird... in einem Schönheitssalon ermordet.«

»Bei einem Friseur?«

»Ja. Der Inhaber ist ein Mann.«

»Und was geschieht mit ihm?«

»Er wird auch ermordet.«

»Noch irgendwelche Opfer?«

»Ein drittes. Noch eine Frau.«

In den wenigen Sekunden, in denen die spiritistischen Erscheinungen aufgetreten waren, hatten sich ihr viele Einzelheiten eingeprägt. Doch mit jeder von ihnen kehrte jetzt die grausige Erinnerung an das Messer zurück, das sie mystisch mit der sterbenden Frau verband.

»Wie heißt dieser Friseurladen?« fragte Max.

»Ich weiß es nicht.«

»Wo liegt er?«

»Nicht weit von hier.«

»Auch in Orange County?«

»Ja.«

»In welcher Stadt?«

»Das weiß ich nicht.«

Er seufzte und setzte sich in einen Sessel ihr gegenüber. »Ist der Mörder derselbe, den du gestern gesehen hast?«

»Kein Zweifel.«

»Also ist er ein Rückfalltäter, ein Psychopath, ein Massenmörder. Er wird an einem Ort vier oder fünf Menschen ermorden und weitere drei woanders.«

»Und das ist vielleicht erst der Anfang«, sagte sie leise.

»Wie sieht er aus?«

»Das weiß ich immer noch nicht.«

»Ist er groß oder klein?«

»Ich weiß nicht.«

»Wie heißt er?«

»Ich wünschte, ich wüßte es.«

»Ist er jung oder alt?«

»Noch nicht einmal das weiß ich.«

Das Zimmer war stickig. Die Luft war verbraucht und überriechend. Sie stand auf und öffnete das Fenster.

»Wenn du keine Vorstellung von seiner Erscheinung hast, woher weißt du dann, daß es derselbe Killer ist?«

»Ich weiß es ganz einfach.«

Sie ließ sich wieder in ihrem Lehnstuhl nieder, das Gesicht zum Fenster gewandt.

Sie kam sich vor wie ausgehöhlt. So leicht, als ob der leiseste Luftzug sie davonwehen würde. Die unfreiwilligen Visionen hatten an ihr gezehrt und einen guten Teil ihrer Energie verbraucht. Lange würde sie es nicht mehr ertragen können. Keinesfalls ein Leben lang.

»Was können wir tun, ihn daran zu hindern, weiter zu morden?« fragte Max.

»Nichts.«

»Dann sollten wir jetzt nicht an ihn denken.«

Ihr Gesicht verfinsterte sich. »Weißt du, was das Schlimmste ist? Wenn mir so dreckig zu Mute ist, daß ich kaum noch weiterleben möchte?«

Max schwieg.

Sie hielt die Hände im Schoß, die Finger ineinander verkrampft. »Es ist, als wenn ich fühle, daß etwas Entsetzliches passieren wird und nicht genug Einzelheiten weiß, es verhindern zu können. Wenn ich schon diese Gabe besitze, warum nicht uneingeschränkt? Warum kann ich mich nicht ein- und ausschalten wie einen Fernseher? Warum verschwimmt die Erscheinung immer dann, wenn ich sie am nötigsten brauche? Warum werde ich auf die Folter gespannt? Ist das alles ein grausamer Scherz? Menschen müssen sterben, weil ich nicht klar sehen kann. Verdammt, verdammt, verdammt nochmal!« Sie sprang auf und schaltete den Fernseher ein, dann wieder aus. Ein, aus, ein, aus. Fast brach sie dabei den Schaltknopf ab.

»Du kannst dich doch für die Visionen, die dir erscheinen, nicht verantwortlich fühlen«, sagte Max.

»Aber ich tue es.«

»Du mußt deine Einstellung ändern.«

»Will ich nicht. Kann ich nicht.«

Er erhob sich, ging auf sie zu und zog ihre Hand vom Fernsehgerät weg. »Mach dich doch ein bißchen frisch, und dann gehen wir einkaufen.«

»Keine Zeit«, sagte sie. »Ich habe einen Termin bei Dr. Cauvel.«

»Erst in zweieinhalb Stunden.«

»Mir ist nicht danach. Geh du nur. Ich mache morgen meine Einkäufe.«

»Ich kann dich jetzt nicht allein lassen.«

»Ich bin nicht allein. Anna und Emmet sind hier.«

»Du solltest aber nicht Auto fahren.«

»Warum nicht?«

»Weil du noch einen Anfall bekommen könntest, während du am Steuer sitzt.«

»Oh. Dann kann Emmet mich fahren.«

»Und was willst du inzwischen tun, bis du zu deinem Psychoanalytiker fährst?«

»Einen Artikel schreiben.«

»Wir haben erst vorige Woche ein ganzes Bündel an die Redaktion geschickt. Du bist deinen Einsendeterminen um zwanzig Artikel voraus.«

Trotz ihres Unwohlseins schlug sie einen leichten Ton an. »Dann werden es eben einundzwanzig sein. Davon hast du fünfzehn geschrieben. Es wird Zeit, daß ich auch mal was tue.«

»Ich habe da Material auf meinem Schreibtisch über die Frau in North Carolina, die das Geschlecht eines ungeborenen Babys bestimmen kann, indem sie der Mutter die Hand auflegt. Sie ist zur Zeit unter Beobachtung an der Duke-Universität.«

»Dann schreibe ich darüber.«

»Also gut, wenn du glaubst...«

»Ganz bestimmt. Du zieh nur los in all die teuren Geschäfte, zu Gucci, Giorgio, The French Corner, Juel Park, Courrèges, Van Cleef und Arpels – und kaufe mir schöne Geschenke zu Weihnachten.«

Er unterdrückte ein Lächeln und sagte: »Dabei habe ich schon bei Woolworth etwas für dich ausgesucht.«

Sie ging auf seinen Scherz ein. »Dann wird es dir ja nichts ausmachen, wenn du von mir einen Gutschein für einen Hamburger bei MacDonald's bekommst.«

Er mimte Enttäuschung. »Na ja, ich könnte ja mal eben bei Gucci und Edwards Lowell vorbeischauen und etwas besorgen, was zu dem Woolworth-Geschenk paßt.«

Sie grinste. »Mach das nur. Vielleicht lasse ich dich dann heute nacht hier schlafen, statt auf der Couch nebenan.«

Er lachte und küßte sie auf den Mund. »Mmmmmm«, sagte sie. »Wiederholung bitte.« Sie wußte, wie sehr er sie liebte, und das tröstete sie ein wenig über die Schrecknisse der letzten Tage hinweg.

8

Das Auffälligste in Dr. Cauvels Sprechzimmer war eine Sammlung Hunderter von Glashunden, die auf Regalen aus Glas und Chrom neben seinem Schreibtisch aufgebaut waren. Keines der Glastiere in dieser Menagerie war größer als Marys Hand – die meisten erheblich kleiner. Es gab blaue Hunde, rote Hunde, braune Hunde, durchsichtige Hunde, solche aus Milchglas, schwarze Hunde, orangefarbene Hunde, gelbe und grüne, gestreift oder getupft, handgeblasen oder aus massivem Glas. Einige in liegender Stellung, andere saßen aufrecht, standen, sicherten oder rannten. Verschiedene Rassen waren vertreten: Bassets, Windhunde, Airdales, Schäferhunde, Pekinesen, Terrier, Bernhardiner und Dutzende anderer. Eine Hündin mit einem Wurf zerbrechlicher Glaswelpen stand neben einer lustigen Gruppe von Hunden, die auf winzigen Glasinstrumenten spielten – Flöten, Trommeln und Jagdhörnern. Besonders eigenartig machten sich in diesem schweigsamen Zoo ein paar Höllenhunde aus – Dämonen mit Hundegesichtern und gespaltenen Zungen.

Glas war auch das Auffallendste an Dr. Cauvel selbst. Er trug eine Brille mit besonders dicken Linsen, die seine Augen außergewöhnlich groß erscheinen ließen. Er war ein kleiner, sportlich aussehender Mann – überpedantisch, was seine Erscheinung betraf. Seine Augengläser waren niemals trübe, da er sie dauernd polierte.

Mary und der Doktor saßen sich an einem Klapptisch in der Mitte des Sprechzimmers gegenüber.

Der Psychiater mischte ein Päckchen Spielkarten. Er legte zehn Karten in einer Reihe umgekehrt auf den Tisch.

Mary nahm eine achtzehn Zentimeter lange Drahtschlinge zur Hand, die er ihr gegeben hatte, und hielt sie über die Karten.

Langsam schwenkte sie die Schlinge über dem Tisch von einer Seite zur anderen. Zweimal zuckte der Draht, als wenn unsichtbare Finger ihn ihr aus der Hand nach unten zu reißen versuchten. Nach knapp einer Minute legte sie die Drahtschlinge weg und zeigte auf zwei Karten. »Das sind die beiden höchsten.«

»Wie hoch?« fragte Cauvel.

»Eine könnte ein As sein.«
»Welche Farbe?«
»Das weiß ich nicht.«
Er drehte die zwei Karten um. Ein Pik-As und eine Herz-Dame. Mary entspannte sich.
Cauvel deckte die anderen Karten auf. Die Höchste war ein Bube.
»Unglaublich«, sagte er. »Dies ist eines der schwierigsten Experimente, die wir bis jetzt gemacht haben. Bei zehn Versuchen haben Sie neunmal richtig getippt. Haben Sie schon mal daran gedacht, nach Las Vegas zu gehen?«
»Um beim Blackjack die Bank zu brechen?«
»Warum nicht?«
»Da hätte ich nur eine Chance, wenn sie alle Karten vor mir ausbreiten würden und ich die Drahtschlinge anwenden könnte.«
Wie alle seine Bewegungen und Äußerungen, fiel auch sein Lächeln sparsam aus. »Das wohl kaum.«
Seit zwei Jahren hatte sie regelmäßig jeden Dienstag und Freitag von vier Uhr dreißig bis sechs Uhr eine Verabredung bei ihm. In der ersten Dreiviertelstunde nahm sie an seinen Versuchen auf dem Gebiet übernatürlicher Wahrnehmungen teil, die er in medizinischen Fachzeitschriften zu veröffentlichen gedachte. Während der zweiten fünfundvierzig Minuten behandelte er sie in seiner Eigenschaft als Psychiater. In Anerkennung ihrer Mitarbeit verzichtete er auf ein Honorar.
Sie hätte es sich ohne weiteres leisten können, ihn zu bezahlen, doch hatte sie dieser Regelung zugestimmt, weil die Experimente sie interessierten.
»Brandy?« fragte er sie.
»Ja, bitte.« Er schenkte ihnen beiden Remy Martin ein.
Sie wechselten vom Kartentisch zu zwei bequemen Sesseln hinüber, die sich vor einem Cocktailtischchen gegenüberstanden.
Cauvel wandte bei der Behandlung seiner Patienten keine Standardmethode an. Sein Stil war eher eigenwillig, und Mary mochte seine ruhige, freundliche Art.
»Womit möchten Sie anfangen?« fragte er sie.

»Ich weiß nicht.«
»Nehmen Sie sich Zeit.«
»Ich möchte überhaupt nicht anfangen.«
»Das sagen Sie immer, und dann fangen Sie doch an.«
»Heute nicht. Ich möchte ganz einfach hier sitzen.« Er nickte und nippte an seinem Brandy.
»Warum mache ich es Ihnen immer so schwer?« fragte sie.
»Das kann ich nicht beantworten. Nur *Sie* können es.«
»Warum will ich nicht mit Ihnen sprechen.«
»Aber Sie wollen es ja. Sonst wären Sie nicht hier.«
Mary runzelte die Stirn. »Helfen Sie mir einen Anfang zu machen.«
»Woran dachten Sie auf dem Weg hierher?«
»Das ist kein Anfang.«
»Versuchen Sie mal.«
»Na ja. Ich dachte darüber nach, was ich bin.«
»Und was ist das?«
»Eine Hellseherin.«
»Na und?«
»Warum gerade ich? Warum nicht jemand anders?«
»Die größten Experten auf diesem Gebiet glauben, daß wir alle die gleichen paranormalen Fähigkeiten besitzen.«
»Vielleicht stimmt das«, sagte sie. »Aber die meisten Menschen besitzen es nicht im gleichen Maße wie ich.«
»Wir kennen ganz einfach unser Potential nicht«, sagte er. »Nur wenige Menschen können diese Gabe praktisch anwenden.«
»Warum kann ich es?«
»Haben nicht einige der bekanntesten Hellseher eine Kopfverletzung erlitten, bevor sie ihre spiritistischen Kräfte entdeckten?«
»Bei Peter Hurkos war es so«, sagte sie. »Und bei einigen anderen auch. Aber nicht bei uns allen.«
»Bei Ihnen?«
»Eine Kopfverletzung? Nein.«
»Aber doch.«
Sie kostete ihren Brandy. »Schmeckt wundervoll.«
»Sie wurden verletzt, als Sie sechs Jahre alt waren. Ein paarmal erwähnten Sie es schon, wollten aber nie genauer darauf eingehen.«

»Ich will auch jetzt nicht darauf eingehen.«

»Das sollten Sie aber«, sagte Cauvel. »Ihr Widerstand beweist...«

»Sie reden heute zuviel.« Ihre Stimme war hart und schrill. »Ich zahle Ihnen dafür, daß Sie mir zuhören.«

»Sie zahlen mir überhaupt nichts.« Wie immer, sprach er in sanftem Ton.

»Ich kann ja aufstehen und gehen.«

Er nahm seine Brille ab und polierte sie sorgfältig mit einem Taschentuch.

Seine unerschütterliche Ruhe irritierte Mary. »Ohne mich«, sagte sie scharf, »hätten Sie kein Material für Ihre Artikel, die Sie zu einem großen Mann unter den anderen Klugscheißern machen.«

»So wichtig sind mir die Artikel nun wieder auch nicht. Wenn Sie unbedingt gehen wollen, tun Sie es doch. Wollen wir unsere Vereinbarung rückgängig machen?«

Sie sank in ihren Sessel zurück. »Verzeihung.« Mary erhob selten die Stimme, und es war ihr peinlich, ihn angeschrien zu haben. Sie errötete heftig.

»Sie brauchen sich nicht zu entschuldigen«, sagte er. »Aber sehen Sie nicht ein, daß dieses Ereignis vor vierundzwanzig Jahren die grundliegende Ursache Ihrer Probleme sein könnte? Der Grund für Ihre Schlaflosigkeit, Ihre Depressionen, Ihre gelegentlichen Anfälle von Beklemmung.«

Mary fühlte sich schwach und erschöpft. Sie schloß die Augen. »Wollen Sie, daß ich darüber spreche?«

»Ich halte es für eine gute Idee.«

»Helfen Sie mir anfangen.«

»Sie waren sechs Jahre alt.«

»Sechs...«

»Ihr Vater hatte Geld.«

»Ziemlich viel.«

»Sie lebten auf dem Land und hatten Grund und Boden.«

»Zwanzig Hektar«, sagte sie. »Das meiste davon waren Gartenanlagen. Wir hatten einen vollberuflichen...einen vollberuflichen...«

»Gärtner?«

»Ja, einen Gärtner«, sagte sie. Ihr Gesicht war nicht mehr gerötet, Wangen und Hände eiskalt.
»Wie hieß er?«
»Ich weiß nicht mehr.«
»Natürlich wissen Sie es.«
»Berton Mitchell.«
»Mochten Sie ihn?«
»Zuerst ja.«
»Sie haben mal erzählt, daß er Sie zu necken pflegte.«
»Nur zum Spaß. Er hatte einen Namen für mich erfunden.«
»Wie nannte er Sie denn?«
»Er nannte mich ›Contrary‹. – Widerspenstig.«
»Waren Sie widerspenstig?«
»Überhaupt nicht. Das stammt aus einem Kinderlied: ›Mary, Mary, quite contrary‹.«
»Wann hörten Sie auf, ihn zu mögen?«
Mary sehnte sich nach Max. Sie wollte von ihm im Arm gehalten werden.
»Wann hörten Sie auf, Berton Mitchell zu mögen, Mary?«
»An jenem Tag im August.«
»Was ist da passiert?«
»Das wissen Sie doch.«
»Ja, ich weiß es.«
»Na also.«
»Es scheint, als ob wir nie tiefer in diese Sache eindringen können, wenn wir nicht ganz von vorne anfangen.«
»Ich will aber nicht tiefer eindringen.«
Er ließ nicht von ihr ab. »Was geschah an jenem Tag im August, als Sie sechs Jahre alt waren?«
»Haben Sie sich in letzter Zeit nicht ein paar neue Glashunde angeschafft?«
»Was hat Ihnen Berton Mitchell an jenem Tag im August angetan?«
»Er hat versucht, mich zu vergewaltigen.«

Sechs Uhr abends. Winter. Die Luft war kühl und frisch.
Er ließ das Auto vor dem Café stehen und ging die Straße hinunter, den Rücken dem Verkehr zugewandt.

In der einen Tasche hatte er ein Messer, in der anderen einen Revolver. Beide Waffen hielt er mit den Händen umschlossen.

Seine Schuhe knirschten auf dem Kies.

Der Luftzug der vorbeifahrenden Autos drängte ihn auf die Seite, zerzauste sein Haar und schlang ihm den Mantel eng um die Beine.

Der Friseursalon ›Hair Today‹ befand sich in einem kleinen Einzelhaus an der Main Street, knapp außerhalb der nördlichen Stadtgrenze von Santa Ana. Mit seinem künstlichen Schieferdach, den freiliegenden Holzbalken, den Fensterläden und dem Stuck war es die Imitation eines englischen Bauernhauses. Alles, außer den Scheinwerfern, die es anstrahlten, und der Bemalung in rosa und grün.

Es war eine reine Geschäftsgegend. Tankstellen, Imbißstuben, Maklerbüros und Dutzende kleiner Firmen mit Neonleuchten, umrahmt von Hecken und Zierpalmen, lagen dicht beieinander. Südlich von ›Hair Today‹ erstreckte sich das Grundstück eines Autohändlers, wo chromblitzende Neuwagen in langen Reihen aufgestellt waren. Auf der anderen Seite neben dem Friseursalon lag ein Lichtspielhaus, dahinter ein Einkaufszentrum.

Ein verschmutzter weißer Cadillac und ein blankpolierter Triumph waren vor dem Eingang von ›Hair Today‹ geparkt.

Er schlenderte über das Grundstück des Autohändlers zwischen den ausgestellten Fahrzeugen hindurch, öffnete die Tür des Friseursalons und ging hinein.

Der schmale Raum hinter dem Eingang diente als Wartezimmer, wo sich die Kundinnen die Zeit vertrieben, bis sie an die Reihe kamen. Der dicke Teppich war purpurrot, die Stühle grellgelb, die Gardinen weiß. Abstelltische mit Aschenbechern und Stapeln von Zeitschriften standen herum, doch zu dieser späten Stunde warteten keine Kunden mehr.

Am hinteren Ende des Raumes stand ein Kassentisch in purpur und weiß. Eine junge Frau mit platinblond gefärbtem Haar saß an der Kasse.

Ein verhängter, bogenförmiger Eingang hinter dem Kassentisch führte in den eigentlichen Frisierraum. Das Geräusch eines handbetätigten Haartrockners drang durch den Vorhang, wie das ärgerliche Summen eines Bienenschwarms.

»Wir haben geschlossen«, sagte die Platinblonde.

Er ging an den Kassentisch.

»Suchen Sie jemand?« fragte sie.

Er zog den Revolver aus der Tasche. Er fühlte sich gut an, wie ein Werkzeug der Gerechtigkeit.

Sie starrte auf die Waffe, dann in seine Augen. Nervös fuhr sie sich mit der Zunge über die Lippen. »Was wollen Sie?«

Er schwieg.

»Nicht doch«, sagte sie.

Er drückte auf den Abzug. Der Schuß wurde von dem Geräusch des Haartrockners teilweise übertönt.

Sie fiel vom Stuhl und blieb liegen.

Der Haartrockner wurde abgeschaltet. Jemand sagte: »Tina?«

Er ging um die tote Frau herum, zog den Vorhang auf und trat ins Frisierzimmer.

Drei der Frisierstühle waren unbesetzt. Die letzte Kundin des Tages saß auf dem vierten Stuhl. Sie war jung und hübsch und besaß einen zauberhaften Teint. Ihr Haar war klitschnaß.

Der Friseur war ein kräftiger Mann mit einer Glatze und buschigem Schnurrbart. Er trug eine purpurfarbene Jacke. Auf der linken Brusttasche war sein Name – Kyle – in Gelb eingestickt.

Die Kundin tat einen tiefen Atemzug, fand aber nicht den Mut zum Schreien.

»Wer sind Sie?« fragte Kyle.

Der Mann gab zwei Schüsse auf ihn ab.

»Mein Vater war an dem Tag nicht zu Hause«, sagte Mary.

»Und Ihre Mutter?«

»Die war im Hauptgebäude. Betrunken wie immer.«

»Und Ihr Bruder?«

»Alan war in seinem Zimmer und bastelte an seinen Flugzeugmodellen herum.«

»Der Gärtner, Berton Mitchell?«

»Seine Frau und sein Sohn waren auf eine Woche weggefahren. Er lockte mich ins Haus.«

»Wo war das?«

»Ganz am Ende des Anwesens, ein kleines Häuschen mit

einem grünen Schieferdach. Er hatte mir oft erzählt, daß Elfen bei ihnen wohnten.«

Sie spürte einen entsetzlichen Druck von allen Seiten. Wie lederne, furchtbar starke Flügel, die alle Wärme und Lebenskraft aus ihr herauspreßten.

»Weiter«, sagte Cauvel.

Die Wärme floß aus ihr heraus, wie Quecksilber aus einem zerbrochenen Thermometer. Sie fror. »Kann ich noch etwas Brandy haben?«

»Wenn Sie mir alles erzählt haben«, sagte Cauvel.

»Dazu brauche ich Hilfe.«

»Ich bin hier, um Ihnen zu helfen, Mary.«

»Wenn ich es sage, tut er mir weh.«

»Wer? Mitchell? Das können Sie doch nicht wirklich glauben. Sie wissen doch, daß er tot ist. Er wurde wegen unsittlicher Handlungen an einem Kind und wegen versuchten Mordes verurteilt. Darauf erhängte er sich in seiner Zelle. Ich bin der einzige Mensch hier und werde nicht zulassen, daß man Ihnen wehtut.«

»Ich war allein mit ihm.«

»Sie sprechen zu leise. Ich kann Sie nicht hören.«

»Ich war allein mit ihm«, wiederholte sie. »Er hat mich... angefaßt... und... sich entblößt.«

»Hatten Sie Angst?«

»Ja.« Der Druck wurde immer stärker... unerträglich.

Cauvel sprach nichts, und sie sagte: »Ich hatte Angst, weil er verlangte, daß ich... etwas tue.«

»Was sollten Sie tun?«

Die Luft war stickig. Obgleich nur sie und Cauvel anwesend waren, spürte sie, daß irgendeine Kreatur den Mund auf ihre Lippen gepreßt hielt und ihr einen stinkenden Atem in die Lunge blies.

»Ich brauche einen Brandy«, sagte sie.

»Was Sie jetzt brauchen, ist, mir alles zu erzählen, sich an jede Einzelheit zu erinnern und sich ein für allemal alles vom Herzen zu reden. Was verlangte er von Ihnen? Was sollten Sie tun?«

»Helfen Sie mir. Sie müssen mich führen.«

»Er wollte Geschlechtsverkehr, nicht wahr?«

»Ich weiß nicht genau.«

Ihre Hände waren empfindungslos. Sie fühlte nur, wie die Stricke in ihre Gelenke einschnitten. Aber es gab keine Stricke.

»Oralverkehr?« fragte Cauvel.

»Nicht nur das.«

Ihre Fußgelenke taten weh. Sie spürte die Stricke, die es nicht gab. Als sie die Füße bewegte, waren sie schwer wie Blei.

»Was wollte er noch?« fragte Cauvel.

»Ich erinnere mich nicht.«

»Sie können sich erinnern, wenn Sie wollen.«

»Nein. Wirklich – ich kann es nicht. Ich kann es nicht.«

»Was wollte er noch von Ihnen?« Die Umklammerung der unsichtbaren Flügel war jetzt so stark, daß sie kaum atmen konnte. Sie konnte die Flügel in der Luft flattern hören... wicka ... wicka... wicka.

Sie stand auf und ging vom Sessel weg. Die Flügel hielten sie umklammert.

»Was wollte er noch?« fragte Cauvel.

»Etwas Entsetzliches, Unaussprechliches.«

»Eine sexuelle Handlung irgendwelcher Art?«

Wicka... Wicka... Wicka.

»Nicht nur Sex. Mehr als das.«

»Was denn?«

»Schmutzig, dreckig.«

»Auf welche Art?«

»Augen, die mich ansahen.«

»Mitchells Augen?«

»Nein, nicht seine.«

»Wessen Augen dann?«

»Ich kann mich nicht mehr erinnern.«

»Doch, Sie können es.«

Wicka... Wicka... Wicka...

»Flügel«, flüsterte sie.

»Übel? Sie sprechen wieder zu leise.«

»Flügel«, sagte sie. »Flügel.«

»Was soll das heißen?«

Sie zitterte – schüttelte sich. Sie fürchtete, ihre Beine würden unter ihr nachgeben und setzte sich wieder in den Sessel.

»Flügel. Ich höre sie flattern. Ich *fühle* sie.«
»Hielt sich Mitchell einen Vogel im Haus?«
»Das weiß ich nicht.«
»Vielleicht einen Papagei?«
»Keine Ahnung.«
»Versuchen Sie, sich daran zu erinnern, Mary. Lassen Sie diesen Gedanken nicht los. Sie haben noch nie etwas von Flügeln gesagt. Es könnte wichtig sein.«
»Die waren überall.«
»Die Flügel?«
»Überall auf mir. Kleine Flügel.«
»Denken Sie nach. Was hat er mit Ihnen gemacht?«
Sie schwieg längere Zeit. Der Druck begann nachzulassen. Das Flattern der Flügel verstummte.
»Mary?«
Schließlich sagte sie: »Das ist alles. Ich kann mich an nichts weiter erinnern.«
»Es gibt eine Methode, diese Erinnerungen zu erschließen.«
»Hypnose?« sagte sie.
»Das funktioniert tadellos.«
»Ich fürchte mich vor den Erinnerungen.«
»Sie sollten sich eher davor fürchten, sich nicht erinnern zu können.«
»Wenn ich mich erinnere, sterbe ich.«
»Das ist kompletter Unsinn.«
Sie strich sich das Haar aus dem Gesicht. Cauvel zuliebe zwang sie sich zu einem Lächeln. »Jetzt höre ich die Flügel nicht mehr, und fühle sie auch nicht. Wir brauchen nicht mehr darüber zu sprechen.«
»Doch, wir müssen es.«
»Ich *will* aber nicht, verdammt noch mal!« Sie schüttelte den Kopf, erstaunt über ihre heftige Reaktion. »Wenigstens nicht heute.«
»Also gut«, sagte Cauvel. »Ich akzeptiere das. Es ist nicht dasselbe, als wenn Sie sagen würden, Sie brauchen nicht darüber zu sprechen.« Er polierte wieder einmal seine Brillengläser. »Kommen wir zurück zu dem, an was Sie sich erinnern. Hat Berton Mitchell Sie geschlagen?«

»Ich nehme es an.«
»Man fand Sie in seinem Haus.«
»In seinem Wohnzimmer.«
»Brutal zusammengeschlagen?«
»Ja.«
»Und später erzählten Sie, daß er es getan hat.«
»Ich erinnere mich nicht mehr, wie es passierte. Die Schmerzen sind mir noch in Erinnerung – schreckliche Schmerzen. Aber nur einen Moment lang.«
»Möglicherweise sind Sie nach dem ersten Schlag bewußtlos geworden.«
»Das sagten sie alle. Er muß mich noch weiter geschlagen haben, nachdem ich schon bewußtlos war. Lange hätte ich es nicht ertragen können. Schließlich war ich nur ein kleines Mädchen.«
»Hat er auch ein Messer benutzt?«
»Ich hatte überall Schnitte.«
»Wie lange waren Sie im Krankenhaus?«
»Über zwei Wochen.«
»Wieviel Nähte hatten Sie für Ihre Wunden?«
»Alles zusammen mehr als hundert.«

Der Friseursalon roch nach Shampoo, Creme und Eau de Cologne. Er konnte auch den Schweiß der Frau riechen.
Abgeschnittenes Haar lag auf dem Fußboden herum und wirbelte zur Seite, als er sich auf sie warf und in sie eindrang.
Sie zeigte keinerlei Reaktion. Weder kooperierte sie, noch wehrte sie sich. Sie lag ganz still da. Ihre Augen waren starr und leblos.
Ihm machte das nichts aus. Er mochte keine leidenschaftlichen Frauen. In den ersten paar Monaten einer neuen Liebschaft ertrug er ihre Leidenschaft und ihr sexuelles Entgegenkommen. Auf kurze Zeit konnte er zärtlich sein. Dann aber wollte er die Angst in ihren Augen sehen. Das brachte ihn zum Höhepunkt. Je mehr sie ihn fürchteten, um so besser gefielen sie ihm.

»Mitchell hat Sie also mehrmals auf den Kopf geschlagen«, sagte Cauvel.

»Mein ganzes Gesicht war grün und blau. Mein Vater nannte mich seine Flickenpuppe.«

»Hatten Sie eine Gehirnerschütterung?«

»Ich weiß, worauf Sie anspielen. Aber ich muß Sie enttäuschen. Keine Gehirnerschütterung. Absolut nicht.«

»Wann fingen Sie an, Visionen zu haben?«

»Etwas später im selben Jahr.«

»Vorhin fragten Sie mich, warum gerade Sie ausersehen wurden, hellseherische Gaben zu besitzen. Im Grunde ist das gar nicht so verwunderlich. So wie bei Peter Hurkos, manifestierten sich Ihre spiritistischen Fähigkeiten als Folge einer schweren Kopfverletzung.«

»Die war nicht so schwer.«

Er war mit dem Polieren seiner Brille fertig, setzte sie auf und betrachtete Mary mit seinen ins Überdimensionale vergrößerten Augen. »Wäre es nicht möglich, daß ein schwerer psychologischer Schock, ebenso wie gewisse Kopfverletzungen, spiritistische Fähigkeiten wecken könnte?«

Sie zuckte mit den Schultern.

»Wenn Ihre übernatürlichen Fähigkeiten nicht durch ein physisches Trauma geweckt wurden, dann sind sie vielleicht die Folge von dem psychologischen Trauma. Halten Sie das für möglich?«

»Das könnte sein.«

»Wie auch immer«, sagte er, mit seinem knochigen Zeigefinger auf sie zu stoßend, als klopfe er an eine Fensterscheibe, die zwischen ihnen stand, »wie auch immer, führt uns Ihre hellseherische Gabe zu Berton Mitchell zurück. Zu dem, was er Ihnen getan hat, und woran Sie sich nicht erinnern können.«

»Vielleicht.«

»Und Ihre Schlaflosigkeit ist auch darauf zurückzuführen. Ihre regelmäßigen Depressionen ebenfalls. Was er Ihnen antat, ist die versteckte Ursache für Ihre Anfälle von Beklemmung. Ich sage Ihnen ganz offen, Mary – je früher Sie dieses Problem anpacken, um so besser. Lassen Sie mich Hypnose anwenden und Sie in die vergessene Vergangenheit zurückführen – und Sie werden nie wieder meine Hilfe brauchen.«

»Ich werde immer Ihre Hilfe brauchen.«

Er blickte sie finster an. Sein sonnengebräuntes Gesicht war von tiefen Falten durchzogen, wie von Duellnarben. Ein ehrgeiziger Porträtmaler hätte sich gefreut, diesen Ausdruck einzufangen und auf die Leinwand zu bannen. Grimmig, aber stark und zuverlässig. Auf einer Party vor drei Jahren hatte sich Mary von diesem Gesicht angezogen gefühlt. Es war seine distanzierte und doch väterliche Art, die sie bewogen hatte, ihn aufzusuchen, als ihre Abhängigkeit von Schlafmitteln ihr Sorge zu bereiten begann.

»Wenn Sie immer meine Hilfe brauchen sollten, habe ich Ihnen überhaupt nicht geholfen. Als Psychiater ist es meine Aufgabe, Ihre eigenen inneren Kräfte zu wecken.«

Sie ging an die Bar und griff nach der Karaffe mit dem Brandy. »Sie haben versprochen, ich könnte noch einen haben, wenn ich weiterspreche!«

»Ich breche nie ein Versprechen.« Er trat zu ihr an die Bar. »Der Tag ist fast vorüber. Da werde ich mir auch noch einen genehmigen.«

Sie schenkte ihnen ein und sagte: »Bei Mitchell haben Sie sich geirrt.«

»In welcher Hinsicht?«

»Ich glaube nicht, daß alle meine Probleme zu ihm zurückführen. Einige davon begannen an dem Tag, wo mein Vater starb.«

»Diese Theorie haben Sie mir auch schon vorgetragen.«

»Ich war mit ihm im Auto, als er getötet wurde. Ich saß im Fond und er am Steuer. Ich sah, wie er starb. Sein Blut bespritzte mich. Ich war erst neun. Und die Jahre, nachdem er starb, waren auch nicht leicht. In drei Jahren hatte meine Mutter die ganze Erbschaft durchgebracht. Zwischen meinem neunten und meinem zwölften Geburtstag wurden aus wohlhabenden Leuten arme Schlucker. So etwas hinterläßt auch Narben, glauben Sie nicht?«

»Bestimmt.« Er nahm sein Brandyglas zur Hand. »Aber die *schlimmsten* Narben stammen nicht davon.«

»Woher wissen Sie das?«

»Sie können darüber sprechen.«

»Und?«

»Aber Sie sind nicht imstande, darüber zu sprechen, was Ihnen Mitchell getan hat.«

Als er mit der Frau fertig war, stand er auf, zog sich die Hosen hoch und machte den Reißverschluß zu. Er hatte sich nicht einmal den Mantel ausgezogen.

Er trat einen Schritt zurück und betrachtete sie.

Auch jetzt machte sie keinen Versuch, sich zu bedecken. Ihr Rock war um ihre Hüfte gebündelt. Ihre Bluse war aufgeknöpft, eine rundliche Brust sichtbar. Die Hände hielt sie zu Fäusten geballt. Die Handflächen waren blutig, wo ihre Fingernägel sie aufgerissen hatten. In diesem Zustand – voller Terror und kaum mehr, als ein zu Tode geängstigtes Tier – war sie die ideale Frau für ihn.

Er zog das Messer aus der Manteltasche.

Er hatte erwartet, daß sie schreien würde und versuchen würde, ihm zu entkommen, als sie sah, daß er sie töten wollte, – aber sie lag da, als sei sie bereits tot. Sie war nicht länger imstande etwas zu fühlen; nicht einmal Angst.

Er kniete sich neben sie ihn und setzte ihr das Messer an die Kehle. Die Haut gab etwas nach, aber sie zuckte nicht einmal.

Er erhob das Messer und richtete die Klinge auf ihre Brust. Keinerlei Reaktion.

Er war tief enttäuscht. Wann immer Zeit und Umstände es gestatteten, zog er es vor, langsam zu töten. Um volle Befriedigung zu finden, brauchte er eine lebhafte Frau als Opfer.

Wütend darüber, daß sie ihm den Spaß verdorben hatte, stieß er mit voller Kraft zu.

Mary Bergen stöhnte auf.

Die Klinge riß ihre Haut auf, drang durch den Muskel bis tief an die Stelle, wo Schmerz und Blut waren...

Sie lehnte sich in die Ecke am Ende der antiken Bar aus Eichenholz ohne zu merken, daß sie dabei eine ungeöffnete Flasche Scotch umstieß.

»Was ist Ihnen?« fragte Cauvel.

»Es tut so weh.«

Er faßte sie an der Schulter. »Ist Ihnen schlecht? Kann ich Ihnen helfen?«

»Mir ist nicht schlecht. Es ist die Vision. Ich fühle sie.«

Wieder das Messer. Der tiefe Stich.

Sie preßte beide Hände an den Leib und versuchte, den Schmerz zu unterdrücken. »Diesmal werde ich nicht wieder ohnmächtig. Keinesfalls!«

»Was für eine Vision?« fragte Cauvel besorgt.

»Der Friseursalon. Derselbe, der mir vor ein paar Stunden erschienen ist. Aber jetzt passiert es! Dieses Gemetzel... allmächtiger Gott... irgendwo passiert es... jetzt, in dieser Minute.« Sie schlug die Hände übers Gesicht, konnte aber die Vision nicht verdecken. »O Gott. Lieber Gott. Hilf mir!«

»Was sehen Sie?«

»Einen toten Mann auf dem Fußboden.«

»Auf dem Fußboden des Friseursalons?«

»Er hat eine Glatze... Schnurrbart... rotes Hemd.«

»Was fühlen Sie?«

Das Messer.

Sie begann zu schwitzen – weinte.

»Mary? *Mary?*«

»Ich fühle... wie die Frau... erstochen wird.«

»Welche Frau? Ist dort eine Frau?«

»Ich darf jetzt nicht umfallen.«

Sie begann umzusinken, und Cauvel hielt sie an beiden Schultern fest.

Wieder sah sie, wie das Messer ins Fleisch schnitt, fühlte jedoch diesmal keinen Schmerz. Die Frau war tot. Es gab keinen Schmerz mehr, den sie mit ihr teilen konnte.

»Ich muß sein Gesicht sehen, seinen Namen erfahren«, sagte sie.

Der Killer, neben seinem Opfer stehend, in einem Cape, nein, einem langen Mantel...

»Ich darf jetzt den Faden nicht verlieren, die Vision nicht verlieren. Ich muß sie festhalten, herausfinden wo er ist, wer er ist, was er ist, ihn von diesen entsetzlichen Morden abhalten.«

Da steht der Killer, steht mit dem Fleischermesser in der Hand. Sein Gesicht ist im Schatten, aber jetzt dreht er sich um, sehr langsam und bedächtig, gleich kann sie sein Gesicht sehen, er wendet sich ihr zu, als ob er nach ihr suchte...

»Er weiß, ich bin bei ihm«, sagte sie.

»Wer?«

»Er weiß, daß ich ihn beobachte.«

Sie begriff nicht, wie das alles kam. Aber der Killer wußte, daß sie da war. Dessen war sie ganz sicher, und sie fürchtete sich.

Auf einmal sprangen sechs oder acht der gläsernen Hunde von den Regalen, flogen durch die Luft und krachten mit beträchtlicher Kraft dicht neben Mary gegen die Wand.

Sie schrie auf.

Cauvel drehte sich um, zu sehen, wer sie geworfen hatte.

»Was, zum Teufel ...«

Als ob sie lebendig geworden und ihnen Flügel gewachsen wären, hoben ein Dutzend Glashunde vom oberen Regal ab. Wie bunte Fragmente zersplitternder Prismen schossen sie zur Zimmerdecke empor. Dort prallten sie ab und stießen klirrend aneinander, wie chinesische Windglocken.

Dann rasten sie im Sturzflug auf Mary zu. Sie hob die Arme und verdeckte ihr Gesicht.

Die Miniaturhunde trafen sie härter, als sie erwartet hatte. Sie stachen auf sie ein wie Bienen.

»Aufhören«, rief sie, wobei sie nicht sicher war, wen sie damit ansprach.

Ein Höllenhund mit spitzen Hörnern traf den Doktor auf die Stirn zwischen den Augen. Die Stelle begann zu bluten.

Cauvel wandte sich vom Regal ab und versuchte Mary mit seinem Körper zu decken.

Weitere zehn bis fünfzehn Hunde schossen durch den Raum. Zwei von ihnen durchschlugen die Glasscheibe an der Bar. Andere zerschlugen sich an der Wand dicht neben Mary und besprühten ihr Haar mit bunten Glassplittern.

»Es will mich töten«, schrie sie. Sie kämpfte erfolglos gegen einen Anfall von Hysterie an.

Cauvel drückte sie in die Ecke.

Immer mehr Glashunde zischten durch die Luft, stießen auf den Schreibtisch des Psychiaters nieder und verstreuten einen Stapel Papiere im Zimmer. Ohne zu zerbrechen prallten die Figuren an den Rolladen vor den Fenstern ab, kreuzten wie irre durch den Raum und attackierten mit voller Kraft Cauvels Rücken und Schultern. Scherben und Splitter regneten auf Marys eingezogenen Kopf hinunter.

Dann stieg das nächste Geschwader auf. Die Figuren schwärmten aus, flatterten um Mary herum, flogen wieder davon und kehrten zum Angriff zurück. Sie hingen in der Luft wie Heuschrecken und stachen und schlugen mit unglaublicher Kraft auf sie ein.

So plötzlich, wie der makabre Angriff begonnen hatte, hörte er auf. Fast hundert Glasminiaturen standen noch auf den Regalen, bewegten sich jedoch nicht.

Mary und Cauvel kauerten in der Ecke. Sie trauten der Ruhe nicht und warteten auf den nächsten Angriff.

Alles blieb ruhig. Schließlich ließ er sie los und trat zurück. Mary war nicht imstande, ihr Zittern zu unterdrücken.

»Alles in Ordnung?« fragte er sie, ohne die blutigen Wunden auf seinem Gesicht zu beachten.

»Ich sollte ihn nicht sehen«, sagte sie.

Cauvel war noch immer benommen. Er starrte sie verständnislos an.

»Sein Gesicht«, sagte sie. »Ich durfte sein Gesicht nicht sehen.«

»Wovon sprechen Sie eigentlich?«

»In meiner Vision«, erklärte sie ihm. »Als ich versuchte, den Killer zu sehen, wurde ich davon abgehalten. Wer oder was hielt mich ab?«

Cauvel betrachtete die Glasscherben, die überall herumlagen. Er begann die Splitter von seiner Jacke zu entfernen. »Haben Sie das gemacht? Haben Sie die Hunde zum Fliegen gebracht?«

»Ich?«

»Wer sonst?«

»Aber nein! Wie könnte ich so was tun?«

»Irgend jemand hat es offenbar getan.«

»Irgend *etwas*.«

Er starrte sie an.

»Es war ein... ein Geist«, sagte sie.

»Ich glaube nicht an ein Leben nach dem Tod.«

»Ich war mir auch nicht ganz sicher. Bis heute.«

»Also spukt es hier?«

»Was sonst?«

»Es gibt viele Möglichkeiten.« Er blickte sie besorgt an.

»Ich bin nicht verrückt«, sagte sie.
»Das habe ich nicht behauptet.«
»Wir haben eben einen Poltergeist in Aktion gesehen.«
»Daran glaube ich auch nicht.«
»Aber ich. Ich habe schon gesehen, was sie anstellen. Dabei war ich nie sicher, ob es Geister waren oder nicht. Jetzt bin ich es.«
»Mary...«
»Es war ein Poltergeist. Er kam, um mich daran zu hindern, das Gesicht des Mörders zu sehen.«

Das Regal hinter ihnen kippte um und krachte donnernd zu Boden.

9

Max war nicht zu Hause.

Ohne ihn kam Mary das Haus wie ein Mausoleum vor. Ihre Schritte hallten lauter als sonst auf dem Hartholz-Fußboden und erschienen ihr wie das Echo unheimlicher Stimmen.

»Er hat vorhin angerufen«, berichtete Anna Churchill, sich die Hände an ihrer Schürze abwischend. »Er bat mich, das Abendessen um eine halbe Stunde zu verschieben.«

»Warum denn?«

»Ich soll Ihnen ausrichten, daß er erst um acht zurückkommt, weil Woolworth zum Weihnachtsverkauf länger offen hat.«

Sie wußte, daß Max sie mit dieser Nachricht verulken und zum Lachen bringen wollte, aber sie brachte nicht einmal ein Lächeln zustande. Das einzige, was sie aufheitern konnte, war seine Anwesenheit. Sie wollte nicht allein sein.

Sie ging durchs Wohnzimmer zu der breiten Mahagonitreppe, die nach oben führte. Die schweren altamerikanischen Möbel engten sie ein. Der Poltergeist war ihr noch zu frisch in Erinnerung. Wie sollte sie sich davor retten, wenn die einzelnen Möbelstücke, Stühle, Sofas, Eckschränke, jetzt in mörderischer Absicht auf sie einstürmen würden?

Die Möbel rührten sich nicht.

Oben im Badezimmer nahm sie ein Fläschchen Valium aus dem Medizinkasten. Emmet und Anna gegenüber hatte sie sich beherrscht und ihre Nervosität niedergekämpft. Jetzt zitterten ihre Hände so heftig, daß sie fast eine Minute benötigte, bis sie den Sicherheitsverschluß gelöst hatte. Sie goß sich ein Glas kaltes Wasser ein und schluckte eine der Kapseln. Nicht genug, dachte sie. Sie brauchte zwei. Vielleicht drei. »Mein Gott, nein«, sagte sie und stellte das Fläschchen schnell auf seinen Platz zurück, bevor die Versuchung zu groß wurde.

Als sie das Badezimmer verließ, fiel das leere Wasserglas auf den Fußboden und zersplitterte in kleine Teile. Erschrocken fuhr sie herum. Sie war ganz sicher, das Glas nicht an den äußersten Rand des Beckens gestellt zu haben. Es war nicht einfach heruntergefallen, sondern gestoßen worden.

»Max, bitte, komm nach Hause«, flüsterte sie vor sich hin.

Sie wartete auf ihn in seinem Studio im zweiten Stock. Es war sein Lieblingszimmer, vollgestopft mit Büchern und Waffen verschiedener Art. Antike Gewehre, fachmännisch restauriert, hingen in Glaskästen an der Wand neben Sonderauflagen von Hemingway, Stevenson, Poe, Shaw, Fitzgerald und Dickens. Ein Paar Nr. 3 Colt Derringers aus dem Jahr 1872 in einer seidengefütterten, messingbeschlagenen Tragtasche. Es gab Romane von John D. MacDonald, Clavell, Bellow, Woolrich, Levin, Vidal, sowie Bände van Gay Talese, Colin Wilson, Hellman, Toland und Shirer. Dazwischen Schrotbüchsen, Gewehre, Revolver und automatische Pistolen. Dann wieder Bücher von Raymond Chandler, Dashiell Hammett, Ross MacDonald, Mary McCarthy, James M. Cain und Jessamyn West.

Eine eigenartige Zusammenstellung von Waffen und Büchern, dachte Mary. Aber außer ihr waren es diese Dinge, die Max am meisten liebte.

Sie nahm einen Bestseller zur Hand, den sie seit Wochen lesen wollte, konnte sich jedoch nicht auf das Buch konzentrieren. Sie setzte sich an Max' Schreibtisch und nahm einen Schreibblock und Kugelschreiber aus der mittleren Schublade.

Eine Zeitlang starrte sie die leere Seite an. Schließlich begann sie zu schreiben:

Seite 1
Fragen:
Warum habe ich diese Visionen, wenn ich sie nicht selbst herbeiführe?
Warum kann ich plötzlich und zum erstenmal den Schmerz der Opfer in meinen Visionen mitfühlen?
Warum hat noch kein anderer Hellseher diesen Schmerz jemals gefühlt?
Wie konnte der Killer im Friseurladen wissen, daß ich ihn beobachtete?
Warum sollte ein Poltergeist mich daran zu hindern versuchen, das Gesicht des Mörders zu sehen?
Was hat das alles zu bedeuten?

Schon als Kind, in großen und kleinen Krisen, hatte sie gefunden, daß es ihr half, ihre Probleme niederzuschreiben. Wenn sie sie schwarz auf weiß vor sich sah, erschienen sie ihr oftmals nicht mehr so unlösbar. Nachdem sie die Liste zusammengestellt hatte, las sie jede Frage mehrmals durch. Erst still, dann laut. Auf die nächste Seite schrieb sie: *Antworten.*

Sie dachte eine Weile nach. Dann schrieb sie: *Ich habe keine Antworten.*

»Verdammt noch mal«, sagte sie und schleuderte den Kugelschreiber quer durchs Zimmer.

»Harley Barnes am Apparat.«
»Chief Barnes, hier spricht Mary Bergen.«
»Oh, hallo! Sind Sie noch in der Stadt?«
»Nein, ich rufe aus Bel Air an.«
»Was kann ich für Sie tun?«
»Ich schreibe einen Artikel über das, was gestern vorgefallen ist, und hätte ein paar Fragen an Sie. Dieser Mann, den wir erwischt haben... wie hieß der noch?«
»Als Hellseherin sollten Sie das doch wissen.«
»Ich kann leider nicht alles sehen, was ich will.«
»Er heißt Richard Lingard.«
»Ein Einwohner der Stadt, oder ist er von außerhalb eingereist?«
»Hier geboren und aufgewachsen. Ich kannte seine Eltern. Er besaß eine Apotheke.«
»Wie alt?«

»Anfang dreißig oder so.«

»Ist er... war er verheiratet?«

»Vor Jahren geschieden. Keine Kinder, Gott sei Dank.«

»Sind Sie sicher...?«

»Sicher, daß er keine Kinder hat? Ja, absolut.«

»Nein. Ich meine... ist er wirklich tot?«

»Tot? Natürlich ist er tot. Sie haben ihn doch gesehen?«

»Ich dachte nur... haben Sie irgend etwas Ungewöhnliches über ihn herausgefunden?«

»Etwas Ungewöhnliches? Wie meinen Sie das?«

»Ist er seinen Nachbarn irgendwie komisch vorgekommen?«

»Die mochten ihn. Alle mochten ihn.«

»Haben Sie bei ihm zu Hause etwas Ungewöhnliches gefunden?«

»Nichts. Ein Normalverbraucher wie jeder andere. Fast beängstigend, wie normal der war. Wenn Dick Lingard sich als psychopathischer Killer entpuppte, wem kann man dann noch trauen?«

»Niemand.«

»Mrs. Bergen...« Barnes zögerte. »Haben Sie das Messer mitgenommen?«

»Welches Messer?«

»Lingards Messer.«

»Können Sie es nicht finden?«

»Es ist vom Tatort verschwunden.«

»Verschwunden? Kommt das öfters vor?«

»Mir ist so was noch nie passiert.«

»Also ich habe es nicht.«

»Vielleicht hat Ihr Bruder es aufgehoben.«

»Alan würde das nicht tun.«

»Oder Ihr Mann?«

»Chief, wir haben schon sehr oft mit der Polizei gearbeitet. Wir kennen uns zu gut aus, um Beweisstücke als Andenken mitzunehmen.«

»Wir haben Mrs. Harringtons Haus von oben bis unten durchsucht. Da ist das Messer auch nicht.«

»Vielleicht hat es Lingard auf dem Rasen vor dem Haus fallenlassen.«

»Da haben wir auch jeden Zentimeter abgesucht.«

»Vielleicht fiel das Messer in den Rinnstein, als er gegen den Streifenwagen prallte.«

»Oder auf den Gehsteig. Wir haben nicht sofort nach dem Messer gesucht, was wir hätten tun sollen, und es standen eine Menge Leute herum. Vielleicht hat einer von denen es aufgehoben. Wir werden uns mal umfragen. Ich nehme an, wir finden das Ding früher oder später. Es wird ja keinen Prozeß geben, für den wir es brauchen. Dieses Problem hat der Tod bereits gelöst. Auch der gerissenste Anwalt kriegt Richard Lingard nicht wieder frei.«

Um sieben Uhr dreißig berichteten alle Sender in Los Angeles in den Nachrichten von dem Fall der vier jungen Krankenschwestern, die in ihrer Wohnung in Anaheim erstochen und erschlagen aufgefunden worden waren.

Beverly Puchalski.
Susan Haven.
Linda Proctor.
Marie Sanzini.
Mary kannte keine von ihnen.

Erstaunt schob sich Mary von der Stuhlkante zurück. Sie erinnerte sich an das zerschlagene Gesicht in ihrer Vision von gestern abend: Eine schwarzhaarige Frau mit blauen Augen. Sie war ganz sicher, daß sie dieses Gesicht kannte.

Acht Uhr abends.

Sie erwartete Max an der Eingangstür. Er kam herein, machte die Tür hinter sich zu und schloß Mary in die Arme. Sein Anzug fühlte sich kalt an von der frischen Abendluft, aber sie konnte durch den Stoff die Wärme seines Körpers spüren.

»Sechs Stunden Einkäufe und keine Pakete?« fragte sie.

»Die bekommen alle eine schöne Geschenkverpackung. Morgen hole ich sie ab.«

Mary grinste. »Ich wußte gar nicht, daß Woolworth Geschenkverpackungen hat.«

Er küßte sie auf die Wange. »Ich habe Sehnsucht nach dir gehabt.«

Sie lehnte sich in seinen Armen zurück. »Sag mal, wo hast du denn deinen Mantel? Du wirst dir eine Grippe holen.«

»Der war ganz mit Dreck bespritzt. Ich habe ihn zur Reinigung gebracht.«

»Wie ist der denn so schmutzig geworden.«

»Ich hatte einen Platten.«

»Das passiert doch nicht bei einem Mercedes.«

»Bei unserem doch. Die Stelle, wo ich den Reifen wechseln mußte, war ziemlich schlammig, und ein vorbeifahrender Wagen bespritzte mich von oben bis unten.«

»Hast du dir die Nummer gemerkt? Dann werde ich...«

»Leider nicht«, sagte Max. »Nachher fiel mir ein: ›Wenn ich die Nummer von diesem Arschloch hätte, würde Mary herausfinden wer er ist und ihn fürchterlich verdreschen‹.«

»Niemand tut ungestraft meinem Max etwas an.«

»Den Finger habe ich mir auch aufgeschnitten, als ich den Reifen wechselte«, sagte er und hielt seine rechte Hand in die Höhe. Seine Hemdmanschette war mit Blut durchtränkt, und um den Finger hatte er ein blutiges Taschentuch gebunden. »Da ist so eine scharfe Kante am Wagenheber«, sagte er.

Sie faßte ihn am Handgelenk. »Soviel Blut. Laß mich mal den Schnitt sehen.«

»Ach, es ist gar nichts.« Er zog seine Hand weg, bevor sie das Taschentuch abwickeln konnte. »Es hat schon aufgehört zu bluten.«

»Vielleicht muß die Wunde genäht werden.«

»Ich brauche nur einen Druckverband. Der Schnitt ist tief, aber zu klein, um ihn zu nähen oder zu klammern. Und der Anblick würde dir nur den Appetit verderben.«

»Laß mal sehen. Ich bin schon ein großes Mädchen. Außerdem muß die Wunde gereinigt und verbunden werden.«

»Das kann ich selber. Geh du nur zu Tisch. Ich komme in ein paar Minuten nach.«

»Das kannst du aber nicht allein machen.«

»Natürlich kann ich es. Schließlich war ich nicht immer verheiratet. Ich habe jahrelang allein gelebt.« Er küßte sie auf die Stirn. »Wir wollen doch Mrs. Churchill nicht aufregen. Wenn wir nicht bald zu Tisch kommen, löst sie sich in Tränen auf.«

Mit seiner gesunden Hand schob er Mary aufs Eßzimmer zu.
»Wenn du verblutest«, sagte sie, »verzeihe ich dir das nie.«
Lachend ging er zur Treppe und eilte, zwei Stufen auf einmal nehmend, hinauf ins Obergeschoß.

Das Abendessen war ganz nach Marys Geschmack, herzhaft aber nicht schwer. Es gab Zwiebelsuppe, Salat, Chateaubriand mit Sauce Bernaise und Zucchini-Streifen in Öl und Knoblauch mariniert und dann kurz überbacken.

Beim Kaffee, den sie in der Bibliothek tranken, war Mary entspannt – fast heiter. Die zweite Valiumkapsel, welche sie kurz vor Max's Ankunft eingenommen hatte, wirkte beruhigend. Sie erzählte ihm alles, was sich während des Tages ereignet hatte: Von Cauvel, von ihrer schmerzerfüllten Vision und von dem Poltergeist, der sie daran gehindert hatte, das Gesicht des Mörders zu sehen und seine Identität aufzudecken. Sie besprachen die Nachrichten im Radio über die ermordeten Krankenschwestern in Anaheim, die Max ebenfalls gehört hatte, und dann erzählte sie ihm noch von ihrem Telefongespräch mit Harley Barnes.

»Warum machst du so ein Aufhebens von dem fehlenden Messer?« fragte Max. »Was Barnes sagt, klingt doch recht überzeugend. Einer der Zuschauer könnte es an sich genommen haben.«

»Er hätte es tun *können*, aber er hat es nicht getan.«

»Wer denn sonst?«

Mary saß neben ihm auf dem Sofa. Sie streifte ihre Schuhe ab und zog ein Bein an und ließ sich Zeit, die richtigen Worte zu finden. Sie war in einer prekären Lage. Wenn Max nicht glauben konnte, was sie ihm zu erklären hatte, würde er sie bestenfalls für *ein wenig* verrückt halten.

»Diese Visionen sind völlig verschieden von allen, die ich je hatte«, sagte sie schließlich. »Das heißt, daß der Killer – also die Quelle der spiritistischen Ausstrahlung – anders ist, als jeder, den ich bisher aufgespürt habe. Er ist kein gewöhnlicher Mensch. Seit gestern zerbreche ich mir den Kopf nach einer vernünftigen Erklärung dafür, was mir passiert ist, und mein Gespräch mit Barnes gab mir den Schlüssel. Der Schlüssel ist das verlorene

Messer. Verstehst du nicht? Richard Lingard hat das Messer in seinem Besitz!«

»Lingard? Der ist doch mausetot. Barnes hat ihn erschossen. Lingard kann doch das Messer nicht mitgenommen haben – es sei denn ins Leichenschauhaus.«

»Er kann es mitgenommen haben wohin er wollte. Barnes hat lediglich Lingards Körper getötet. Lingards Geist nahm das Messer mit.«

Max war völlig verblüfft. »Ich glaube nicht an Geister. Selbst wenn es sie geben sollte, haben sie keine Substanz. Wenigstens nicht nach unseren Begriffen. Wie hätte also Lingards Geist, ein Ding ohne Substanz, ein sehr wirkliches und konkret vorhandenes Messer mitnehmen können?«

»Ein Geist hat keine Substanz, aber er besitzt Macht«, sagte sie mit Nachdruck. »Vor zwei Monaten, bei dieser Story in Connecticut, hast du selbst einen Poltergeist in Aktion gesehen.«

»Na und?«

»Na eben. Ein Poltergeist hat auch anscheinend keine Substanz, trotzdem wirft er mit massiven Gegenständen um sich. Stimmt das nicht?«

»Ja«, gab er widerwillig zu. »Aber ich glaube nicht daran, daß ein sogenannter Poltergeist der Geist eines Verstorbenen ist.«

»Was sonst könnte er sein?« Bevor Max etwas erwidern konnte, sagte sie: »Lingards Geist hat das Fleischermesser mitgenommen. Ich *weiß* es.«

Er trank seinen Kaffee in drei langen Schlucken aus. »Angenommen das stimmt. Wo befindet sich der Geist jetzt?«

»In einer lebenden Person.«

»Was?«

»Als Lingard starb, verließ ihn sein Geist und ergriff Besitz von einem lebenden Menschen.«

Max stand auf und ging hinüber zu den Bücherregalen. Er betrachtete Mary mit forschendem, abwägendem Blick. »Mit jedem Besuch bei Cauvel kommst du der Erinnerung näher, was Berton Mitchell dir angetan hat.«

»Du glaubst also, daß ich jetzt, wo ich am Rande dieser Erinnerung stehe, vor der Wahrheit davonlaufe und mich in den Irrsinn flüchte.«

»Kannst du dich denn dem stellen, was er getan hat?«

»Ich habe seit Jahren damit gelebt, auch wenn ich es unterdrückte.«

»Damit leben und es verkraften können sind zwei verschiedene Dinge.«

»Bin ich also in deinen Augen eine Kandidatin für die Gummizelle? Da kennst du mich schlecht.« Trotz des Valiums konnte sie ihren Ärger nicht zügeln.

»Das glaube ich nicht. Aber an dämonische Besessenheit glaube ich auch nicht.«

»Nicht dämonisch. Das ist ein zu großartiges Wort. Ich spreche von einem lebenden Menschen, der vom Geist eines Toten besessen ist.«

Sein kantiges, fast häßliches Gesicht war von Besorgnis gezeichnet. Er breitete die Arme aus, Handflächen nach oben, wie ein bettelnder Bär. »Und wer ist dieser lebende Mensch?«

»Der Mann, der die Krankenschwestern in Anaheim ermordet hat. Er ist von Lingards Geist besessen, und darum sind seine spiritistischen Ausstrahlungen so verschieden.«

Max kehrte zum Sofa zurück. »Ich kann das nicht akzeptieren.«

»Das beweist noch lange nicht, daß ich unrecht habe.«

»Diese Poltergeisterscheinungen in Cauvels Sprechzimmer... glaubst du...«

»Das war Lingard«, sagte sie mit Bestimmtheit.

»Deine Theorie hat ein Loch«, sagte er.

Sie zog fragend die Augenbrauen hoch.

»Wie konnte Lingards Geist an zwei Orten gleichzeitig sein?« fragte er. »Wie konnte er in einem Mann stecken, den er zum Morden zwang, und zur gleichen Zeit in Cauvels Sprechzimmer mit Glashunden um sich werfen?«

»Keine Ahnung. Wer weiß, was so ein Geist alles kann?«

Gegen zehn Uhr kam Max ins Schlafzimmer. Er war nach unten gegangen, sich aus der Bibliothek etwas zu lesen zu holen. Jetzt kam er mit einem dicken Buch unter dem Arm zurück – nicht das, was er gesucht hatte. »Ich habe eben mit Dr. Cauvel gesprochen«, sagte er.

Mary saß aufrecht im Bett. Sie gebrauchte den Schutzumschlag ihres Buches als Lesezeichen und markierte damit die Seite, die sie gerade las. »Und was hatte der hochgelehrte Herr Doktor dir zu sagen?«

»Er glaubt, du bist der Poltergeist.«

»Ich?«

»Er sagt, du warst im Streß...«

»Sind wir das nicht alle?«

»Du besonders.«

»War ich das?«

»Ja, weil du dich an die Sache mit Berton Mitchell erinnertest.«

»Ich habe mich doch schon früher daran erinnert.«

»Aber diesmal mehr als sonst. Cauvel sagt, daß du diesmal unter besonders schwerem psychologischen Druck standest, und daß *du* die Glashunde zum Fliegen brachtest.«

Sie lächelte ihn an. »Ein Mann von deiner Figur sieht im Schlafanzug saukomisch aus.«

»Mary...«

»Besonders in einem gelben Schlafanzug. Du solltest nur einen Morgenmantel tragen.«

»Du weichst mir aus.« Er trat ans Fußende des Bettes. »Wie war das nun mit den Glashunden?«

»Cauvel will ja nur, daß ich sie ihm ersetze«, sagte sie leichthin.

»Er hat nichts von Geld erwähnt.«

»Aber darauf läuft es hinaus.«

»Er ist nicht der Typ dazu«, meinte Max.

»Ich zahle ihm die Hälfte des Wertes.«

»Mary, das ist vollkommen unnötig«, sagte er gereizt.

»Ich weiß«, sagte sie gleichmütig. »Ich habe sie ja auch nicht zerbrochen.«

»Ich meine, Cauvel hat keinen Schadenersatz verlangt. Du versuchst lediglich, mich vom Thema abzubringen.«

»Okay, okay. Also *wie* soll ich die Hunde zum Fliegen gebracht haben?«

»Aus dem Unterbewußtsein heraus. Cauvel sagt...«

»Psychiater schieben dem Unterbewußtsein immer die Schuld für alles zu.«

»Und wer sagt, daß das nicht stimmt.«

»Sie sind blöd.«

»Mary...«

»Und du bist auch blöd, weil du Cauvel glaubst.«

Sie hatte nicht die Absicht, sich mit ihm zu streiten, konnte sich aber nicht länger beherrschen. Das Thema, das er angeschnitten hatte, beängstigte sie, obgleich sie nicht sagen konnte warum. Irgend etwas in ihr, ein Wissen, das sie selbst nicht definieren konnte, versetzte sie in Schrecken.

Er stand mit seinem Buch am Fußende des Bettes, wie ein Prediger mit der Bibel in der Hand. »Willst du mir bitte zuhören?«

Irritiert schüttelte sie den Kopf, als fände sie sein Gerede unerträglich. »Wenn ich für diese zerbrochenen Glasfiguren verantwortlich bin, dann trage ich auch die Schuld für das schlechte Wetter an der Ostküste, für den Krieg in Afrika, die Inflation, die Armut und die letzte Fehlernte.«

»Alberner Sarkasmus.«

»Du bringst mich dazu.«

Das Beruhigungsmittel, das sie genommen hatte, wirkte überhaupt nicht. Sie war aufs äußerste angespannt und zitterte am ganzen Leib. Eine unbekannte Macht war darauf aus, sie zu vernichten.

Mit einmal fühlte sie sich von Max bedroht.

Das ist doch Unsinn, dachte sie. Max ist doch keine Gefahr für mich. Er will mir doch nur helfen, die Wahrheit zu finden.

Verwirrt und benommen lehnte sie sich in die Kissen zurück.

Max schlug sein Buch auf und las ihr mit ruhiger aber eindringlicher Stimme vor: »›*Telekinesis* ist die Fähigkeit, durch geistige Einwirkung allein Gegenstände zu bewegen oder ihre Form zu verändern. Nach zuverlässigen Berichten tritt dieses Phänomen am häufigsten bei schweren nervlichen Krisen und in Streß-Situationen auf. Als Beispiel werden Fälle angeführt, bei denen Fahrzeuge, unter denen Verletzte lagen, oder Trümmer von eingestürzten oder ausgebrannten Gebäuden, die Menschen unter sich begraben hatten, durch telekinetische Kraft angehoben.‹«

»Ich *weiß*, was Telekinesis ist«, sagte Mary.

Ohne sich von ihr unterbrechen zu lassen las Max weiter: »Telekinesis wird oft mit dem Erscheinen von Poltergeistern verwechselt. Diese jedoch sind verspielte, gelegentlich bösartige

Geister. Die Existenz von Poltergeistern als überirdische Wesen ist bestritten und keineswegs erwiesen. Dazu ist zu bemerken, daß sich in den meisten Häusern, in denen Poltergeister in Erscheinung traten, ein Jugendlicher mit ernsten Identitätsproblemen aufhielt *oder eine Person, die unter beträchtlichem nervlichen Druck stand.* Es ist mit großer Wahrscheinlichkeit anzunehmen, daß das Auftreten von Poltergeistern gewöhnlich durch unbewußte Telekinesis hervorgerufen wird.«

»Das ist lächerlich«, sagte Mary. »Warum sollte ich gerade in *dem* Augenblick, wo ich Gelegenheit hatte das Gesicht des Killers zu sehen, diese Hunde durchs Zimmer werfen?«

»Weil du es in Wirklichkeit gar nicht sehen wolltest. Dein Unterbewußtsein zwang dich, diese Figuren herumfliegen zu lassen, um dich von deiner Vision abzulenken.«

»Das ist absurd! Ich *wollte* ihn doch sehen. Ich will diesen Mann aufhalten, bevor er weitermordet.«

Max' harte graue Augen waren wie Messerspitzen. »Bist du ganz sicher, daß du ihn aufhalten willst?«

»Was soll diese Frage?«

Er seufzte. »Weißt du, was ich glaube? Ich glaube, du spürst durch dein Hellsehen, daß dieser Mann dich umbringen wird, wenn du ihn weiterverfolgst. Du hast ein mögliches Zukunftserlebnis gesehen und versuchst jetzt mit allen Mitteln, diesem Ereignis auszuweichen.«

»Nichts dergleichen«, sagte sie erstaunt.

»Der Schmerz, den du gefühlt hast...«

»Das war der Schmerz des Opfers, aber doch nicht die Vorahnung meines eigenen Todes.«

»Vielleicht hast du die Gefahr nicht bewußt erkannt«, sagte Max. »Aber im Unterbewußtsein hast du dich möglicherweise selbst als Opfer gesehen, falls du der Sache nachgehst. Das wäre eine Erklärung dafür, warum du dich selbst mit Poltergeistern in die Irre führst.«

»Ich werde aber nicht sterben«, sagte sie schrill. »Und ich verstecke mich vor nichts.«

»Warum hast du dann Angst, mal darüber nachzudenken?«

»Ich habe keine Angst.«

»Ich glaube doch.«

»Ich bin kein Feigling. Und ich bin keine Lügnerin.«
»Mary, ich will dir doch bloß helfen.«
»Dann solltest du mir glauben.«
Er blickte sie nachdenklich an. »Du brauchst nicht so zu schreien.«
»Du hörst mir ja nie zu, wenn ich nicht schreie.«
»Mary, warum willst du dich streiten?«
Das will ich doch nicht, dachte sie. Halte mich doch ab davon. Nimm mich in den Arm.
»*Du* hast angefangen«, sagte sie.
»Ich habe dich nur gebeten, über eine alternative Möglichkeit nachzudenken. Deine Reaktion ist maßlos übertrieben.«
Das weiß ich, dachte sie. Und ich weiß nicht warum. Ich will dir doch nicht wehtun. Ich brauche dich so sehr.
Aber alles, was sie sagte, war: »Wenn man dir so zuhört, habe ich noch nie mit etwas recht gehabt. Entweder ist meine Reaktion immer maßlos übertrieben, oder ich bin getäuscht worden, oder ich bin verwirrt. Du behandelst mich wie ein Kind.«
»Du behandelst dich doch selbst mit Herablassung.«
»Nur ein dummes kleines Kind.«
Umarme mich doch, liebe mich, dachte sie. Bring mich doch dazu aufzuhören. Ich will mich nicht streiten. Ich habe Angst.
Er drehte sich um und ging zur Tür. »Es hat keinen Sinn, jetzt etwas besprechen zu wollen. Du bist nicht in der Stimmung für konstruktive Kritik.«
»Weil ich mich wie ein Kind benehme?«
»Ja.«
»Weißt du, manchmal kotzt du mich an. Scheiße!«
Er hielt an und wandte sich zu ihr um. »Recht kindisch, meinst du nicht?« sagte er ganz ruhig. »Wie ein kleines Kind, das die Erwachsenen mit schmutzigen Redensarten beeindrucken will.«
Sie schlug ihr Buch auf der Seite auf, wo das Lesezeichen war, und schenkte ihm keine weitere Beachtung.

Sie hätte lieber die schlimmsten Schmerzen ertragen, als auch nur eine vorübergehende Entfremdung von Max. Wenn sie sich zankten, was nicht oft vorkam, fühlte sie sich ganz elend. Die zwei oder drei Stunden Stille nach dem Krach, an dem sie gewöhnlich Schuld hatte, waren ihr unerträglich.

Heute blieb sie für den Rest des Abends im Bett mit einem Buch von Colin Wilson. ›The Occult.‹ Wann immer sie eine neue Seite anfing, konnte sie sich nicht an den Inhalt der vorigen erinnern.

Max lag auf seiner Seite des Bettes, las einen Roman und rauchte Pfeife. Er hätte ebenso gut tausend Kilometer weit weg sein können.

In den Elf-Uhr-Nachrichten brachte das Fernsehen, das sie vom Bett aus per Fernsteuerung eingeschaltet hatte, die Story des dreifachen Mordes in Santa Ana. Der Film zeigte den blutverschmierten Friseursalon und Interviews mit Polizeibeamten, die nichts zu sagen wußten.

»Siehst du«, sagte Mary, »ich hatte recht mit diesen Krankenschwestern und mit dem Friseursalon. Und, bei Gott, ich habe auch mit Richard Lingard recht.«

Noch beim Sprechen bereute sie ihre Worte – besonders den Ton, in dem sie gesprochen hatte.

Max blickte sie an, sagte aber nichts.

Sie sah weg und steckte die Nase wieder in ihr Buch. Es war nicht ihre Absicht gewesen, neuen Streit heraufzubeschwören. Im Gegenteil. Sie wollte ihn nur zum Reden bringen. Seine Stimme hören. Obgleich sie oft diejenige war, die ein Streitgespräch begann, konnte sie es niemals von sich aus beenden. Psychologisch war sie unfähig, als erste eine Friedensgeste zu machen. Das überließ sie den Männern. Immer. Sie wußte, es war nicht fair, aber sie konnte es nicht ändern.

Wenn sie darüber nachdachte, kam sie zu dem Schluß, daß der gewaltsame Tod ihres Vaters die Ursache war. Er war ihr so plötzlich genommen worden, daß sie bis heute oft noch das Gefühl hatte, von ihm verlassen worden zu sein. In ihrem ganzen Leben als Erwachsene hatte sie immer befürchtet, der jeweilige Mann würde sie verlassen, bevor *sie* das Verhältnis zu beenden beschloß.

Selbstverständlich dachte sie nicht im Traum daran, ihre Ehe zu beenden. Die war für immer. Jedesmal, wenn sie mit Max Streit hatte, und fürchtete, er könnte sie verlassen, brachte sie ihn dazu, seinerseits die Versöhnung einzuleiten. Es war ein Test, bei dem er mehr von seinem Stolz aufgeben mußte als sie, was der Beweis dafür war, daß er sie liebte und sie niemals verlassen würde, wie ihr Vater es getan hatte.

Der Tod ihres Vaters war ein ungleich wichtigerer Faktor in ihrem Leben, als alles, was Berton Mitchell ihr angetan hatte.

Warum wollte Dr. Cauvel das nicht einsehen?

Als es beiden klar wurde, daß keiner von ihnen imstande war zu schlafen, streckte Max im Dunkeln die Hand nach ihr aus. Seine Berührung wirkte auf Mary wie die einer Stimmgabel auf ein Stück feines Kristall. Am ganzen Körper zitternd warf sie sich an ihn und brach in Tränen aus.

Er sagte nichts. Worte erübrigten sich.

Ein paar Minuten lang hielt er sie fest im Arm und fing dann an, sie zu liebkosen. Er ließ seine Hand über ihren Seidenpyjama gleiten, streichelte ihre Hüfte und ihr Gesäß mit langsamen, warmen Bewegungen. Dann knöpfte er ihre Bluse auf und befühlte ihre bebende Brust, wobei seine Finger nur für einen kurzen Augenblick an ihrer Brustwarze verweilten. Sie preßte ihren offenen Mund gegen die harten Muskeln an seinem Nacken. Mit den Lippen fühlte sie seinen kräftigen Puls. Er entkleidete erst sie, dann sich selbst. Der Verband an seiner Hand streifte ihre nackte Hüfte.

»Dein Finger«, sagte sie.

»Macht nichts.«

»Die Wunde kann aufbrechen und wieder anfangen zu bluten«, sagte sie.

»Schhh.«

Er war voller Ungeduld und, obgleich sie kein Wort gesagt hatte, spürte er, daß sie ebenso begierig war. Er erhob sich über ihr in der Dunkelheit und legte sich auf sie. Obwohl sie nicht mehr als eine zärtliche Umarmung erwartet hatte, gelangte sie in einer Minute zum Höhepunkt. Kein intensiver Orgasmus, nur ein kurzer, genußvoller Moment. Als sie jedoch gleich darauf ein zweites Mal kam, Sekunden bevor er sich tief in sie ergoß, schrie sie vor Lust auf.

Eine Zeitlang kuschelte sie sich an ihn und hielt seine Hand. »Du darfst mich nie verlassen«, sagte sie. »Bleib bei mir solange ich lebe.«

»Solange du lebst«, versprach ihr Max.

Mittwoch morgen gegen fünf Uhr dreißig wurde Mary in der Mitte einer Alptraum-Vision von dem nächsten Verbrechen des Killers durch einen Schuß aus dem Schlaf gerissen. Eine ohrenzerreißende Explosion, ganz dicht neben ihr. Noch während der Knall von den Wänden des Schlafzimmers widerhallte, warf sie ihr Bettzeug von sich und fuhr hoch. »Max! Was ist los? Max!«

Er knipste die Nachttischlampe an und sprang mit einem Satz aus dem Bett. Benommen und blinzelnd versuchte er sich zu orientieren.

Das plötzliche Licht tat ihren Augen weh. Obgleich sie halb geblendet war, konnten sie sehen, daß sich außer ihnen niemand im Zimmer befand.

Max griff nach der geladenen Waffe, die er immer auf seinem Nachttisch liegen hatte. Sie war nicht an ihrem Platz.

»Wo ist die Pistole?« fragte er.

»Ich habe sie nicht angerührt«, erwiderte sie.

Dann, als sich ihre Augen ans Licht gewöhnten, sah sie die Pistole. Sie schwebte in der Luft über dem Fußende des Bettes in einer Höhe von anderthalb Metern, als hinge sie an einem Draht. Nur gab es keinen Draht. Die Mündung war auf Mary gerichtet.

Der Poltergeist.

»Mein Gott«, sagte Max.

Obwohl kein Finger den Abzug berührte, löste sich ein zweiter Schuß. Das Projektil schlug am Kopfende des Bettes ein, wenige Zentimeter neben Marys Kopf.

Panik erfaßte sie. Keuchend und wimmernd rannte sie durchs Zimmer, gebückt wie ein Krüppel. Die Pistole machte eine Wendung nach links und blieb auf sie gerichtet. Mary erreichte eine Ecke des Zimmers und saß dort fest, wie in einer Falle. Jetzt fiel ihr ein, sie hätte in die entgegengesetzte Richtung laufen müssen, wo sie sich ins Badezimmer retten konnte.

Der dritte Schuß schlug in den Fußboden vor ihr ein. Teppichfetzen und Holzsplitter spritzten umher.

»Max!«

Er griff nach der Waffe, aber sie entglitt ihm, wich ihm aus, schwebte auf und nieder und von einer Seite zur anderen. Seine Bemühungen wirkten wie ein ungeschickter Tanz.

Mary sah sich nach einem Versteck um. Es gab keines.

Der vierte Schuß ging über ihren Kopf hinweg und zersplitterte ein gerahmtes Aquarell, das den Hafen von Newport Beach darstellte.

Endlich bekam Max die Pistole zu fassen. Sie wand sich in seiner Hand, bis die Mündung auf seine Brust gerichtet war. Schwitzend und fluchend mühte er sich ab, jemandem, den er nicht sehen konnte, die Waffe zu entreißen. Überraschenderweise gab sein unsichtbarer Gegner nach wenigen Sekunden auf, und Max stolperte ein paar Schritte rückwärts – die Waffe in seinem Besitz. Mary stand mit dem Rücken zur Wand, die Hände auf den Mund gepreßt. Sie konnte die Augen nicht von der Pistole abwenden.

»Du bist jetzt sicher«, sagte Max. »Es ist alles vorbei.« Er ging auf sie zu.

»Um Gottes willen, entlade das Ding doch«, rief sie, auf die Pistole in seiner Hand deutend.

Er hielt an, starrte einen Moment auf die Waffe und zog den Ladestreifen aus dem Griff.

»Du solltest alle Patronen aus dem Ladestreifen nehmen«, sagte sie.

»Das ist nicht nötig wenn ich...«

»*Tue es!*«

Seine mächtigen Hände zitterten, als er die Patronen herausnahm. Er legte alles aufs Bett: Die Pistole, den leeren Ladestreifen, die unverbrauchte Munition. Eine Zeitlang betrachteten sie beide die einzelnen Teile auf dem Bett in der Erwartung, daß sie sich wieder selbständig machen würden.

Nichts rührte sich.

»Was war denn das?« fragte er.

»Der Poltergeist.«

»Was immer es war – ist es noch hier?«

Mary schloß die Augen, versuchte sich zu entspannen und konzentrierte sich. Nach einer Weile sagte sie: »Nein. Es ist weg.«

10

Percy Osterman, der Sheriff von Orange County, hielt Max und Mary die Tür auf und bedeutete ihnen, sie möchten vorangehen.

Der Raum war grau. Die Wände waren grau gestrichen, der gekachelte Fußboden war grau, und grau war auch der Staub an den Fensterrahmen. Eine Reihe grauer Metallregale war mit Bolzen an der Wand befestigt. In die gegenüberliegende Wand waren zahlreiche Aktenschränke aus poliertem Stahl eingebaut. Die wenigen Möbelstücke waren aus Stahl und grauem Kunststoff. Fluoreszenzlampen hinter grauen Schirmen tauchten die Szene in ein surrealistisch anmutendes Licht.

Die einzigen hellen Punkte im Raum waren die sorgfältig geschrubbten Porzellanbecken und der schräge Obduktionstisch, schneeweiß und mit blitzendem Zubehör aus rostfreiem Stahl.

Der Sheriff selbst schien aus harten Ecken und Kanten zu bestehen. Er war fast so groß wie Max, aber um die vierzig Pfund leichter und nicht annähernd so muskulös. Trotzdem machte er nicht den Eindruck eines schwachen oder verbrauchten Mannes. Seine Hände waren groß und knochig, fast fleischlos, seine Finger krallenähnlich. Er hatte abfallende Schultern und einen dünnen Hals mit hervorstehendem Adamsapfel. Die flinken, unruhigen Augen in dem faltigen, sonnengebräunten Gesicht besaßen eine eigenartige, bernsteinfarbene Tönung.

Ostermans Stirnrunzeln wirkte unheilverheißend, sein Lächeln frei und freundlich. Als er jetzt einen der großen Metallbehälter ausrollte und das Gesicht des Leichnams aufdeckte, lächelte er nicht.

Mary ließ Max stehen und trat näher an den Toten heran.

»Kyle Nolan«, sagte Osterman. »Er war der Besitzer des Friseursalons und arbeitete selbst dort als Haar-Stylist.«

Nolan war untersetzt und breitschultrig. Großer Brustkorb. Glatze. Buschiger Oberlippenbart. Wenn man den abrasiert, dachte Mary, sieht er aus wie der Schauspieler Edward Asner.

Sie berührte den Behälter mit der Hand und wartete auf spiritistische Impressionen. Obgleich sie keine Erklärung dafür hatte, wußte sie, daß Tote für einige Zeit nach ihrem Ableben eine besondere Energie ausstrahlten, wie eine unsichtbare Kapsel, die Erinnerungen an bedeutende Ereignisse und im besonderen an die letzten Minuten vor dem Tod enthielt. Für gewöhnlich erweckte eine Berührung des Toten, oder eines Gegenstandes, der ihm gehört hatte, einen Strom hellseherischer Erscheinungen in ihr. Meist waren sie klar und deutlich, oft aber auch verschwommen und ergaben keinen Sinn. Fast immer jedoch vermittelten sie den Augenblick des Todes und die Identität des Mörders.

Heute, zum erstenmal in ihrer Karriere, spürte sie absolut nichts. Nicht einmal ein formloses Flackern oder einen Farbfleck.

Sie berührte das kalte Gesicht des Toten. Immer noch nichts.

Osterman schob den Behälter zurück und rollte den nächsten aus. Er zog das Leichentuch weg und sagte: »Tina Nolan. Kyles Ehefrau.«

Tina war nicht unattraktiv, hatte jedoch harte Gesichtszüge und sprödes, gebleichtes Haar – keine gute Reklame für das Geschäft ihres Mannes. Ihre Augen hatten sich wieder geöffnet, obgleich der Leichenbeschauer sie schon vor Stunden zugedrückt hatte. Die toten Augen starrten Mary an, als ob sie ihr etwas Wichtiges und Schreckliches mitteilen wollten. Aber schließlich erfuhr Mary auch von ihr nicht mehr als von Kyle.

Die Frau im dritten Behälter war Ende zwanzig. Sie war einmal sehr schön gewesen.

»Rochelle Drake«, erklärte Osterman. »Nolans letzte Kundin an dem Tag.«

»Rochelle Drake?« sagte Max. Er trat näher heran und blickte in den Behälter. »Ist mir dieser Name nicht bekannt?«

»Erkennen Sie sie?« fragte Sheriff Osterman.

Max schüttelte den Kopf. »Nein. Aber... Mary? Sagt dir der Name etwas?«

»Nein«, erwiderte sie.

»Als du diese Morde voraussagtest, dachtest du doch, daß dir eines der Opfer bekannt vorkam.«

»Ich habe mich geirrt«, sagte sie. »Ich kenne keinen dieser Leute.«

»Eigenartig«, bemerkte Max. »Ich könnte schwören... ich weiß nicht recht *was* ich schwören könnte... aber dieser Name... Rochelle Drake... der kommt mir sehr bekannt vor.«

Mary hörte ihm nicht zu, weil sie in diesem Moment den erwarteten Strom verspürte – die Bewegung spiritistischer Kräfte. Diese Drake würde ihr die Einsicht vermitteln, die sie von den anderen Toten nicht erhalten hatte. Mary ließ die spiritistischen Ausstrahlungen voll auf sich einwirken und legte der Toten die Hand auf die Stirn.

Wicka-Wicka-Wicka!

Wieder die Flügel!

Erschrocken zog Mary ihre Hand zurück, als sei sie gebissen worden.

Sie spürte die Flügel – lederartige Flügel, die bebten, wie die Membrane einer Trommel.

Das ist doch nicht möglich, dachte sie entsetzt. Die Flügel haben doch mit Berton Mitchell zu tun. Nicht mit dieser toten Frau hier. Und nicht mit dem Mann, der sie ermordet hat. Die Flügel gehören der Vergangenheit an, nicht der Gegenwart. Berton Mitchell kann nichts damit zu tun haben. Er hat sich doch in seiner Zelle erhängt vor fast vierundzwanzig Jahren.

Aber jetzt konnte sie die Flügel nicht nur fühlen, sondern auch riechen. Die Flügel und die Kreatur, der sie gehörten – ein feuchter, modriger Moschusgeruch, von dem ihr übel wurde.

Vielleicht war der Mörder von Rochelle Drake und den anderen gar nicht vom Geist Richard Lingards besessen?

Vielleicht statt dessen von der Seele eines anderen Psychopathen – von Berton Mitchell? Wäre es nicht möglich, daß Lingard selbst von Berton Mitchell besessen war? Und als Lingard von Barnes erschossen wurde, schlüpfte Mitchell möglicherweise in einen anderen Körper. Vielleicht hatte Mary unwissentlich den Pfad einer alten Nemesis gekreuzt und würde zeit ihres Lebens Berton Mitchell verfolgen müssen. Vielleicht war sie jetzt gezwungen, ihm von einem Opfer zum anderen zu folgen, bis er eines Tages die Gelegenheit benutzte sie zu töten.

Nein. Das war Wahnsinn. Die Gedanken einer Irren.

»Ist dir was?« fragte Max.

Die Flügel streiften ihr Gesicht, ihren Nacken, Schultern und

Brüste und Bauch, flatterten um ihre Fußgelenke, ihre Waden und dann an der Innenseite ihrer Schenkel hoch.

Sie war entschlossen, sich nicht einschüchtern zu lassen, war aber halb überzeugt, wenn sie nicht aufhörte daran zu denken, würden die Flügel sie in die ewige Dunkelheit entführen. Ein lächerlicher Gedanke. Trotzdem wandte sie sich von dem Leichenbehälter ab.

»Empfängst du etwas?« fragte Max.

»Jetzt nicht«, log sie.

»Aber vorhin?«

»Nur für einen Moment.«

»Was hast du gesehen?« fragte er.

»Nichts von Bedeutung. Nur eine undeutliche Bewegung.«

»Kannst du den Kontakt wieder aufnehmen?« fragte Max.

»Nein.«

Sie durfte der Sache nicht nachgehen. Sonst würde sie sehen, was sich hinter den Flügeln verbarg. Und das durfte sie niemals sehen.

Osterman rollte den Behälter auf seinen Platz zurück.

Mary seufzte erleichtert.

Sheriff Osterman begleitete sie zum Parkplatz vor dem Rathaus, wo sie ihren Wagen abgestellt hatten.

Der Dezemberhimmel war wie das Leichenschauhaus – verschiedene Schattierungen von Grau. Die schnell vorbeiziehenden Wolken spiegelten sich auf der polierten Motorhaube des Mercedes.

Fröstelnd steckte Mary die Hände in die Manteltaschen und stemmte sich gegen den Wind.

»Habe tolle Dinge von Ihnen gehört«, sagte Osterman in seiner knappen Sprechweise zu Mary. »Schon oft daran gedacht, Sie heranzuziehen. Mich gefreut, als Sie heute kamen. Hatte auf einen Hinweis gehofft.«

»Darauf hatte ich auch gehofft«, erwiderte sie.

»Sie haben diese Morde vorausgesehen, was?«

»Ja.«

»Auch die Krankenschwestern in Anaheim?«

»Ja, die auch.«

»Glauben Sie, es ist derselbe Killer?«

»Ja.«

Osterman nickte. »Glauben wir auch. Haben Hinweise.«

»Was für eine Art von Hinweisen?« fragte Max.

Osterman sprach präzise und schnell. »Als er die Schwestern umbrachte, hat er allerhand zerbrochen. Religiöse Gegenstände. Zwei Kruzifixe. Marienfigur. Hat sogar eine mit einem Rosenkranz erdrosselt. War was ähnliches im Friseurladen.«

»Was denn?« fragte Mary.

»Ziemlich häßliche Sache. Vielleicht wollen Sie das gar nicht hören.«

»Ich bin schon daran gewöhnt, häßliche Dinge zu sehen und zu hören«, sagte sie.

Er blickte sie einen Moment lang an. Seine Bernsteinaugen waren von den Lidern halb verdeckt. »Das wird schon so sein.« Er lehnte sich an den Mercedes. »Diese Frau im Friseursalon. Rochelle Drake. Trug eine Halskette. Mit einem Kruzifix. Er vergewaltigte sie, tötete sie. Riß ihr das Kruzifix ab.«

Mary wurde übel. Sie preßte die Arme über der Brust zusammen.

»Dann muß es ein Psychopath mit einem religiösen Tick sein«, sagte Max.

»Scheint so«, meinte Osterman. Er sah Mary an und fragte: »Wo geht es jetzt hin?«

»An die Küste«, sagte sie.

»King's Point«, sagte Max.

»Warum gerade dorthin?«

Sie zögerte mit der Antwort und blickte Max an. »Dort finden die nächsten Morde statt.«

Osterman schien nicht überrascht. »Wieder eine Vision, was?«

»Heute früh«, sagte sie.

»Wann passiert es denn?«

»Morgen nacht.«

»Am Weihnachtsabend?«

»Ja.«

»Wo denn in King's Point?«

»Im Hafen.«

»Ganz schön großer Hafen dort.«

»Es wird in der Nähe der Geschäfte und Restaurants sein.«

»Wie viele wird er umbringen?« fragte Osterman.

»Ich bin nicht sicher.«

Sie fror. An der Kälte, die sie spürte, war nicht allein der Wind und der kalifornische Wintertag schuld. Es war ihr kalt in der Magengrube, kalt im Herzen. Sie trug nur einen dünn gefütterten Kalbsledermantel und wünschte, sie hätte statt dessen ihren schwersten Pelz mitgenommen.

»Vielleicht kann ich ihn aufhalten, bevor er noch jemand ermordet«, sagte sie.

»Fühlen Sie eine Verantwortung ihn aufzuhalten?« fragte Osterman.

»Ich werde keinen Frieden finden, bis ich es tue.«

»Ihre hellseherische Gabe möchte ich nicht haben.«

»Ich habe sie mir nicht ausgesucht«, sagte Mary.

Ein Lastwagen ratterte die Straße hinunter. Osterman wartete ab, bis wieder Ruhe war. »King's Point gehörte früher zu meinem Dienstbereich«, sagte er. »Vor zwei Jahren schworen sie dann ihre eigene Polizeitruppe ein. Kann mich nicht mehr einmischen, außer sie bitten mich darum. Oder wenn ein Fall bei denen seine Anfänge in meinem Bezirk hat.«

»Ich wünschte, ich könnte mit Ihnen arbeiten«, sagte Mary.

»Sie werden mit einem Arschloch arbeiten müssen«, sagte Osterman.

»Wie bitte?«

»Mit dem Polizeichef von King's Point. Heißt Patmore. John Patmore. Ein Arschloch. Wenn er Ihnen Schwierigkeiten macht, sagen Sie ihm, er soll mich anrufen. Er hat einen gewissen Respekt vor mir, aber er ist trotzdem ein Arschloch.«

»Wir werden Ihren Namen erwähnen, wenn es nötig sein sollte«, sagte Mary, »aber wir sind auch nicht ganz ohne Einfluß dort unten. Wir kennen den Eigentümer der *King's Point Press*.«

Ostermann lächelte. »Lou Pasternak?«

»Kennen Sie ihn?«

»Verdammt guter Journalist.«

»Ja, das ist er.«

»Komischer Typ.«

»Ein bißchen«, gab sie zu.

Der Sheriff reichte erst Mary, dann Max die Hand. »Hoffe, Sie beide können mir diesmal den Job abnehmen«, sagte er.

»Danke für Ihre Hilfe«, sagte Max.

»Zögern Sie nicht, mich um Hilfe zu bitten, falls Sie sie brauchen. Es war mir ein Vergnügen.«

Als Mary in den Mercedes stieg, pfiff ein Windstoß durch die Stromleitung genau über ihrem Kopf.

Sie erreichten King's Point um zwei Uhr dreißig nachmittags. Der erste Blick auf den Ort bot sich ihnen von einer Anhöhe hoch über dem Hafen.

Der Himmel hing niedrig. Dicke graue Wolken fegten über die Küste aufs Festland zu. Eine Meile vom Hafen hing dichter Dunst über dem Wasser. Näher zum Strand zu tanzte ein halbes Dutzend Surfer in Scuba-Schutzanzügen auf den respektgebietenden Wellen, die über den Strand schäumten und an den steinernen Wellenbrechern zu beiden Seiten der Hafeneinfahrt zerbarsten.

Die Stadt King's Point lag am Pacific Coast Highway – der Schnellstraße an der pazifischen Küste –, wenige Kilometer südlich von Laguna Beach in einer Gegend, wo Sonnenschein und Geld vorherrschten. Heute hatte sich die Sonne einmal versteckt, aber das Geld war nirgends zu übersehen. Die Häuser an den grünen Hängen kosteten zwischen 75 000 und 500 000 Dollar, waren von dekorativen und sorgfältig manikürten Gartenanlagen umgeben und boten Ausblick aufs Meer. Im Hafengebiet waren die Häuser mit eigenem Anlegesteg nicht ganz so teuer wie in Newport Beach, doch zeigten Grundstücksmakler wenig Interesse für potentielle Käufer, die vor einem Grundpreis von einer Viertelmillion Dollar zurückschreckten. Auf dem flachen Land zwischen dem Hafen und den Bergen waren die Preise nicht ganz so hoch – es gab sogar eine Anzahl Mietwohnungen – aber auch hier war das Wohnen verhältnismäßig teuer.

Die Reisebroschüren bezeichneten King's Point als ›bezaubernd‹, ›reizend‹ und ›malerisch‹, und hatten damit zufällig einmal die Wahrheit gesagt. Die Rasenflächen waren von üppigem Grün, die zahlreichen Parkanlagen voller Zierpalmen verschiedener Art, Oleander, Magnolienbüsche, Olivenbäume und Blumen. Die sorgfältig gepflegten Häuser wurden jedes Jahr frisch gestrichen zum Schutz gegen die ätzende Seeluft. Geschäftsleute waren angehalten, auf allzu auffällige Neonreklamen zu verzichten und durften nach dem Gesetz ihre Läden nur in dezenten, unauffälligen Farben streichen.

Die Einwohner von King's Point schienen entschlossen zu sein, alles von sich fernzuhalten, was geschmacklos, billig und anstößig war.

Aber sie können nicht alles ausschließen, was ihnen nicht paßt, dachte Mary. Ein Killer ist von außen eingedrungen. Er bewegt sich in diesem Moment in ihrer Mitte. Man kann den Tod nicht durch Bestimmungen und Verordnungen fernhalten.

Vom Frühjahr bis zum frühen Herbst war die Einwohnerzahl von King's Point sechzig Prozent höher, als im Winter. Während der Urlaubsmonate waren die Motels schon Wochen im voraus ausgebucht, Gaststätten erhöhten ihre Preise – außer für Stammkunden, die Geschäfte stellten Hilfskräfte ein, und die schneeweißen Strände waren überfüllt. Jetzt, zwei Tage vor Weihnachten, war alles in der Stadt ruhig. Als Max von der Schnellstraße in die Innenstadt einbog, herrschte wenig Verkehr.

Die Polizeiwache von King's Point war ein einstöckiger Ziegelbau ohne jegliche architektonische Schönheit, Stil oder Charme. Sie sah aus wie ein übergroßer Lagerschuppen mit Fenstern. Sogar hier, drei Häuserblocks vom Hafen, auf der flachen Strecke außerhalb der eleganten Viertel am Hang und am Ufer, konnte das Polizeigebäude mit seiner äußeren Erscheinung keine Ehre einlegen.

Die Inneneinrichtung war gleichermaßen bedrückend: Der Fußboden war mit braunen Fliesen ausgelegt, Wände und Decke ein verwaschenes Grün, das Mobiliar streng funktionell. Hier waren keine Steuergelder sinnlos verschwendet worden. Es gab drei Schreibtische, einen Aktenschrank mit sechs Schubladen, IBM-Schreibmaschinen, eine Kopiermaschine, einen kleinen Kühlschrank, eine Fahne der Vereinigten Staaten, einen Waffenschrank mit Glastür, in dem Schrotgewehre und Revolver verwahrt wurden, und in der Ecke ein Funkgerät. Die einzige Person im Raum war eine Zivilsekretärin um die Fünfzig mit weißgelocktem Haar und enormem Busen. Sie hatte grellrot geschminkte Lippen, eine blasse Hautfarbe, und das Namensschild auf ihrem Schreibtisch wies sie als Mrs. Vidette Yancy aus.

»Ich möchte gern Polizeichef Patmore sprechen«, sagte Mary.

Mrs. Yancy ließ sich Zeit ein Wort zu verbessern, das sie gerade getippt hatte. »Den?« sagte sie schließlich. »Der ist nicht da.«

»Wann kommt er denn zurück?«

»Der Chef? Morgen früh.«

»Könnten Sie uns seine Privatadresse geben?« fragte Max.

»Seine Privatadresse? Ja, sicher. Die kann ich Ihnen geben. Aber er ist nicht zu Hause.«

»Wo ist er denn?« fragte Mary ungeduldig.

»Wo er ist? Na, der ist doch nach Santa Barbara gefahren. Kommt morgen gegen zehn zurück.«

Mary wandte sich an Max. »Vielleicht sollten wir mit seinem Vertreter sprechen.«

»Vertreter?« sagte Mrs. Yancy. »Dem Chef unterstehen fünf Beamte. Zur Zeit sind natürlich nur zwei von ihnen im Dienst.«

»Wenn der Kerl so ist, wie man ihn uns beschrieben hat«, sagte Max, »hat es wohl wenig Zweck, mit einem seiner Leute zu sprechen. Er wird die Sache persönlich behandeln wollen.«

»Aber die Zeit läuft uns davon.«

»Haben wir nicht bis morgen abend um sieben Zeit?« fragte Max.

»Wenn meine Vision sich als richtig erweist.«

»Dann können wir Patmore morgen früh sprechen. Das ist immer noch zeitig genug.«

»Die Beamten, die Dienst haben, sind gerade auf Streife«, sagte Mrs. Yancy. »Wollten Sie eine Strafanzeige machen?«

»Nicht genau das«, sagte Mary.

»Nicht genau das? Ich habe die Formulare hier, wissen Sie.« Sie zog ihre Schublade auf und begann darin herumzukramen. »Ich kann Ihre Meldung entgegennehmen, und einer der Beamten wird später mit Ihnen in Verbindung treten.«

»Lassen Sie nur«, sagte Max. »Wir kommen morgen um zehn.«

In der Bucht vor dem Hafen waren die Grundstücke am Ufer kommerziell voll ausgenutzt. Dort lagen Jachtklubs, Verkaufsbüros für Jachten und Boote, Trockendocks, Gaststätten und

Läden verschiedener Art. Alle waren gleichermaßen sauber und gepflegt wie die eleganten Villen an beiden Ufern des Kanals, der die Einfahrt zum Hafen bildete.

Der ›Laughing Dolphin‹ war eine Gaststätte und Cocktail-Bar direkt am Hafen. Im Obergeschoß war ein Freiluftdeck, das übers Wasser hinausragte. Hier konnten die Gäste bei schönem Wetter in der Sonne sitzen und sich einen antrinken. Heute jedoch war das Deck unbesetzt. Max und Mary hatten es für sich allein.

Mary hielt einen Becher Kaffee mit Brandy in der Hand und lehnte sich an das hölzerne Geländer.

Wenn man nicht direkt im Wind stand, war das Wetter lediglich kühl. Aber hier draußen in der scharfen Seebrise war es richtig kalt. Die Meeresluft hatte Marys Gesicht eine gesunde Farbe verliehen.

Rechts oben konnte sie das Hotel ›Spanish Court‹ sehen, wo sie und Max ein Zimmer reserviert hatten. Es stand auf dem nördlichen Hügel hoch über dem Hafen. Mit seinem weißen Putz, naturfarbenen Holzbalken und rotem Schieferdach bot es ein majestätisches Bild.

Eine Gruppe von acht kleinen Booten segelte im geschlossenen Verband vor ihnen auf dem stillen, schiefergrauen Wasser. Vor dem Hintergrund von zwanzig, dreißig und vierzig Meter langen Segel- und Motorjachten war es ein hübscher Anblick. Sogar bei dem heutigen Wetter ohne einen Sonnenstrahl blitzten die Segel in makellosem Weiß. Ein Bild von heiterer Sorglosigkeit und zufriedenem Wohlstand.

»Sieh dir alles genau an«, sagte Max. »Die Boote, die Häuser, den ganzen Hafen. Vielleicht löst irgend etwas eine Vision aus.«

»Ich glaube kaum«, erwiderte sie. »Die Erscheinung ist für immer erloschen, seit ich aufwachte und man auf mich schoß.«

»Du mußt es versuchen.«

»Muß ich das?«

»Bist du nicht deshalb hergekommen?«

»Wenn ich diesen Killer nicht weiter verfolge, wird er am Ende mir nachstellen.«

Ein plötzlicher Windstoß schlang Mary ihren Ledermantel um die Beine. Die Fensterscheiben der Cocktail Lounge hinter ihnen klirrten.

Mary trank ihren Kaffee. Der Dampf stieg aus der Tasse, umrahmte ihr Gesicht und zerstob in der Winterluft.

Max sagte: »Vielleicht hilft es, wenn du mir noch mal erzählst, was sich abspielen wird.« Sie gab keine Antwort, und er drang weiter in sie: »Morgen abend um sieben. Nicht weit von der Stelle, wo wir jetzt stehen.«

»Höchstens ein paar Häuserblocks von hier«, sagte sie.

»Du sagtest, er kommt mit einem Fleischermesser.«

»Mit Lingards Messer.«

»Jedenfalls irgendein Messer.«

»Lingards Messer«, versicherte sie ihm.

»Du sagtest, er wird auf zwei Menschen einstechen.«

»Ja, zwei.«

»Wird er sie töten?«

»Vielleicht einen von ihnen.«

»Aber nicht den anderen.«

»Wenigstens einer bleibt am Leben. Vielleicht auch beide.«

»Wer sind diese Leute, die er mit dem Messer angreifen wird?«

»Ich weiß die Namen nicht.«

»Wie sehen sie aus?«

»Die Gesichter konnte ich auch nicht sehen.«

»Junge Frauen, wie in Anaheim?«

»Ich weiß es wirklich nicht.«

»Und was ist mit dem Gewehr?«

»Das habe ich gesehen.«

»Also hat er ein Fleischermesser und ein Gewehr?«

»Nachdem er diese zwei Leute mit dem Messer gestochen hat, nimmt er das Gewehr und steigt auf einen Turm. Er hat die Absicht alle zu erschießen.«

»Alle?«

»So viele er kann.«

Vom Meer her flog ein Dutzend Möwen über das Hafenbecken auf sie zu. Ihre weißen Federn hoben sich scharf von dem dunklen, stürmischen Himmel ab. Sie schwebten hoch über dem Wasser und ließen sich vom Wind treiben.

»Wie viele wird er umbringen?« fragte Max.

»Die Vision verschwand, bevor ich es erkennen konnte.«

»Auf welchen Turm steigt er?«

»Ich weiß es nicht.«

»Sieh dich mal um«, sagte Max. »Sieh dir einen Turm nach dem anderen an. Versuche zu fühlen, welcher es sein wird.«

Zu ihrer Rechten, dreihundert Meter hinter der Biegung des Hafenbeckens und etwa fünfhundert Meter vom ›Laughing Dolphin‹ entfernt, lag die römisch-katholische Kirche der Heiligen Dreieinigkeit. Ein finsteres, gotisches Bauwerk aus grauem, vom Wetter zerfressenen Granit mit hübschen Buntglasfenstern, das wie eine Burg aussah. Der dreißig Meter hohe Kirchturm war der höchste Punkt im Umkreis von mehreren Häuserblöcken. Unmittelbar unter dem zugespitzten Dach befand sich eine Aussichtsplattform mit einer niedrigen Balustrade.

Das Kreischen der Möwen lenkte Mary einen Moment lang ab. Sie flogen über die Segelboote hinweg landeinwärts und stießen aufgeregte Schreie aus. Es hörte sich an wie Fingernägel auf einer Schiefertafel.

Mary versuchte, die Vögel nicht zu beachten und sich auf den Kirchturm zu konzentrieren. Nichts. Keine Erscheinung. Keine spiritistischen Schwingungen. Nicht die leiseste Andeutung, daß der Killer von der Dreieinigkeitskirche aus zuschlagen würde.

Zwischen Mary und der Dreieinigkeitskirche lag die lutheranische Kirche von St. Luke. Sie befand sich zweihundert Meter nördlich und einen halben Häuserblock vom Hafen entfernt. Die Kirche war im spanischen Stil erbaut, mit massiven, geschnitzten Eichentüren. Der Kirchturm von St. Luke war nur etwa halb so hoch wie der der Dreieinigkeitskirche.

Auch von dort empfing sie nichts.

Nur gespenstischer Wind und die aufgeregten Schreie der Möwen.

Der dritte Turm lag zweihundert Meter zu ihrer Linken direkt am Ufer. Er war nur vier Stockwerke hoch und Teil eines Spielpavillons, ›Kimball's Games and Snacks‹. In der Sommersaison pflegten die Touristen mit ihren Kameras auf die Turmspitze zu klettern und Fotos vom Hafen zu machen. Im Winter war das Lokal geschlossen und verriegelt und stand still und leer da.

»Ist es der Kimball-Turm?« fragte Max.

»Ich weiß nicht«, sagte sie. »Es könnte jeder von ihnen sein.«

»Du mußt dich mehr anstrengen«, sagte er.
Sie schloß die Augen und versuchte sich zu konzentrieren.
Mit ärgerlichem Kreischen stießen plötzlich die Möwen aus der Luft herunter, nur wenige Zentimeter an ihren Köpfen vorbei.
Mary fuhr erschrocken zurück und ließ ihren Kaffeebecher fallen.
»Ist dir was passiert?« fragte Max besorgt.
»Nein, es war nur der Schreck.«
»Haben sie dich berührt?«
»Nein.«
»Die schießen eigentlich nie so nahe an einem vorbei, wenn man nicht an ihre Nistplätze herankommt. Aber hier können sie nirgends ihre Eier legen. Außerdem ist es nicht die Jahreszeit.«
Die zehn oder zwölf Möwen kreisten über ihren Köpfen. Sie ließen sich nicht vom Wind treiben, wie Möwen es gewöhnlich tun. Ihr Flug hatte nichts Gelassenes und Anmutiges an sich. Statt dessen flatterten sie aufgeregt durcheinander, schossen in die Höhe und wieder hinab – alles in einem eng gezogenen Kreis. Sie machten einen gequälten Eindruck, und es schien erstaunlich, daß sie nicht aneinanderprallten. Sich gegenseitig ankreischend, vollführten sie einen unnatürlichen und hysterischen Tanz in der Luft.
»Was hat sie nur so verstört?« wunderte sich Max.
»Ich«, sagte Mary.
»Du? Was hast du ihnen denn getan?«
Sie begann, heftig zu zittern. »Ich habe versucht, eine Vision herbeizuführen, um zu sehen, welchen Turm der Killer benutzen wird.«
»Na und?«
»Die Möwen sind gekommen, es zu verhindern.«
»Aber Mary, das ergibt doch keinen Sinn«, sagte er verblüfft. »Abgerichtete Möwen?«
»Nicht abgerichtet. Gelenkt.«
»Von wem? Wer lenkt sie?«
Sie starrte die Vögel an.
»Wer lenkt sie?« wiederholte er seine Frage. »Lingards Geist?«
»Vielleicht.«

Er faßte sie an der Schulter. »Mary...«

»Du hast doch den Poltergeist selbst gesehen, der mich verfolgte, verdammt nochmal!«

In dem Sei-doch-vernünftig-Ton, der sie immer so aufbrachte, sagte er: »Ein Poltergeist kann vielleicht tote Gegenstände bewegen und umherwerfen, aber keine lebenden Tiere.«

»Hör mal, du weißt ja auch nicht alles«, sagte sie. »Du weißt nicht...« Sie wandte sich ab und blickte nach oben.

»Was ist denn?« fragte er.

»Die Vögel.«

Die Möwen flatterten immer noch wie verrückt herum, waren jetzt aber still. Keine gab einen Laut von sich.

»Eigenartig«, sagte Max.

»Ich gehe hinein«, sagte Mary.

Sie hatte fast den Eingang zur Cocktail Lounge erreicht, als eine der Möwen sie von hinten angriff und ihr einen harten Stoß zwischen die Schulterblätter versetzte, wie einen Hammerschlag. Mary stolperte und verdeckte instinktiv ihr Gesicht mit den Händen. Flügel schlugen ihr auf den Nacken, auf den Hinterkopf. Donnerten ihr um die Ohren. Nicht die gleichen Flügel wie bei Berton Mitchell, die sich ledern und membranartig anfühlten. Diese hier waren gefiedert. Aber das machte die Möwe nicht weniger gefährlich und fürchteinflößend.

Sie dachte an den scharfen, gebogenen Schnabel des Vogels und stellte sich vor, wie er ihr die Augen aushackte. Sie schrie laut auf.

Max rief ihr etwas zu, was sie nicht verstand.

Sie griff nach der Möwe, fürchtete aber, sie würde ihr die Finger zerreißen und zog ihre Hand wieder zurück.

Max schlug den Vogel zur Seite. Er fiel halb benommen zu Boden.

Dann riß Max die Tür auf und stieß Mary hinein. Er folgte ihr und schloß die Tür hinter sich.

Der Bartender hatte den Angriff beobachtet und eilte herbei, sich die Hände an einem Handtuch abwischend.

Ein stämmiger, rothaariger Mann an der Bar drehte sich auf dem Barhocker herum, um zu sehen was los war.

In einer der mit schwarzem Kunststoff verkleideten Nischen

am Fenster blickten ein hübsches blondes Mädchen und ein dunkelhaariger junger Mann von ihren Drinks auf.

Bevor der Bartender noch drei Schritte getan hatte, prallte eine Möwe mit voller Kraft gegen einer der kleinen Glasscheiben in der Tür. Die Scheibe zerbarst nach innen. Die Scherben klirrten auf dem Boden.

Die Serviererin ließ ihr Tablett fallen und rannte zur Treppe, die ins Restaurant führte.

Mit einem Knall wie von einem Gewehrschuß schlug eine andere Möwe gegen das zwei Meter hohe Fenster, von wo aus man den Hafen überblickte. Die Glasscheibe splitterte, zerbrach aber nicht. Der verletzte Vogel fiel, draußen aufs Sonnendeck und hinterließ einen schwärzlich-roten Blutfleck auf der Scheibe.

»Sie bringen mich um!«

»Nein«, tröstete sie Max.

»Das wollen sie aber.«

Er hielt schützend den Arm um sie. Zum ersten Mal, seit sie ihn kannte, schienen seine Arme nicht lang genug, seine Brust nicht breit genug, sein Körper nicht stark genug, um ihr Sicherheit zu bieten.

Eine Möwe prallte von dem Fenster neben dem jungen Paar ab. Das Glas wies einen gezackten Riß auf, wie ein einschlagender Blitz. Die hübsche Blonde schrie laut auf und stolperte aus der Nische.

Einen Augenblick nachdem ihr Begleiter ihrem Beispiel gefolgt war, rammte eine andere Möwe dasselbe Fenster und zerbrach es. Das Glas fiel in großen Scherben auf den Tisch. Tausend kleinere Splitter übersäten die Kunststoffsitze, auf denen das junge Paar eben noch gesessen hatte.

Der kopflose Rumpf der Möwe landete mitten auf dem Tisch. Der abgetrennte Kopf kippte in das Martini-Glas des jungen Mädchens. Zwei weitere Möwen kamen durch das zerbrochene Fenster geflogen.

»Laßt sie nicht rein!« schrie Mary hysterisch. »Laßt sie nicht, laßt sie nicht, *bitte* nicht!«

Das junge Paar ging in die Knie und suchte hinter und halb unter dem Tisch Deckung.

Max schob Mary in die nächste Ecke und deckte sie so gut er konnte mit seinem Körper. Eine der Möwen flog direkt auf ihn zu. Er wehrte sie mit dem Arm ab. Der Vogel kreischte wütend und flatterte durch den Raum.

Ein anderer landete auf einem Tisch in der Mitte der Cocktail Lounge und streifte mit dem Flügel einen kupfernen Kerzenhalter mit brennender Kerze. Eine Kerze fiel um und setzte das Tischtuch in Brand.

Der Bartender erstickte die Flamme mit einem feuchten Handtuch.

Die Möwe hob vom Tisch ab und flog die Flaschenregale hinter der Bar an. Zwei, drei, vier, acht Flaschen krachten zu Boden. Der rothaarige Mann auf dem Barhocker war zu verblüfft, um Angst zu verspüren. Fasziniert sah er zu, wie die Möwe eine Flasche nach der anderen vom Regal stieß. Der Geruch von Whisky verbreitete sich im Raum.

Die erste Möwe flog wieder Max an. Sie kam von oben, flatterte wild in der Ecke und stieß dann mit unheimlicher Schläue auf Marys Kopf hinunter.

Ihre Füße verkrallten sich in Marys Haar. »Mein Gott, *Nein! Nein!*«

Sie griff nach dem Vogel ohne Rücksicht auf Schnabelhiebe. Er war unrein. Sie mußte ihn loswerden. Max griff ebenfalls nach der Möwe. Sie entkam ihm und begann wieder im Zimmer zu kreisen. Gleich darauf schoß sie wieder auf Mary zu und schlug an die Wand dicht neben ihrem Kopf. Dann fiel sie vor Marys Füßen zu Boden, wo sie zuckend liegenblieb.

Nach Atem ringend, die Hand mit gespreizten Fingern vor dem Gesicht haltend, trat Mary zurück.

»Die ist außer Gefecht«, sagte Max.

»Mach sie tot!« Sie erkannte ihre eigene Stimme nicht, die von Furcht und Haß verzerrt war.

Max zögerte. »Ich glaube nicht, daß die uns noch gefährlich werden kann.«

»Töte sie, bevor sie wieder hochfliegt!«

Er schob die Möwe mit dem Fuß in die Ecke und zertrat ihr mit sichtlichem Widerwillen den Kopf.

Mary wandte sich ab. Ihr wurde übel.

Die andere Möwe hob von der Bar ab und flog durch das zerbrochene Fenster ins Freie.

Alles war wieder ruhig. Es war totenstill im Raum.

Schließlich erhob sich der dunkelhaarige Mann vom Fußboden und half der Blonden auf die Füße.

Der rothaarige, kräftige Mann an der Bar trank seinen Whisky in einem Zug aus.

»So eine Scheiße«, sagte der Bartender. »Was ist denn passiert? Hat man jemals gesehen, daß sich Möwen so verhalten?«

Max berührte Marys Wange. »Alles okay?«

Sie lehnte sich an ihn und brach in Tränen aus.

11

6.30 Uhr abends.

Die Lichter auf den Hügeln von King's Point funkelten wie tausend orangefarbene Sterne in der Dunkelheit. Im Westen schmolzen Himmel und Meer zu einer schwarzen Wand zusammen.

Max parkte am Rinnstein und schaltete die Scheinwerfer aus. Er beugte sich zu Mary hinüber und küßte sie. »Du siehst bezaubernd aus heute abend.«

Sie lächelte. Trotz allem, was heute geschehen war, fühlte sie sich angeregt, munter und feminin. »Das ist jetzt das sechstemal, daß du mir das sagst.«

»Und sieben ist eine Glückszahl. Also: Du siehst bezaubernd aus heute abend.« Er küßte sie nochmals. »Geht es dir jetzt besser? Bist du entspannt?«

»Der Mann, der das Valium erfunden hat, sollte heiliggesprochen werden.«

»*Du* solltest heiliggesprochen werden«, sagte er. »Steige noch nicht aus. Ich möchte den Kavalier spielen. Ich komme rum und öffne dir den Schlag.«

Der Meereswind blies nicht stärker als am Nachmittag, doch war es kälter geworden, und das Pfeifen des Windes erschien lauter. Er schüttelte die schlecht befestigten Fensterläden, daß sie klapperten und brachte die lose eingehängten Garagentüren zum Kreischen. Äste scheuerten sich an der Hauswand, die gefiederten Spitzen von Palmenblättern hißten im Chor wie gereizte Klapperschlangen, leere Müllkästen kippten auf die Seite, und ein paar weggeworfene Cola-Büchsen rollten über die Straße.

Das kleine, einstöckige Haus in der Ocean Hill Lane 440, durch eine dicke Hecke, Kiefernbäume und Dattelpalmen vom Winde geschützt, wirkte anheimelnd und gemütlich. Sanftes Licht schien durch die Fenster. Neben der Eingangstür hing eine Stallaterne.

Lou Pasternak – Eigentümer, Verleger und Redakteur der zweimal wöchentlich erscheinenden Zeitung *King's Point Press* – öffnete ihnen die Haustür und hieß sie willkommen. Während sie sich gegenseitig versicherten, wie gut sie aussahen und wie froh sie waren, wieder einmal zusammenzukommen, küßte Pasternak Mary auf die Wange, schüttelte Max die Hand und hing die Mäntel seiner Gäste in den Schrank.

Wie immer, wenn sie sich trafen, wirkte Lous Gegenwart auf Mary wie ein Beruhigungsmittel. Mit Ausnahme von Max und ihrem Bruder mochte sie Lou mehr, als jeden Mann, der ihr je begegnet war. Er war äußerst intelligent, gutherzig und übermäßig großzügig. Nebenbei war er der größte Zyniker, den sie kannte, doch wußte er seinen Zynismus durch seine bescheidene Art und einen ausgeprägten Sinn für Humor zu mildern.

Was Mary Sorgen machte, war die Tatsache, daß er zuviel trank. Er war sich dessen bewußt und imstande, gelassen darüber zu sprechen. Er behauptete, daß er den Alkohol als eine Art Krücke benötigte, um sich in einer Welt zu bewegen, die ein Paradies sein könnte, wenn es nicht so viele Arschlöcher gäbe. Manche Menschen, sagte er, gebrauchten Geld oder Drogen oder hundert andere Dinge als Stütze, um nicht auszuflippen. Seine eigene Stütze war der Scotch oder ein verdammt guter Bourbon.

»Meine Mutter«, warf Mary manchmal ein, »war Alkoholikerin und führte ein recht elendes Leben.«

»Deine Mutter«, erwiderte Lou stets, »gehörte wahrscheinlich zu denen, die nicht wissen, wieviel sie vertragen können. Es gibt nichts Schlimmeres, als einen schlampigen Säufer oder einen, der sich selbst bemitleidet.«

Sein Trinken schien ihn nicht daran zu hindern, ein ausgefülltes Leben zu führen. Er hatte sich einen äußerst erfolgreichen Zeitungsverlag aufgebaut, den er allein leitete. Seine Reportagen und Leitartikel waren mehrmals mit Literaturpreisen ausgezeichnet worden. Obgleich er mit fünfundvierzig immer noch Junggeselle war, hatte er mehr Freundinnen gehabt, als jeder andere Mann, den Mary kannte. Zur Zeit lebte er allein, aber das würde wohl nicht lange andauern.

Trotz seines ungeheuren Alkoholkonsums hatte sie ihn noch nie betrunken gesehen. Weder kam er jemals ins Wanken, noch wurde er rührselig, laut oder unangenehm. Er vertrug nicht nur viel Alkohol, sondern blühte auf, wenn er trank.

»Ich trinke nicht, um mich meiner Verantwortung zu entziehen«, hatte er ihr einmal erklärt, »ich trinke, um den Konsequenzen zu entgehen, die sich daraus ergeben, daß andere Leute nicht fähig sind, *ihre* Verantwortung wahrzunehmen.«

»Der Alkohol hat meine Mutter umgebracht«, hatte Mary ihn gewarnt. »Ich möchte nicht, daß du auch daran zugrunde gehst.«

»Wir müssen alle mal sterben, meine Liebe. Eine kaputte Leber als Todesursache ist nicht schlimmer als ein Schlaganfall oder Krebs. Wahrscheinlich weniger schlimm.«

Sie liebte ihn so sehr wie Max, wenn auch auf andere Art. Er war untersetzt – volle dreißig Zentimeter kleiner als Max mit seinen einszweiundneunzig – und sogar etwas kleiner als Mary. Trotzdem war er gut proportioniert, mit muskulösen Armen, breiten Schultern und einem mächtigen Brustkorb. Er trug ein weißes Hemd mit aufgekrempelten Ärmeln. Seine Unterarme waren dicht behaart.

Nur sein Gesicht stand im krassen Gegensatz zu seiner Figur. Er besaß die feinen Gesichtszüge des hochgezüchteten Aristokraten. Sein braunes Haar war glatt zurückgekämmt, seine Stirn hoch und prominent, die lebhaften braunen Augen zeugten von Intelligenz und Sensitivität. Die schmale Nase war fein gemeißelt. Der Mund wirkte fast spröde. Mit seiner Nickelbrille sah er aus wie ein Schulmeister.

»Bourbon mit Eiswürfeln«, sagte er und nahm sein Glas von

dem Marmortisch in der Diele. »Der dritte, seit ich aus dem Büro kam. Falls der Wind die Stromleitung umhaut, gedenke ich mich mit diesem Zeug selbst zum Leuchten zu bringen, damit ich nachher im Bett noch lesen kann.«

Obwohl das Wohnzimmer mehrere Lehnstühle und ein bequemes Sofa enthielt, bestand die Einrichtung hauptsächlich aus Büchern, Zeitschriften, Schallplattenalben und Gemälden. Stapel von Büchern standen neben der Couch und dahinter. Der Hohlraum unter dem Kaffeetisch war ebenfalls mit Büchern vollgestopft. Ein Regal an der Wand war mit den neuesten Ausgaben Hunderter von Zeitschriften überladen. An der einzigen Wand, die nicht mit Büchern und Schallplatten bedeckt war, hingen Öle, Pastelle und Aquarelle einheimischer Maler. Dutzende von Gemälden verschiedener Kunstrichtungen waren so dicht beieinander aufgehängt, daß sie kaum zur Geltung kamen. Dennoch hatte Lou bei der Auswahl einen so guten Geschmack bewiesen, daß die einzelnen Bilder im Laufe des Abends immer wieder die Blicke der Gäste auf sich zogen. Einer der Armsessel, weit mehr zerschlissen und zersessen als die übrigen, war Lous Stammplatz. Dort pflegte er des Abends zu sitzen, wöchentlich ein halbes Dutzend Bücher zu lesen und Opernarien, Benny Goodman und Bach zu hören.

Es war einer der freundlichsten und gemütlichsten Räume, die Mary je gesehen hatte.

Lou brachte ihnen Drinks. Dann legte er eine Platte von Bach auf, interpretiert von Eugene Ormandy, und stellte das Stereogerät leise. »So, jetzt erzählt mir mal die ganze Geschichte. Seit deinem Anruf heute früh habe ich mir das Hirn zermartert, worum es sich handeln könnte. Es klang so geheimnisvoll.«

Mary erzählte ihm alles, wobei Lou sie des öfteren unterbrach und mit ihr über die Existenz von Poltergeistern diskutierte. Sie begann mit der Verfolgung von Richard Lingard und beendete ihre Erzählung mit dem Angriff der Möwen im ›Laughing Dolphin‹.

Als sie geendet hatte, trat eine ungewöhnliche Stille ein. Aus dem Eßzimmer war das monotone Ticken der alten Standuhr aus Großvaters Zeiten zu hören.

Nachdenklich schenkte sich Lou einen doppelten Bourbon

ein. Dann setzte er sich wieder auf seinen Platz und sagte: »Also morgen abend um sieben wird der Killer zwei Menschen sein Fleischermesser in den Leib rennen und einen von ihnen vielleicht töten. Dann steigt er auf einen Turm und fängt an zu schießen.«

»Glaubst du mir das?« fragte Mary.

»Natürlich. Ich habe doch deine Arbeit seit Jahren verfolgt.«

»Und du glaubst an Lingards Geist?«

»Wenn du es sagst, warum nicht?«

Mary warf Max einen Blick zu.

»Wird morgen abend überhaupt jemand dort sein, auf den er schießen kann?« fragte Max. »Werden nicht alle am Weihnachtsabend zu Hause bei ihren Familien sein?«

»Oh, unten am Hafen findet er genügend Opfer«, meinte Lou. »Auf vielen Booten feiert man Weihnachtspartys. Da sind immer Leute an Deck oder im Hafen – überall.«

»Ich glaube nicht, daß wir ihn davon abhalten können, jemand zu erstechen«, sagte Mary. »Aber vielleicht können wir ihn am Schießen hindern. Man könnte auf allen drei Türmen Polizisten postieren.«

»Nur ein Problem«, sagte Lou.

»Welches?«

»John Patmore.«

»Euer Polizeichef?«

»Leider ist er das. Es wird nicht leicht sein, ihn davon zu überzeugen, deine Visionen ernst zu nehmen.«

»Aber wenn auch nur eine kleine Chance besteht, daß ich recht habe«, warf Mary ein, »warum sollte er seine Mitarbeit verweigern. Schließlich ist es seine Aufgabe, die Einwohner von King's Point zu schützen.«

Lou grinste verschmitzt. »Du solltest längst begriffen haben, meine Liebe, daß viele Bullen ihren Job anders sehen, als es die Steuerzahler tun. Nicht wenige Bullen glauben, ihre Aufgabe bestehe nur darin, schmucke Faschistenuniformen zu tragen, in auf Hochglanz polierten Streifenwagen durch die Gegend zu fahren, Umschläge mit Bestechungsgeldern in Empfang zu nehmen und sich nach zwanzig oder dreißig Jahren auf Kosten der Allgemeinheit pensionieren zu lassen.«

»Du bist wieder mal zynisch«, sagte Mary.

»Percy Osterman hat angedeutet, daß Patmore etwas schwierig ist«, sagte Max.

»Schwierig? Er ist strohdumm«, sagte Lou. »So blöde, daß es jeder Beschreibung spottet. Der einzige Grund, warum ich ihn nicht als hirnverbrannt bezeichne, ist die Tatsache, daß er niemals ein Hirn besaß. Ich bin sicher, er hat noch nie im Leben das Wort Hellseher gehört. Und sollte es uns gelingen, ihm beizubringen, was es bedeutet, wird er es nicht glauben. Für ihn existiert nichts, was nicht im Bereich seiner eigenen Erfahrung liegt. Er würde die Existenz von Europa bestreiten, ganz einfach, weil er noch nie dort gewesen ist.«

»Ich könnte ein paar Polizeichefs anrufen, mit denen ich schon gearbeitet habe«, sagte Mary. »Die werden ihm meine Echtheit bestätigen.«

»Wenn er sie nicht persönlich kennt, glaubt er ihnen kein Wort. Ich sage dir ja, Mary, wenn Unwissenheit ein Segen ist, müßte er der glücklichste Mensch auf der Welt sein.«

»Sheriff Osterman meinte, wir sollten Patmore dazu bewegen, ihn anzurufen«, sagte Max. »Er wird ihm dann Bescheid sagen.«

Lou lachte. »Das könnte klappen. Patmore hat viel Respekt vor Osterman. Ich begleite euch, wenn ihr wollt. Aber ich warne euch, daß das wahrscheinlich nicht viel helfen wird. Patmore haßt mich wie die Pest.«

»Ich kann mir nicht vorstellen warum«, sagte Max. »Aber wahrscheinlich sagst du ihm ins Gesicht, was du von ihm hältst.«

Lou grinste breit. »Ich konnte meine Gefühle noch nie verbergen, das ist Tatsache. Habt ihr schon die Bekanntschaft von Mrs. Yancy gemacht, seinem Faktotum?«

»Sie war heute nachmittag die einzige auf der Polizeiwache«, sagte Max.

»Ein Juwel.«

»Ist sie das?«

»Eine Wundertäterin«, erklärte Lou. »Es ist ein Wunder, wenn sie mal etwas tut.«

»Na ja, einen allzu tüchtigen Eindruck machte sie nicht gerade«, sagte Mary.

»Eine beständige Arbeitskraft«, sagte Lou. »Wenn sie noch etwas beständiger wird, erstarrt sie zur Salzsäule.«
Mary lachte und nippte an ihrem Sherry.
»Um auf die Möwen zurückzukommen«, sagte Lou, »bist du...«
»Nichts mehr über Möwen«, protestierte Mary. »Gar nichts. Morgen ist früh genug. Heute will ich nichts mehr von Hellseherei hören und mich über ein anderes Thema unterhalten. Jedes andere Thema.«

Das Abendessen bestand aus Filet Mignon, Kopfsalat, Kartoffeln in der Folie und kalten Spargelspitzen.
Als Max eine Flasche Rotwein entkorkte, die er als Geschenk mitgebracht hatte, bemerkte Lou seinen Verband. »Was hast du an deinem Finger gemacht, Max?«
»Oh... aufgeschnitten beim Reifenwechseln.«
»Genäht?«
»Nein, so schlimm war es nicht.«
»Er hätte zum Arzt gehen sollen«, sagte Mary. »Aber nicht einmal ich durfte den Schnitt sehen. Er hat derartig geblutet – sein ganzes Hemd war verschmiert.«
»Ich dachte, du hättest mal wieder gerauft«, sagte Lou.
»Ich gehe in keine Kneipen mehr«, sagte Max. »Und ich raufe auch nicht mehr.«
Lou blickte Mary an und zog erstaunt die Augenbrauen hoch.
»Das stimmt«, bestätigte sie.
»Du hast zwei Jahre bei mir gearbeitet«, sagte Lou. »Und während der ganzen Zeit verging kein Monat oder keine sechs Wochen, ohne daß du in eine wüste Schlägerei verwickelt warst. Die schlimmsten Lokale hast du aufgesucht – Rockerkneipen und noch schlimmere – überall, wo sich Unheil zusammenbraute. Manchmal kam es mir vor, als ob du weniger wegen der Getränke saufen gingst, als wegen der Schlägereien.«
»Vielleicht stimmt das sogar«, sagte Max nachdenklich. »Ich hatte Probleme. Was ich brauchte, war jemand, der mich brauchte. Jetzt habe ich Mary und brauche mich nicht mehr zu prügeln.«
Obgleich er versprochen hatte, heute nicht mehr über Hellse-

herei zu sprechen, kam Lou beim Abendessen doch wieder darauf zurück. »Glaubst du, der Killer weiß, daß du in der Stadt bist?« fragte er Mary.

»Keine Ahnung«, erwiderte sie.

»Wenn er von einem Geist besessen ist und derselbe Geist die Möwen besessen hat, müßte er es doch wissen.«

»Wahrscheinlich.«

»Wird er sich dann nicht verstecken, bis du wieder weg bist?«

»Vielleicht, aber ich bezweifle es.«

»Meinst du, er will erwischt werden?«

»Oder er will mich erwischen.«

»Was soll das heißen?«

»Ich weiß auch nicht.«

»Aber wenn...?«

»Können wir bitte das Thema wechseln?«

Nachdem sie mit dem Abendessen fertig waren, entschuldigte sich Mary und ging ins Badezimmer.

Als er mit Max allein war, fragte Lou: »Was hältst du von dieser Geschichte?«

»Von Lingards Auferstehung?«.

»Glaubst du daran?«

»Du bist doch derjenige, der Okkultismus studiert hat. Du hast Hunderte von Büchern über dieses Thema gelesen. Außerdem kennst du Mary länger als ich. Du hast sie mir vorgestellt. Was glaubst *du*?«

»Ich bin unvoreingenommen«, sagte Lou. »Du offenbar nicht.«

»Ihr Psychiater behauptet, sie hätte die Glashunde geworfen.«

»Unbewußte Telekinesis?« fragte Lou.

»Richtig.«

»Hat sie jemals zuvor telekinetische Fähigkeiten an den Tag gelegt?«

»Nein, noch nie.«

»Und wie war das mit dem Revolver?«

»Ich glaube, den hat sie auch gelenkt.«

»Um auf sich selbst zu schießen?«

»Ja«, sagte Max.

»Und sie hat auch die Möwen gelenkt?«

»Ja.«

»Aber mit lebendigen Tieren ... das ist doch keine Telekinesis.«

»Es muß eine Art Telepathie sein«, meinte Max.

Lou füllte sein Glas. »So was ist selten.«

»Es muß Telepathie sein. Ich kann mir nicht vorstellen, daß diese Möwen vom Geist eines Toten gelenkt wurden.«

»Aber warum sollte sie sich umbringen wollen?«

»Sie will es gar nicht.«

»Aber wenn *sie* der Poltergeist ist, der hinter diesen Erscheinungen steckt, wenn *sie* den Revolver auf sich selbst gerichtet hat, dann sieht es doch ganz so aus, als wolle sie sich umbringen.«

»Wenn sie selbstmörderische Absichten gehegt hätte, hätte sie wohl ihr Ziel nicht verfehlt. Aber sie *hat* es verfehlt. Bei den Glashunden, mit dem Revolver und auch mit den Möwen.«

»Also wozu das Ganze?« fragte Lou. »Warum spielt sie Poltergeist?«

Max runzelte die Stirn. »Ich habe da eine Theorie. Es gibt in diesem Fall einen ungewöhnlichen Faktor. Sie hat etwas vorausgesehen und weigert sich es zu akzeptieren. Etwas Entsetzliches. Etwas, was sie völlig aus der Bahn werfen würde, wenn sie länger darüber nachdächte. Also verdrängt sie es. Natürlich kann sie es nur aus ihrem *Bewußtsein* verdrängen. Das *Unterbewußtsein* vergißt nicht. Und jedesmal, wenn sie jetzt versucht einer Vision nachzugehen, die damit zusammenhängt, aktiviert ihr Unterbewußtsein den Poltergeist, um sie abzulenken.«

»Weil ihr Unterbewußtsein weiß, daß es gefährlich für sie wäre, diesen Mann zu verfolgen.«

»Stimmt.«

Lou Pasternak lief es kalt den Rücken herunter. »Was könnte sie wohl vorhergesehen haben?«

»Vielleicht wird dieser Psychopath sie umbringen.«

Der Gedanke, daß Mary sterben könnte, versetzte Lou in Schrecken. Er kannte sie seit zehn Jahren und hatte sie vom ersten Moment an gern gehabt. Im Laufe der Zeit mochte er sie immer mehr. Mochte sie? Nur das? Nein, er liebte sie auch. Auf väterliche Art. Sie war so sanft und gutmütig. So verletzbar. Bis zu diesem Augenblick war er sich nicht klar darüber gewesen, wie sehr er sie liebte. Mary tot? Der Gedanke machte ihn krank.

Max betrachtete ihn mit seinen stahlgrauen Augen, die keines seiner Gefühle verrieten. Die mögliche Ermordung seiner Frau schien ihn unberührt zu lassen.

Er hat mehr Zeit gehabt, darüber nachzudenken, dachte Lou. Er hatte Zeit, sich mit dem Gedanken an Marys Tod vertraut zu machen. Es geht ihm so nahe wie mir, aber er hat seine Gefühle von der Oberfläche ins Innere verdrängt und zeigt sie nicht offen.

»Vielleicht will der Killer *mich* umlegen«, sagte Max.

»Ihr solltet beide diesen Fall aufgeben«, sagte Lou. »Fahrt sofort nach Hause. Haltet euch raus.«

»Aber wenn sie das alles vorausgesehen hat«, sagte Max, »wird es dann nicht in jedem Fall geschehen – was immer wir tun?«

»Ich glaube nicht an Vorherbestimmung«, sagte Lou.

»Ich auch nicht. Trotzdem... bis jetzt ist immer alles eingetroffen, was sie vorausgesagt hat. Wenn wir also den Killer nicht weiter verfolgen, wird er uns dann nicht jagen?«

»Zum Teufel mit dir«, sagte Lou. »Du hast mich wieder stocknüchtern gemacht mit deinem Gerede.« Er trank seinen Wein aus und schenkte sich nach.

»Da ist noch etwas«, sagte Max. »Als sie sechs Jahre alt war, hat ein Mann sie sexuell mißbraucht.«

»Berton Mitchell«, sagte Lou. »Wieviel hat sie dir davon erzählt?«

»Nicht viel. Nur in großen Zügen. An das meiste kann sie sich wohl nicht mehr erinnern.«

»Hat sie dir erzählt, was mit Mitchell geschehen ist?«

»Er wurde verurteilt und hat sich in seiner Zelle erhängt, nicht wahr?«

»Bist du ganz sicher?«

»Sie hat es mir erzählt.«

»Aber ist das eine unumstößliche Tatsache?«

Lou sah Max verwundert an. »Warum sollte sie lügen?«

»Ich behaupte ja nicht, daß sie gelogen hat. Aber vielleicht hat man ihr nicht die Wahrheit gesagt.«

»Ich verstehe nicht, was du meinst.«

»Angenommen«, sagte Max, »daß Berton Mitchell nie zu einer Gefängnisstrafe verurteilt wurde. Angenommen, er hatte einen gewieften Anwalt, der seinen Freispruch erwirkte, obgleich er schuldig war. Wenn du der Vater eines sechsjährigen Mädchens wärest, das entsetzlich mißhandelt wurde und ein schweres Trauma davontrug, würdest du dann dem Kind erzählen, daß man den Verbrecher einfach freiließ, ohne ihn zu bestrafen? Würdest du nicht befürchten, das Kind könnte noch schwerere psychologische Schäden erleiden durch den Gedanken, daß das Ungeheuer, das es gefoltert hatte, frei auf der Straße herumlief und es jederzeit wieder aufgreifen konnte? Falls Berton Mitchell freigesprochen wurde, kann Marys Vater es für besser gehalten haben, ihr zu erzählen, er sei tot.«

»Aber dann hätte sie doch sicher die Wahrheit erfahren, als sie älter wurde«, meinte Lou.

»Nicht unbedingt. Nicht, wenn sie es gar nicht erfahren *wollte*.«

»Alan hätte es ihr gesagt.«

»Vielleicht wußte er auch nichts«, sagte Max. »Er war ja damals auch erst neun. Der Vater könnte beiden die Unwahrheit gesagt haben. Und wenn...«

Lou unterbrach ihn mit einer Handbewegung. »Angenommen, du hast recht. Angenommen, Berton Mitchell wurde freigesprochen. Was hat das mit diesem Fall zu tun?«

Max hob seine Gabel auf und stocherte damit in den Kartoffelschalen auf seinem Teller herum. »Wie ich dir schon sagte – ich glaube, Mary hat eine Vision gehabt, die sie in Panik versetzt.«

»Daß sie ermordet wird? Oder du?«

»Das ist möglich. Aber vielleicht hat sie auch gesehen, daß der Killer, den wir jagen... Berton Mitchell ist.«

»Der müßte ja heute sechzig Jahre alt sein, wenn er noch lebte!«

»Wer sagt denn, daß alle psychopathischen Killer jung sein müssen?«

Im Badezimmer wusch sich Mary die Hände, trocknete sie am Handtuch ab und blickte in den Spiegel über dem Waschbecken. Das Gesicht, das ihr aus dem Spiegel entgegenstarrte, war nicht ihr eigenes. Es war das Gesicht einer Fremden – einer aschblonden, blassen jungen Frau mit blauen Augen, und es war vor Todesangst und Entsetzen verzerrt.

Der Spiegel reflektierte keinen der Gegenstände im Badezimmer. Er war zu einem Fenster geworden, durch das Mary in eine andere Dimension blickte. Der Kopf der blonden Frau besaß keinen Körper und schwebte in einem schattenhaften Dunst. Dahinter und etwas weiter oben war ein goldenes Kruzifix zu sehen. Sonst nur dunstige Leere hinter dem Spiegelglas.

Erschrocken ließ Mary das Handtuch fallen und zog sich vom Waschbecken zurück, bis sie mit dem Rücken an die Wand stieß. Im Spiegel erschien eine Hand – eine Hand ohne Körper im Vordergrund der gespenstischen Erscheinungen. Die Hand hielt ein Fleischermesser.

Nie zuvor hatte Mary eine Vision in dieser Form gehabt. Sie wußte nicht, was sie zu erwarten hatte. Sie hatte Angst, eine Bewegung zu machen und fürchtete sich gleichermaßen davor, still stehenzubleiben.

Die körperlose Hand hob das Messer. Sich überkugelnd wie ein Ball, verschwand der Kopf der blonden Frau im Hintergrund. Die Hand mit dem Messer nahm die Verfolgung auf und jagte ihm nach ins Endlose.

Konzentriere dich, sagte sich Mary. Laß um Gottes willen die Vision nicht wieder verschwinden. Halte sie fest um jeden Preis. Halte sie fest und erweitere sie. So lange, bis du den Mann mit dem Messer identifizieren kannst.

Das Kruzifix wurde immer größer, bis es schließlich den ganzen Spiegel ausfüllte. Dann – ohne einen Laut – zersprang es in ein Dutzend Stücke und war verschwunden.

Konzentriere dich...

Das Gesicht der Frau erschien wieder im Spiegel. Die Hand hielt das Messer über ihr gezückt. Die Klinge strahlte einen gleißenden Schein aus, wie der einer Neonlampe.

»Wer bist du?« fragte Mary mit lauter Stimme. »Du mit dem Messer. Wer zum Teufel bist du?«

Mit einmal war die Hand nicht mehr körperlos. Das Gesicht der Frau verschwand, und Schulter und Hinterkopf eines Mannes erschienen schattenhaft auf der Spiegelfläche. Der Killer begann, sich ganz langsam zu ihr umzudrehen. In einem Wechsel von Licht und Schatten wandte er sich um, als wüßte er, daß Mary hinter ihm stand und er ihrem Befehl folgen mußte.

Mary befürchtete, daß ihr die Vision wieder entgleiten würde, so wie es am Tag zuvor in Dr. Cauvels Sprechzimmer geschehen war, und sagte: »Wer bist du? Wer? Ich verlange es zu wissen.«

Rechts, zwei Meter neben ihr, schnappte das Fensterschloß mit lautem Klicken auf.

Erschrocken wandte Mary den Blick vom Spiegel ab. Das Fenster schob sich in die Höhe.

Mit gespenstischem Pfeifen blies der Wind die dünnen schwarz-braunen Vorhänge auseinander.

Draußen vor dem Fenster war es stockdunkel. Die Nacht war so schwarz, wie sie es noch nie gesehen hatte.

Das Heulen des Windes wurde von einem anderen Geräusch noch übertönt: *Wicka – Wicka – Wicka!*

Die Flügel. Die ledernen Flügel. Direkt hinter dem Fenster.

Wicka – Wicka – Wicka!

Vielleicht kam es ihr nur so vor. Vielleicht war es eine klappernde Gardinenstange? Ein Ast oder ein Zweig, der im Wind raschelte oder sich an der Hauswand rieb?

Was immer die Ursache, sie war sicher, daß es diesmal keine Einbildung war. Noch war es ein Bestandteil ihrer Vision. Es war ein Wesen in ihrer unmittelbaren Nähe hinter dem offenen Fenster. Ein unvorstellbares, bizarres Wesen mit Flügeln.

Nein. Wahnsinn.

Geh, befahl sie sich, und sieh nach. Sieh nach, wem diese Flügel gehören. Ob überhaupt etwas da ist. Bereite dieser Erscheinung ein für allemal ein Ende.

Sie war nicht imstande sich zu bewegen.

Wicka – Wicka – Wicka!

Max, hilf mir. Ihre Lippen bewegten sich, ohne daß sie einen Laut herausbrachte.

Zu ihrer Linken, neben dem Waschbecken, wurde die Tür der Hausapotheke von unsichtbarer Hand aufgerissen. Dann wieder zugeklappt. Aufgerissen, Zugeklappt. Beim nächstenmal blieb die Tür offen. Der gesamte Inhalt der Hausapotheke flog heraus und fiel auf den Fußboden: Fläschchen mit Anacin, Aspirin, Erkältungstabletten, Jod, Hustensirup, Abführmitteln. Tuben mit Zahnpasta, Hautcreme, Shampoo. Schachteln mit Hustentabletten und Verbandzeug.

Der Duschvorhang wurde von unsichtbarer Hand zur Seite gezogen, und das Rohr bog sich, wie unter einer schweren Last. Dann wurde es aus der Wand gerissen und fiel in die Wanne.

Der Toilettensitz fing an, auf und nieder zu schlagen. Immer schneller und mit schrecklichem Lärm.

Mary ging einen Schritt auf die Tür zu.

Die Tür ging auf, wie um sie herauszulassen. Eine Sekunde später fiel sie zu wie ein Donnerschlag. Wiederholt ging die Tür auf und zu, fast im Takt mit dem Toilettendeckel.

Mary lehnte sich mit dem Rücken an die Wand. Sie hatte Angst, eine Bewegung zu machen.

»Mary!«

Max und Lou standen vor der Tür und waren einen Moment lang zu sehen, als die Tür wieder aufschwang. Sie starrten verblüfft auf das Bild, das sich ihnen bot.

Die Tür schlug mit noch größerer Wucht zu – ging wieder auf, knallte wieder zu.

Max versuchte hineinzugehen, als sie wieder aufging, aber die Tür schlug ihm ins Gesicht. Beim nächstenmal packte er die Klinke und drängte sich gewaltsam ins Badezimmer.

Die Tür hörte auf sich zu bewegen.

Der Wind vom Fenster mäßigte sich zu einer leichten Brise.

Keine Flügel schlugen mehr.

Ruhe.

Stille.

Mary blickte in den Spiegel über dem Waschbecken. Die Erscheinungen hatten gewechselt, aber es war immer noch kein gewöhnlicher Spiegel, der das Geschehen im Raum vor ihm wiedergab. Die blonde Frau, das Kruzifix und der Mann mit dem Fleischermesser waren verschwunden. Der Spiegel war schwarz, außer an seiner unteren Kante, wo Blut durch das Glas quoll und von dort herabtropfte. Das Blut bespritzte die Wasserhähne unter dem Spiegel und das weiße Porzellanbecken.

»Was, zum Teufel, hat das zu bedeuten?« sagte Max verwirrt. »Was geschieht hier?« Er wandte den Blick vom Spiegel weg und sah Mary an. »Bist du verletzt? Hast du dich geschnitten?«

»Nein«, sagte sie. Erst dann fiel ihr auf, daß auch *er* das Blut sehen konnte.

Max berührte den unteren Rand des Spiegels. Es war unmöglich und unglaublich, aber das Blut färbte seine Finger rot.

Lou drängte sich ebenfalls in das enge Badezimmer, um besser sehen zu können.

Ganz langsam und allmählich begann sich das Blut an dem Spiegel, den Wasserhähnen, dem Waschbecken und an Max's Händen zu verflüchtigen. Das dunkle Rot wurde immer heller, immer weniger klebrig, bis es schließlich völlig verschwunden war, als sei es nie dagewesen.

Mary saß auf dem Sofa im Wohnzimmer und nahm dankbar ein Glas Brandy von Lou an. Sie strich sich die Haare aus der Stirn. Ihr Haar fühlte sich kalt und klamm an. Alle Farbe war aus ihrem Gesicht gewichen. Ihre Handflächen waren feucht. Der Brandy brannte sie in der Kehle und durchstrahlte sie mit angenehmer Wärme.

Max stand vor ihr. »Was du da im Spiegel gesehen hast, bevor wir kamen«, sagte er, »bedeutet das, daß heute jemand sterben wird?«

»Ja«, erwiderte Mary. »Die Frau, die mir erschienen ist. Die stirbt. Sie wird erstochen, noch bevor es Morgen wird.«

»Wie heißt sie?«

»Das habe ich nicht bekommen.«

»Wo wohnt sie?«

»Hier im King's Point. Aber die Adresse konnte ich auch nicht sehen.«

»Wohnt sie oben auf den Hügeln oder im Flachland oder am Hafen?«

»Es könnte überall sein«, sagte Mary.

»Wie sieht sie aus?«

»Sie hat sehr helles blondes Haar, fast weiß. Krauses Haar, und lang. Blasser Teint. Große blaue Augen. Sie ist jung – um die Zwanzig, recht hübsch. Empfindlich. Nein – ich würde eher sagen ätherisch.«

Max wandte sich Lou zu, der eben einen doppelten Wild Turkey austrank. So, wie er den Drink heruntergoß, hätte er ebenso gut Milch oder Zyankali trinken können. »Es ist deine Stadt, Lou«, sagte Max. »Kennst du jemand, auf den diese Beschreibung paßt?«

»Wir haben hier zehntausend Einwohner«, sagte Lou. »Die kenne ich nicht alle. Ich will auch nicht alle kennen. Neun Zehntel von ihnen sind stinklangweilige blöde Arschlöcher. Da gibt es eine Menge Blondinen von überall, die es an die südkalifornischen Strände zieht. Sonne, Sand, See, Sex und Syphilis. In dieser Stadt gibt es meiner Schätzung nach mindestens zweihundert zarte und, ach, so ätherische Blondinen, von denen jede diejenige sein könnte, die Mary gesehen hat.«

Unwillkürlich hatte Max eine Zeitschrift zur Hand genommen und sie fest zusammengerollt. Er klatschte sich damit auf die Handfläche.

»Wenn wir das Mädchen nicht finden, wird es heute nacht noch ermordet.«

Marys Angst war in Depression umgeschlagen. Dahinter, jedoch, brodelte die nackte Wut. Sie war nicht wütend auf Max oder Lou oder auf sich selbst, sondern auf das Schicksal, obgleich sie wußte, daß das sinn- und zwecklos war und nichts bringen würde. In sein Schicksal mußte man sich ergeben.

»Du hast anscheinend vergessen, was es bedeutet, wenn ich etwas voraussehe«, sagte sie zu Max. »Auch wenn wir die Frau finden und sie warnen, ändert das nichts. Gar nichts. Sie stirbt auf jeden Fall. *Ich habe es gesehen!* Die Nummern der Pferde, die morgen im Rennen gewinnen, kann ich *nicht* sehen. Und ich kann auch nicht voraussagen, welche Aktien nächste Woche an der Börse steigen und welche fallen. Alles, was ich jemals sehe, sind sterbende Menschen.« Sie stand auf. »Mein Gott, dieses Leben macht mich krank. Es macht mich krank, Morde und Gewalttaten vorauszusehen und sie nicht verhindern zu können. Es macht mich krank, unschuldige Menschen leiden zu sehen, ohne die Möglichkeit, ihnen zu helfen. Ich habe dieses Leben satt. Nur Leichen und erstochene, vergewaltigte Frauen und erschlagene Kinder und Blut und Messer und Revolver.«

»Ich weiß«, sagte Max in sanftem Ton. »Ich weiß.«

Sie ging an die Bar und riß den Korken von der Brandyflasche. »Ich will keine Leitung zum Elend anderer Menschen mehr sein. Ich will das Mittel zum Ausmerzen dieses Elends sein, zum Lindern des Elends, zum Verhindern des Elends!« Sie goß sich ein Glas Brandy ein. »Wenn ich schon das Auge eines allsehenden

Gottes habe, dann – verdammt noch mal – will ich auch die Macht eines Gottes. Ich sollte die Macht haben, jetzt hier in dieser Minute die Hand auszustrecken und den Mann zu packen, den wir suchen. Sein Herz in Stücke zu reißen. Aber ich bin kein Gott. Ich bin nicht einmal ein voll funktionierender Apparat. Ich bin wie ein halbes Funkgerät. Ich kann empfangen, aber nicht senden. Ich bin beeinflußt, kann aber selbst keinen Einfluß nehmen.« Sie goß ihren Brandy ebenso schnell und gekonnt herunter, wie Lou es zu tun pflegte. »Ich hasse es! Hasse es. Warum muß gerade *ich* diese Kräfte besitzen? Warum *ich*?«

Als sie sich später an der Tür verabschiedeten, sagte Lou: »Ich wünschte, ihr würdet heute hier übernachten.«

»Wir haben dein Gästezimmer schon begutachtet«, sagte Max. »Lauter Zeitschriften und Bücher, aber keine Möbel. Wir wissen deinen Intellekt und den Umfang deiner Bibliothek zu schätzen, aber wir schlafen trotzdem nicht gern auf einem Stapel alter Zeitschriften und Taschenbücher.«

»Ich könnte ja heute nacht auf dem Sofa im Wohnzimmer schlafen«, sagte Lou, »und ihr könntet mein Schlafzimmer haben.«

Mary küßte ihn auf die Wange. »Du bist ein Schatz. Aber wir werden schon über die Runden kommen. Wirklich. Wenigstens bis morgen nacht.«

12

MITTWOCH, 23. DEZEMBER

Es war ein Uhr morgens, und der Regen peitschte von der offenen See her landeinwärts. Er verwandelte den trockenen Boden in glitschigen Schlamm, drückte das lange Gras auf die nasse Erde und prallte in großen Tropfen von der Fahrbahn ab.

Er parkte den Mercedes am Ende der asphaltierten Seitenstraße und schaltete den Motor ab. Dunkelheit umhüllte den Wagen. Es war so dunkel, daß er seine eigenen Hände am

Lenkrad nicht sehen konnte. Das einzige Geräusch war das pausenlose Trommeln des Regens auf der Motorhaube und auf dem Dach. Er beschloß zu warten, bis der Sturm sich gelegt hatte. Es war die Regenzeit in Südkalifornien, aber Wolkenbrüche in dieser Stärke dauerten nie lange an.

Das Fleischermesser lag neben ihm auf dem Sitz. Er griff danach und hob es auf. Zwar konnte er es in der Dunkelheit kaum sehen, doch bereitete es ihm Genugtuung, es zu betasten. Er drückte mit dem Finger auf die haarscharf geschliffene Klinge. Nicht stark genug, um sich zu verletzen, aber genug, um die Macht des Todes zu spüren, der still, aber stets bereit, in der Stahlklinge ruhte.

Um ein Uhr zehn ließ der Regen nach. Fünf Minuten später hörte er ganz auf. Er öffnete die Wagentür und stieg aus.

Die Luft war frisch und rein. Der Wind hatte aufgehört.

Links unter ihm blinkten die Lichter des Hafenbeckens wie eine Weihnachtsdekoration.

Das einzige Licht in unmittelbarer Nähe kam aus einem von drei kleinen Häusern westlich von ihm. Die drei Häuser standen auf einer Klippe mit der Vorderseite zur See und der Hintertür zu der asphaltierten Sackgasse. Das nördlichste von ihnen gehörte Erika Larsson. Es stand etwa siebzig Meter vom Nachbarhaus entfernt und war von einer Baumgruppe umgeben. Aus mehreren Fenstern schien Licht.

Wie er erwartet hatte, war Erika noch wach. Wahrscheinlich arbeitete sie an einem ihrer düsteren Aquarelle. Oder an einem ihrer freudlosen Ölgemälde voll finsterer Gesichter in Schattierungen von blau und dunkelgrün. Meistens malte sie in der Ruhe der frühen Morgenstunden und ging im Morgengrauen zu Bett.

Er ging um den Mercedes herum und klappte den Kofferraum auf. Er war vollgepackt mit Feuerwaffen: Eine italienische Schrotflinte, zwei Gewehre, sieben Pistolen und Kästen voll Munition. Er wählte einen 45 Colt Automatic aus, eine Spezialanfertigung. In die Metallteile des kostbaren Sammlerstückes waren von der Mündung zum Griff hin fliehende Tiere eingraviert. Die Pistole war bereits geladen. Alle seine Waffen waren geladen. Er schob den Colt in die Jackentasche und schloß den Kofferraum.

Mit dem Messer in der Hand ging er den Pfad hinunter auf das beleuchtete Haus zu. Es war so dunkel, daß er unterwegs gelegentlich über Radspuren stolperte. Seine Schuhe versanken zur Hälfte im Schlamm.

Mary murmelte im Schlaf vor sich hin.
Im Traum war sie bei ihrem Vater. Er sah genauso aus, wie damals, als sie neun Jahre alt war. Sie war wieder ein Kind. Sie saßen auf einem samtweichen grünen Rasen. Die Sonne stand hoch am Himmel, direkt über ihren Köpfen, und warf keinen Schatten.

»Wenn ich den Leuten mit meinen Visionen helfen kann, vielleicht lieben sie mich dann. Ich möchte, daß mich die Leute lieben, Papi.«
»Ich liebe dich doch, meine Süße.«
»Aber du wirst mich doch verlassen.«
»Mein kleines Mädchen verlassen? Unsinn!«
»Du stirbst in einem Auto. Stirbst und verläßt mich.«
»Du darfst so etwas nicht sagen.«
»Aber...«
»Falls ich sterben sollte, hast du immer noch deine Mutter.«
»Die hat mich doch schon verlassen. Sie mag den Whisky mehr als mich.«
»Nein, nein. Deine Mutter liebt dich noch immer.«
»Sie liebt den Whisky. Und sie vergißt immer meinen Namen.«
»Dein Bruder liebt dich auch.«
»Nein, das tut er nicht.«
»Mary, es ist doch schrecklich, so etwas zu sagen.«
»Ich nehme es ihm auch nicht übel, wenn er mich nicht liebt. Alle seine Tiere sterben meinetwegen.«
»Es ist doch nicht deine Schuld.«
»Doch, und das weißt du. Und sogar, wenn mich Alan liebt, wird er mich auch eines Tages verlassen. Dann bin ich allein.«
»Eines Tages wirst du einen Mann kennenlernen, der dich liebt und dich heiratet.«
»Vielleicht für kurze Zeit. Und dann geht er auch weg, nicht wahr? So wie alle. Ich brauche Schutz gegen das Alleinsein. Ich habe Angst vor dem Alleinsein. Ich brauche eine Menge Leute, die mich lieben! Wenn mich wahnsinnig viele Leute lieben, dann können doch nicht alle gleichzeitig fortgehen.«
»Mein Gott, wie spät es schon ist! Ich muß weg.«

»Papi, du darfst nicht weggehen.«
»Ich muß aber.«
»Ich habe Elmo heute morgen gefunden.«
»Alans Katze?«
»Er war ganz blutig.«
»Wo hast du ihn gefunden?«
»Im Spielhäuschen unten.«
»Schon wieder ein totes Tier?«
»Jemand hat ihn zerschnitten.«
»Weiß Alan das?«
»Noch nicht. Dann weint er wieder, Papi.«
»Mein Gott, der arme Junge.«
»Er wird wahnsinnig wütend auf mich sein.«
»Mary... du hast doch nicht etwa...«
»Nein! Ich würde doch so was nicht tun, Papi.«
»Aber vorige Woche...«
»Das war ich nicht! Das war ich nicht!«
»Dann war es wieder der Junge von Mitchell!«
»Ich wünschte, Mrs. Mitchell würde wegziehen von hier.«
»Alan wird mit dir nicht böse sein. Berton Mitchells Sohn hat Elmo zerschnitten.«
»Der ist wütend auf mich, weil ich seinen Papi ins Gefängnis gebracht habe, und jetzt kommt er und tötet Alans Tiere.«
»Alan versteht das. Er macht dich nicht dafür verantwortlich.«
»Alan ist noch wütend, weil ich vorige Woche seine Schildkröten in die Bucht geworfen habe.«
»Du hast mir noch nicht erklärt, warum du das getan hast.«
»Etwas hat mich dazu gezwungen.«
»Wer?«
»Etwas. Etwas.«
»Mary, manchmal bist du ein seltsames Kind.«
»Wenn du hierbleibst, bin ich brav.«
»Ich muß gehen.«
»Dann bin ich allein.«
»Ich muß aber gehen.«
»Dann bin ich allein mit den Flügeln.«
»Auf Wiedersehen.«
»Papi, die Flügel!«

Wimmernd, benommen von dem Schlafmittel, das sie genommen hatte, wälzte sich Mary von einer Seite zur anderen. Sie merkte nicht, daß sie allein im Bett war.

Er schob das unverriegelte Schlafzimmerfenster hoch, ohne ein Geräusch zu verursachen, und schlüpfte hinein.

Irgendwo vorne im Haus war auf dem Stereo eines der sentimentalsten Lieder von Joan Baez zu hören.

Er ging durchs Schlafzimmer und von dort den langen, schmalen Gang hinunter ins Wohnzimmer.

Erika Larssen saß mit dem Rücken zu ihm auf einem hohen Hocker. Vor ihr stand eine große Staffelei. Sie malte in Ölfarben.

Ihre schwarze Katze, Samantha, lag zusammengerollt auf einem Sessel. Sie hob den Kopf und sah ihn aus gelben Augen an, als er ins Zimmer trat.

Ein angenehmer Geruch hing in der Luft. Erika hatte sich vorher Puffreis gebraten.

Er war bis auf drei Meter herangekommen, als sie etwas merkte und sich umdrehte. »*Du*«, sagte sie.

Sie war noch ebenso schön, wie er sie in Erinnerung hatte. Dichtes, gekräuseltes blondes Haar. Bleiche, fast durchsichtige Haut. Enorm große blaue Augen. Sie trug Jeans und ein T-Shirt, und ihre dunklen Brustwarzen zeichneten sich durch den dünnen Stoff deutlich ab.

Sie kletterte vom Hocker herunter. »Was machst du hier?«

Er gab keine Antwort.

Die schwarze Katze spürte, das hier etwas durchaus nicht stimmte. Sie sprang vom Sessel und rannte in die Küche.

Er ging noch einen Schritt auf Erika zu.

Sie stellte sich hinter die Staffelei. »Mach, daß du rauskommst.«

Er warf die Staffelei um.

»Was willst du?« fragte sie ihn.

Er hielt das Messer hoch.

»Nein! Oh – nein!«

Sie zog sich zurück bis ans Fenster mit dem Ausblick auf den pazifischen Ozean.

Sie hielt die Hände vor sich ausgestreckt, als wolle sie ihn abwehren, wenn er ihr zu nahe kam.

»Mary wird Bescheid wissen«, sagte Erika.

Er gab keine Antwort.

»Mary wird sehen, wer es getan hat«, sagte sie.

Er griff nach ihr.

»Sie wird es wissen. Sie hetzt dir die Bullen auf den Hals.«

Kurz vor Sonnenaufgang.

Samantha, die schwarze Katze, kam aus dem Küchenschrank, wo sie sich versteckt hatte und eingeschlafen war. Sie gähnte und streckte sich. Dann stand sie eine Minute lang mit erhobenem Kopf und lauschte.

Es war ruhig im Haus. Der Wind strich leise übers Dach.

Schließlich trottete Samantha ins Wohnzimmer. Der Weihnachtsbaum war umgeworfen. Der Baumschmuck lag auf dem Fußboden verstreut und war zum Teil zertreten und zerstampft worden. Samantha schnupperte an einem zerbrochenen Glasengel und stieß ihn mit der Pfote an. Sie kostete von einem zerkrümelten Keks und spielte ein Weilchen mit einem zerbrochenen Kruzifix, das früher an der Wand über dem Durchgang zur Diele gehangen hatte. Dann untersuchte sie ein Paar herumliegende Jeans und ein zerknülltes weißes T-Shirt.

Zum Schluß ging sie mißtrauisch um die Leiche von Erika Larssen herum und kostete von dem Blut, so wie sie von dem Keks gekostet hatte.

13

Alpträume hatten Mary die ganze Nacht geplagt. Sie riefen die schlimmsten Erlebnisse ihrer Kindheit wieder ins Leben. Lange nach dem Erwachen blieben die Erinnerungen noch an ihr hängen wie schmutzige Kleider und machten sie nervös und unruhig.

Für gewöhnlich pflegte sie nach dem Duschen ihr Haar halb zu trocknen, noch bevor sie sich ankleidete, und es mit einhundert abgezählten Bürstenstrichen energisch zu bearbeiten. Heute empfand sie ihre Nacktheit als störend und hörte nach achtundzwanzig Bürstenstrichen auf. Sie konnte einfach nicht noch weitere zweiundsiebzig bewältigen, ohne sich vorher anzukleiden.

Im allgemeinen tat es ihr wohl, dieses und andere morgendliche Rituale nackt vorzunehmen. Sie gab offen zu, eine Exhibitionistin zu sein. (Schau mich an, meine herrlichen Brüste, meinen Po, meine Beine, wie schön und fehlerlos, ich will dir gefallen, liebe mich, liebe mich.) Aber sie war von mehr als reinem Exhibitionismus motiviert. Wenn sie ihren Tag unbekleidet begann, hatte sie bis in den Nachmittag hinein ein Gefühl der Freiheit und Unbeschwertheit. Dr. Cauvel meinte, sie wolle sich durch ihre Nacktheit selbst beweisen, daß ihre nächtlichen Träume keine Spuren hinterlassen hatten, daß Berton Mitchell keine Spuren an ihr hinterlassen hatte. Sie hatte jedoch die Logik dieser Analyse nicht eingesehen.

Manchmal saß Max ganz still dabei, während sie ihr Haar bürstete und nackt herumlief. Häufig brachte er sie zum Erröten, indem er seine Voyeur-Tätigkeit als ›Das Lesen schöner Poesie‹ beschrieb.

Aber jetzt war Max unter der Dusche. Es war niemand da, der ihre Poesie las. Trotzdem hatte sie das Gefühl, als ob jemand sie anstarrte.

Mit einem Schauder streifte sie BH und Slip über.

Als sie den Schrank aufmachte, um sich eine Bluse und ein Paar Slacks auszusuchen, sah sie Max's verschmutzte Schuhe und seine schlammbespritzte und blutbefleckte Jacke. Während sie noch die rostbraunen Blutflecke betrachtete, kam Max aus dem Badezimmer herein. Er trocknete sich das Haar mit einem Handtuch. Ein zweites Handtuch hatte er um die Hüfte geschlungen.

»Hast du dich verletzt?« fragte sie.

»Ich habe mich lediglich geduscht.«

Ohne zu lächeln hielt sie ihm seine verschmutzte Jacke hin.

»Oh – das«, sagte er. »Die Wunde an meinem Finger hat angefangen zu bluten.«

»Wie ist dir das passiert?«

»Ich bin gestolpert und hingefallen, und dabei ist der Verband abgerissen.«

»Du bist gefallen? Wann war denn das?«

»Gestern nacht«, sagte er. »Nachdem du dein Beruhigungsmittel eingenommen hattest, bist du gleich eingeschlafen. Ich konnte die Augen nicht geschlossen halten und machte noch einen Spaziergang. Drei Häuserblocks hinter dem Hotel fing es an zu gießen. Ein regelrechter Wolkenbruch. Ich war ganz überrascht und fing an zurückzurennen. Ich nahm eine Abkürzung über das offene Feld nebenan, stolperte über einen Stein und fiel hin. Dabei ging der Verband ab, und der Schnitt fing wieder an zu bluten.«

Sie zuckte schaudernd zusammen. »Da hast du aber sehr stark geblutet.«

»Wie ein abgestochenes Schwein.« Er hielt die Hand hoch. Der verletzte Finger war sauber bandagiert. »Es tut immer noch weh.«

Er warf das Handtuch, mit dem er sich die Haare getrocknet hatte, aufs Bett, nahm ihr die Jacke ab und betrachtete sie von allen Seiten. »Ich glaube kaum, daß die Reinigung das schafft«, meinte er. Er knüllte die Jacke zusammen und warf sie in den Papierkorb.

»Du hättest mich wecken sollen, als du kamst«, sagte Mary.

»Du warst im Tiefschlaf.«

»Trotzdem hättest du es versuchen sollen.«

»Wozu? Es war doch nichts Ernstes. Ich legte fünfzehn Minuten lang einen Druckverband an, bis die Blutung gestillt war. Danach bandagierte ich das Ganze von neuem und fertig. Kein Anlaß, dir Sorgen zu machen.«

»Du solltest zum Arzt gehen.«

Er schüttelte den Kopf. »Nicht nötig.«

»Aber anscheinend heilt es doch nicht.«

»Das braucht Zeit. Der Schnitt hatte gerade angefangen zu heilen, als ich hinfiel und ihn mir wieder aufriß«, sagte er. »Ich werde in Zukunft vorsichtiger sein.«

»Nächstesmal, wenn, du den Verband wechselst, will ich mir den Schnitt ansehen. Wenn er nicht richtig verheilt, gehst du zum Arzt, auch wenn ich dich mit Gewalt hinschleppen muß.«

Er trat auf sie zu und legte seine Hände auf ihre schlanken

Schultern. »Ja, Mutti.« Er hatte ein gewinnendes Lächeln, das er fast auschließlich für sie reservierte.

Seufzend lehnte sie sich an seine Brust, wo sie seinen ruhigen, langsamen Herzschlag hören konnte. »Ich mache mir Sorgen um dich.«

»Ich weiß«, sagte er.

»Weil ich dich liebe.«

»Ich weiß.«

»Weil ich sterben würde, wenn ich dich verliere.«

Er machte ihren Halter auf.

»Aber wir haben doch keine Zeit«, prostestierte sie.

»Dann lassen wir eben das Frühstück aus.«

Sie begann seinen Körper zu streicheln. Wie massiv und kräftig er war. Seine Größe und Stärke hatten eine gewaltige Wirkung auf sie. Sie fühlte sich gleichzeitig benommen und erregt. Die Augen wurden ihr schwer, die Knie schwach. In den Brüsten und im Unterleib spürte sie heute eine außergewöhnliche Wärme und Spannung. Der Geruch seiner Haut und seine stahlharten Muskeln magnetisierten sie förmlich.

Er zog sie nackt aus und nahm das Handtuch, das er um seine Hüfte geschlungen hatte, ab. Er küßte ihren Hals. Mary hatte ein Gefühl der Schwerelosigkeit. Seine Hände strichen über ihren Rücken und umfaßten ihr Gesäß.

»Es würde dir leicht fallen mich so fest zu drücken, daß mir die Luft ausgeht«, sagte sie. »Du bist so stark, daß du mir das Genick brechen könntest.«

»Ich will dir aber nicht das Genick brechen«, murmelte er.

»Aber du könntest es. Ganz leicht.«

Er knabberte an ihrem Ohrläppchen.

»Wenn du ... mir das Genick brichst ... würde es ... mir auch nichts ausmachen.«

Er legte seine Hand zwischen ihre Schenkel und berührte ihre feuchte Mitte.

»Du würdest das so zart machen«, sagte sie träumerisch. »Sogar beim Genickbrechen würdest du zart mit mir umgehen. Ich würde keinen Schmerz verspüren. Das würdest du nicht erlauben.«

Als er in sie eindrang, wie mit einem mächtigen Kolben, dachte sie immer noch daran, in seinen Armen zu Tode gedrückt zu werden. Seltsamerweise bereitete ihr der Gedanke nicht die geringste Angst. Im Gegenteil. Es war fast wie ein Wunsch, ein melancholisches Verlangen, eine angenehme Erwartung. Kein Todeswunsch – eher ein freudiger Verzicht. Dr. Cauvel hätte wahrscheinlich gesagt, es sei ein Symptom ihrer Krankheit, ihre endgültige Verantwortung abzulegen – die fundamentale Verantwortung für ihr eigenes Leben und die Entscheidung, ob sie es überhaupt wert war zu leben. Und er würde sagen, sie müsse sich mehr auf sich selbst verlassen und sich weniger an Max anlehnen. Aber Cauvels Ansichten waren ihr gleichgültig. Sie fühlte nur die Stärke in sich, Max's Stärke. Sie rief seinen Namen, krallte ihre Nägel in seine unnachgiebigen Muskeln und gab sich ihm willig hin.

»Roger Fullet am Apparat.«
»Fullet der Schaumschläger?«
»Bist du das, Lou? Lou Pasternak?«
»Ich habe angerufen und den Reporter Roger Fullet zu sprechen verlangt. Da sagte man mir, es handle sich jetzt um den Redakteur Roger Fullet.«
»Ja, das ist erst vor einem Monat passiert.«
»Die *Los Angeles Times* scheint vor die Hunde zu gehen.«
»Endlich hat man meine Talente erkannt.«
»Also doch. Hat man dich gleich nach deiner Beförderung gefeuert und deinen Job jemand anderen gegeben?«
»Wahnsinnig komisch.«
»Danke für das Kompliment.«
»Du bist überhaupt recht komisch.«
»Danke nochmals.«
»Eine Schönheitsoperation würde vielleicht gut tun.«
»Nimm dich in acht, Fullet. Mit mir solltest du dich nicht anlegen.«
»Entschuldige. Ich muß den Kopf verloren haben.«
»Es wäre nicht das erstemal.«
»Mensch, Lou, du solltest mein neues Büro sehen. Das ist größer als dein ganzer Laden.«
»Na klar. Da schließen sie dich ein, damit du keine Dummheiten machst.«

»Und ich speise mit der Geschäftsführung.«
»Die wollen nur aufpassen, daß du keine silbernen Löffel klaust.«
»Mann, es ist aber nett, mal wieder deine freche Schnauze zu hören.«
»Wie geht es Peggy und den Kindern?«
»Prima. Wunderbar. Alle gesund.«
»Dann grüß sie mal schön von mir und frohe Weihnachten.«
»Mache ich. Wann kommst du denn mal wieder übers Wochenende? Wir haben uns schon sechs Monate nicht mehr gesehen. Dabei ist es nur eine Stunde Fahrt, Lou, warum kommen wir nicht öfter zusammen?«
»Vielleicht hassen wir uns im Unterbewußtsein.«
»Keiner haßt mich. Meine Tochter sagt, ich sei ein großer Lutschbonbon.«
»Also, Mr. Lutschbonbon, möchtest du mir einen Gefallen tun?«
»Alles, was du willst, Lou.«
»Könntest du mal die Archive der *Times* durchstöbern und mir alles Material über ein bestimmtes Verbrechen heraussuchen, das mich interessiert?«
»Was für ein Verbrechen?«
»Ein Sexualverbrechen an einem Kind.«
»Häßliches Thema.«
»Und auch versuchter Mord.«
»Wo ist das passiert?«
»Irgendwo in West-Los Angeles. Gute Gegend. Das Mädchen wohnte auf einem Zwanzig-Hektar-Besitz, der inzwischen wahrscheinlich längst aufgeteilt ist.«
»Wann war denn das?«
»Vor vierundzwanzig oder fünfundzwanzig Jahren.«
»Und wer war das Opfer?«
»Jetzt wird es peinlich.«
»Wieso das?«
»Roger, wir sind sehr gut befreundet.«
»Verstehe.«
»Sie gehört gewissermaßen zur Prominenz und steht im Licht der Öffentlichkeit.«

»Da bin ich aber gespannt.«

»Ich habe nicht die Absicht, über den Fall zu schreiben. Und ich möchte auch nicht, daß andere es tun.«

»Mensch, der Fall ist fünfundzwanzig Jahre alt. Für eine Zeitung ist er tot und begraben.«

»Das weiß ich. Aber jemand könnte das Material in einer Zeitschrift verwenden. Es würde ihr sehr schaden, wenn man das alles wieder ans Licht zieht.«

»Wenn du nichts schreiben willst, wozu brauchst du dann die Einzelheiten?«

»Sie ist in Schwierigkeiten. Ernsten Schwierigkeiten. Ich will ihr helfen.«

»Warum kannst du dann die Einzelheiten nicht von ihr erfahren?«

»Sie war erst sechs, als es passierte.«

»Großer Gott!«

»Sie kann sich unmöglich an alles erinnern, oder sich richtig erinnern.«

»Und was damals passierte hat etwas mit den Schwierigkeiten zu tun, in denen sie sich jetzt befindet?«

»Ich glaube schon.«

»Okay. Ich gehe selbst runter ins Archiv. Wenn ich jemand schicke, wird gleich darüber gequatscht. Ich sehe mal die Akten durch.«

»Danke, Roger.«

»Und ich tue es als Freund, nicht als Reporter.«

»Deine Zusicherung genügt mir.«

»Wie war der Name des Opfers?«

»Mary Bergen. Nein, Moment mal... damals hieß sie Mary Tanner.«

»Die Hellseherin?«

»Richtig.«

»Die schreibt doch für uns.«

»Für mich auch.«

»Wer war der Täter?«

»Berton Mitchell. B-E-R-T-O-N M-I-T-C-H-E-L-L. Er war Hausmeister auf dem Tanner-Besitz.«

»Ich werde das Material schon ausgraben. Ist da etwas, was dich besonders interessiert?«

»Ich möchte wissen, ob es jemals zum Prozeß kam. Wenn ja, ob Mitchell verurteilt oder freigesprochen wurde.«

»Du sagtest doch, er sei der Täter gewesen.«

»Das heißt noch lange nicht, daß er schuldig gesprochen wurde. Du weißt doch selbst, was ein guter Anwalt manchmal erreichen kann.«

»Noch etwas?«

»Vor allem, ob Mitchell schuldig gesprochen wurde. Und dann möchte ich wissen, ob er Selbstmord beging.«

»Hat man dir das gesagt?«

»Ja. Aber ich weiß nicht, ob es stimmt.«

»Lou, wenn er noch leben sollte und nicht im Gefängnis ist, bezweifle ich sehr, ob wir ihn durch unser Archiv finden können.«

»Ich will gar nicht, daß du ihn findest. Falls Mitchell noch lebt, glaube ich zu wissen, wo er ist.«

»Ich rufe dich heute nachmittag zurück.«

»Ich bin im Büro.«

Nachdem Lou sein Gespräch mit Roger Fullet beendet hatte, meldete er ein Ferngespräch mit Dr. Oliver Railsbeck an, einem alten Freund an der Stanford-Universität. Sie sprachen fünfzehn Minuten lang.

Um neun Uhr dreißig, nachdem Ollie Railsbeck ihm alles berichtet hatte, was er wußte, ging Lou über die Diele ins Gästebad. Er hatte inzwischen alles saubergemacht und die Spuren den nächtlichen Ereignisse beseitigt. Von den Glasscherben und dem vergossenen Hustensyrup war nichts mehr zu sehen. Er stellte sich in die Mitte des schmalen Raumes und blickte in den Spiegel über dem Waschbecken. Alles, was er sah, war sein Spiegelbild.

Nacheinander berührte er das Wasserglas, den Spiegelrahmen, die Wasserhähne und das Porzellanbecken. In der Nacht zuvor war alles mit Blut besprizt gewesen, welches Mary mit ihren spiritistischen Kräften herbeibeschworen und eine Zeitlang festgehalten hatte. Das dicke, klebrige Blut war echt gewesen ... und doch *nicht* echt – nicht von dieser Welt.

Er fragte sich, wessen Leiden und Schmerz es verkörpert hatte. Rein symbolisch könnte es der blonden Frau gehören, deren Tod

Mary vorausgesagt hatte. Oder vielleicht war es auch Marys Blut gewesen, das an den Fingern von Max gehaftet hatte.

War es ein Vorzeichen ihres Todes?

»Gott beschütze sie«, sagte Lou zu sich selbst.

14

Mary saß auf einem unbequemen Metallstuhl, die Handtasche auf dem Schoß, die Hände auf der Handtasche.

Auf dem Stuhl links neben ihr saß Max. Er wußte, daß sie lange Diskussionen mit Polizeibeamten nicht mochte und daß ihr die kalte, totalitäre Atmosphäre von Polizeiwachen auf die Nerven ging. Von Zeit zu Zeit streckte er die Hand aus und berührte sie leicht. Nicht auffällig. Ein kurzes Streicheln, ein kleiner Druck als beruhigendes Zeichen, daß er bei ihr war. Wie immer, entspannte sie seine Anwesenheit.

Zu ihrer Rechten saß Lou rittlings auf einem umgedrehten Stuhl und hatte die Arme über der Lehne verkreuzt.

Der Raum stank nach schalem Zigarrenrauch. Die Deckenbeleuchtung war zu grell. Der einzige Wandschmuck bestand aus einem gerahmten Foto von J. Edgar Hoover – Patmores Idol – und einem Militärkalender, auf dem verschiedene Kampfszenen abgebildet waren. Eine für jeden Monat.

John Patmore, Polizeichef von King's Point, saß über seinen unaufgeräumten Schreibtisch gebeugt und telefonierte ernsten Gesichtes mit Percy Osterman. Anscheinend schmeichelte der Sheriff ihm gehörig, um Patmore zur Zusammenarbeit mit Mary zu bewegen. Ein selbstgefälliges Grinsen spielte um Patmores dünne Lippen.

Vom Aussehen her war der Polizeichef eine unbeeindruckende Erscheinung. Ende Vierzig. Rundes Gesicht. Ein fast kahler Kopf. Braune Augen. Ein unauffälliges Gesicht. Mittlere Größe, mittleres Körpergewicht.

Mary befürchtete, daß sie ihr Anliegen nicht überzeugend und nachdrücklich genug vorgetragen hatte. Lou hatte ihr geraten, die bizarrsten Aspekte des Falles nicht zur Sprache zu bringen.

Sie hatte weder fliegende Glashunde noch mörderische Möwen oder blutende Badezimmerspiegel erwähnt. Lou war überzeugt, daß solche Einzelheiten Patmore lediglich verwirren würden. Nachdem Lou dem Polizeichef die Bedeutung von Marys spiritistischen Kräften erklärt hatte, äußerte sie nur ihre Überzeugung, daß die Massenmorde der letzten Tage von ein und demselben Mann begangen worden waren, und daß dieser erst gestern nacht wieder eine junge Frau in Kings's Point ermordet hatte. (Die Leiche war noch nicht gefunden.) Heute abend um sieben würde der Killer von einem der drei Türme aus, die den Hafen überblickten, Gewehrfeuer eröffnen.

Endlich verabschiedete sich Patmore von Percy Osterman und legte den Hörer auf. Er lehnte sich in seinem Stuhl zurück und starrte eine volle Minute lang ins Leere. Dabei lächelte er.

»Laßt euch durch den Chef nicht irritieren«, sagte Lou zu Max und Mary. »Er ist nicht absichtlich so manierlos. Es ist nur, daß er manchmal aufhört zu denken und dann vergißt, seinen Gedankengang wieder aufzunehmen.«

Patmore schenkte ihm keine Beachtung und wandte sich Mary zu. »Das paßt mir gar nicht – ein geistesgestörter Killer in meiner Stadt.«

Mary sagte: »Wenn wir...«

Patmore fischte eine Zigarre aus der Schublade seines Schreibtisches und unterbrach sie. »Das gefällt mir überhaupt nicht. Als Polizeichef dieser Stadt sorge ich stets für Ordnung und Disziplin.«

»Wir können...«

»Auf jedem dieser Türme«, sagte Patmore, »weil Percy Osterman für Sie gebürgt hat... obgleich ich immer noch meine Zweifel über diesen spiritistischen Quatsch habe... also um sechs... eine Stunde vorher, wenn Sie recht haben, werde ich meine Männer postieren.«

Mary war nicht sicher, Patmores verwickelte Erklärung richtig verstanden zu haben, und fragte: »Dann werden Sie also Ihre Leute heute abend auf den Türmen postieren?«

Patmore blinkte mit den Augen. Er hatte eben begonnen, das Ende seiner Zigarre anzufeuchten und nahm sie wieder aus dem Mund. »Habe ich das nicht gerade gesagt?«

»Ihr müßt den Chef entschuldigen«, sagte Lou. »Er glaubt, daß Syntax soviel bedeutet wie ›Sündtaxe‹, eine Abgabe, mit der die Kirche ihre Sünder belegt.«

Zu Marys großer Erleichterung ignorierte der Polizeimensch Lous Bemerkung. Er sagte: »Berichten Sie mir noch mal alle Einzelheiten. Ihre ganze Vision von Anfang bis zum Ende.«

Sie seufzte auf und entspannte sich ein wenig.

Sie dachte: Wenigstens geht auch diese Scheußlichkeit ihrem Ende zu. Dann: Oder vielleicht auch nicht? Ist es etwa erst der Anfang?

»Fühlst du dich wohl?« fragte Max.

»Ja«, log sie.

Draußen auf dem Gehsteig vor der Polizeiwache sagte Max zu Lou: »Das ging ja viel leichter, als du befürchtet hattest.«

Lou zuckte mit den Schultern. »Ich bin selbst überrascht. Normalerweise erfordert es einen chirurgischen Eingriff, ihm eine neue Idee einzupflanzen.«

»Offensichtlich hat Percy Osterman mehr Einfluß auf ihn, als du gedacht hattest«, sagte Mary.

»Gewiß«, sagte Lou. »Teilweise. Aber meines Erachtens ist es auch sein Selbsterhaltungstrieb. Wenn er dich einen Scharlatan nennt und dich rausschmeißt, und dann der Killer *wirklich* von einem dieser Türme in die Gegend schießt, weiß er ganz genau, was ihm passiert. Dann fordere ich nämlich zweimal die Woche auf der Titelseite meiner Zeitung seinen Rücktritt und zwar solange, bis er seinen Job los ist.«

Max schlug vor, sie sollten ihre Autos stehenlassen und zu Fuß die kurze Strecke zum Hafen hinuntergehen. »Wir können im ›Sea Locker‹ ein paar Drinks nehmen und zu Mittag essen und dabei die Boote anschauen.«

Mary ging zwischen Max und Lou, und allmählich besserte sich ihre Stimmung. Die frische Brise blies ihr den Geruch von Patmores Zigarre aus der Nase; ebenso einen Teil ihres Spannung und Furcht.

Das Wetter hatte sich gebessert. Obgleich es noch bewölkt war und der Wetterdienst für morgen Regen angesagt hatte, war es einer jener südkalifornischen Wintertage, wie sie die Reisebroschüren beschreiben. Die Temperatur war auf fast zwanzig Grad gestiegen, die Luft rein und frisch. An solchen Tagen waren ehemalige Bewohner der Ostküste froh darüber, nach Kalifornien gezogen zu sein.

Kurz vor dem Hafen kamen sie an einer Zoohandlung vorbei, wo zwei Spaniel-Welpen im Fenster ausgestellt waren.

»Oh – sind sie nicht süß«, rief Mary. Sie ließ Max und Lou stehen und lief ans Schaufenster.

Die Welpen stemmten die Vorderpfoten gegen die Glasscheibe und versuchten Marys dargebotene Hand zu beschnuppern und wedelten dabei begeistert mit den Schwänzen.

»Ich hatte noch nie viel für Hunde übrig«, sagte Lou. »Sie sind zu abhängig.«

»Sie sind süß«, sagte Mary.

»Katzen mag ich auch nicht.«

»Warum nicht?« fragte Max.

»Die sind zu unabhängig.«

»Bemühe dich nicht zu sehr, originell zu sein«, sagte Max.

Lou grinste. »In manchen Kreisen bin ich als verbitterter Sonderling bekannt. Ich muß doch meinem Ruf gerecht werden, meinst du nicht?«

Mary sprach durch die Glasscheibe zu den Hunden, die freudig wedelten und bellten.

»Ich weiß, wie sehr du Tiere liebst«, sagte Max. »Ich hatte schon daran gedacht, dir zu Weihnachten einen Hund zu schenken. Vielleicht hätte ich es tun sollen.«

»O nein«, sagte sie, immer noch mit den Welpen spielend. »Er wäre gestorben.«

Lou sah sie verwundert von der Seite an. »Was für eine seltsame Bemerkung«, sagte er.

Erinnerungen an zerstückelte Hunde, Katzen, Kaninchen und andere kleine Tiere zogen in ekelerregenden Farben an ihr vorbei.

Sie wandte sich von den Spaniels ab. »Alan hatte als Kind eine Menge Haustiere. Ich hatte auch einige. Alle von ihnen wurden gequält und getötet.«

»Gequält und getötet?« sagte Lou. »Was, um Gottes willen, soll das heißen?«

»Der Junge von Berton Mitchell hat es getan«, erklärte Mary. »Er glaubte, ich hätte seinen Vater fälschlich beschuldigt. Darauf schlich er sich immer auf unser Grundstück und schlachtete unsere Haustiere ab. Eines nach dem anderen. Die ganzen Jahre hindurch, bis wir uns schließlich keine Tiere mehr hielten.«

Mit einem Verständnis, das sie tief berührte, sagte Max: »Also nahmen die Alpträume immer noch kein Ende, als sich Mitchell in seiner Gefängniszelle erhängte.«

Seine grauen Augen, oft so hart und ausdruckslos, waren voller Mitleid und Liebe.

»Ich wußte gar nicht, daß Berton Mitchell Familie hatte«, sagte Lou.

Mary nickte. »Eine Frau und einen Sohn. Die sind natürlich von uns weggezogen nach... nachdem das passiert war. Aber die Stadt haben sie nicht verlassen. Sie wohnten immer irgendwo in der Nähe.« Sie sah zu den Spaniels hinüber, doch gefielen sie ihr nicht mehr. Jedesmal, wenn sie sie anblickte, sah sie Alans Hunde vor sich: Tote Hunde mit gebrochenen Beinen und Dutzenden von Stichwunden, aufgeschlitzte Hunde, geköpfte Hunde, Hunde mit ausgerissenen Augen...

Lou sagte: »Dieser Mitchell-Junge...«

»Ich möchte nicht mehr darüber sprechen«, sagte sie mit zitternder Stimme. »Gehen wir zum ›Sea Locker‹. Ich habe einen Drink nötig.«

Die Herrentoilette des Restaurants roch nach einem Desinfektionsmittel mit Tannennadelduft.

Als sie sich an den zwei Waschbecken die Hände wuschen, wobei sich Max vorsah, seinen Verband nicht naß zu machen, sagte Lou: »Habe ich dir gegenüber schon mal meinen Freund Ollie Railsbeck erwähnt?«

»Nicht daß ich wüßte«, erwiderte Max.

»Er leitet ein relativ neues Forschungsprojekt an der Stanford-Universität. Sie erforschen dort paranormale Erscheinungen – Hellsehen, Vorausahnungen, Psychometrie, Telepathie, Telekinesis, astrale Ausstrahlung, einfach *alles*.«

»Ja, ich glaube, ich kann mich doch an den Namen erinnern«, sagte Max. Er drehte den Wasserhahn ab und riß ein Papierhandtuch von der Rolle. »Ich glaube, die haben Mary mal um ihre Mitarbeit bei verschiedenen Versuchen gebeten, aber sie hat noch nicht die Zeit gefunden.«

Lou nahm sich ebenfalls ein Handtuch und sagte: »Seitdem wir herausgefunden haben, daß die Russen jährlich fast eine Milliarde Dollar dafür ausgeben, spiritistische Erscheinungen für militärische Zwecke zu erforschen, hat sich das Pentagon herabgelassen, ein paar Dollar für Studien auf diesem Gebiet zur Verfügung zu stellen. Ollies Abteilung und noch eine andere, die Dr. Rhine vor Jahren an der Duke-Universität aufbaute, sind die besten ihrer Art in den Staaten.«

»Mary hat mal in Duke gearbeitet.«

»Ich habe heute früh Ollie Railsbeck angerufen und ihn um seine Meinung befragt über das, was gestern passiert ist. Über das Blut, das aus dem Spiegel quoll.«

»Und was sagt er?«

»Er nennt es ›Ektoplasmus‹.«

»Den Ausdruck kenne ich«, sagte Max. Er warf sein Papierhandtuch weg und wandte sich zur Tür.

»Warte noch«, sagte Lou. »Ich wollte vor Mary dieses Thema nicht anschneiden.«

Max lehnte sich an die Wand. »Na dann erzähl mal.«

»Nach allem, was Ollie sagt, sind solche Erscheinungen gar nicht so außergewöhnlich, wie ich geglaubt hatte. Sie sollen bei Seáncen in ähnlicher Form vorkommen.«

Max zog verwundert die Augenbrauen hoch. »Willst du damit sagen, daß dein Freund unsere Steuergelder dazu verwendet, spiritistische Sitzungen zu beobachten? Diesen Schwindel, den die Zigeuner aufführen in verdunkelten Zimmern bei Kerzenlicht, wo man die Naivlinge, die mit ihren verstorbenen Verwandten sprechen wollen, um ihr Geld bringt?«

»Es gibt auch hochangesehene Medien, die ihre Arbeit ernst nehmen und weder aufs Geld aus sind, noch auf Reklame. Die machen die tollsten, gruseligsten Seáncen.«

»Willst du sagen, daß sie mit Geistern sprechen?«

»Möglich. Sie glauben daran. Jedenfalls haben sie *irgendeinen* Gesprächspartner, der ihnen auch antwortet. Ollie sagt, daß hin und wieder ein Geist oder ein Gegenstand über dem Tisch oder dem Kopf des Mediums auftaucht, während es sich in Trance befindet.«

»Wahrscheinlich machen sie das mit Projektoren oder anderen technischen Hilfsmitteln.«

»Nein. Diese Versuche wurden im Labor und unter strenger Aufsicht von Wissenschaftlern ausgeführt«, sagte Lou. »Manchmal tropft Blut aus der leeren Luft. Oder Tränen. Was immer diese Erscheinungen hervorruft – sie haben Substanz und wirken wie echt.«

»Aber nur auf ganz kurze Zeit. Das Blut, das gestern nacht aus dem Spiegel kam, verschwand auch gleich wieder.«

»Richtig. Gewöhnlich dauert es nur Sekunden. Manchmal eine volle Minute. Ollie kennt einen Fall, wo das Gesicht eines Kindes zwanzig Minuten lang über dem Kopf des Mediums schwebte. Aber dergleichen kommt sehr selten vor. Man sagt, daß Erscheinungen wie diese aus Ektoplasmus bestehen, einer übernatürlichen Masse, die sich – wie die Medien behaupten – in der Dimension zwischen Leben und Tod bewegen kann.«

»Glaubt dein Freund an Geister?« fragte Max.

»Nein. Er sagt, daß die wirklich talentierten Medien hochentwickelte spiritistische Fähigkeiten besitzen. Auch bei telepathischen Versuchen mit Spielkarten erzielen sie gute Resultate. Die meisten von ihnen haben erwiesene und sorgfältig dokumentierte Erfolge bei der Vorhersage zukünftiger Ereignisse zu verzeichnen. Ollie glaubt, daß sie mit Hilfe einer spiritistischen Fähigkeit, die wir nicht begreifen können, unbewußt Ektoplasmus erzeugen.«

»Und er glaubt auch nicht, daß dieses Zeug aus einer anderen Welt kommt?«

»Nein. Auch nicht aus einem Leben nach dem Tode.«

Max dachte einen Augenblick nach. Dann sagte er: »Also nach Railsbecks Ansicht ist Ektoplasmus ein Stoff, der sich aus dem Unterbewußtsein eines Spiritisten heraus materialisiert hat.«

»Genau«, sagte Lou.

»Also bestätigt Railsbeck das, was ich gesagt habe.«

»Darum wollte ich eben allein mit dir darüber sprechen«, sagte Lou. »Ich wollte Mary nicht unnötig aufregen.«

»Hier ist doch keine übernatürliche, dämonische Macht am Werk.«

Lou schüttelte seufzend mit dem Kopf. »Davon bin ich noch nicht hundertprozentig überzeugt. Aber *du* bist es und hast noch dazu Ollie auf deiner Seite – also halte ich lieber den Mund.«

Max schlug sich mit der Faust auf die Handfläche der anderen Hand. Es gab ein laut klatschendes Geräusch, das von den gekachelten Wänden widerhallte und Lou auffahren ließ. »Also hat *Mary* das Blut aus dem Spiegel fließen lassen und hat auch den sogenannten Poltergeist erscheinen lassen, nur weiß sie es nicht und weigert sich, es anzuerkennen. Sie muß eine entsetzliche Vision gehabt haben, Lou. Um sich dem nicht auszuliefern, hat sie unbewußt spiritistische Kräfte ins Spiel gebracht, von denen sie überhaupt nicht wußte, daß sie sie besaß, und damit den Anschein erweckt, es seien ›übernatürliche‹ Mächte am Werk – um sich selbst zu täuschen. Sie hat etwas gesehen, was sie um jeden Preis aus ihrer Erinnerung verdrängen mußte. Etwas, das seit langem in ihrem Unterbewußtsein schlummerte. Darum gebraucht sie den Poltergeist und anderen übernatürlichen Unsinn, um sich von dem abzulenken, was sie am meisten fürchtet.«

»Und wir können ihr nicht helfen«, sagte Lou niedergeschlagen, »weil wir nicht wissen, wovor sie sich versteckt.«

Max machte ein finsteres Gesicht. »Um sieben Uhr heute abend werden wir es wissen.« Er blickte auf die Uhr. »In ungefähr sieben Stunden.«

Das Meer sah kalt und ölig aus. Die Wellen rollten gegen die Kaimauer, und die vertäuten Boote zerschnitten mit dem Bug das Wasser wie dunkle Gelatine.

Im ›Sea Locker‹ hatten sie einen Tisch am Fenster. Zu Anfang, während Max und Lou sich über Politik unterhielten, saß Mary schweigend dabei und suchte den Himmel nach Möwen ab. Es waren keine da, und allmählich richtete sich ihre Aufmerksamkeit auf das Treiben im Hafen und das Gespräch am Tisch.

Obgleich heute keine Möwen erschienen und sie beunruhigten, war sie nicht imstande sich zu entspannen. Sie aß viel zu wenig und trank zu viel. Man scherzte darüber, daß sie anscheinend Lou unter den Tisch trinken wollte. Aber auch der Whisky beruhigte sie nicht.

Nachdem Lou um zwei Uhr ins Büro gegangen war, kehrten Max und Mary in ihr Motel zurück. Sie legte sich aufs Bett und versuchte einzuschlafen. Zur Jagd auf den Mörder am Abend wollte sie ausgeruht sein und alle Sinne beisammen haben.

Auf der Seite liegend schloß sie die Augen und versuchte, ihre Gedanken auszuschalten. Der Wein und der Whisky, den sie zum Mittagessen getrunken hatte, halfen sie einzuschläfern. Es kam ihr vor, als kreiste sie in einem Gummiboot auf dem Wasser. Sie begann mit einer leichten Meditation, wobei sie das Wort ›Eins‹ so lange vor sich hin flüsterte, bis sie es ausfüllte und jeden anderen Gedanken verdrängte.

Im Einschlafen begriffen hörte sie plötzlich die herbeirauschenden Flügel: *Wicka-Wicka-Wicka!*

Sie schlug die Augen auf. Nichts. Einbildung.

Max saß hinter ihr in einem Armsessel und las die *King's Point Press*. Wenn er ein ungewöhnliches Geräusch gehört hätte, hätte er etwas gesagt.

Sie schloß die Augen wieder und konzentrierte sich auf das Wort ›Eins‹.

Wicka-Wicka-Wicka!

Sie riß die Augen auf. Nichts.

Sie war überzeugt, daß die Flügel etwas mit Berton Mitchell zu tun hatten. Und sie mußten auch zu dem Mordfall gehören, an dem sie arbeitete. Der Killer, den sie verfolgte, stand irgendwie im Zusammenhang mit Berton Mitchell. Unmöglich! Undenkbar. Aber trotzdem...

Sie fühlte sich gefoltert. Alles, was sie wollte, war ein wenig Ruhe. Alleingelassen zu werden. Alles, was sie wollte, war – *Diesen Fall hinter sich zu bringen!*

Sie kniff die Augen ganz fest zu, um die Tränen aufzuhalten. Aber die Tränen liefen ihr über die Wangen.

Sie hatte Angst. Sie wollte Max. Er sollte aufstehen und zu ihr kommen. Sie drehte sich auf die andere Seite und war im Begriff ihn zu rufen, aber dann dachte sie: *Nein, einmal mußt du stark sein.*

Früher oder später mußte sie lernen, wenigstens mit einigen ihrer Probleme selbst fertig zu werden. Immer mehr empfand sie ihre eigene Schwäche und Zerbrechlichkeit. Wie Eisstückchen, die ihr durch die Finger glitten, empfand sie nicht nur ihre eigene Sterblichkeit, sondern auch die von Max und Lou und Alan. Eines Tages würde Max nicht mehr da sein, und wie konnte sie überleben, wenn sie nicht selbst mit dem Schicksal fertig wurde?

Sie mußte dem, was vor vierundzwanzig Jahren geschehen war, ins Auge sehen. Sie mußte sich unbedingt dazu zwingen, nachzudenken und sich an die Bedeutung dieser Flügel zu erinnern. Sonst würde sie niemals eine Verbindung zwischen Berton Mitchell und den Flügeln herstellen können und allem, was damals in dem Hausmeisterhäuschen vorgefallen war.

Sie wartete ab, bis ihre Tränen getrocknet waren und erhob sich vom Bett.

»Ist dir was?« fragte Max.

»Ich kann nicht schlafen.«

»Möchtest du dich lieber mit mir unterhalten?«

»Lies du nur deine Zeitung. Ich möchte nachdenken.«

Sie nahm ihr Notizbuch und ihren Kugelschreiber vom Nachttisch und setzte sich an den kleinen Schreibtisch vor dem Fenster.

Wie immer, wenn sie Probleme hatte, die keiner für sie lösen konnte, schickte sie sich an, sie niederzuschreiben. Ein Dutzend Fragen in Abständen von sechs oder sieben Zeilen und in den Zwischenräumen die Antworten dazu, falls sie sie fand. Diese Prozedur beruhigte sie im allgemeinen. Natürlich wollte sie mehr, als nur Beruhigung. Sie wollte Lösungen. Manchmal fand sie sie.

Trotzdem gab sie sich nach all diesen Jahren keiner Selbsttäuschung hin. Eine Lösung zu finden und danach zu handeln waren zwei verschiedene Dinge. Sie besaß den Verstand, aber nicht die Kraft zu handeln. Obgleich sie das Ritual mit dem Notizbuch schon hunderte Male vollzogen hatte, waren die Resultate niemals das gewesen, was sie am meisten erhofft hatte: Noch immer war sie weder imstande eigene Beschlüsse zu fassen, noch schwierige Probleme ohne fremde Hilfe zu bewältigen.

Diesmal würde es anders sein. *Mußte* anders sein. Wenn sie die erforderliche Kraft nicht in sich selbst fand, würde sie nicht lange überleben, fühlte sie.

Sie schlug das Notizbuch auf, das sie erst am Tag zuvor gekauft hatte, und sah, was auf der ersten Seite geschrieben stand:

Mary! Renne um dein Leben!

Der Satz war mit einem Kugelschreiber hastig hingekritzelt. Obgleich es zweifellos ihre Handschrift war, erinnerte sie sich nicht, ihn geschrieben zu haben.

Roger Fullet rief um vier Uhr zurück und gab Lou ein ausführliches Exposé der Berton-Mitchell-Geschichte, wie sie seinerzeit in der *Los Angeles Times* erschienen war. »... und nach einer Beratung von nur zwanzig Minuten sprachen ihn die Geschworenen in allen Punkten der Anklage schuldig. Zwar legte sein Verteidiger sofort Berufung ein, die lediglich auf technischen Einwänden beruhte, doch muß es Mitchell klar gewesen sein, daß keine Chance für ihn bestand. Er war zu Zuchthausstrafen von insgesamt fünfundzwanzig Jahren verurteilt worden.«

»Und hat er sich wirklich erhängt?« fragte Lou.

»Genau das. Am Tag nach dem Urteilsspruch, noch bevor er vom Untersuchungsgefängnis ins Zuchthaus überführt werden sollte.«

»Und die Familie?«

»Die Frau und ein Sohn.«

»Ja. Wie hieß der Sohn?«

»Barry. Barry Mitchell.«

»Und wie alt war er, als es passierte?«

»Ich habe es mir nicht notiert, aber ich erinnere mich, daß er an die Sechzehn war.«

»Steht noch etwas über ihn in den Akten?«

»Daß er seinen Vater täglich im Gefängnis besuchte. Er war überzeugt, daß der Vater so unschuldig war, wie er beteuerte.«

»Sonst noch was?«

»Weißt du, heutzutage würde die Presse der Frau und dem Sohn gewaltig auf die Pelle rücken. Amerika wird immer rücksichtsloser und sensationssüchtiger. Die Leser wollen heute einen tieferen Einblick in persönliche Tragödien und Schicksale anderer Leute bekommen, als früher. Aber vor fünfundzwanzig Jahren hatten die Amerikaner mehr Sinn für Anstand und respektierten das Privatleben anderer. Man hat die Frau und den Sohn weitgehend in Ruhe gelassen. Jedenfalls steht nichts weiteres in unseren Akten.«

Lou trommelte mit seinem Bleistift auf der Tischplatte. »Ich hätte gerne gewußt, was mit dem Sohn geschehen ist.«

»Da kann ich dir leider nicht weiterhelfen, fürchte ich.«

»Du hast schon mehr als genug getan. Danke, Roger.«

Nachdem sie nochmals Weihnachtsgrüße ausgetauscht hatten, legte Lou auf.

Als er den Hörer auf die Gabel legte, kam seine Sekretärin ins Zimmer, um sich zu verabschieden und ihm ein frohes Weihnachtsfest zu wünschen. Als sie gegangen war, wurde es sehr ruhig im Büro.

Er hatte kein Licht angemacht, als er vom Mittagessen zurückgekommen war. Jetzt schlich sich die Dämmerung allmählich ins Zimmer. Lou starrte vor sich hin und dachte nach.

Was war es, wovor Mary solche Angst hatte? Was war so Besonderes an diesem Fall?

Seine Lieblingstheorie war durch das, was ihm Roger Fullet berichtet hatte, vernichtet worden. Der psychopathische Killer, der in Kings's Point los war, konnte unmöglich Berton Mitchell sein.

Und der Sohn? Barry Mitchell? Der müßte jetzt vierzig sein. Im Alter von Max. Nicht viel älter, als sein Vater gewesen war zu dem Zeitpunkt, wo er sich an Mary vergangen hatte. Irrsinn war manchmal erblich. Konnte sich leicht vom Vater auf den Sohn vererben. Vielleicht war wirklich Barry Mitchell der Mann, der heute abend um sieben auf den Turm steigen würde.

Als das trübe Dämmerlicht den Nachmittag ablöste, wurde es merklich kühl im Büro. Lou stand auf und goß sich einen doppelten Bourbon ein, um sich warmzuhalten.

Fest entschlossen, mit der schriftlichen Warnung in ihrem Notizbuch nicht zu Max zu laufen, schrieb Mary vierundfünfzig Fragen und halb so viele Antworten nieder, auf der Suche nach Lösungen und Verständnis. Was das Verbrechen betraf, das man vor vierundzwanzig Jahren an ihr begangen hatte, die Folter, die Qualen, die sie damals erlitten hatte, war ihr nichts Neues eingefallen. Nicht der kleinste Hinweis auf die Bedeutung der Flügel. Aber sie war nicht bereit aufzugeben.

Obgleich es ihren Gedankengang unterbrach und sie nervös machte, schlug sie immer wieder die erste Seite auf und las die fünf Worte, die dort standen: *Mary! Renne um dein Leben!* Sie versuchte sich selbst einzureden, daß sich ein Fremder ins Zimmer geschlichen und die Warnung in ihr Notizbuch geschrieben hatte, während sie und Max ausgegangen waren. Vielleicht hatte der Mörder es geschrieben. Aber sie wußte, daß das nicht stimmte. Es ergab keinen Sinn. Außerdem war es ihre Handschrift. Sie mußte selbst mitten in der Nacht aufgestanden sein, ohne Max zu wecken, und im Schlafwandel die Worte geschrieben haben. Im Schlaf hatte sie eine große Gefahr erkannt. Aber was hatte sie im Schlaf gesehen, das sich ihr jetzt entzog?

Max erhob sich von seinem Sessel und fragte sie: »Willst du dich etwas frisch machen?«

Sie drehte sich zu ihm um. »Wie bitte?«

»Es ist halb sechs. Um sechs treffen wir uns mit Lou. Ich dachte, du würdest dich vielleicht frisch machen wollen.«

»Ja, gewiß.« Sie klappte ihr Notizbuch zu und stand auf.

»Ist dir was?« fragte er.

»Nein, nichts.«

Er blickte sie besorgt an.

»Doch«, sagte sie. »Mir ist was.«

Er trat an sie heran und küßte sie auf die Wange.

»Ich habe Angst«, sagte sie.

»Ich auch«, gab er zu.

»Was wird nur mit mir geschehen.«

»Nichts Schlimmes«, versicherte er ihr.

»Ich weiß nicht.«

»Aber *ich* weiß es«, sagte er. »Du hältst dich heute ganz dicht neben mir, bis wir diesen Hurensohn erwischen.«

»Und wenn sie ihn nicht erwischen?«

»Du sagtest doch, sie würden es tun.«

»Nein. Ich sagte nur, daß er sich in einem der Türme aufhalten würde.«

»Wenn sie dort auf ihn warten, schnappen sie ihn auch.«

»Vielleicht.«

15

Sechs Uhr abends.

Wachtmeister Lyle Winterman stellte seinen Streifenwagen außer Sicht in einer schmalen Gasse ab und ging zu Fuß die zwei Häuserblocks bis zur St.-Luke's-Kirche hinunter. Trotz der Straßenbeleuchtung – alle hundert Meter – war es in der Harbour Avenue recht dunkel.

Winterman hielt seine rechte Hand auf der Revolvertasche an seiner Hüfte. Der Verschluß war aufgeklappt. Seine Handfläche ruhte auf dem Revolvergriff. Er erwartete jeden Moment, daß ihn jemand anspringen würde. Nach der Einsatzbesprechung mit Patmore auf der Wache war der Beamte reichlich nervös.

Pastor Richard Erdman erwartete ihn im Kirchenschiff. Sie schüttelten sich die Hand und gingen an die Tür, die in den Turm führte.

»Worum handelt es sich eigentlich?« fragte Erdman.

»Wir haben einen Hinweis bekommen«, sagte Winterman.

»Einen Hinweis worauf?«

»Polizeichef Patmore möchte nicht, daß darüber gesprochen wird.«

»Wird es zu Gewaltanwendung kommen?«

»Möglich.«

»Ich will keine Gewalttätigkeit in meiner Kirche.«

»Ich auch nicht, Hochwürden.«

»Dies ist ein Gotteshaus. Es soll eine Stätte des Friedens bleiben.«

»Ich hoffe es. Trotzdem sollten Sie sich ins Pfarrhaus zurückziehen und die Türen abschließen.«

»Aber ich muß doch den Weihnachtsgottesdienst vorbereiten.«

»Der fängt doch erst später an, oder?«

»Um elf«, sagte Erdman. »Aber ich muß um zehn mit den Vorbereitungen beginnen.«

»Bis dahin bin ich längst wieder weg«, sagte Winterman. Der Wachtmeister zog die Taschenlampe aus seinem Gürtel und schaltete sie an. Er richtete den Lichtstrahl auf die Stiegen der Turmtreppe, zögerte eine Sekunde, und begann hinaufzusteigen.

Erdman schloß die Tür hinter ihm.

Sechs Uhr fünf, abends.

Wachtmeister Rudy Holtzman hätte eigentlich am Weihnachtsabend dienstfrei haben sollen. Den ganzen Weg bis hinauf zur Turmspitze verfluchte er John Patmore.

Spiritisten, Voraussagungen, Wahrsager, Hellseher – das war doch alles pure Scheiße. Der Chef ließ sich einfach zum Narren halten. Das war natürlich nichts Neues. Aber eine Hellseherin? Das ging doch zu weit.

Holtzman erreichte die oberste Plattform des Turmes von ›Kimball's Games and Snacks‹. In dem leeren Gebäude unter ihm herrschte absolute Stille.

Er schaltete seine Taschenlampe aus und warf einen kurzen Blick auf den Hafen. Auf mehreren Jachten und Booten waren bereits Partys im Gange.

»Verdammt«, knurrte Holtzman.

Er setzte sich auf den Boden und lehnte sich mit dem Rücken gegen die hüfthohe Balustrade, die um den Aussichtsturm herumführte. Seinen Revolver legte er neben sich.

Er gab sich halb der Hoffnung hin, daß so ein Arschloch mit einem Gewehr *tatsächlich* die Stiegen heraufkommen würde. In seiner jetzigen Stimmung wäre es direkt eine Erleichterung gewesen, auf jemand schießen zu können.

Sechs Uhr zehn abends.

Eine hell beleuchtete Fünfundzwanzig-Meter-Jacht kreuzte durchs Hafenbecken und nahm Kurs auf die offene See. Ihre Heckwellen schwappten rhythmisch gegen die Kaimauer.

Dem Wind, der vom Meer landeinwärts wehte, haftete ein unbestimmter Verwesungsgeruch an.

John Patmore und sein Assistent – ein junger, übergewichtiger Polizeibeamter namens Rollins – hatten auf dem Parkplatz vor dem Laughing-Dolphin-Restaurant ihren Befehlsstand aufgeschlagen. Von hier aus konnten sie alle drei Türme im Auge behalten.

Der Mercedes war neben dem Streifenwagen geparkt. Mary stand an den Wagen gelehnt, flankiert von Max und Lou.

Sie hoffte auf eine weitere Vision. Noch war es Zeit vorauszusehen, welchen der drei Türme der Killer ersteigen würde, Zeit, die Polizei bei ihren Dispositionen zu beraten, vielleicht sogar genügend Zeit, Mord zu verhindern. Bis zu diesem Augenblick hatte sie jedoch keinerlei Visionen empfangen.

Das unkontrollierte Zittern, das sie erfaßt hatte, war nicht der kühlen Abendluft zuzuschreiben.

Um sechs Uhr fünfzehn meldete Wachtmeister Teagarten, der in der römisch-katholischen Kirche der Heiligen Dreieinigkeit stationiert war, seinem Chef über Sprechfunk, daß dort ein Gottesdienst stattfand. Außerdem hielt der Verein der ›Ritter von Kolumbus‹ im Keller eine Weihnachtsfeier ab, die bis zur Beichte – kurz vor der Mitternachtsmette – andauern würde. Teagarten war der Ansicht, daß kein Killer – nicht einmal ein Psychopath – es wagen würde, vor so vielen Zeugen den Turm der Dreieinigkeitskirche zu besteigen. Teagarten wollte nach Hause gehen.

»Bis Sie andere Weisung erhalten«, knurrte Patmore ins Walkie-Talkie, »bleiben Sie, zum Teufel, da, wo Sie sind.«

Wachtmeister Rollins teilte seine Aufmerksamkeit zwischen den drei Türmen, die er durch einen Feldstecher beobachtete.

Patmore ignorierte Mary vollkommen. Er hatte sie bei ihrer Ankunft nicht gegrüßt und würdigte sie immer noch keines Blickes.

»Wenn das heute nicht klappt«, sagte Lou, »schwört der Polizeichef jeden Eid, daß er dich noch nie gesehen hat.«

Sechs Uhr dreißig abends.

Auf gut einem halben Dutzend der Boote im Hafen waren bereits Partys im Gange. Es wurden immer mehr. Lautes Gelächter, das gelegentliche Aufkreischen weiblicher Stimmen und Stereomusik schallten über das Wasser.

Vom kleinsten Segelboot bis zur größten Jacht waren alle Schiffe festlich geschmückt. Über den Decks und an den Luken hingen Reihen bunter Glühbirnen. Einige der größten Jachten, die eigene Generatoren besaßen, waren von Lichtketten umschlungen, wie von leuchtenden hawaiischen Leis. Manche Boote hatten ihre Masten wie Weihnachtsbäume geschmückt, andere strahlten die Masten mit goldfarbenem Licht an, um sie wie riesenhafte Kreuze erscheinen zu lassen. Wieder andere trugen Pappfiguren von Weihnachtsmännern oder von Rentierschlitten auf dem Kabinendach. Tannenzweige aus Kunststoff, Papierchrysanthemen und frische Blumen schmückten die Decks. Die Schiffe hoben sich strahlend gegen den dunklen Nachthimmel ab.

Auf seine Art war Lou Pasternak stolz auf King's Point. Zwar konnte er in stundenlangen Monologen auf die zahlreichen Mißstände hindeuten, doch betonte er immer, daß es trotz allem die entzückendste Stadt in Kalifornien war.

Heute jedoch vermochte ihn auch der reizvollste Anblick des Hafens nicht lange abzulenken. Er wandte sich Mary zu und sagte: »Können wir uns mal über Barry Mitchell unterhalten?«

Sie fuhr zusammen, als hätte er sie gekniffen.

»Mary?« sagte er.

»Du hast mich erschreckt.«

»Tut mir leid.«

»Was ist denn mit Barry Mitchell?«

»Er war... wie alt? Zehn Jahre älter als du?«

»So ungefähr.«

»Erinnerst du dich, wie er aussah?«

»Ein großer, kräftiger Junge.«

»Was für eine Haarfarbe?«

»Dunkel«, erwiderte sie. »Braun, glaube ich.«

»Augen?«

»Weiß ich nicht mehr.«

»Du sagtest, er hat Alans Haustiere getötet.«

»Auch meine.«

»Hat man ihn dabei erwischt?«

»Alan hat gesehen, wie er ein Eichhörnchen, das uns gehörte, umbrachte.«

»Hat er ihn festgehalten, als er das sah?«

»Nein. Er war viel größer und stärker als Alan.«

»Habt ihr ihn verklagt?«

»Wir hatten keine Beweise«, sagte sie.

»Alans Aussage.«

»Das Wort eines Jungen gegen das eines anderen Jungen.«

»Und dann habt ihr euch keine Tier mehr gehalten«, sagte Lou.

»Ja.«

Max legte den Arm um Marys Schulter.

»Und man ist nicht gegen Barry Mitchell vorgegangen?« fragte Lou.

»Der Anwalt meines Vaters hat mit Barrys Mutter gesprochen.«

»Und was kam dabei heraus?«

»Nichts. Barry hat alles geleugnet.«

Max unterbrach sie: »Wozu diese Fragen, Lou?«

Lou zögerte mit der Antwort, sah dann aber keinen Grund, seinen Verdacht zu verschweigen. »Mary, du sagtest, es sei etwas sehr Ungewöhnliches an diesem Killer, den wir heute verfolgen. Auch Max sagte das. Nur seid ihr euch uneinig darüber, worin das Ungewöhnliche besteht. Ich meine... vielleicht ist der Mann, den wir suchen, Berton Mitchells Sohn?«

Mary schüttelte den Kopf. »Nein.«

»Warum nicht?« fragte Lou.

»Er ist tot«, erwiderte Mary.

Lou blickte sie überrascht an.

»Du meinst, Barry Mitchell ist tot?« fragte Max.

»Seine Mutter auch«, sagte Mary.

»Was?«

»Seine Mutter starb auch. In derselben Nacht.«

»Wann ist das passiert?« fragte Lou.

»Ich war damals elf Jahre alt.«

»Also vor neunzehn Jahren.«

»Ungefähr.«

»Sie starben gemeinsam?«

»Ja.«

»Wie denn?«

»Sie wurden von einem Eindringling ermordet.«

»Einem Einbrecher?« fragte Lou.

»Wahrscheinlich. Ich erinnere mich nicht mehr.«

»Kennst du den Namen des Mörders?«

»Ist das wichtig?«

»Hat man jemand festgenommen?«

»Ich weiß nicht«, sagte sie.

»Wer hat dir das alles erzählt?« fragte Lou.

»Alan.«

»Bist du sicher daß er Bescheid wußte, und nicht nur so dahergeredet hat?«

»O doch«, sagte sie. »Soweit ich mich erinnere, hat er mir einen Zeitungsbericht gezeigt.«

Enttäuscht ließ sich Lou auf den Kühler des Mercedes sinken. Wieder war eine seiner Theorien flöten gegangen.

Aber wenn die Frau und der Sohn fünf Jahre nach dem Selbstmord von Berton Mitchell ermordet worden waren, warum hatte dann Roger Fullet nichts darüber in den Archiven der *Los Angeles Times* entdeckt?

Das Ganze kam ihm recht seltsam vor. Lou neigte keineswegs zur Melodramatik, doch hätte er schwören können, daß etwas *Böses* in der Luft lag.

Das schrille Lachen einer Frau schallte über das Wasser.

Sieben Uhr abends.

Mary drückte Max' Hand und wartete gespannt. Jeden Augenblick mußte von einem der Außenposten eine Funkmeldung kommen. Jede Sekunde mußte sie die Nachricht erreichen, daß sich ein Mann die Stufen zu einem der Türme hinaufschlich. Dann würde die Hetzjagd in vollem Ernst beginnen.

Sieben Uhr drei abends.

Im Schein der Standlichter des Polizeiwagens blickte Mary wiederholt auf die Uhr. Voll Nervosität trat sie von einem Fuß auf den anderen.

Sieben Uhr vier.

Zum erstenmal seit über einer Stunde sah Polizeichef Patmore zu ihr hinüber. Ihre Blicke trafen sich. Er machte keinen frohen Eindruck.

Sieben Uhr sechs.

Sie hatte das Gefühl, hereingelegt und hintergangen worden zu sein. Zum erstenmal in ihrer Karriere war sie auf einen Gegner gestoßen, der ihr ebenbürtig war. Sie hatte es mit einem Mann zu tun, dem sie mit ihren spiritistischen Kräften nicht überlegen war.

Sieben Uhr neun.

»Da stimmt etwas nicht«, sagte sie, vor Angst benommen.

»Was ist denn?« fragte Max.

»Er kommt nicht.«

»Aber du hast es doch *gesehen*«, sagte Lou.
»Und was du voraussiehst, trifft immer ein«, sagte Max.
»Diesmal nicht«, sagte Mary. »Diesmal ist es anders. Er weiß, daß ich hinter ihm her bin. Er weiß, daß die Polizei die Türme bewacht.«
Lou sagte: »Wenn sich Patmores Leute weniger auffällig verhalten hätten...«
»Nein«, sagte sie. »Der Killer ist mir einen Schachzug voraus. Er kommt nicht.«
»Sage das lieber nicht Patmore«, sagte Lou. »Wir müssen noch abwarten. Wir dürfen nicht aufgeben.«

Als um sieben Uhr dreißig noch nichts von dem Verdächtigen zu sehen war und keiner der Turmposten etwas gemeldet hatte, begann John Patmore stirnrunzelnd vor dem Streifenwagen hin und her zu stampfen. Je später es wurde, um so heftiger stampfte er.
Um sieben Uhr fünfundvierzig nahm er sein Sprechgerät von der Kühlerhaube und sprach fünfzehn Minuten lang ununterbrochen mit Winterman, Holtzman und Teagarten. Zweimal verlor er dabei die Beherrschung und brüllte seine Leute an.
Schließlich legte er das Gerät weg und kam auf Mary zu. »Der Mann kommt nicht«, sagte sie.
»Haben Sie ihn wirklich jemals erwartet?« fragte Patmore.
»Ja, natürlich.« Ihr war ganz elend zumute. Sie hatte Lou im Stich gelassen. Er hatte seinen Einfluß geltend gemacht, und dann hatte sie ihr Versprechen nicht gehalten.
»Warum hat er es sich denn plötzlich anders überlegt?« fragte Patmore.
»Er weiß, daß wir ihm auflauern«, sagte Max.
»Woher denn? Wer hat es ihm denn gesagt?«
»Niemand«, sagte Mary. »Er fühlt es.«
»Er fühlt es? Wie denn?«
»Er muß... wahrscheinlich...«
»Ja?«
Mary gab einen Seufzer von sich. »Ich weiß nicht.«
»Heute früh in meinem Büro wußten Sie aber eine Menge«, sagte Patmore wütend. »Da wußten Sie alles. Jetzt, verdammt

noch mal, wissen Sie auf einmal gar nichts mehr. Offenbar wissen Sie auch nicht, daß ich verflucht unangenehm werden kann, wenn jemand mit einer Falschmeldung zu mir kommt. Mit einer Falschmeldung über ein Verbrechen, nur um meine Zeit und die Zeit meiner Leute zu verschwenden und uns an der Nase herumzuführen. Ganz einfach ein Schabernack.«

»Kriegen Sie bloß keinen Schlaganfall«, sagte Lou. »Und versuchen Sie auch Mary keinen zu verursachen.«

Patmore wandte sich von ihr ab und baute sich vor Lou auf. »Wenn ich das weiterleite, sind Sie auch dran.«

»Da gibt es gar nichts weiterzuleiten«, erklärte ihm Lou geduldig. »Sie wissen ganz genau, daß wir kein Verbrechen gemeldet haben. Von einer Falschmeldung kann erst recht nicht die Rede sein. Wir haben Ihnen lediglich gesagt, wir hätten guten Grund zu der Annahme, daß jemand im Begriff sei, ein Verbrechen zu begehen.«

»Sie haben mich absichtlich hereingelegt.«

»John, das ist lächerlich.«

»Und Percy Osterman hat mitgemacht. Warum denn wohl? Nein, das brauchen Sie mir nicht zu sagen. Das weiß ich selbst. Als die Stadt ihre eigene Polizei bekam – und Percy war schon immer dagegen gewesen –, hat ihn das aufgeregt. Er mag mich nicht besonders, nicht wahr? Er hat das nie offen gezeigt, aber ich bin sicher, daß es so ist.«

»Sie liegen vollkommen falsch. Seien Sie doch vernünftig, John. Es gibt keine Verschwörung gegen Sie. Mary handelt in gutem Glauben. Percy auch. Wir alle. Wir...«

»Ihr wollt mich als Idioten hinstellen!« Patmore hielt Lou drohend den Zeigefinger vor die Nase. »Unterstehen Sie sich, etwas davon in Ihre Zeitung zu setzen – daß ich auf diesen spiritistischen Scheiß reingefallen bin –, sonst verklage ich Sie wegen übler Nachrede. Das kostet Sie ein Vermögen.« Seine Augen – normalerweise matt und träge – funkelten mit ungewohntem Feuer.

Mary nahm Lou am Arm. »Ich bin ganz erschöpft, Lou. Ich will auch weder dich noch mich in Schwierigkeiten bringen.«

»Ja«, sagte Max. »Geben wir es auf. Gehen wir.«

Verärgert sagte Lou zu Patmore: »Ich werde nichts über Sie

schreiben, John. Ich habe nicht das geringste Interesse daran, Sie in der Zeitung als Narren hinzustellen. Sie müssen sich nur darüber klar werden, daß ein psychopathischer Killer frei in der Stadt...«

Immer noch vor Wut kochend sagte Patmore: »Sie haben auch früher schon über mich geschrieben.«

Jetzt ging auch Lou der Hut hoch. »Wann immer wir verschiedener Meinung waren, habe ich als ›loyaler Oppositionär‹ ein paar zahme Artikelchen geschrieben. Ich war nie unfair Ihnen gegenüber. Ganz im Gegenteil. Ich war verdammt tolerant, glaube ich. Ich hätte Sie zur Schnecke machen können, aber das ist nicht mein Stil. Wenn ich die Absicht gehabt hätte, Sie als Idioten hinzustellen, hätte ich es ohne weiteres tun können.«

Mary drückte Lous Arm und versuchte ihn wegzuziehen.

»Sie sind ein schäbiger kleiner Hintertreppenreporter mit einem billigen Radaublatt und noch dazu ein stadtbekannter Säufer!« schrie Patmore.

Einen Moment lang sah es so aus, als ob Lou ihm eine runterhauen würde. Aber er sagte nur: »Ein Säufer kann eine Entziehungskur machen und wieder nüchtern werden. Aber ein Dummkopf mit dem IQ eines Regenwurms muß für immer und ewig damit leben.«

»Scheiße«, sagte Patmore. Er ging zum Streifenwagen zurück, schaltete den Sprechfunk ein und schickte Winterman, Holtzman und Teagarten nach Hause.

»Es tut mir leid«, sagte Mary zu Lou. »Es tut mir schrecklich leid.«

»Es ist doch nicht deine Schuld, daß der Kerl ein Idiot ist.«

Max öffnete die Wagentür. »Los, fahren wir ab.«

Als sie wieder in Lou Pasternaks mit Büchern überstreutem Wohnzimmer saßen, fragte Max: »Was nun?«

»Wir müssen warten«, sagte Mary.

»Worauf?« fragte Lou.

»Darauf, daß er wieder anfängt Menschen umzubringen«, erwiderte sie mit müder Stimme.

16

FREITAG, 25. DEZEMBER

Das Hotelzimmer lag im Dunklen.
Mary lag auf der Seite. Dann drehte sie sich auf den Rücken. Sie wurde von einer Art Platzangst erfaßt, als ob die Zimmerdecke auf sie herabzufallen drohte.
»Kannst du deine Gedanken nicht ausschalten?« fragte Max.
»Ich dachte, du schläfst.«
»Ich wollte erst abwarten, bis du einschläfst.«
»Du warst so still.«
»Ich wollte dich nicht stören.«
»Wie spät ist es?«
»Drei Uhr.«
»Schlafe du nur, Schatz. Mir fehlt nichts.«
»Ich kann nicht schlafen, wenn du dir Sorgen machst.«
»Ich habe die ganze Zeit den Eindruck, als wäre jemand an der Tür.«
»Keiner war an der Tür. Ich hätte es gehört.«
»Und am Fenster auch.«
»Da ist niemand. Es sind nur deine Nerven.«
»Ich habe wieder mal das große Zittern.«
»Vielleicht solltest du ein Beruhigungsmittel nehmen?«
»Ich habe vor zwei Stunden zwei Schlaftabletten genommen.«
»Dann nimm doch noch eine.«
»Was kann er nur sein, Max?«
»Wer?«
»Der Killer.«
»Ein Mensch wie jeder andere.«
»Nein.«
»Doch, Mary. Doch. Nur ein Mensch.«
Die Dunkelheit um sie herum pulsierte förmlich.
»Er ist mehr als ein Mensch«, sagte sie.
»Nimm noch eine Schlaftablette.«
»Vielleicht sollte ich wirklich. Aber ich bemühe mich, diese ewige Tablettenschluckerei einzuschränken. Ich will nicht zu abhängig davon werden.«

»Wenn dieser Fall abgeschlossen ist, gewöhnen wir es dir wieder ab. Momentan betrachte ich es nicht als Schwäche. Du brauchst die Dinger.«

»Holst du mir eine?«

Er holte ein Glas Wasser und die Tablette und wartete ab, bis sie das Schlafmittel eingenommen hatte. Dann machte er das Licht aus und legte sich wieder ins Bett.

»Komm ganz dicht an mich heran«, sagte sie.

Sie schmiegte ihren Rücken an seine Brust. Ihr Gesäß war an seinen Unterleib gedrückt. Sie lagen wie zwei Löffel in der Schublade. Ein paar Minuten lagen sie still beieinander.

Schließlich sagte Mary: »Jetzt werde ich schläfrig.«

»Gut so.« Er strich ihr übers Haar.

Nach einer Weile: »Max?«

»Hmmmmmm.«

»Vielleicht bin ich wirklich schlecht und kann nichts dafür, daß ich Schlechtes tue. Vielleicht bin ich schon als schlechter Mensch geboren. Vielleicht ist das Böse nicht immer anerzogen. Vielleicht ist es nicht immer die Schuld der Eltern und der Umgebung, wenn ein Kind böse ist. So etwas kann auch vererbt sein.«

»Bist du jetzt endlich ruhig?«

»Max, ich werde sterben.«

»Irgendwann müssen wir alle mal sterben.«

»Aber bald? Muß ich bald sterben?«

»Nicht bald. Ich bin ja hier.«

»Halte mich ganz fest.«

»Ich halte dich ja.«

»Ich will stark sein.«

»Du bist ja stark.«

»Bin ich das?«

»Ja. Du bist dir nur nicht klar darüber.«

Zehn Minuten später war sie eingeschlafen. Er fuhr fort, ihr übers Haar zu streicheln. Er lauschte ihrem Atem.

Er wollte nicht, daß sie starb. Er hoffte, sie würde nicht sterben *müssen*. Er wünschte von ganzem Herzen, sie würde diesen Fall aufgeben. Sollte der Mord ruhig stattfinden. Es war nicht ihre Verantwortung. Wenn das Töten auch weiterging. Fühlte sich die

Gesellschaft dafür verantwortlich? Nein. Fühlte sich die Polizei verantwortlich? Sie tat ihre Arbeit, mehr oder weniger, aber im Grunde behandelte sie die Mordopfer mit der gleichen Verachtung wie ihre Mörder. Ein Mord mehr oder weniger bereitete ihnen keine schlaflosen Nächte. Also konnte das Töten ruhig weitergehen. Vergiß es, Mary. Vielleicht hielt sie sich für etwas Besonderes? War das der Grund? Vielleicht glaubte sie im Unterbewußtsein, daß ihre spiritistischen Kräfte ihr Unsterblichkeit verliehen. Aber sie war genauso sterblich, wie alle anderen. Wie alle die hübschen, zarten jungen Dinger, die geglaubt hatten, sie würden ewig leben. Sie würde dem Messer ebenso hilflos ausgeliefert sein, wie die anderen es gewesen waren. Also sollte sie aufhören. Wegfahren. Wenn sie weitermachte, sich weiter mit dem Fall beschäftigte, würde sie vielleicht sterben müssen. Sie stand einem Ungeheuer gegenüber, stemmte sich gegen eine Macht, die sie nicht kannte und die ihre Überlegenheit aus einem Erlebnis schöpfte, das vierundzwanzig Jahre zurücklag.

Er hielt sie fest in den Armen und weinte bei dem Gedanken an ein Leben ohne sie.

Obgleich es bereits kurz vor Sonnenaufgang war, war der Strahl seiner Taschenlampe der einzige Lichtschein in der Stockfinsternis, seine Schritte das einzige Geräusch in der leeren Arkade. Er durchquerte die große Halle im Erdgeschoß. Während der Sommersaison waren dort Spielautomaten aufgestellt. Jetzt stand alles leer. Er betrat das Treppenhaus, über dessen Eingang ein Schild angebracht war: *Zum Aussichtsturm.*

Die Wendeltreppe im Inneren des Turmes von ›Kimball's Games and Snacks‹ war schmal, kalt und verdreckt. Man hatte das Treppenhaus noch nicht für die Sommersaison gestrichen. Der Strahl der Taschenlampe warf ein mattes Licht auf die gelblich-weißen Wände, die zahlreichen Flecken von verschütteten Getränken aufwiesen, sowie Handabdrücke von Kindern und hingekritzelte Namen.

Die hölzernen Stiegen knarrten.

Als er die Aussichtsplattform am Ende der Wendeltreppe erreicht hatte, schaltete er die Taschenlampe aus. Zwar war kaum anzunehmen, daß jemand zu dieser Stunde den Turm beobachten würde, aber er wollte sichergehen, keine Aufmerksamkeit zu erregen.

Die Morgendämmerung war eine dünne, glänzende, purpurrote Linie am östlichen Horizont – wie mit einem Rasiermesser ins Dunkel geritzt.

Er starrte auf den Hafen hinunter.

Er wartete.

Nach ein paar Minuten konnte er aus dem Augenwinkel eine Bewegung in der Luft erkennen. Flügelgeflatter war zu hören.

Irgendein Wesen nistete in den Holzbalken unter dem spitzen Dach. Es raschelte und war dann still.

Er blickte auf zu den Schatten über ihm und bebte vor freudiger Erregung.

Heute nacht. Heute nacht würde wieder Blut fließen. Der Tod lag wie eine zähe, greifbare Masse in der Luft. Im Osten erweiterte sich die blutrote Wunde am Horizont und ließ den Morgen allmählich durchsickern.

Er gähnte und wischte sich mit dem Handrücken über den Mund. Er mußte bald ins Hotel zurück, sich etwas ausruhen. Seit Tagen hatte er kaum geschlafen.

Dreimal in den nächsten zehn Minuten war das Flattern von Flügeln zu hören. Jedesmal entstand Unruhe im Gebälk unter dem Dach, doch trat bald wieder völlige Ruhe ein.

Anämisches Tageslicht drang schließlich durch die geballten Sturmwolken und erhellte den Hafen und die umliegenden Hügel.

Ein Gefühl der Verlorenheit erfüllte ihn. Das Tageslicht brachte stets Depressionen mit sich. Am besten übte er seine Funktion in tiefster Dunkelheit aus. So war es immer gewesen. Aber in letzter Zeit noch mehr als gewöhnlich. Nur im Dunkel der Nacht fühlte er sich wohl.

Die Dachbalken über ihm blieben in Schatten gehüllt. Die Turmspitze hatte die Form eines umgestülpten Trichters von drei Meter Höhe. Der obere Teil lag auch mittags im Dunklen.

Der Tag – wenn auch trübe – war angebrochen. Jetzt würde niemand seine Taschenlampe bemerken. Er schaltete sie ein und richtete den Strahl hinauf in die hohle Turmspitze.

Diesen Anblick zu genießen, war er hergekommen: Fledermäuse. Ein Dutzend von ihnen oder mehr hingen im Gebälk, die Flügel eng um sich geschlungen. Einige hielten die Augen geschlossen, andere hatten sie geöffnet, und der Lichtschein der Taschenlampe spiegelte sich in ihnen wider.

Der Anblick begeisterte ihn.

Heute nacht – wieder Blut.

Um neun Uhr früh rief Lou bei Roger Fullet an. »Es tut mir leid, dich heute am Feiertag stören zu müssen.«

»Du störst mich nie. Außerdem hast du mich gerade vor einer langweiligen Aufgabe gerettet. Die elektrische Eisenbahn meines Sohnes ist aus den Schienen gesprungen und sämtliche Waggons sind im Zimmer verstreut. Während ich jetzt mit dir telefoniere, wird der Junior schon wieder alles in Ordnung bringen.«

»Ich habe etwas sehr Interessantes im Zusammenhang mit dem Fall Berton Mitchell erfahren.«

»Was denn?«

»Mitchells Frau und Sohn sind anscheinend ermordet worden.«

»Mein Gott, wann denn?«

»Fünf Jahre nach der Sache mit Mary.«

»Da mußt du dich irren.«

»Hast du im Archiv nachgesehen, ob für die Frau und den Sohn separate Akten angelegt sind?«

»Nein. Aber auch wenn es so wäre, müßten sich Kopien aller wichtigen Dokumente in der Berton-Mitchell-Akte befinden.«

»Und kommen bei der *Times* niemals Fehler vor?«

»So ungern wir es zugeben – manchmal schon. Wer hat denn die Mitchells ermordet?«

»Mary weiß es nicht.«

»Vor neunzehn Jahren?«

»So sagt sie.«

»Ist das hier in Los Angeles passiert?«

»Ich nehme es an. Willst du mir einen Gefallen tun?«

»Ich bin heute nicht im Büro, Lou.«

»Aber die *Times* hat doch auch an Feiertagen Leute im Dienst. Könntest du nicht mal anrufen und jemand beauftragen, die Akten durchzusehen?«

»Ist dir das so wichtig?«
»Eine Frage von Leben und Tod.«
»Also genau was möchtest du wissen?«
»Alles über diese zwei Morde... und ob es überhaupt wahr ist.«
»Ich rufe dich zurück.«
Roger meldete sich anderthalb Stunden später. »Ja, wir haben eine separate Akte von dem Mord an der Frau und dem Sohn. In der Berton-Mitchell-Akte gab es keinen Vermerk darüber, wie es hätte sein sollen.«
»Es tut einem wohl, daß ihr Großstadt-Großmäuler auch mal einen Fehler macht.«
»Das ist eine echt miese Geschichte, Lou.«
»Erzähle mal.«
»Nachdem Berton Mitchell Selbstmord begangen hatte, bezogen Virginia Mitchell und ihr Sohn, Barry Francis Mitchell, ein kleines Haus im Westen von Los Angeles. Nach der Adresse zu urteilen, war es nur etwa anderthalb Kilometer von dem Tanner-Besitz entfernt. Vor neunzehn Jahren, genau am Allerheiligenfest am einunddreißigsten Oktober, goß dort jemand Benzin aus und legte Feuer. Das Haus brannte bis zum Erdboden ab, während Mutter und Sohn drinnen waren.«
»Oh – Feuer. Das ist die Todesart, die ich am meisten fürchte.«
»Die Sache hat mir den Appetit auf mein Weihnachtsessen gründlich verdorben.«
»Tut mir leid, Roger. Ich mußte Gewißheit haben.«
»Das ist noch lange nicht alles. Obgleich die Leichen weitgehend verbrannt waren, ergab später die pathologische Untersuchung, daß Mutter und Sohn noch vor Ausbruch des Feuers im Schlaf erstochen worden waren.«
»Erstochen...?«
»Virginia hatte so viele Stichwunden im Hals, daß der Kopf praktisch abgetrennt war.«
»Mein Gott!«
»Der Sohn, Barry... hatte Stichwunden am Hals und in der Brust, und dann...«
»Dann was?«
»Dann hat man ihm die Genitalien abgeschnitten.«

»Damit fällt auch mein Weihnachtsessen aus.«

»Vor dem Brand muß das Haus ausgesehen haben wie ein Schlachthof. Welcher Mensch ist zu so etwas fähig, Lou? Was für ein Irrer kann so Scheußliches mit derartiger Gründlichkeit begehen?«

»Wurde der Fall jemals aufgeklärt?«

»Man hat niemanden festgenommen.«

»Wurde wenigstens jemand verdächtigt?«

»Drei Leute.«

»Wie hießen die?«

»Das habe ich mir nicht aufgeschrieben. Alle drei hatten felsenfeste Alibis.«

»Also könnte der Killer immer noch in Freiheit und am Leben sein. War die Polizei ganz sicher – wegen der Leichen?«

»Ganz sicher in welchem Sinne?«

»Ihre Identität.«

»Ich nehme an, sie waren nicht bis zur Unkenntlichkeit verbrannt. Außerdem war ja das Haus von Virginia und ihrem Sohn bewohnt.«

»Na ja, die weibliche Leiche war wahrscheinlich Virginia. Aber wäre es nicht denkbar, daß die männliche Leiche ihr Liebhaber war und nicht ihr Sohn?«

»Sie waren in getrennten Schlafzimmern, als sie ermordet wurden. Ein Liebhaber hätte bei ihr geschlafen. Und wenn Barry noch am Leben wäre, hätte er sich gemeldet.«

»Nicht, wenn er der Mörder wäre.«

»*Was?*«

»Unmöglich ist das nicht.«

»Nichts ist unmöglich, aber, ...«

»Barry muß einundzwanzig gewesen sein, als das Haus abbrannte. Fast zweiundzwanzig. Ist ein junger Mann in diesem Alter nicht schon zu erwachsen, um noch bei seiner Mutter zu wohnen?«

»Unsinn, Lou. Wir sind doch nicht alle mit sechzehn von zu Hause weggerannt, so wie du. Du konntest es nicht erwarten. Ich, zum Beispiel, habe noch mit dreiundzwanzig bei meinen Eltern gewohnt. Warum möchtest du unbedingt daran glauben, daß Barry noch lebt?«

»Dann wäre vieles leichter verständlich.«
»Mann, du bist doch ein zu guter Journalist, um die Tatsachen einer Theorie anzupassen.«
»Ja. Da hast du recht. Also bin ich wieder mal gegen eine Mauer gerannt.«
»Was ist denn nun mit Mary Bergen. Worauf habt ihr euch da eingelassen?«
»Eine scheußliche Angelegenheit. Ich möchte vorläufig nicht darüber sprechen.«
»Und vielleicht will ich es auch gar nicht hören.«
»Geh und spiele mit deiner elektrischen Eisenbahn.«
»Mir ist die Lust zum Spielen vergangen. Mach's gut, Lou. Und sei vorsichtig. Verdammt vorsichtig. Und ... frohe Weihnachten.«

17

Sie saßen zu dritt in Lous Wohnzimmer herum, hörten Musik und warteten darauf, daß etwas geschehen würde. Mary hätte sich kein trostloseres Weihnachtsfest vorstellen können. Sie und Max hatten sich nicht einmal beschenkt. Die Geschenke, die er für sie besorgt hatte, waren immer noch nicht abgeholt, weil sie vorher weihnachtlich verpackt werden sollten, und sie war mit dem Mordfall zu beschäftigt gewesen, um Einkäufe zu machen.

Ihre Stimmung besserte sich etwas, als Alan gegen drei Uhr anrief und sagte, er sei bei seiner Bekannten in San Francisco. Er hatte Mary in Bel Air angerufen, wo die Haushälterin ihm ausgerichtet hatte, er könne sie bei Lou erreichen. Alan sorgte sich um sie, sagte er, aber sie verschwieg ihm den Ernst ihrer Lage und suchte ihn zu beruhigen. Es hatte doch keinen Sinn, ihm auch sein Weihnachtsfest zu verderben. Als Alan schließlich aufgelegt hatte, versank sie wieder in traurige Stimmung. Sie vermißte ihn sehr.

Da keiner zum Frühstück oder zu Mittag etwas gegessen hatte, servierte Lou um fünf Uhr ein opulentes Abendessen. Es gab Brathähnchen à la Kiev auf Reis, gegrillte Zucchini mit Spinatfüllung und Tomaten gefüllt mit Schmelzkäse, Semmelbröseln und Pepperoni. Zum Nachtisch gab es Bratäpfel.

Keiner von ihnen schien Hunger zu haben. Lustlos stocherten sie auf ihren Tellern herum. Mary trank nicht einmal einen Schluck Wein. Bereits um sechs waren sie mit dem Essen fertig.

Beim Kaffee sagte Mary: »Lou, besitzt du ein Ouija-Brett?«

Lou stellte seine Tasse ab. »Ja, irgendwo liegt hier so ein Brettspiel herum. Es ist seit Jahren nicht mehr benutzt worden.«

»Weißt du, wo es ist?«

»Im Gästezimmer, glaube ich. Im Schrank.«

»Würdest du es bitte holen, während Max und ich den Tisch abräumen?«

»Gewiß. Aber was willst du damit anfangen?«

»Ich habe es langsam satt, darauf zu warten, daß der Killer etwas unternimmt«, sagte sie. »Ich werde ihn herausfordern.«

»Gute Idee. Aber wie?«

Max sagte: »Manchmal benutzt Mary ein Ouija-Brett, um ihre Erinnerung aufzufrischen, wenn ihr bestimmte Einzelheiten einer Vision entfallen sind. Es sind natürlich keine Geister, die ihr antworten. Sie will sich ganz einfach Dinge ins Gedächtnis zurückrufen, die sie vergessen hat. Die in ihrem Unterbewußtsein schlummern. Das funktioniert nicht immer, aber der Versuch lohnt sich. Über das Ouija-Brett stellt sie eine Verbindung mit ihrem Unterbewußtsein her.«

Lou nickte verständnisvoll. »Die Antworten, die ihr das Ouija-Brett gibt, kommen also in Wirklichkeit von Mary selbst?«

»Richtig«, sagte Max.

»Ich lenke den Anzeiger aber nicht bewußt«, sagte Mary. »Er rutscht über das Brett, wohin er will.«

»Wohin dein Unterbewußtsein es will«, sagte Max. »Natürlich schiebst du das hölzerne Dreieck auf bestimmte Buchstaben zu, aber du tust es unbewußt.«

»Wahrscheinlich«, sagte sie.

Lou goß sich etwas mehr Sahne in den Kaffee und sagte: »Das Ouija-Brett funktioniert also gewissermaßen wie eine Linse, durch die du schaust.«

»Genau«, erwiderte sie. »Es verschärft meine Aufmerksamkeit, mein Erinnerungsvermögen und meine spiritistischen Kräfte.«

Lou trank seinen Kaffee in drei großen Schlucken aus und stand auf. »Klingt ganz interessant. Wenigstens ist es besser, als hier herumzusitzen und darauf zu warten, daß die Axt fällt. Ich bin gleich zurück.« Er eilte hinaus und lief den Korridor hinunter zum Gästezimmer.

Max und Mary räumten ab und trugen das Geschirr in die Küche. Lou kam zurück, als Mary gerade den polierten Eichentisch abwischte.

»Ein Ouija-Brett, wie befohlen«, meldete er.

Mary ging hinüber ins Wohnzimmer, ihr Notizbuch zu holen, das neben ihrer Handtasche auf dem Sofa lag.

»Ich muß endlich mal diesen Schrank im Gästezimmer ausräumen«, sagte Lou. »Das Ouija-Brett war buchstäblich unter einem Haufen Dreck begraben.«

»Buchstäblich?« fragte Max amüsiert.

»Ja. Unter mindestens hundert Ausgaben des New York Revjew of Books.«

»Autsch«, sagte Max. »Der Hieb saß.«

Lou holte sich Notizblock und Bleistift aus der Küche und setzte sich an den Tisch. Er bereitete sich darauf vor, jeden Buchstaben, den das Ouija-Brett vermittelte, niederzuschreiben.

Mary klappte das Ouija-Brett an der Tischecke auf und setzte das mit Filz unterlegte Dreieck darauf.

Max setzte sich, faltete die Finger ineinander und knackte mit den Knöcheln.

Mary schlug ihr Notizbuch auf einer vollgeschriebenen Seite auf.

»Was ist das?« fragte Lou.

»Die Fragen, die ich stellen will«, erwiderte sie.

Sie zog sich einen Stuhl heran und stellte ihn in einem Winkel von neunzig Grad zu dem von Max. Dann legte sie ihre Fingerspitzen auf die Kante des Dreiecks. Max tat das gleiche an seiner Seite. Seine Hände waren fast zu groß für das kleine Dreieck.

»Mach langsam zu Anfang«, sagte Max.

Mary war äußerst angespannt, und das war nicht gut. Das Dreieck würde sich nicht bewegen, wenn der Druck zu stark war. Sie atmete ein paarmal tief durch und versuchte, ihre Armmuskeln aufzulockern. Ihre Finger mußten völlig unabhängig sein – lose und weich wie Stoffetzen.

Max war nicht annähernd so nervös wie sie. Er schien keinerlei Vorbereitungen zu benötigen.

Endlich hatte sich Mary körperlich und seelisch soweit entspannt, daß sie – den Blick starr auf das Ouija-Brett gerichtet – ihre erste Frage stellte: »Bist du bereit, uns zu antworten?«

Das Dreieck rührte sich nicht.

»Bist du bereit, uns zu antworten?«

Wieder nichts.

»Bist du bereit, uns zu antworten?«

Als ob ihre Finger plötzlich ein Eigenleben bekommen hätten, rutschte das Dreieck quer über das Brett auf die Stelle, die mit dem Wort JA markiert war.

»Gut«, sagte sie. »Wir verfolgen einen Mann, der in den letzten Tagen mindestens acht Menschen ermordet hat. Befindet er sich noch in King's Point?«

Das Dreieck beschrieb einen Kreis und kehrte zu JA zurück. Sie fragte: »Ist King's Point die Heimatstadt dieses Mannes?«

NEIN.

»Wo kommt er her?«

ALLE GESTRIGEN TAGE.

»Versteht das jemand?« fragte Lou.

Mary formulierte ihre Frage genauer: »Wo wohnt der Killer?«

Das Dreieck zeigte einen Buchstaben nach dem anderen an: SCHÖN.

»Schön«, sagte Lou. »Soll das eine Antwort auf deine Frage sein, Mary?«

»Ist ›Schön‹ der Name der Stadt?« fragte Mary.

Das Dreieck bewegte sich nicht.

»Wo wohnt der Killer?« fragte sie nochmals.

Das Dreieck wanderte nacheinander über fünfzehn Buchstaben.

Lou schrieb mit und, als das Dreieck aufgehört hatte sich zu bewegen, las er ab: *Die Luft ist schön.* Was soll das heißen?«

Die Luft hinter Marys Rücken schien plötzlich kälter zu werden, als ob ein eisiger Atem ihr in den Nacken blies. Die Antworten des Ouija-Bretts waren rätselhafter und weniger direkt als gewöhnlich. Aber die Antworten kamen doch von ihr – aus ihrem Unterbewußtsein. Gewöhnlich war es so. Aber nicht heute. Heute fühlte sie die Gegenwart eines anderen – ungesehen und drohend.

»Wir werden abgelenkt«, sagte Max ungeduldig. Er blickte das Dreieck an und fragte: »Wo hält sich der Killer in King's Point auf?«

Das Dreieck bewegte sich unschlüssig und zeigte dann die einzelnen Buchstaben an.

Lou schrieb sie gewissenhaft mit, doch war das Wort so einfach, daß sie ihn nicht zu fragen brauchte: HOTEL.

»Welches Hotel?« fragte Max.

Wieder nur ein Wort: HOTEL.

»Versuche mal etwas anderes«, sagte Lou.

Mary stellte eine andere Frage: »Der Mann, den wir suchen, hat Frauen mit einem Messer erstochen. Woher hat er das Messer?«

»Das ist doch unwichtig«, meinte Max.

Aber das Dreieck bewegte sich: LINGARD.

»Das hast du absichtlich gemacht«, sagte Max.

»Ich glaube nicht.«

»Warum hast du dann diese Frage gestellt? Wir müssen doch nicht unbedingt wissen, wo das Messer herkommt.«

»Ich wollte aber die Antwort wissen.«

Max fixierte sie mit einem stählernen Blick aus seinen grauen Augen.

Sie wich seinem Blick aus und konsultierte ihr Notizbuch.

»Hast du jemals ein Mädchen namens Beverly Pulchski gekannt?«

SIE IST TOT.

»Hast du sie gekannt?«

SIE IST TOT.

»Kanntest du ein Mädchen namens Susan Haven?«

SIE IST TOT.

Wieder der eiskalte Atem auf ihrem Nacken.

Sie schauderte.

»Kanntest du Linda Proctor?«

SIE IST TOT.

»Kanntest du Marie Sanzini?«
SIE IST TOT.
Mary gab einen tiefen Seufzer von sich. Ihre Arm- und Schultermuskeln spannten sich unwillkürlich. Es war anstrengend, genügend entspannt zu bleiben, damit der Ouija-Anzeiger funktionieren konnte. Sie war bereits erschöpft.
Lou fragte: »Wer sind diese Frauen?«
»Die Krankenschwestern, die in Anaheim ermordet wurden«, sagte sie. »Als ich zum erstenmal ihren Tod voraussah, hatte ich den Eindruck, ich würde wenigstens eine von ihnen kennen. Aber wenn das zutrifft, kann ich mich nicht erinnern.«
»Weil du dich wahrscheinlich nicht erinnern *willst*«, sagte Max.
»Warum sollte ich es nicht wollen?«
»Weil du dann vielleicht wissen würdest, wer der Killer ist. Und vielleicht willst du das gar nicht wissen.«
»Das ist doch absurd, Max. Ich will es unbedingt wissen.«
»Auch wenn der Killer etwas mit Berton Mitchell und den Flügeln zu tun hat? Auch wenn du dadurch gezwungen wärest dich an etwas zu erinnern, was du dein ganzes Leben lang zu vergessen suchst?«
Mary befeuchtete ihre Lippen mit der Zunge! »Ich fühle etwas, was ich glaubte, niemals fühlen zu müssen.«
»Was denn?«
»Ich fürchte mich vor dir, Max.«
Totenstille trat ein. Sie saßen da, als sei ihnen jeder Zeitbegriff verlorengegangen.
Schließlich raffte sich Max zum Sprechen auf. Obgleich er leise sprach, erfüllte seine Stimme den Raum. »Du fürchtest dich vor mir, weil du glaubst, daß ich dich zwingen werde, dich dem zu stellen, was vor vierundzwanzig Jahren geschah.«
»Ist das der einzige Grund?«
»Was sonst?«
»Ich weiß es nicht«, sagte sie.
Max stellte dem Ouija-Brett eine weitere Frage, ohne jedoch seine wintrig-grauen Augen von ihr abzuwenden. »Hat Mary Rochelle Drake gekannt?«
SIE IST TOT.
»Das weiß ich«, sagte Max gereizt. Er hielt den Blick unnachgie-

big auf Mary geheftet, als wolle er eine Antwort erzwingen. »Hat Mary sie gekannt?«

TOT.

»Wer ist Rochelle Drake?« fragte Lou.

Mary benutzte die Gelegenheit die Augen von Max abzuwenden. Ihr Mund war wie ausgetrocknet. Ihr Herz schlug viel zu schnell.

Max sagte zu Lou: »Rochelle Drake war das Mädchen, das vor einigen Tagen in einem Friseursalon in Santa Ana ermordet wurde. Ich könnte schwören, daß ich den Namen schon mal gehört habe. Du nicht?«

»Nicht, daß ich wüßte«, sagte Lou.

»Also ich bin ganz sicher, daß ich den Namen gehört hatte, noch bevor Perry Osterman ihn uns im Leichenschauhaus nannte. Ich glaube nicht, daß ich ihr je begegnet bin, aber der Name war mir geläufig. Ich kann nicht sagen woher.«

»Also ich erinnere mich nicht an sie. Sonst hätte ich sie im Leichenschauhaus doch erkannt.«

Unvermittelt begann das Dreieck unter ihren Händen zu kreisen.

»Was, zum Teufel, hat das zu bedeuten?« fragte Max überrascht.

»Keiner hat eine Frage gestellt«, sagte Lou.

Mary folgte mit den Händen dem dahingleitenden Dreieck, das sich jetzt zielbewußt von einem Buchstaben zum anderen bewegte. Sie war momentan zu verwirrt und verängstigt, um den Text der Nachricht zu entziffern. Schließlich kam das Dreieck zum Stehen. Mary ließ es sofort los. Ihre Hände schmerzten von der Anstrengung der erzwungenen Entspannung.

»Es ist ein Name«, sagte Lou. Er zeigte ihnen das Blatt, auf dem er mitgeschrieben hatte:

P-A-T-R-I-C-I-A-S-P-O-O-N-E-R.

Patricia Spooner? dachte Mary. Sie starrte ungläubig auf den Namen. Es war ihr, als läge ihr ein Eisklumpen in der Brust.

»Wer ist Patricia Spooner?« fragte Max.

»Mir sagt der Name nichts«, meinte Lou.

»Ich ... habe sie gekannt«, sagte Mary steif.

»Wann?« fragte Max.

»Vor zehn oder elf Jahren.«
»Du hast sie aber noch nie erwähnt.«
»Sie war eine gute Freundin von mir an der Uni.«
»Eine Studienkollegin?«
»Ja. Ein sehr hübsches Mädchen.«
»Warum taucht jetzt ihr Name plötzlich auf?«
»Keine Ahnung.«
»Er kam aus deinem Unterbewußtsein.«
»Nein. Ich habe das Dreieck nicht geführt.«
»Quatsch«, sagte Max.
»Jemand... etwas... befindet sich hier im Zimmer mit uns.«
»Vielleicht hat uns das Brett den Namen des nächsten Mordopfers übermittelt«, sagte Lou – bemüht, einem Streit vorzubeugen.
»Hast du noch Verbindung mit dieser Patricia Spooner. Wir könnten sie anrufen und fragen, ob bei ihr alles in Ordnung ist.«
Max sagte: »Sollen wir Patricia Spooner anrufen? Mary?«
»Sie ist tot«, sagte Mary.
»Mein Gott«, sagte Lou. »Dann hat also der Mann, den wir suchen, sie auch schon umgebracht.«
Mary fiel das Sprechen schwer. »Patty... Patty ist schon seit... elf Jahren tot.«
Obgleich es im Zimmer nicht übermäßig warm war, war Lou ins Schwitzen gekommen. Er wischte sich mit seiner grobknochigen Hand übers Gesicht. Er war ebenso blaß wie Mary. »Wie ist das passiert? Mary, wie ist Patty Spooner gestorben?«
Mary erschauderte und schloß die Augen. Gleich darauf schlug sie sie wieder auf, weil die Erinnerungen, die sie bestürmten, zu gräßlich waren. »Sie wurde... ermordet.«
Die Toten, dachte sich Mary, bleiben nicht tot. Nicht für immer und ewig. Nicht einmal lange. Sie steigen aus ihren Gräbern hervor. Die Erde kann sie nicht festhalten. Reue kann sie nicht festhalten, auch nicht Kummer oder Ergebenheit oder Furcht oder Vergessen. Nichts hält sie. Sie kommen wieder. Berton Mitchell. Barry Mitchell. Virginia Mitchell. Meine Mutter. Mein Vater. Und jetzt Patty Spooner. O Gott, laß sie doch nicht wiederkommen. Man ganzes Leben lang sind mir Geister erschienen. Ich habe es satt!

»Ermordet«, sagte Lou ganz leise, wie im Schock.

»Da war eine Kirche«, berichtete Mary. »Patty und ich gingen manchmal gemeinsam zur Messe. Ich war damals noch praktizierende Katholikin. Es war eine reizende Kirche mit einem ganz großen geschnitzten Altar, den man zu Anfang des neunzehnten Jahrhunderts aus Polen gebracht hatte. Die Kirche stand immer offen, Tag und Nacht. Patty saß gern allein in einem der Kirchenstühle, wenn niemand dort war. Manchmal spät nachts. Ihre Mutter war ein paar Jahre früher an einer Herzkrankheit gestorben. Sie zündete immer Kerzen für ihre Mutter an. Patty war sehr religiös. Und dort ... dort starb sie.«

»In der Kirche?« fragte Lou.

Max beobachtete sie scharf. Er legte ihr die Hand auf die Schulter und verspürte Schwingungen, die mehr seelisch als physisch zu sein schienen. Die Ausstrahlung war weder gut noch schlecht, aber ungemein stark.

»Wer hat sie ermordet?« fragte Max.

»Man hat ihn nie gefunden.«

Lou lehnte sich über den Tisch. Seine Augenbrauen waren dicht zusammengezogen, sein Gesicht verkniffen. »Sie war doch eine gute Freundin von dir. Hast du nicht deine spiritistischen Kräfte eingesetzt, um das Gesicht des Killers zu erkennen oder seinen Namen zu erfahren?«

»Ich habe es versucht«, sagte Mary schwach. »Ich sah auch einiges. Aber nur Fragmente einer Vision. Es war einer der Fälle, wo meine Kräfte nicht viel nützten. Sie war mit der weißen Seidenstola eines Priesters erwürgt worden. Ich empfing entsetzliche Ausstrahlungen. Gemeine und böse Schwingungen. Keine klaren Bilder. Nur formlose Erscheinungen. Die Kirche war voll davon. So wie ... unsichtbare Ausdünstungen des Bösen. Der Killer hatte auch den Altar beschädigt und ... darauf uriniert.«

Lou stand so plötzlich auf, daß sein Stuhl umfiel. Aber er schien es nicht einmal zu bemerken. Er stand – eine Hand an die Stirn gepreßt – als wolle er einen wahnwitzigen Gedanken zurückhalten. »Das ist doch Irrsinn. *Womit haben wir es hier zu tun?* Besteht denn die Möglichkeit, daß der Mann, den wir hier in King's Point suchen, mit dem Mörder deiner Freundin identisch ist?«

»Jedenfalls der gleiche Stil«, sagte Max.

»So verdammt grausam«, meinte Lou. »Und wieder dieser religiöse Tick. Die Motive für die jetzigen Morde liegen unter Umständen elf Jahre zurück. Vielleicht noch viel länger.«

Mary begriff, was er meinte und wunderte sich selbst, daß sie noch nie darauf gekommen war, es könnte eine Verbindung zwischen Pattys Tod und den anderen Morden bestehen.

Max sah, wie Lous Worte sie berührt hatten und drückte ihr beruhigend auf die Schulter. Gelegentlich vergaß er, welche Kraft er besaß. Sein Griff tat ihr weh.

Aufgeregt, wie Mary ihn noch nie gesehen hatte, lief Lou in die Küche und holte ein Literglas aus der Kommode neben dem Kühlschrank. Dann nahm er eine Flasche Wild Turkey vom Regal und schenkte sich das Glas halb voll. Mit dem Glas in der Hand lehnte er sich an den Türbogen zum Eßzimmer. »Die Sache wird immer komplizierter. Wie viele Leute hat dieser Kerl noch umgebracht, von denen wir nichts wissen? Für wie viele unaufgeklärte Morde im Laufe der Jahre ist er verantwortlich?« Lou nahm einen Schluck Bourbon. »Diese Kreatur – wer immer und was immer es sein mag – und ich stelle ihn mir nur noch als *Ding* vor, schleicht seit wenigstens elf Jahren umher und mordet und vergewaltigt völlig ungestört. Da kann man schon das Fürchten lernen.«

Ein Donnerschlag unterstrich seine letzten Worte. Die Fensterscheiben erbebten. Der für Weihnachten angekündigte Gewittersturm hatte sie erreicht.

Max warf einen Blick auf das Ouija-Brett. »Fragen wir doch mal, wie viele Menschen diesem Mann zum Opfer gefallen sind.«

Fast hätte Mary sich geweigert. Fast hätte sie gesagt: Die Arme tun mir weh. Ich bin zu müde, um weiterzumachen. Zu erschöpft. Ausgelaugt.

Aber sie wußte, daß der eigentliche Grund ihre Angst war. Sie fürchtete sich davor, was das Ouija-Brett ihnen mitteilen mochte.

Wenn sie ihrer Furcht so leicht nachgab, würde sie niemals ihr Selbstvertrauen zurückgewinnen. Ein immer stärker werdendes Gefühl der Unruhe bemächtigte sich ihrer, daß sie bald noch größeren Gefahren ausgesetzt sein würde, vor denen Max sie nicht schützen konnte – oder wollte.

Sie legte die Hände wieder auf das Dreieck. Max ebenfalls. Lou stellte seinen umgefallenen Stuhl wieder auf. Er setzte sich und nahm den Bleistift zur Hand.

Mary stellte dem Ouija-Brett die erste Frage: »Bist du bereit, uns zu antworten?«

JA.

Der Donner grollte am Himmel über King's Point. Die Glühbirnen in der Lampe über dem Tisch flackerten und gingen fast aus. Gleich darauf strahlten sie wieder hell.

»Der Mann, der Rochelle Drake tötete, hat noch mehr Menschen ermordet. Wie viele hat er umgebracht?«

35.

»Mein Gott«, sagte Lou. »Ein regelrechter ›Jack the Ripper‹.«

»So viele hat Jack the Ripper nicht umgebracht«, sagte Max.

»Das Ouija-Brett irrt sich. Es muß sich irren. Stelle die Frage noch mal, Mary.«

Mit zitternder Stimme wiederholte Mary ihre Frage.

35.

Die Hängelampe über dem Tisch flackerte erneut und ging aus.

»Stromausfall«, sagte Lou.

Mary sagte: »Ich möchte aber nicht im Dunkeln sitzen.«

»Wenn es länger als eine Minute dauert, hole ich ein paar Kerzen aus dem Schrank«, sagte Lou.

In schneller Folge leuchtete eine Reihe von Blitzen vor dem Fenster auf. In dem blau-weißen Licht der Blitze erschienen die Bewegungen von Lou und Max abgehackt und bizarr. Lou schien ein paar unzusammenhängende Bewegungen zu vollführen, um sein Glas zur Hand zu nehmen. Max wirkte wie auf einem Filmstreifen, der im Vorführapparat hängengeblieben war.

Dann hörte es auf zu blitzen. Es herrschte tiefste Dunkelheit. Der Donner war nur noch ein fernes Grollen. Jetzt hätte der Regen einsetzen müssen, aber er tat es nicht. Der Himmel hielt die Flut noch zurück.

Nach weniger als einer Minute begannen die Glühbirnen zu flackern, und das Licht ging gleich darauf wieder an.

Mary seufzte erleichtert auf.

Max hatte es eilig, weitere Fragen zu stellen. »Frage mal, wann der Mörder wieder zuschlägt.«

Mary wiederholte die Frage.
HEUTE ABEND.
»Wann heute abend?«
7:30.
»In knapp einer Stunde«, sagte Lou.
»Wo wird er zuschlagen?« fragte Mary das Ouija-Brett.
BEI DER PROZESSION IM HAFEN.

»Das kennst du doch«, sagte Lou zu Max. Sein Gesicht hatte einen grimmigen Ausdruck. »Seit dreißig Jahren«, erklärte er Mary, »veranstaltet man hier eine Weihnachtsprozession im Hafen, an der alle Boote in vollem Lichterschmuck teilnehmen. Hast du noch nie davon gehört?«

»Ja, jetzt erinnere ich mich.«

»Alle diese geschmückten Boote, die du gestern gesehen hast, sind dabei, sowie auch solche aus anderen Heimathäfen. Alles zusammen etwa hundertfünfzig oder noch mehr.«

»Solche Prozessionen gab es doch auch in Long Beach und in Newport in der Weihnachtswoche«, sagte Max zu Mary. »Aber hier in King's Point ist das Schauspiel viel grandioser.«

»Für das bestgeschmückte Boot ist ein verdammt hoher Geldpreis angesetzt«, sagte Lou. »Von der Stiftung eines unserer reicheren Jachtbesitzer, der sich für die Prozession begeistert. Es ist schon ein beeindruckender Anblick. Die meisten Gaststätten sind heute geöffnet. Kein großes Menü, aber alle Tische sind schon ein, zwei Wochen im Vorhinein reserviert.«

Mary blickte auf das Ouija-Brett und fragte: »Ist der Mörder hinter einer bestimmten Person her?«
JA.
»Wer ist das?«
ER HAT EIN GEWEHR.
»Wen will er erschießen?«
ER WILL DIE KÖNIGIN TÖTEN.

»Die Königin?« fragte Mary verständnislos.

»Die Königin der Prozession«, erklärte ihr Lou. »Ein leichtes Ziel. Sie steht auf dem hinteren Deck der größten Jacht, für gewöhnlich in der Mitte der Prozession. Voll im Rampenlicht. Buchstäblich.«

»Außerdem«, fügte Max hinzu, »fahren die Boote zwei volle

Runden im Hafenbecken. Wenn er sie also beim erstenmal nicht genau ins Fadenkreuz bekommt, wartet er eben die nächste Runde ab.«

Ohne daß eine weitere Frage gestellt worden war, bewegte sich das Dreieck unter Marys Händen auf eine neue Serie von Buchstaben zu.

KIMBALL'S GAMES AND SNACKS.

»Wird er dort auf den Turm steigen?«

JA. KIMBALLS TURM.

»Es bleibt uns noch eine Stunde, ihn zu finden«, sagte Max.

Lou stand auf. »Ich rufe die Polizei an.«

»Patmore?« fragte Mary geringschätzig. »Er übt hier die Amtsgewalt aus.«

»Aber wird er dich überhaupt anhören nach dem falschen Alarm von gestern?«

»Er *hat* mich anzuhören.«

Wieder ein Donnerschlag. Und Wind.

Mary nahm die Hände vom Brett und schlang sich die Arme um Brust und Schultern. Sie fror noch immer. »Aber was geschieht, wenn Patmore *wirklich* einen Mann auf dem Turm postiert?«

»Das wollen wir ja gerade, oder?«

»Verstehst du denn nicht?« sagte sie. »Dann wird sich doch nur das Fiasko von gestern nacht wiederholen. Gestern wußte der Killer, daß wir ihn erwarteten. Glaubst du, er wird es heute nicht wissen?«

Lou zögerte. Die Frage hatte ihn überrascht. Er wirkte besorgt und unentschlossen. Schließlich griff er nach seinem Glas und trank es aus. »Vielleicht wird er uns zuvorkommen. Möglicherweise haben wir überhaupt keine Chance gegen ihn. Wenn dieses Ouija-Brett die Wahrheit sagt, und er wirklich schon fünfunddreißig Menschen getötet hat und nie erwischt wurde, ist er ein verdammt schlauer Hund. Vielleicht zu schlau für uns. Aber wir müssen doch etwas tun, oder? Wir können doch nicht hier herumsitzen und uns über das Wetter und die neuesten Bücher und die letzten Pariser Modelle unterhalten, während er weitermordet.«

»Da hast du recht«, sagte Max.

Lou stellte sein leeres Glas ab und ging zum Telefon in der Diele.

Mary machte Lockerungsübungen mit ihren verkrampften Händen. Sie schloß sie zu Fäusten, öffnete sie wieder – schloß sie, öffnete sie.

»Du siehst erschöpft aus«, sagte Max.

»Das bin ich auch!«

»Wir gehen früh zu Bett.«

»Falls wir überhaupt zu Bett gehen.«

»Bestimmt. Es wird uns nichts passieren.«

»Ich habe ein schreckliches Gefühl.«

»Eine Vision?«

»Nein. Nur ein Gefühl.«

»Dann vergiß es.«

»Diese Nacht wird blutig werden.«

»Mach' dir doch keine Sorgen«, versuchte er sie zu beruhigen.

Sie dachte an Patty Spooner. An Rochelle Drake im Leichenschauhaus.

Und da war wieder dieses Gefühl. Der eiskalte Atem auf ihrem Nacken.

»Ich will nicht sterben«, sagte sie.

»Das wirst du auch nicht«, sagte Max. »Nicht heute.«

»Du sagst das, als wenn du deiner Sache ganz sicher wärest.«

»Das bin ich auch. Ich lasse dich nicht sterben.«

»Bist du stark genug, den Tod aufzuhalten, Max? Bist du stärker als das Schicksal?«

Wieder zerriß ein Blitz die Dunkelheit. Im Widerschein erstrahlten Max' Augen einen Moment lang wie Eispartikel.

»Polizeiwache King's Point.«

»Die Abteilung für Vermißtenanzeigen bitte.«

»Kann ich Ihnen helfen, Sir?«

»Nein. Ich möchte mit jemand von der Abteilung für vermißte Personen sprechen. Haben Sie mich nicht verstanden?«

»Wir haben keine Spezialabteilung für Vermißtenanzeigen.«

»Sie haben keine?«

»Wir sind nur eine kleine Polizeieinheit. Kann ich Ihnen nicht helfen?«

»Mit wem spreche ich?«

»Miß Newhart.«

»Ich heiße Ralph Larssen. Ich möchte mit einem Polizeibeamten sprechen.«

»Heute nacht sind nur zwei im Dienst.«

»Einer genügt mir.«

»Sie sind beide auf Streife.«

»Verdammt noch mal, meine Tochter ist verschwunden.«

»Wie alt ist Ihre Tochter, Sir?«

»Sechsundzwanzig. Sie war...«

»Wie lange wird sie schon vermißt?«

»Hören Sie mal zu, Miß Newhart, ich bin in San Francisco. Ich wohne in San Francisco und meine Tochter wohnt in King's Point. Ich habe erst vor einer Woche mit ihr telefoniert. Da war alles in Ordnung. Aber jetzt befürchte ich, daß nicht mehr alles in Ordnung ist. Ich kann mich nicht einfach ins Auto setzen und mehrere hundert Kilometer weit fahren, nur um mal nachzusehen. Es könnte sich um einen Unglücksfall handeln. Sie wollte mich am Weihnachtsabend anrufen, hat es aber nicht getan.«

»Vielleicht ist sie auf eine Party gegangen oder so was.«

»Ich war ganz sicher, daß sie mich heute anruft, aber das hat sie nicht getan. Als ich daraufhin bei ihr anrief, meldete sich niemand. So etwas sieht ihr überhaupt nicht ähnlich. Es ist nicht ihre Art, zu Weihnachten ihre Familie zu vergessen.«

»Rufen Sie doch mal ihre Freunde an. Vielleicht wissen die etwas.«

»Ich kenne Erikas Freunde nicht.«

»Vielleicht die Nachbarn...«

»Sie hat keine Nachbarn. Sie...«

»Jeder hat Nachbarn.«

»Sie wohnt in einem der drei Häuser auf dem South Bluff, wo die Asphaltstraße aufhört. Sie ist die einzige Person, die sich dort das ganze Jahr über aufhält.«

»Wissen Sie was? Ich bin überzeugt, Ihre Tochter versucht jetzt gerade Sie anzurufen. Legen Sie doch auf und warten Sie ab. Wenn sie sich bis morgen abend nicht gemeldet hat, rufen Sie uns zurück.«

»Ist das Ihr Ernst?«

»Na ja, wir können sowieso nichts tun.«
»Was soll das heißen?«
»Nach den Bestimmungen nehmen wir keine Vermißtenmeldungen an, wenn es sich um einen Erwachsenen handelt, der seit weniger als achtundvierzig Stunden vermißt wird.«
»Soll das heißen, daß Sie sich erst darum kümmern, wenn sie länger als zwei Tage verschwunden ist?«
»Das sind die Bestimmungen.«
»Woher wollen Sie wissen, daß meine Tochter nicht schon einen Tag, nachdem sie mich anrief, verschwunden ist. Also vor sechs Tagen?«
»Sie sagten, sie hätte gestern anrufen sollen.«
»Das hat sie aber nicht getan.«
»Also wird sie offiziell erst seit gestern abend vermißt.«
»Allmächtiger Gott!«
»Tut mir leid. Das sind die Bestimmungen.«
»Wenn meine Tochter zehn Jahre alt wäre, statt sechsundzwanzig...«
»Das ist etwas anderes. Bei Kindern ist es anders. Aber Ihre Tochter ist ja kein Kind mehr.«
»Also können Ihre Beamten bis morgen abend nichts unternehmen?«
»Das ist richtig. Aber, Sir, ich bin sicher, Ihre Tochter wird sich bis dahin längst gemeldet haben.«
»Miß Newhart, mein Name ist Ralph Larsson. Das habe ich Ihnen bereits gesagt, aber ich möchte, daß Sie sich diesen Namen gut merken. Ralph Larsson. Ich bin Anwalt. Ein sehr erfolgreicher Anwalt. Der heutige Gouverneur von Kalifornien war mein Zimmernachbar auf der Universität. Jetzt hören Sie gut zu, Miß Newhart: Falls Ihre Beamten nicht sofort zu meiner Tochter fahren und sich vergewissern, daß alles in Ordnung ist – jetzt – innerhalb der nächsten halben Stunde – und es sollte sich später herausstellen, daß ihr zwischen diesem Moment und morgen abend etwas passiert ist, komme ich persönlich nach King's Point und übergebe den Fall einem Anwaltskollegen. Ich werde, wenn es sein muß, Jahre darauf verwenden, Sie und Ihre idiotischen Vorgesetzten zu ruinieren. Ich verklage Ihr verdammtes, beschissenes Polizeirevier und den Polizeichef persönlich wegen der

saudummen Bestimmungen, die er erläßt. Und, bei Gott, Miß Newhart, Sie verklage ich auch auf Schadenersatz in einer Höhe, die alles übertrifft, was Sie besitzen oder jemals verdienen werden. Und auch wenn ich den Prozeß nicht gewinne, Miß Newhart, werden allein die Anwaltsgebühren Sie finanziell ruinieren. Habe ich mich klar ausgedrückt?«

Lou Pasternak war wütend. Fuchsteufelswild. *Zweimal* hatte der Polizeichef einfach abgehängt. Beim drittenmal hatte sich seine Frau gemeldet und gesagt, er sei nicht zu Hause.

»Ein Mokkatässchen würde sich auf Patmores Kopf wie ein Sombrero ausnehmen!«

»Ich darf wohl annehmen«, sagte Max, »daß er nicht bereit ist, einen Bullen am Kimball-Turm zu stationieren.«

Lou griff sich sein leeres Glas vom Tisch, lief in die Küche und langte nach der Flasche Wild Turkey. »Wenn dieser Bastard etwas mehr Verstand hätte, wäre er ein Halbidiot.«

»Sollten wir nicht lieber den Sheriff anrufen?« rief Mary aus dem Eßzimmer.

»Percy Osterman darf sich nicht in die polizeidienstlichen Angelegenheiten von King's Point einschalten, wenn ihn Patmore nicht dazu auffordert.«

»Aber macht man da nicht eine Ausnahme, wenn einer überall im Landkreis Menschen ermordet? Nennt man das nicht ›Verfolgung auf frischer Tat‹?«

»Wenn ein Mann irgendwo im Landkreis eine Bank ausraubt«, erklärte ihr Lou, »dann in ein Auto springt und in die nächste Stadt flieht, die ihre eigene Polizei hat, dürfen die Beamten des Sheriffs ihn verfolgen und festnehmen. *Das* ist Verfolgung auf frischer Tat. In unserem Fall ist das Gesetz nicht anwendbar.«

»Vielleicht könnte Osterman noch mal mit Patmore reden und ihn zur Mitarbeit bewegen«, sagte Max.

»Keine Chance. Nicht nach dem Fiasko von gestern.« Lou kehrte mit einem frischen Glas Bourbon zum Tisch zurück.

»Also wie soll es weitergehen?« fragte Max.

»Wir müssen es selbst in die Hand nehmen«, sagte Mary. »Wir müssen runter zum Turm.«

Lou starrte sie ungläubig an. »Ist das dein Ernst?«
»Kommt überhaupt nicht in Frage«, sagte Max.
»Hast du eine bessere Idee?« fragte Mary. »Wir können doch nicht einfach hier herumsitzen und uns über das Wetter und die neuesten Bücher und die letzten Pariser Modelle unterhalten, während er weitermordet.«

Lou erkannte seine eigenen Worte wieder und hatte ihnen nichts entgegenzusetzen.

»Wenn wir tatenlos hier herumsitzen«, sagte sie, »erschießt er die Königin der Bootprozession und wahrscheinlich noch eine Menge Leute.«

»Vielleicht wird der Regen sie vom offenen Deck vertreiben«, sagte Max. »Sie und ihren ›Hofstaat‹. Dann wären sie keine Zielscheiben mehr.«

»Aber es regnet doch nicht«, wandte Mary ein.

»Es fängt bald an.«

»Würdest du aufgrund dieser Vermutung Menschenleben riskieren?« fragte sie. »Lou, wir müssen diesen Mann von seinem Vorhaben abhalten. Wir haben keine andere Wahl.«

»Ich will natürlich nicht, daß er wieder jemanden ermordet«, sagte Max, »aber es ist nicht unsere Verantwortung.«

»Wenn nicht unsere, wessen Verantwortung ist es?« fragte sie.

Lou sah die Entschlossenheit in ihrem hübschen Gesicht, in ihren blauen Augen. Weder er noch Max würde sie von ihrem Entschluß abbringen können. Dessen war er sicher. Aber er hatte Angst um sie. Als ihr Freund mußte er wenigstens den Versuch machen, sie dazu zu bewegen, ihre Absicht zu ändern. »Mary, wir sind diesem Mann nicht gewachsen.«

»Warum nicht? Drei gegen einen.«

»Er ist ein Killer«, sagte Max.

»Und wir sind es nicht«, sagte sie.

»Genau.«

»Nach allem, was dir über ihn bekannt ist«, sagte sie, »und du weißt auch, was er dir tun würde, wenn er die Gelegenheit hätte – würdest du auf ihn schießen, wenn er dich mit einer Waffe angreift?«

»Natürlich. Das wäre Notwehr«, sagte Max.

»Und das hier ist auch nichts anderes«, sagte sie. »Notwehr.«

»Aber dieser Psychopath ist bewaffnet«, sagte Lou. »Er hat ein Gewehr und wahrscheinlich auch ein Messer. Was haben wir denn? Nur unsere leeren Hände.«

»Im Handschuhfach des Mercedes liegt eine Pistole«, sagte Mary. »Max besitzt einen Waffenschein dafür.«

Lou sah Max an und zog erstaunt die Augenbrauen hoch. »Du hast Erlaubnis, eine verborgene Handfeuerwaffe zu tragen?«

»Ja.« Max stand auf und ging zur Küchentür.

»Wie hast du denn das gedreht? Waffenscheine bekommen doch im allgemeinen nur Juweliere oder Geschäftsleute, die große Summen Bargeld bei sich tragen müssen.«

In der Küche goß sich Max einen doppelten Wild Turkey ein. »Wir haben in Los Angeles in einigen Fällen mit dem Sheriff des Landkreises zusammengearbeitet. Er sah ein, daß Mary und ich uns manchmal in einer gefährlichen Lage befinden. Er wußte auch, daß ich Waffen sammle und ein guter Schütze bin und wohl kaum der Typ, der den Kopf verliert und versehentlich jemanden über den Haufen schießt.« Max trank den puren Bourbon in einem Zug aus – eine nervöse Geste, welche die Spannung verriet, die sich unter seiner äußeren Ruhe verbarg. »Also besorgte mir der Sheriff einen Waffenschein.« Er spülte sein Glas unter dem Wasserhahn in der Küche, kam ins Eßzimmer zurück und baute sich vor Mary auf. »Aber ich habe nicht die Absicht, meine Waffe jetzt zu laden und auf Menschenjagd zu gehen.«

»Du würdest doch nicht irgend jemand jagen«, sagte sie, »sondern einen Mann, der...«

»Vergiß es«, sagte Max. »Ich mache das nicht.«

»Laß uns doch darüber sprechen«, sagte sie.

»Keinen Zweck. Mein Beschluß steht fest.«

Lou sah den Ärger in ihren Augen aufflackern. Widerstand würde sie nur in ihrem Vorhaben bestärken.

»Du kannst ja hierbleiben, Max«, sagte sie. »Ich nehme die Pistole und gehe allein.«

»Um Gottes willen, Mary, du weißt doch nicht einmal, wie man eine Pistole bedient.«

Sie blickte ihm seelenruhig ins Gesicht und sagte: »Man

entsichert sie, zieht durch, zielt, drückt auf den Abzug – und schon kippt der Dreckskerl um.«

Lou wußte, wie störrisch Max manchmal sein konnte. Er sah, wie seine Kinnmuskeln hervortraten und seine Schultern sich strafften. Max war es gewöhnt, den väterlichen Liebhaber zu spielen und zu bestimmen, was getan und nicht getan wurde. Aber Mary war heute nicht die sanfte, gefügige Frau, die sie beide kannten. Die Veränderung, die sich an ihr vollzog, war verblüffend. Ihr Gesicht spiegelte die verschiedensten Gefühle wieder, aber der Ausdruck der Entschlossenheit überwog. Sie würde ihre eigenen Entschlüsse fassen und sich von niemand bevormunden lassen. Sie wirkte aufregend und besonders anziehend in ihrer Entschlossenheit. Am liebsten hätte er Max davor gewarnt, seine Autorität geltend zu machen, unterließ es aber.

»Das ist Blödsinn«, sagte Max. »Ich gebe dir die Pistole nicht.«

»Dann gehe ich eben ohne.«

Er sah sie wütend an. »Du gehst nicht aus dem Haus.«

Sie erhob sich und blickte ihm ins Gesicht. Sie sah ihm tief in die Augen und sprach mit ruhiger Bestimmtheit in einem Ton, bei dem es Lou kalt über den Rücken lief. »Was auf mich zukommt, ist so ungeheuerlich und so böse, daß ich seine Dimensionen nur ahnen kann, wie ein blindes Kind, das einen Elefantenfuß abtastet. Die letzten Tage waren die reine Hölle für mich, Max.«

»Das weiß ich. Und...«

»Du kannst es nicht wissen. Niemand kann es begreifen.«

»Wenn du...«

»Unterbrich mich nicht«, sagte sie. »Ich möchte, daß du mich verstehst. Darum mußt du mir zuhören. Max, ich habe Angst, abends einzuschlafen und ich habe Angst, morgens aufzuwachen. Ich habe Angst vor jeder Tür, an die ich komme, Angst, mich umzusehen. Angst vor der Dunkelheit. Angst vor allem, was passieren oder nicht passieren könnte. Verdammt noch mal, ich habe sogar Angst allein aufs Klo zu gehen. So kann ich nicht weiterleben. Ich weigere mich so weiterzuleben. Dieser Fall ist verschieden von allen anderen. Etwas frißt sich in mich hinein wie eine Säure. Dieser Fall hat etwas mit mir persönlich zu tun wie keiner zuvor, aber ich weiß nicht warum. Max, ich fühle, ich spüre, ich weiß, wenn ich diesen Mann nicht zur Strecke bringe, verfolgt er mich für immer.«

Lou war der einzige, der bemerkte, daß sich das Dreieck auf dem Ouija-Brett plötzlich zu bewegen begann. Es glitt auf die Stelle zu, die mit JA markiert war, als wolle es Marys Worte bestätigen.

»Wenn ich nicht die Initiative ergreife«, sagte Mary, »verliere ich den kleinen Vorsprung, den ich vielleicht schon habe. Ich darf jetzt nicht davonlaufen. Wenn ich es tue, komme ich nicht weit. Dann sterbe ich.«

»Und wenn du den Mann weiter verfolgst«, sagte Max, »wenn du darauf bestehst, heute in den Turm zu gehen, stirbst du wahrscheinlich noch früher.«

»Vielleicht«, sagte sie. »Aber dann trage ich wenigstens die Verantwortung für mein Leben oder meinen Tod. Mein ganzes Leben lang habe ich mich gefürchtet und andere mußten mir die Gespenster verscheuchen. Ich mache das nicht länger mit. Denn diesmal *kann* mir keiner helfen. Die Antwort liegt tief in mir verborgen, und wenn ich sie nicht bald finde, bin ich erledigt. Ich kann mich nicht länger hinter starken Männern verstecken. Ich muß selbst das Wagnis auf mich nehmen. Wenn ich ein Risiko eingehe und es schlägt fehl, muß ich die Konsequenzen ziehen wie jeder andere. Wenn ich auf immer und ewig ein verwöhntes, verhätscheltes und behütetes Kind bleibe, haben alle Erfolge, die ich erzielen mag, keinen Sinn. Ich habe mich entschlossen, daß mich niemand davon abhalten wird, ein normales, ausgefülltes Leben zu führen. Weder Alan, noch du, Max, und am allerwenigsten mein anderes *Ich*, das immer noch ein sechsjähriges Mädchen ist.«

Eine Zeitlang sagte keiner ein Wort. Die alte Standuhr schlug die Viertelstunde an.

»Noch fünfundvierzig Minuten – dann schießt er auf die Bootkönigin«, sagte Lou.

»Also, Max?« sagte Mary.

Max nickte. »Gehen wir.«

Blut. Getrocknetes Blut klebte streifenweise an ihrem Haar. Blut auf ihren zerstochenen Brüsten, an ihren Händen, ihren Armen, an Bauch und Schenkeln. Blut auf dem Sofa und auf dem Stuhl. Die kleinen blutigen Fußstapfen der Katze auf dem hellbraunen Teppichboden.

Wachtmeister Rudy Holtzman beherrschte nur mühsam seinen Drang sich zu übergeben. Er ging um die zerfleischte Leiche von Erika Larsson herum in die dunkle Küche und machte das Licht an. Er hob den Hörer vom Wandtelefon und rief seine Dienststelle an.

Die Nachtsekretärin, Wendy Newhart, meldete sich.

Holtzman sagte: »Ich bin hier draußen in dem Larssen-Haus.« Seine Stimme klang heiser und gestreßt. Er räusperte sich. »Das Licht war an, als ich herkam. Niemand beachtete mein Läuten, aber die Haustür war offen. Sie ist tot.«

»O mein *Gott!* Was sage ich nur ihrem Vater. Ich sage ihm gar nichts. Kommt nicht in Frage. Jemand anders soll ihm das mitteilen.«

»Am besten schickst du Charlie mit dem anderen Streifenwagen hierher«, sagte Holtzman. »Und rufe sofort den Polizeiarzt an. Und natürlich Patmore. Sage Charlie, er soll seinen dicken Arsch in Bewegung setzen. Ich will hier nicht so lange allein sein.«

»Wann ist sie ermordet worden?« fragte Wendy Newhart.

»Woher soll ich das wissen? Der Polizeiarzt wird es feststellen.«

»Ich meine – ist es kurz bevor du hinkamst passiert? In der letzten halben Stunde?«

»Was soll die Frage?«

»Rudy, sag es mir doch! Ist es eben erst passiert?«

»Das Blut ist schon trocken und verkrustet. Den genauen Zeitpunkt, wann sie getötet wurde, kann ich nicht feststellen, aber es muß schon mehrere Stunden her sein.«

»Danket Gott für kleine Wunder.«

»Was?« Sie hatte schon aufgehängt.

Holtzman legte ebenfalls den Hörer auf die Gabel. Als er sich umdrehte, sah er eine schwarze Katze, die im Durchgang zwischen Küche und Wohnzimmer stand und ihn neugierig anschaute. Auf ihrem weißen Maul waren rotbraune Blutflecken. Holtzman tat einen Schritt vorwärts, trat nach ihr und verfehlte sie.

Sie kreischte auf und rannte davon.

Sie erreichten den Hafen fünf Minuten nach sieben.

Max stellte den Mercedes auf dem Parkplatz ab, der während der Sommersaison den Gästen des Restaurants ›Italian Villa‹ und den Besuchern von ›Kimball's Arcade‹ zur Verfügung stand. Heute war nur die Seite neben dem Restaurant belegt. Die andere war fast leer.

Alle drei stiegen aus.

Lou schlug den Mantelkragen hoch. Der Sturmwind brauste kalt vom Meer herüber, und die Temperatur war seit Mittag auf wenige Grad über Null gesunken. Der schneidende Wind ließ die Luft noch kälter erscheinen.

Lou sagte: »Ich sollte vielleicht mit Max mitgehen, und du bleibst am besten hier, wo du in Sicherheit bist.«

»Ich bin nirgends in Sicherheit«, erwiderte Mary.

»Aber wenn du dich wenigstens ins Auto setzen würdest...«

Mary unterbrach ihn mit einer ungeduldigen Handbewegung. »Wir besitzen zwei Waffen, die wir gegen den Mann anwenden können: Eine ist Max mit seiner Pistole, die andere ist meine spiritistische Kraft. Wir sollten uns keinesfalls trennen.«

Der Wind wehte ihr langes Haar in die Höhe, daß es wie ein Banner flatterte.

Max legte Lou die Hand auf die Schulter. »Ich bin auch nicht begeistert davon, daß Mary mitkommen will, aber vielleicht hat sie wirklich recht. Außerdem können weder du noch ich sie davon abhalten.«

»Ich komme mir so nutzlos vor«, sagte Lou.

»Wir brauchen jemand hier im Auto«, sagte Max. »Zur Vorwarnung.«

»Wir verschwenden Zeit«, sagte Mary ungeduldig.

Lou nickte grimmig. Er küßte sie auf die Wange und ermahnte Max, auf sie aufzupassen.

Sie stemmten sich gegen den Wind und eilten über den Parkplatz auf das große, scheunenartige Gebäude zu, das im Sommer unter dem Namen ›Kimball's Games and Snacks‹ eine Anzahl von Verkaufsständen, Souvenirläden, Spielautomaten und Kiosken beherbergte.

Lou setzte sich hinter das Lenkrad des Mercedes und schloß die Tür. Durch die Windschutzscheibe konnte er gerade noch

Max und Mary erkennen, die sich immer weiter von ihm entfernten und schließlich in der Dunkelheit um den Pavillon verschwanden.

Sturmböen rüttelten am Auto. Ein Blitz nach dem anderen zuckte über den Himmel, aber es regnete noch immer nicht.

Lou lehnte sich in seinem Sitz zurück und ergab sich in seine Rolle als Wachtposten. Wenn der Killer Marys Anwesenheit heute nicht wieder voraussah, würde er wahrscheinlich ganz offen und frech auf das Kimball-Gebäude zugehen. Sobald Lou jemanden bemerkte, der sich in diese Richtung bewegte, würde er den Motor anlassen und zweimal kurz hupen, um Max aufmerksam zu machen. Der Pavillon und der Turm waren nur etwa sechzig Meter entfernt und durch einen hölzernen Gehsteig mit anderen Geschäften verbunden. Max würde das Warnsignal hören, doch war kaum anzunehmen, daß der Killer es als solches erkennen würde. Auch wenn Mary die genaue Zeit und die Richtung, aus der der Mann kam, voraussagte, würde das Hupsignal eine willkommene Bestätigung ihrer Vision darstellen.

Natürlich bestand die Möglichkeit, daß der Irre ihnen wieder einmal zuvorgekommen war und sich bereits im Inneren des Gebäudes befand.

Lou rutschte nervös auf seinem Sitz herum.

Er dachte an Patty Spooner, die mit einer Priesterstola erwürgt worden war. Und an Barry Mitchells verstümmelte Leiche.

Lou sah sich nach beiden Seiten um und blickte in den Rückspiegel. Es war niemand zu sehen. Er starrte in die Dunkelheit, die den Pavillon umgab. Es herrschte absolute Stille.

Die schwarze Katze hockte auf dem zwei Meter hohen Bücherregal, fünfundzwanzig oder dreißig Zentimeter unter der Wohnzimmerdecke. Ihre Vorderpfoten ragten über die Kante des Regals hinaus. Sie saß regungslos da und beäugte Rudy Holtzman mit Argwohn und Verachtung.

Dreckiges Vieh! Er haßte Katzen. Hatte sie schon immer gehaßt. Ihm wurde übel bei dem Gedanken, wie diese hier das Blut der ermordeten Frau gierig aufgeschleckt hatte.

Hier wollte er nicht länger herumsitzen, allein mit der Katze und der Leiche. Nicht einmal die wenigen Minuten, bis Charlie mit dem anderen Streifenwagen eintreffen würde. Er stand auf und ging durch die Diele, sich den übrigen Teil des Hauses anzusehen.

Im Schlafzimmer stand das Fenster offen. Der Wind hatte die dünnen Gardinen halb abgerissen, wie auch die Jalousie aus Kunststoff, die nur zur Hälfte heruntergelassen war. Das Unwetter hatte den Teppichboden durchnäßt und stark verschmutzt.

Als er sich genauer umsah, geriet Holtzman plötzlich in Erregung. Durch dieses Fenster war nicht nur der Regen eingedrungen, sondern auch der Mörder. Und als sein Blick auf den Fußboden fiel, wollte er seinen Augen kaum glauben. Es war einer jener glücklichen Zufälle, wie sie bei polizeilichen Nachforschungen nicht oft vorkommen. Offenbar war dem Killer die Pistole unbemerkt aus der Tasche gefallen, als er durchs Fenster kletterte.

Holtzman kniete sich auf den feuchten Teppichboden, um sich die Waffe genauer anzusehen, wobei er darauf achtete, keine Fingerabdrücke zu verwischen. Falls der Killer derselbe Mann war, der die Krankenschwestern und die Leute im Friseursalon umgebracht hatte – und die Methode schien die gleiche zu sein – besaß die Polizei in Anaheim und in Santa Ana bereits mehr als genügend klare Abdrücke. Holtzman, der sich für einen besseren Profi hielt, als jeder seiner Kollegen in King's Point, faßte die Pistole nicht an. Er zog einen Kugelschreiber aus der Hemdtasche, steckte ihn durch den Abzugsbügel und hob die Waffe auf. Er hielt sie in Augenhöhe und betrachtete sie genau.

Es war ein ungewöhnliches Exemplar – eine .45 automatischer Colt. Aber keine Massenanfertigung. Etwas Besonderes. Ein Sammlerstück. Auf den Metallteilen waren feingegliederte Weinreben und Blätter eingraviert. Auch verschiedene Wildtiere – Hasen, Rehe, Fasane, Füchse – alle auf der Flucht, von der Mündung der Pistole zum Griff hin. Die Gravierung war mit unglaublicher Präzision ausgeführt.

Er bemerkte auch eine Inschrift an der Stelle, wo das Stahlgehäuse an den hölzernen Griff anschloß. Das Licht im Schlafzimmer war zu schwach, um Genaueres zu erkennen. Es waren winzige, verschnörkelte Buchstaben, wenige Millimeter hoch.

Holtzman stand auf, hielt den Colt unter das Licht einer Stehlampe und las die Inschrift:

W. Thorben
Seattle 1975

Ein Sammlerstück dieser Art ging oft durch die Hände vieler Eigentümer, die es bei Waffenausstellungen kauften und weiterverkauften, ohne es bei den Behörden anzumelden. Trotzdem müßte festzustellen sein, wer die Pistole bei Thorben in Auftrag gegeben hatte. Dann konnte man auch die späteren Eigentümer ausfindig machen, es sei denn, die Waffe war aus einer Sammlung gestohlen.

Vorsichtig drehte Holtzman mit dem Kugelschreiber die Pistole um und besah sich die andere Seite. An der gleichen Stelle, wo der Holzgriff im Stahl eingelassen war, befand sich ebenfalls eine gravierte Inschrift. Andere Worte. Holtzman hielt sie sich dicht an die Augen und blinzelte. Dann las er es noch mal. »Verdammt! Ist das die Möglichkeit!«

In der Ferne heulte eine Sirene und kam immer näher.

Holtzman ging vor die Haustür, die er bei seiner Ankunft offen gefunden hatte.

Ein Streifenwagen mit rotem Blinklicht kam die steile Straße von der Stadt heraufgerast. Patmores Kombi war dicht hinter ihm.

Im Licht des Hausflurs entzifferte Holtzman noch einmal die Inschrift auf der Pistole:

Im Auftrag von
Max Bergen

18

Die Dunkelheit, die wie eine schwarze Samtdecke über dem Pavillon lag, bot eine Vielfalt von Verstecken.

Mary schirmte ihre Taschenlampe mit einer Hand ab. Jedesmal, wenn sie glaubte etwas gesehen zu haben und eine jähe Bewegung machte, tanzten Schatten um sie herum.

Sie hielt sich dicht bei Max, während sie um das Gebäude herumgingen auf der Suche nach einer Öffnung, durch die der Killer eingedrungen sein konnte. Gestern abend hatte der Eigentümer der Polizei einen Hausschlüssel zur Verfügung gestellt. Diese Bequemlichkeit war ihnen und dem Mann, den sie jagten, versagt. Der Killer würde etwas aufbrechen müssen, um in den Turm zu gelangen, und damit eine Spur hinterlassen.

Mary war ungeduldig. Zweimal trieb sie Max an, schneller zu gehen.

Die Prozession der hell erleuchteten Boote hatte bereits begonnen und fuhr von ihrem Sammelplatz auf offener See ins Hafenbecken ein. Die Schiffe waren noch ziemlich weit entfernt, kamen aber schnell näher. Das Boot mit der Königin würde etwa um sieben Uhr dreißig bei der ersten Runde am Turm vorbeiziehen.

An der Westseite des Pavillons, die zum Hafen hinausging, entdeckten sie auf dem eingezäunten hölzernen Gehsteig eine zerbrochene Glasscheibe. Daneben war das Fenster eines Kaffee-Kiosks aufgebrochen.

»War das der Killer?« fragte Max.

Mary leuchtete mit ihrer Taschenlampe den Boden ab und betrachtete die Glasscherben. Dann tastete sie mit der linken Hand den Fensterrahmen ab. Der Abend war kühl, aber plötzlich schien die Luft um sie noch kälter zu werden, als sie die spiritistischen Ausstrahlungen des Fensterrahmens auf sich wirken ließ.

Wicka – Wicka – Wicka!

Erschaudernd umklammerte sie die Taschenlampe so fest sie konnte und biß die Zähne zusammen, um sich nicht von ihrer Panik überwältigen zu lassen.

»Empfängst du etwas?« fragte Max.

»Ja. Er hat das Fenster zerbrochen.«

»Ist er jetzt drinnen?«

»Nein. Er war hier ... gestern, spät nachts ... als die Polizei weg war ... ja, ich sehe ihn ... viele Stunden nachdem die Polizei ihren Mann zurückzog ... im Morgengrauen ... oben im Turm.«

Sie nahm die Hand vom Fensterrahmen, und die Vision brach ab. »Heute ist er noch nicht gekommen.«

»Bist du ganz sicher?«

»Absolut.«

»Aber er muß jeden Moment kommen?«

»Ja. Mach schnell.«

Wicka – Wicka – Wicka!

Nicht beachten, sagte sie sich. Es ist nicht wirklich. Max hört es ja auch nicht. Nur du hörst es. Psychische Eindrücke. In Wirklichkeit ist da oben nichts. Keine Flügel. Keine Gefahr. Keine Spur von Flügeln.

»Wir wollen nicht mehr auffallen als unbedingt nötig«, sagte Max. »Von einigen der Hafengaststätten aus kann man uns ziemlich gut sehen. Mach lieber die Taschenlampe aus.«

Sie tat wie geheißen.

Dunkle Nacht umgab sie.

Max steckte die Hand durch das zerbrochene Fenster und öffnete von innen den Riegel. »Bist du dir klar darüber, daß wir einen Einbruch begehen?«

»So nennt man es wohl.«

»Macht dir das nichts aus?«

»Max, bitte, *beeile* dich!«

Er öffnete beide Fensterhälften ohne ein Geräusch zu verursachen.

Mary kletterte aufs Fensterbrett, das weniger als ein Meter über dem Gehsteig lag, und stieg in den Kiosk ein. Sie sah sich um, konnte aber nichts erkennen.

Max hielt Ausschau nach beiden Seiten. Dann stieg er ihr nach und schloß das Fenster.

»Hier ist es sogar noch dunkler als draußen«, sagte sie. »Wenn ich kein Licht mache, stolpern wir bei jedem Schritt über etwas.«

»Sieh dich nur vor, daß du nicht die Fenster anleuchtest«, sagte er. »Du mußt das Licht abschirmen.«

Sie schaltete die Taschenlampe ein und hielt sie mit der linken Hand halb verdeckt.

Der Raum enthielt mehrere Tische, die mit Bolzen am Fußboden befestigt waren. Die dazugehörigen Stühle, die vermutlich nicht anschraubbar waren, hatte man entfernt.

Der einzige Eingang vom Pavillon her war eine zweiteilige Tür.

Der Killer hatte das Schloß aufgebrochen. Max stieß die Tür auf, wobei die ungeölten Scharniere laut knarrten.

Er blieb einen Augenblick bewegungslos stehen und lauschte. Dann sagte er: »Bist du sicher, daß er nicht schon hier ist?«

»Ganz sicher.«

Obgleich Marys Visionen oftmals nicht vollständig waren, hatten sie sich noch nie getäuscht. Sie konnte nur hoffen, daß ihre spiritistischen Kräfte sie auch diesmal nicht im Stich lassen würden. Falls der Killer schon hier war und auf sie wartete, war sie so gut wie tot.

Sie betraten einen Gang, der in zwei Richtungen verlief. Zu beiden Seiten des Ganges lagen Verkaufsbuden wie ›Silly T-Shirts‹, ›The Ceramic Factory‹, ›The House of Glass Miniatures‹ und ein Dutzend mehr – alles dunkel und leer.

Mary und Max wandten sich nach links und entdeckten bald, daß der Gang im Halbkreis verlief und an beiden Enden in die Haupthalle mündete. Zur Zeit war die riesige Halle vollkommen leer. Zu Beginn der Saison würde man sie wieder voll ausstatten: Spielautomaten, Kegelbahnen, Schießstände, elektronische Spiele und Karnevalbuden, wo ein Junge sehr rasch zehn Dollar in Münzen verspielen konnte, um eine Drei-Dollar-Puppe für seine Freundin zu gewinnen.

Max und Mary gingen auf die Mitte der Halle zu. Ihre Schritte klangen hohl von den Wänden und der hohen Dachkuppel wieder.

Mary hielt an und richtete den Strahl ihrer Taschenlampe auf die Stelle, die Max ihr angab. Am Ende der Halle sah sie einen Türbogen, hinter dem Stufen nach oben führten. Darüber ein Schild: *Zur Aussichtsplattform.*

Schreie, flatternde Flügel, ein menschlicher Körper, der auf den unteren Stufen aufschlug und durch den Türbogen flog, wieder Flügel, ein Mensch wälzte sich in Schmerzen auf dem hölzernen Fußboden, noch mal Flügel, erstickte Hilfeschreie...

Mary schwankte unter der Wirkung der Vision.

»Was ist dir?« fragte Max.

»Ich sehe...« Sie versuchte, die Vision festzuhalten, doch sie entschwand ihr so plötzlich, wie sie erschienen war, und kehrte nicht mehr zurück. »Jemand stirbt heute nacht am Fuße dieser Treppe.«

»Einer von uns beiden?«

»Ich weiß es nicht.«

»Der Killer?«

»Hoffentlich.«

»Es wird der Killer sein«, sagte Max. »Nicht wir. Wir bleiben am Leben. Wir müssen am Leben bleiben. Ich weiß es.«

Sie war keineswegs so sicher wie er. Sie wollte nicht einmal daran denken aus Angst, ihr Mut würde sie verlassen. »Wo wollen wir auf ihn warten?« fragte sie.

»Ich warte hier unten an der Treppe. Du gehst auf den Turm.«

»Auf den ... nein!«

»O ja.«

»Ich bleibe hier bei dir«, sagte sie.

»Hör mal, wenn Lou uns mit der Hupe das Warnsignal gibt, werden wir es hier kaum hören. Aber oben auf dem Turm hörst du es ganz bestimmt.«

»Vergiß es.«

»Oben, auf der offenen Plattform.«

»Max, ich bleibe hier.«

»Nein, verdammt noch mal!«

Sie trat einen Schritt zurück und sah ihn an.

Sein Gesicht war wutverzerrt. »Ich bin derjenige, der etwas von Waffen versteht. Wenn es zu einer Schießerei kommt, bist du mir nur im Wege. Wenn ich schnell handeln muß, will ich nicht aufgehalten werden und mir Gedanken machen, ob du nicht genau in der Schußlinie stehst.«

»Ich bin doch keine Idiotin«, sagte sie. »Ich kann dir aus dem Weg gehen.«

Er starrte sie wütend an und schwieg.

Sie sagte: »Und wenn ich dort oben auf dem Turm plötzlich eine Vision habe – etwas Wichtiges. Wie kann ich dir mitteilen, was passieren wird?«

»Ich bin doch hier unten an der Treppe – keine zwanzig Meter von dir entfernt. Wenn nötig, kannst du mich sehr schnell erreichen.«

»Ich weiß nicht ...«

»Dann will ich mich klarer ausdrücken«, sagte Max. »Entweder tust du genau, was ich dir sage und gehst hinauf auf die Aussichtsplattform, oder – so wahr mir Gott helfe – ich schlage dich K.o. So leicht ich kann, aber hart genug, daß du eine Weile weg bist. Dann trage ich dich zum Auto und mache Feierabend.«
»So etwas würdest du nicht tun!«
»Bist du sicher?«
Sie wußte, es war keine leere Drohung.
»Ich würde es tun, weil ich dich liebe«, sagte er. »Ich will nicht, daß man dich umbringt.«
»Und ich will nicht, daß man *dich* umbringt.«
»Dann mußt du auf mich hören. Wir haben beide eine bessere Überlebenschance, wenn du bei einer möglichen Schießerei nicht dabei bist und mich ablenkst.«
Sie kämpfte um einen Entschluß. »Wirst du ihn töten?«
»Wenn er mich dazu zwingt, ja.«
»Du mußt ihn töten ohne zu zögern«, sagte sie. »Gib ihm keine Chance. Er ist zu gerissen. Erschieße ihn, sobald du ihn siehst.«
»Dagegen hätte die Polizei wahrscheinlich etwas einzuwenden.«
»Zum Teufel mit der Polizei.«
»Mary, *gehst* du jetzt endlich hinauf? Wir haben nicht viel Zeit. Bleiben wir nun hier oder muß ich dich wegtragen? Es ist allein deine Entscheidung, aber du mußt sie sofort treffen.«
»Also gut«, sagte sie. Sie gab nach, weil ihr seine Argumente zum Teil einleuchteten. Hauptsächlich aber, weil ihr keine andere Wahl blieb.
Mit schnellen Schritten eilten sie zum Turmeingang. Am Fuß der Treppe angelangt, legte er ihr die Hände auf die Schultern. Mary sah zu ihm auf, und sie küßten sich.
»Wenn du oben bist«, sagte er, »stehe nicht herum wie ein Tourist und schaue dir die Gegend an. Auch nachts kann man dich von unten sehen. Wenn der Killer dich bemerkt, zieht er sich vielleicht zurück. Du sagst selbst, daß wir ihm früher oder später entgegentreten müssen. Also sollten wir alles tun, die Angelegenheit heute zum Abschluß zu bringen.«
»Wer nimmt die Taschenlampe?« fragte sie.
»Behalte du sie.«

Mary war sichtlich erleichtert, sagte jedoch: »Dann bist du hier unten allein im Dunkeln ... mit ihm.«

»Wenn ich Licht mache, sobald ich ihn kommen höre«, sagte Max, »biete ich ihm nur ein gutes Ziel. Dagegen wird er – wenn er nicht ahnt, daß ich auf ihn warte – kaum ohne Taschenlampe in einem stockdunklen Gebäude herumtappsen. Dann sehe ich ihn in seinem eigenen Licht.«

Sie küßte ihn nochmal, wandte sich ab und stieg allein die Treppen hinauf.

Oben angelangt, schaltete sie die Taschenlampe aus. Sie stand in dem beißenden Wind und blickte einen Moment lang auf die Prozession der bunt beleuchteten Boote hinunter. Dann folgte sie Max' Rat und setzte sich auf den Boden, mit dem Rücken an die hüfthohe Balustrade, welche die Plattform umgab.

Dunkelheit. Ein wenig Licht. Nicht viel.

Jetzt war sie allein. Ganz allein.

Allein? Sie verwarf den Gedanken, Max war ja in der Nähe. Der Wind fegte durch den Glockenstuhl wie das Wimmern einer menschlichen Stimme.

Sie kuschelte sich in ihren Ledermantel und wünschte, sie hätte einen Pullover mitgenommen.

Bald würde es regnen. Es lag in der Luft.

Sie drückte auf den Knopf an ihrer Digitaluhr. Das Zifferblatt leuchtete rot auf.

Die Augen.

Mit einmal kam ihr die Erinnerung an ein Paar leuchtende, rötliche Augen in Berton Mitchells Haus. Das dazugehörige Gesicht konnte sie nicht sehen. Nur die Augen ... und die flatternden Flügel ... die Flügel, die sie überall berührten ... und die ganze Zeit die Augen, wild, unmenschlich.

Dann erinnerte sie sich an noch etwas: Mit plötzlichem Schock vernahm sie eine Stimme, leise flüsternd – eindringlich: »*Ich bin ein Dämon – ein Vampir. Ich trinke Blut.*«

Jemand hatte vor vierundzwanzig Jahren in Mitchells Haus diese Worte gesprochen.

Aber wer? Berton Mitchell selbst? Wer sonst konnte es gewesen sein?

So sehr sie sich auch bemühte, gelang es ihr nicht, die

verschwommene Erinnerung aufzufrischen und eine klare Vision zu erhalten. Das geheimnisvolle Gesicht des Wesens, das diese Worte gesprochen hatte, blieb unerkennbar im Schatten.

Doch die innere Stimme wurde immer lauter. Sie schwoll an und donnerte ihr in den Ohren, obgleich sie weiter im Flüsterton sprach. Die gemeinen Worte kamen schneller und immer schneller und erschütterten sie: »*Ich bin ein Dämon und ein Vampir. Das Blut schmeckt mir! Ich bin ein Dämon und ein Vampir! Das Blut schmeckt mir. Ich bin ein Dämon und ein Vampir...*«

»Hör auf«, rief sie.

Sie hielt sich die Ohren zu und versuchte mit aller Willenskraft die Stimme auszuschließen. Allmählich wurde sie leiser und verschwand dann ganz. Benommen sackte Mary zusammen.

»Es wird alles gut«, wisperte sie vor sich hin. »Mir wird nichts passieren. Keiner wird sterben. Heute nimmt alles ein Ende. Dann ist alles wieder gut.«

Langsam kehrte sie in die Wirklichkeit zurück: Wind, Kälte, Dunkelheit.

Abgelenkt durch die schrecklichen Augen, hatte sie beim vorigen Mal, als sie auf die Uhr schaute, die Zeit nicht beachtet. Jetzt drückte sie noch mal den Knopf und blickte auf das aufleuchtende Zifferblatt.

Sieben Uhr vierundzwanzig.

Noch sechs Minuten.

Schwarze Gewitterwolken, die an den ausgefransten Rändern silbrig phosphoreszierten, segelten lautlos ostwärts. Der Himmel war minutenlang still gewesen, doch jetzt donnerte und blitzte es wieder.

Der Wind fegte ein Stück Papier vom Gehsteig, heftete es für mehrere Sekunden an die Windschutzscheibe des Mercedes und riß es wieder ab.

Lou rutschte unruhig auf seinem Sitz herum, lehnte sich über das Lenkrad und versuchte, in der Dunkelheit, die den Pavillon umgab, etwas zu erkennen. Je länger er in die Nacht starrte, um so mehr tanzende Schatten glaubte er zu sehen. Seine Fantasie täuschte ihm hundert Dinge vor, die es nicht gab. Er war nicht zum Wachtposten geschaffen. Dazu fehlte ihm die Geduld. Er blickte auf die Uhr.

Sieben Uhr neunundzwanzig.

Jemand klopfte dreimal laut an die Fensterscheibe. Wenige Zentimeter von seinem Kopf.

Er fuhr herum. Ein wohlbekanntes Gesicht lächelte ihn an.

Verwirrt und etwas peinlich berührt, weil ihm die Angst anzusehen war, sagte Lou: »Du hast mich erschreckt.« Er machte die Tür auf und stieg aus dem Wagen. »Was tust du denn hier?«

Als er das Fleischermesser sah, war es zu spät.

In Ocean Hill Lane 440 waren die meisten Fenster im Erdgeschoß erleuchtet, doch niemand kam auf Rudy Holtzmans mehrfaches Läuten hin an die Haustür.

Patmore drückte auf die Klinke und fand die Tür unverschlossen. Er stieß sie auf. Der Wind fegte einen Stapel ungeöffneter Post vom Tisch in der Diele.

Weder dort noch im Wohnzimmer dahinter war jemand zu sehen. Patmore steckte den Kopf durch die Tür und brüllte: »Pasternak! Sind Sie da?«

Keine Antwort.

»Vielleicht ist er tot«, sagte Holtzman.

Da Patmore Zivil trug, nahm er seine silberne Polizeimarke aus der Manteltasche und heftete sie sich an den Aufschlag. Aus der anderen Tasche zog er seinen Dienstrevolver, richtete ihn gegen die Decke und trat ins Haus.

Holtzman, hinter ihm, räusperte sich und sagte: »Wir haben keinen Durchsuchungsbefehl.«

Patmore blickte über die Schulter zu ihm hin und sagte: »Rudy, setzen Sie gefälligst Ihren Arsch in Bewegung und kommen Sie rein.«

Dunkelheit, stickig wie Sirup. Der Geruch von Metall. Stacheldrähte, die sein Inneres zerrissen.

Seine Zunge schmerzte. Er hatte sie sich aufgebissen. Ein metallischer Geschmack.

Er lag auf dem Bauch. Auf dem Asphalt. Neben dem Mercedes. Die Arme von sich gestreckt. Den Kopf auf der Seite. Ein Ohr am Boden, als lausche er.

Er öffnete die Augen – aber nur ein wenig. Vor ihm stand ein Paar Schuhe. Ganz nahe. Gucci Loafers. Die Schuhe drehten sich um und gingen davon. Auf den Pavillon zu. Nach wenigen Sekunden waren sie nicht mehr zu sehen, aber die Schritte waren noch zu hören.

Er versuchte den Kopf zu heben. Es ging nicht.

Er konnte sich nicht erinnern, wie oft man ihm das Messer in den Leib gestochen hatte. Drei- oder viermal. Es hätte schlimmer kommen können. Aber auch so war es schlimm genug. Er lag im Sterben. Keine Kraft mehr. Er verblutete langsam.

Ich bin doch so ein Idiot, dachte er bitter. Wie konnte ich nur so nachlässig sein? Verdammter Narr.

Ich hätte wissen müssen, wer der Killer ist. Von dem Moment an, wo das Ouija-Brett anzeigte, daß die Bootskönigin das nächste Opfer sein würde, hätte ich es wissen müssen. Sie war eine seiner ehemaligen Freundinnen. Er konnte es immer nur ein paar Monate bei einer Frau aushalten. Und jetzt will er eine seiner Verflossenen umbringen. Wahrscheinlich hat er noch andere ermordet. Warum wohl? Spielt doch keine Rolle, warum. Ich hätte es wissen müssen.

Es war, als krochen Tausende von Insekten stechend und beißend in seinem Inneren herum.

Er schloß die Augen und dachte: Ich will nicht sterben. Und ich *werde* nicht sterben.

Dann: Du Narr. Hast du denn die Wahl?

Ein metallischer Geruch. Dunkelheit, stickig wie Sirup. Sah gar nicht so schlecht aus. Einladend sogar.

Er gab sich der einladenden Dunkelheit hin. Er sank tiefer und tiefer. Weg von dem Schmerz. Weg von allem.

John Patmore blätterte neugierig in dem Notizbuch, das aufgeschlagen neben dem Ouija-Brett auf dem Eßtisch lag. Die linierten Seiten waren in sauberer weiblicher Handschrift ausgefüllt, die, wie er annahm, Mary Bergens Schrift war.

In der Hauptsache hatte sie Fragen und Antworten aufgeschrieben, welche sich auf den Fall bezogen, den sie zu bearbeiten behauptete. Irgendwo in der Mitte war eine Seite, auf die nur fünf Worte gekritzelt waren: Mary! Renne um dein Leben!

Die gleiche Beschriftung fand er auf der nächsten Seite und auf der übernächsten. Unter der dritten Warnung waren noch mehr Fragen und Antworten aufgezeichnet:

Wann habe ich diese Warnungen geschrieben?
Ich weiß nicht.
Welchen Sinn ergeben sie?
Ich weiß nicht.
Wovor habe ich solche Angst?
Weiß nicht, weiß nicht, weiß nicht.
Verliere ich den Verstand?
Vielleicht.
Wohin kann ich fliehen?
Nirgendwo hin.

Eigenartig.

Das Ganze machte ihn irgendwie nervös.

Auf der anderen Seite des Ouija-Bretts lag ein Schreibblock. Patmore blätterte ihn durch.

A-l-l-e-g-e-s-t-r-i-g-e-n-t-a-g-e
Alle gestrigen Tage.
S-c-h-ö-n
Schön.
D-i-e-l-u-f-t-i-s-t-s-c-h-ö-n
Die Luft ist schön.

Er blickte auf das Ouija-Brett, dann auf das Dreieck, dann wieder auf den Schreibblock. Er hatte als Kind dieses Spiel mit seiner Mutter gespielt, entsann er sich. Er las sich sämtliche Notizen aufmerksam durch.

Als er fertig war, war ihm klar, daß Erika Larssen genau auf die Beschreibung der Frau paßte, deren Tod Mary Bergen vorausgesagt hatte. Vielleicht war diese Hellseherei doch kein Schwindel, mußte er widerstrebend zugeben. »Holtzman!«

Rudy Holtzman kam aus einem der Hinterzimmer. »Niemand hier.«

»Max Bergen will die Bootskönigin erschießen.« Holtzman gaffte ihn erstaunt an. »*Was?* Jenny Canning?«

»Offen weiß Mary Bergen gar nicht, daß ihr eigener Mann

derjenige ist, den sie verfolgt.« Patmore sah auf die Uhr. »Vielleicht kommen wir schon zu spät.« Er rannte durchs Wohnzimmer und aus der Haustür.

Marie Sanzini.
Der Name fiel Mary unvermittelt ein.
Marie Sanzini.
Marie Sanzini war der Name einer der ermordeten Krankenschwestern in Anaheim – und plötzlich kam er Mary bekannt vor. Sie erinnerte sich an den Namen, wußte aber nicht, wo sie ihn schon mal gehört hatte. Marie Sanzini. Der Name ließ sie nicht mehr los.
Sie schloß die Augen und versuchte, Maries Gesicht zu sehen. Es kam nicht.
Sie drückte auf den Knopf ihrer Digitaluhr.
Sieben Uhr dreiunddreißig.
Noch immer kein Warnzeichen von Lou.
Sollte sich das Fiasko von gestern wiederholen?

In der Stockfinsternis kam sich Max vor wie eingesargt. Dann plötzlich vernahm er, wie die Tür zum Kaffee-Kiosk in ihren rostigen Scharnieren knarrte. Die Pistole in der rechten Hand, schlich er sich vom Turmeingang in die Halle.
Dreißig Meter vor ihm trat ein Mann mit einer Taschenlampe aus dem Gang, wo sich die Verkaufsstände und das Restaurant befanden. Er hatte den Strahl der Taschenlampe vor sich auf den Boden gerichtet und war selbst im Dunkeln.
Er kann nicht über den Parkplatz gekommen sein, dachte Max. Lou hatte kein Hupzeichen gegeben. Wahrscheinlich hatte er sich zwischen den Häusern am Hafen durchgeschlichen und war dann den Gehsteig hinunter gekommen.
Max beschloß abzuwarten, bevor er ihn anrief. Fünfzehn Meter würden ihm genügend Sicherheit und Bewegungsfreiheit geben. Und wenn er auf der anderen Seite ebenfalls fünfzehn Meter vom Gang entfernt ist, dachte sich Max, habe ich genügend Zeit, ein paar Schüsse auf ihn abzugeben, bevor der Dreckskerl in Deckung geht.
Fünfundzwanzig Meter.

Zwanzig.

Fünfzehn.

Der Killer sprach als erster. Ein heiseres Flüstern: »*Max?*« Erschrocken darüber, beim Namen genannt zu werden, trat Max einen Schritt vor. »Wer ist da?«

Der Mann kam vorwärts, immer noch hinter dem Lichtstrahl verborgen.

Dreizehn Meter.

»Wer ist da?« verlangte Max zu wissen.

Wieder das heisere Flüstern: »*Ich bin es. Lou.*«

Zehn Meter.

Max senkte die Waffe. »Lou? Um Gottes willen, es ist doch erst ein paar Minuten nach halb acht. Wir können noch nicht aufgeben.«

Immer noch flüsternd sagte Lou: »*Panne.*«

Sieben Meter.

»Was für eine Panne?« fragte Max. »Was meinst du damit?«

Drei Meter.

Dann erkannte Max, daß es nicht Lou Pasternak war.

Der Killer riß seine Taschenlampe hoch, leuchtete Mac ins Gesicht und blendete ihn.

Obgleich Max einen Moment lang nichts sehen konnte, hob er seine Waffe und feuerte. Einmal. Zweimal. Die Schüsse hallten wie Geschützfeuer in dem riesigen leeren Raum mit der hohen Kuppel.

Gleichzeitig mit dem Knall – vielleicht eine Millisekunde davor – flog die Taschenlampe wirbelnd durch die Luft nach rechts.

Ich habe ihn erwischt, dachte Max triumphierend.

Bevor er noch einen weiteren Gedanken fassen konnte, rammte man ihm in der Dunkelheit das Messer in den Leib. Ein Riesenmesser, die Klinge so lang wie ein Spaten. Ein Schmerz, wie er ihn noch nie gespürt hatte, durchzuckte ihn. Er ließ die Pistole fallen. Jetzt wurde ihm klar, daß er den Killer gar nicht getroffen hatte, und daß dieser seine Taschenlampe zur Ablenkung von sich geworfen hatte. Der Killer zog das Messer heraus und stieß wieder zu – tief in den Magen. Max dachte an Mary und an seine Liebe für sie und daran, daß er sie im Stich gelassen hatte. Er griff nach dem Kopf des Killers und bekam ein paar kurze Haare zu fassen. Dabei löste sich der Verband an seiner Hand, und die Wunde platzte auf. Er verfluchte die scharfe Kante seines Wagenhebers, und schon rammte man ihm zum drittenmal das Messer in den Leib. Es tat wahnsinnig weh, und er stolperte rückwärts. Der Killer ließ nicht von ihm ab, hing an ihm und versetzte ihm einen weiteren Stich – diesmal hoch in der Brust. Max sah, daß seine einzige Überlebenschance darin bestand, sich tot zu stellen und ließ sich zu Boden fallen. Er fiel hart. Der Mann hob seine Taschenlampe auf und leuchtete ihn an. Max lag ganz still. Der Mann stand über ihm und trat ihm in die Rippen. Max wollte aufschreien, beherrschte sich aber. Er hielt den Atem an und machte keine Bewegung. Der Mann wandte sich von ihm ab und ging auf den Turmeingang zu. Max hörte seine Schritte auf der Treppe und kam sich elend und nutzlos vor. Er wußte, daß er nicht imstande war, seine Pistole aufzuheben und Mary zu Hilfe zu kommen. Das gab es nur im Kino. Er lag blutend da wie eine ausgequetschte Frucht. Er sagte sich, daß er Mary um jeden Preis helfen mußte, daß er nicht sterben würde, obgleich es ganz so aussah, als ob er dem Tod nicht entgehen würde.

Mary stand auf, als sie die Schüsse hörte. Sie ging an die Treppe und hörte, wie jemand heraufkam.

»Max?«

Keine Antwort.

»Max?«

Nur Schritte.

Sie ging rückwärts, bis sie mit dem Gesäß an die Balustrade anstieß.

Wicka – Wicka – Wicka!

Marie Sanzini.

Sie sah Maries Gesicht vor sich und erkannte es. Rochelle Drake. Sie kannte auch Rochelle.

Erika Larsson. So hieß doch die kraushaarige Blondine, die zarte, ätherische Frau, die ihr bei Lou im Badezimmerspiegel erschienen war.

Mary hatte es die ganze Zeit über gewußt, aber das Wissen im Unterbewußtsein vergraben. Wenn sie noch mehr wissen wollte, lag die Antwort vor ihr. Hier und jetzt. Aber sie wollte sich der Wahrheit immer noch nicht erschließen. Sie *konnte* es nicht.

Jemand kam langsam die Treppe hinauf.

»Nein«, rief sie verzweifelt. Sie preßte sich an die Balustrade, die Augen starr auf den Ausgang des Treppenhauses gerichtet. »Ich will es nicht wissen!« Ihre Stimme klang schrill und überschlug sich. »O Gott! Nein! Bitte!«

Ein Blitz zerschlitzte den Himmel. Donner rollte. Endlich brach der Sturm los. Vereinzelte Regentropfen fühlten vor, dann kam der Wolkenbruch vom Meer herein und ergoß sich in voller Stärke.

Der Wind peitschte den Regen unter das Vordach des Glokkenstuhls. In dicken Tropfen trommelte der Regen auf Marys Ledermantel und durchnäßte ihr langes schwarzes Haar. Es machte ihr nichts aus, naß zu werden. Das einzige, was sie beschäftigte, war die ferne Vergangenheit, die gegen ihren Willen auf sie zukam:

Das Wohnzimmer in Berton Mitchells Haus. Die Fenster fast bis zum Sims verhängt. Spitzengardinen. Das graue Licht eines bewölkten Nachmittags. Schattige Winkel. Mattgelbe Wände. Ein dunkelbraunes Sofa mit zwei dick gepolsterten Armsesseln. Holzfußboden, Fleckerlteppiche.

Ein sechsjähriges Mädchen liegt auf dem Fußboden. Langes schwarzes Haar, Zöpfchen, Schleife. Beigefarbenes Kleid mit grünem Besatz und Knöpfen. Das kleine Mädchen bin ich. Auf dem Rücken liegend. Benommen, verwirrt. Eine Seite von meinem Gesicht tut sehr weh. Mein Hinterkopf auch. Warum hat er das mit mir gemacht? Meine Beine kann ich nicht bewegen. Jedes meiner Fußgelenke ist an ein anderes Sesselbein gebunden. Meine Arme hinter mir ausgestreckt. Meine Handgelenke sind ebenfalls an ein Sesselbein gebunden. Kann mich nicht bewegen. Ich versuche den Kopf zu heben und mich umzusehen. Geht nicht.

Vielleicht kommt Mrs. Mitchell und bindet mich los. Nein. Sie ist weggefahren. Mit Barry. Verwandte besuchen. Mr. Mitchell ist die Hecken trimmen gegangen.

Angst. Große Angst.

Schritte... Nur er. Nichts zu befürchten. Nur er. Aber was will er? Was macht er da?

Er kniet sich neben mich hin. In den Händen hält er ein Kissen... Ein großes Federkissen... Er stößt es... mir ins Gesicht... Drückt ganz fest. Das ist kein schönes Spiel... Überhaupt nicht. Das ist schlimm... Da bekommt man Angst. Kein Licht... Keine Luft... Ich schreie... Aber das Kissen erstickt meine Stimme. Kann nicht atmen... Bekomme nur Stoff in den Mund. Ich versuche mich loszureißen. Papi, hilf mir doch. Und dann zieht er das Kissen weg. Er kichert. Ich schnappe nach Luft und weine. Da stopft er mir das Kissen wieder ins Gesicht. Ich weine und schreie und beiße. Er kichert, während er mich quält. Ich ersticke fast. Endlich hat er genug von diesem Spiel und wirft das Kissen weg.

Aber das schlimmste kommt erst noch.

Er nimmt meinen Kopf in beide Hände... Finger wie eiserne Krallen. Der Schmerz in meinem Hinterkopf wird unerträglich. Er drückt meinen Kopf zur Seite... legt sich auf mich... zischt wie eine Schlange... sein Mund ist auf meinem Hals... er nimmt ein Stück Haut zwischen die Zähne, beißt hart zu... beißt es ab... schluckt. Ich schreie vor Schmerz auf... wehre mich... aber die Fesseln halten. Er legt den Mund auf die kleine Wunde an meinem Hals... lutscht... saugt das Blut! Als er endlich von mir abläßt, sehe ich wie er grinst. Sein Mund und seine Zähne sind blutverschmiert.

Er ist erst neun Jahre alt, drei Jahre älter als ich... Aber sein Gesicht ist haßverzerrt, wie das eines Erwachsenen.

Schluchzend frage ich: »Was tust du?«

Er beugt sich ganz dicht über mich. Sein Atem stinkt.

»Ich bin ein Dämon und ein Vampir«, sagt Alan mit kindlichem Ernst. »Mir schmeckt das Blut.«

»Ahhhhh«, entfuhr es Mary, wie nach einer enormen Anstrengung.

Der Strahl einer Taschenlampe am Ende der Turmtreppe schwang suchend hin und her.

Alan trat auf die Plattform hinaus.

Er leuchtete sie an, aber nicht in die Augen.

Sie starrten einander an.

Dann grinste er und sagte: »Na, Schwesterchen?«

Ich liege immer noch gefesselt am Boden.

Alan kommt zurück... Er trägt Handschuhe... und eine Schachtel mit einem Drahtgitter. Er faßt hinein und zieht ein kleines Tier heraus, dessen

Kopf aus seiner Faust herausragt... mit glänzenden Augen... eine Fledermaus... eine kleine braune Fledermaus... eine von denen, die zu Hunderten im Dachstuhl des Herrenhauses sitzen... Sie scheint keine Angst vor Alan zu haben... erscheint fast zahm.

Er darf sich keine Fledermäuse als Haustiere halten. Sie sind schmutzig, hat Papa gesagt. Er hat es ihm verboten.

Er wechselt seinen Griff... faßt die Fledermaus mit beiden Händen um den Leib und läßt die Flügel frei. Sie flattert. Wicka - Wicka - Wicka! Er hält sie ein paar Zentimeter über meinen Kopf... Dann ganz dicht heran, daß sie mir direkt in die Augen starrt... Ich flehe ihn an, mich loszubinden... die Fledermaus wegzunehmen... sie wieder in die Schachtel zu stecken. Die flatternden Flügel schlagen mir ins Gesicht. Wicka - Wicka - Wicka!

Es donnerte heftig. Vergangenheit und Gegenwart flossen ineinander, als die Erinnerungen über sie herfielen. Sie hatte nicht die Kraft, Alan anzusprechen – Worte zu formulieren.

Alan legte die Taschenlampe auf den Fußboden dicht an der Wand, wo der Regen nicht hinkam, ohne sie auszuschalten. Er hatte ein Gewehr über die Schulter geschlungen. Jetzt streifte er den Tragriemen ab und stellte das Gewehr ebenfalls auf den Boden. Das Fleischermesser hielt er in der Hand.

Er hob die Taschenlampe auf und richtete den Lichtstrahl nach oben unter das spitze Dach des Glockenstuhls. »Schau mal, Mary. Schau nach oben. Na los, mach schon. Das solltest du sehen. Schau hin!«

Sie blickte auf und fuhr zurück. Nicht weit. Sie hatte die Balustrade im Rücken und konnte nicht davonlaufen.

»Zur Zeit sind sie nicht alle hier«, sagte Alan. »Viele sind auf der Jagd. Aber die meisten sind heute hiergeblieben – wegen des Regens. Siehst du sie, Mary? Siehst du die Fledermäuse?«

Ich bin erst sechs Jahre alt und liege mit gespreizten Beinen am Boden. Alan hält die Fledermaus in beiden Händen. Er steckt sie mir unters Kleid zwischen die Beine. Sie kreischt auf. Ich schluchze und flehe ihn an. Er schwitzt. Er ist ganz blaß. Seine Lippen zittern. Er sieht nicht aus wie ein neunjähriger Junge – sondern richtig dämonisch.

Die Flügelspitzen der Fledermaus kitzeln meine nackten Schenkel. Erst kitzelt es... dann kratzt es schmerzhaft.

Ich weine und schreie und spucke, und die Fledermaus kreischt, und Alan hat größte Mühe, sie festzuhalten.

Die Erinnerungen bereiteten ihr sowohl seelische als auch physische Qualen. Vierundzwanzig Jahre hatte sie sie gewaltsam von sich gestoßen, bis sie jetzt eine unheimliche Macht über sie besaßen. Es war wie ein Faustschlag. Ihr ganzer Körper schmerzte. Sie versuchte verzweifelt, ihren Brechreiz zu beherrschen. Die Knie wurden ihr weich. Sie weinte vor sich hin.

Alan legte die Taschenlampe wieder auf den Boden und nahm das Messer von der linken in die rechte Hand.

Richard Lingards Messer.

Max hatte recht gehabt. Es war kein Geist, der es aufgehoben hatte. Sie hatte sich geweigert, die Wahrheit zu akzeptieren. Sie wäre nicht damit fertig geworden. Darum hatte sie sich eingeredet, daß das Verschwinden des Messers das Werk übernatürlicher Kräfte war.

»Ich habe Max erstochen«, sagte Alan.

Sie glaubte ihm, wollte aber jetzt nicht daran denken. Die Tränen, die Trauer mußte sie auf später verschieben – falls sie dann noch am Leben sein sollte.

Die Aussichtsplattform war drei Meter breit. Weniger als drei Meter nasser Holzfußboden lagen zwischen ihnen.

Er sprach leise. Nicht viel lauter, als das Rauschen des Regens. »Ich bin froh, daß ich gekommen bin. Es ist an der Zeit, das zu Ende zu führen, was ich vor vierundzwanzig Jahren begonnen habe.«

Das Ouija-Brett hatte auf die Frage, wo der Killer wohnte, geantwortet: *Die Luft ist schön.* Damit war ›Bel Air‹ gemeint, was soviel wie ›Schöne Luft‹ bedeutete.

Warum hatte ich das nicht gleich begriffen?

Weil sie es nicht begreifen wollte.

Die feuchte Wand reflektierte das Licht von Alans Taschenlampe und warf einen fahlen Schein auf sein Gesicht, auf dem Nase, Kinn und Backenknochen schattenhaft hervortraten. Er war nicht mehr der gutaussehende junge Mann. Sein Gesicht erinnerte an die bemalte Fratze eines afrikanischen Medizinmannes. Er hielt das Messer vor sich ausgestreckt, kam aber nicht näher.

»Ich *wußte*, du würdest heute kommen. Wir stehen uns so nahe, Mary. So nahe, wie zwei Menschen nur sein können. Was uns bindet, ist nicht nur das gleiche Blut, sondern auch gemeinsame Schmerzen. Ich habe sie dir zugefügt, und du hast sie erlitten. Der Schmerz verbindet uns. Er ist ein stärkeres Bindemittel als Liebe. Liebe ist ein abstrakter Begriff, sinnlos und unwirklich. Aber Schmerz ist Wirklichkeit. Wir standen uns so nahe, daß ich auch von weitem mit dir Verbindung aufnehmen konnte, ohne gesprochene Worte. So habe ich dich gezwungen herzukommen und mich zu verfolgen. Seit vorigen Montag habe ich jeden Tag meditiert und mich in eine leichte Trance versetzt. Dabei habe ich dir meine Gedanken übertragen – Gedanken an die Morde, die ich begehen wollte. Damit wollte ich dir hellseherische Visionen vermitteln. Es hat ganz gut funktioniert, meinst du nicht?«

Kein Zweifel – er war auf gefährliche Weise geistesgestört, und doch war sein Verhalten ruhig und kühl, seine Worte gemessen und klar.

»Hat es nicht gut funktioniert, Mary?«

»Ja.«

Er schien sich zu freuen. »Ich habe Lous Haus beobachtet, und als du dort ankamst, wußte ich, daß du hinter mir her warst.«

Ein besonders starker Windstoß machte sie schwanken und ließ den Regen mit voller Wucht aufs Dach prasseln.

Er tat einen Schritt auf sie zu. »Bleib' da, wo du bist«, rief sie entsetzt.

Er gehorchte. Nicht, weil er plötzlich Mitleid mit ihr hatte. Natürlich hatte er auch keine Angst vor ihr. Er hielt an, weil er sich an ihrem Schrecken weiden wollte. Dann würde er sie ganz langsam umbringen.

Wenn sie auf ihn einging, konnte sie Minuten gewinnen, vielleicht sogar Gelegenheit zur Flucht finden. »Wenn du mich ermorden wolltest, hättest du es doch Montagabend im Hotel tun können, bevor Max zurückkam.«

»Das war mir zu einfach. Es machte mir mehr Spaß, dir nachzustellen.«

»Spaß? Macht töten Spaß?«

»Es ist herrlich.«

»Du bist wahnsinnig.«

»Nein«, sagte er gelassen. »Ich bin ein Jäger. Und alle anderen sind Wildbret für mich. Ich bin zum Töten geboren. Es ist mein Lebenszweck. Daran besteht kein Zweifel. Ich habe immer schon getötet – mein ganzes Leben. Mit Insekten hat es angefangen.«

Jetzt erinnerte sie sich: Sie war ungefähr vier Jahre alt gewesen und Alan sieben. Er hatte eine Gottesanbeterin in ein Einmachglas getan, sie mit Spiritus übergossen und angezündet. Jahrelang hatte er Insekten gefangen, nur um sie mit Chemikalien, Rasiermessern, Nadeln und Feuer zu Tode zu foltern.

»Also warst *du* derjenige, der unsere Hunden und Katzen getötet hat«, sagte sie.

»Und die anderen Tiere auch.«

»Und Barry Mitchell hatte nichts damit zu tun?«

Er zuckte mit den Schultern. »Ich hatte die Insekten satt.«

Er tat einen Schritt vorwärts.

»Stop!«

Grinsend hielt er an.

Erst heute früh hatte sie Max ihre Theorie erklärt, daß das Böse im Menschen nicht immer angenommen und durch das Beispiel anderer erlernt war. Fast alle gebildeten Menschen waren fest davon überzeugt, daß die Gewaltakte antisozialer Typen ausnahmslos auf äußere Einflüsse zurückzuführen waren: Armut, zerstörte Ehen, Kindheitsträumen, elterliche Vernachlässigung oder falsche Erziehung. Soziologen vertraten den Standpunkt, daß es in erster Linie eine fehlerhafte und ungerechte Gesellschaftsordnung war, die Verbrecher gebar. Die meisten Psychologen glaubten fest an die Unfehlbarkeit von Freud oder Jung, deren Theorien auf jeden Fall von Neurose oder Psychose anzuwenden waren. Aber war es nicht möglich, daß manche Menschen von Geburt an böse waren? Noch bevor äußere Einflüsse sie korrumpierten? War das eine mittelalterliche, reaktionäre Idee? Sie hatte viel über den sogenannten XYY-Mann gelesen, den genetisch vorprogrammierten kriminellen Typ, der in den letzten Jahren die Forschung beschäftigt hatte. Vielleicht waren manche Menschen von Geburt an weniger zivilisiert als andere. Aus genetischen oder anderen Gründen, die noch nicht erforscht waren.

Es war eine gefährliche Theorie, die sehr leicht falsch interpretiert werden konnte. Dann würden Rassisten jeder von ihnen gehaßten ethnischen Minorität genetische Minderwertigkeit bescheinigen. Wenn es wirklich Menschen gab, die mit einem natürlichen Hang zum Bösen geboren waren, so waren sie gleichmäßig unter allen Rassen, Religionen und Nationalitäten verteilt.

Zum Bösen geboren.

Eine böse Saat.

Sie blickte Alan an und erkannte was er war: Ein besonderes Wesen. Gleichzeitig übermenschlich und unmenschlich.

Eine Fledermaus kam aus dem Regen unter das schützende Dach geflogen. Das Geflatter der lederartigen Flügel ließ Mary erschaudern.

Wicka – Wicka – Wicka!

»Ich wollte dich hier bei Kimball treffen«, sagte Alan, »weil es in den anderen Türmen keine Fledermäuse gibt. Damit du dich daran erinnerst, was vor vierundzwanzig Jahren war.«

Alan holt die Fledermaus zwischen ihren Beinen hervor. Sie ist tot, ihr Genick gebrochen. Alan wirft die Fledermaus in die Schachtel zurück und wendet sich von ihr ab. Sie hat keine Kraft mehr zu schreien, und er fängt an, sie mit Fäusten zu schlagen. Auf den Bauch, auf die Brust, in den Nacken, ins Gesicht ... Dann Dunkelheit. Als sie wieder zu sich kommt, steht er über ihr mit einem Messer aus Mitchells Küche und sticht sie in den Arm und in die Seite. Das Messer, o Gott, das Messer.

Saubere Stiche. Rein und wieder raus. Sauber und schnell. Nichts aufgerissen. Keine langen, häßlichen Schnitte.

Max tastete seine blutenden Wunden mit den Fingern ab. Es gab kein größeres Loch, durch das die Gedärme herausrutschen konnten.

Dafür wenigstens sollte er dankbar sein.

Er verlor viel Blut. Seine Kleidung und seine Hände waren blutverschmiert, und auf dem Fußboden unter ihm formte sich eine warme, klebrige Lache. Aber in der Dunkelheit sah es wahrscheinlich schlimmer aus, als es war. Es fühlte sich an, als hätte er literweise Blut vergossen.

Nachdem die Schritte auf der Treppe verklungen waren, wartete er ein paar Minuten ab und richtete sich dann auf Hände und Knie auf. Der Schmerz war lähmend, als wenn in jeder seiner Wunden noch ein Messer steckte.

Nur das Atmen bereitete ihm keine übermäßigen Beschwerden. Ein Zeichen, daß die Lunge nicht verletzt war.

Auch dafür mußte er dankbar sein.

Mühsam und heftig blutend kroch er erst nach links, dann nach rechts, auf der Suche nach seiner verlorenen Pistole. Er hatte Glück und fand sie nach wenigen Minuten.

Er kroch weiter bis zur nächsten Wand, stützte sich mit der Hand ab und kam, trotz der Schmerzen, die ihn bei jeder Bewegung wie elektrische Schläge durchzuckten, auf die Füße zu stehen.

Aber die Treppe konnte er unmöglich ersteigen. Er war kaum imstande, sich auf ebenem Boden vorwärts zu bewegen. Die Treppe würde ihn umbringen. Und falls er wie durch ein Wunder doch hinaufkäme, würde er dabei soviel Lärm machen, daß der Killer aufmerksam werden und ihn in aller Ruhe über den Haufen schießen würde.

Alles, was er tun konnte, war Hilfe herbeirufen. Er mußte zurück zum Parkplatz. Zum Auto. Auf schnellstem Wege. Lou Bescheid sagen.

In dem Bewußtsein, daß jede weitere Minute Mary das Leben kosten konnte, arbeitete er sich in der Dunkelheit vorwärts so schnell er konnte. Trotz seiner Benommenheit fand er instinktiv den Gang zum Kiosk. Jeder Schritt war eine Qual. Es kam ihm vor, als hätte er schon Kilometer zurückgelegt. Vielleicht ging er überhaupt im Kreis herum.

Er war schon fast im Begriff aufzugeben, als er auf einen Gang kam, der etwas weniger dunkel war als das Innere der Halle. Ein kaum vorhandener grauer Schimmer von den Lichtern der Prozession im Hafen drang durch die Fenster der Cafeteria und ließ ihn Umrisse erkennen.

Die Hand an den Leib gepreßt, wie um seine Wunden geschlossen zu halten, schlurfte er den Gang hinunter. Vor dem

Fenster, durch das er mit Mary eingestiegen war, sank er in die Knie. Das Fenster war zu. Er hatte es selbst geschlossen. Es fehlte ihm die Kraft, es zu öffnen.

Die Liebe zu Mary muß dir Kraft geben, sagte er sich. Was wärest du oder hättest du ohne sie? Nichts.

Draußen fuhren die Blitze vom Himmel und ließen die Regentropfen, die an der Scheibe herunterliefen, wie Eispartikel erscheinen.

Polizeichef John Patmore beugte sich im strömenden Regen über Lou Pasternak und drehte ihn auf den Rücken. Im Licht seiner Taschenlampe betrachtete er sein Gesicht und seine blutdurchtränkte Kleidung. »Bergen hat ihn erwischt. Hat ihn erstochen.«

»Ist er tot?« fragte Holtzman.

Der Chef nahm Lous kaltes, schlaffes Handgelenk und fühlte nach dem Puls. »Sieht so aus. Bestelle aber auf jeden Fall den Notarztwagen. Vielleicht finden wir noch ein paar.«

Holtzman rannte zum Streifenwagen.

Jetzt trennte sie nur noch gute zwei Meter von Alan. Sie mußte ihn am Reden halten. Sobald er das Interesse an der Unterhaltung verlor, würde er mit dem Fleischermesser auf sie losgehen. Und auch wenn sie sterben mußte, wollte sie vorher noch einiges in Erfahrung bringen.

»Also hat mich Berton Mitchell nie berührt«, sagte sie.

»Kein einziges Mal.«

»Und ich habe einen unschuldigen Menschen ins Gefängnis geschickt.«

Alan nickte lächelnd, als habe sie ihm ein Kompliment gemacht.

»Und ich bin an seinem Selbstmord schuld.«

»Schade, daß ich nicht zusehen konnte, wie er baumelte.«

»Und ich habe Schande über seine Familie gebracht.«

Alan lachte.

»Aber warum habe ich das getan?« fragte sie. »Warum habe ich *ihn* angeklagt, wo *du* es doch warst.«

»Du warst vier Tage auf der Intensivstation im Krankenhaus«, sagte Alan. »Als du außer Gefahr warst und nicht mehr an die Apparate angeschlossen, legte man dich auf ein Einzelzimmer.«

»Ja, ich erinnere mich.«

»Vater und ich wohnten praktisch dort. Sogar Mutter kroch alle zwei Tage oder so aus ihrer Flasche heraus, um dich zu besuchen. Und ich spielte den o-so-besorgten großen Bruder. Es war rührend, wie sich der Neunjährige um sein Schwesterchen kümmerte.«

»Ja, die Krankenschwestern hielten dich alle für sehr nett.«

»Aber ich war sehr oft allein mit dir. Manchmal nur ein paar Minuten, manchmal fast eine Stunde.«

Noch eine Fledermaus flüchtete vor dem Sturm in den Schutz des Gebälks.

Alan sagte: »Deine Lippen und dein Gaumen waren so geschwollen und voll mit Klammern und Nähten, daß du acht Tage lang nicht sprechen konntest. Aber du konntest zuhören. Du warst fast die ganze Zeit bei Bewußtsein. Und wenn ich mit dir allein war, habe ich dir immer wieder eingeprägt, was ich mit dir anstellen würde, wenn du mich verpetzt. Daß ich dich von Fledermäusen zerreißen lassen würde.« Er grinste hämisch. »Ich habe dir gesagt, ich würde dich zwingen, die Viecher lebend aufzuessen, ihnen die Köpfe abzubeißen und sie herunterzuschlucken, wenn du auch nur ein Sterbenswörtchen verlauten ließest. Und ich sagte dir, du müßtest Berton Mitchell alles in die Schuhe schieben, sonst würde es dir schlimm ergehen.«

Mary zitterte am ganzen Körper. Sie mußte sich beherrschen, sagte sie sich, und eine Gelegenheit zur Flucht finden. Aber das Zittern wollte nicht aufhören, so sehr sie sich auch bemühte.

»Dann passierte etwas ganz Komisches« sagte Alan. »Du hattest nicht nur allen erzählt, daß es Mitchell war, der dir das angetan hatte, aber du *glaubtest es selbst*. Die Sache war noch besser gelaufen, als ich gedacht hatte. Ich kam mir vor wie ein Zauberer. Du glaubtest tatsächlich, es sei *wirklich* Berton Mitchell gewesen. Du konntest die Wahrheit nicht akzeptieren, weil du sonst nicht imstande gewesen wärest, mit mir unter einem Dach zu wohnen nach allem, was geschehen war. Darum hast du dir selbst suggeriert, daß ich dir nichts getan hatte, daß ich dein Freund war und der wahre Übeltäter Berton Mitchell hieß.«

»Aber warum?« fragte sie mit zitternder Stimme. »Warum hast du mir wehgetan?«

»Eigentlich wollte ich dich töten. Ich dachte, du wärest schon tot, als ich aus dem Haus ging.«

»Warum wolltest du mich denn töten?«

»Aus Spaß.«

»Ist das alles? Nur aus Spaß?«

»Ich haßte dich«, sagte er.

»Was hatte ich dir denn getan?«

»Nichts.«

»Warum hast du mich dann gehaßt?«

»Ich hasse alle.«

Ein Blitz.

Ein Windstoß.

»Hast du Mitchells Familie umgebracht?«

»War doch eine gute Idee, die ganze Familie hoppsgehen zu lassen.«

»Warum nur? Hat dir das auch ›Spaß‹ gemacht?«

»Du hättest mal sehen sollen, wie das Haus abbrannte.«

»Mein Gott, du warst doch damals erst vierzehn.«

»Alt genug zum Töten«, sagte er. »Dich hatte ich ja schon fünf Jahre früher zu töten versucht. Und als ich glaubte, du wärest schon tot...«

Er trat noch näher an sie heran.

Seine Schuhe machten ein quatschendes Geräusch auf dem nassen Fußboden.

Verzweifelt versuchte sie, ihn wieder zum Sprechen zu bringen. »Du hast Patty Spooner doch auch umgebracht. Nicht wahr, Alan?«

»Das war ein Miststück.«

»Nein. Ein reizendes Mädchen.«

»Ein verdammtes Miststück.«

»Warum hast du den Altar geschändet?«

Die Frage schien ihn zu interessieren. »Ja... in dieser Kirche... das war mal was anderes. Etwas Besonderes. In dieser Nacht wurde mir klar, daß ich wirklich ein Dämon und ein Vampir war. Ich war dazu berufen, alles Gute und alles Heilige zu zerstören.«

»Du hast Marie Sanzini umgebracht.«
»Und auch ihre drei Zimmernachbarinnen.«
»Aber du hast Marie doch einmal geliebt.«
»Nein. Ich bin nur mit ihr ausgegangen.«
»Aber warum mußtest du sie ermorden?«
»Warum nicht?« fragte er.
»Und Rochelle Drake hast du auch ermordet.«
»Erzähle mir nur nicht, daß ich die auch liebte.«
»Das hast du einmal gesagt.«
»Es war eine Lüge. Ich liebe keine.«
»Warum hast du den Friseur und seine Frau umgebracht?«
»Sie waren mir im Weg.«
Eine Schiffssirene heulte auf dem Wasser.
»Dann hast du Erika Larssen ermordet ... und jetzt willst du die Bootskönigin erschießen.«
Er blickte zu den erleuchteten Booten hinüber, die langsam durch die verregnete Bucht zogen. »Der Sturm wird alle vom Deck vertrieben haben. Um die muß ich mich ein andermal kümmern.«
»Aber was bedeutet sie dir?«
»Weißt du nicht, wer sie ist? Jenny Canning.«
»Oh, nein! Nicht die. Sie ist so ein liebes Ding. Sie darf nicht sterben.«
»Nur eines meiner letzten Betthäschen. Wildbret, so wie die anderen.« Er hatte genug von der Unterhaltung. Er blickte auf die Klinge in seiner Hand und leckte sich die Lippen.
»Deine Frauen verlassen dich immer«, sagte Mary.
»Oder ich verlasse sie.«
»Warum kannst du keine von ihnen halten?«
»Sex«, sagte er. »Alle wollen sie Zärtlichkeit. Länger als ein paar Wochen oder Monate kann ich nicht zärtlich sein.«
»Was meinst du damit?«
»Ich mag rauhen Sex«, sagte er fast knurrend. »Je rauher, um so besser. Nach einer Weile, wenn ein neuer Körper ... ein neues Mädchen ... seine Anziehungskraft verliert, kann ich nur zum Höhepunkt kommen, wenn ich ihnen Schmerzen bereite. Und das stößt sie ab. Das ... und die anderen Dinge.«
»Was für andere Dinge?« fragte sie.

»Sie wollen mich nicht ihr Blut trinken lassen.« Entsetzt starrte sie ihn an.

»Ab und zu brauche ich Sex... und dann will ich ihr Blut trinken.«

Erschüttert schloß sie die Augen.

Sie hörte seine Bewegung und riß die Augen auf.

Er trat zwei Schritte vorwärts und war weniger als eine Messerlänge von ihr entfernt.

Max ließ sich von dem meterhohen Fenstersims auf den Gehsteig fallen. Es erschien ihm wie ein tiefer Fall, bei dem er sich immer wieder überschlug. Der Schmerz wallte in ihm auf, und einen Augenblick lang kam er in Versuchung, sich der lockenden Bewußtlosigkeit hinzugeben. Dann dachte er an Mary und seine Liebe für sie, die er jetzt in physische Kraft umsetzen mußte. Irgendwie bemeisterte er seine Schmerzen und kam auf die Beine.

Er hielt die Pistole immer noch in der linken Hand. Sie fühlte sich wahnsinnig schwer an. Er wollte sie fallen lassen, bekam aber die Hand nicht auf. Seine verkrampften Finger umklammerten den Griff und waren unbeweglich.

Schwankend blickte er auf die Prozession der geschmückten Boote und dachte, wie hübsch sie doch aussahen. Dann erinnerte er sich, daß er nicht hier war, um die Prozession anzusehen. Still vor sich hinfluchend, schlurfte er den Gehsteig hinunter. Jeder seiner unsicheren Schritte war ein Abenteuer, jeder zurückgelegte Meter ein Triumph.

An der Ecke des Pavillons bemerkte er in einer Entfernung von etwa hundert Metern zwei Männer, mit Taschenlampen, die auf ihn zu kamen.

Lou und wer noch?

Er versuchte zu schreien.

Seine Stimme versagte.

Alans Augen schienen ein inneres Licht zu besitzen. Er hatte blaue Augen, wie sie, aber es war ein eigenartiges, durchdringendes Blau. Augen wie die Klinge des Messers in seiner Hand – scharf, kalt und tödlich.

»Wie viele Menschen hast du schon umgebracht?«

Er gab keine Antwort.

Er hob die linke Hand, berührte mit eisigen Fingerspitzen ihre Schläfe und fühlte den pochenden Puls. Er ließ seine Finger über ihr Kinn gleiten und berührte dann ihre Lippen.

Zitternd sagte sie: »Du hast mehr als fünfunddreißig Menschen ermordet, nicht wahr?«

»Woher willst du das wissen?«

»Wenn du im Laufe der Jahre so viele Menschen umgebracht hast, wie kommt es, daß ich dir nicht schon früher nachgestellt habe?«

»Man hat dich mehrmals ersucht, Morde aufzudecken, die ich begangen hatte«, sagte Alan. »Aber du hast dich geweigert, weil ich dir davon abriet und du auf mich hörtest. Wahrscheinlich hast du schon die Wahrheit vermutet, wolltest sie aber nicht erkennen.«

»Du hast versucht mich zu töten, als ich sechs Jahre alt war. Warum hast du bis zum nächsten Versuch vierundzwanzig Jahre gewartet?«

»Na ja, ursprünglich wollte ich dich ein paar Monate, nachdem du aus dem Krankenhaus kamst, umbringen. Wenigstens so lange mußte ich warten, um keinen Verdacht zu erwecken. Danach beabsichtigte ich, einen tödlichen Unfall vorzutäuschen.«

Er strich ihr zärtlich mit den Fingerspitzen über die Augenbrauen.

»Erst wollte ich dich eine hohe Treppe hinunterstoßen und sagen, du wärest gestolpert und gefallen. Aber dann beschloß ich, dich im Schwimmbecken zu ertränken.«

»Warum hast du es nicht getan?«

»Als es soweit war, hattest du begonnen, spiritistische Kräfte zu entwickeln. Das faszinierte mich. Ich wollte unbedingt sehen, was weiter geschehen würde.«

Sie sagte: »Wenn Max tot ist, werde ich bei meinen Visionen wieder deine Hilfe brauchen.«

Er lachte. »Schätzchen, für wie naiv hältst du mich?«

»Glaubst du etwa, ich würde dich der Polizei ausliefern? Ich habe es vierundzwanzig Jahre lang nicht getan. Warum sollte ich jetzt?«

»Damals wußtest du es nicht«, sagte er. »Jetzt weißt du es.«
Er legte die Hand auf ihre Brust.
Sie zuckte zurück.
»Meine süße kleine Schwester«, sagte er.
»Bitte nicht.«

Die Taschenlampe in der linken Hand, den Dienstrevolver in der rechten, begleitete Rudy Holtzman den Chef auf seinem Rundgang um den Pavillon. Er zog die Schultern hoch, um seinen Nacken vor dem kalten Regen zu schützen.
Plötzlich blieb Patmore stehen.
»Was ist los?« fragte Holtzman nervös.
»Da vorne ist ein Mann.«
Holtzman hob die Taschenlampe.
Aus einer Entfernung von fünfzehn Metern kam ein Mann auf sie zu.
»Das ist Bergen«, sagte Patmore.
Bergen wankte wie ein Betrunkener.
»Er hat eine Pistole«, sagte Patmore.
Holtzman dachte an Erika Larssons verstümmelte Leiche, an das Blut überall im Haus, an Lou Pasternack, tot auf dem Parkplatz. Er richtete den Revolver auf Bergen und feuerte.
Der Schuß warf Max Bergen auf den Rücken.

Alan drückte sich an sie. Mit der linken Hand umklammerte er ihren Hals.
Jetzt mußte sie sich endlich mal wehren, sagte sie sich. Stark sein. Ein schwächerer Mensch hätte sich schon vor vierundzwanzig Jahren in den Irrsinn geflüchtet. Aber sie war stark. Nur dadurch, daß sie spiritistische Kräfte entwickelt hatte, war sie die ganzen Jahre über geistig gesund und am Leben geblieben. Sie mußte jetzt den Willen zur Gegenwehr aufbringen.
Er drückte ihr die Messerklinge an die Wange wie ein Brenneisen, die Spitze unter ihrem linken Auge.
»Es würde mich interessieren«, sagte er, »ob du immer noch deine hellseherischen Visionen empfangen könntest, wenn du blind wärest.«
Das gab den Ausschlag. Wut und Haß, wie sie sie nie gekannt

hatte, verdrängten ihre Angst. Der schwelende, versteckte Haß, der sich vierundzwanzig Jahre in ihrem Unterbewußtsein gespeichert hatte, brach aus wie ein Vulkan. Sie haßte ihn. Verachtete ihn. Er war es nicht wert zu leben. War es nie gewesen. Würde es nie sein. Nur weh tun wollte sie ihm, so wie er ihr weh getan hatte. Ob sie am Leben blieb oder starb war ihr gleichgültig. Sie wollte ihn am Boden haben, ihn fesseln, ihn foltern, ihn quälen, schlagen, würgen, ihn weinen sehen. Mehr als alles wollte sie ihm die Fledermäuse ins Gesicht setzen, ihn zu beißen und zu zerkratzen und sie ihm lebend in den Mund stopfen...

Über ihnen begannen die Fledermäuse im schrillen Chor zu kreischen.

Alan blickte erschrocken nach oben.

Eine einzelne Fledermaus stieß auf ihn herab, krallte ihre Klauen in seinen Mantelkragen und flatterte wild auf seinem Nacken herum.

Mary konnte selbst nicht glauben, daß sie es fertig gebracht hatte.

Alan ließ sie los, griff nach der Fledermaus, die sich heftig zur Wehr setzte, riß sie sich schließlich vom Nacken und schleuderte sie von sich.

Seine Hand blutete.

Bei jeder Vision, die Mary in den letzten Tagen gehabt hatte, und bei der sie Alan als Mörder identifizierte, hatte sie die Wahrheit damit verdrängt, daß sie einen Poltergeist heraufbeschwor. Die fliegenden Glashunde in Dr. Cauvels Sprechzimmer waren ihr Werk gewesen. Ebenso die schwebende Pistole, die Möwen im ›Laughing Dolphin‹ und der Spuk in Lous Badezimmer. Max hatte recht gehabt. Jetzt würde sie die Fledermäuse auf ihn hetzen.

Noch eine kam angeflogen und klammerte sich an Alans Gesicht fest.

Er schrie auf. Riß sie von sich weg. Ließ das Messer fallen. Blut floß ihm von der Stirn in die Augen.

Drei weitere Fledermäuse stürzten sich kreischend und flatternd auf ihn. Eine setzte sich in seinem Haar fest. Die anderen zwei an seinem Hals.

»Tötet ihn«, sagte Mary.

Wild um sich schlagend wandte sich Alan von ihr ab und versuchte wankend ins Treppenhaus zu entkommen.

Jetzt stießen sämtliche Fledermäuse gemeinsam auf ihn nieder. Als er zu schreien begann, kroch ihm eine in den Mund.

In wilder Panik stolperte Alan die Turmtreppe hinunter.

Mary hob die Taschenlampe auf und ging ihm nach.

Die Fledermäuse ließen nicht von ihm ab. Ihr Gekreisch wurde immer lauter und wütender.

Nach fünf Stiegen fiel er hin und rollte hinunter bis zum nächsten Treppenabsatz. Er raffte sich auf, riß sich eine Fledermaus von der Nase, versuchte sein Gesicht mit den Armen abzudecken und stürzte wieder zu Boden. Als er wieder zu schreien begann, kroch ihm noch eine Fledermaus vom Kinn her in den Mund. Er zerbiß sie, spuckte den hinteren Teil aus, verschluckte den Kopf und drohte zu ersticken. Schließlich sprang er vom letzten Treppenabsatz ins Dunkel und brach zusammen.

Mary trat aus dem Eingang des Treppenhauses und blickte auf ihn herab.

Er lag still und leblos auf dem Boden.

Eine nach der anderen erhoben sich die Fledermäuse von der Leiche, kreisten ein paarmal um sie herum und flogen durchs Treppenhaus zurück ins Gebälk des Glockenstuhls.

NACHHER

Es war Mittag. Die Dezembersonne stand hoch über dem Friedhof und warf kaum einen Schatten. Die Kühle in der Luft kam nicht vom Meer. Sie schien von den Grabsteinen und den stummen Trauergästen auszustrahlen und hauptsächlich von dem einfachen schwarzen Sarg über dem ausgehobenen Grab.

Die automatische Winde begann zu surren, und der Sarg senkte sich langsam in die Gruft, bis er nicht mehr zu sehen war. Mary wandte sich ab. Sie ging zwischen den marmornen Grabsteinen hindurch auf das offene, schmiedeeiserne Tor zu. Sie ging allein und unbegleitet. Sie wollte es so.

Eine Zeitlang blieb sie still hinter dem Steuer des Mercedes sitzen und sah den Berg hinunter aufs Meer. Sie wartete, bis ihre Hände zu zittern aufhörten.

Gestern hatte sie Alan begraben. Trotz allem hatte sie um ihn getrauert. Ihre heutige Trauer war viel tiefer. Es war, als hätte man ihr ein Stück ihres eigenen Fleisches ausgerissen.

Sie hatte das Bedürfnis zu weinen und ihren Schmerz aus sich herauszuspülen, aber sie erstickte ihre Tränen. Bevor sie sich ihrer Trauer hingeben konnte, hatte sie noch eine Aufgabe zu erfüllen.

Sie ließ den Motor an und fuhr vom Friedhof weg.

Sonnenlicht strömte durch die halb geöffneten Rollos und tauchte das Krankenzimmer in helle und dunkle Streifen.

Max saß aufrecht im Bett, die eine Schulter dick bandagiert, den Arm in der Schlinge. Er sah blaß und hager aus, und seine Augen lagen tief in den Höhlen. Doch begrüßte er Mary mit einem warmen Lächeln.

Sie küßte ihn und setzte sich zu ihm ans Bett. Etwa eine Minute lang hielten sie sich stumm die Hand. Dann erzählte sie ihm von Lous Beerdigung. Als sie nichts mehr zu sagen hatte, lehnte sie sich vor, legte die Stirn auf die Bettkante und begann zu weinen. Max strich ihr übers Haar und murmelte beruhigende Worte. Schließlich brach sie völlig zusammen und weinte laut. Nicht nur um Lou – auch um sich selbst. Sein Tod hatte eine große Lücke in ihrem Leben hinterlassen. Nachdem sie sich eine Weile ihrer Verzweiflung hingegeben hatte, versiegten ihre Tränen allmählich.

Ohne zu sprechen lauschten sie der klassischen Musik aus dem Radio.

Später, als man ihnen das Abendessen auf dem Zimmer serviert hatte, wurden ihr die Augen schwer, und sie konnte ein Gähnen nicht unterdrücken. »Entschuldige. Ich bin nicht viel zum Schlafen gekommen.«

»Alpträume?« fragte Max besorgt.

»Nein, im Gegenteil. Ich hatte herrliche Träume. Die ersten schönen Träume in meinem ganzen Leben. Um halb fünf wachte ich auf – frisch und voller Energie. Ich habe sogar einen langen Spaziergang gemacht.«

»Du? Spazieren? Allein im Dunkeln?«

Sie lächelte ihn an. »Das Alleinsein macht mir nichts mehr aus«, sagte sie. »Nicht wie früher. Und ich habe keine Angst mehr im Dunkeln.«

Dean R. Koontz,
ein Meister des Schreckens

Innerhalb von 20 Jahren schrieb Koontz 51 Bücher. Schaffenskrisen kennt er nicht. »Es ist beinahe, als ob ich mit Ideen bombardiert würde. Ich kann mich 15 Minuten lang hinsetzen und ein Dutzend Einfälle haben. Viele Schriftsteller stehen mit diesem Die-Muse-hat-mich-verlassen-Gefühl vom Schreibtisch auf. Mich verläßt die Muse nie. Ich muß sie rausschmeissen.«

Der 1945 in Pennsylvania geborene Horror-Spezialist begann schon als Kind, Geschichten zu schreiben. Lesen und Schreiben bedeuteten für ihn die Flucht aus der Realität: Seine Familie lebte in Armut, der Vater, ein Alkoholiker ohne festen Job, schlug seinen Sohn.

Noch während seiner Studentenzeit begann Koontz, seine Werke – damals Science-fiction-Romane – zu verkaufen. Er verdiente sehr wenig damit und war deshalb gezwungen, große Mengen zu produzieren. 1966 schloß er sein Studium ab. Bis 1969 arbeitete Koontz als Englischlehrer. Danach schlug er sich als freier Schriftsteller durch – zunächst mit finanzieller Unterstützung seiner Frau, die er 1966 geheiratet hatte. Seine Romane erschienen zum Teil unter verschiedenen Pseudonymen.

Der Erfolg kam 1972 mit dem Thriller »Chase«, den endgültigen Durchbruch schaffte Koontz 1980 mit »Whispers« (»Flüstern in der Nacht«).

Inzwischen wird der Autor längst in einem Atemzug mit Stephen King und anderen Horror-Größen genannt. Seine Bücher sind in 18 Sprachen erhältlich. Weltweit wurden über 70 Millionen Exemplare verkauft. Kritiker loben neben der

atemberaubenden Spannung immer wieder auch die ausgezeichnete literarische Qualität seiner Werke.
Dean R. Koontz lebt heute zusammen mit seiner Frau in Orange, Kalifornien. Sein Haus enthält eine zirka 25 000 Bände umfassende Bibliothek, die ihm das Recherchieren erleichtert. Der produktive »Meister des Schreckens« ist ein Workoholic: Er arbeitet täglich 10 bis 15 Stunden.

Dean R. Koontz
Verzeichnis lieferbarer Titel
(Stand März 1992)

Die Augen der Dunkelheit (01/7707)
Brandzeichen (01/8063)
Chase
Codewort: Pentagon
Flüstern in der Nacht
Ein Freund fürs Sterben
Das Haus der Angst (01/6913)
In der Kälte der Nacht (01/8251)
Kaltes Feuer (41/32)
Das letzte Rennen
Die Maske (01/6951)
Mitternacht (41/21)
Nacht der Zaubertiere
Nackte Angst
Schattenfeuer (01/7810)
Schutzengel (01/8340)
Schwarzer Mond (01/7903)
Todesdämmerung (01/7992)

Unheil über der Stadt (01/6667)
Unter Beschattung
Wenn die Dunkelheit kommt (01/6833)
Zwielicht (41/29)

2 bzw. 3 Romane in einem Band:
Das Haus der Angst / Wenn die Dunkelheit kommt (01/8519)
Mike Tucker und der Maya-Fries /... alias Mike Tucker / Mike Tucker auf Tauchstation

Die Bandnummern der Heyne-Taschenbücher sind jeweils in Klammern angegeben.

STEPHEN KINGS NEUER WELTERFOLG ERSTMALS IM TASCHENBUCH!

Die Bürger einer verschlafenen amerikanischen Kleinstadt werden plötzlich aus ihrem gewöhnlichen Alltag gerissen. Mit einer Entdeckung hält auch das Grauen Einzug...

Heyne-Taschenbuch
688 Seiten
Best.-Nr. 01/7995

WILHELM HEYNE VERLAG MÜNCHEN

THOMAS HARRIS

01/7779

01/7684

01/8294

Seine Thriller sind
von atemberaubender
Spannung und un-
heimlicher Abgründigkeit.
Romane, die den Leser
völlig in ihren Bann
ziehen.

**Wilhelm Heyne Verlag
München**

Monatelang an der Spitze der amerikanischen Bestsellerlisten!

Dean R. Koontz

Ein Computerkonzern beherrscht eine Kleinstadt — mysteriöse Todesfälle häufen sich — wahnwitzige Experimente am Menschen mißlingen. Vier Menschen versuchen hinter die geheimnisvollen Vorgänge zu kommen ...

**Dean R. Koontz:
Mitternacht**
Deutsche
Erstausgabe
Roman 41/21

Wilhelm Heyne Verlag München

Dean R. Koontz

Die Romane von Dean R. Koontz gehören zu den Highlights der anspruchsvollen Horror-Literatur.

01/6667

01/6833

01/6913

01/6951

01/7707

01/7810

01/7903

Wilhelm Heyne Verlag München

Große Romane

01/8155

01/7995

01/8082

01/7910

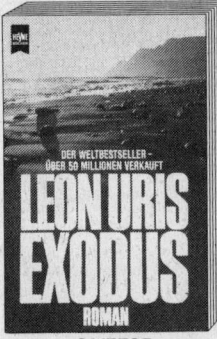

01/7735

01/7781

01/7908

01/7890

01/7851

großer Autoren

01/8037

01/7730

01/8141

01/7917

01/7813

01/8044

01/7897

01/8057

01/8126

MOTTO: HOCHSPANNUNG

Meisterwerke der internationalen Thriller-Literatur

50/46   50/18

01/8038

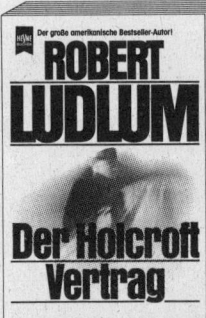
01/6744

01/6408

01/8031

01/8027

01/6762